HISTÓRIA DA LITERATURA BRASILEIRA

Volume III

MASSAUD MOISÉS

HISTÓRIA DA LITERATURA BRASILEIRA

Volume III
Desvairismo e
Tendências Contemporâneas

Editora Cultrix
SÃO PAULO

Copyright © 2001 Massaud Moisés.

1ª edição 2001.
2ª edição 2004.
3ª edição, 2019 — revista e atualizada.

Todos os direitos reservados. Nenhuma parte desta obra pode ser reproduzida ou usada de qualquer forma ou por qualquer meio, eletrônico ou mecânico, inclusive fotocópias, gravações ou sistema de armazenamento em banco de dados, sem permissão por escrito, exceto nos casos de trechos curtos citados em resenhas críticas ou artigos de revistas.

A Editora Cultrix não se responsabiliza por eventuais mudanças ocorridas nos endereços convencionais ou eletrônicos citados neste livro.

Editor: Adilson Silva Ramachandra
Gerente editorial: Roseli de S. Ferraz
Produção editorial: Indiara Faria Kayo
Editoração eletrônica: Mauricio Pareja Silva
Revisão: Claudete Agua de Melo

Dados Internacionais de Catalogação na Publicação (CIP)
(Câmara Brasileira do Livro, SP, Brasil)

Moisés, Massaud, 1928-2018.
  História da literatura brasileira, volume III : desvairismo e tendências contemporâneas / Massaud Moisés. — 3. ed. rev. e atual. — São Paulo : Editora Pensamento Cultrix, 2019.

Bibliografia.
ISBN 978-85-316-1524-5
1. Literatura brasileira - História e crítica I. Título.

19-27555   CDD-869.09

Índices para catálogo sistemático:
1. Literatura brasileira : História e crítica 869.09
Maria Alice Ferreira — Bibliotecária — CRB-8/7964

Todos os direitos reservados.
EDITORA PENSAMENTO-CULTRIX LTDA.,
que se reserva a propriedade literária desta obra.
Rua Dr. Mário Vicente, 368 — 04270-000 — São Paulo, SP
Fone: 2066-9000
E-mail: atendimento@editoracultrix.com.br
http://www.editoracultrix.com.br
Foi feito o depósito legal

*Para a minha mulher, Maria Antonieta,
que acompanhou todo o percurso, desde as origens.*

SUMÁRIO

DESVAIRISMO (1922-1928)

I. Preliminares 11

II. A Semana de Arte Moderna 20

III. Futurismo 34
    Ronald de Carvalho e Paulo Prado 34

IV. Figuras Principais 54
    Mário de Andrade, 54; e Oswald de Andrade, 70

V. Da *Belle Époque* ao Desvairismo 80
    Menotti Del Picchia, 80; Guilherme de Almeida, 84; Ribeiro Couto, 89; Cassiano Ricardo, 94; Manuel Bandeira, 102; Antônio de Alcântara Machado, 110; Cecília Meireles, 117; Jorge de Lima, 124.

VI. Outros Autores 139
    Luís Aranha, 139; Sérgio Milliet, 140; Augusto Meyer, 141; Vargas Neto, 143; Felipe D'Oliveira, 143; Ascânio Lopes, 144; Enrique de Resende, 144; Rosário Fusco, 144 Francisco Inácio Peixoto, 144; Guilhermino César, 144; Gastão Cruls, 144.

LITERATURA ENGAJADA (1928-1945)

I. Preliminares 149
    Gilberto Freyre, 150; Sérgio Buarque de Holanda, 155.

II. Prosa 159
   José Américo de Almeida, 162; Raquel de Queiroz, 167; Armando Fontes, 172; Peregrino Júnior, 175; José Lins do Rego, 177; Jorge Amado, 185; Graciliano Ramos, 196; Érico Veríssimo, 206; Epígonos e Continuadores, 219; Plínio Salgado, 226; Octávio de Faria, 228; Prosa Introspectiva, 238; João Alphonsus de Guimaraens e outros, 239; José Geraldo Vieira, 266; Cornélio Pena, 275; Lucio Cardoso, 283

III. Poesia 293
   Raul Bopp, 293; Augusto Frederico Schimidt, 296; Henriqueta Lisboa, 301; Emilio Moura, 305; Mário Quintana, 309; Carlos Drummond de Andrade, 312; Murilo Mendes, 327; Vinícius de Morais, 333.

TENDÊNCIAS CONTEMPORÂNEAS (1945 — Atualidade)

I. Preliminares 341

II. Poesia 348
   Geração de 45, 348; Anos 1960, 375; João Cabral de Melo Neto, 378; Retardatários, 387; Concretismo e Práxis, 393.

III. Prosa 405
   Clarice Lispector, 406; Guimarães Rosa, 416.

IV. Narrativa Contemporânea 425

V. Atualidade 478
   Romance Conto Crônica, outros autores

BIBLIOGRAFIA 507
ÍNDICE DE NOMES 537

DESVAIRISMO
(1922-1928)

Retrato de Mário de Andrade,
por Lasar Segall.

I. Preliminares

1 "Moderno" é um vocábulo ambíguo, para não dizer polissêmico. Designa o contemporâneo de quem fala ou escreve: o moderno para Zola era o cientificismo, as teorias de Claude Bernard, enquanto para os românticos consistia no gosto pela melancolia e pelas ruínas. Mas também nomeia o novo que se anuncia por entre as brumas do aqui e agora, ou a proposta revolucionária capaz de romper a cadeia do convencionalismo. Nessa acepção, o moderno é o signo das vanguardas, da inconformidade e do futuro que se esboça no ramerrão do presente: o moderno era Claude Monet, com o seu ousado projeto "realista", enquanto Délacroix representava o passado digno de repúdio, mas em pouco tempo Van Gogh é que passaria a ser moderno. E assim por diante.

Se desde sempre a palavra "moderno" sofreu dessa mobilidade semântica, uma época parece ter levado às últimas consequências a crise do moderno: é precisamente o século XX. O emprego do apelativo "modernismo", não raro para assinalar tendências dissonantes, ainda que animadas pelo mesmo sopro iconoclasta, exprime nitidamente esse estado de coisas. E a resistência que o termo ofereceu ao longo dos anos atesta que, de provisório, entrou a ganhar foros de permanente à falta de uma alternativa satisfatória que resumisse as facetas culturais daquela centúria.[1]

Simbolismo, Impressionismo, Imaginismo, Vorticismo, Ultraísmo, Futurismo, Expressionimo, Dadaísmo, Interseccionismo, Sensacionismo, Surrealismo, Neorrealismo são alguns dos "ismos" enfeixados na rubrica geral Modernismo. Complexos, cada um de per si, dão uma ideia do entrelaçamento estético que caracteriza a época. Por meio deles, isoladamente ou não, o espírito moderno se internacionalizou, como poucos: de Chicago a Moscou, de Nova York a Paris, de Milão a Lisboa, de

---

1. Para um estudo do vocábulo "moderno" e demais aspectos correlatos, ver Malcolm Bradbury e James McFarlane (orgs.). *Modernism*, Middlesex, Inglaterra: Penguin Books, 1981.

Madri ao Rio de Janeiro, de Paris à América Central, o modernismo alongaria tentáculos poderosos e duradouros.

Genericamente encontrando na *Belle époque* o seu momento de explosão, como bem atestam esses "ismos", a modernidade não apresenta uma cronologia rigorosa. Remontando a Baudelaire e Rimbaud ("Il fault être absolument moderne", "de Adieu"), inicia-se por volta de 1880, segundo consenso da crítica, e avança pelo século XX até uma data que varia de 1925 a 1950.[2] Na verdade, embora o seu ápice possa ser localizado entre 1910 e 1930, a hegemonia do moderno permanece até os nossos dias, nas numerosas mutações que vêm revestindo, numa sequência de "ismos" ainda longe de esgotar-se e igualmente longe de sugerir um deles para rotular a totalidade.

Identificado com as vanguardas,[3] que se sucedem na voragem do tempo, durante o instante efêmero das novidades e descobertas, o modernismo, ainda compreendido como movimento internacional, mergulha raízes na insatisfação geral perante o estado do mundo que as ciências descortinavam em meados do século XIX. Refletindo, por outro lado, o sentimento de euforia característico da *Belle époque*, trazia no bojo o gosto pela aventura e pelo individualismo, que o vincula à cosmovisão romântica: conquanto repelisse a sentimentalidade reinante na literatura oitocentista, o moderno não disfarçava os nexos secretos com o Romantismo. Menos que ruptura com esse movimento de rebelião e egolatria, a modernidade manifesta-se como uma retomada, em diversa escala e registro, das suas teses centrais. Dessa perspectiva, o ideário romântico perdura até os dias de hoje, nas várias metamorfoses que vai assumindo no transcurso da centúria, como Proteu de mil faces a revelar outras tantas à medida que as exibe à luz do sol.

"Evasivo, indeterminado, múltiplo, geralmente implausível, infinitamente vário e essencialmente irredutível", o modernismo rejeitaria uma síntese que concentrasse os opostos de toda espécie, mas, se uma fórmula pode identificá-lo, "nem é totalmente a noção de 'ambos/e', nem totalmente a noção de 'ou/ou', senão (por assim dizer) ambas e nenhuma. Imprevistamente, portanto, a fórmula modernista se torna 'ambos/ee/ou ou/ou'". De repente "no modernismo, o centro exerce não uma força

---

2. Idem, ibidem, pp. 30ss.

3. Guilhermo de Torre, *História de las Literaturas de Vanguardia*, 3 vols., Madri: Guadarrama, 1971.

centrífuga mas centrípeta; e a consequência não é a desintegração, mas (por assim dizer) a superintegração".[4]

Não estranha que a modernidade, além de assinalar uma idade apocalítica, vertiginosamente correndo para o Nada (por momentos, inclusive, tornada matéria de filosofia e reflexão, como se sabe, no Existencialismo), possa ser considerada uma grande cisão histórica, superior às demais da cultura ocidental, conforme propõe C. S. Lewis (*De Descriptione Temporum*, 1954), ou ao menos superior aos cinco séculos anteriores de história da arte.[5]

Nesse quadro se inscreve o nosso modernismo: os seus antecedentes gerais encontram-se na Europa do tempo constituindo desse modo o subsolo em que se nutre, o que desde logo previne o equívoco de considerá-lo autóctone, independente. Por outro lado, é forçoso levar em conta a conjuntura local, os antecedentes nacionais que prepararam a irrupção da Semana de Arte Moderna, em 1922. E é na cola desta, bem como do "espírito moderno" (Graça Aranha), que o vocábulo ganhou consenso. No entanto, o mais acertado seria acompanhar Mário de Andrade, quando proclamou, em alto e bom som, no "Prefácio Interessantíssimo" de *Pauliceia Desvairada*, também de 1922[6]: "está fundado o Desvairismo".

Se, de um lado, a *Belle époque*, ou os germes simbolistas que nela se disseminam, constitui período anunciador da revolução operada a partir de 1922, de outro, no seu decurso se observam sinais que apontam nessa direção. Em 1912, simbolicamente a meio caminho entre a publicação de *Canaã* e a Semana de Arte Moderna, Oswald de Andrade regressa da sua primeira viagem à Europa, trazendo notícias diretas do impacto nos arraiais literários, causado pelos manifestos futuristas de Marinetti. Parecia a chegada do pormenor que faltava para completar a modernidade da *Belle époque*, ao mesmo tempo que lhe decretava a superação. Inspirado nas novidades europeias, Oswald de Andrade compõe, naquele ano, um poema em versos livres, "Último Passeio de um Tuberculoso pela Cidade, de Bonde", "cujo original foi perdido ou até

---

4. James McFarlane, "The Mind of Modernism", in *Modernism*, pp. 81, 88, 92.
5. Malcolm Bradbury e James McFarlane, ibidem, p. 20.
6. Para a resenha dos antecedentes nacionais, valemo-nos de Mário da Silva Brito, *História do Modernismo Brasileiro*, vol. 1, Antecedentes da Semana de Arte Moderna, S. Paulo: Saraiva, 1958; de Wilson Martins, *O Modernismo*, vol. VI de *Literatura Brasileira*, S. Paulo: Cultrix, 1965; e de Marta Rossetti Batista, Telê Porto Ancona Lopez e Yone Soares de Lima (orgs.), *Brasil: 1º Tempo Modernista — 1917/29. Documentação*, S. Paulo: Instituto de Estudos Brasileiros da Universidade de S. Paulo, 1972.

jogado fora, em virtude das arreliações que provocara".[7] De qualquer modo, entravam na moda, e assim se manteriam por algum tempo o vocabulário "futurismo" e cognatos, vindo mesmo a identificar-se com o próprio modernismo.

Em 1914, é Anita Malfatti quem retorna de um longo estágio europeu e realiza, com êxito, uma exposição das suas telas; ainda não será dessa vez, porém que a sua arte desencadeará agitação nos círculos intelectuais paulistanos. É de registrar também a publicação, nesse mesmo ano, de um artigo, "As lições do Futurismo", do prof. Ernesto Bertarelli. No ano seguinte, Ronald de Carvalho junta-se aos modernistas portugueses e dirige, com Luís de Montalvor, o primeiro número de *Orpheu*, que inauguraria a modernidade em Portugal. A ideia da revista teria surgido numa das conversas que ambos travavam, nos anos em que Luís de Montalvor permaneceu no Rio de Janeiro como secretário da embaixada do seu país.[8] Tornando-se uma espécie de mediador entre os dois modernismos em vernáculo, Ronald de Carvalho se caracterizaria, igualmente, como elo de união entre a *Belle époque* e a Semana de Arte Moderna. Mais relevância assume, ao ver de Wilson Martins, a data de 1916: funda-se a *Revista do Brasil*, publica-se *Rondônia*, de Roquette-Pinto, *Casos e Impressões*, de Adelino Magalhães, *História da Literatura Brasileira*, de José Veríssimo. "Era, realmente, o fim do século XIX na literatura brasileira", diz o referido crítico, acrescentando: "a partir desse momento, começa a *história modernista*".[9]

Nenhuma dessas datas seria, no entanto, tão significativa quanto a de 1917: pode-se dizer que os preparativos da revolução modernista entram na fase derradeira; daí em diante, os acontecimentos atropelam-se até chegar ao clímax em 1922. O primeiro evento digno de nota, por si só capaz de garantir a importância daquela data na pré-história do Modernismo, é a nova exposição levada a efeito por Anita Malfatti após o retorno dos EUA, onde estudara por um ano e meio. Inaugurada em 12 de dezembro de 1917, a ela acorreram não só pessoas da sociedade como também escritores, dentre os quais o grupo de 1922. Se a estes a pintura antiacadêmica brilhava como a concretização do seu anseio futurista, em Monteiro Lobato a impressão foi diametralmente oposta:

---

7. Mario da Silva Brito, op. cit., p. 27.
8. João Gaspar Simões, *Vida e Obra de Fernando Pessoa*, 2ª ed. rev., Amadora Bertrand, s.d., pp. 227ss.; Arnaldo Saraiva *O Modernismo Brasileiro e o Modernismo Português*, 3 vols., Porto, s.e., 1986, vol. 1, pp. 103ss.
9. Wilson Martins, op. cit., pp. 14ss.

no dia 20 do mesmo mês, *O Estado de S. Paulo* estampava um artigo seu — "Paranoia ou Mistificação?" — no qual, em meio a outras coisas, diz que a pintora,

> seduzida pelas teorias do que ela chama arte moderna, penetrou nos domínios dum impressionismo discutibilíssimo, e põe todo o seu talento a serviço duma nova espécie de caricatura.
>
> Sejamos sinceros: futurismo, cubismo, impressionismo e "tutti quanti" não passam de outros tantos ramos da arte caricatural. É a extensão da caricatura a regiões onde não havia até agora penetrado. Caricatura da cor, caricatura da forma — caricatura que não visa, como a primitiva, ressaltar uma ideia cômica, mas sim desnortear, aparvalhar o espectador.[10]

Criava-se assim, o "caso Anita Malfatti", acesa polêmica momentaneamente desastrosa para a artista, mercê da aura de escândalo que lhe cercou o nome, mas benéfica para a instauração da arte moderna entre nós.

Nesse mesmo ano, a aproximação entre Oswald de Andrade e Mário de Andrade como que define os anseios da semana de 22, de que participariam Di Cavalcanti, Guilherme de Almeida e Menotti del Picchia, entre outros. A data é ainda assinalada pelo aparecimento de várias obras poéticas, algumas delas da autoria desses jovens rebeldes, como *Há uma gota de sangue em cada poema*, de Mário de Andrade, sugerida pela conflagração mundial de 1914, mas ainda segundo os padrões da *Belle époque*; *Máscaras*, de Menotti del Picchia, de inspiração bíblica, e *Juca Mulato*, do mesmo autor; *A Cinza das Horas*, de Manuel Bandeira, na linha da introspecção simbolista; *Nós*, de Guilherme de Almeida, de feição lírico-amorosa; *Evangelho de Pã*, de Cassiano Ricardo, inserido no helenismo da *Belle époque*, e outras, de poetas afeiçoados ao Simbolismo (Da Costa e Silva, Giberto Amado, Pereira da Silva, Murilo Araújo), ou neoparnasianos (Martins Fontes). Para completar o panorama da época, eclode a primeira greve operária, em S. Paulo, reflexo imediato da Revolução Russa, de 1917:

---

10. Monteiro Lobato, "Paranoia ou Mistificação?", in Mário da Silva Brito, op. cit., p. 46.

estávamos na era industrial e em função dela os problemas se proporiam. A greve era um sinal da nova conjuntura social, política e econômica. A situação literária seria mudada logo, também. E de modo também conflituoso.[11]

Os anos seguintes, notadamente de 1920-1921, serão de intensa campanha em favor dos ideais futuristas ou modernistas. Em 1919, dá-se o encontro do grupo — liderado por Mário de Andrade em razão do prestígio que gozava entre os companheiros de geração — com Victor Brecheret, então regressando da Itália, onde estivera por seis anos impregnando-se de arte moderna. A descoberta do escultor correspondia ao deslumbramento experimentado ante a pintura de Anita Malfatti: a simetria dos acontecimentos, ambos ligados às artes plásticas, simboliza a rápida evolução da cultura brasileira também nos domínios extra-literários: Villa-Lobos vinha compondo música desde 1912, embora numa clave tradicional, como a preparar-se para o espaço que ocuparia após 1922.

Colabora para ebulição cultural o prenúncio das comemorações do Centenário da Independência. Pensou-se em erigir um monumento alusivo à efeméride, enaltecendo o feito dos bandeirantes. Victor Brecheret é o escolhido para levar avante o empreendimento, o que, obviamente, entusiasmou Menotti del Picchia e seus amigos, mas os portugueses de S. Paulo também resolvem oferecer à cidade um monumento em homenagem ao Centenário. Armada a polêmica, nenhum dos projetos se impôs, e o de Brecheret teria de aguardar vários anos até concretizar-se, à entrada do Parque do Ibirapuera. Em compensação, a escultura "Eva", na linha de Rodin, é comprada pela Prefeitura e instalada no vale do Anhangabaú. Mais ainda: em 14 de junho de 1921, o artista volta à Europa, subvencionado pela prefeitura paulistana, e em Paris, no *Salon d'Automne*, alcança o primeiro prêmio com "Templo da Minha Raça". O ideal modernista avançava, a largos passos na direção do momento explosivo de 1922.

A publicação de obras por parte dos seguidores da nova tendência prossegue: em 1919, aparecem *A Dança das Horas e Messidor*, de Guilherme de Almeida; *Poemas e Sonetos*, de Ronald de Carvalho; *Carnaval*, de Manuel Bandeira; *Le départ sous la pluie*, de Sérgio Milliet, pouco depois que Andrade Muricy fizera, em *Alguns Poetas Novos* (1918), o balanço do Simbolismo e do Parnasianismo, mostrando-os em declínio.

---

11. Mário da Silva Brito, op. cit., p. 90.

Enquanto isso, outros acontecimentos vão adensando o clima nacionalista da época em 1920 Mário da Silva Brito lembra que,

> está marcado pelo nacionalismo. Hora em que o país se prepara para comemorar, daí a dois anos, a independência, há como que uma revivescência do mesmo sentimento que, no século anterior, gerara o romantismo e levara os nacionais a uma atitude antiportuguesa, jacobina até. A exacerbação patriótica, agora como no passado, atingia o velho Portugal.[12]

A animosidade vinha, como bem registra o historiador do nosso Modernismo, desde 1915, quando se organiza a "Ação Social Nacionalista", de cunho francamente xenófobo e hostil aos portugueses, integrada por Afonso Celso, Jackson de Figueiredo e outros. Face sombria do nacionalismo, mais virada para o passado que para o futuro, nem por isso deixou de exercer influência na atmosfera preparatória da Semana de Arte Moderna. Os futuristas atacam o purismo gramatical de feição lusitana; o caboclismo de Monteiro Lobato em *Juca Mulato*. Respirava-se ufanismo, em meio às questões sociais que a ascensão dos imigrantes suscitava junto aos detentores do poder, "paulistas de 400 anos". Ideias políticas avançadas, de tendência socialista, começam a circular nos meios intelectuais; escritores iniciantes, contagiados por essas ideias, dentre os quais Afonso Schmidt, organizam o "Grupo Zumbi". A indústria paulista, incluindo a editorial, por iniciativa de Monteiro Lobato, expande-se: S. Paulo "sente orgulho de parecer uma cidade europeia, de ser a capital industrial do Brasil, de remeter para Santos, diariamente, 150 vagões de café".[13]

No mesmo ano de 1920, Mário de Andrade escreve *Pauliceia Desvairada*, já de caráter modernista, mas que aguardaria dois anos para vir a público. O Futurismo, mal ou bem interpretado, conforme as facções em luta, torna-se o vocabulário-chave para rotular o grupo vanguardista. Anita Malfatti expõe novamente, sem o impacto, contudo, da mostra anterior. Oswald de Andrade e seus companheiros se encontram em diversos lugares, incluindo o ateliê da pintora, para debater a literatura futurista, numa inquietude que logo chegaria aos jornais, pela voz de Menotti del Picchia. Em pouco tempo, a ruptura com o passado se mostraria inadiável.

---

12. Idem, ibidem, pp. 120-121.
13. Idem, ibidem, p. 139.

O ano de 1921 presencia o crescimento da insatisfação, a principiar do chamado "Manifesto do Trianon", em 9 de janeiro: a pretexto de homenagear Menotti del Picchia pela recente publicação de *As Máscaras*, reúnem-se no Trianon, e Oswald de Andrade profere um discurso conclamando ao rompimento total com as forças antivanguardistas. Poucos dias eram passados quando Menotti del Picchia publica um artigo — "Na Maré das Reformas" — no qual, em meio a considerações que soam a uma espécie de programa do modernismo, afirma que,

> colocando o problema da reforma estética entre nós, pouco se salva do passado. Tudo, quase, vai raso. A liquidação literária, no Brasil, assume proporções de queima.

E termina, com furor incendiário:

> É preciso reagir. É preciso esfacelarem-se os velhos e râncidos moldes literários, reformar-se a técnica, arejar-se o pensamento surrado no eterno uso das mesmas imagens. A vida não para e a arte é a vida. Mostremos, afinal, que no Brasil não somos uns misoneístas faquirizados, nem um montão inerte e inútil de cadáveres.[14]

Em consequência, os modernistas voltam-se contra o Romantismo lacrimejante, o Realismo de Zola e Eça, o Parnasianismo marmóreo, apenas respeitando o Simbolismo, já por ser antiparnasiano, já por conter presságios da sua proposta revolucionária.

Em maio de 1921, Oswald de Andrade vem a público com um artigo acerca de Mário de Andrade, chamando-o de "O Meu Poeta Futurista" e transcrevendo alguns versos de *Pauliceia Desvairada*, não sem provocar escândalo, com reflexos desagradáveis na vida particular do homenageado, que se viu obrigado a negar a sua filiação ao Futurismo em artigo intitulado "Futurista?!", vindo a lume em 6 de junho, e transcrito, bem como o de Oswald de Andrade, no livro de Mário da Silva Brito. Simultaneamente, reacendia-se a polêmica ao redor do Futurismo e da vinculação dos paulistas ao teórico italiano que o propusera, Marinetti. Como que não querendo deixar dúvidas quanto à modernidade de suas ideias, embora repudiasse, estrategicamente, a ligação com o Futurismo, Mário de Andrade elabora uma série de sete artigos a respeito dos "Mestres do

---

14. Menotti del Picchia, "Na Maré das Reformas", in Mário da Silva Brito, op. cit., pp. 165, 166.

Passado", ou seja, do Parnasianismo, atiçando a ira dos passadistas e o júbilo dos correligionários.

Pletórico de eventos marcantes, o ano de 1921 não findaria sem outras iniciativas vanguardistas. Em novembro, Di Cavalcanti faz uma exposição dos seus trabalhos na livraria O Livro, ocasião em que teria surgido a ideia da Semana de Arte Moderna.[15] E Mário de Andrade, Oswald de Andrade e Armando Pamplona, compondo "a primeira *bandeira futurista*", no dizer de Menotti del Picchia, vão ao Rio de Janeiro para divulgar as suas ideias entre os escritores cariocas.[16] O regresso de Graça Aranha ao Brasil, após longos anos no estrangeiro, e a pronta adesão à causa modernista, é o derradeiro acontecimento de monta na vigília da Semana de Arte Moderna: tudo estava pronto para a histórica virada de 1922.

---

15. Mário da Silva Brito, ibidem, p. 281.
16. Menotti del Picchia, "A 'bandeira futurista'", in Mário da Silva Brito, op. cit., p 282.

II A Semana de Arte Moderna

2 1922: ano-chave, tanto na história do Desvairismo como das nossas instituições culturais, políticas, etc. Se é possível fragmentar a evolução do povo brasileiro em duas grandes eras, antes e depois de 1822, pode-se perfeitamente localizar em1922 um divisor de águas: invadíamos a história moderna, com todas as suas implicações. Parecia que despertávamos de secular hibernação, em que o nosso provincianismo ia de mãos dadas com o nosso subdesenvolvimento para ingressar na modernidade. Queimamos várias etapas em pouco tempo, a distância em relação à Europa tendia a diminuir, como se o nosso modo de ser, até então em ritmo de carro de boi, passasse à velocidade do automóvel e do avião. Evidentemente, o atraso cultural não desaparecia como por milagre, mas a partir desse ano o processo da nossa identidade histórica começa a ganhar força, mercê da qual vimos amadurecendo virtualidades e atualizando latências. E se até hoje lutamos por vencer dificuldades de toda ordem, engolfados nas grandes mudanças provocadas pela queda do Muro de Berlim (1989) e o fim da URSS, assim como pelo enorme avanço tecnológico e as suas repercussões internacionais, não se pode negar que a consciência de que é preciso alcançar o desenvolvimento geral sem prejuízo das nossas características específicas e condições histórico-geográficas, instalou-se, revolucionariamente, em 1922.

As comemorações do Centenário da Independência davam azo a pensar-se numa ampla mudança. Os jovens de 1922, como vimos, prepararam cuidadosamente o seu aparecimento coletivo, fazendo-o coincidir com a grande efeméride nacional: "Quando se realiza a Semana de Arte Moderna" — diz judiciosamente um crítico — "o Modernismo já está *maduro*, se não no grande público, pelo menos entre os intelectuais que compunham, naquele momento, a parte mais viva e criadora da Inteligência brasileira".[17]

---

17. Wilson Martins, "50 Anos de Literatura Brasileira", in Joaquim Montezuma de Carvalho (org.), *Panorama das Literaturas das Américas* (De 1900 à Atualidade), 4 vols., Angola: Ed. Do Município de Nova Lisboa, 1958-1965, vol. I, p. 105.

Provavelmente sugerida por Di Cavalcanti e logo aceita por Graça Aranha, que tomou a iniciativa de pô-la em prática, a Semana de Arte Moderna realizou-se no Teatro Municipal, entre 13 e 17 de fevereiro.[18] Três "festivais" constavam do programa, que incluía uma parte literária, uma musical e uma plástica. No dia 13, segunda-feira, teve lugar o primeiro festival, aberto com uma conferência de Graça Aranha, "A Emoção Estética na Arte Moderna", ilustrada com música executada por Ernâni Braga, e poesia, por Guilherme de Almeida e Ronald de Carvalho, seguidas pela execução de música de Villa-Lobos. Da segunda parte, constou uma conferência de Ronald de Carvalho, "A Pintura e a Escultura Moderna no Brasil", e a seguir, solos de piano por Ernâni Braga. Na quarta-feira, dia 15, transcorreu o segundo festival. O programa consistia numa palestra de Menotti del Picchia, "ilustrada por poesias e trechos de prosa por Oswald de Andrade, Luís Aranha, Sérgio Milliet, Tácito de Almeida, Ribeiro Couto, Mário de Andrade, Plínio Salgado, Agenor Barbosa e dança pela senhorita Yone Daumerie";[19] a seguir, solos de piano por Guiomar Novais; no intervalo, Mário de Andrade proferiu palestra na escadaria interna do teatro, acerca da exposição de artes plásticas. Na segunda parte, Renato Almeida falou da "Perennis Poesia", seguindo-se números de canto e piano. O programa do terceiro festival, no dia 17, incluía música de Villa Lobos. Ao mesmo tempo, o saguão do teatro exibia pintura de Anita Malfatti, Di Cavalcanti, John Graz, Martins Ribeiro, Zina Aita, J. F. de Almeida Prado, Ferrignac (Inácio da Costa Ferreira), Vicente do Rêgo Monteiro; arquitetura de Antônio Moya e

---

18. Essa a hipótese que sugere Mário da Silva Brito (in Afrânio Coutinho [dir.], *A Literatura do Brasil*, 3 vols., Rio de Janeiro: Sul-Americana/s. José, 1955-1959, vol. III, t. l, pp. 449-450), ao transcrever notícia veiculada em *O Estado de S. Paulo*, de 29 de janeiro daquele ano: "Por iniciativa do festejado escritor, sr. Graça Aranha, da Academia Brasileira de Letras, haverá em S. Paulo uma 'Semana de Arte Moderna', em que tomarão parte os artistas que, em nosso meio, representam as mais modernas correntes artísticas". Raul Bopp inclina-se, por sua vez, a atribuir a René Thiollier a iniciativa, pelo menos "administrativa", da Semana, acrescentando que Graça Aranha "foi convidado a ocupar a cena do Teatro como conferencista" (*Movimentos Modernistas do Brasil. 1922-1928*, Rio de Janeiro, S. José, 1966, pp. 18, 19). Ver ainda Mário de Andrade, "O Movimento Modernista", in *Aspectos da Literatura Brasileira*, S. Paulo: Martins, s.d, pp. 234-235; Wilson Martins, *O Modernismo*, pp.64-65; Sílvio Elia, "Graça Aranha e as Origens do Modernismo", *Convergência*, Rio de Janeiro, ano II, nº 3, jul.-dez, 1977, pp. 29-38. Para uma visão heterodoxa da Semana de Arte Moderna e seus desdobramentos, ver Yan de Almeida Prado, *A Grande Semana de Arte Moderna* (Depoimento e Subsídios para a Cultura Brasileira), S. Paulo: Edart, 1976.

19. Marta Rosseti Batista, Telê Porto Ancona Lopez e Yone Soares de Lima (orgs.), op. cit., p 396.

George Przirembel; escultura de Victor Brecheret e W. Haarberg. Fazendo um balanço dos três espetáculos, Mário da Silva Brito observa que

> A grande noite da Semana foi a segunda. (...) Como era previsto, a pateada perturbou o sarau, especialmente à hora das "ilustrações", ou seja, o momento em que, apresentadas por Menotti de Picchia, eram reveladas a prosa e a poesia modernas, declamadas ou lidas pelos seus autores. Mário de Andrade confessa que não sabe como teve coragem para dizer versos diante de uma vaia tão bulhenta que não escutava, no palco, o que Paulo Prado lhe gritava da primeira fila das poltronas.* O poema "Os Sapos", de Manuel Bandeira, que ridiculariza o Parnasianismo, mormente o pós-parnasianismo, foi declamado por Ronald de Carvalho "sob os apuros, os assobios, a gritaria de 'foi não foi' da maioria do público".** Ronald, aliás, disse também versos de Ribeiro Couto e Plínio Salgado. Oswald de Andrade leu trechos de "Os Condenados". Agenor Barbosa obteve aplausos com o poema "Os Pássaros de Aço", sobre o avião, mas Sérgio Milliet falou sob o acompanhamento de relinchos e miados.[20]*

O fragor da Semana de Arte Moderna, espalhando-se por toda a parte, como que anunciava as mudanças que esse ano-chave trazia no bojo, juntamente com a celebração do Centenário da Independência. Em março, realizam-se as eleições presidenciais, saindo vencedor Artur Bernardes, e funda-se o Partido Comunista, após um período (1917-1920) de greves operárias. E "em 5 de julho de 1922" — conforme relata um historiador da república:

> sublevava-se o forte da Igrejinha, em Copacabana, e amotinava-se a Escola Militar, contando naturalmente com a adesão de outras forças do Exército. A fortaleza revoltada dispara alguns tiros contra pontos estratégicos da cidade. Reage o Governo com a maioria das tropas que lhe eram fiéis e com os vasos de guerra. Bombardeado, o forte rendia-se; eram igualmente sufocados levantes na Escola Militar e em alguns quartéis. Recusando-se à capitulação, um grupo de jovens oficiais e praças veio bater-se na avenida à beira-mar de Copacabana contra as poderosas forças do Governo para o sacrifício heroico das próprias vidas.[21]

---

* Mário de Andrade, *O Movimento Modernista*, Rio de Janeiro: Casa do Estudante, 1942, p. 15. ** Manuel Bandeira, *Itinerário de Pasárgada*, Rio de Janeiro: Ed. Jornal de Letras, 1954, p. 56.
20. Mário da Silva Brito, in Afrânio Coutinho (dir.), *A Literatura do Brasil*, vol. III, t. I, pp. 451-452. / * Júlio Freire, "Crônica... Futurista!...", in *A Vida Moderna*, 23 fev. 1922.
21. José Maria Bello, *História da República*, 3º ed., rev. e acresc. S. Paulo: Nacional, 1956, p. 328.

Era o chamado "18 do Forte de Copacabana", composto de 17 militares, entre tenentes e praças, incluindo Eduardo Gomes, então aluno da Escola de Aviação, incorporado ao grupo como voluntário, e um paisano, Otávio Correia, gaúcho que se associara aos revoltosos no trajeto pela Av. Atlântica. "O grupo, que era comandado pelo 1º Tenente Siqueira Campos, foi totalmente aniquilado; os que não morreram foram feridos mortalmente pelas baionetas; mas é preciso reconhecer que se bateram como leões contra leões."[22] Somente sobreviveram, além do comandante, o tenente Newton Prado e Eduardo Gomes.

Passados dois anos, precisamente em 5 de julho de 1924, estouraria em S. Paulo uma revolução, contra o governo federal, comandada pelo Gen. Isidoro Dias Lopes. Pouco mais de três semanas eram decorridas quando os rebeldes se retiraram para Bauru, indo juntar-se a Luís Carlos Prestes, que também se revoltava em Alegrete, Rio Grande do Sul, formando a *Coluna Prestes*, a qual, após percorrer o país, se embrenharia pela Bolívia, em 1926. Ao mesmo tempo, e por decorrência da revolução paulista, outras forças de sedição se organizaram no Amazonas, em 23 de julho, durante 30 dias, ocasião em que várias medidas de caráter social foram tomadas pela *Comuna de Manaus*; e no Rio Grande do Sul, em fins de outubro, sob o comando de Luís Carlos Prestes, João Francisco Honório de Lemos e Siqueira Campos.

Tais insurreições vinham na vaga do tenentismo, como se chamou o movimento dos tenentes, inaugurado em 1922, extinto em 1935, com a intentona comunista.[23] Nesse interregno, duas datas merecem destaque, em torno de acontecimentos que constituem prolongamentos de 1922 e 1924: a revolução de 1930, mercê da qual Getúlio Vargas depôs Washington Luís e assumiu o poder; o político gaúcho candidatara-se à presidência juntamente com Júlio Prestes, e saíra derrotado nas urnas. A *Aliança Liberal*, que o apoiava, insatisfeita com o resultado, decidiu-se pela via revolucionária. Deflagrada a revolução em 3 de outubro daquele ano, e irradiando-se do Rio Grande do Sul para o resto do País, em 24 do mesmo mês Washington Luís é deposto, e o governo é entregue nas mãos de Getúlio Vargas. Findava, assim, a Primeira República ou República Velha. Em 1932, novamente S. Paulo é palco de uma revolução, dessa vez contra Getúlio Vargas que, demorando para constitucionalizar o seu governo, baixou atos antipáticos aos paulistas (como imposição

---

22. Artigo do *Jornal do Comércio*, Rio de Janeiro, 7/7/1922, in Edgard Carone, *O Tenentismo*, S. Paulo: Difel, 1975, p. 40.

23. Ver a respeito a obra indicada na nota anterior.

de um interventor, na pessoa de Pedro de Toledo), o qual, no entanto, procurou agir de acordo com os seus conterrâneos. A morte de alguns estudantes foi a gota d'água que faltava, e durante dois meses e meio a rebelião enfrentou as tropas federais. Conquanto derrotados, o seu ideal saía vitorioso: em 16 de julho de 1934, promulgava-se a Constituição, vigente até 10 de novembro de 1937, quando Getúlio Vargas, mediante um golpe de estado, instala o Estado Novo.

3 Raros movimentos literários, entre nós, desencadearam, como a Semana de Arte Moderna e anos subsequentes, tantos manifestos e textos doutrinários. Por influência europeia, o Futurismo se difundiu por meio de escritos no gênero, compelindo os demais "ismos" da época a percorrerem idêntica trilha, ou em razão de fatores específicos determinando uma tomada de consciência do rumo a seguir, o certo é que os integrantes da primeira hora foram pródigos em explicar suas intenções. Entretanto, tais são as divergências internas nos grupos formados após 1922, expressas em propostas teóricas nem sempre convertidas em prática coerente, que se torna difícil falar numa estética modernista, fruto de uma profissão de fé monolítica.

Antes de 1922, chamado de "período heroico" por Mário de Andrade",[24] ele e seus companheiros sabiam contra que(m) se rebelavam: antiparnasianos, antirrealistas, repudiavam todo o passado brasileiro que não representasse avanço na direção que julgavam ideal. Excluíam o Simbolismo do índex, visto nele descortinar algumas raízes da sua inquietação. Diziam-se "futuristas", nutriam sentimentos nacionalistas, recusando "a influência portuguesa", rompendo "com as formas tradicionais de expressão, fundadas no purismo, na gramática herdada dos descobridores".[25] Em suma, eram contra *status quo* literário reinante no país, e preconizavam "uma ruptura (...), um abandono de princípios e técnicas consequentes (...), uma revolta contra o que era a inteligência nacional".[26]

Os revolucionários de 1922 sabiam, pois, o que não queriam. Saberiam, porventura, a que aspiravam? O exame dos textos doutrinários, e mesmo da obra criativa, vindos a público nos anos posteriores à Semana

---

24. Mário de Andrade, op. cit, p. 237.
25. Mário da Silva Brito, *História do Modernismo Brasileiro*, p. 122.
26. Mário de Andrade, op. cit., p. 235.

de Arte Moderna, revela que o impulso anárquico com que rechaçaram o passado literário nacional se prestava magnificamente para destruir mitos, mas era inadequado quando se tratava de exprimir, de maneira orgânica, um programa estético que traduzisse os anseios do grupo. Tomando um deles como porta-voz do espírito de época, as seguintes linhas poderiam ser divisadas:

> O que importa para o artista moderno é traduzir nossa época e s sua personalidade. (...) Nossa época é o domingo dos séculos. Toda gente se diverte aos domingos, menos eu que me aborreço. (...) A arte moderna é uma manifestação *natural* e *necessária*. Os artistas modernos são homens convencidos de que é preciso criar novas formas, porque as que existem já não traduzem mais a vida contemporânea. Bandeirantes do pensamento. (...) As invenções modernas transformaram nossos sentidos. O homem não tem mais 5 sentidos, tem centenas, milhares. A velocidade da vida moderna obriga o artista a realizar depressa o que ele sentiu depressa, *antes* da inteligência *intervir*. (...) A arte moderna é alegre, canta a alegria de viver, não acredita em "gêneros", mistura a água com o vinho. Ora, nós brasileiros queremos ou água ou vinho, mas água com vinho não. Os modernos bebem *cocktails*. No meio de uma página seriíssima, salta uma blague... e nós nos indignamos" (...) A grande diferença entre os passadistas e os modernos é que os passadistas acreditam, e os modernos não acreditam, na gramática, no vernáculo, nos princípios, em tudo o que está estabelecido, no *magister dixit*. (...) Nós, homens de hoje, estamos assistindo ao desmoronamento de uma sociedade, ao deslocamento do centro da gravidade do mundo, da Europa para a América, ao deslocamento do centro da gravidade do mundo, da Europa para a América. Nós, homens de hoje, não podemos aceitar regras, teorias, sistemas definitivos, inabaláveis. Nossa sede de aventuras cerebrais, "neste século sem terras incógnitas", é um reflexo da vida do nosso tempo".[27]

Como se vê, apesar da moderação, a doutrina está longe de ser conformista. Não obstante, ou em consequência precisamente do clima rebelde, os componentes da geração de 1922 puseram-se a redigir manifestos ou prefácios doutrinários. Eivados de paixão polêmica, e, quem sabe, do falacioso desejo de interpretar o pensamento coletivo, não raro se contradizem ou propõem soluções estéticas impraticáveis: bafejados pelos ares de 1922, entregam-se a um afã teórico sem atentar para a sua prática nem para a sua coerência interna. E, como não poderia deixar

---

27. Rubens Borba de Morais, *Domingo dos Séculos*, Rio de Janeiro: Candeia Azul, 1924, pp. 14, 18, 56, 60, 69, 87.

de ser, em virtude do furor polêmico e de não terem plena consciência de suas aspirações, esses manifestos incidem no combate ao passado literário nacional, a evidenciar que lhes custava substituir a iconoclastia por um programa construtivo e homogêneo. Ainda quando acreditavam falar em nome da construção, o seu grito de revolta permanece. Entretanto, examinando detidamente os manifestos, é possível deduzir uma espécie de programa mínimo:

> *Klaxon* — 1922
> *Manifesto da Poesia Pau-Brasil* — 1924
> *A Arte Moderna* — 1924
> "Para os Céticos" (editorial de *A Revista*, Belo Horizonte) — 1925
> "Para os Espíritos Criadores" (ibidem) — 1925
> *Terra Roxa e Outras Terras* — 1926
> *Festa* — 1927
> *Manifesto do Grupo Verde, de Cataguases* (Minas Gerais) — 1927
> *Manifesto Antropófago* — 1928
> Nhengaçu Verde-Amarelo (Manifesto do Verde-Amarelismo, ou da Escola da Anta) — 1929
> *Leite Criôlo* — 1929[28]

Com efeito, os vários pronunciamentos caracterizam-se pelo mesmo espírito lúdico que presidiu a Semana de Arte Moderna: acreditavam atingir os seus objetivos revolucionários por meio do riso, a descontração jovial, a irreverência. E se alguma gravidade subjaz à veemência polêmica não chega a transparecer, salvo em casos como o do Verde-Amarelismo, mas tal discrepância denuncia a orientação política do grupo liderado por Plínio Salgado, Cassiano Ricardo e Menotti del Picchia. Análogo, na doutrina, aos demais manifestos e agrupamentos, deles diverge no tom a sério que assume, marcando uma inflexão que se diria heterodoxa, em relação às matrizes inovadoras do movimento de 1922.

Partindo de "nenhuma fórmula para a contemporânea expressão do mundo, *Ver com olhos livres*", norteados pelo lema "Abaixo os preconceitos artísticos! Liberdade!", procuravam ser "apenas brasileiros de nossa época". E, como tais, no mesmo ano da Semana de Arte Moderna, de-

---

28. O leitor interessado nesses manifestos poderá recorrer à *Revista do Livro*, Rio de Janeiro, nº 16, ano IV, dez. 1959, pp. 183-202; e a Gilberto Mendonça Teles, *Vanguarda Europeia e Modernismo Brasileiro*, 8ª ed., Petrópolis: Vozes, 1985.

fendem, por intermédio da *Klaxon*, que "a cinematografia é a criação artística mais representativa da nossa época. É preciso observar-lhe a lição": a influência da linguagem cinematográfica seria um dos aspectos marcantes da literatura dos anos 1920. Daí "o trabalho contra o detalhe naturalista — pela *síntese*; contra a morbidez romântica — pelo *equilíbrio* geômetra e pelo *acabamento* técnico; contra a cópia, pela *invenção* e pela *surpresa*", e, consequentemente, "reação à cópia. Substituir a perspectiva visual e naturalista por uma perspectiva de outra ordem: sentimental, intelectual, irônica, ingênua". O nacionalismo, presente ou subjacente em todos os manifestos, atinge o ápice no *Manifesto Antropófago* e, notadamente, no Nhengaçu Verde-Amarelo, cujos mentores falam em "nacionalismo sadio, de grande finalidade histórica, de predestinação humana, (...) forçosamente tupi", e propõem "o índio como símbolo nacional".[29]

Nacionalistas acima de tudo, os homens de 1922 propunham-se abrasileirar o país, sustentados nos três princípios que Mário de Andrade apontaria como fundamentais:

> O direito permanente à pesquisa estética; atualização da Inteligência artística brasileira; e a estabilização de uma consciência criadora nacional.[30]

Não sem resvalar em antíteses. Sendo antipassadistas, guiavam-se por um ferrenho nacionalismo, o que significava retomar as tradições legitimamente brasileiras. E, assim, mostravam-se a um só tempo modernistas (não mais futuristas: *Klaxon*, a revista-chave do movimento, declarava que "não é futurista"), cultores da atualidade, e tradicionalistas: "o culto da tradição era firme, dentro do maior modernismo".[31] Por outro lado, reconheciam dever à Europa o surto inovador de 1922 e não poucas constantes da sua literatura — "o espírito modernista e as suas modas foram diretamente importados da Europa"[32] —, o que desde logo põe em xeque o propalado abrasileiramento. Dispunham-se a redescobrir o Brasil, impelidos pelos ventos que sopravam do Velho Mundo, e redescobri-lo correspondia a encontrar no passado histórico o seu caráter mais autêntico. Na verdade, foram antiparnasianos, conscientes de haver em sua rebeldia forte modulação romântica, e respeitavam os

---

29. *Revista do Livro*, cit., pp. 185, 189, 199.
30. Mário de Andrade, op. cit., p. 242.
31. Idem, ibidem, p. 239.
32. Idem, ibidem, p. 236.

simbolistas. Eram, em suma, contra os ídolos do tempo, sem mesmo levar em conta se, num caso ou noutro, realizaram obra compatível com o pretendido abrasileiramento. Daí o seu nacionalismo ser especialmente estético, ainda quando os títulos *Pau-Brasil*, *Verde-Amarelo*, *Terra Roxa*, *Leite Criôlo* pudessem induzir ao contrário: basta a leitura das obras e dos manifestos escritos nessa década para confirmar isso. Quando não, recorra-se ao testemunho insuspeito de Mário de Andrade: "A radicação na terra, gritada em doutrinas e manifestos, não passava de um conformismo acomodatício".[33]

Aristocratas, cultivavam uma ideia carnavalesca do Brasil tocados no geral por um espírito macunaímico que o mesmo prócer modernista, além de reproduzir fielmente na obra de 1928, reconheceu de público:

> E vivemos uns oito anos, até perto de 1930, na maior orgia intelectual que a história artística do país registra. (...) Todo esse tempo destruidor do movimento modernista foi pra nós tempo de festa, de cultivo imoderado do prazer.[34]

É de notar, por fim, que ainda se esqueciam de que o abrasileiramento do Brasil não poderia significar, com julgavam, simplesmente voltar as costas à influência portuguesa e propugnar pelo retorno às tradições indígenas, ao folclore, etc. De um lado, tombavam no vezo do passadismo ao remontar às nossas raízes; de outro, seu antilusismo e eliminava uma parcela considerável dessas fontes históricas e culturais.

Assim, o indigenismo, a antropologia, o verdeamarelismo e outras correntes do pós-1922 constituem retrocesso, ao menos como visão da história e da realidade, uma vez que a utopia — fundamento universal das vanguardas — estava situada no passado e não no futuro. Com isso, negavam, paradoxalmente, o vínculo com o Futurismo e tendências afins: o caráter ambivalente, para não dizer esquizotímico, do nosso modernismo se enraíza nessa dualidade reativa perante as novidades introduzidas ou propostas pelas frentes renovadoras do início do século XX. Reagiam, portanto, contra o ornamentalismo, o vernaculismo, o europeísmo parnasiano, ao mesmo tempo em que rendiam reverência a um passado ainda mais remoto, além de reaquecer um esteriótipo romântico, posto que sob o pretexto de brasilidade e nacionalismo. E assimilaram soluções futuristas, cubistas e outras, sem considerar que, assim

---

33. Idem, ibidem, p. 243.
34. Idem, ibidem, pp. 238,241.

procedendo, reverenciavam tanto quanto os autores que abominavam, os valores europeus ainda que avançados ou vanguardistas.

Um aspecto houve em que o nacionalismo, definindo-se com mais nitidez, determinou metamorfoses que se incorporaram à nossa cultura. Trata-se da (velha) questão da "língua brasileira". Questão anódina, não raro envolta de subjetivismo, deu margem aos extravasamentos emocionais do grupo de 1922, na linha do seu esteticismo anarquista. No *Manifesto da Poesia Pau-Brasil*, Oswald d Andrade declarou-se pela "língua sem arcaísmos, sem erudição. Natural e neológica. A contribuição milionária de todos os erros. Como falamos. Como somos",[35] num tom que parece repercutir o pensamento da geração. O libelo não dissimula o seu objetivo: refutar o purismo gramatical, de recorte lusitanizante, dos parnasianos e dos prosadores vernaculistas, como Rui Barbosa, Coelho Neto e outros. Pouco depois, no mesmo ano de 1924, Joaquim Inojosa lançará, no Recife, *A Arte Moderna*, carta-manifesto declarando

> guerra ao parnasianismo, ao gagaísmo, ao academismo, ao naturalismo da prosa, ao virtuosismo, ao conformismo, ao copismo, ao dicionarismo. Guerra aos "almofadinhas do soneto", aos gramáticos "ápteros", aos regionalistas sistemáticos.[36]

Ao mesmo tempo, Rubens Borba de Morais proclama:

> Ora, o estilo é a época. Os modernos, cientes dessa verdade, ampliaram a noção do estilo. Fizeram mais: transformaram a gramática. Os mais corajosos suprimiram-na, francamente, como um empecilho inútil, *em benefício da sinceridade*. A frase moderna, desarticulada, maleável, salta por cima das barreiras da sintaxe. A pontuação tinha tomado ares de dogma irrefutável. Perante tal impertinência alguns modernos suprimiram-na! O leitor coloca-a mentalmente, como entende.[37]

Passados vinte anos, seria a vez de Mário de Andrade rememorar aquele tempo numa conferência, já referida, logo tornada peça capital do processo modernista. Espécie de balança da época inaugurada em 1922, em que um de seus guias, agora longe do ambiente febril gerado pela Semana de Arte Moderna, pôde ver sem paixão o que havia sido

---

35. *Revista do Livro*, cit., p. 188.
36. Joaquim Inojosa, "A Arte Moderna", in Gilberto Mendonça Teles, op. cit., p. 334.
37. Rubens Borba de Morais, op. cit., p. 77.

a quimérica pregação de uma "língua brasileira". Em certo momento, lembra "o abrasileiramento linguístico de combate", e noutro passo recorda que "o estandarte mais colorido dessa radicação à pátria foi a pesquisa da 'língua brasileira'", acrescentando, sem intervalo: "Mas foi talvez boato falso. Na verdade, apesar das aparências e da bulha que fazem agora certas santidades de última hora, nós estamos ainda atualmente tão escravos da gramática lusa como qualquer português". E mais adiante: "Inventou-se do dia pra noite a fabulosíssima 'língua brasileira'", invenção essa que lhe merece o seguinte comentário:

> A ignorância pessoal de vários fez com que se anunciassem em suas primeiras obras, como padrões excelentes de brasileirismo estilístico. Era ainda o mesmo caso dos românticos: não se tratava duma superação da lei portuga, mas duma ignorância dela.[38]

Como se observa, falta-lhe somente a doutrina linguística mais rigorosa para se afigurar irrecusável: a língua é a mesma; as divergências são de ordem dialetal. Seja como for, os moços de 1922, a despeito dos exageros cometidos em nome da "língua brasileira", emprestaram um à vontade ao idioma que acabaria sendo comum daí em diante, por meio do qual numerosas inovações foram introduzidas. Ou seja, não obstante ser a mesma língua, o padrão linguístico deixava de pertencer ao português europeu, assim determinando visíveis mudanças, que o Modernismo empreenderia ao longo da sua breve história.[39]

Como a crítica tem assinalado, essa época foi essencialmente poética, assim como a seguinte será marcada pelo apogeu da prosa de ficção, mas sem abandonar o cultivo da poesia. Eis por que, na tentativa de configurar a estética de 1922, é sobretudo a teoria poética que nos fornece subsídios caracterizadores. Além das propostas esparsas pelos manifestos e prefácios, encontramos em *A escrava que não é Isaura*, de Mário de Andrade, publicada em 1925, uma espécie de poética do Modernismo.

Mário de Andrade parte da premissa de que "todos os assuntos são *vitais*. Não há temas poéticos, tendo em vista "a modernizante concepção de Poesia", da qual extrai dois resultados imediatos:

---

38. Mário de Andrade, op. cit, pp. 234, 244, 245.
39. Para um exame pormenorizado da questão, ver Luís Carlos Lessa, *O Modernismo e a Língua Portuguesa*, Rio de Janeiro: Fundação Getúlio Vargas, 1966; e ainda Sílvio Elia, "A Contribuição Linguística do Modernismo", in *Uma Experiência Pioneira de Intercâmbio Cultural*, Porto Alegre: Faculdade de Filosofia da Universidade do Rio Grande do Sul, 1963, pp. 81-108.

1º: respeito à liberdade do subconsciente. Como consequência: destruição do assunto poético.
2º: o poeta reintegrado na vida do seu tempo. Por isso: renovação da sacra fúria.

e cujo desdobramento lhe sugere o núcleo da reforma poética apregoada por sua geração:
Verso Livre,
Rima Livre,
Vitória do dicionário.
....
Substituição da Ordem Intelectual pela Ordem Subconsciente.
Rapidez e Síntese,
Polifonismo.
Denomino Polifonismo a Simultaneidade dos franceses, com Epstein por cartaz, o Simultaneísmo de Fernando Divoire, o Sincronismo de Marcelo Fabri.

Doutrina estética inspirada nos conhecimentos musicais do autor, como ele próprio confessa em determinada altura, entende que a *"simultaneidade* é a coexistência de coisas e fatos num momento dado", enquanto a *"polifonia* é a união artística simultânea de duas ou mais melodias cujos efeitos passageiros de embates de sons concorrem para um *efeito total final*".[40] Ressoando as tendências poéticas em voga na Europa do tempo, nomeadamente *La poésie d'Aujourd'hui* (1921), de Jean Epstein, várias vezes citada em *A escrava que não era Isaura*, a pregação de Mário de Andrade acusa um realismo psicológico, de que "saíram as imagens-choque, a sintaxe interruptiva e a dissonância do verso, que passaram a integrar, juntamente com o humor e a atitude agressiva do poeta rebelde, a *perspectiva estética central* do Modernismo".[41]

Elaborada em abril e maio de 1922, e vinda a público em 1925, a doutrina expressa em *A escrava que não é Isaura* sofreu alterações, decorrentes da evolução do pensamento do autor, que o reconhece no posfácio, e, provavelmente, do panorama literário descortinado após a Semana de Arte Moderna. De qualquer modo, espelha a linha de força

---

40. Mário de Andrade, "A escrava que não é Isaura", in *Obra Imatura*, S. Paulo: Martins, 1960, pp. 208-209, 224,226,268.
41. Benedito Nunes, "Estética e Correntes do Modernismo", in Afonso Ávila (coord. E org.), *O Modernismo*, S. Paulo: Perspectiva/Secretaria da Cultura, Ciência e Tecnologia, 1975, pp. 49-50.

principal da poesia dos anos 1920, marcada por ímpetos de revolta que a aproximam, amiúde, da prosa versificada. Cumpria, no entanto, o seu papel revolucionário no rumo da pretendida modernidade.

4 Vista em conjunto, a atividade literária iniciada com a Semana da Arte Moderna desenvolve-se sob o signo da contradição. À semelhança do Romantismo, essa figura de linguagem constitui a base do seu ideário e da sua produção estética. Nem sempre conscientes das motivações de vanguarda, lavravam uma seara de paradoxos. Se eram modernos pelo flanco estético, e até ideológico às vezes, mostravam-se não modernos por outro. Daí que o exame dos autores de 1922 em diante os mostra hesitantes entre o vanguardismo e a reiteração de fórmulas consideradas peremptas. Modernistas e tradicionalistas a um só tempo, recusavam o velho em prol do novo, mas retomavam soluções ultrapassadas por não perceber que as expulsavam pela porta principal e que elas retornavam pelos fundos. Nem mesmo a geração de 1922 escapa dessa dicotomia, bastando, para isso, ter em mente os seus participantes um a um e a década como um todo. Afinal, quando pretendem recuperar a nossa brasilidade e com ela a imagem verídica do nosso indígena e do nosso negro, preconizavam, posto que sob nova óptica, a volta ao passado. Havia, pois, um choque nas propostas iniciais, e a obra dos autores de 1922 patenteia.

Se assim transcorriam as coisas na aurora da modernidade, que se dirá nos decênios posteriores, distantes das chamas de 1922? A sua caracterização mostra que o título geral, admitido costumeiramente pela historiografia literária — Modernismo — não recolhe todas as dissonâncias, evidenciando que pouco há de modernista na nossa literatura a partir dos anos 1930. E se alguma faceta houve, distinguia-se do espírito da Semana de Arte Moderna. Mais ainda: como denominar neomodernista a fase ocupada pela geração de 1945, uma vez que os seus componentes retomaram umas tantas chaves estéticas em voga nos fins do século XIX?

É claro que o movimento de 1922 nos abriu as portas para a Europa moderna, e que tal aproximação arejou a nossa cultura, mas também é fora de dúvida que os seus defensores praticavam uma literatura ambígua por não terem resolvido os conflitos de base. Só assim se compreende, por exemplo, que o autor de *Macunaíma* seja o mesmo de *Lira Paulistana*, de substrato romântico. E que sejamos assaltados de perplexidade quando procuramos enquadrar a obra de tantos escritores dos anos 1930 e seguintes, para não falar no grupo de *Festa*, no âmbito do Modernismo.[42]

Por outro lado, alguns aspectos do Modernismo permaneciam, não porque ecoassem a Semana de Arte Moderna, mas em razão de o "espírito moderno" (Graça Aranha), pedra de toque da rebelião de 1922 e o seu mais expressivo acontecimento grupal, ainda estar em curso nos anos 1930.

Questão ociosa, por isso, seria saber se teríamos o Modernismo sem a Semana de Arte Moderna; esta se realizou precisamente por haver uma mudança em processo, que se instalaria de um modo ou de outro, por decorrência intrínseca das linhas de força oriundas dos fins do século XIX, seja por meio da insubordinação paulista, seja detonando outra manifestação análoga. Não foi a Semana de Arte Moderna que determinou o "espírito moderno", mas este é que a gerou e a encorajou, assim como procedeu com outras expressões regionais, pelo seu influxo e exemplo.

---

42. A respeito, ver José Guilherme, *Formalismo e Tradição Moderna*, Rio de Janeiro/São Paulo: Forense-Universitária/EDUSP, 1974, pp. 77ss.

III Futurismo

RONALD DE CARVALHO E PAULO PRADO

Iniciando-se em 1922, com a Semana de Arte Moderna, o Desvairismo terminaria por volta de 1928, quando Oswald de Andrade lança o *Manifesto Antropófago*, aparece a revista *Verde*, de Cataguases (Minas Gerais), e se publicam as seguintes obras: *Macunaíma*, de Mário de Andrade; *República dos Estados Unidos do Brasil*, de Menotti del Picchia; *Laranja da China*, de Antônio de Alcântara Machado; *Martim Cererê*, de Cassiano Ricardo; *Retrato do Brasil*, de Paulo Prado; *Essa Nega Fulô*, de Jorge de Lima; *A Bagaceira*, de José Américo de Almeida; *Catimbó*, de Ascenso Ferreira; *Gado Chucro*, de Vargas Neto; *Giraluz*, de Augusto Meyer; *Canto do Brasileiro — Canto do Liberto*, de Augusto Frederico Schmidt.

Os acontecimentos de 1928 atestavam, visivelmente, o apogeu da revolução de 1922, amadurecimento de um processo que vinha desde o princípio do século, com *Canaã*, de Graça Aranha. Entre 1922 e 1928, o movimento disseminou-se pelo País, a começar do Rio de Janeiro, ainda às vésperas daquele ano crucial: "em 1924 (...), já o vírus se espalhava em Pernambuco e na Paraíba; logo depois no Amazonas; em 1925, no Rio Grande do Sul; em 1927, em Cataguases, que, em matéria de penetração no tempo, se não no espaço, foi o símbolo da conquista territorial".[1]

As fronteiras da modernidade ainda se estenderiam a outros pontos do território nacional. Não raro, seus adeptos ou neófitos congregam-se em torno de revistas, que constituem núcleos polarizadores desses agrupamentos regionais. Em S. Paulo, a revista *Klaxon*, espécie de porta-voz do movimento renovador paulista, surgida três meses após a Semana de Arte Moderna, reunia Guilherme de Almeida, Renato Almeida, Mário de Andrade, Oswald de Andrade, Luís Aranha, Tácito Almeida, A. C. Couto de Barros, Sérgio Milliet, Menotti del Picchia, Rubens Borba de Morais,

---

1. Wilson Martins, *O Modernismo*, vol. VI de *A Literatura Brasileira*, S. Paulo: Cultrix, 1965, p. 98.

e colaboração de Graça Aranha, Manuel Bandeira, Ronald de Carvalho, Ribeiro Couto e outros. Encerrando-se em janeiro de 1923, *Klaxon* seria substituída, em 1926, por *Terra Roxa e Outras Terras*, de que saíram sete números, congraçando praticamente o mesmo grupo de 1922, e novos colaboradores, como Antônio de Alcântara Machado, Paulo Prado, Carlos Drummond de Andrade, Sérgio Buarque de Holanda, Prudente de Morais Neto. Em 1928, aparece a *Revista de Antropofagia*, sob a direção de Antônio de Alcântara Machado e gerência de Raul Bopp, os quais também nela colaboraram, juntamente com alguns de 1922, além de Augusto Meyer, Jorge de Lima, Plínio Salgado, Marques Rebelo, Carlos Drummond de Andrade, Manuel Bandeira, Yan de Almeida Prado, Ascenso Ferreira, Guilhermino César, Murilo Mendes e outros. Ainda é de referir o Grupo Verdeamarelo ou da Anta, com Menotti del Picchia, Plínio Salgado e Cassiano Ricardo, cujo ideário se encontra reunido na sua obra coletiva, *O Curupira e o Carão* (1927).

No Rio de Janeiro, a função aglutinadora seria desempenhada por *Estética*, publicada de setembro de 1924 a junho de 1925, sob a direção de Prudente de Morais e Sérgio Buarque de Holanda. É a segunda revista, na ordem cronológica, do movimento de 1922. E nela colaboraram vários escritores de S. Paulo, além de Graça Aranha, Ronald de Carvalho, Manuel Bandeira, Aníbal Machado, Carlos Drummond de Andrade e outros.

Em matéria de revistas, Minas Gerais passou à frente de S. Paulo e do Rio de Janeiro. Pelo menos quatro periódicos merecem registro: *A Revista*, publicada entre 1925 e 1926, em Belo Horizonte, sob a direção de Martins de Almeida e Carlos Drummond de Andrade, redação de Emílio Moura e Gregoriano Canedo, enfeixando, nos três números, os nomes de Pedro Nava, Abgar Renault, João Alphonsus, e colaboração de Mário de Andrade, Manuel Bandeira, Guilherme de Almeida. Em 1927, desponta em Cataguases a revista *Verde*, reunindo Rosário Fusco, Martins Mendes, Enrique de Resende, Guilhermino César, Francisco Inácio Peixoto, com a colaboração de vários paulistas, além de Blaise Cendrars, Marques Rebelo, Ribeiro Couto, José Américo de Almeida, Ascenso Ferreira, Carlos Chiacchio, exprimindo uma diversidade geográfica que evidencia o alcance dessa revista de província nos quadros dessa época e a presença deste, já assinalada, no interior do Brasil. O exemplo do grupo de Cataguases parece ter repercutido em Itanhandu, onde surge, em 1928/1929, a revista *Eléctrica*, graças ao empenho de um único homem, Heitor Alves. Contemporaneamente, em Belo Horizonte, em maio de

1928, publica-se *Leite Criôlo*, sob a direção de João Dornas Filho, Aquiles Vivacqua e Guilhermino César.

De certo modo acompanhando a expansão nacional da rebeldia modernista, ainda cabe apontar o aparecimento em Teresina (Piauí), de *O Todo Universal*, em 1923, e na Bahia, em 1928, de *Arco & Flexa*, sob a direção de Pinto de Aguiar e colaboração de Hélio Simões, Carvalho Filho, Ramayana de Chevalier, Damasceno e outros.[2]

Se tais órgãos representam, com as variações regionais, temporais e doutrinárias de praxe, o espírito revolucionário que se irradiava de S. Paulo, um outro houve que procurou oferecer-lhe resistência e mesmo oposição. Trata-se de *Festa*, surgido no Rio de Janeiro, polarizando as figuras de Tasso da Silveira, Andrade Muricy, Henrique Abílio, Adelino Magalhães, Barreto Filho e outros, e com a colaboração de Cecília Meireles, Murilo Araújo, Plínio Salgado, Augusto Meyer, Carlos Chiacchio, Tristão de Ataíde, Francisco Karam Ribeiro Couto e outros.

Sucedendo a *América Latina*, "revista de arte e pensamento", que circulou no Rio de Janeiro em 1919, sob a direção de Andrade Muricy e Tasso da Silveira; *Árvore Nova*, em 1922, ainda no Rio de Janeiro; e *Terra de Sol*, também "revista de arte e pensamento", do Rio de Janeiro, sob a direção de Tasso da Silveira e Álvaro Pinto — *Festa* teve duas fases, a pri-

---

2. Para o conhecimento do Modernismo no Nordeste e no Norte, ver Joaquim Inojosa, *O Movimento Modernista em Pernambuco*, 3 vols., Rio de Janeiro: Gráf. Tupy, 1968,1969; e *Os Andrades e Outros Aspectos do Modernismo*, Rio de Janeiro/Brasília: Civilização Brasileira/INL, 1975; Neroaldo Pontes de Azevedo. *Modernismo e Regionalismo* (Os Anos 20 em Pernambuco), João Pessoa: Sec. De Educação e Cultura da Paraíba, 1984.

Quanto à repercussão do Modernismo no Recife, notadamente o I Congresso Regionalista, em 1926, e o Manifesto de Gilberto Freyre, lido na ocasião, parece que se trata de uma reconstituição a posteriori, a tomar por definitivas as provas arroladas por Joaquim Inojosa nas referidas obras. Resumindo a questão, diz ele, a certa altura:

"O I Congresso Regionalista do Nordeste não chegou a ter qualquer influência nos meios sociais ou intelectuais do Recife ou do Nordeste, e talvez passasse despercebido ainda hoje, na história literária do País, não fora um manifesto aparecido em 1952, de autoria de Gilberto Freyre, lido ao comemorar-se o 25º aniversário daquele conclave, sob o pomposo título de 'Manifesto Regionalista de 1926'. /Esse 'manifesto', no entanto, é falso. Verdadeiro quanto à autoria, mas falso quanto à data. Documento forjado como se fora o bicho-papão do regionalismo tradicionalista, destinado a salvar a importância que faltou ao Congresso, indicando-o como ponto de partida da renovação literária e artística que se deve atribuir, isto sim, ao modernismo da Semana de 22". (*O Movimento Modernista em Pernambuco*, vol. I, p. 207)

A respeito, ver também Wilson Martins, *História da Inteligência Brasileira*, 7 vols., S. Paulo: Cultrix/EDUSP, 1976-1979, vol. VI, p. 378; e Antônio Dimas, prefácio de Gilberto Freyre, *Manifesto Regionalista*, 7ª ed., rev. e aum., org. por Fátima Quintas, Fundação Joaquim Nabuco/Ed. Massangana, 1996.

meira, de 1927 a 1928, quando se intitulava "mensário de pensamento e arte", e a segunda, de 1934 a 1935, como "revista de arte e pensamento", à semelhança daquelas primeiras. Prolongamento do Simbolismo, na sua vertente católica, espiritualista, *Festa* combatia as várias facções da nova estética sob o pressuposto de constituir o único grupo que podia reivindicar "para si, e portanto para o Rio, a prioridade e o papel principal na renovação da arte brasileira, em oposição ao que estava sendo feito — ou tinha sido feito — em São Paulo".[3]

Não obstante incluir entre seus colaboradores nomes como o de Cecília Meireles, Adelino Magalhães, Tristão de Ataíde, Ribeiro Couto e outros, e de se pretender mais moderno que os integrantes do movimento de 1922, o grupo de *Festa* ficou longe das suas aspirações, em consequência do espírito passadista que o animava. Verdadeiramente antagônica ao Modernismo, *Festa* parece representar o derradeiro esforço a fim de impedir o processo de transformação, estética e ideológica, instaurado pela Semana de Arte Moderna. Mas, para mal de seus pecados, despontava numa altura em que o alvoroço de 1922, suscitando a publicação de tantas obras maduras, já mencionadas, superava os pruridos iconoclastas.

Reagindo contra o grupo de 1922, *Festa* agrava as cisões internas, as polêmicas (de resto fecundas), travadas ao longo desse período incen-

---

3. Neusa Pinsar Caccese, *Festa. Contribuição para o Estudo do Modernismo*, S. Paulo: IEB — USP, 1971, p. 26.

Além dessa obra, contendo uma análise de *Festa*, seguida de breve antologia, para outras informações acerca das revistas do Modernismo, ver Cecília de Lara, *Klaxon & Terra Roxa e Outras Terras: dois periódicos modernistas de S. Paulo*, S. Paulo: 1EB-USP, 1972; Xavier Placer (org.). *Modernismo Brasileiro Bibliografia (1918-1971)*, Rio de Janeiro: MEC, 1972, pp. 196-201. Plínio Doyle, *História de Revistas e Jornais Literários*, vol. I, Rio de Janeiro, MEC/ Fundação Casa de Rui Barbosa, 1976. Na década de 1970, várias revistas modernistas foram reeditadas em fac-símile, tornando-se acessíveis aos estudiosos em geral, como *Klaxon*, S. Paulo: Martins/Conselho Estadual de Cultura, 1972, com introd. de Mário da Silva Brito; *Revista de Antropofagia*, S. Paulo: Metal Leve, 1975, com introd. de Augusto de Campos; *Estética*, Rio de Janeiro: Gernasa, 1974, com apresentação de Pedro Dantas; *Verde*, S. Paulo: Metal Leve, 1978, com introd. de Guilhermino César e Cecília de Lara; *Terra Roxa*, S. Paulo: Martins/Conselho Estadual de Cultura, 1978, com introd. de Cecília de Lara; *A Revista*, S. Paulo: Metal Leve, 1978, com introd. de Cecília de Lara. Para mais amplas informações a respeito do pensamento de *Festa*, ver Tasso da Silveira, *Definição do Mecanismo Brasileiro*, Rio de Janeiro: Forja, 1932, onde se coligem os "artigos publicados mês a mês, de janeiro a dezembro de 1927, na revista *Festa*", como declara o autor em nota final. Ver também, do mesmo autor, "50 Anos de Literatura", e Renato Rocha: "Tendências Espiritualistas do Modernismo", in Saldanha Coelho (org.), *Modernismo. Estudos Críticos*, Rio de Janeiro: Revista Branca, 1954.

diário. Em 1924, coincidindo com a revolução de Isidoro Dias Lopes e o *Manifesto Pau-Brasil*, a estética desvairista tinge-se de notas ideológicas, que conduzem os grupos a determinar-se por opções estético-ideológicas e não simplesmente literárias. Assim, ao combater o Pau-Brasil, sobretudo na pessoa de Oswald de Andrade, o Grupo Verdeamarelo (1925) e da Anta (1927), no qual se converteu, pregava a recusa de todo contágio europeu em favor do mais puro nacionalismo, não sem vinculá-lo à modernidade e à humanidade, na linha da "tradição nativista" dos tempos coloniais; em suma:

> Proclamando nós a nossa procedência de índio, como ele o fez dizendo--se filho da Anta, romperemos com todos os compromissos que nos têm prendido indefinidamente aos preconceitos europeus. E só no dia em que se tiver formado uma "consciência nacional", forte e definitivamente caracterizada, poderemos pensar pelas nossas cabeças, oferendo ao Mundo um Pensamento, uma Arte e uma Política genuinamente americanas.[4]

Daí para a polarização dos grupos foi um passo: os verdeamarelos referem-se a Oswald de Andrade e outros do grupo como os "modernistas da 'extrema esquerda'",[5] afinal reconhecendo uma divisão ideológica cada vez mais notória a partir de 1924, e com repercussões marcantes na época seguinte:

> Do grupo "verdeamarelo" nasce a "Bandeira", que não quer nem a Roma do facismo, nem a Moscou do comunismo, defende o centro, mas que, por sua tendência autoritária, desemboca no "Estado Novo". Da "Anta" sai o Integralismo, de Plínio Salgado. Da "Antropofagia", cindida, uma equipe se encaminha para a extrema esquerda, e a outra, dispersa-se pelo Partido Democrático, vai para a revolução constitucionalista e para a neutralidade.[6]

1 É nesse quadro histórico que se inscreve a presença, em S. Paulo, daquele que havia sido o nume tutelar dos novos tempos na sua fase pré-histórica: Marinetti. Visitando-nos em má hora, num anacronismo

---

4. Plínio Salgado, Menotti del Picchia, Cassianoi Ricardo, *O Curupira e o Carão*, S. Paulo: 1927, pp. 95, 97.
5. Idem, ibidem, p.71n.
6. Mário da Silva Brito, "A Revolução Modernista", in Afrânio Coutinho (dir.), *A Literatura no Brasil*, 3 vols., Rio de Janeiro: Sul-Americana/S. José, 1955-1959, vol. III, t. l, p. 478.

que não deixa de ser irônico, para quem batalhava pela arte futurista, assim colaborava, involuntariamente, para radicalizar os campos ideológicos.[7] Após encontrar-se, na capital paulista, com Blaise Cendrars, em 23 de maio de 1926, Marinetti proferiria conferência no dia seguinte, no Cassino do Parque Antártica.[8] Transcorrida sob varias — talvez preparadas de antemão para conferir ao espetáculo o clima a que o escritor ítalo-francês estava habituado —, ovos, batatas, rabanetes, etc., a palestra redundou num completo malogro: "Marinetti depois de duas horas e meia se retirou do teatro sem ter conseguido falar".[9]

É que o Futurismo passara de moda: desde 1922, para não recuar até o ano anterior, os modernistas declaravam-se antifuturistas, como se pode ver no manifesto da *Klaxon* e no "Prefácio Interessantíssimo" com que Mário de Andrade abre a *Pauliceia Desvairada*. Nos anos seguintes, especialmente após 1924, de todos os lados espoucavam reação contra a estética marinettiana, insistindo em distingui-la do espírito de 1922. A tal ponto que *A escrava que não é Isaura*, de 1925, pode ser tomada como "um panfleto antimarinettiano".[10] E mesmo o programa verde-amarelo, estampado em *O Curupira e o Carão*, timbra em repelir as ideias de Matinetti.

Para explicar esse repúdio, é preciso recorrer, além das razões propriamente estéticas, às conotações ideológicas que o movimento modernista ia adquirindo ao longo do período que se escoa até 1928. Depois do fim da I Guerra Mundial, entrando a identificar-se o Futurismo e o Fascismo, a vanguarda marinettiana passou a servir de porta-voz ao regime imposto por Mussolini: Marinetti era um "delegado do fascismo", adverte Mário de Andrade.[11] Somadas as conjunturas estética e ideológica, não surpreende que a visita de Marinetti tenha resultado num autêntico fiasco. Assim, como bem assinala Wilson Martins,

---

7. A inoportunidade da visita de Marinetti não escaparia, obviamente, aos escritores de visão modernista, como evidencia o artigo de Joaquim Inojosa, "O Escritor F. T. Marinetti", publicado no *Jornal do Comércio*, de Recife, de 15/5/1926, e republicado em *O Movimento Modernista em Pernambuco*, vol. II, pp. 181, 183.

8. Mário da Silva Brito, "Marinetti em S. Paulo", supl. Lit. de *O Estado de S. Paulo*, 6/12/1958, cit. por Aracy Amaral, *Blaise Cendrars no Brasil e os Modernistas*, S. Paulo: Martins, 1970, p. 161.

9. Mário de Andrade, *Cartas a Manuel Bandeira*, Rio de Janeiro: Org. Simões, 1958, p. 101.

10. Wilson Martins, *O Modernismo*, p. 77.

11. Mário de Andrade, op. cit., p. 100.

Por uma coincidência afinal de contas natural, tanto a campanha "futurista" que precede a Semana quanto a campanha antifuturista que consolida o Modernismo, depois de 1924, têm como ponto de referência obrigatório a figura de Marinetti. E se, em 1921, ele era um fanal brilhando na escuridão do presente e do futuro, em 1925 será a figura comprometedora que poderia pôr a perder o Modernismo.

Sintomaticamente, Blaise Cendrars, aqui presente naquele momento, representava o extremo oposto, a tendência em vigor nos arraiais modernistas, e por isso a sua peripécia brasileira, sobretudo paulista, só podia apresentar, como de fato apresentou, diversa coloração e sentido. Afinado com o grupo da Semana de Arte Moderna, quer pelas características vanguardeiras de sua poesia, na linha do anarquismo de 1922, quer pela identificação com a realidade brasileira, Blaise Cendrars aqui esteve mais de uma vez e por longo tempo. Sua obra poética era conhecida e apreciada pelo grupo de Mário de Andrade antes de 1922; no ano seguinte, viajando para Paris em companhia de Tarsila do Amaral, Oswald de Andrade aproxima-se de Blaise Cendrars e, por meio dele, da *intelligenzia* francesa da época. Dataria desse encontro o interesse do escritor francês pelo Brasil. Tanto que, a convite de Paulo Prado, resolve conhecê-lo, chegando a Santos em 6 de fevereiro de 1924, após uma parada no Rio de Janeiro, onde foi recebido pela vanguarda local. Recepcionado calorosamente pelos confrades paulistas, profere conferência já no dia 21, assiste ao Carnaval no Rio de Janeiro, viaja pelo interior de S. Paulo e de Minas Gerais, visitando Belo Horizonte e as cidades históricas mineiras e travando conhecimento com os modernistas locais; em maio e julho, já de volta a S. Paulo, pronuncia outra palestra. Com a revolução de 1924, segue para a fazenda de Paulo Prado, na região de Ribeirão Preto.

Poucos depois, regressa à França, não sem continuar a ligação com os amigos brasileiros. Passados escassos dois anos, ei-lo de volta em fevereiro de 1926, com o mesmo entusiasmo pelo Brasil e com a mesma receptividade por parte dos homens de letras de S. Paulo. É nessa viagem que encontraria Marinetti em S. Paulo. Regressa á Europa em 9 de julho, na companhia de Paulo Prado e esposa. Ainda nos visitaria em 1927-1928; daí para diante, os laços vão-se afrouxando, as relações esfriando, até a total indiferença, apenas restando a amizade de Paulo Prado, inalterada até o fim. O escritor francês ainda visitaria a Amazônia em 1934, e no ano seguinte, de passagem para Buenos Aires, pisaria de novo o solo brasileiro, mas sem reeditar o fervor das primeiras visitas.[12]

Em razão de uma espécie de congenialidade espontânea e do entusiasmo do escritor francês pelo Brasil e os intelectuais de vanguarda, parece óbvia a influência de Blaise Cendrars sobre o grupo de 1922 como alguns deles chegaram a reconhecer. O próprio *Manifesto Pau-Brasil*, no qual o escritor francês é citado nominalmente, o denuncia às claras.[13] O sopro de modernidade da sua poesia, o à vontade meio irreverente, vizinho da prosa, correspondia aos anseios dos rebeldes de 1922. Mas parece que a recíproca é verdadeira: embora consagrado quando nos visitou, Blaise Cendrars teria recebido não só o impacto da terra brasileira — a sua "descoberta do Brasil" —, como também da juventude de S. Paulo, notadamente de Oswald de Andrade.[14]

2 Dos escritores nacionais desse período, dois houve que, por diferentes motivos, imprimiram a sua presença na instalação e definição da modernidade: RONALD DE CARVALHO e PAULO PRADO. O primeiro, nascido a 16 de maio de 1893, no Rio de Janeiro, percorreu trajetória retilínea, sem sobressaltos, até a sua morte prematura, num desastre de automóvel, a 19 de janeiro de 1935, na cidade natal. Viajado, cosmopolita, em Paris edita o seu livro de estreia (*Luz Gloriosa*, 1913); nos anos seguintes participa do grupo de *Orpheu*, que detonaria revolução vanguardista em Portugal; conhece vários países da América, enquanto vai publicando livros de poesia (*Poemas e Sonetos*, 1919; *Epigramas Irônicos e Sentimentais*, 1922; *Toda a América*, 1926; *Jogos Pueris*, 1926) e ensaios (*Pequena História da Literatura Braisileira*, 1919; *Espelho de Ariel*, 1922; *Estudos Brasileiros*, 3 séries, 1924, 1931; *Rabelais e o Riso do Renascimento*, 1931, mercê dos quais é eleito Príncipe dos Prosadores Brasileiros em 1931. Deixou ainda livros de viagens, em parte publicados postumamente (*Imagens do México*, 1930; *Caderno de Imagens da Europa*, 1935; *Itinerário. Antilhas, Estados, México*, 1935).

---

12. Para a cronologia de Blaise Cendrars entre nós, servi-me de Aracy, op. cit.; Alexandre Eulálio, *A Aventura Brasileira de Blaise Cendrars*, S. Paulo/Brasília: Quíron/INL, 1978; e de Blaise Cendrars, *Etc..., Etc.... (Um livro 100% Brasileiro)*, S. Paulo: Perspectiva/Sec. da Cultura, Ciência e Tecnologia, 1976, obras que evidenciam, por si só, a relevância do episódio Blaise Cendrars na história do Modernismo.

13. Alexandre Eulálio, op. cit., pp. 22,34, 36.

14. A respeito da mútua influência entre Blaise Cendrars e os modernistas, ver Alexandre Eulálio, in Blaise Cendrars, op. cit., pp. 93ss.; Aracy Amaral, op. cit., pp. 71ss, 85ss., 89.

Ronald de Carvalho é bem o retrato da efemeridade da glória: incensado durante a vida, gozando dum prestígio que as boas amizades testemunham, a sua estrela apagou-se após o falecimento. Talentoso, vocacionado para as Letras como por uma inarredável predestinação, encontrando todas as facilidades para exprimir seus dons, senhor de ampla cultura, nem por isso resistiu ao desgaste do tempo. A explicação desse fenômeno, para além da volubilidade natural do público e do gosto, talvez resida precisamente nesses predicados especiais, que lhe determinaram a singular carreira literária, marcada por obras em que o êxito do dia como que prenunciava o esquecimento do amanhã.

Como poeta, iniciou-se à sombra do Simbolismo, de mistura com rasgos parnasianos, mas já denotando as características fundamentais da fase seguinte, com *Poemas e Sonetos*, assinalada pelo tom desencantado, melancólico, crepuscular, na linha do Penumbrismo, em que certa inflexão filosofante, de matriz clássica, ressoa a atmosfera de *Orpheu*, notadamente de Ricardo Reis:

> Não desejes: é amargo desejares.
> Guarda o que tens, fechado em tua mão,
> Pois, só há desenganos e pesares
> Na sombra triste deste mundo vão...
>
> A alma que arrastas, andes onde andares,
> Terá mais sol, terá mais ilusão,
> Se fores sempre assim, se não tentares
> Acrescentar um pouco ao teu quinhão.
> Vive no teu jardim de frondes mansas,
> Sem ambições nem cóleras pueris:
> Quem tem desejos, tem desesperanças,
> Quem não deseja é muito mais feliz...[15]

Nessa fase, tangido pela ideia da "beleza que foge, e o momento que passa..",[16] Ronald de Carvalho é bem um homem do Mediterrâneo, estoico, resignado. Diletante, espécie de avatar dos artistas da Renascença, dá a impressão de um europeu transplantado para os trópicos, cuja presença apenas se faz notar em alguns passos de *Epigramas Irônicos e Senti-*

---
15. Ronald de Carvalho, *Poemas e Sonetos*, 2ª ed., Rio de Janeiro: Liv. Ed. Leite Ribeiro, 1923, pp. 107-108.
16. Idem, ibidem, p. 109.

mentais. Mas ainda perduram as notas precedentes, para os lados de uma estética "sutil, sem eloquência, calma, / discreta, fina, cheia de pudor!", como ele próprio, falando da chuva, parece reconhecer.[17] Nos livros de 1926 (*Toda a América, Jogos Pueris*), o compasso livre, anunciado em "Teoria" (de *Epigramas Irônicos e Sentimentais*), de feição whitmaniana, impõe-se: o poeta moderniza-se, repudia o europeu, ouve "canto enorme do Brasil!",[18] alarga o seu horizonte às fronteiras das Américas, mas o *tonus* lírico decai visivelmente: bordejando a prosa, como outros poetas do tempo, substitui a emoção pensada de antes pela ênfase retórica, que não esconde o vazio sobre que balança.

Como prosador, Ronald de Carvalho é, genericamente, o protótipo do ensaísta. Quer fazendo história literária, ou mesmo história política, quer detendo-se nos autores da sua predileção, quer narrando as impressões de viajante culto, é sempre o ensaísta. E, como tal, associa os extremos com a liberdade de quem antes propõe pontos de vista novos e que defende teses com rigor científico. Ensaio de um autêntico homem de letras, voltado mais para o mundo das ideias como suprema forma de beleza e inteligência do que para a erudição laboriosamente acumulada. Seu ideal de ensaio configura-se nas palavras de pórtico de *O espelho de Ariel*, especialmente o último parágrafo, onde, como digno representante da estesia *Belle époque*, em trânsito para a modernidade pós-1922, não dissimula colocar a beleza acima de tudo: "A moralidade das coisas é uma resultante da sua formosura. Só a fealdade é imoral".

Daí o ensaísmo leve, suave, de diletante, a oscilar entre a agudeza das intuições críticas e a sensibilidade do poeta, em busca, não da verdade racional, científica ou histórica, mas a da beleza. O tom discreto e ameno lembra um humanista repleto de bom senso e ceticismo, um homem da Renascença, impregnado de cultura enciclopédica, mesclando o vigor da análise com a leveza da arte, o "devaneio de filósofos" (referido em "A Lógica dos Vencidos", de *O espelho de Ariel*" à gravidade do pintor. Coroa essa luminosidade mediterrânea — simétrica da poesia do autor — um estilo límpido, plástico e vigoroso, próprio dum ensaísta de arte, sempre tendo em vista, seja na linguagem, seja nos conceitos, o meio-termo dos Antigos.

Ronald de Carvalho representa, mais do que Graça Aranha, com o qual se irmana em alguns aspectos, o traço de união entre a *Belle époque*

---

17. Idem, *Epigramas Irônicos e Sentimentais*, 2ª ed., Rio de Janeiro: Anuário do Brasil, s. d., p; 101.
18. Idem, *Toda América*, Rio de Janeiro: Pimenta de Melo e Cia., 1926, p. 19.

e a Semana de Arte Moderna, assim como PAULO PRADO (1869-1943) representará o fim do clima de 1922. De aristocrática família paulista, fazendeiros de café, teve esmerada educação, que a constantes viagens à Europa, nos intervalos da intensa atividade de homem de negócios, solidificavam e ampliavam. Participou ativamente em nossa vida cultural, sobretudo na década de 1920, apesar de ser mais velho do que a maioria dos integrantes da Semana de Arte Moderna. Sua casa da Avenida Higienópolis constituiu, por muito tempo, ponto de encontro de intelectuais e artistas. A ele se deve, como se sabe, a vinda de Blaise Cendrars ao Brasil, que tanta repercussão teria naquela década. Deixou apenas dois livros, *Paulística* (1925) e *Retrato do Brasil* (1928).

Paulística reúne artigos publicados em *O Estado de S. Paulo*, em torno de assuntos relacionados com a história de São Paulo, durante a era colonial. Somente destoa o artigo final, dedicado a Capistrano de Abreu, com quem Paulo Prado manteve longa amizade e de quem teria recebido o gosto pelos estudos históricos. Obra de amor, antes de tudo amor ao torrão natal, *Paulística* é também obra de historiador sério, mas aberto à imaginação, graças à deficiência de documentos, como bem assinala no prefácio à segunda edição da obra. De onde o tom magnificante (ainda que sem o ufanismo em voga nos princípios do século), etnocêntrico, bairrista, ou ao menos regionalista, mesmo quando a observação se estribava em argumentos plausíveis: "A história do que se nomeou a 'expansão geográfica do Brasil', não é, em sua quase totalidade, senão o desenvolvimento fatal das qualidade étnicas do povo paulista".[19]

Assim, ao esboçar uma espécie de arqueologia cultural, o historiador buscava delinear o retrato do "velho Paulista", livre e tenaz, oposto ao "Paulista moderno (...) que a tudo antepõe a paz submissa e o duvidoso enriquecimento".[20] Ensaio, é o que diz fazer Paulo Prado, tomando o vocábulo à inglesa, "isto é, a simples proposta de uma opinião que não quer se impor e antes deseja ser discutida, sem nenhum dogmatismo peremptório".[21] Razão lhe assiste em assim caracterizar os capítulos de *Paulística*, mas, na verdade, o historiador prevalece sobre o ensaísta.

Como se, ao redigir os artigos avulsos, afinasse a pena para a obra maior, em *Retrato do Brasil* invertem-se as posições, e o pendor ensaís-

---

19. Paulo Prado, *Província & Nação: Paulística/Retrato do Brasil*, Rio de Janeiro/S. Paulo: José Olympio/Conselho Estadual de Cultura, 1972, p.37.
20. Idem, ibidem, p.40.
21. Idem, ibidem, p. 68.

tico predomina sobre o historiográfico. Se, no livro de 1925, a atenção do autor se volta para o seu estado natal, agora é o Brasil que lhe interessa desvendar, sempre tendo em mira os aspectos relativos à psicologia coletiva. De um lado, *Retrato do Brasil* prolonga *Paulística*, e de outro, constitui-lhe antítese: no "velho Paulista" divisava uma força indômita que faria pensar nos pioneiros que colonizaram os Estados Unidos. Mas, à medida que o tempo passou e o Paulista foi perdendo a garra, entrou a proceder como os demais habitantes do país, deixando avultar a marca de todo o povo brasileiro: a tristeza. Destinando-se a ser, como declara em subtítulo, "ensaio sobre a tristeza brasileira", o volume abre com as seguintes linhas:

> Numa terra radiosa vive um povo triste. Legaram-lhe essa melancolia os descobridores que a revelaram ao mundo e a povoaram. O esplêndido dinamismo dessa gente rude obedecia a dois grandes impulsos que dominam toda a psicologia da descoberta e nunca foram geradores de alegria: a ambição do ouro e a sensualidade livre e infrene que, como culto, a Renascença fizera ressuscitar.[22]

Para desenhar o retrato do Brasil, o ensaíta ampara-se no tripé formado pela luxúria, a cobiça e o Romantismo: aí, a seu ver, as causas da tristeza nacional. "Terra de todos os vícios e de todos os crimes", varrida pela "lascívia do branco solto no paraíso da terra estranha", pelo fascínio do ouro, provocando "inomináveis abusos do fisco e do clero, epidemias de fome, em que se morria de inanição ao lado de montes de ouro pelo abandono da cultura e da criação", pela "loucura da pedra preciosa", nela se criava "pelo decurso dos séculos uma raça triste", entregue a uma tristeza que "sucedeu à intensa vida sexual do colono, desviada para as perversões eróticas, e de um fundo acentuadamente atávico. Por sua vez a cobiça é uma entidade mórbida, uma doença do espírito, com seus sintomas, suas causas e evolução", assim compondo uma equação letal: "Luxúria, cobiça: melancolia". "Nesse organismo" — frisa o escritor — "precocemente depauperado, exposto às mais variadas influências mesológicas e étnicas, ao começar o século da independência, manifestou-se, como uma doença, o mal romântico", de modo que a tristeza, propiciando condições ao florescimento do "mal do século", neste encontrou reforço e sustento.[23] Tome-se, à guisa de exemplo, a geração byroniana de S. Paulo, Álvares de Azevedo à frente —, lembra o

---

22. Idem, ibidem, p. 149.
23. Idem, ibidem, pp. 160, 167, 185, 195, 196, 209.

ensaísta, como a mostrar a decadência da velha estirpe paulista após três séculos de degenerescência.

Aí a tese da obra. Num *post-scriptum*, o autor declara que o *Retrato do Brasil* "foi feito como um quadro impressionista", o que, a ser verdadeiro, apenas confirma o tom ensaístico da sua proposta, ou ao menos a sua concepção da História, entendida

> não como uma ressureição romântica, nem como ciência conjetural, à alemã; mas como conjunto de meras impressões, procurando no fundo misterioso das forças conscientes ou instintivas, as influências que dominaram, no correr dos tempos, os indivíduos e a coletividade.[24]

E como não querendo deixar dúvidas quanto à pertinência do seu ponto de vista, alinha outras falhas históricas em nosso psiquismo, como a escravidão, a indolência e passividade, o analfabetismo, a política, a falta de higiene.[25] Tese pessimista? A visão do ensaísta é parcial e redutora: centra-se nos séculos coloniais e no movimento romântico, e apenas nos aspectos que, da sua perspectiva, evidenciam ser o brasileiro um povo triste. Sem levar em conta os assuntos que pudessem infirmar-lhe a tese, defende-a como um axioma. Nem mesmo dirige o olhar à sua volta: como pode ser triste o País do Carnaval? E o famoso otimismo brasileiro? O velho ufanismo? E as demais obras publicadas no mesmo ano, notadamente *Macunaíma*, inclinadas nessa direção?

Ao final do ensaio, parece entrever um horizonte de esperança, ainda que utópico, ao propor a revolução para liquidar o passado e constituir "uma nova ordem". E uma carta de 1º de janeiro de 1929, ao filho Paulo Caio, publicada em apêndice ao livro, dirá que o seu livro é otimista — "não do otimismo [...] pago pelo dinheiro público, mas do otimismo do médico que quer curar, ou do cirurgião" —, talvez induzido pelas palavras de João Ribeiro, que via "nas páginas do *Retrato* um ar de otimismo sadio".[26] Porventura tão somente desejoso de ser verídico, realista, acabou vincando em demasia as tintas sombrias do seu "quadro impressionista", como diz no *Post-Scriptum*, sem atentar para as cores de tropical alegria que brilhavam, bem ou mal, mesmo nos séculos coloniais ou durante a "infecção romântica".

---

24. Idem, ibidem, p. 221.
25. Idem, ibidem, pp. 223, 226, 230, 231.
26. Idem, ibidem, pp. 235, 239-241.

Num estilo castigado, escorreito, de ensaísta austero, lido nos clássicos, ressumando erudição e cultura, Paulo Prado parece empreender no *Retrato do Brasil* uma viagem proustianamente nostálgica ao tempo perdido da nação. Apontando a contraface do espírito macunaímico do grupo de 1922, o seu ensaio, além de colaborar para o fecho do cisma de 1922, encerra o apelo ao exame rigoroso da nossa história. De um só golpe, espancavam-se as sombras do espírito ufanista e a ligeireza com que se erguiam apologias do nosso passado remoto: obra catártica, representa uma tomada de consciência da nossa realidade profunda e um aviso aos navegantes, que a geração seguinte, ainda que não plenamente, se incumbiria de ouvir e de atender.

3 Além de Cecília Meireles, estudada mais adiante, e de Francisco Karam (1902-1969), o poeta entre místico e sensual das *Levíticas* (1925), *Palavras de Orgulho e de Humildade* (1926), *A Hora Espessa* (1933), *Do Fundo do Tempo* (1963), dois poetas ligados à *Festa* alcançaram notoriedade em vida: MURILO ARAÚJO e TASSO DA SILVEIRA. O primeiro (1894-1980) estreou em 1917 com *Carrilhões*, a que se seguiram vários outros: *Árias de Muito Longe...* (1921), *A Cidade de Ouro* (1921), *A Iluminação da Vida* (1927), *A Estrela Azul* (1940), *As Sete Cores do Céu* (1941), *A Escadaria Acesa* (1941), *O Palhacinho Quebrado* (1946), *A Luz Perdida* (1952), *O candelabro Eterno* (1955), todos reunidos, e acrescidos de *A Galera*, livro de juventude, em *Poemas Completos* (3 vols., 1960).

Como alguns poetas da época, Murilo Araújo estreou apoteoticamente: *Carrilhões*, apesar das marcas indeléveis do Simbolismo, inclusive de Antônio Nobre, patentes no poema de entrada, que empresta título ao volume, era uma coletânea moderna, com "extravagâncias" métricas tidas por ousadas num meio ainda impregnado de formalismo. A dicção, cristalina, fluente, em nada revelando o trabalho artesanal, a musicalidade permanente do verso e o lirismo emanado mais da visão das coisas reais que das abstrações, completavam o retrato do poeta, praticamente definido na obra inaugural. Imerso no "Sonho iluminado"[27], o crepúsculo é a sua hora eleita (Ária do Poeta", de *Árias de Muito Longe...*):

Hora eterna e ilusória,
A do poente almo e brando!
Palmas roxas de luz enflorando horizontes...

---

27. Murilo Araújo, *Poemas Completos*, 3 vols., Rio de Janeiro: Pongetti, 19602, vol. I, p. 121. As demais citações serão extraídas dessa edição.

A *Cidade de Ouro* banha-se nessa atmosfera crepuscular ou de plenilúnio (poema VII):

> É um dilúvio de lua...
> É uma Islândia polar!
> Há arquipélagos de oiro....
> Ilhas de luz...
> No mar.
>
> O oceano cintila em brancuras claustrais.

Iluminando o lado pictórico da poesia de Murilo Araújo, um cromatismo intenso, mas sereno, sem febre ou alucinação, de fina sensibilidade lírica. Poesia descritiva, sem história, sem drama, pura exaltação da Beleza: sinfonia cromática, fusão da palavra com a música e a cor, no encalço do anseio wagneriano da arte-síntese, ou da "épica beleza" (poema XVII de *A Cidade de Ouro*).

Com *A Iluminação da Vida*, o poeta declara-se "um homem do mundo jovem,/ do mundo claro,/da terra amarela e verde que é a casa mais alegre do sol" (poemas de abertura); sem perder a transparência inicial, o seu lirismo acerta o passo com a modernidade. Agora, divisa o "Luar prismático e cubista", e mesmo o cotidiano invade o universo do seu sonho ("Rua do Morro"), vazado em poemas à beira da prosa ("Poema Sortido"). Fase de extroversão (aliás, latente nos livros anteriores) — "Meu coração delira isócrono com o mundo" — é seguida pelo despontar de uma outra virtualidade, presente em *Carrilhões*: a ingenuidade, a inocência, patente na poesia infantil de *As Sete Cores do Céu* e de *O Palhacinho Quebrado*, à qual se vincula o sentimento cristão, associado a um patriotismo que aos poucos avulta até predominar na coletânea derradeira (*O Candelabro Eterno*). Nessa progressão, centrada na poética que introduz *A Escadaria Acesa*:

> Creio na Poesia, indispensável à vida
> ....
> Creio na Poesia, alma eterna do mundo...
> mas na Poesia essencial;
> não nos versos prosaicos, golpeados de chistes, ceticismo sem
> força de alguns povos cansados, impróprio em terras virgens
> e almas novas.

Creio na Poesia santa, nessa infância do espírito, orvalhada de estrelas...
na Poesia piedosa, que se inclina fraterna, sobre os pobres destinos;
e que estende do céu, para nossas angústias, uma escadaria acesa.

vai-se adensando a certeza de que Murilo Araújo é um poeta espontâneo, "natural", sem literatura, sem influência ostensiva de outros poetas (além de Antônio Nobre), espécie de Alberto Caeiro sem metafísica, destinado tão somente a sentir, que em *Carrilhões* deu o melhor do seu talento e nos volumes posteriores apenas logrou notas originais quando se aproximou dos poemas de estreia.

TASSO DA SILVEIRA (1895-1968), filho do poeta simbolista Silveira Neto, nascido em Curitiba, além de jornalista e deputado, exerceu por longos anos o magistério universitário no Rio de Janeiro. Figura central do grupo de *Festa*, exercitou-se no teatro, na crítica e no ensaio (*Jackson de Figueiredo*, 1916; *A Igreja Silenciosa*, 1922; *Definição do Modernismo Brasileiro*, 1931; *30 Espíritos Fontes*, 1938; etc.), no romance (*Só tu voltaste?*, 1941; *Silêncio*, 1943; *Sombras no Caos*, 1958) e na poesia: *Fio d'Água* (1918), *A Alma Heroica dos Homens* (1924), *Alegorias do Homem Novo* (1926), *As Imagens Acesas* (1928), *Cântico ao Cristo do Corcovado* (1931), *Discurso ao Povo Infiel* (1933), *Descobrimento da Vida* (1936), *O Canto Absoluto seguido de Alegria do Mundo* (1940), *Cantos do Campo de Batalha* (1945), *Contemplação do Eterno* (1952), *Canções a Curitiba* (1955), *Puro Canto* (1956), *Regresso à Origem* (1960), reunidos num único volume, sob o título de *Puro Canto* (1962).

Embora tenha manifestado talento nos domínios do romance, do teatro e do ensaísmo, é na poesia que Tasso da Silveira alcançou a nomeada que lhe garante lugar nos quadros pós-1922. Como poeta, descreveu longa trajetória, de mais de 40 anos, sem alterar os rumos da sua inquietação e das soluções métricas adotadas. Aqui e ali, a sua paleta tinge-se de novas cores, os ritmos ganham diverso andamento, algumas novidades formais despontam no recinto da sua poesia, mas constituem fugazes desvios de rota: no geral, os temas e motivos e os recursos métricos das coletâneas iniciais prevalecem até os versos derradeiros. Fiel a si próprio ou às matrizes da sua cosmovisão, desvendadas na primeira hora, percorreu uma linha reta até o fim.

Poeta inspirado e convicto da sua fé, Tasso da Silveira é, como todo o grupo de *Festa*, caudatário do Simbolismo. Em *Fio d'Água*, tal herança ainda se mescla de notas parnasianas, em poemas lírico-amorosos repassados de espiritualidade e misticismo, que não ocultam a tendência para a mágoa ou para a revolta contida. Aqui, algo como a dor de pensar envolve a busca do Ideal, de quem sofre "a nostalgia atávica do ignoto..."[28]. A obra seguinte (*A Alma Heroica dos Homens*) oferece idêntica paisagem, mas o lirismo de base religiosa — "Quando virás, ó Redenção?" (de "Sobre a Estepe Gelada...") — agora respira horizontes mais largos, de amplidão sinfônica. Presencia-se luta entre certo estoicismo heroico e "A Perpétua Agonia", entre a crença e a sensibilidade, que gera um dos seus momentos mais cristalinos de expansão lírica ("A Sombra Suave"):

> Não foste apenas a mais querida
> ou a que mais me surpreendeu...
>
> Foste a que veio a ser, na minha vida,
> a sombra suave...
> ...a grande sombra recolhida
> dentro da qual meu coração adormeceu...

As *Imagens Acesas*, do mesmo ano de *Festa*, mostram o poeta às voltas com o verso livre (por sinal já cultivado na obra anterior), a receber "as sugestões da Realidade que palpita, aos meus olhos surpresos" (de "Resignação"). Denotando quebra de *tonus*, a irrupção da artificiosidade num poeta espontâneo, a invasão do moderno não é completa nem permanente: durou o instante efêmero da sedução, e depois a força original do poeta retomou o seu curso, em torno de três núcleos, o amor, a dor e o sonho.

Após os momentos de adesão à realidade contingente, ainda manifestos em *Cântico ao Cristo do Corcovado* e *Discurso ao Povo Infiel*, que seriam integrados em *Cantos do Campo de Batalha*, o poeta reflui para as nascentes com *O Canto Absoluto*, em que a poesia de inclinação religiosa se casa a ritmos whitmanianos, ou com *Alegria do Mundo*, contraponto do anterior, assinalado pelo lirismo amoroso, de notas erotizantes. Passados cinco anos, nova adesão à hora presente observa-se nos *Cantos do Campo de Batalha*, em que um poema engajado, "Canto Cristão", para não falar de "Aos Operários dos Campos e das Cidades" (que, na verda-

---

28. Tasso da Silveira, *Puro Canto*, Rio de Janeiro: GRD, 1962, p. 29. As demais citações serão extraídas da mesma edição.

de, pertence a *Discurso ao Povo Infiel*), faria supor o impacto do mesmo clima da *Rosa do Povo* drummondiana. Retornam, com a exaltação a Walt Whitman — "Poeta-profeta" — os versos livres, já agora à beira da prosa despida de emoção.

Com a *Contemplação do Eterno*, observa-se novo refluxo ("A Dança em Face de Deus") — "Criar apenas ritmos límpidos e puros." — que perdurará até os últimos dias. Liberto das tentações do momento, ei-lo a entoar o *Puro Canto*, com o motivo condutor de sempre: a beleza e Deus. Plasmando, afinal, a sua poética (soneto V):

> não amo realidade desta vida:
> amo a luz, o silêncio, amo o que ilude,
> amo o intangível, amo o sonho, o irreal.

e reconhecendo em Canções, Petrarca, Dante, Ronsard, Verlaine, Cruz e Sousa, Antero, os "Velhos Mestres", cria talvez o melhor da sua inspiração poética. Era o instante do *Regresso à Origem*, do balanço final, do recolhimento silente, de calar a voz em definitivo ("Ad Me Ipsum"): "beleza é flor de uma única manhã".

4 Ainda à margem da Semana de Arte Moderna, ou com ela estabelecendo tênue vinculação, outros escritores criaram suas obras na década de 1920. PAULO SETÚBAL (1893-1937), paulista de Tatuí, dedicou-se à narrativa histórica (*A Marquesa de Santos*, 1925; *O Príncipe de Nassau*, 1926; *As Maluquices do Imperador*, 1927; *A Bandeira de Fernão Dias*, 1928; *Os Irmãos Leme*, 1933; *O Ouro de Cuiabá*, 1933; *O Romance da Prata*, 1935; *O Sonho das Esmeraldas*, 1935). Fundindo — com "espírito de brasilidade", como diz ele no prefácio a *A Bandeira de Fernão Dias*, — o documento histórico e a fantasia, numa linguagem fácil, direta, tornou-se escritor popular, logo identificado como autor para a juventude. Com efeito, se, de um lado, as reedições de suas obras atestam ainda um público fiel, de outro, evidenciam que o seu público se encontrava entre os menos exigentes, afeiçoados a esse tipo de literatura. *Confiteor* (1937), livro de pungente contrição, *mea culpa* de uma consciência em transe, arrebatada pelo Cristianismo, constitui certamente o seu legado mais significativo.

Outro paulista, de Capivari, atravessaria, isolado e doente, aqueles anos cruciais: Benedito Luís RODRIGUES DE ABREU (1897-1927). Ao longo da breve existência ceifada pela tuberculose, publicou três livros de poesia: *Noturnos* (1919), *A Sala dos Passos Perdidos* (1924) e *Casa Destelhada* (1927), enfeixados, com poemas dispersos, nas *Poesias Completas* (1952). Conquanto evidenciasse, nas tentativas de extroverter-se e de empregar o verso livre à Walt Whitman, o desejo de adaptar-se à contemporaneidade, Rodrigues de Abreu passou ao largo das fagulhas de 1922 "Sentimentalista e fraco (...), com a alma repleta de sonhos românticos", confessa ele no prefácio a *A Sala dos Passos Perdidos*, como a prevenir o leitor para os poemas que iria oferecer-lhe, versos de "poeta triste", como diz no poema de abertura. O quadro todo é de um verdadeiro êmulo de Antônio Nobre: romântico anacrônico, imaginando-se, noutra vida, "menestrel de muita fidalguia", invoca "Nossa Senhora da Saudade" ou "Meu Santo Antônio Nobre".[29] Se bem que o núcleo sentimental e triste, aureolado de misticismo, permaneça no curso dos poemas, *Casa Destelhada* parece mais fruto da experiência real que *A Sala dos Passos Perdidos*, ainda marcada de transpiração. A certeza de estar enfermo do mal incurável àquela altura, um mal romântico, aguça-lhe o estado de espírito que, lembrando o poeta do *Só*, o convida à inócua extroversão, espécie de compensação *in extremis* para a fatal egolatria. Cultivando o soneto bilaquiano, mas sem apego à "Forma complicada",[30] em torno da dor e do amor, Rodrigues de Abreu é nítido herdeiro do Simbolismo desgarrado no tempo e desterrado em Bauru e Campos do Jordão, onde concentrado a ouvir as vozes interiores, nem mesmo atentava para a dos irmãos em letras que se agrupavam ao redor de *Festa*.

5 Além dos paulistas, merece registro o nome de ASCENSO FERREIRA (1895-1965), pernambucano de Palmares, que deixou obra escassa porém expressiva: *Catimbó* (1927), *Cana Caiana* (1939), reunidos, e enriquecidos de uma coletânea inédita, *Xenhenhém*, no volume *Poemas* (1951). Não obstante alinhado com os modernistas da primeira hora, Ascenso Ferreira timbrou em ser, desde o começo, um poeta independente, virado para o seu torrão natal. Atraído pelo folclore e por tudo quanto parecia manifestação do povo, em *Catimbó*, a sua obra mais conhecida e onde mais se espelha a sua participação no processo de 1922, reúne poemas que, não raro reproduzindo o lirismo popular, se diria nascidos da voz do povo. Espécie de trovador de feira, nele o viés instintivo do folclore

---

29. Rodrigues de Abreu, *Poesias Completas*, S. Paulo: Panorama, 1952, pp. 111, 170, 172.
30. Idem, ibidem, p. 104.

alia-se ao erudito, estabelecendo uma ponte de ligação entre os dois mundos, graças à fusão do "verso metrificado, verso livre, rima, toada musical, frases soltas (...) numa coisa só, peça inteiriça, onde não se nota a menor emenda, a menor fenda".[31] Cantando a preservação do autenticamente regional e primitivo contra a descaracterização trazida pelo progresso, e refletindo toda a sensualidade do mestiço:

> Curibocas!
> Mamelucas!
> Cafuzas...
> Caboclas viçosas de bocas pitangas!
> Mulatas dengosas caju e cajá![32]

ao mesmo tempo exprimia os valores locais e abria caminho para o seu reconhecimento nacional. De onde a difusão — a popularidade, nos vários sentidos do vocábulo — dos seus poemas, "verdadeiras rapsódias do Nordeste",[33] vários deles musicados e mais de uma vez gravados em disco, e também o prestígio entre os poetas cultos da época.

Com o passar dos anos, o cantador foi abandonando o folclore "puro" em favor de um lirismo pessoal, intimista que, por sinal, já se manifestava em *Catimbó* e *Cana Caiana*. Em *Xenhenhém*, essa modalidade domina em toda a extensão, sem perder, é certo, o tom de oralidade presente desde os primeiros versos do autor, a evidenciar intensa e original pulsação lírica, nos poemas de índole folclórica e nesse livro transbordante, que justifica, não só a repercussão popular, como o apreço em que foi tido pelos aficionados da estética de 1922:

> As chamas...
> As brasas...
> Depois, apenas o bafo morno das cinzas...
> O pó...
> ....
> Amor! Amor!
>
> Ajuda-me ao menos a arder com violência![34]

---

31. Manuel Bandeira, pref. a Ascenso Ferreira, *Poemas*, Recife: IBGE, 1951, pp. 9-10.
32. Ascenso Ferreira, ibidem, p. 101.
33. Manuel Bandeira, ibidem, p. 11.
34. Ascenso Ferreira, ibidem, p. 173.

IV Figuras Principais

1. MÁRIO DE ANDRADE

Mário Raul de Morais Andrade nasceu em S. Paulo, a 9 de outubro de 1893. Após o curso secundário, forma-se no Conservatório Dramático e Musical. E, na mesma escola, torna-se professor de História da Música. Em 1917, estreia com um volume de poesia, *Há uma gota de sangue em cada poema*, sob o pseudônimo de Mário Sobral. Engaja-se nas tendências de vanguarda, pondo-se à frente da geração que realizará a Semana de Arte Moderna. Exerce intensa atividade em favor dessas ideias, enquanto publica outros livros. Entre 1934 e 1937, organiza e dirige o Departamento de Cultura da Prefeitura de S. Paulo. Em 1938, muda-se para o Rio de Janeiro, onde é nomeado diretor do Instituto de Artes da Universidade do Distrito Federal, ao mesmo tempo que colabora com o MEC. Regressa a S. Paulo em 1940, vindo a falecer a 25 de fevereiro de 1945. Além daquela obra de estreia, deixou outros livros de poesia: *Pauliceia Desvairada* (1922), *Losango Cáqui* (1926), *Clã do Jabuti* (1927), *Remate de Males* (1930), *Lira Paulistana* (1946); contos: *Primeiro Andar* (1926), *Belazarte* (1934), *Contos Novos* (1946); "idílio": *Amar, Verbo Intransitivo* (1927); "rapsódia": *Macunaíma* (1928); ensaio: *A escrava que não é Isaura* (1925), *O Aleijadinho e Álvares de Azevedo* (1935), *O Movimento Modernista* (1942), *O Baile das Quatro Artes* (1943), *Aspectos da Literatura Brasileira* (1943), *O Empalhador de Passarinho* (1944); crônica: *Os Filhos da Candinha* (1943); vária: *Compêndio de História da Música* (1929), *Modinhas Imperiais* (1930), *Música, Doce Música* (1933), *A Música e a Canção Popular no Brasil* (1936), *Namoros com a Medicina* (1939), *A Expressão Musical nos Estados Unidos* (1940), *Música do Brasil* (1941), *Danças Dramáticas do Brasil* (3 vols., 1959), *Música e Feitiçaria no Brasil* (1963); diário: *O Turista Aprendiz* (1977).

Publicando *Pauliceia Desvairada* em 1922 e *Macunaíma* em 1928, Mário de Andrade balizava, simbolicamente, o Desvairismo: dava-lhe o arranco inicial nos domínios da criação literária e anunciava-lhe o término, revelando ao mesmo tempo que se identificava com o movimento de 1922 a ponto de servir-lhe de guia e chegar a ser chamado de "papa do Modernismo".

Ao apresentar-se, no mesmo ano da Semana de Arte Moderna, com um livro de poemas, parecia também redimir-se do equívoco parnasiano, embora movido pelo impulso generoso de cantar o lado desumano da I Guerra Mundial, que constituíra *Há uma gota de sangue em cada poema*. Desejava fazer-se logo moderno, segundo as diretrizes de 1922, para espantar dúvidas acerca da sua adesão ao movimento renovador que lavrava em S. Paulo. O tempo viria a dizer, no entanto, que apenas cobria de cinzas as brasas mais vivas da sua forja lírica.

Com efeito, desde *Pauliceia Desvairada*, escrito em dezembro de 1920,[1] até *Café*, "concepção melodramática" em três atos, derradeira obra poética, escrita entre 1933 e 1942, nota-se que duas linhas de força conduzem a poesia de Mário de Andrade. De um lado, o poema-piada, coerente com o propósito demolidor de 1922, norteado pelo velho "ridendo castigat mores". Poesia inconsequente, brincalhona, vizinha da prosa, não só pelo tom como pela ausência de vibração lírica, como se pode ver no seguinte exemplo: "'Escola, olhe essa palestra!' / — Olhe o Paulistano",[2] em que a graça do trocadilho, além de esfumaçada no tempo (refere-se a dois clubes de futebol, um dos quais extinto, e o outro, com o nome primitivo), não esconde a sua pobreza, inclusive em matéria de humor. De qualquer modo, o poema-piada faria carreira nos anos seguintes: poucos lhe resistiram ao contágio. Na mesma linha se observa a poesia de circunstância, presente ao longo da trajetória do escritor e expressa na "Advertência" a *Losango Cáqui*, espécie de "diário de três meses", em que, como declara, raro teve "a intenção" de poema quando [escreveu] os versos sem título deste livro": se por "poema" se entender "poesia", cremos que não desfiguramos o pensamento do autor ao relatar a sua experiência na caserna.

A esse tipo de registro em versos do dia a dia vincula-se o poema--crônica, caracterizado pela narração versificada de acontecimentos ou situações, como, por exemplo, "Carnaval Carioca", de *Clã do Jabuti*.

---

1. Fernando Góes, "História da *Pauliceia Desvairada*", *Revista do Arquivo Municipal*, S. Paulo, ano XII, vol, vol, CVI, jan.-fev. 1946, pp. 89-105. Para informações acerca do "caso" *Pauliceia Desvairada*, ver Wilson Martins. *O Modernismo*, vol. VI, de *A Literatura Brasileira*, S. Paulo: Cultrix, 1965, pp. 166-173

2. Mário de Andrade, *Poesias Completas*, S. Paulo/Belo Horizonte: Itatiaia/EDUSP, ed. crit. de Dileia Zanoto Manfio, 1987, p. 141. As demais citações serão extraídas dessa edição. Quanto a *Há uma gota de sangue em cada poema*, foi integrado em *Obra Imatura*, S. Paulo: Martins, 1960.

Aqui, como ali, a prosa no espaço onde se pretenderia instaurar o reino da poesia, e o autor rende tributo, porventura conscientemente à moda vigente no tempo e à função saneadora que atribuía, tal como os companheiros de geração, ao instrumento poético. Em qualquer hipótese, essa vertente, homenagem ao cotidiano, que invadira, como princípio estético, a literatura produzida desde 1922, denuncia uma poesia datada: serviu o momento e passou; o intuito de provocar o leitor acomodado — como em "Ode ao Burguês", de *Pauliceia Desvairada* — prevalece sobre o de estrita realização poética. Quando esta não se deixa vencer pela irreverência, o resultado é um poema que resiste à crítica.

A essa poesia engajada contrapõe-se a tendência à emotividade, não raro no mesmo poema, até na mesma estrofe, lado a lado, como se obedientes a registros simultâneos da realidade. Subjacente no geral, amiúde explícita, a emotividade, que o impulso revolucionário de 1922 queria sufocar, brota sobretudo nas exclamações, por sinal fartamente empregadas ("A Caçada", de *Pauliceia Desvairada*):

> Os quarenta-graus das riquezas! O vento gela...
> Abandonos! Ideais pálidos!
> Perdidos os poetas, os moços, os loucos!
> Nada de asas! Nada de poesia! Nada de alegria!
> A bruma neva... Arlequina!
> Mas viva o Ideal! God save the poetry!

É nesses momentos que se encontra o melhor da poesia de Mário de Andrade, especialmente quando o rasgo emotivo se casa ao sentimento de ser paulista. S. Paulo constitui o ponto de partida — *Pauliceia Desvairada* — e o de chegada — *Lira Paulistana* — da sua obra poética. O volume de 1922 abre com uma exclamação, ressumante de emotividade — "São Paulo! Comoção de minha vida.." — que encerra todo um programa lírico, ou ao menos, o motivo condutor do poeta. Aqui o fulcro do lirismo, condutor da poesia, para não dizer da poética, de Mário de Andrade. O fio da paulistanidade, rompido apenas quando outros temas lhe atraíram o olhar, perdura ao longo do seu itinerário, até desembocar na *Lira Paulistana*, em que se define e atinge o apogeu, dando origem à mais alta expressão da sua inventiva lírica: tudo conflui para *Lira Paulistana*, a sua obra-prima, hino de amor a S. Paulo.

"Garoa do Meu São Paulo", "O bonde abre a viagem", "Eu não sei se vale a pena", "Agora eu quero cantar", "Quando eu morrer quero ficar" são alguns dos poemas de *Lira Paulistana* que marcam o ponto mais alto da capacidade poética do autor, assim como se inscrevem entre o melhor de toda a poesia daquele tempo. Vejamos, à guisa de exemplo, o primeiro deles:

> Garoa do meu São Paulo,
> — Timbre triste de martírios —
>
> Um negro vem vindo, é branco!
> Só bem perto fica negro,
> Passa e torna a ficar branco.
>
> Meu São Paulo da garoa,
> — Londres das neblinas finas —
> Um pobre vem vindo, é rico!
> Só bem perto fica pobre,
> Passa e torna a ficar rico.
>
> Garoa do meu São Paulo,
> — Costureira de malditos —
> Vem um rico, vem um branco,
> São sempre brancos e ricos...
>
> Garoa, sai dos meus olhos.

O tom lírico, emotivo, de apaixonado, acusa a expansão do "eu" em "nós", que se diria de um poeta de vocação épica, como evidencia "Meditação sobre o Tietê". Mas, infelizmente, o poema carece do lastro de emotividade que, presente em toda a poesia épica, atribui força e densidade aos poemas menores de *Lira Paulistana* e a alguns outros dispersos pelas demais obras.[3]

Como ficcionista, Mário de Andrade iniciou-se em 1926, com *Primeiro Andar*, reunião de contos escritos entre 1914 e 1923. Na segunda edição da obra (1943), foram acrescentadas outras narrativas, de 1929 a 1939, retiradas algumas, e deslocada uma para *Os Contos de Belazarte* (título da segunda edição). Na edição das *Obras Completas* do autor (publicadas a partir de 1944), o volume agregou-se à *Obra Imatura*. Certo andou o autor em relegar a plano secundário as suas primícias, revelado-

---

3. Para um estudo mais circunstanciado dos aspectos paulistanos da poesia de Mário de Andrade, ver Sérgio Milliet, "O Poeta Mário de Andrade", *Revista do Arquivo Municipal*, nº citado, pp. 55-68.

ras que são de alguém que visitou "pomares de muitas terras, comendo frutas cultivadas por Eça e por Coelho Neto, por Maeterlinck...", como ele próprio confessa na "Advertência Inicial" da primeira edição, datada de junho de 1925.

Com efeito, ali temos um contista da *Belle époque*, ora sondando o fantástico ("Conto de Natal", "História com Data", que o autor reconhece ser plágio de "Avatara", de Th. Gautier),[4] ora o regionalismo à Afonso Arinos, Valdomiro Silveira e outros ("Caçada de Macuco", "Caso Pansudo", "Caso em que entra bugre"), a comédia pequeno-burguesa ("Galo que não cantou"), a boêmia dourada ("Brasília"), além de duas peçazinhas de teatro e um fragmento do romance *Café*, de abril de 1930 (que seria mais tarde convertido na "concepção melodramática" homônima). Em nota à segunda edição, o escritor lembra que esse fragmento e "Primeiro de Maio" (por sinal excluído da coletânea) são "bons pra os teoristas da nomenclatura me ensinarem que não são contos. São".

Com licença do autor, o fragmento de romance é fragmento de romance e nada mais. Mal arranjados ficaram os críticos que tomaram ao pé da letra a sua conhecida *boutade* ("é conto tudo o que o autor diz que é conto"), esquecidos de que ele tinha plena consciência da adequação entre a nomenclatura e a estrutura, pois se denominou conto um trecho de romance — em nome do inaceitável critério do número de linhas ou páginas —, não classificou de contos as narrativas *Amar, Verbo Intransitivo* e *Macunaíma*. De todo modo, ali temos os contos inaugurais, nitidamente assinalados pelo clima de época, incluindo a linguagem, comportada e "literária".

Os Contos de Belazarte, publicados em 1934 (com o título de *Belazarte*), enfeixavam narrativas escritas entre 1923 e 1926. Na segunda edição, o autor incluiu "O Besouro e a Rosa", de 1923, trocando-o pelo "Caso em que entra bugre", de 1929. Imaginando/-se/ um contador de histórias, Belazarte de nome, o autor desfila uma série de tipos extraídos do cotidiano paulista da época. Contos de subúrbio, de arrabalde ou de bairro, protagonizados pela pequena-burguesia, no geral imigrantes italianos, a viver dramas de amor infeliz. A equação dramática varia de conto a conto, mas os ingredientes, quando não as personagens, são os mesmos. E a ótica do narrador não se altera, deixando visível um fundo melodramático, que a /auto/-ironia e o distanciamento permitido pelo

---
4. Mário de Andrade, *Obra Imatura*, p. 153.

narrador vicário atenuam. De onde uma espécie de realismo comovido e comovente, traindo uma visão quase poética da realidade, em que o mundo parece um palco de desgraças, um autêntico vale de lágrimas, onde se diria projetar-se o confesso Cristianismo do autor. A empatia com o sofrimento miúdo, de gente simples, responde mais a um sentimento de adesão religiosa que a intuitos de ordem política.

Conquanto se possa destacar "Piá não sofre? sofre", uma das obras-primas de Mário de Andrade no terreno do conto, o conjunto exibe homogeneidade, fruto de um período breve (três anos) marcado pela obsessão do "excessivamente humano" que, já sem o vínculo com a primeira coletânea e prenunciando o paulistanismo de Antônio de Alcântara Machado, não parece refletir a vanguarda iconoclasta de 1922. À luz desse pormenor, compreende-se por que ali se encontra o melhor segmento da sua trajetória de contista.

A publicação póstuma de *Contos Novos* (1947), planejado com o título de *Contos Piores* (o que só abona a lucidez do escritor, diga-se de passagem), além de completar a sua produção nessa área, faculta um juízo mais seguro de toda a sua obra literária. Ali se reúnem nove narrativas breves, uma das quais ("Nelson") sem os retoques finais que o autor lhe introduziria antes de considerá-la em forma definitiva. No geral, os textos sofreram várias refundições, sendo que o mais antigo ("Frederico Paciência") data de 1924 na versão original. Outros há cujos "primeiros esboços" são de 1927 (Atrás da Catedral de Ruão") ou cuja redação inicial remonta a 1930 ("O Ladrão") ou a 1934 ("Primeiro de Maio").

Refeitos mais de uma vez ou revisados cuidadosamente, os textos denunciam, é certo, o escrúpulo com que o autor burilava as suas obras, mas também revelam outros ângulos do seu percurso literário. Chama a atenção, desde logo, a linguagem: não sendo propriamente a do *Primeiro Andar*, parece dever pouco às matrizes vanguardeiras de 1922, incluindo *Os Contos de Belazarte*. De duas uma, ou os contos já estavam revestidos duma forma menos ousada para os gostos daquele movimento ou o escritor, ao revê-los, emprestou-lhes uma dicção de prosador maduro, liberto das rebeldias juvenis da Semana de Arte Moderna e consciente de que as obras perduram também pela forma apurada. E no afã de limar o estilo, acabou derivando para um tom machadiano, como se vê em "Primeiro de Maio". Evidentemente, alguns sinais do linguajar brasileiro (como "pra" em vez de "para", "ir na cidade" em vez de "ir à cidade") estão presentes, mas o andamento geral faz pensar num Machado de Assis descontraído, permeável a certos usos e abusos da fala brasileira.

Dispensando a muleta do narrador vicário (Belazarte), o narrador/autor assume o comando da narrativa, e a primeira pessoa detona um processo em que a reminiscência autobiográfica (decerto involuntária) desponta em mais de um passo. Tais lampejos de imersão no tempo pretérito fariam supor uma inclinação para o livro de memórias, que as circunstâncias não autorizaram levar a bom termo: a sua imensa correspondência, com variadíssimas pessoas de toda parte e praticamente durante toda a sua vida, confirma o gosto narcisista da autobiografia e simultaneamente aponta para um projeto nessa direção, que acabaria tomando corpo se os fados o permitissem.

Todo esse quadro reminiscente explicaria a razão de os *Contos Novos* padecerem, no geral, de uma falha ausente de *Os Contos de Belazarte*: a extensão. Concentrando-se nos mistérios da linguagem (e mesmo da metalinguagem, presente em mais de um conto, chegando mesmo a autorreferir-se, "Vestida de Preto") e nas lembranças autobiográficas (em "Frederico Paciência", revive um clima de internato semelhante ao de *O Ateneu*), alongavam desmedidamente as narrativas, com pormenores nem sempre pertinentes do ponto de vista dramático. Sublinha o caráter andante dessas narrativas o fato de girarem, as mais das vezes, ao redor de uma anedota, cujo efeito, é óbvio, se perde pela demora em deflagrar o momento privilegiado sobre que se funda.

Não estranha, por isso, que "O Peru de Natal", cuja versão definitiva data de "agosto, 1938-1942", seja a obra-prima do autor, pela concisão, que torna cada informação dramaticamente justificável, pelo ritmo, pela propriedade e pela originalidade. Nem mesmo contos válidos como "Atrás da Catedral de Ruão" ou "Frederico Paciência" escapam da tendência geral, fazendo ainda mais sobressair a luminosidade machadiana de "O Peru de Natal".

Analisada na totalidade, a produção de Mário de Andrade nos domínios do conto oferece um panorama da sua carreira de escritor: em primeiro lugar, chamam a atenção os textos anteriores a 1930. Ora, entre 1922 e 1928, Mário de Andrade dedica-se exclusivamente à Literatura, e quando, mais tarde, retoma os escritos desse decênio ou elabora outros, permite suspeitar que o faz à luz daqueles anos de intensa produtividade literária, embora com uma cadência peculiar à idade madura. Em segundo lugar, ao refundir os seus textos por volta de 1942-1945, é coerente com o passado, mas não parece o autor de *Macunaíma*, nem mesmo ter sofrido o impacto da ficção dos anos 1930 (romance social, etc.), como faria esperar a evolução da sua mundividência. Por fim, após 1930, entrando progressivamente a interessar-se por política, etnografia, antropologia, etc., diminui-lhe a paixão pela atividade literária, ainda que continue a exercê-la, paralelamente a outras várias. Daí os *Contos Novos* não refletirem o Mário de Andrade de 1943, salvo naqueles aspectos assinalados, mas o de 1922-1928, se não antes, como se nota em "Atrás da Catedral de Ruão" e "Nelson", que cheiram a *Belle époque*. Em suma: escrevendo em 1942-1943, Mário de Andrade é ainda o "moderno" de 1922. Afinara o instrumento, mas os assuntos, buscava-os na memória ou na experiência da juventude, e não na conjuntura dos últimos dias.

Como tantos outros ficcionistas, Mário de Andrade exercitou a pena em narrativas curtas antes de ousar caminhos mais tortuosos. *Amar, Verbo Intransitivo*, publicado em 1927, trazia como etiqueta classificatória o vocábulo "idílio", o que desde logo lhe assinala o caráter ambíguo. A trama, que o cinema popularizou, focaliza Elza, uma *Fräulein* que é contratada por um ricaço, Sousa Costa, para iniciar o filho deste, Carlos Alberto, nos mistérios do amor. Pelo assunto, justifica-se o rótulo "idílio", e assim mesmo tomando a palavra na sua acepção vulgar, uma vez que, pela estrutura da narrativa, a situação muda de fisionomia.

Linear no andamento, sem surpresa no desfecho, a história do ritual iniciático do adolescente de 15 anos, por oito contos de réis, levanta questões, não pelo inusitado do argumento, senão pelo modo como é tratado. Antes de tudo, transparece que o autor se norteava por um intuito sociológico ao eleger aquele assunto: por certo não estava em seus propósitos narrar um "idílio" para desfastio da burguesia, mesmo porque esta era diretamente atingida pela narrativa. E ao desenvolver o seu projeto nesse limiar em que a literatura se mistura à sociologia, acabou incidindo numa dualidade que talvez não estivesse em sua mira.

Não é paradoxal que o autor escolhesse uma alemã para heroína da obra? Que a escolha não é aleatória, basta supor, em lugar da *Fräulein*, uma japonesa (assim como o criado da casa Sousa Costa é um filho do Sol Nascente), ou uma mulata. Não sustenta a narrativa, consequentemente, uma espécie de antiariarismo? De reação contra as teses de Oliveira Viana? Mas, nesse caso, não se trataria do mesmo racismo, às avessas? Para se ter uma ideia dessa probabilidade — contrariamente, decerto, aos desígnios do autor —, acompanhemos alguns pensamentos da governanta alemã:

> Vejam por exemplo a Alemanha, que-dê raça mais forte? Nenhuma. E justamente porque mais forte e indestrutível neles o conceito da família. Os filhos nascem robustos. As mulheres são grandes e claras. São fecundas. O

nobre destino do homem é se conservar sadio e procurar esposa prodigiosamente sadia. De raça superior, como ela, Fräulein. Os negros são de raça inferior. Os índios também. Os portugueses também.[5] Ora, como admitir que tais conceitos ocorram a alguém que se apresenta como "professora de amor" sem levar a perplexidades? Acresça-se que, ao longo da narrativa, outros pensamentos semelhantes acudirão à *Fräulein*: ela via em sua incomum atividade uma profissão tão digna como outra qualquer, e nada parecida com "a mais velha das profissões", ao contrário do que se afigurava aos olhos da família Sousa Costa e do próprio autor.

Por outro, lado o narrador/autor, que não raro interrompe a fabulação para dissertar, em mais de um momento se detém a analisar os alemães, como faria num ensaio sociológico:

No filho da Alemanha tem dois seres: o alemão propriamente dito, homem-do-sonho; e o homem-da-vida, espécie prática do homem-do-mundo que Sócrates se dizia.
    O alemão propriamente dito é o cujo que sonha, trapalhão, obscuro, nostalgicamente filosófico, religioso, idealista incorrigível, muito sério, agarrado com a pátria, com a família, sincero e 120 quilos. Etc.[6]

Ou para, sem disfarçar totalmente a sua xenofobia, descrever o lento domínio social dos imigrantes:

E assim aos poucos o Brasil fica pertencendo aos brasileiros, graças a Deus! dona Maria Wright Blavatsky, dona Cartolinha não-sei-que-lá Manolo. Quando tem doença em casa, vem o dr. Sarapião de Lucca. O engenheiro do bangalô neocolonial (Ásia e duas Américas! Pois não: Chandernagor, Bay Shore e Tabatinguera) é o snr. Peri Sternheim.[7]

a ponto de, esquecido de seu antiburguesismo, preceder essa notação das seguintes exclamações: "Em que companhia horrorosa a gente Sousa Costa foi se meter! Porém no Brasil é assim mesmo e nada se pode melhorar mais!"
Na verdade, o narrador procurou tratar ludicamente o tema central da obra, como se transferisse para ela o tom do "poema-piada" em voga: entre sério e jocoso é que se refere à iniciação amorosa de Carlos Alberto,

---
5. Idem, *Amar, Verbo Intransitivo*, S. Paulo: Martins, 1944, pp. 32-33.
6. Idem, ibidem, pp. 25-26.
7. Idem, ibidem, p. 90.

visto que o seu antiarianismo não poderia corresponder ao elogio da burguesia. Antes pelo contrário, a crítica da classe média endinheirada — que comprava o amor por uns tantos contos réis — talvez fosse o escopo principal, recoberto, sem querer, pelo libelo contra o arianismo, ou mesmo, a imigração emergente. As várias interpolações do narrador, inclusive as referentes à sua teoria da narrativa, denunciam-no expressamente. A sorrir, e também a insinuar que apenas reproduzia os fatos, diz ele:

> Que mentira, meu Deus! dizerem Fräulein, personagem inventado por mim e por mim construído! não construí coisa nenhuma. Um dia Elza me apareceu, era uma quarta-feira, sem que eu a procurasse.[8]

Às páginas tantas, ainda no mesmo diapasão, informa: "Ahn... ia me esquecendo de avisar que este idílio é imitado do francês de Bernardim de Saint-Pierre. Do francês. De Bernardim de Saint-Pierre."[9]

Tais digressões ensaísticas, conquanto procedentes pelo arcabouço e pelo assunto da obra, tornando-a inesperadamente mais moderna que a própria audácia do seu núcleo romanesco, explicam demasiado a progressão da intriga, retirando todo o "mistério" que pudesse haver no "idílio" ente *Fräulein* e Carlos Alberto. Ademais, encompridam artificiosamente a história, dando a impressão de que o narrador/autor, temeria pela narrativa se a despisse desses comentários. Acrescente-se que, como seria de prever, o enredo desliza para o contexto familiar dos Sousa Costa depois que os encontros noturnos ente os protagonistas caem na rotina. Mais ainda: terminada a lição de amor, e portanto chegando ao fim o "idílio" e a estada de Elza na casa da família burguesa, eis que o narrador/autor decide mostrar-nos, sem justificativa plausível, a heroína às voltas com outro adolescente ignaro em matéria de sexo.

De onde, não fosse o aspecto psicológico e temporal da situação, dir-se-ia que se trata de um conto propositadamente espichado: ao classificar o entrecho de "idílio", o autor certamente sabia ter engendrado um enredo que oscila entre o conto e o romance. Talvez acreditasse, porém, que outro rótulo dissiparia o clima experimental, para não dizer eclético, da narrativa, como, de resto, confessa em carta a Manuel Bandeira:

> Creio que Fräulein irá junto. Acabo de o copiar. É uma pesquisa. É uma maluquice? Gosto muito da minha Fräulein. Se sou humorista o livro é o

---

8. Idem, ibidem, p. 59.
9. Idem, ibidem, p. 79.

mais que posso dar de humorismo comentador. Mas tenho medo de estar errado. O livro é uma mistura incrível. Tem tudo lá dentro. Crítica, teoria, psicologia e até romance: sou eu. E eu pesquisador.[10]

Macunaíma, publicado no ano seguinte ao de *Amar, Verbo Intransitivo*, transcorre na mesma clave. "Preto retinto e filho do medo da noite", nascido de uma índia tapanhumas no meio da selva, Macunaíma aprende tardiamente a falar, mas, quando o faz, tem pronto o seu bordão: "Ai! Que preguiça!..." Mulherengo, gosta de "brincar" com as cunhãs, mesmo sendo a mulher de seus irmãos, Jiguê e Maanape. Um dia, "os quatro partiram por esse mundo".[11] Macunaíma recebe de Ci uma muiraquitã, que acabou perdendo numa de suas aventuras. Sabe que a pedra está em S. Paulo, com o gigante Venceslau Pietro Petra. Depois de deixar a consciência na ilha Marapatá, segue para S. Paulo, à procura do amuleto. Várias peripécias; vai ao Rio de Janeiro, assiste a uma sessão de macumba, regressa a S. Paulo. Escreve para as suas súditas, as icamiabas, uma carta em português clássico. Adoece. Cura-se. Morto o gigante, ele e os seus irmãos voltam para o mato. O herói leva a pedra no beiço e outros objetos da civilização. Vai buscar a consciência em Marapatá; não a encontrando, apanha a de um sul-americano. Peripécias; os irmãos de Macunaíma morrem. Ao mergulhar na lagoa onde mora Iara, o herói perde a muiraquitã e a perna. "Então Macunaíma não achou mais graça nesta terra"; resolve ir "pro céu", onde se transforma na Ursa Maior: "é mesmo o herói capenga que de tanto penar na terra sem saúde e com muita saúva, se aborreceu de tudo, foi-se embora e banza solitário no campo vasto do céu".[12]

Com o subtítulo de "O Herói sem Nenhum Caráter", *Macunaíma* classifica-se, de acordo com o autor, de rapsódia. Repudiando, assim, as denominações propriamente literárias em favor de um vocábulo tomado de empréstimo à música, Mário de Andrade não só revelava uma das vigas mestras da sua formação, como pretendia assinalar, antes de tudo, o carácter miscelâneo da obra, ou a sua indeterminação no painel dos gêneros literárias. No que andou certo, diga-se desde já. Com efeito, a narrativa da trajetória de Macunaíma entre o nascimento e a morte parti-

---

10. *Cartas de Mário de Andrade a Manuel Bandeira*, Rio de Janeiro: org. Simões, 1958, p. 54.
11. Mário de Andrade, *Macunaíma*, 29ª ed., Belo Horizonte/Rio de Janeiro: Vila Rica, 1993, p. 18.
12. Idem, ibidem, pp. 131, 133.

cipa da epopeia e da novela, ao mesmo tempo que se aproveita do nosso rico folclore luso-afro-indígena: o mosaico da nossa realidade histórico-geográfico-social representa-se, como ao espelho, no tecido rapsódico da fábula e do seu herói.

Da epopeia, no sentido de canto exaltador do mito capital de um povo, *Macunaíma* aproxima-se pelo maravilhoso, com a diferença de que se trata não do maravilhoso helênico ou cristão das epopeias tradicionais, mas do ameríndio e negro, puxado ao absurdo surrealista: o maravilhoso ludicamente concebido, e praticado por mentes ingênuas, peculiar às lendas e crendices disseminadas pelas principais etnias que constituem o brasileiro, "herói sem nenhum caráter" — eis o substrato de *Macunaíma*. À semelhança do Guesa, de Sousândrade, que erra pela imensidão das Américas, o herói brasilíndio percorre os quatro cantos do Brasil, vivendo a cada passo o seu rico e variado lendário. O maravilhoso é o próprio espaço dessa errância apenas interrompida pela morte, como se o sobrenatural brotasse da realidade do solo e da gente: o país todo é um palco de maravilhas — eis o significado da frequência do mítico em *Macunaíma*.

Da novela, *Macunaíma* assemelha-se pela sucessividade horizontal dos episódios e aventuras, como se protagonizados por um cavaleiro andante que atravessasse o continente brasílico em busca da muiraquitã, mas de um cavaleiro "sem nenhum caráter", entregue a uma disponibilidade inconsequente, de índio menino-homem, submisso aos instintos, sobretudo os sexuais, e às artimanhas para sobreviver aos perigos da selva e da cidade grande. E como nas novelas (e poemas narrativos) medievais — aspecto já registrado pela crítica[13] —, a rapsódia decorre fora das marcas do tempo e do espaço: com *A Demanda do Santo Graal* ou *Amadis de Gaula*, é atemporal e inespacial. O seu tempo e o seu espaço são o tempo e o espaço do maravilhoso, sem respeito maior à verossimilhança.

Fruto de uma espécie de *divertissement*, por sinal reconhecido pelo autor.[14] *Macunaíma* centra-se num herói rabelaisiano, um verdadeiro anti-herói, já que "sem nenhum caráter", como a exprimir a colcha de retalhos étnicos do nosso país e a falta de valores sólidos, ao ver do escritor, no brasileiro típico. Herói dionisíaco, vive para o prazer dos sentidos, sem os desígnios que caracterizavam os heróis — por natureza

---

13. M. Cavalvanti Proença, *Roteiro de Macunaíma*, S. Paulo, Anhembi, 1955, p. 14.
14. Falando de *Macunaíma*, em carta a Tristão de Ataíde, diz Mário de Andrade "ser ele um puro divertimento (foi escrito em férias e como férias)" (*71 Cartas de Mário de Andrade*, col. e anot. Por Lígia Fernandes, Rio de Janeiro: S. José, s. d., p. 30).

semideuses — da tradição. Herói faunesco, pândego, malandrim, pícaro sem malícia, inocente na prática do bem e do mal, porque nietzschianamente acima deles, experimenta todas as reações humanas — inclusive as de medo, ódio, desespero, inveja, raiva —, foge dos perigos, chora e chega até a morrer, e a sua conversão na Ursa Maior representa o cúmulo do abandono da sua condição heroica.[15]

Publicado no mesmo ano de *Retrato do Brasil*, de Paulo Prado, *Macunaíma* parece indicar-lhe a contraface mítica ou folclórica: a tese das duas obras é idêntica, nucleada em torno da luxúria, obsessão do brasileiro e causa de todos os seus males.[16] Como se a rapsódia servisse de ilustração ao ensaio, as andanças macunaímicas são de um homem primitivo, adâmico, sem peias, entregue desenfreadamente aos exercícios eróticos, de onde lhe adviriam as mazelas que sofre. Frágil ante os perigos, salva-se por via do embuste, da mentira ou do absurdo das licenças míticas, que lhe facultam atos mágicos capazes de superar as dificuldades interpostas pelos semelhantes e pela natureza. Daí os seus "trabalhos" serem de um anti-Hércules, relapso e amoral, visando sempre à satisfação dos apetites carnais, sem qualquer diretriz superior. "Herói sem nenhum caráter", destituído do flanco miticamente divino dos semideuses, a ponto de liberar a (má) condição humana, e fazendo da muiraquitã o seu "velocino roubado",[17] Macunaíma protagoniza aventuras gratuitas, ou cuja simbologia parece evidente (mostrar-lhe o nenhum caráter e, por tabela, do homem brasileiro) ou escapa à identificação. Que pode simbolizar, miticamente, o episódio em que Macunaíma adoece de lepra e depois, passando a moléstia "em sete outras gentes e ficou são no sufragante, voltando pra tapera"?[18] A fixação da crendice desvenda, por certo, um aspecto do nosso perfil histórico e do nosso psiquismo coletivo, mas não transcende essa evidência.

---

15. Em carta àquele crítico, o autor adianta: "Me limitei no único símbolo possível da concepção do livro e do personagem (pois que não podia me sujeitar ao rito de Camões entre santos e deuses) a fazer o meu, o que acho satirizante e infeliz, herói a achar a verdade na simbologia da ida pro céu. Ele vai encontrar Ci. Você repare que era fácil acabar o livro bonitamente em apoteose, uma farra maluca, cômica e apoteótica dos dois amantes. Macunaíma vai pro céu por causa do amor inesquecível, porém chega lá, que amor, que nada! só pensa em ficar imóvel, *vivendo o brilho inútil das estrelas*" (*71 Cartas de Mário de Andrade*, pp. 37-38).

16. M. Cavalcanti Proença toca de passagem na semelhança entre as duas obras (op. cit., p. 23).

17. Mário de Andrade, *Macunaíma*, p. 96.

18. Idem, ibidem, p. 198.

Redigido em poucos dias,[19] embora recolhendo farto material que a investigação foi acumulando no curso dos anos (como demonstra a frondosa erudição em que se fundamenta), *Macunaíma* é, sem favor, um prodígio de vitória contra o tempo. Entretanto, ou pela velocidade febril com que a rapsódia foi urdida,[20] ou em consequência da própria matéria ficcional e mítica ali reunida, a obra apresenta, do ângulo estrutural, um desnível que não pode passar despercebido sem comprometer o seu julgamento. Composto de 17 capítulos e um epílogo, no capítulo IX incrusta-se a "Carta Pras Icamiabas", vazada num vernáculo pernosticamente castiço, com evidente intenção satírica, visando aos puristas da *Belle époque* e todos aqueles mais afeitos à dicção portuguesa. Simbolicamente situado a meio caminho (considerando-se o epílogo como o XVIII), esse capítulo divide a narrativa em duas partes. Na primeira, sucedem-se cenas e episódios de conteúdo maravilhoso, dando a impressão de que a narrativa transcorre num reino encantado. Após a falação da Macunaíma para as súditas icamiabas, relatando as suas façanhas na cidade grande, a saga curva-se, quando não à lógica no andamento das cenas, a certa organização linear. E o poder de surpresa, compacto nas peripécias inicias:

> No outro dia os manos foram pescar e caçar, a velha foi no roçado e Macunaíma ficou só com a companheira Jiguê. Então ele virou na formiga quenquém e mordeu Iriqui pra fazer festa nela. Mas a moça atirou a quenquém longe. Então Macunaíma virou num pé de urucum. A linda Iriqui riu, colheu as sementes, se faceirou toda pintando a cara e os distintivos. Ficou lindíssima. Então Macunaíma, de gostoso, virou gente outra feita e morou com a companheira de Jiguê.[21]

diminui após a "Carta Pras Icamiabas", seja pela repetição dos estratagemas mágicos, seja porque se atenua ou desaparece o clima de absurdo predominante na primeira parte:

---
19. M. Cavalcanti Proença, op. cit., p. 11; *71 Cartas de Mário de Andrade*, p. 30.
20. "Sei que me botei dois dias depois pra chacra dum tio em Araraquara levando só os livros indispensáveis pra criação seguir como eu queria e zás, escrevi feito doido, você não imagina, era dia e noite até esperava meu tio cuidadoso de saúde fechar a luz e dormir e acendia a minha de novo e reprincipiava escrevendo..." (*72 Cartas de Mário de Andrade*, p. 31).
21. Mário de Andrade, *Macunaíma*, p. 22.

Ia seguindo quando escutou um "psiu" de cunhã. Parou morto de medo. Então saiu do meio da cantinga-de-porco uma dona alta e feiosa com trança até o pé. E a dona perguntou cochichando pro herói:
— Já se foram?
— Se foram, quem!
— Os Holandeses!
— Você está caducando, quê Holandês esse! Não tem Holandês nenhum, dona![22]

Além de a alogicidade temporal, para quem acompanha o fluir da rapsódia, já não causar impacto, repare-se que a passagem obedeceu a um ritmo banalmente expositivo. E nem importa que a ordem na criação dos capítulos não tenha sido a da apresentação final da obra. Ao ordená-los desse modo, o autor marcava, porventura sem querer, uma diferença de notação dramática, como se a regularidade da "Carta Pras Icamiabas" houvesse contaminado todo o desenvolvimento dos capítulos posteriores. Tanto assim que se diria ecoar o purismo da missiva numa das falas do herói:

— Paciência, manos! não! não vou na Europa não. Sou Americano e meu lugar é na América. A civilização europeia decerto esculhamba a inteireza do nosso caráter.[23]

Tendo construído *Macunaíma* a brincar, Mário de Andrade fez obra de humor (para se resgatar da "gravidade" sociológica de *Amar, Verbo Intransitivo?*), como se estivesse narrando uma série de anedotas acerca do *Homo brasilicus* que a sua visão (e a de sua geração a exemplo de *Retrato do Brasil* e do movimento pau-brasil) descortinava. Dir-se-ia que o espírito de Macunaíma contagiou o autor, compelindo-o a encarar o retrato do herói da sua gente como um jogo, um descompromissado faz-de-conta, um exercício salutar de catarse, incluindo-se ele próprio no riso disparado pelas façanhas eróticas do filho da índia tapanhumas. Evidentemente, como flagrância e aviso a toda a gente, logrou mais efeito que *Retrato do Brasil*, demasiado pessimista para incitar a tomada de consciência da nossa realidade sócio-histórica, mas a ênfase num dos ingredientes da nossa constituição antropológica limita o alcance desse diagnóstico. De qualquer modo, *Macunaíma* ficou e decerto ficará como

---
22. Idem, ibidem, p. 136.
23. Idem, ibidem, p. 145.

uma das obras-chave que esse período suscitou, espelho em que se reflete a complexidade do homem criado à imagem e semelhança de Macunaíma, "herói de nossa gente".[24]

Poeta, contista, romancista, "rapsodo", crítico literário, epistológrafo, tudo isso foi Mário de Andrade. Escreveu centenas de cartas para numerosas pessoas, tratando de problemas relacionados com a literatura e a estética. Parte dessa epistolografia já foi recolhida em volume, por todos os títulos indispensável à interpretação da sua obra e ao estudo da literatura pós-1922. Para os mais jovens, candidatos à carreira literária, as suas cartas serviam como guia, orientação; para os da sua idade, levavam ajuda e estímulo. Num caso e noutro o autor exercia função de mestre e companheiro de luta. Vejam-se as *Cartas a Manuel Bandeira* (1958),[25] *71 Cartas de Mário de Andrade* (1963), *Mário de Andrade escreve cartas a Alceu, Meyer e Outros* (1968).

Mário de Andrade foi também musicólogo, folclorista, crítico de arte: embora tais facetas não possam ser consideradas nesta visão das letras nacionais, seriam necessárias num estudo global do autor. No entanto, não se perca de vista que as manifestações propriamente literárias, sobretudo *Macunaíma*, deixam transparecer um escritor voltado para as outras formas de conhecimento.[26]

Menos "moderno", ou menos avançado que alguns companheiros de geração, a julgar pela obra criada, Mário de Andrade é, por isso mesmo, a figura mais representativa dos anos 1920: sem agarrar-se com rigidez às ousadias de 1922, tributo ao "moderno" anárquico e necessariamente efêmero, e rejeitando do passado tudo quanto pudesse acarretar imobilismo, pôde alcançar o equilíbrio característico dos autores "clássicos" que sustentam e engrandecem uma literatura.

---

24. Diz o autor numa de suas cartas: "... o meu obsessionante problema do 'sem nenhum caráter'" (*71 Cartas de Mário de Andrade*, p. 139).
25. Sob o título de *Correspondência. Mário de Andrade & Manuel Bandeira* (S. Paulo: EDUSP/ IEB, 2000), org. introd. e notas de Marcos Antônio de Moraes, o volume de 1958, além de acrescido das cartas de Manuel Bandeira, foi revisto, emendado e anotado com notável rigor.
26. A esse respeito, ver Telê Porto Ancona Lopez, *Mário de Andrade: Ramais e Caminhos*, S. Paulo: Duas Cidades, 1972.

2. OSWALD DE ANDRADE

José Oswald de Sousa Andrade nasceu em S. Paulo, a 11 de janeiro de 1890. Estudos primários e secundários no Ginásio de S. Bento, onde se forma em 1908. Abraça o jornalismo. Em 1912, viaja para a Europa pela primeira vez e trava contato com as vanguardas europeias, notadamente o Futurismo. Em 1917, bacharela-se pela Faculdade de Direito de S. Paulo e conhece Mário de Andrade e Di Cavalcanti, e juntos se engajam na luta pelas ideias modernas. Com a Semana de Arte Moderna, torna-se o principal dinamizador do movimento modernista. Viaja com frequência à Europa, enquanto vai lançando as suas obras. Em 1931, adere ao Comunismo, dele se afastando em 1945, quando a revolução literária de 1922 chegava à fase recordatária. Nesse mesmo ano, candidata-se à cátedra de Literatura da Faculdade de Filosofia da USP. Faleceu a 22 de outubro de 1953, deixando livros de poesia: *Pau-Brasil* (1925), *Primeiro Caderno do Aluno de Poesia Oswald de Andrade* (1927), *Poesias Reunidas* (1945; além dos livros anteriores, enfeixa *Cântico dos Cânticos para Flauta e Violão e Poemas Menores*); prosa de ficção: *A Trilogia do Exílio, I — Os Condenados* (1922); *Memórias Sentimentais de João Miramar* (1924); *Os Romances do Exílio, II — A Estrela de Absinto* (1927); *Serafim Ponte Grande* (1933); *Os Romances do Exílio, II — A Escada Vermelha* (1934); *Os Condenados, I — Alma; II — A Estrela de Absinto; III — A Escada* (1941; reedição, num único volume, de *A Trilogia do Exílio ou Romances do Exílio*); *Marco Zero, I — A Revolução Melancólica* (1943); *Marco Zero, II — Chão* (1945); teatro: *O Homem e o Cavalo* (1934); *A Morta; O Rei da Vela* (1937); ensaio: *Ponta de Lança* (1945); *A Crise da Filosofia Messiânica* (1950); memórias: *Um Homem sem Profissão* (1954). Entre 1971 e 1974, vieram a público as *Obras Completas*, em 11 volumes.

Oswald de Andrade diversificou-se, embora nem tanto quanto Mário de Andrade, pela poesia, pela narrativa, pela crítica e pelo ensaio. Fruto de um irrequietude estrutural, o culto dessas expressões literárias obedece menos a um plano arquitetado com o passar do tempo que a uma disponibilidade intrínseca. É nesse quadro que se deve situar a sua contribuição para a modernidade: marcado por condições especiais de vida (vinha de família abastada) e por um temperamento exuberante, serviu de motor ao processo modernista. A sua ação catalítica prevaleceu sobre o seu legado, espelho que é de uma inteligência vivaz, por isso mesmo infensa à reflexão e às demoradas congeminações mentais.

A sua poesia diz bem desse gosto da novidade a todo o transe, uma ânsia de aproveitar a passagem do tempo naquilo em que mais pudesse brilhar, ainda que à custa da profundidade, da coerência ou das relações pessoais: tudo isso era levado de roldão para obter o efeito desejado no momento oportuno. Antes de tudo, o *enfant terrible* do decênio de 1920.

Irreverente, chocarreiro, os seus versos não raro antagonizam a poesia. Repassados de prosaísmo, provavelmente deliberado, para chocar o leitor anestesiado pelo formalismo parnasiano, dão primazia à descrição linear, objetiva, e ignoram a emoção ou a ideia. Sem metáfora, ou empregando-a no geral, no sentido literal, atenderiam mais à iconoclastia de 1922 que a impulsos do "eu" poético:

> A assombração apagou a candeia
> Depois no escuro veio com a mão
> Pertinho dele
> Ver se o coração ainda batia[1]

Mais adiante, os expedientes poemáticos repudiados, como a rima e a métrica, ressurgem e o *tonus* lírico melhor, graças ao desaparecimento da descrição. E a metáfora comparece, aqui e ali, para exprimir sentimentos, inexistentes nos versos anteriores ("Balada do Esplanada")

> Ontem à noite
> Eu procurei
> ver se aprendia
> Como é que se fazia
> Uma balada
> Antes d'ir
> Pro meu hotel
> E que este
> Coração
> Já se cansou
> De viver só
> E quer então
> Morar contigo
> No Esplanada
> Eu qu'ria

---

1. Oswald de Andrade, *Poesias Reunidas*, S. Paulo: DIFEL, 1966, p. 85. A outra citação foi extraída da mesma edição.

Poder
Encher
Este papel
De versos lindos
E tão distinto
Ser menestrel

No futuro
As gerações
Que passariam
Diriam
É o hotel
Do menestrel

Pra m'inspirar
Abro a janela
Como um jornal
Vou fazer
A balada

Do Esplanada
E ficar sendo
O menestrel
De meu hotel

Mas não há poesia
Num hotel
Mesmo sendo
'Splanada
Ou Grand-Hotel

Há poesia
Na dor
Na flor
No beija-flor
No elevador

Oferta
Quem sabe
Se algum dia
Traria
O elevador

Até aqui
O teu amor

Nem esse progresso no rumo da poesia, nem a fúria infernal do inédito "Santeiro do Mangue" conseguem resgatar os poemas de Oswald de Andrade: se historicamente válidos, por registrarem uma das expressões mais contundentes da rebeldia de 1922 e um temperamento inquieto, do ponto de vista estético não escondem as rugas do tempo. Apesar das tentativas de lhes vincar as características precursoras, não resistem ao paralelo com a poesia de outros coetâneos, a principiar por Mário de Andrade.

Na prosa de ficção, Oswald de Andrade começou mais cedo do que na poesia: *Os Condenados*, primeira parte da *Trilogia do Exílio* ou *Romances do Exílio*, é de 1922, *A Estrela de Absinto*, volume seguinte da série, é de 1927, *A Escada Vermelha*, de 1934. Em termos sumários, a trilogia inicia-se focalizando a meretriz Alma e um amante; a segunda parte gira em torno dessa heroína e de Jorge d'Alvelos; ela acaba morrendo, o seu amante ameaça suicidar-se e Beatriz, velho amor deste, morre tuberculosa. No volume final, presenciamos as várias paixões instáveis do herói e a sua metamorfose política, no caminho de esquerda. Estrutura típica de novela, as suas tônicas fundamentais evidenciam-se nessa síntese. Certamente desejoso de criar uma narrativa "moderna", o autor montou-a em manchas ou fragmentos, justapostos na linha do calendário, em síncopes que se diriam cinematográficas se antes o Simbolismo e as suas derivações não as houvessem empregado. O estilo, de frases curtas, enunciativas, parece reagir contra a ampulosidade dos Coelhos Netos da época. Na verdade, porém, acusa indeterminação. Narrando em vez de mostrar, como pede o bom romance, tudo flui num ritmo monocórdico, sem os momentos que assinalam a evolução dramática. E o gosto discutível alia-se ao tom melodramático, denunciando filiação com a *Belle époque* nos aspectos menos válidos. Poder-se-ia atribuí-lo aos verdes anos do autor, mas tais características, com uma que outra alteração, permanecem ao longo da trilogia. Respira-se um clima em que as leis da verossimilhança ou da causalidade são violadas sem cerimônia — como a súbita politização de Jorge, a ponto de enfrentar mano a mano "o camarada Deus", que, "num imenso macacão veio sentar-se à sua cabeceira e falou-lhe declamatoriamente",[2] despencando em exageros ou soluções

---

2. Idem, *Os Condenados*, Porto Alegre, Globo, p. 261.

de gosto discutível, tanto mais lamentável quanto mais sabemos que era fruto de um insubmisso dos anos 1920, sequioso de irritar a burguesia e as convenções com gestos ousados e rebeldes:

> Preso a um minuto de eternidade, num desespero mudo de dentes rilhados, Jorge d'Alvelos sacudia, com as garras das mãos, a cabeça de cabelos despenteados e enormes.
> ....
> O mar fumava-a como um cigarro.
> ....
> E levando a malinha, jornais comprados e uma vontade humilde de chorar, nervosamente, epileticamente, caminhou pelas ruas.[3]

A surpresa sobe de ponto quando consideramos que entre os extremos da trilogia se situam duas narrativas experimentais (*Memórias Sentimentais de João Miramar* e *Serafim Ponte Grande*), nas quais o autor procuraria pôr em prática os anseios revolucionários de 1922.

Com efeito, *Memórias Sentimentais de João Miramar*, vindo a público em 1924, "apresenta pela primeira vez" — no dizer do prefácio, entre sério e jocoso, assinado pelo pseudoautor Machado Penumbra — "o estilo telegráfico e a metáfora lancinante".[4] De certo modo, o estilo telegráfico, de períodos curtos e sem pontuação, já se anunciava em *Os Condenados*. O intuito era "o trabalho de plasma de uma língua modernista", como se declara mais adiante: ideia por si só insustentável, assinala a inflexão dominante na linguagem das *Memórias Sentimentais de João Miramar*. Quanto às "metáforas lancinantes", se por elas se entende o vezo de construções do gênero:

> Eu levava-lhe por noites paralelas um colete de veludo rapapé com jornais melados.
> ....
> O Pão de Açúcar era um teorema geométrico.
> ....
> São Paulo era como um gato, caía de um quinto andar e saía miando.[5]

---

3. Idem, ibidem, pp. 201, 251.
4. Idem, *Memórias Sentimentais de João Miramar*, 3ª ed., e *Serafim Ponte Grande*, 2ª ed., Rio de Janeiro, Civilização Brasileira/INL., 1971, p. 10.
5. Idem, ibidem, pp. 23, 25, 52.

o fato não merece comentário: ainda estamos na fase inicial do movimento de 1922, em que todo o empenho lúdico se justifica pela força motriz do movimento.

Para completar o desenho da narrativa, os capítulos primam pela brevidade: telegráficos, por vezes de duas linhas ou dispostos como poemas em versos livres. Por isso, ou apesar disso, o tom é repetitivo, na esteira da trilogia, embora menos fatigante, graças à pequenez dos fragmentos narrativos. Romance? Novela? Conto? Puro divertimento, visa a disfarçar a ausência de arcabouço mais sólido e de um conteúdo definido na atomização dos episódios e frases, e no artificioso da linguagem.

A essa luz, parece desmedida a importância que a crítica atribui às *Memórias Sentimentais de João Miramar*. Mais *blague*, narrativa-piada, que paródia, serviu, e bem, aos interesses demolidores de 1922, estando para a prosa de ficção modernista assim como o poema-piada para a poesia. Lida hoje, porém, não consegue esconder o envelhecimento e uma forma de pose literária a típica dos anos 1920.

Serafim Ponte Grande, publicado em 1933, mas escrito entre 1924 e 1928, segue nas mesmas águas das *Memórias Sentimentais de João Miramar*. No prólogo, verdadeiro auto-de-fé, o autor trata Bilac e Coelho Neto de "duas remotas alimárias", agressividade tanto mais de estranhar quanto mais nos lembramos que o preâmbulo data de fevereiro de 1933, numa altura em que o escritor já havia se convertido ideologicamente, e portanto estava longe da rebeldia de 22. Como se não bastasse, dirige-se a Emílio de Meneses e Blaise Cendrars como "dois palhaços da burguesia", depois de haver incensado o escritor suíço durante a década de 1920.E ainda se refere a Mário de Andrade pejorativamente como "professor". Por fim, declara a sua transformação política. "Ser, pelo menos, casaca de ferro na Revolução Proletária", não sem adiantar: "Publico-o no seu texto integral, terminado em 1928. Necrológico da burguesia. Epitáfio do que fui".[6]

À vista de tal declaração, era supor uma obra diversa das *Memórias Sentimentais de João Miramar*. Na verdade, podemos falar em continuidade, como se João Miramar resolvesse mudar de registro civil, passando a assinar Serafim Ponte Grande. O tom é o mesmo, com incidência maior nos aspectos grotescos e frascários, "contra a moralidade e a decência".[7]

---

6. Idem, ibidem, pp. 131, 132, 133.
7. Idem, ibidem, p. 167.

O herói não passa de um Macunaíma cosmopolita, sem grandeza ou mitologia. Espécie de *alter ego* do autor, as suas andanças compõem, ao fim de contas, a autobiografia de um epicurista.

A estrutura e a inflexão experimentalista das *Memórias Sentimentais João Miramar* e *Serafim Ponte Grande* não ocultam o tom de gratuidade, porventura deliberado. O ludismo, na linha do poema-piada, transparece: se algum intuito grave se dissimula por trás da paródia, ludo verbal, ou irreverência juvenil, não chega a aflorar à superfície da linguagem. À semelhança de *Macunaíma*, mas com diferenças nítidas, as duas narrativas parecem ter como objetivo a própria sem-razão do ludismo. E também o espírito incendiário de 1922 é que dirige a fabulação, como se o narrador quisesse pôr em xeque a prosa de ficção da *Belle époque* ou arrancar-lhe a máscara envergada pela literatura "sorriso da sociedade" em moda nos primeiros decênios do século XX. Não sem escorregar, todavia, nos mesmos alçapões.

Ainda que alguns críticos induzidos pelo experimentalismo e outros fatores contingentes, nelas divisassem verdadeiras obras-primas essas narrativas exibem as marcas do tempo. Nem mesmo a sua aura de obra precursora, refletindo o influxo do cinema ou as tendências avançadas da prosa europeia da época, lhes confere maior relevância, salvo no interior da estética de 1922. Embora se lhes possa conferir o papel de precursoras, no mais estão presas às coordenadas iconoclastas de 1922, mal resistindo a uma leitura que as examinasse da perspectiva sincrônica.

Em conclusão, é mais pelo homem Oswald de Andrade que pelo seu poder criativo que tais narrativas desencadearam tanto aplauso, pondo em xeque o equilíbrio do decênio inaugurado pela Semana de Arte Moderna. Somente a paixão pelo novo, a que preço for, ou a personalidade cativante do autor, pode explicar o entusiasmo pelas duas obras.

De *Marco Zero*, ciclo romanesco projetado em cinco volumes, à maneira dos realistas e naturalistas, apenas dois vieram a público: "A Revolução Melancólica" (1943) e "Chão" (1945). Principiando a sua redação em 1933, com a série que o autor desejava, como afirma no colofão do volume inaugural, que "o romance [participasse] da pintura, do cinema e do debate público. Mais que da música que é silêncio, é recolhimento". Em suma: "*Marco Zero* tende ao afresco social. É uma tentativa de romance mural". Tendo em mira esse alvo, compõe o livro inicial da pentalogia em manchas sociais justapostas, seguindo a técnica empregada nas obras precedentes, ao redor da revolução de 1932, "a revolução melancólica". Assim estruturada, a narrativa obedece a um compasso de intervalos regulares, arrastado, sem ápices dramáticos. E, resultante da conversão ideológica do autor, pretende-se romance engajado. Para tanto, embora busque representar as facções em presença na rebelião de 1932, a narrativa não consegue escapar de certo esquematismo. E no se afã de abarcar todas as camadas sociais, acaba adotando uma organização horizontal, de contorno realista, como pedia o engajamento político, mercê do qual retrocede, sem o perceber e menos ainda o desejar, ao regionalismo à Afonso Arinos e outros, e ao anticlericalismo da geração de Aluísio Azevedo. É certo que a estrutura fragmentária, timbre das obras anteriores, também comparece, mas os quadros sociais não têm ligação entre si, salvo pelo fato de terem como núcleo "a revolução melancólica". Desigual seria, nesse particular, o paralelo com *Contraponto*, de Aldous Huxley, romance contemporâneo, de técnica análoga.

Conduzido pelo gosto da composição em fragmentos, a narrativa demora-se em aspectos menos relevantes do panorama social. E quando atinge o derradeiro objetivo, esperava-se que o andamento ganhasse em emoção, visto não poder fazê-lo em dramaticidade. Ao contrário: tem-se a mesma lentidão e temperatura morna das páginas introdutórias, própria de quem vê a situação de longe, sem aderir aos acontecimentos, sem se empolgar. Convenhamos, a frio qualquer revolução soa ópera bufa, ou relatório de campanha política sobretudo se escrito por alguém que não interveio nos acontecimentos narrados. Engajada, a primeira parte de *Marco Zero* é mais fruto de um propósito intelectual, ou mesmo político, que propriamente estético, e isso a compromete para sempre. Aliás, como toda obra participante que não resulta de forte emoção.

"Chão", que surpreende as lutas políticas após a revolução de 1932, vibra no mesmo diapasão. O ficcionista não escamoteia as suas preferências, o que, sendo um direito que lhe assiste, acaba dando à narrativa conotação panfletária. Engajamento político elementar — "O Mundo reduzido e entregue às forças anônimas do capital. Só predominava o interesse imediato"[8] — deixa à mostra uma espécie de catarse, ou de autocrítica, como se o desabafo do prefácio a *Serafim Ponte Grande* se reproduzisse num vasto painel social, confissão de burguês (ex)endinheirado, a expiar, em jactos autobiográficos, o seu passado de aliena-

---

8. Idem, *Marco Zero — Chão*, Rio de Janeiro: José Olympio, 1945, p. 129.

ção. Mas ao romper, em 1945, com a crença da década anterior tornava inócuo dar segmento a *Marco Zero*: do terceiro volume da série ficaram somente as páginas iniciais, escritas em 1946.

Com *Marco Zero*, se Oswald de Andrade abraça outra orientação ideológica, literariamente regride, em relação a *Serafim Ponte Grande*: conquanto de estrutura fragmentária, fruto mais da impossibilidade de sustentar por muito tempo o fôlego dramático em capítulos longos e densos, que de uma opção consciente pela síncope cinematográfica, a narrativa retoma expedientes realistas e regionalistas.

Imprevista, mas coerentemente, é no teatro que as qualidades de Oswald de Andrade encontraram cenário adequado para se expandir. Três peças formam-lhe o espólio: *A Morta, O Rei da Vela, O Homem e o Cavalo*. A primeira "é o drama do poeta, do coordenador de toda ação humana, a quem a hostilidade de um século reacionário afastou pouco a pouco da linguagem útil e corrente", como explica em carta-prefácio.[9] *O Rei da Vela* focaliza o embate entre o socialismo e a burguesia, e *o Homem e o Cavalo*, a revolução social. Teatro expressionista, sobretudo a primeira peça, teatro político, teatro de tese, exibe um dinamismo, uma exuberância de situações e pormenores, que nem a velocidade espasmódica da prosa das *Memórias Sentimentais de João Miramar* e *Serafim Ponte Grande* alcançou. O clima é de farsas, notadamente *O Rei da Vela*, conduzida, no entanto, de molde a preservar o componente satírico de base. Se as três peças inseridas no teatro do absurdo, evidenciam o desgaste do tempo, em compensação o viés polêmico, satírico e político ainda lhes empresta atualidade, permitindo, inclusive, o teste da encenação, como se fez, brilhantemente, com *O Rei da Vela*. "A audácia da composição" — como acertadamente frisa um crítico — "o ineditismo dos processos, o gênio criador conferem a essa dramaturgia um lugar à parte no teatro brasileiro — um lugar que, melancolicamente, é fora dele e talvez tenha a marca do desperdício.[10]

Tudo bem ponderado, Oswald de Andrade dá-nos a impressão de uma inventividade esfuziante, mas dispersiva, que não se concretizou em razão dos vários caminhos descortinados e das cintilantes intuições que a perpassavam. A obra produzida oferece uma imagem pálida das virtualidades latentes e mal-aproveitadas, provavelmente em conse-

---

9. Idem, Teatro: *A Morta, O Rei da Vela, O Homem e o Cavalo*, Rio de Janeiro: Civilização Brasileira, 1973, p.3

10. Sábato Magaldi, *Panorama do Teatro Brasileiro*, Brasília: MEC/ DAC/FUNARTE/ SNT, s. d., p. 190.

quência de o escritor ceder, com volúpia, às solicitações do momento e às ordens do seu inquieto temperamento. Ao final, a imagem do homem e a sua ação cataliticamente revolucionária prevaleceu sobre a obra criada, descrevendo, assim, uma trajetória divergente em relação à do outro Andrade de 1922.

V. Da *Belle Époque* ao Desvairismo

Além de Mário de Andrade e de alguns integrantes de *Festa*, outros contemporâneos encetaram a carreira literária dentro dos quadrantes da Belle époque, como Menotti del Picchia, Guilherme de Almeida, Ribeiro Couto, Cassiano Ricardo e Manuel Bandeira.

MENOTTI DEL PICCHIA nasceu em Itapira (S. Paulo), a 20 de março de 1892. Após os estudos primários e secundários no interior do Estado (Itapira e Campinas) e em Pouso Alegre, ingressou na Faculdade de Direito do Largo de S. Francisco, vindo a formar-se em 1913. Exerceu várias atividades, como jornalista, político, editor, fazendeiro, industrial, banqueiro, procurador-geral do Estado de S.Paulo. Um dos últimos remanescentes da Semana de 1922, deixou vasta obra, dividida pela poesia: *Poemas do Vício e da Virtude* (1913), *Moisés* (1917), Juca Mulato (1917), *As Máscaras* (1920), *A Angústia de D. João* (1922), *Chuva de Pedra* (1924), *República dos Estados Unidos do Brasil* (1928), *Jesus* (1933), *O Deus sem Rosto* (1968); romance: *Flama e Argila* (1920; a partir da 2ª ed. passou a intitular-se *A Tragédia de Zilda*), *Laís* (1921), *O Homem e a Morte* (1922), *Dente de Ouro* (1923), *A República 3.000* (1950; a partir da 2ª ed., mudou o título para *A Filha do Inca*), *A Tormenta* (1932), *Kalum, o Mistério do Sertão* (1936; na 2ª ed, passou a chamar-se *Kalum, o Sangrento* e, posteriormente, *Kalum*), *Kummunká* (1938), *Salomé* (1940); conto: *A mulher que pecou* (1922), *O Crime daquela Noite* (1924), *Toda Nua* (1926); crônica: *O Pão de Moloch* (1921), *O Nariz de Cleópatra* (1923); ensaio, memórias. Faleceu em S. Paulo, a 23 de agosto de 1988.

É paradoxal a imagem de Menotti del Picchia nos quadros do modernismo: tendo sido um dos seus mais aguerridos combatentes na fase pré-revolucionária e nos anos subsequentes a 1922, a sua obra vincula-se ao clima da *Belle époque*. E, tendo produzido copiosamente em muitas direções, o seu nome tem sido lembrado, e assim parece que o será no futuro, pela obra poética, sobretudo *Juca Mulato*.

Com efeito, livro de estreia nos domínios da narrativa (*Flama e Argila*), escrito entre 1918 e 1920, e ambientado na zona cafeeira do Paraná, gravita em torno da paixão amorosa. No ano seguinte, publica *Laís*, com o subtítulo de "novela realista", mas com "uma alta finalidade moral", como declara nas palavras de pórtico. A ação transcorre no interior, assim como *Dente de Ouro*, história de banditismo passada na imaginária Rio Preto. Decerto consciente de pagar tributo à sua formação pré-modernista, Menotti del Picchia resolve adaptar-se ao compasso de 1922, e nesse ano publica *O Homem e a Morte* e *A mulher que pecou*. Na dedicatória desta, a Mário de Andrade, revela o seu intuito:

> A V., pontífice da Ideia Nova, quero dedicar meu livro de Arte Antiga. Escrevi-o para documentar que os "futuristas" de S. Paulo, quando o público o exige, também fazem "psicologia"...[1]

A outra narrativa, batendo na mesma tecla (como se vê na mesma dedicatória), tem por subtítulo "tragédia cerebral", que desde logo lhe assinala o caráter introspectivo, a mescla do real com o fantástico, do cotidiano com o misterioso, num estilo que se deseja prosa poética. Se a intenção era acompanhar a revolução de 1922, tendo em vista "uma estética iconoclasta",[2] o resultado não esconde as raízes mergulhadas na *Belle époque*, naquilo que prolonga o Simbolismo e as suas mutações. Afinal, ia-se fazendo patente que as matrizes da sua prosa de ficção centravam-se no binômio ação e quadro social, como daí por diante evidenciará a sua trajetória de ficcionista. *A República 3.000* (ou *A Filha do Inca*), com o subtítulo de "romance fantástico", enquadra-se, *avant la lettre*, na linha da ficção científica, da mesma forma que *Kalum*, ambas construídas sem "a mínima pretensão literária", como assevera o autor no prefácio à sua reedição, acrescentando que as escreveu "para [seu] próprio divertimento ao largar, sem freios nem preconceitos estéticos, minha fantasia no mundo sem fronteiras do irreal e do imaginoso", ou seja:

> São trabalhos marginais, realizados com intuito claros, permanecendo numa zona recreativa que não confina sequer com o plano da arte, ou melhor, que denunciam apenas outro gênero de arte, uma arte específica, destinada a prender inocuamente a imaginação da juventude ou, no espírito dos adultos, a interessar aquela retardada ou esquecida cota de juventude que ficou talvez irredutível na sua alma...[3]

---

1. É de notar que a dedicatória não figura na reedição da obra, inserida no volume *Contos*, das *Obras Completas* do autor (S. Paulo, A Noite, 1946).
2. Menotti del Picchia, *O Homem e a Morte*, ed. Fac-similada, S. Paulo: Martins, 1968, p. 24.
3. Idem, *A Filha do Inca* e *Kalum*, Rio de Janeiro: A Noite, s. d., p. 4.

Amor da aventura, por conseguinte, para atender ao gosto dos jovens. Se nas obras posteriores o objetivo não é tão declarado, o predomínio da ação e do social transparece: A *Tormenta* põe em foco a revolução de 1924 em S. Paulo. Tendo por núcleo o encontro de uma "bandeira" com uma tribo desconhecida de silvícolas, *Kummunká* parece remontar ao indianismo romântico, mas trata-se, no dizer de um crítico abalizado, de "sátira da civilização urbana do século XX, das 'das grandes malocas dos caraíbas' que são para os índios as nossas metrópoles incipientes da época, especialmente o Rio de Janeiro".[4] E *Salomé*, inspirando-se na Bíblia, retrata a vida agitada de S. Paulo entre 1926 e 1936, e de uma fazenda do interior paulista, tudo sob o signo da fogosa atração de uma mulher madura por um jovem, e do seu marido por Salomé, a enteada. Assim, retomando o fio da meada iniciado em 1920, a última narrativa mostrava que o escritor jamais conseguira desprender-se das primícias na *Belle époque*.

Não muito diversa a evolução da sua poesia. Principiando em 1913, com *Poemas do Vício e da Virtude*, marcados pelo sentimento romântico e pela forma parnasianizante, a sua dicção obedece aos estereótipos em voga no tempo. Após conceber textos longos (*Juca Mulato* e outros), em 1924 dá a lume os poemas de *Chuva de Pedra* de inclinação modernista e "que tanto escândalo fizeram por ocasião do seu aparecimento", segundo recorda o autor em nota introdutória à edição de *Poesias* (1907-1946), datada de 1947.[5] Estranha que o livro "representava, no tempo, uma rebelde falta de compostura literária para os leitores de *Máscaras* e de *Angústia de D. João*".[6] Na verdade, ali se recria, conquanto em poemas livres, o mesmo sentimento anterior; e se uma que outra composição assimilava o prosaísmo corrente após 1922, outras várias não seguiram esse diapasão, como por exemplo, "Saudade":

> Saudade cheia de graça,
> alegria em dor difusa,
> doença da minha raça,
> pranto que a guitarra lusa
> em seu exílio verteu...

---

4. Paulo Rónai, *Seleta em Prosa e Verso*, de Menotti del Picchia, Rio de Janeiro/Brasília: José Olympio/INL, 1974, p. 145.

5. Menotti del Picchia, *Poesias (1907-1946)*, S. Paulo, Martins/Secretaria da Cultura, Ciência e Tecnologia do Estado de São Paulo, 1978, p. 11.

6. Idem, ibidem, pp. 11-12.

Ai quem sentir-te não há de
se foi dentro da saudade
que a minha pátria nasceu.

Depois de *Poemas de Amor*, cujo título fala por si, ei-lo engajado na verde-amarelismo em *República dos Estados Unidos do Brasil*, onde se esmera em versos livres, sem poesia, voltados para assuntos pátrios, inclusive a "Língua Brasileira", não sem resvalar em soluções do gênero — "e porque minha terra é a mais bela da terra/eu me sinto o maior Poeta do universo!" ("Orgulho")[7] —, ou entoar panegíricos a Olavo Bilac, Rui Barbosa e Euclides da Cunha. Não faltam, contudo, versos rimados e mesmo sonetos à parnasiana, um dos quais para enaltecer o velho poema de forma fixa. E que dizer dos *Poemas Transitórios*, reunidos em 1947, na edição de *Poesias*, que não seja a confirmação de que Menotti del Picchia continuava preso à *Belle époque*? Embora apoiasse com entusiasmo a revolução de 1922, toda a sua obra, mesmo quando buscou seguir o novo credo estético, exprime uma visão do mundo afinada com as tendências iniciais do século XX.

A notoriedade de Menotti del Picchia não viria, entretanto, dessas obras, mas dos poemas longos: *Moisés, Juca Mulato, As Máscaras, A Angústia de D. João, O Amor de Dulcineia, Jesus*. Os extremos, distantes 16 anos, tratam de temas sacros, seguindo estritamente o texto bíblico: de estrutura teatral, em versos rimados no caso de *Moisés*, definem-se como poemas dramáticos, tanto quanto os outros, destinados mais à leitura que à encenação. Fundados numa dicotomia (realidade *versus* quimera, amor *versus* injustiça), contêm uma moralidade, se não uma tese. Nessa mesma perspectiva se alinham os demais poemas: *As Máscaras*, protagonizadas por Arlequim, que representa "um desejo", Pierrot, "um sonho", e Colombina, "a mulher", centram-se na duplicidade insolúvel do amor, um que "fala do céu... outro fala da terra";[8] *A Angústia de D. João* reside em amar "um ser que não existe!" pois "em cada mulher, há um pouco de meu sonho!";[9] *O Amor de Dulcineia* focaliza o mesmo anseio de imortalidade e sonho na figura do cavaleiro andante em luta contra o cotidiano prosaico. Sempre em versos, parnasianamente rimados, tais poemas encontrariam em *Juca Mulato* o seu representante máximo.

---

7. Idem, ibidem, p. 137.
8. Idem, *Poemas*, 5ª ed., S. Paulo: Nacional, 1946, p. 92.
9. Idem, ibidem, p. 115.

É bem conhecido o entrecho da obra-prima de Menotti del Picchia: o caboclo que ama a filha da patroa e sofre por desejar o impossível. Nessa situação já se delineia, no entanto, a diferença que a favorece relativamente aos demais poemas dramáticos e ao todo da poesia do autor: o assunto é brasileiro, antecipando-se ao que viria a ser o paradigma dos anos 1920, transposição imaginária de uma conjuntura provavelmente observada pelo poeta no meio rural paulista. E, para realizá-lo, supõe o herói em diálogo com as coisas, num confronto panteístico que se mantém poético por nuclear-se ao redor do "eu" em processo de autodesvendamento. Menos teatral que os outros, portanto, *Juca Mulato* alia convincentemente o sentimento romântico do herói e a forma fluente, quase oral, apesar do respeito pela rima. Poema lírico, a antífrase do *Jeca Tatu*, de Monteiro Lobato, ainda deve o seu prestígio à tese, ou moralidade, central. O herói, espécie de "Hercules do mato", de "Peer Gynt caboclo", de "egipã mestiço da floresta", nas palavras de um dos seus comentadores mais entusiastas,[10] passa o tempo imerso na cisma, atormentado pelo sentimento proibido, mas termina cedendo ao imperativo da sua condição:

> Juca Mulato! Volta outra vez para a terra,
> procura o teu amor, numa alma irmã da tua.
> Em vez de desejar o olhar que te exaspera,
> procura esse outro olhar, que te espreita e te espera,
> que há por certo um olhar que espera pelo teu...[11]

Resolvia, assim, o dilema atroz, não pelo sonho ou pela rendição, como nos outros casos, senão pela realidade. A beleza do poema, evidente nesse equilíbrio de base, ressalta se a virmos nos quadros da *Belle époque*, porquanto o núcleo dramático, situando-se ente o regionalismo à Afonso Arinos e o brasileirismo de 1922, fugia das enganosas polarizações artificiais em que o próprio autor despencara nas obras mais acentuadamente pré-modernistas ou preconcebidamente vanguardeiras.

GUILHERME DE Andrade e ALMEIDA nasceu em Campinas (estado de S. Paulo), a 24 de julho de 1890. Após os estudos primários e secundários na cidade natal, Rio Claro, Pouso Alegre (Minas Gerais) e S. Paulo,

---

10. Júlio Dantas, prefácio a *Juca Mulato*, in *Poemas*, pp. 12,15.
11. Menotti del Picchia, *Poemas*, pp. 52, 53.

forma-se pela Faculdade de Direito do Largo de S. Francisco (1912). Dedica-se à advocacia e ao jornalismo. Em 1917, estreia em livro, com *Nós*. Engaja-se ativamente no grupo que faria a Semana de Arte Moderna, cujo pensamento renovador ajuda a difundir pelo país. Ingressa na Academia Brasileira de Letras (1930), intervém na Revolução de 1932, sendo exilado por um ano. Ocupa cargos públicos, e em 1959 é eleito "Príncipe dos Poetas Brasileiros". Faleceu em S. Paulo, a 11 de julho de 1969, deixando, além de *Nós*, os seguintes livros de poesias: *A Dança das Horas* (1919), *Messidor* (1919), *Livro de Horas de Sóror Dolorosa* (1920), *Era uma vez...* (1922), *A frauta que eu perdi* (1924), *Encantamento* (1925), *Meu* (1925), *Raça* (1925), *A flor que foi um homem* (1925), *Simplicidade* (1929), *Carta à Minha Noiva* (1931), *Você* (1931), *Cartas que eu não mandei* (1932), *Acaso* (1938), *Cartas do Meu Amor* (1941), *Poesia Vária* (1947), *O Anjo de Sal* (1951), *Acalanto de Bartira* (1954), *Camoniana* (1956), *Pequeno Romanceiro* (1975), *A Rua* (1962), *Rosamor* (1965), reunidos em *Toda a Poesia* (6 vols., 1952; 2ª ed., 7 vols. 1955). Ainda publicou ensaios e traduções, de notável bom gosto e rigor.

Provavelmente mais do que as outras figuras agrupadas sob a mesma rubrica, Guilherme de Almeida permaneceu fiel às raízes parnasiano-simbolistas da sua formação. Na verdade, o impacto de 1922 foi-lhe superficial e passageiro, quem sabe fruto de um equívoco ou de ele vislumbrar, nos companheiros de geração, idênticos sinais de comprometimento com as vertentes literárias da *Belle époque*. Não surpreende que pudesse irmanar-se com Mário de Andrade, Oswald de Andrade, Menotti del Picchia e outros: algumas das mudanças sugeridas pelo grupo da Semana estavam latentes ou embrionárias na estética simbolista. Assim, propondo a revolução em nome da modernidade, realmente praticavam ideais do Simbolismo. Em vez de aderirem à ruptura, ele e demais integrantes da geração avançavam sob o signo da continuidade.

Tomando por base *Toda a Poesia*, organizada pela "ordem cronológica da composição", como se declara logo à entrada da série, podemos ter uma ideia mais nítida do seu percurso. Inicia-se com *Simplicidade* (1912-1914), cujo título não podia ser mais expressivo. As tônicas da coletânea — simplicidade, sentimentalidade, lirismo amoroso, linguagem castiça, virtuosismo — perdurarão ao longo do seu itinerário poético. Um que outro lugar-comum da época, como falar em "nevrose imaginária" ou "frêmitos de *spleen*", ou de ter "saudade de um céu que foi meu mundo antigo",[12] além de apontar a filiação simbolista, não altera o panorama inaugural. A inflexão penumbrista persiste em *Na Cidade da Névoa* (1915-1916), mas já em *Suave Colheita* (1912-1919), é visível a dualidade matricial do poeta: ao desejo de

> Que nestes versos haja as áureas formas puras
> que os besantes mantêm nos velhos cunhos seus;
> e o heráldico lavor das épicas figuras
> que a Renascença abriu na alma dos camafeus![13]

— assim acusando o débito ao formalismo parnasiano, ou o gosto pela virtuosidade que será a sua marca registrada, — associa-se a ideia de ser "um pobre trovador" ou pertencer aos "Últimos Românticos".[14] *Nós* (1914-1917), que viria a constituir o livro de estreia, põe-nos diante de um intenso lirismo amoroso, espécie de *Via Láctea* revisitada, em que se recolhem alguns dos mais bem conseguidos poemas do autor. Na verdade, aqui se define o poeta: é, substancialmente, um lírico amoroso. As coletâneas subsequentes (*A Dança das Horas*, 1918-1919; *Livro de Horas de Sóror Dolorosa*, 1919-1920), nas quais repercute o clima medieval da cantiga de amigo em meio a provas de engenhosidade (como o poema em forma de triângulo), obedecem ao mesmo padrão.

Até que o moderno, representado pelo *jazz-band, o fox trot*, certo coloquialismo, começa a insinuar-se em *Era uma vez...* (1921), mas a produção seguinte, ou deriva para o poema dramático (*Scheherazada*, 1921; *Narciso*, 1921), ou para o helenismo, ressonância mais da *Belle époque* que da estética parnasiana (*Canções Gregas*, 1921-1922; *O Festim*, 1922).

Meu (1922-1923) e *Raça* (1925) traduzem a contribuição mais notória do poeta à onda de brasilidade que varre aqueles anos. Trata-se, porém, de adesão forçada, uma vez que não correspondia à sua mais íntima tendência. De onde o verso prosaico, a exclamação pueril — "Como é linda a minha terra!" —, ou a traição involuntária: "Eu achei na minha terra a frauta de Pã".[15]

Com *Encantamento* (praticamente contemporâneo das obras anteriores, pois reúne peças de 1921 a 1925), o último dos românticos retorna

---

12. Guilherme de Almeida, *Toda a Poesia*, 6 vols., S. Paulo: Martins, 1952, vol. 1, pp. 48,80.
13. Idem, ibidem, loc. cit., p. 123.
14. Idem, ibidem, loc. cit., pp. 140, 141 e ss.
15. Idem, ibidem, vol. IV, pp. 124, 125.

ao velho tema — o amor —, à dicção simbolista e ao virtuosismo formal. Passando por *Acaso* (1924-1928), recaída modernizante para os lados do poema de circunstância, crônica rimada, com *Você* (1931) o bardo sentimental regressa, por fim, às origens: sintomaticamente, um dos poemas intitula-se "Canção bem Simples". As marcas simbolistas (e/ou neorromânticas) evidenciam-se a par e par com um espetáculo de pirotecnia verbal, em poemas cujos títulos o denunciam claramente ("Cantiga das Rimas Paupérrimas", "Berceuse das Rimas Riquíssimas", Romança sem Rimas", "Soneto sem Nada", "A Rua das Rimas"). Em semelhante compasso fluem as *Cartas do Meu Amor* (1921-1941), bem como *O Anjo de Sal* (1949-1951) e *Rosamor* (1965), passando por momentos de submissão à conjuntura histórica, como a revolução constitucionalista de S. Paulo (1932, 1932-1946).

Guilherme de Almeida toca o ápice da sua inventividade em *Poesia Vária* (1944-1947). Após deixar-se contaminar, ainda que de forma benigna, pelo impacto de 1922, ei-lo que retoma suas matrizes e, em plena maturidade, alcança o ponto mais alto da sua intuição. A obra fragmenta-se em cinco partes, a saber: "Peregrinação", "Os Meus Haikais", "As Chaves de Ouro", "Camoniana", "Cancioneirinho", no decurso das quais o pleno domínio da versificação se casa à inspiração mais depurada, universalizada, tornada "clássica" pela aliança entre o idealismo neorromântico ou simbolista e o pensamento moderno em torno das coisas do mundo e da experiência, vazado numa forma igualmente despojada, lapidar ou mesmo sentenciosa por amor à concisão. O haikai, de origem nipônica, que o poeta adaptou ao idioma, acrescentando-lhe a rima, é bem um sinal dessa contensão, em que o mestre da arte poética consegue abrigar num terceto os conceitos ou os sentimentos que antes se perdiam em meio a versos prolixos ou sem maior brilho. E o poeta o diz, como a elaborar o seu cânone estético, no derradeiro dos haicais:

> Lava, escorre, agita
> a areia. E enfim, na bateia,
> fica uma pepita.[16]

O mesmo requinte de ourives ou de aquarelista oriental, a fixar com leveza o ritmo da vida e das estações, preside os sonetos camonianos, de límpido recorte quinhentista:

---

16. Idem, ibidem, vol. VI, p. 141.

> Por que tão perto andais, tão ao alcance
> de quem anda tão longe de alcançar-vos?
> E tão pouco fazeis por esquivar-vos?
> E tão muito fazeis por que eu me canse?
>   Se um gesto vosso só, um só relance
> do olhar vos faz de mim senhorear-vos
> descansai-vos, senhora, de cansar-vos
> com querer que eu vos queira e não alcance.
>   Tanto é o que me ensinaste desta vida:
> que bem pouco há de ser o que muito era;
> que mais é o mal donde maior é o bem;
>   que não vence o que leva de vencida;
> que menos há de ter quem mais espera;
> que mais há de esperar quem menos tem.[17]

E atinge o paroxismo nas chaves de ouro "para onze sonetos que não foram escritos": aqui, o vate não teme ser pródigo, ou, ao contrário, sabe que o soneto clássico vive da sentença que o encerra como um universo coeso. Mas, por isso mesmo, ao contentar-se com o fecho de ouro, corria o risco de esvaziá-lo para sempre, por não oferecer o edifício retórico-dialético em que se sustenta. De qualquer modo, é em formas estereotipadas, presentes inclusive no "Cancioneirinho", de feição trovadoresca, que o poeta logra o auge da sua criação: afinal, é o virtuose, o formalista, "o maior artista do verso em Língua Portuguesa", no dizer de um dos seus pares mais ilustres,[18] que varia de clave para extravasar o mesmo sentimento amoroso de sempre.

Modernista por acaso, Guilherme de Almeida pertence, realmente, à linhagem que remonta a Camões, quando não à Idade Média, linhagem essa que se mantém, como veio palpitante no fio dos séculos, a despeito das grandes metamorfoses havidas. Faz lembrar os discípulos dos grandes mestres da pintura, que chegam a confundir-se com eles por imitação, ou empatia, mas que deles diferem pelo sopro de originalidade. Festejado em vida, experimentou instantes de glória como poucos, mas nem sempre pela faceta mais relevante da sua dicção. Aplaudido pela artesania verbal posta a serviço de circunstâncias históricas, sobretudo efemérides como o IV Centenário de S. Paulo ou a inauguração de

---
17. Idem, ibidem, loc. cit., pp. 159-160.
18. Manuel Bandeira, *Poesia e Prosa*, 2 vols., Rio de Janeiro: Aguilar, 1958, vol. II, p. 181.

Brasília, legou uma imagem distorcida do seu talento lírico, que talvez explique o esquecimento em que tombou junto às novas gerações.

Rui RIBEIRO COUTO nasceu em Santos (Estado de S. Paulo), a 12 de março de 1898. Após os estudos primários e secundários na cidade natal, matricula-se na Faculdade de Direito de S. Paulo, mas interrompe o curso e segue para o Rio de Janeiro, onde se forma pela Faculdade de Ciências Jurídicas e Sociais (1919). Diplomado, prossegue na atividade jornalística, e em 1921 estreia com o livro de poemas *O Jardim das Confidências*. Passados três anos, vai para o interior de S. Paulo como promotor, e de lá se transfere para Minas Gerais (1926-1928). Ingressa pouco depois na carreira diplomática, indo servir em vários países da Europa. Faleceu em Paris, a 30 de maio de 1963, de regresso ao Brasil. Além daquele volume inicial, deixou outros de poesia: *Poemetos de Ternura e de Melancolia* (1924), *Um Homem na Multidão* (1926), *Canções de Amor* (1930), *Noroeste e Outros Poemas do Brasil* (1933), *Correspondência de Família* (1933), *Poesia* (1934; reúne os dois primeiros livros), *Província* (1934), *Cancioneiro de Dom Afonso* (1939), *Cancioneiro do Ausente* (1943), *Dia Longo* (1944; antologia), *Entre Mar e Rio* (1952), *Poesias Reunidas* (1960; enfeixa os livros anteriores), *Longe* (1961). Além de teatro (*Nossos Papás*, 1921) ensaio, crônicas e livros de viagem (*Cidade do Vício e da Graça*, 1924; *Espírito de S. Paulo*, 1932; *Presença de Santa Teresina*, 1934; *Conversa Inocente*, 1934; *Chão de França*, 1935; *Barro do Município*, 1956; *Sentimento Lusitano*, 1961), publicou romances (*Cabocla*, 1931; *Prima Belinha*, 1940) e contos (*Circo de Cavalinhos*, 1922; *A Casa do Gato Cinzento*, 1922; *O Crime do Estudante Batista*, 1922; *Baianinha e Outras Mulheres*, 1927; *Clube das Esposas Enganadas*, 1933; *Largo da Matriz*, 1940; *Uma Noite de Chuva e Outros Contos*, 1944), em que a sua acuidade de observador do cotidiano simples, urbano, suburbano ou rural, fundindo-se aos tons sutis e velados da sua poesia, não esconde o débito para com o clima e as "teses" em voga na primeira vintena do século XX.

Ribeiro Couto adensou em torno do seu nome um dos traços que assinalam o entardecer da *Belle époque*, e a aurora modernista: o Penumbrismo. *O Jardim das Confidências*, em que se recolhem poemas de 1915 a 1919, é que o motivou, graças a um artigo de Ronald de Carvalho, intitulado "Poesia da Penumbra". A tendência, que vinha de Mário Pedernerias, Gonzaga Duque, Eduardo Guimaraens e outros seguidores do Simbolismo, e que vimos repercutir em Guilherme de Almeida e no próprio Ronald de Carvalho, encontrou em Ribeiro Couto o seu representante-paradigma e em *O Jardim das Confidências* a realização mais acabada. Poesia intimista, de meios-tons crepusculares, de jardins envoltos em bruma, tardes frias, chuvosas ou garoentas, ou de alcovas atapetadas e silentes, onde flutuam, nostalgicamente, vagas melancolias, e "uma espécie de música muito especial, feita de sons velados, de surdinas, de tons menores, onde predomina a ressonância grave dos pedais", típica de um poeta que "não vai diretamente às coisas, mas parte sempre de um estado d'alma sutil para chegar ao ambiente circunstante",[19] — exemplifica-se à perfeição "No Jardim em Penumbra":

> Na penumbra em que jaz o jardim silencioso
> A tarde triste vai morrendo... desfalece...
> Sobre a pedra de um banco um vulto doloroso
> Vem sentar-se, isolado, e como que se esquece.
>
> Deve ser um secreto, um delicado gozo
> Permanecer assim, na hora em que a noite desce,
> Anônimo, na paz do jardim silencioso,
> Numa imobilidade extática de prece.
>
> Em lugar tão propício à doçura das almas
> Ele vem meditar muitas vezes, sozinho,
> No mesmo banco, sob a carícia das palmas.
>
> E uma só vez o vi chorar, um choro brando...
> Fiquei a ouvir... Caíra a noite, de mansinho...
> Uma voz de menina ao longe ia cantando.[20]

Poemetos de Ternura e de Melancolia, que reúne composições de 1919 a 1922, é dedicado a Ronald de Carvalho. Decerto tomando consciência da sua visão do mundo, em virtude do artigo que este lhe dedicara, o poeta conserva-se na mesma trilha penumbrista, evidente nos primeiros versos do poema de abertura ("Surdina"):

---

19. Ronald de Carvalho, *Estudos Brasileiros*, 2ª série, Rio de Janeiro: Briguiet, 1931, p. 71.
20. Ribeiro Couto, *Poesias Reunidas*, Rio de Janeiro: José Olympio, 1960, p. 21. As demais citações serão extraídas da mesma edição.

Minha poesia é toda mansa.
Não gesticulo, não me exalto...
Meu tormento sem esperança
Tem o pudor de falar alto.

Mas o seu espectro se alarga, como se o "eu", antes recluso em ambientes fechados, procurasse na paisagem natural e social o reflexo da sua ternura e melancolia. De onde as situações à Mário Pederneiras, ou, mesmo à Cesário Verde ("Ao acender-se da cidade", "A Manhã na Rua Burguesa"). A coletânea seguinte, como a expandir ainda mais o raio de ação dessa "alma inquieta de adolescente" ("O Presente"), intitula-se precisamente *Um Homem na Multidão* (poemas de 1921 a 1924). E sem que de todo se dissipe o ar penumbrento e melancolizante, entra a dominar a extroversão, que o verso livre, de resto já prenunciado no tom coloquial de *O Jardim das Confidências*, acentua e define. A crônica versificada, de recorte prosaico, ou a notação memorialística irrompe no cenário do poeta, denunciando a crise que lavra no seu íntimo, oscilante entre a poesia da ternura e da melancolia e "a poesia deste país de sol" ("A Invenção da Poesia Brasileira"). E se por momentos recusa o apelo ao lirismo diurno e ensolarado, outros há em que se dobra à sua força insinuativa, como em "O Milagre", a ponto de compor um poema ao Guarujá, onde "a paisagem é toda aberta: sol e infinito", e intitular de "O Chalé na Montanha" a segunda parte de *Um Homem na Multidão*. É sintomático dessa fase que, em "Ciclo", se despeça "dos velhos sonetos e baladas dos dezessete anos!", repudie os parnasianos, "poeta de gabinete", em "Brincadeira" e "Discurso Afetuoso", e se volte de novo para a S. Paulo da garoa em termos anti-intimistas. E mesmo certo erotismo, cuja ausência chama a atenção num lírico autêntico, surge agora, meio timidamente, para depois se tornar absoluto, em *Canções de Amor*, escritas entre 1922 e 1925.

Com estrutura rigorosa, a que não falta nem a rima nem o emprego do verso redondilho, os poemas dessa fase acusam o retorno da dicção simbolista. Ao sentimento amoroso acrescenta-se o prazer da dor — "dor que se sofre gostando..." ("Canção da Espera Feliz"); "é doce este sofrimento" ("Canção do Dia Inútil"). E não é de admirar que se renove o clima de *O Jardim das Confidências*. Na verdade, porém, a luta entre o passado de penumbra e o modernismo estival continua: se as *Canções de Amor* respondem ao primeiro termo da ambivalência, *Província* (com poemas de 1926 a 1928) coloca-se no segundo. O poema-reportagem, vizinho da prosa, ou em torno de "Produtos Nacionais", ou seja, a cachaça, o fumo e o café, ocupa o lugar do verso e estrofe regulares, mas não sem drama de consciência ("Polêmicas"):

> Os jornais que chegam até estas serras
> Estão cheios de polêmicas furiosas.
> É poesia! Não é poesia!
> Uns discutem duros, de ar agressivo,
> Outros dissertam maciamente.

que não se atenua pela suspeita de a dúvida ser insolúvel — "É poesia? Não é poesia?/Quem saberá jamais?", a caracterizar, enfim, a "poesia provinciana" ("Anoitecer"), que prevalece ainda em *Noroeste e Outros Poemas do Brasil* (composições de 1926 a 1932), patenteando a vitória (ocasional) da poesia-reportagem modernista sobre o Penumbrismo. O poeta fala agora em "epopeia rural" ou "poesia da imigração" ou "poesia atrabiliária das [...] cidades" do Noroeste de S. Paulo ("Noroeste"), até sucumbir ao nacionalismo ufanista ("Rio de Janeiro"):

> O Brasil é o maior país do mundo.
> A baía da Guanabara é a baía mais bela do mundo.
> O povo brasileiro é o povo mais inteligente do mundo.

Se discutível o resultado estético dessa ampliação de horizontes, é por via dela que o poeta inscreve a Europa no palco do seu lirismo. Predomina, entretanto, o poema de circunstância, inclusive em *Cancioneiro de Dom Afonso*, não sem que retorne às vezes a maneira inicial, em poesia da melhor linfa ("Adeus no Porto"):

> Pela chuva, pela bruma,
> Levei-vos ao grande porto,
> Olhos, bocas, mãos amigas!
> Agora, às minhas cantigas
> Acrescentarei mais uma:
> Cantiga do amigo morto,
> Sepulto em terras ausentes,
> Dizendo baixo cantigas
> Que quem ouve não entende.
> Salvo a chuva, salvo a bruma.

No estrangeiro, o poeta volta-se para o solo natal e não teme glosar assuntos folclóricos, num vaivém que põe à mostra uma radical disponibilidade, a procura do rumo certo, ou a falta de um "caso", que o *Cancioneiro do Ausente* (poemas de 1932 a 1943) apenas confirma. Em versos brancos ou rimados, mais estes que aqueles, de variada forma, glosa matérias sempre novas, do cotidiano ao trovadorismo, em tom sempre vário, mas denotando, por meio da tensão assumida, ter alcançado a maturidade, consciente de que não deve continuar fazendo "serenata em prosa" ("Serenata Prosaica"). Convicto, porém, de ser "todo literatura", ei-lo a propor uma "Arte Poética", em que a similitude, posto que subjacente, entre o poeta e o pescador, denuncia a ausência de um conflito substancial que nucleasse a facilidade em versificar. É nesse quadro, afinal repetitivo, que desponta *Entre Mar e Rio* (poemas de 1943 a 1946), "escrito e vivido" em Portugal, com temas que o "meigo país" lhe sugeria. Cada vez mais afastado das soluções à 1922, as circunstâncias parecem atraí-lo por uma espécie de reminiscência atávica, em meio à qual retorna, num movimento de espontânea associação, ao universo da infância e adolescência ("Chuva na Rua Castilho"):

> Por que guardo, assim mesmo, esta mágoa de instinto,
> Este fruste morrer do enfermo na montanha?
> É quando chove. Em mim acorda um som distinto:
> Chuva e choro... Chovia na montanha!
> Ainda é daquela chuva a tristeza que eu sinto.

Reencontrando, assim, a vera efígie do seu *ego* submerso pelas contínuas andanças, o poeta reapossa-se da língua portuguesa, sua pátria, como diria Fernando Pessoa, e a sua identidade profunda, e, com ela, a concisão que lhe faltava. No estrangeiro, em contato com o falar lusitano, dá-se como reversão às raízes históricas, e a sua dicção, abrindo-se às "sugestões clássicas" ("Semana em Coimbra"), adquire tons cristalinos que revelam um emotivo com alma de artista, o penumbrista de sempre, distraído, é certo, pelo mundo de fora, porém cada vez mais discreto, contido e translúcido quando se dispõe a ouvir a voz interior. E se em sonetos o diz é porque agora os esculpe com mão firme, logrando o melhor da sua respiração lírica, como se pode ver nos "Sonetos da Rua Castilho", que fecham o volume.

Longe, reunião dos últimos cantos do poeta, prolonga *Entre Mar e Rio*, inclusive pelos "Sonetos da Rua Hilendarska", indício de alargamento de horizontes, a par e passo com a depuração do sentimento e da forma correspondente, como se pode ver em "Travessia":

> É a sensação de um barco que naufraga
> Este passar do incerto para o certo,
> O descobrir do sol quando desperto
> E logo a vida que vivi é vaga.
>
> Por onde andei? Que misteriosa plaga?
> Muito longe talvez, ou muito perto:
> Um litoral em névoas encoberto
> E um perfil de paisagem que se apaga.
>
> Que fio do real prende esse mundo
> Ao mundo que acordado tenho à vista,
> Pois que em ambos respiro e me confundo?
>
> Na viagem que à noite recomeço
> Já qualquer coisa agora me contrista,
> Mas não sei se a partida, ou se o regresso.[21]

Afinal, dividido entre "O Longe e o Perto", Ribeiro Couto foi sempre o poeta da ternura e da melancolia: a procura de um norte que encobria o ponto de partida. Distante da tendência em voga nos anos 1920, também se afastou da poesia ultrassimbolista de *O Jardim das Confidências*, no encalço de uma dicção própria, que lhe facultasse traduzir em versos os sentimentos que o habitavam. E sem refazer o clima penumbrista da adolescência, regressou às suas coordenadas, pois estas correspondiam, nele, a um modo específico de ser mais do que a um modismo estético. Regressava, no entanto, já maduro e experimentado, para criar a poesia mais límpida e comovida de que foi capaz — notadamente nos sonetos —, poesia de primeira água, que permanece por sobre as injunções de época ou de cânone estético.

CASSIANO RICARDO Leite nasceu em S. José dos Campos (Estado de S. Paulo), a 26 de julho de 1895. Em S. Paulo, iniciou o curso de Direito, que terminou no Rio de Janeiro (1917). De volta a S. Paulo, ligou-se ao grupo da Semana de Arte Moderna, na vertente "verde-amarela" e da "Anta". Engajou-se na Revolução de 1932, sendo preso e remetido para o Rio de Janeiro. Em 1940, tornou-se diretor de *A Manhã*, jornal cario-

---

21. Idem, *Longe*, Lisboa: Livros do Brasil, 1961, p. 120.

ca. Chefiou o Escritório Comercial do Brasil em Paris. Foi diretor-geral da Secretaria dos Negócios do Governo de S. Paulo até se aposentar, em 1953. Faleceu em S. Paulo, a 15 de janeiro de 1974. Deixou poesia: *Dentro da Noite* (1915), *A Frauta de Pã* (1917), *Jardim das Hespérides* (1920), *A Mentirosa de Olhos Verdes* (1924), *Borrões de Verde e Amarelo* (1926), *Vamos caçar papagaios* (1926), *Martim Cererê* (1928), *Canções da Minha Ternura* (1930), *Deixa estar, jacaré* (1931) *O Sangue das Horas* (1943), *Um Dia Depois do Outro* (1947), *A Face Perdida* (1950), *Poemas Murais* (1950), *25 Sonetos* (1952), *Meu Caminho Até Ontem* (poemas escolhidos, 1955), *O Arranha-Céu de Vidro* (1956), *João Torto e a Fábula* (1956), *Poesias Completas* (reúne os livros anteriores menos o último e nem sempre na íntegra, 1957), *Montanha Russa* (1960), *A Difícil Manhã* (1960), *Jeremias Sem-Chorar* (1964), *Os Sobreviventes* (1971); ensaio: *O Brasil no Original* (1935), *A Academia e a Poesia Moderna* (1939), *Marcha Para Oeste* (1940), *A Poesia na Técnica do Romance* (1953), *O Tratado de Petrópolis* (2 vols., 1954), *Pequeno Ensaio de Bandeirologia* (1956), *O Homem Cordial* (1959), *22 e a Poesia de Hoje* (1964), *Algumas Reflexões sobre Poética de Vanguarda* (1964), *O Indianismo de Gonçalves Dias* (1964), *Poesias Praxis e 22* (1966); memórias: *Viagem no Tempo e no Espaço* (1970).

Ao contrário de Ribeiro Couto, Cassiano Ricardo invadiu a *Belle époque* pela porta do lirismo sentimental, expresso em sonetos de estrutura ortodoxa (*Dentro da Noite*) e depois, do helenismo, vertente parnasiana, mas repassada de emotividade (*A Frauta de Pã, Jardim das Hespérides, A Mentirosa de Olhos Verdes*). Nesses dois "ismos" já se delineia a sua tendência mais íntima para assumir "máscaras", ou "eus" sucessivos, que a adesão, mais adiante, ao verde-amarelismo e ao movimento da Anta reafirma cabalmente (*Borrões de Verde e Amarelo, Vamos caçar papagaios, Martim Cererê, Deixa estar, jacaré*). Além de um dos mentores dessas correntes, Cassiano Ricardo foi seu representante máximo na poesia.

Martim Cererê, mais do que as outras coletâneas, provém desse clima de exaltação patriótica. O intuito era cantar "o Brasil dos meninos, dos poetas e dos heróis", como declara em subtítulo, ou seja, erguer um poema épico de brasilidade em torno de Saci Pererê ou Martim Cererê. Para tanto, atira-se à versificação da história do Brasil, de uma forma que lembra o cumprimento dum dever escolar. De duvidoso sopro épico, para não dizer lírico, enquadra-se entre os poemetos epicizantes que pontilham as letras brasileiras desde os primórdios. Difícil aceitar de ânimo leve um indianismo a sério em plena modernidade e no mesmo ano em que *Macunaíma* dava, com a sua picardia, uma lição de liberdade e propunha a face verossímil que o assunto devia exibir. Expressão do verdeamarelismo em que o poeta se engajara nos anos belicosos da década de 1920, *Martim Cererê* sofre desse comprometimento estético-ideológico, e com ele envelheceu irremediavelmente. Nem poemas mais bem conseguidos, como "Metamorfose":

> Meu avô foi buscar prata
> mas a prata virou índio.
>
> Meu avô foi buscar índio
> mas o índio virou ouro.
>
> Meu avô foi buscar ouro
> mas o outro virou terra.
>
> Meu avô foi buscar terra
> mas a terra virou fronteira.
>
> Meu avô, ainda intrigado,
> foi modelar a fronteira:
>
> E o Brasil tomou forma de harpa.[22]

resgatam uma obra, tão bem-intencionada, das suas limitações de origem e do perigoso sestro do poeta para abraçar com entusiasmo as novidades do momento. Num dos últimos poemas de *Martim Cererê* ("Canção de ir e vir"), por sinal não incluído nas *Poesias Completas*, oferece ele o núcleo da sua condição poética e visão do mundo, como a dizer que mudará ainda uma vez e mais:

> De tanto ir e vir fiquei
> indo buscar uma coisa
> e achando outra... Nem sei.

Canções da Minha Ternura, vinda a público pouco depois de *Martim Cererê*, denuncia-o às claras: porventura tolhido pela brusca mudança,

---

22. Cassiano Ricardo, *Martim Cererê*, 9ª ed., S. Paulo: Nacional, 1947, p. 187. A citação seguinte será extraída da mesma edição.

tão "sincera" quanto as anteriores, ei-lo que aguarda mais de um decênio para lançar outra recolha de versos (*O Sangue das Horas*). Estágio intervalar, a nova obra contém notas supra-históricas e suprarregionais que preludiam a fase seguinte, ao mesmo tempo que a lucidez do poeta dita confissões paradoxais, mas significativas como indício da concepção lírica que lhe rege os passos ("Rosas de Espuma"):

> É que amo tudo o que é breve:
> Tudo o que chega mas não traz
> esperança.
> Tudo que é hoje uma rosa
> de espuma.
>
> Tudo o que é vário; (...)
>
> Tudo que é eterno me assusta![23]

A rendição ao circunstancial, agora consciente ("Sou demasiado consciente / para ser poeta e feliz...", de "Exame de Consciência"), explica as variações sofridas ao longo de mais de 50 anos de fazer e publicar poesia. E quando, após referir-se à "pequena poesia / do vaivém cotidiano" ("Presentemente"), termina por mencionar o "exercício / de não ser" ("Antecipação"), estava apontado o caminho futuro e o cerne da sua cosmovisão. Com efeito, *Um Dia Depois do Outro* mostra-nos um lírico introspectivo, oscilante ente o pensar e o sentir, aberto à dialética ontológica ("Relógio") — "Ser é apenas uma face/do não ser, e não do ser"[24] —, e a encontrar no diálogo do rosto com o espelho a representação emblemática das "máscaras" que foi progressivamente colando à face ("O anel que tu me deste"): "Tudo o que eu quis ser, não fui".

Apesar desse quadro de "sincero" ajuste de contas, como esquecido do seu passado próximo, estranhamente propõe uma "Poética" em que afirma que "o povo é poeta (...) / Quem me obriga a rimar / é o povo", não sem antes esculpir versos cujo formalismo, revelando afinal uma tendência inata, pouco ou nada tem de popular. Tal quadro não se alterará nas obras subsequentes, de 1950 (*A Face Perdida e Poemas Murais*), sem contar o extenso poema "O elefante que fugiu do circo"),

---

23. Idem, *Vamos caçar papagaios*, S. Paulo: Nacional, 1947, p. 122.
24. Idem, *Um Dia Depois do Outro*, S. Paulo: Nacional, 1947, p. 18. A citação seguinte será extraída da mesma edição.

incluído nas *Poesias Completas*. Variando à mercê dos acontecimentos e/ou das emoções, se no geral esse exercício de ser, abandono à correnteza existencial, se processa sem perplexidades, momentos há em que a consciência o assalta, notadamente em *Poemas Murais*, onde, além de fascinado pelo esoterismo do número 7, faz confissões do gênero:

> Vou enterrar também, a sete palmos,
> o que poderia ter sido, e não fui
> ....
> ah, erra-se, sempre, o alvo
> quando se vai, como eu fiz,
> pela cerração espessa,
> apagar uma estrela, infeliz.

Até chegar a uma que, nem por ser lúcida, lhe traz o esperado apaziguamento:

> Pobre crucificado pela lógica, sou, hoje,
> o condenado a um diurno e diário conflito
> entre o eu digital e o outro.[25]

Antes pelo contrário: aqui se encontra a chave do impasse de Cassiano Ricardo como poeta, de que decorre o bom e o mau da sua produção lírica, não só anterior como posterior a *Poemas Murais*. "Pobre crucificado pela lógica" era ele, não por submeter a emoção, tal como Fernando Pessoa (uma das influências visíveis em sua poesia), ao crivo da razão pensante, senão por subordinar-se ao acontecimento e fazer dele o objeto de um discurso em emoção ou de esta sujeitar-se à tortura da forma.

A disponibilidade para o circunstancial é, sem dúvida, marca de juventude e de participação, como a poesia em torno da bomba atômica e seus efeitos (*Jeremias Sem-Chorar*), mas também denota a falta de um propósito consciente, pois a obsessão que o incita subjaz aos acontecimentos, apenas emergindo aqui e ali. De onde a sua poesia, quando vista globalmente, mostrar ausência de tensão, salvo a tensão do pensamento: é mais pensada que sentida, antes proveniente da engenhosa articulação da forma que da emoção nela contida, em choque com o pensamento ou mesmo com a estrutura que a reveste. E a disponibilidade é ainda

---

25. Idem, *Poesias Completas*, Rio de Janeiro: José Olympio, 1957, pp. 479, 482, 508.

formal, ora expressa em versos livres, contíguos da prosa, em versos rimados, dispostos em estruturas múltiplas, como a balada, o soneto, etc. Poder-se-ia, finalmente, divisar uma disponibilidade intertextual, aberto que está o poeta à intuição, ri à influência alheia, como de Carlos Drummond de Andrade, de Fernando Pessoa e outros, chegando mesmo a parafrasear Vicente de Carvalho ou a transcrever versos inteiros de Gonçalves Dias.[26] Já não causa surpresa que de súbito brote, como flor num deserto, a velha força motriz, o retorno à procura do próprio rosto ou imagem, num poema sintomaticamente denominado "Globe Trotter":

> No entanto, nunca me senti tão longe
> de quem eu sou, de quem ser quisera.
> Longe de quem eu sou, por não saber quem mora em mim,
> se sou eu mesmo, ou algum outro amigo,
> com o mesmo rosto de tão parecido comigo.

A momentânea interiorização — que não vai sem aceno à sondagem no mistério ôntico ("Ser é viajar no sangue", do mesmo poema, e por sinal repetido em *Montanha Russa*) — logo se avoluma e gera composições que depois integrarão *A Difícil Manhã*, espécie de continuação de *Um Dia Depois do Outro*. Como sempre, porém, o formalismo engolfa o poeta, que entra a experimentar grafismos, dominantes nos volumes restantes, em que surge a poesia do mundo cibernético, dos discos voadores, foguetes, satélites artificiais, teletipos, micro-ondas, etc. "Translação", um dos seus mais conhecidos poemas, é um exemplo ilustrativo do gênero (vide página seguinte):

A esses grafismos o autor chama de linossignos, adiantando que o linossigno "não é verso, nem prosa", é "uma linha de palavras em que não se contam sílabas nem se obedece a acentos tônicos e cesuras preestabelecidas", ou seja, "a unidade de composição gráfico-semântica, pan-semiótica", ou ainda, "não é só 'escrito'; é 'inscrito', colocado no papel", de modo que "o poema deve ser lido então conforme o ritmo estabelecido pelas unidades gráficas de composição, mais do que pelo ritmo auditivo", assim implicando "a incorporação da espacialidade à obra poética, como elemento de composição, a fisionomia estética do poema, com uma nova técnica de cores mais representativa que a do verso; como o

---

26. Quando à alusão em Cassiano Ricardo, ver Oswaldino Marques, *Laboratório Poético de Cassiano Ricardo*, 2ª ed., Rio de Janeiro/Brasília: Civilização Brasileira/INL, 1986, pp. 107ss.

arranjo das palavras não só no texto como na página em branco, dialeticamente, geometricamente, topologicamente mas também esteticamente"; em suma, preconiza que o poema "satisfaça à exigência do olho por sua organização interna e externa".[27]

```
                          a espera a esfera
                                a espera
                                 a esfera
                                 a espera
                                  a esfera
                                   a espera
                                    a esfera
                                    a espera
                                     a esfera
                a esfera a espera              a espera
                    a espera    a esfera        a esfera
                    a esfera    a espera        a espera
                    a espera    a esfera        a esfera
                    a esfera    a espera        a espera
                    a espera    a esfera        a esfera
                    a esfera    a espera        a espera
                    a espera    a esfera        a esfera
                    a esfera    a espera        a espera
                    a espera    a esfer         a esfera
                    a esfera    a esp           a espera
                    a espera                    a esfera
                    a esfera                    a espera
                    a espera                    a esfera
                    a esfera                    a espera
                       a espera                  a esfera
                        a esfera                a espera
                                              a esfera
                                             a espera
                                            a esfera
                                           a espera
                                          a esfera
                                         a espera
                                        a esfera
```

Não sendo o caso de questionar a teoria em si, importa observar que confirma o gosto da artesania formal em que se comprazia o autor desde *Dentro da Noite*, e a sua permeabilidade às modas em vigor. Por outro lado, a evolução das formas empregadas, do soneto à parnasiana ao poema espacial e ao linossigno, não deixa dúvida quanto ao domínio da arte de versejar, mas evidencia algum prejuízo da poeticidade: se o

---

27. Cassiano Ricardo, *Os Sobreviventes*, Rio de Janeiro: José Olympio, 1971, pp. 262, 263, 264, 265, 266. A respeito das ideias do autor acerca desses e outros assuntos correlatos, ver seus livros *Algumas Reflexões sobre Poética de Vanguarda*, Rio de Janeiro: José Olympio, 1964; *Poesia Práxis e 22*, Rio de Janeiro, José Olympio, 1966.

poema se faz com palavras, não basta alinhá-las com habilidade gráfica para se produzir poesia; esta requer vocábulos carregados de emoção, de preferência a emoção pensada, à Fernando Pessoa. Porque lúcido, o poeta adianta-se a declarar que, ao contrário de "certa poesia de vanguarda (que), talvez em razão do seu excesso de mecanicismo e esteticismo, aboliu o 'coração' dos seus poemas, considerando-o demasiado romântico e obsoleto", para ele "é um elemento vital do poema, já que sem emoção não há estética".[28] E a despeito do clarividente propósito e de uma que outra estrofe como:

> O Nada, isto é:
> tudo sem dor.
> Vento tocando flauta numa
> flor.[29]

no geral a emoção, ou não se converte em palavras, ou se dissipa no ato de ser verbalizada, ou não se comunica ao leitor em consequência de a fragmentação óptica acabar por prender-lhe a atenção, como um jogo de armar, do mesmo modo que empolgara o poeta durante o labor artesanal do linossigno. O seu conceito de poesia participante — o poema, ao criar "a sua linguagem, participa, valorativamente, e por si mesmo, da língua em que é escrito"[30] — apenas ratifica esse experimentalismo cuja "mensagem parece exaurir-se nesse gosto de compor mosaicos vocabulares, não raro em torno de acontecimentos, pessoas e coisas, ou recorrendo a soluções fáceis, como paronomásias, homofonias, trocadilhos, etc.[31]

Feitas as contas, dois são os fios condutores da poesia de Cassiano Ricardo: a volúpia da forma, que principia no soneto à parnasiana e termina no experimentalismo pós-1945, incluindo as vanguardas concretista e práxis; no plano do conteúdo, a sensibilidade ao acontecimento, o dia a dia, os versos alheios, e a busca de um rosto perdido ou nunca refletido num espelho sempre diverso, a confundir-se com o próprio passar do tempo. Quando o apelo da forma se alia à procura do rosto no espelho, a sua poesia alcança notas mais altas, por permitir-lhe o jogo dialético, ser/não ser, estar/não estar, ser/estar, expressão mesma desse

---

28. Idem, *Os Sobreviventes*, p. 267.
29. Idem, ibidem, p. 132.
30. Idem, ibidem, p. 269.
31. A respeito, ver Oswaldino Marques, op. cit., pp. 52ss.

casamento entre a forma lapidar ou inovadora e o anseio de uma harmonia sempre adiada e, sem dúvida, irrealizada.

MANUEL BANDEIRA

Manuel Carneiro de Sousa Bandeira Filho nasceu no Recife (Pernambuco), a 19 de abril de 1886. Com 10 anos, muda-se com a família para o Rio de Janeiro, onde faz o curso secundário. Vem para S. Paulo com a intenção de estudar Engenharia, mas a tuberculose impede-o de continuar os estudos (1903). Após várias tentativas de melhoras, segue para Clavadel, na Suíça, em 1913. Com a deflagração da I Guerra Mundial, regressa ao Brasil, indo viver no Rio de Janeiro. Em 1917, inicia a sua carreira de poeta com *A Cinza das Horas*. Embora não quisesse participar da Semana de 1922, integra-se no seu afã de modernidade. Vive de colaboração para a imprensa. Em 1935, é nomeado inspetor do ensino secundário e, em 1938, professor de Literatura do Colégio Pedro II; a partir de 1943, passa a ensinar Literatura Hispano-Americana na Faculdade Nacional de Filosofia, cargo em que se aposentaria, em 1956. Pertenceu à Academia Brasileira de Letras, onde ingressou em 1940. Faleceu a 13 de outubro de 1968. Ainda publicou outros livros de poesia: *Carnaval* (1919), *Poesias* (1924; reúne os dois primeiros livros e mais *O Ritmo Dissoluto*), *Libertinagem* (1930), *Estrela da Manhã* (1936), *Poesias Escolhidas* (1937), *Poesias Completas* (1940; com todos os livros anteriores e mais *Lira dos Cinquent'anos*; reeditadas em 1948, com o acréscimo de *Belo Belo*), *Mafuá do Malungo* (1948; poesia de circunstância), *Obra Poética* (1956; com o acréscimo de *Opus 10*), *Estrela da Tarde* (1963), *Estrela da Vida inteira* (1966; reunião de toda a sua poesia e mais *Poemas Traduzidos*); prosa: *Crônicas da Província do Brasil* (1937), *Guia de Ouro Preto* (1938), *Noções de História das Literaturas* (1940), *Literatura Hispano-Americana* (1949), *Gonçalves Dias* (1952), *Itinerário de Pasárgada* (1954), *De Poetas e de Poesia* (1954), *Flauta de Papel* (1957), *Poesia e Vida de Gonçalves Dias* (1962), *Andorinha, Andorinha* (1966), *Colóquio Unilateralmente Sentimental* (1968). Todo o seu legado foi resumido em dois volumes, *Poesia Completa e Prosa* (1958).

No curso da sua longa existência, Manuel Bandeira dedicou-se à história literária (*Noções de História das Literaturas, Literatura Hispano-Americana*), fruto da atividade docente, à biografia (*Gonçalves Dias*), ao ensaio (*De Poetas e de Poesia*) à crônica (*Crônicas da Província do Brasil, Flauta de Papel*), ao memorialismo (*Itinerário de Pasárgada*), além de compilar antologias. E se em todas essas modalidades deixou o registro de um intelectual culto, viajado, arguto e atento às mudanças históricas contemporâneas, é na poesia que alcançou o renome desfrutado em vida, e ainda persistente, mercê da sua inegável qualidade estética.

Contrariamente aos demais poetas de 1922 que vieram da *Belle époque*, Manuel Bandeira iniciou-se múltiplo e vário, ora abraçando a vaga simbolista, encarnada sobretudo em Antônio Nobre, ora o Penumbrismo, ora os mitos helênicos, de extração parnasiana. Denotando procura de caminho ou manifestação precoce de habilidade versificatória, tal indeterminação estética não se processa sem rasgos de um fundo sentimento de ternura, uma ternura comedida, desencantada, que seria marca registrada do poeta.

Além de Antônio Nobre, irmão de infortúnio, outros nomes tutelares, como Gonçalves Dias, Ronsard e os trovadores medievais, guiam-lhe os passos, ensombrados pela tuberculose:

> Meu verso é sangue, Volúpia ardente...
> Tristeza esparsa... remorso vão...
> ....
> — Eu faço versos como quem morre.
> ....
> Meus pobres versos comovidos![1]

Com *Carnaval*, a par da permanência do clima da obra inaugural, nota-se repúdio à métrica parnasiana ("Os Sapos"):

> O sapo-tanoeiro
> Parnasiano aguado,
> Diz: — "Meu cancioneiro
> É bem martelado."[2]

---

1. Manuel Bandeira, *Poesia e Prosa*, 2 vols., Rio de Janeiro: Aguilar, 1958, vol.I, pp. 10, 16. As demais citações serão extraídas desta edição.

2. Vale recordar que "Os Sapos" agradaram em cheio os jovens de 1922. "Naturalmente a sátira dos 'Sapos' estava a calhar como número de combate e, com efeito, por ocasião da 'Semana de Arte Moderna', três anos depois, foi o meu poema bravamente declamado no Teatro Municipal de São Paulo pela voz de Ronald de Carvalho sob os apupos, os assobios, a gritaria de 'foi não foi' da maioria do público, adversa ao movimento" (idem, ibidem, vol. II, p. 50). A sátira era dirigida contra os neoparnasianos, notadamente Hermes Fontes e Goulart de Andrade, pois, como frisa o poeta, referindo-se a Ribeiro Couto, "nunca atacamos publi-

o avultar da tendência erótica, já visível em *A Cinza das Horas*, e a presença de versos heterométricos, ou livres, aprendidos nos poetas europeus do Simbolismo,[3] que anunciam a incursão do poeta no universo de vanguarda. Acrescente-se-lhe ainda o pendor para o coloquialismo, herdado de Antônio Nobre, e que será nota constante em sua trajetória. Compreende-se, assim, que Mário de Andrade tenha divisado no poeta as condições de precursor da modernidade, ou seja, de "S. João Batista da Nova Poesia".[4]

Esse quadro persiste em *O Ritmo Dissoluto*, onde os vários caminhos franqueados nas obras iniciais aos poucos se definem como um conflito de raiz entre apelos extremos. De um lado, a névoa, o crepúsculo, a penumbra, "Tenho vontade de me matar!" ("Felicidade"), ou "a voz das minhas melancolias" ("Mar Bravo"); de outro, o erotismo ("O Espelho", "Na Solidão das Notas úmidas"); ora o classicismo ("A Vigília de Hero"), ora o despontar de temas nacionais ou presos à circunstância vital do poeta ("Os Sinos"), por vezes em versos heterométricos ("A Estrada", "Meninos Carvoeiros"). Observa-se, neste polo, a adesão ao clima de 1922, evidente no tom prosístico de "Noite Morta", "Na Rua do Sabão", ou na glosa a motivo folclórico ("Berimbau").

Sem que de todo se resolva o dilema interior do poeta, *Libertinagem* acusa o triunfo da estética vigente. Rejeitando a tristeza da fase anterior ("Não sei dançar") — "Eu já tomei tristeza, hoje tomo alegria. / Tenho todos os motivos menos um de ser triste" —, põe-se a defender uma "Poética" antiparnasiana, tanto mais de estranhar quanto mais carrega exageros de neófito, a compartilhar com os próceres da Semana de Arte Moderna a fobia a Olavo Bilac e demais companheiros de geração:

> Estou farto do lirismo comedido
> Do lirismo bem comportado
> Do lirismo funcionário público com livro de ponto
> expediente protocolo e manifestações de apreço
> ao sr. diretor
> Estou farto do lirismo que para e vai averiguar no
> dicionário o cunho vernáculo de um vocábulo
>
> Abaixo os puristas

---

camente os mestres parnasianos e simbolistas, nunca repudiamos o soneto nem, de modo geral, os versos metrificados e rimados" (idem, ibidem, vol. II, pp. 48, 59-60).

3. Trata-se dos franceses Guillaume Apollinaire, Guy-Charles Cros, Maeterlinck, e do inglês Mac-Fiona Leod (idem, ibidem, vol. II, pp. 30, 32).

4. Mário de Andrade, *A escrava que não é Isaura*, in *Obra Imatura*, S. Paulo: Martins, 1960, p. 280n.

Renegava, desse modo, o seu passado literário, para se entregar ao culto do poema em tom prosístico, cronístico, ou do "poema-piada", no conhecido "Pneumotórax", tudo a patentear a dessacralização do lirismo amoroso, incluindo as formas tradicionais que revestia ("Madrigal Tão Engraçadinho"). Entretanto, em meio a poemas irreverentes, emerge uma ilha de lirismo à *Belle époque*, para não dizer romântica, nos "Quatro Sonetos de Elizabeth Barrett Browning", depois excluídos de *Libertinagem* e transpostos para os "Poemas Traduzidos". Mais ainda: a obra-prima do volume, e quiçá de toda a poesia de Manuel Bandeira — "Vou-me embora pra Pasárgada" —, cuja estrofes inicial e final se transcrevem a seguir:

> Vou-me embora pra Pasárgada
> Lá sou amigo do rei
> Lá tenho a mulher que eu quero
> Na cama que escolherei
> Vou-me embora pra Pasárgada
> ....
> E quando eu estiver mais triste
> Mas triste de não ter jeito
> Quando de noite me der
> Vontade de me matar
> — Lá sou amigo do rei —
> Terei a mulher que eu quero
> Na cama que escolherei
> Vou-me embora pra Pasárgada.

denuncia na forma (redondilho maior) e no tema (romântico da evasão, para Pasárgada, Shangri-lá do poeta, bebido nos autores gregos e oitocentistas),[5] bem como no cenário ("Lá sou amigo do rei", "E quando eu estiver mais triste", "Quando de noite me der / Vontade de me matar"), se não é a ressurgência das soluções da sua fase inaugural, é uma contradição com os ditames da sua época pelo menos aqueles em moda

---

5. O poeta diz, ainda em *Itinerário de Pasárgada*: "Esse nome de Pasárgada, que significa 'campo dos poetas' ou 'tesouro dos persas', suscitou na minha imaginação uma paisagem fabulosa, um país de delícias, como o de 'L' *invitation au voyage*' de Baudelaire". E mais o seguinte: "Gosto desse poema porque vejo nele, em escorço, toda minha vida: e também porque parece que nele soube transmitir a tantas outras pessoas a visão e promessa da minha adolescência, — essa Pasárgada onde podemos viver pelo sonho o que a vida madrasta não nos quis dar" (idem, ibidem, vol. II, P. 80).

quando *Libertinagem* veio a público. É certo que talvez fosse necessária a oxigenação modernista para gerar a atmosfera do poema, mas é também verdade que somente um poeta com o passado de Manuel Bandeira e o seu drama de base poderia conceber a situação lírica de "Vou-me embora pra Pasárgada". Por outras palavras: o ingresso de Manuel Bandeira no clima de 1922 teria decorrido da coincidência entre a sua versatilidade formal e o liberalismo anárquico então reinante, visto que, na essência, a sua poesia ainda exibe o dualismo apontado ou se flexiona no rumo das melancolias do desencanto que grassavam na *Belle époque*.

Para bem compreender a aproximação discreta e epidérmica do poeta com a doutrina da Semana de Arte Moderna, é preciso levar em conta que o seu virtuosismo repelia os excessos. Mesmo quando o vemos a fazer experiências, ousar soluções novas, algumas delas únicas, como a rima de agudos com esdrúxulos ("tísicos"/ "lá", "físicos"/"vulgívaga", de A Dama Branca"),[6] é sempre com inexcedível senso de medida e oportunidade. Acresçam-se os ritmos de fundas ressonâncias musicais, conscientemente procurados, como lembra o poeta no *Itinerário* de *Pasárgada*, para ficar completo o quadro da sua singularidade no panorama da época.

Daí para a frente, a mesma paisagem se descortinará para o poeta e para o leitor: modernista por adoção, Manuel Bandeira alcançará o nível de "Vou-me embora pra Pasárgada" no momento em que o ideário de 1922 não lhe sufocar os impulsos mais íntimos, ou seja, quando a tendência à ternura, à melancolia, a empatia com o outro, encontrar a sua forma definitiva. Vezes sem conta, esse lastro de compaixão, quem sabe fruto da hipersensibilidade jamais exaurida de poeta tuberculoso na adolescência, contracena com notas terra-a-terra, ou de autocensura, que mostrariam, ainda e sempre, a dualidade primordial, como em "Momento no Café":

> Quando o enterro passou
> Os homens que se achavam no café
> Tiraram o chapéu maquinalmente
> Saudavam o morto distraídos
> Estavam todos voltados para a vida
> Absortos na vida
> Confiantes na vida.

---

6. Onestaldo de Pennafort, "Marginália à Poética de Manuel Bandeira", in Manuel Bandeira, op. cit., vol. I, p. I.203.

Um no entanto se descobriu num gesto largo e demorado
Olhando o esquife longamente
Este sabia que a vida é uma agitação feroz e sem finalidade
Que a vida é traição
E saudava a matéria que passava
Liberta para sempre da alma extinta.

Observe-se que o poema inicia com uma nota jornalística e termina de modo a revelar o emotivo de raiz, o velho poeta das melancolias: aqui residem, provavelmente, as duas tônicas da poesia de Manuel Bandeira, ainda uma vez reproduzindo o dilema de origem.

A Lira dos Cinquent'anos mostra-nos um lírico cada vez mais diante do ideário de 1922, embora dele aproveitasse o incentivo para expressar livremente o seu vário canto. Modesto, o autor diria, em certa altura do *Itinerário de Pasárgada*: "Pouco me deve o movimento; o que eu devo a ele é enorme".[7] Mas tal liberdade agora exprime pelo culto do soneto, pela tradução de Verlaine, por um "Haicai Tirado de uma Falsa Lira de Gonzaga", pelo "Gazal em Louvor de Hafiz", pelo "Cossante" e o "Cantar de Amor", à maneira dos trovadores medievais, pelo erotismo, que lhe surgere um dos mais inspirados momentos líricos, em "Água-Forte"[8] — uma multiplicidade de assuntos, não raro colhidos ao acaso, que reflete variedade poemática. No centro, porém, dessa pirotecnia estrutural, exibição de opulência e magia, de autêntico mestre da "arte de trobar", pulsa a verdadeira matriz da poesia de Manuel Bandeira: a tristeza, "a delícia de poder sentir as coisas mais simples" ("Belo Belo").

Afinal, tolhido nas malhas da engenhosidade verbal, envolvido pela facilidade em versejar, o poeta avança para a fase derradeira da sua trajetória. Cada vez mais liberto das pressões de fora, mas traindo no à vontade crescente os perigos da artesania como objetivo, ei-lo a compor versos de circunstância (no geral reunidos em *Mafuá do Malungo*), como se agora a sua inspiração dependesse do encorajamento exterior. Projeção voltada para realidade circundante, diríamos, que nenhum mal em si poderia implicar, mas que o mundo de poeta triste se transforma na "Nova Poética" (de *Belo Belo*, de que se destacam os versos principais:

---

7. Manuel Bandeira, op. cit., vol. II, p. 60.
8. O poema mereceu longa e minudente análise de Lêdo Ivo (*O Preto no Branco, Exegese de um Poema de Manuel Bandeira*, Rio de Janeiro: S. José, 1955).

> Vou lançar a teoria do poeta sórdido.
> Poeta sórdido:
> Aquele em cuja poesia há a marca suja da vida.
> ....
> O poema deve ser como a nódoa no brim:
> Fazer o leitor satisfeito de si dar o desespero.

Note-se que a pregação do reverso da medalha (o poeta preconiza o lirismo em torno do objeto da sua tristeza em vez de ela própria) não pode engendrar senão antipoesia, ao menos nas mãos de Manuel Bandeira. Evidentemente, não chegou a ser "poeta sórdido". Ao contrário, além de a tristeza dos seus poemas não provocar desespero, a vida era-lhe tudo menos suja, haja vista os poemas de circunstância dedicados a amigos, efemérides, etc.

Opus 10 e *Estrela da Tarde* preludiam o crepúsculo: Casimiro de Abreu empresta-lhe dois versos inteiros em "Cotovia" — "Aurora da minha vida, / Que os anos não trazem mais!" —; Sá de Miranda, outros tantos ("Elegia de Verão"): Ó sol grande. Ó coisas / Todas vãs, todas mudaves!"

E a morte, presente desde o começo, em dueto com o amor, agora inspira um poema repleto de emoção — "Consoada" —, em que o "eu", desligado da circunstância e dos modelos de vanguarda, experimenta a vibração da grande poesia. E, ao mesmo tempo, reitera os traços de religiosidade subjacentes ao longo de tantos anos de poesia, para culminar num verso que é todo um projeto de vida, agora consciente e, quem sabe, realizado ("Embalo"):

> Sou nada, e entanto agora
> Eis-me centro finito
> Do círculo infinito.
> De mar e céus afora.
> — Estou onde está Deus.

Ou um testamento de entranhada comoção, num soneto cujo arremate não esconde os seus débitos camonianos ("Mal Sem Mudança"):

> Da América infeliz porção mais doente.
> Brasil, ao te deixar, entre a alvadia
> Crepuscular espuma, eu não sabia
> Dizer se ia contente ou descontente.

Já não me entendo mais. Meu subconsciente
Me serve angústia em vez de fantasia,
Medos em vez de imagens. E em sombria
Pena se faz passado o meu presente.

Ah, se me desse Deus a força antiga,
Quando eu sorria ao mal sem esperança
E mudava os soluços em cantiga!

Bem não é que a alma pede e não alcança.
Mal sem motivo é o que ora me castiga.
E ainda que dor menor, mal sem mudança.

Manuel Bandeira cederá por instantes ao fascínio experimentalista do concretismo ("Analianeliana", "Homenagem a Tonegaru", "Rosa Tumultuada", "Ponteio", "Homenagem a Niomar", "Azulejo"), de resto compreensível em quem manejava com suprema habilidade toda sorte de versos e estruturas poemáticas. Instado a pronunciar-se a respeito da aparente adesão, apressa-se a desfazer o equívoco, explicando o que realmente sucedia em seus poemas:

> Não aderi à poesia concreta. O que houve é que depois de ler uns ensaios do grupo concretista escrevi um poema aplicando ao meu superado jeitão de poesia uns toques de concretismo.

Ao que acrescenta, noutro escrito, como a dirimir dúvidas futuras e a revelar que naquele soneto de recorte camoniano, e não nos "diagramas líricos", de intenções lúdicas, é que se localiza o âmago de sua cosmovisão:

> Ora bem, declaro em público e raso que não sei o que é um poema concreto. As três experiências que fiz, inspirado nos processos dos irmãos Campos e de Décio Pignatari, não creio que sejam poemas concretos: serão paraconcretos ou pré-concretos, sei lá! Diagramas líricos, pois uma simples modalidade de palavras cruzadas: sempre gostei de palavras cruzadas, os irmãos Pongetti que o digam, sempre adivinhei um conteúdo poético nos seus problemas.[9]

---

9. Manuel Bandeira, op. cit., vol. II, pp. 509, 531.

Cosmovisão delineada desde o princípio, mas que teve de submeter-se à prova do tempo e das modas para se manifestar em toda a sua plenitude: o poeta das melancolias, da ternura, do "eu" voltado para si como se no espelho da sua nebulosa interioridade visse refletido o "outro", o artífice do verso, para quem a arte de poetar não encerrava mistério — eis Manuel Bandeira de corpo inteiro, não "o grande poeta do movimento modernista",[10] mas certamente uma das vozes mais sonoras da poesia brasileira moderna.

ANTÔNIO DE ALCÂNTARA MACHADO

Nasceu em S. Paulo, a 25 de maio de 1901. Estudos secundários e superiores na cidade natal, onde se forma em Direito. Cedo, porém, ingressa no jornalismo, que será a sua atividade principal. Várias viagens à Europa, Montevidéu e Buenos Aires. Dirige publicações dos anos 1920 (*Terra Roxa e Outras Terras*, com A. C. Couto de Barros, *Revista de Antropofagia, Revista Nova*, com Paulo Prado e Mário de Andrade). Transfere-se, em 1933, para o Rio de Janeiro, onde assume a direção do *Diário da Noite*, e onde vem a falecer, a 14 de abril de 1935, deixando as seguintes obras: *Pathé-Baby*, viagens (1926), *Brás, Bexiga e Barra Funda*, contos (1927), *Laranja da China*, contos (1928), *Anchieta na Capitania de São Vicente*, história (1928), *Mana Maria*, romance incompleto (1936), *Cavaquinho e Saxofone*, artigos de jornal (1940).

De velha família radicada no planalto paulista desde os tempos coloniais, Antônio de Alcântara Machado representa exemplarmente as duas linhas de força que conduzem o movimento de 1922: cosmopolitismo e paulistanidade. Sequioso de contato com os centros europeus de cultura, mas impelido ao mesmo tempo pelo gosto de viajar, por três vezes pisou a Europa, tendo deixado registro dessas andanças em *Pathé-Baby*. Sempre levava, no entanto, a retina de paulistano apaixonado pela terra natal como talvez nenhum outro da sua geração, haja vista a "moralidade" com que fecha o livro, composta de versos da "Canção do Exílio", de Gonçalves Dias. Escritor que resistiu aos amavios da poesia, Antônio de Alcântara Machado é acima de tudo o prosador de S. Paulo, como

---

10. Francisco de Assis Barbosa, "Introdução geral" a Manuel Bandeira, op. cit., vol. I. p. LXXXVIII.

ninguém antes nem depois. Circunstâncias várias — dentre as quais o momento histórico que lhe foi dado viver — congraçam-se para fazer dele uma espécie de porta-voz da sua cidade, hesitante ainda entre ser a metrópole trepidante, fruto da industrialização, e o plácido burgo provinciano coberto de garoa.

Sintomaticamente, Antônio de Alcântara Machado estreia em livro com *Pathé-Baby*, para depois se lançar nas duas coletâneas de histórias curtas, como se quisesse, ao início, saciar a curiosidade das coisas europeias, purgar-se de um desejo pecaminoso, para depois se entregar a S. Paulo. Primeiro, viajar para conviver com outros povos, esgotar o apetite de Europa, e por fim debruçar-se sobre sua cidade, viajar por ela, descobrir-lhe os mistérios, desvendá-la para os leitores, certamente ávidos de Paris e Roma, ou desatentos ao caleidoscópio humano em redor.

Diverso, porém, dos turistas do tempo, que iam espairecer nas capitais da moda, abastecer-se de cultura para enfrentar ou escandalizar os compatriotas (cf. "Guaranis Viajados", de *Cavaquinho e Saxofone*), Antônio Alcântara Machado viaja como jornalista, câmara a tiracolo e bloco de notas na mão: pensa especialmente no "outro", a quem destinaria os flagrantes fotográficos e por escrito, de modo a tornar-se intermediário entre o leitor do jornal e a realidade europeia. O resultado manifesta-se prontamente, na rapidez da *pathé-baby*: as cenas presenciadas em Las Palmas, Lisboa, Paris, Londres, Milão, Veneza, Florença, Nápoles, Roma, Barcelona, Madri, etc. constituem esboços nervosos, instantâneos fugazes, dando a impressão de a pena e a máquina fotográfica competirem em velocidade. O estilo ganha ritmo ofegante, de frases breves, sincopadas, mas a um só tempo traduz penetrante visão de pormenores e quadros humanos: radicalmente oposto ao viajante apressado e superficial, Antônio Alcântara Machado busca a concisão em nome da profundidade. O seu olhar inquieto detecta tudo e tudo almeja transfundir em palavras, como se um pintor impressionista lhe emprestasse o movimento febril do pincel sobre a tela. Viajante ávido de contacto, o seu único anseio era fixar o máximo de acontecimentos, seres e coisas, no mínimo de espaço físico. Vejamos a descrição do Escorial, digna de um artista plástico de fina sensibilidade.

> Solo chamuscado. As colinas parecem camelos deitados. Aridez amarela. Muros de pedra. Covis. Os carneiros são caroços da terra seca.

Rochedo avançado da Guadarrama, a mole descomunal do Real Monastério de San Lorrenzo del Escorial. Grelha de granito. Delírio de grandeza.
— La octava maravilla del mundo.[1]

Repórter sobretudo, mas repórter imaginoso, ágil e dono de um estilo que não se restringe a narrar acontecimentos ou descrever cenários. Antônio de Alcântara Machado transferirá para as suas obras de ficção as matrizes que sustentam o livro de estreia: pode-se dizer que apenas desenvolverá as latências presentes em *Pathé-Baby*. Nas crônicas de viagem, mais do que exercitar a pena, definia um temperamento e um modo de ser. Nas obras em que se manteve fiel a um e outro, soube realizar todo o seu potencial literário. E quando se esforçou por ultrapassar-lhes as fronteiras, se não malogrou redondamente, longe esteve de alcançar resultados à altura.

Com efeito, *Brás, Bexiga e Barra Funda* abre com um "artigo de fundo" que, substituindo o prólogo de praxe, e disposto em colunas como se estampando nas páginas de um jornal, é por si só característico dessa vocação irrefreável de jornalista. Diz ele:

> Este livro não nasceu livro: nasceu jornal. Estes contos não nasceram contos: nasceram notícias. E este prefácio portanto também não nasceu prefácio: nasceu artigo de fundo.

E desce a pormenores:

> *Brás, Bexiga e Barra Funda*, como membro da livre imprensa que é, tenta fixar tão somente alguns aspectos da vida trabalheira, íntima e cotidiana desses novos mestiços nacionais e nacionalistas. É um jornal. Mais nada. Notícia. Só. Não tem partido nem ideal. Não comenta. Não discute. Não aprofunda.
>
> *Brás, Bexiga e Barra Funda* não é um livro. (...)
> *Brás, Bexiga e Barra Funda* não é uma sátira.[2]

---

1. Antônio de Alcântara Machado, *Pathé-Baby*, ed. fac-similada, S. Paulo: IMESP/DAESP, 1982, P. 216.
2. Idem, *Novelas Paulistanas (Brás, Bexiga e Barra Funda, Laranja da China, Mana Maria, Contos Avulsos)*, 2ª ed., Rio de Janeiro, José Olympio, 1971, pp. 7, 8, 9. Foram também utilizadas as edições fac-similadas de *Brás, Bexiga e Barra Funda* e *Laranja da China*, S. Paulo: IMESP/DAESP, 1982.

Tão luminosa consciência de propósitos e de motivos não pode ser creditada à modéstia: indicava, isto sim, uma lúcida convicção, ditada pela atividade jornalística, certeira a ponto de quase reduzir o labor do crítico literário que para ele se voltava a mera redundância do óbvio. Na verdade, ali temos nítida a presença do repórter que descobre, talvez sem querer, na matéria das suas deambulações pelo mundo periférico dos "novos mamalucos" (como diz no mesmo "artigo de fundo"), algo mais do que artigos de jornal informativos. No pitoresco daquela massa humana oscilante entre as longínquas raízes italianas e o impacto dos trópicos encontra a ficção viva, bastando trocar nomes para que o relato verídico se mostre filho da imaginação.

Evidentemente, o seu estilo inconfundível e a óptica de sensitivo colaboram para a metamorfose do acontecimento no imaginário. Entretanto, as narrativas deixam transparecer, pela vivacidade, que a sua gênese se localizaria nos acontecimentos e situações reais. Mal comparando, parece que estamos lendo *Pathé-Baby II*, pois o tom geral é praticamente o do livro de viagem: cronista do cotidiano. Se, por vezes, alguns episódios de *Pathé-Baby* lembram histórias curtas — facilmente destacáveis para integrar um volume de contos em torno de assuntos europeus —, as narrativas de *Brás, Bexiga e Barra Funda* não ocultam que nasceram duma irresistível visão de repórter ou cronista. Algumas delas, como, por exemplo, "Lisetta", "Corinthians (2) vs. Palestra (1)", "O Monstro de Rodas", caberiam à perfeição num livro de crônicas. A indeterminação dos seus escritos não lhe escapava à aguda consciência artesanal, a se levar em conta a seguinte observação: "Novela, conto, romance, crônica são termos vagos que não delimitam coisa alguma", que revela, acima de tudo, um cronista para quem essas formas narrativas não passariam de expansão do texto jornalístico. O núcleo da invenção literária se alojaria no jornal, ou seja,

> O jornal veio demonstrar que a chamada invenção literária nunca existiu. No fundo, espírito inventivo é simplesmente espírito observador. A vida é que inventa e cada vez inventa melhor. Não há imaginação capaz de bater a realidade no terreno do extraordinário.[3]

Sucede, no entanto, que às mãos de Antônio de Alcântara Machado a crônica, além de converter-se em narrativas breves, acusa um tratamen-

---

3. Idem, *Cavaquinho e Saxofone*, Rio de Janeiro: José Olympio, 1940, pp. Pp. 343, 380.

to nada ligeiro dos assuntos. Se, do ponto de vista estrutural, os contos lançam mão de processos refinados, como a fotomontagem, a colagem e a *découpage*,[4] nem por isso perdem em uma leveza que corre por conta do estilo, não das situações ou do modo como o narrador as enfrenta. A sobriedade mascara o olhar sociologicamente, para não dizer ideologicamente, interessado. Olhar de costumbrista, em suma, deliciado com os bairros pitorescos da Pauliceia, a esconder a sua comoção lírica pelos italianos do Brás, Bexiga e Barra Funda sob uma capa de humor sutil, antes fruto da empatia que da intelectualização das cenas, como, por exemplo, em "Tiro de Guerra N° 35". Nesse interesse pelos ítalo-brasileiros, Antônio de Alcântara Machado insere-se, como a crítica já tem observado, na tendência que vinha de Juó Bananére (pseudônimo de Alexandre Ribeiro Marcondes Machado) e suas crônicas vazadas num estilo macarrônico ítalo-paulista, e de Voltolino (pseudônimo de Lemmo Lemmi), caricaturista da sua gente.

Não vibrasse, subjacente ao painel dos "novos mamalucos", um forte temperamento, afirmaríamos que o clima dos contos de Antônio de Alcântara Machado depende do estilo. Mas, se "o estilo é o homem", na linguagem telegráfica, ou antes, fotográfica, divisamos uma visão do mundo e uma vocação:

> Saiu do Grupo e foi para a oficina mecânica do cunhado. Fumando Bentevi e cantando a *Caraboo*. Mas sobretudo com muita malandrice. Entrou para o Juvenil Flor de Prata F. C. (fundado para matar o Juvenil Flor de Ouro F. C.) Reserva do primeiro quadro. Foi expulso por falta de pagamento. Esperou na esquina o tesoureiro. O tesoureiro não apareceu.[5]

Anti-Euclides da Cunha, por um lado, o estilo de Antônio de Alcântara Machado, por outro lado, distingue-se pela fluência, um arejamento, uma modernidade, que não se confundem com a ênfase meio artificial de 1922, ainda quando se tentava reproduzir a fala coloquial. Não passe sem observar, contudo, que a linguagem do autor, decerto graças ao despojamento jornalístico, atinge o ápice quando trata do "italianinho" de *Brás, Bexiga e Barra Funda*. Entrando em cena o brasileiro, perde-se o distanciamento anterior, põe-se a reinar uma seriedade que altera a

---

4. Luís Toledo Machado, *Antônio de Alcântara Machado e o Modernismo*, Rio de Janeiro: José Olympio, 1970, p. 80.

5. Antônio de Alcântara Machado, *Brás, Bexiga e Barra Funda*, in *Novelas Paulistanas*, p. 18.

temperatura da narrativa, em decorrência do intuito talvez inconsciente de produzir arte. Compare-se, nesse sentido, *Brás, Bexiga e Barra Funda* e *Laranja da China*: aqui, os heróis chamam-se, humoristicamente, Natanael Robespierre dos Anjos, Washington Coelho Penteado, Platão Soares, etc., em vez de Carmela, Lisetta, etc., mas nem o humor contagia o leitor, nem a atmosfera é a mesma das histórias dos "italianinhos". Apesar de haver mais movimento em cena, desaparece ou empana-se o halo de espontâneo viço das narrativas de *Brás, Bexiga e Barra Funda*. Some-se a isso que são contos mais longos e estará definida a diferença que favorece a saga dos imigrantes italianos em S. Paulo.

Traído, assim, pelo afã de criar obras de arte, o cronista resolve, em má hora, enveredar pelo romance. E, como seria de prever, navega nas águas de *Laranja da China*, indo recrutar os seus protagonistas em outros círculos que não o dos ítalo-paulistas. *Mana Maria* interrompe-se no 12º capítulo. Por quê? Com base nos fatos biográficos do autor, a explicação residiria na sua morte precoce. Mas se recorrermos à própria obra, talvez encontremos uma resposta algo diversa, e porventura mais verossímil, que o súbito desaparecimento do escritor apenas selou para sempre: encerrava-se ali, a meio do capítulo XII, uma vida e uma trajetória de ficcionista; este, como que cumprida a sua missão, abandonava o palco, discretamente.

Que Antônio de Alcântara Machado possuía dotes de romancista, que exibia consciência dos segredos do ofício, não padece dúvida alguma. Conduz a trama com segurança, emprega com naturalidade o *flash-back*, manobra com verossimilhança as personagens e o enredo, domina com mãos de mestre o estilo, que brilha como sempre, apurando-se ainda mais, rumo de uma espécie de transparência clássica, sem prejuízo da condensação e da oralidade. E cria uma personagem inesquecível, a que dá nome ao romance. Forte como ser e como protagonista, parece antecipar-se à heroína de *A Sibila*, da escritora portuguesa Agustina Bessa Luís, de quem se aparenta pela auréola de mistério e pela esfíngica determinação:

> Mais uma vez (tinha consciência disso) decidia o seu destino.
> E abandonando o caminho que para outros seria o mais agradável ou o menos desagradável (para ela também, quem sabe, não queira saber) escolhia o outro, o dela, onde seria sozinha.[6]

---

6. Idem, *Mana Maria*, in *Novelas Paulistanas*, p. 151.

Afinal, era no retrato individual que Antônio de Alcântara Machado ostentava todo o seu talento narrativo, e *Mana Maria* não foge à regra. Entretanto, o escritor falha ao tomar o assunto a sério (por conhecer bem o ambiente social das personagens, classe média?), ou eleger um tema estranho aos seus pendores naturais e à esfera dos "novos mamalucos". A sua vocação para as cenas rápidas perdia-se no espaço do romance. Embora concebesse essa figura memorável que é mana Maria, ao chegar ao capítulo XII faltou-lhe tino para manter a bússola da narrativa e fugir ao abismo a seus pés. E acabou por despencar nele ao cometer um deslize que, pondo em risco a figura da heroína, e o romance como um todo, o mergulhou num impasse, de que resultaria a suspensão da narrativa naquele ponto. Vejamos:

> Ela tinha coragem e não precisava de descanso. Ela era a forte, a dominadora, a incorruptível. A que resistia contra tudo, contra todos, contra ela mesma. A serviço de quê? De sua memória, mamãe.
> Levantou-se. Era falso. Não: era verdadeiro. Ela substituía a mãe naquela casa, naquela família que Dona Purezinha dirigia sem oposição. Por isso não podia casar. Por isso tinha de ser dura, só pensar na missão a cumprir. Grandes palavras. Sentiu-se ridícula.[7]

Assim, ao explicar em vez de mostrar (como pede a melhor ficção), desfaz o halo sibilino da protagonista, rebaixando-o a um impulso banal. Mais ainda: mana Maria acaba de encerrar o seu caso com o médico Samuel Pinto. Como prosseguir com a narrativa — deve ter pensado, perplexo, o prosador —, depois que os nós da intriga foram desatados, o nó psicológico, pelo desnudamento simplificador das motivações da heroína, e o histórico, pela recusa em se casar? Continuar a história seria torná-la, forçosamente, uma novela. Nesse caso, que outras células dramáticas poderia imaginar para mana Maria que não redundassem em pleonasmo e queda de nível, ao menos do ângulo da ação ou do caráter da heroína?

Antônio de Alcântara Machado é, acima de tudo, um estilista. A sua prosa, trabalhada com afinco, até parecer tão natural como a linguagem jornalística, fez dele um voluptuoso da forma que repudiava as frases longas, prolixas, a prosa abundante e redonda dos realistas, em favor dos períodos telegráficos, enxutos. Como a inspirar-se nos lampejos da máquina fotográfica, o seu estilo busca fixar sequências de tomadas, ao

---

7. Idem, ibidem, p. 161.

contrário das grandes panorâmicas, inclusive as do cinema mudo. É, na verdade, a prosa de um aristocrata antiproustiano, que se volta para o cotidiano da periferia de S. Paulo, habitada por imigrantes italianos, a fim de lhes captar os aspectos mais sugestivos.

Se a linguagem de *Pathé-Baby* constitui o modelo das demais obras, se algumas das suas páginas poderiam incluir-se nos livros de contos, é porque Antônio de Alcântara Machado é, no íntimo da sua cosmovisão, um turista nada entediado, culto de primeira classe. E é como turista que visita as ruas em que vivem os "italianinhos": faz turismo local, com a mesma curiosidade com que flanara pela Europa e trouxera na memória e na câmara fotográfica os flagrantes pitorescos das cidades visitadas. As dissonâncias resultam da falta de harmonia, digamos moral, entre o viajante e as metrópoles europeias onde se encontram os monumentos históricos e artísticos, e da sua proximidade com os italianos de S. Paulo. Mas o prosador não esconde que vê com certo espanto os patrícios de primeira geração ou os carcamanos endinheirados, como se, em viagem, surpreendesse, nas vilas de Nápoles ou da Sicília, os figurantes das suas narrativas.

Dessa atitude perante as personagens advêm o bom e o mau dos seus contos: ao delinear o documentário nada frio da miscigenação que se ia processando nos bairros da periferia, não dissimula que entrevia os ítalo-paulistas como seres curiosos, à margem das grandes famílias de S. Paulo, a que ele, Antônio de Alcântara Machado, pertencia. Não que se lhe pedisse um hino à imigração, tipo *Canaã*, nem mesmo que pusesse o alienígena no centro de revoluções utópicas, como nas obras de Plínio Salgado — o que seria esperar dele uma narrativa de ideias, um tanto falsa como espelho da realidade —, mas é patente que, não sendo oriundo daquele meio, e nem ali vivendo, a sua visão do "italianinho" é meio folclórica, para dizer o menos. No entanto, naqueles esboços entre impressionistas e expressionistas ficou o melhor de que a sua inventiva foi capaz, decerto talhados num estilo sem-par no primeiro decênio modernista, um estilo ao mesmo tempo flexuoso e denso, de um cronista autêntico, que derrama lirismo na visão do cotidiano mais cinzento.

CECÍLIA MEIRELES

Nasceu no Rio de Janeiro, a 7 de novembro de 1901. Órfã aos 3 anos, foi educada pela avó materna. Formada pela Escola Normal (1917), dedica-se ao magistério, à literatura e ao jornalismo. Estreia em 1919, com *Espectros*, ao qual se seguirão outros livros, até à morte, ocorrida na cidade natal, a 9 de novembro de 1964. Entre 1930 e 1934, empreendeu intensa campanha de reforma educacional; viaja a Portugal, onde profere conferências. Em 1935, é nomeada professora da Universidade do Distrito Federal. Passados cinco anos, leciona literatura brasileira e cultura brasileira na Universidade do Texas, início de uma série de viagens para divulgar a nossa cultura: México (1940), Uruguai e Argentina (1944), Índia, Goa e Europa (1953), Europa e Açores (1954), Porto Rico (1957), Israel (1958). Além de ensaios, antologias e biografias, publicou os seguintes livros de versos: *Nunca Mais... e Poemas dos Poemas* (1923), *Baladas para El-Rei* (1925), *Viagem* (1939), *Vaga Música* (1942), *Mar Absoluto* (1945), *Retrato Natural* (1949), *Amor em Leonoreta* (1952), *12 Noturnos da Holanda e O Aeronauta* (1952), *Romanceiro da Inconfidência* (1953), *Pequeno Oratório de Santa Clara* (1955), *Pistoia, Cemitério Militar Brasileiro* (1955), *Canções* (1956), *Romance de Santa Cecília* (1957), *Obra Poética* (reúne os livros anteriores menos os três primeiros, 1958), *Metal Rosicler* (1960), *Poemas Escritos na Índia* (1961), *Solombra* (1963), *Poesias Completas* (9 vols., 1973-1974).

Como tantos outros da sua geração, Cecília Meireles pagou tributo às vertentes retardatárias do Parnasianismo e do Simbolismo que atravessaram a *Belle époque*. *Espectros* movimenta-se, com os seus 17 sonetos, no espaço da primeira dessas correntes, enquanto *Nunca Mais... e Poemas dos Poemas*, publicados quando ia alto o sol modernista, se enfileiram nos quadros simbolistas por meio do Orientalismo, a inflexão mística, o vago Penumbrismo.

Vários lustros se passaram entre a última dessas obras de juventude, por sinal renegadas posteriormente pela autora, e *Viagem*, expressão de maturidade e de adesão à mundividência simbolista, por constituir o encontro de uma inclinação mais funda do que inicialmente parecia. De onde se detectar na poetisa a herança do Simbolismo — o que a nivela a outros líricos da época —, mas de um modo que aponta a identificação consubstancial, entre ela e a estética, e a superação, por isso mesmo, dos seus lugares-comuns, o que a distingue dos demais correligionários. Se a estética de 1922 mergulha raízes no Simbolismo, a sua poesia é o atestado mais eloquente dessa continuidade: moderna sem ser modernista, entronca-se no imaginário simbolista, sem as demasias observadas durante a *Belle époque*. Transfiguração do Simbolismo, atualização das suas virtualidades, portanto, sem render-se à sedução de 1922. Antes pelo contrário, ao desdobrar-se, permitindo explorar imprevistas latências, a doutrina simbolista regressa em suas mãos, às fontes longevas de que proveio.

Transparente, cristalina, a poesia de Cecília Meireles em *Viagem* como que materializa a aspiração de "poesia pura" em voga nos fins do século XIX, mas de maneira diversa da dos simbolistas nacionais mais ortodoxos. A musicalidade, a melopeia, na direção do sonhado consórcio da poesia com a música — "que música embala a minha música que te embala"[1] —, é nota constante, que a frequência das cantigas e canções evidência em toda a extensão das suas obras: poemas imbuídos de ritmo musical, pressupondo a instrumentação, ou mesmo a orquestração, fluem dos seus dedos, como se nela coabitassem de forma harmoniosa o poeta e o compositor; em suma, poemas de fluência cantante, sussurrados, letra para música. Mas a evanescência dos seus versos organiza-se segundo uma lógica interior, pois "imita inicialmente a fluência de nossa vida consciente, operando a *mimese*, igualmente, na utilização habitual das imagens como metáforas da realidade vivencial.[2]

Descritiva, como pedia a sua condição de poesia lírica, esconde conceitos, ideias, reflexões: não é só o sentimento e a emoção que se veiculam pelos versos de rigorosa medida, segundo os moldes tradicionais, incluindo a rima, a sinestesia e outros expedientes no gênero. Se a emoção e o sentimento não se associam ao pensamento, é porque este subjaz, as mais das vezes, ao fluxo da emoção ("Fio"):

> No fio da respiração.
> rola a minha vida monótona,
> rola o peso do meu coração.
> Tu não vês o jogo perdendo-se
> como as palavras de uma canção.
> Passas longe, entre nuvens rápidas,
> com tantas estrelas na mão...
>
> — Para que serve o fio trêmulo
> em que rola o meu coração?

---

1. Cecília Meireles, *Obra Poética*, Rio de Janeiro: Aguilar, 1958, p. 30. As demais citações serão extraídas dessa edição.
2. Darcy Damasceno, introd. a Cecília Meireles, *Obra Poética*, p. LII.

De onde um lirismo comedido, sem derramamentos sentimentais ou emotivos, fruto de a poetisa submeter a emoção ao crivo do intelecto, ou de uma racionalidade imanente, congenial às sensações. Como se um pudor imemorial lhe tolhesse a expansão interior ou a sua aguda inteligência vigiasse os jactos da emoção, esta se inscreve na superfície do papel já caldeada pelo intelecto. Não estranha que, às vezes, contemplando essa alquimia verbal em que parecem ressoar melodias ancestrais, o leitor se esqueça de estar perante uma voz feminina: no lirismo equilibrado de Cecília Meireles ouve-se, não raro, a voz do ser. E a voz do ser exprime-se num limiar que se diria arquetípico, aberto para a música, a música interior que as palavras tentam captar. Em suma: lirismo musical — aqui o pleonasmo é necessário para marcar essa poesia sutil, de meios-tons, de intervalos, expressão de um "eu" hipersensível, praticante do "ofício de ter alma" ("Terra"), possuidor de uma "alma divina" ("Som"), convicto de que "nem é preciso fazer nada, para se estar na alma de tudo" ("Êxtase").

Nesse processo de cantar as reverberações da própria alma, a poetisa transita para o clima trovadoresco das cantigas de amigo, sobretudo quando amoroso o motivo poético ("Província"):

>   Que é feito da minha vida
>   abandonada na tua,
>   do instante de pensamento
>   deixado nalguma rua?

Assim, a poesia mais típica de Cecília Meireles pende entre a sondagem nos "vagos d'alma", de ascendência romântica, passando pelo Simbolismo espiritualista e místico, e a confissão de estados d'alma afetivos, a "coita d'amor", que remonta à Idade Média trovadoresca. De onde, numa ou noutra das modulações dessa viagem no recesso do "eu", irromper a dicção lusitana: nisso também a poetisa se distingue tanto dos antecessores simbolistas como dos confrades de *Festa* e outros menos apegados ao movimento de 1922.

As coletâneas seguintes a *Viagem* obedecem às mesmas diretrizes, espécie de tema único e variações, afinal determinados pelo caráter lírico da poesia de Cecília Meireles. Daí a ausência de sinais de evolução, se por evolução entendermos mudança de rumo, salvo em pormenores: na verdade, percebe-se o aguçar da lâmina que trespassa o "eu", como se a passagem dos anos estimulasse o corpo da poetisa com a sua interioridade. Dinâmica da sutilização, saída natural que o lirismo descobre para fugir à risca de giz em que se aprisiona. E sutilização equivale a paradoxo, contradição, ambiguidade, como recurso expressivo, e masoquismo, como tendência da sensibilidade. Em dado momento, a poetisa confessa querer "O ritmo em que gemo / doçuras e mágoas" ("Ritmo", de *Vaga Música*) como a ceder prematuramente ao ceticismo latente, fruto de ansiar pela solidão: "A vida é possível / reinventada" ("Reinvenção", *ibidem*).

Nada retilíneo, esse percurso avança em ondas, que refluem para o *Mar Absoluto*, onde se desenha logo de início um "Autorretrato":

> Se me contemplo,
> tantas me vejo,
> que não entendo
> quem sou, no tempo
> do pensamento.

decerto por se sentir alma ("Caronte"), ou adivinhar que a sua alma sabe mais do que as palavras ("Interpretação"), a ponto de querer retroceder "aos aléns de mim mesma!" ("Os Homens Gloriosos"). Por vezes, o conceptualismo, submerso ou oblíquo ao discurso da emoção, vem à tona, pessoalmente: "Dorme, que eu penso" ("Acalanto"); "ver que sou e não sou, no que estou sendo" ("Mudo-me Breve"). O poeta de "Tabacaria" ainda estenderá suas asas ao longo dessa peregrinação interior apenas interrompida com a morte, como em *Amor em Leonoreta* ("Mas, para que eterna vivas, / que é preciso? / Que pensem meus pensamentos."), toda ela repassada de brisa trovadoresca, evidente no próprio título; ou nos *12 Noturnos de Holanda*.

Tudo conflui para o *Retrato Natural*: o "eu" lírico espelha-se no cenário que projeta, à procura de uma identidade fugidia, tanto mais característica quanto mais esquiva ao pulsar da intuição. Presa entre o amor e o esquecimento ("Apresentação"), sentindo-se a "enfanta encontrada" ("Melodia para Cravo"), "culpada / dos malefícios alheios" ("Improviso"), "saudosa de sofrer tanto" ("Improviso"), igual às árvores; / solitária, perfeita e pura" ("Retrato em Luar"), a poetisa deriva, porventura sem o saber, ou o desejar, para um narcisismo a meio caminho da megalomania ("Inscrição"): "a mim, que me importam espécies de instantes / se existo infinita?" E se, no começo, se sentia "pastora de nuvens" ("Destino", de *Viagem*), "lavradeira de ternuras" ("Trabalhos da Terra", de *Vaga Música*), agora se imagina pastora que apascenta, num gesto nefelibata: "estrelas da madrugada / pelas campinas do vento" ("Pastora Descrida").

Indiscutivelmente, ao dedilhar sua lira de sentimento e vaguidade, deixando-se conduzir pelo prazer narcisístico do autorretrato, Cecília Meireles produz as obras-primas da sua inventiva, em canções de cristalina beleza, hoje integradas no melhor da poesia brasileira do século XX. Todavia, em meio ao magoado solipsismo a que se voltara, mercê de uma rara sensibilidade lírica, emergem, aqui e ali, rasgos de tímida extroversão, que irão predominar no *Romanceiro da Inconfidência*.

Como um tardio surto de nacionalismo, que repercutisse as propostas de 1922, às quais reagira com indiferença, Cecília Meireles resolve abrasileirar o seu canto, erguendo um poema épico à revolução mineira. Entretanto, ao buscar no rimance, ou romance, a estrutura capaz de exaltar os feitos dos inconfidentes, Tiradentes à frente, ela procede segundo padrões ibéricos. Compondo poesia narrativa, à maneira dos romances medievais em que a Espanha fora mais pródiga do que Portugal, dá mostras de virtuosismo artesanal, que as canções e cantigas nem sempre evidenciavam. Sem dúvida, é de admirar a tensão epicizante que se mantém na série de romances, mas o leitor que percorreu os livros anteriores logo se dá conta de que o grande empenho narrativo, por mais brilhante e tenso que possa ser, não alcança resultados satisfatórios, visto que a autora se obrigou a um estilo de versejar contrário ao seu feitio natural. A sequência de romances causa admiração, mas não emociona, exceto, quem sabe, o "Romance III ou Do Caçador Feliz", quem sabe pelo afrouxamento momentâneo das cordas de lira épica.

Por outro lado, o pensamento inconfidente (poesia social? Poesia engajada?) de Cecília Meireles — assim comungando com os rebeldes de Minas Gerais —, por mais generoso que seja, convence ("Romance LXXVIII ou de Um Tal Alvarenga"), decerto por vir de fora para dentro, mais como gesto de lírica empatia que de adesão ideológica participante:

> E por inveja e por ódio,
> confusão, perversidade,
> foi preso e metido em ferros.
> Um homem e Leis e de Arte
> foi preso só por ter sonhos
> acerca da Liberdade.

Que se tratava de um instante de abandono das íntimas raízes pessoais, tentativa de contrabalançar a introversão alienante, o narcisismo sofrido e ausente, — é inquestionável. E que a dicção de um poeta é inspirada, dono dos segredos da sua arte, — também não deixa dúvida. Constituía, no entanto, uma pausa ligeira, não propriamente equivocada, em razão da grandeza do impulso heroico e da cerrada tessitura poemática.

As obras subsequentes confirmam com nitidez, a começar do *Pequeno Oratório de Santa Clara*, sinal de ingresso da poetisa na fase mística, de resto anunciada anteriormente, seguindo-se as *Canções*, retomada flagrante da forma eleita desde sempre, a serviço da crescente sofisticação do lirismo:

> Há noite? Há vida? Há vozes?
> que espanto nos consome,
> de repente, mirando-nos?
> (Alma, como é teu nome?)

cuja temática, sendo a de antes, vem acompanhada da tendência, à Pessoa, de pensar o sentimento,

> Assim moro em meu sonho;
> como um peixe no mar.
> O que sou é o que vejo.
> Vejo e sou meu olhar.
>
> Água é o meu próprio corpo,
> simplesmente mais denso.
> E meu corpo é minha alma,
> e o que sinto é o que penso.

O *Romance de Santa Cecília*, na mesma linha mística do *Pequeno Oratório de Santa Clara*, faria supor uma aliança entre a religiosidade difusa na poesia de Cecília Meireles e os temas de fora, como se a experiência do *Romanceiro da Inconfidência* lhe permitisse entoar um cantochão às musas da sua predileção (ainda mais porque uma delas levava o seu nome de batismo). E como se inserido na espiral do tempo, ressurge o Orientalismo da juventude nos *Poemas Escritos na Índia*; da mesma forma, *Metal Rosicler* assinala uma espécie de início do balanço final, em consequência do qual a depuração progressiva leva a uma linguagem de recorte ático e a um lirismo pensando, que se diria a superação das fontes simbolistas, não fosse *Solombra* repor o Simbolismo do princípio, assim fechando o percurso iniciado na adolescência. E a poetisa regressa ao ponto de partida: cumprido o seu destino, era hora de cessar o canto e a vida.

Como bem frisou um crítico, em Cecília Meireles advertimos temas permanentes, que a estética simbolista procurou tornar pedra de toque do seu programa: "a mutabilidade das coisas, a precariedade do mundo, a instabilidade da fortuna, a vaidade humana, a insatisfação amorosa, a estipulação da dor como preço da felicidade".[3] No entanto, ao glosá--los, a poetisa não o fazia meramente por obediência ao cânone estético, senão por um imperativo categórico: a sua especial visão do mundo. O tema da fugacidade do tempo e da vida e dos desencontros da paixão amorosa, porque também sujeitos à universal transitoriedade, constituem as forças motrizes desse "eu" lírico angustiadamente debruçado sobre a própria interioridade e sobre o espetáculo da natureza. Visão desalentada, estoica, expressa numa poesia de alta ressonância, com as limitações da espécie poética que elegeu — a lírica. Não obstante, representa a voz feminina mais sonora das nossas letras, e quiçá da língua portuguesa, ao ver de um crítico lisboeta.[4] Inscreve-se, sem favor nenhum, entre os maiores nomes da poesia brasileira do século XX.

JORGE DE LIMA

Jorge Mateus de Lima nasceu a 23 de abril de 1893, em União (Alagoas). Estudos secundários em Maceió. Em 1907, escreve o soneto "O Acendedor de Lampiões". No ano seguinte está em Salvador, a fim de estudar medicina. Torna-se conhecido graças à publicação desse poema. Transfere-se para o Rio de Janeiro, onde termina o curso médico (1914). Regressa a Maceió, e lá permanece até 1930, dividido entre a clínica, a política e o magistério. Muda-se para o Rio de Janeiro, onde conserva os mesmos núcleos de interesse. Além de clinicar, torna-se professor da Universidade Federal do Rio de Janeiro e vereador. Faleceu na Capital Federal, a 15 no novembro de 1953, deixando os seguintes livros de poesia: *XIV Alexandrinos* (1914), *O Mundo do Menino Impossível* (1925), *Poemas* (1927), *Novos Poemas* (1929), *Poemas Escolhidos* (1932), *Tempo*

---

3. Idem, ibidem, p. XXXVI.
4. João Gaspar Simões, "Fonética e Poesia", ibidem, p. 1.063.

e Eternidade (de parceria com Murilo Mendes, 1935), *A Túnica Inconsútil* (1938), *Poemas Negros* (1947), *Livro de Sonetos* (1949), *Obra Poética* (reúne os anteriores e mais *Anunciação* e *Encontro de Mira-Celi*, 1950), *Invenção de Orfeu* (1952); romances: *Salomão e as Mulheres* (1927), *O Anjo* (1934), *Calunga* (1935), *A Mulher Obscura* (1939), *Guerra Dentro do Beco* (1950); ensaio: *A Comédia dos Erros* (1923), *Dois Ensaios* (1929), *Anchieta* (1934), *D. Vital* (1945); história e biografia: *História da Terra e da Humanidade* (1937), *Vida de S. Francisco de Assis* (1942), *Vida de Santo Antônio* (1947). Da *Obra Completa* (1958), não consta que tenha vindo a público senão o 1º volume, com poesia e ensaios. Em 1997, publica-se a *Poesia Completa*, que usamos para as transcrições textuais. Apesar dos indiscutíveis méritos como prosador de ficção e de ideias, Jorge de Lima ganhou o lugar que ostenta no panorama da literatura brasileira graças à poesia.

A trajetória de Jorge de Lima distingue-se, no conjunto da sua geração, pela ciclotimia: inicia-se parnasiano, criando um soneto lapidar ("O Acendedor de Lampiões") que lhe deu súbita e larga notoriedade; adere ao Modernismo, pelo flanco da negritude, e concebe um poema antológico, espécie de hino à mulher escrava, a que o seu nome está definitivamente ligado ("Essa Nega Fulô"). Invade a seara mística, numa altura em que *Festa* se apresentava para se manifestar, e tece *A Túnica Inconsútil*. Enfim, convertido ao Catolicismo, visita o épico em *Invenção de Orfeu*. Estranho não é esse percurso, senão o encampar um novo tema sem estabelecer com o anterior um nexo de continuidade; parece recomeçar a cada passo, à procura do seu rosto autêntico. Houve quem dissesse que "passou a vida estreando".[1] Por outro lado, de cada modalidade assumida ficou um poema bem realizado. Não que os demais sejam despiciendos, mas não fossem tais exemplares de eleição, nos quais a intuição ultrapassa o mediano, outra seria a sua relevância nos quadros da modernidade. Com essas composições, especialmente *Invenção de Orfeu*, Jorge de Lima sobe para o nível dos poetas maiores que o século XX viu nascer entre nós.

Sem esconder a lição de Cruz e Souza ou de Augusto dos Anjos, o poeta inicia-se sob o signo parnasiano, em sonetos nos quais proclama, exclamativamente, a "doçura da língua portuguesa" ("Marinheiro de Sagres", de *Sonetos*), fala em "polir o verso do seu estro de ouro"

---

1. Antônio Rangel Bandeira, *Jorge de Lima, O Roteiro de uma Contradição*, Rio de Janeiro: S. José, 1959, p. 96.

("A Morte do Artista", ibidem), faz o elogio da arte e do verso. Mas em meio a esse formalismo sazonal despontam notas heterodoxas, a refletir o vago clima neossimbolista da *belle époque* ou a prenunciar o poeta da idade madura. O próprio "O Acendedor de Lampiões", com a atmosfera à Raimundo Correia:

> Lá vem o acendedor de lampiões da rua!
> Este mesmo que vem infatigavelmente,
> Parodiar o sol e associar-se à lua
> Quando a sombra da noite enegrece o poente!
>
> Um, dois, três lampiões, acende e continua
> Outros mais a acender imperturbavelmente,
> À medida que a noite aos poucos se acentua
> E a palidez da lua apenas se pressente.
> Triste ironia atroz que o senso humano irrita: —
> Ele que doira a noite e ilumina cidade,
> Talvez não tenha luz na choupana em que habita.
>
> Tanta gente também nos outros insinua
> Crenças, religiões, amor, felicidade,
> Como este acendedor de lampiões na rua!

ou o dizer que "dor é vida. Se vivo é porque sofro e sinto" ("Dor", ibidem), ou o referir-se ao Deus homem, Deus-juiz, Deus-luz, Deus-panteísmo" ("X", ibidem), ou o sentenciar: "O infinito que em vós se chama — Pensamento" ("Concerto", ibidem), revelam uma luta dialética por meio da qual se expressaria a busca da identidade somente definida mais tarde.

Um salto de quase três lustros, entre os *XIV Alexandrinos* e *Poemas*, e o poeta ingressa na correnteza de 1922 pelo verso livre, descritivo e narrativo, mais prosa versificada que poesia. Soluções forçadas, artificiais, envelheceram com o momento histórico que as suscitou; não convencem, traindo epidérmica adesão à Semana de Arte Moderna, assim como tivera sido a primeira fase em reação ao cânone parnasiano. Os *Novos Poemas* trazem a novidade da poesia da negritude, em que ressalta "Essa Nega Fulô", e certa contenção formal assinala a tentativa de corrigir o prosaísmo da coletânea precedente. O resultado, porém, não satisfaz: o autor ainda não encontrara a sua dicção peculiar. Nem mesmo nos *Poemas Escolhidos* o fará. Retomando o clima de *Poemas* (talvez com a recolha de composições inaproveitadas naquele livro), envereda de novo pelo verso livre, de recorte prosístico, inclusive roçando o poema-piada ("Fim"), ou a poesia militante ("O Filho Pródigo"). E uma voz poética em falsete, ou repercutindo alheias vozes, chegando mesmo à ingenuidade, religiosidade pueril, ou simplesmente poesia de duvidosa valia ("Poema à Bem-Amada"): "Escutemos a chuva / que a chuva é de Deus!"

Esse processo de avanço-recuo ainda persistirá após 1935 (ano-chave, o da conversão do poeta ao Catolicismo), pois em 1947 retornam, os temas da negritude em *Poemas Negros*. Por que o teria feito? Moda? Aproveitamento de versos inéditos, salvos dos *Novos Poemas*? Num caso ou noutro, parece ainda mais artificial do que nos anos 1930: pode ser correta a sua visão dos negros e legítima a sua adesão ao tema, mas trata-se de uma poesia folclórica, pitoresca, de secundária importância, ao menos no conjunto da obra do autor.

Com *Tempo e Eternidade*, escrito em parceria com Murilo Mendes, o poeta, sob o lema de "Restauremos a Poesia em Cristo", não só infunde crença religiosa em seus poemas, como também começa a fase mais tensa da sua carreira, cujo apogeu se encontra em *Invenção de Orfeu*. Agora, crê "nas mágicas de Deus" ("Distribuição da Poesia"), põe-se a pensar a poesia como gênero literário considerando-a "muito alta / acima de vós, mundo muito pequeno!" ("A Poesia está muito acima"). E, ligando as ideias, assevera que "as mágicas que a Graça do Senhor faz são Poesia" ("Os voos eram fora do tempo"). Em consequência, os versos adquirem solenidade, o alongamento próprio dos versículos, um tom épico, que anuncia *Invenção de Orfeu* ("O Poeta Perdido na Tempestade"):

> No espaço eu divisei o medo bruto
> dos cavalos caídos na voragem,
> as crinas reluzentes, desgrenhadas,
> e seus torvos relinchos pelos ares.

Como a preparar-se para a empresa mais ousada do seu gênio criativo, em *A Túnica Inconsútil* o poeta mantém o clima de *Tempo e Eternidade*: julga-se "louco de Deus" ("Poema do Cristão"), "a água que Ele transforma no vinho da poesia" ("Os Anjos Decaídos"), acredita que sua "visão é universal / e tem dimensões que ninguém sabe" ("Poema do Cristão"). E o tom é cada vez mais apocalíptico, epicamente bíblico ou biblicamente épico, como se cunhasse versículos sagrados, em que já se descortina uma "sinceridade" estético-ideológica antes ausente ou menos frequente. Enfim, achara o seu tom e o seu *son*, e o alargamento dos versos em versículos acaba gerando poemas em prosa, tão carregados de sentimento/pensamento poético quanto os poemas em versos. Na verdade, as composições de *A Túnica Inconsútil* avançam um pouco mais na direção de *Invenção de Orfeu*, na medida em que poderiam obedecer a uma sequência, algo como a Bíblia revisitada, ou uma epopeia cristã centrada nos textos bíblicos.

Anunciação e Encontro de Mira-Celi, cujo "caráter profundamente religioso" um crítico julgou sem-par em nossa literatura, acentuando que o "seu misticismo atinge formas verdadeiramente esotéricas, cuja exegese demandaria longo e paciente estudo",[2] prolonga *A Túnica Inconsútil*. Sentindo-se ainda "a imagem de Deus" ("45"), o poeta fornece-nos a chave da sua poesia épica e, portanto, da sua cosmovisão ("58"):

> Nós os poetas, dentro da morte e libertados pela morte,
> Somos os grandes alquimistas, os únicos achadores da pedra filosofal,
> Porque nos transformamos a nós próprios
> Em périplos verdadeiros e imperecíveis.

e simultaneamente afina os instrumentos que lhe permitirão atingir o grande momento ("56"):

> Os grandes poemas começam com a nossa visão desdobrada.
> Aqui já não sofremos a contingência de escrevê-los,
> e notamos que a mais alta significação da poesia
> quase nunca pode ascender da terra.

Essa fase de amadurecimento e preparação à empreitada maior — "é um poeta em transformação que escreve *Mira-Celi*"[3] — culmina com o *Livro dos Sonetos*. O retorno às composições da estreia e aos *XIV Alexandrinos* indica a (re)conquista do módulo próprio do poeta: a luta pela forma de linhas puras, visando a comunicar a mais fina ideação. O tom bíblico, apocalíptico, por vezes quase boschiano, assoma agora na velha estrutura fixa. E certo surrealismo, certo hermetismo,[4] a par de um expressionismo e também de reminiscências simbolistas do autor de *Broquéis*, igualmente se declaram, lado a lado com atmosferas medievali-

---

2. Waltensir Dutra, introd. a Jorge de Lima. *Obra Completa*, 2 vols., Rio de Janeiro: Aguilar, 1958, vol. I, p. 25.
3. Idem, ibidem, p. 31.
4. Idem, ibidem, p. 32ss.

zantes de declínio, como se o poeta entoasse um *de profundis*. Sentindo-se "vivo como Homero", não só produziu peças acabadas, do melhor que os anos 1920 do século XX presenciaram, como ainda se aprontava para criar a sua obra mais inspirada, ápice da sua faculdade ideativa: *Invenção de Orfeu*.

Saudado festivamente pelos críticos por ocasião do seu aparecimento, bafejado pela admiração dos leitores mais exigentes, recebido com o espanto que provocam as obras superiores do engenho humano, nem por isso *Invenção de Orfeu* se pode considerar estudada e analisada como merece: ainda desafia a uns e outros. A sua complexidade essencial e estrutural tem resistido às sondagens que, com vistas a orientar os seus admiradores, procuram traduzi-la em termos criticamente razoáveis. A obra requer um guia de leitura, um mapa que, conduzindo o leitor pelos seus meandros labirínticos, lhe propicie a certeza de, quando pouco precisa, encarar face a face o enigma oculto na imensa mole verbal.[5]

"*Invenção de Orfeu*" tem onze mil versos,[6] dez cantos, como *Os Lusíadas*",[6] com os seguintes títulos: "Fundação da Ilha", "Subsolo e Supersolo", "Poemas Relativos", "As Aparições", "Poemas da Vicissitude", "Canto da Desaparição", "Audição de Orfeu", "Biografia", "Permanência de Inês", Missão e Promissão". Cada canto distribui-se em poemas, ou subseções, de variável estrofação e métrica, havendo sonetos em meio a quadras e oitavas ou tercetos, versos rimados a par de versos brancos. A semelhança com *Os Lusíadas*, ao menos no que diz respeito ao número de cantos, não parece fortuita, uma vez que a presença de Camões se impõe de muitos modos ao longo da obra, como bem reconhece o poeta na mencionada entrevista (ver nota 6). E a diversificação estrófica e métrica poder ser atribuída à modernidade da sua concepção.

Caracterizar *Invenção de Orfeu* é o primeiro problema que enfrentamos. Segundo o autor, em nota manuscrita a um exemplar da obra, trata-se de "biografia épica, biografia total e não uma simples descrição

---

5. Um dos seus críticos mais agudos afirma: "que um poema plurissignificativo como *Invenção de Orfeu* contém mensagens diferentes para as gerações sucessivas e constitui um enigma, mesmo para o seu criador" (Euríalo Canabrava, "Jorge de Lima e a Expressão Poética", in Jorge de Lima, op. cit., p. 50), enquanto outro assegura que o "trabalho" de exegese de livro terá de ser lentamente feito, através dos anos, por equipes de críticos que o abordem com amor, ciência e intuição, e não apenas com um frio aparelhamento analítico" (Murilo Mendes, ibidem, pp. 921-922). E o seu prefaciador diz taxativamente: "é um grande poema obscuro e secreto" (João Gaspar Simões, ibidem, p. 610).

6. A informação é do próprio poeta, em entrevista a Paulo de Castro, transcrita em Jorge de Lima, op. cit., p. 93.

de viagem ou de aventuras. Biografia com sondagens; relativo, absoluto e uno, mesmo o maior canto é denominado — Biografia". Não por ser do próprio punho do poeta, mas por transpirar o clima denso em que se vai desenrolar a "biografia total", essa classificação somente pode ser aceita com reservas. Melhor será considerá-la subtítulo, à maneira das novelas pós-renascentistas, com indicação do nicho ocupado pela obra no conjunto dos gêneros literários. Entretanto, ao rotulá-la de "biografia épica", o poeta estava mais próximo da realidade dos fatos: *Invenção de Orfeu* é, verdadeiramente, um poema épico, ou mesmo uma epopeia, se levarmos em conta alguns de seus ângulos. E como tal ganha em ser interpretada, sob pena de continuar escondendo a sua matéria poética e a sua visão do mundo. Poema épico entendido não segundo o preceito clássico de gesta heroica, narrativa de façanhas de espantar, em que a lenda e a história se misturam, e o verídico se mitifica no subconsciente dos povos. Sem prejuízo de também conter cenas de eloquente virilidade ou em que o sobrenatural se infiltra no humano, trata-se de poema épico tomado como superior ideação poética, centrada no pronome "nós", ou seja, do povo como um todo, resultante de um projeto de abarcar a complexidade cósmica numa unidade fundamental, num sistema, unidade na diversidade, integração harmônica dos contrários e das antinomias da realidade. Em suma, uma "visão total do mundo" nas palavras de Hegel.

"Fundação da Ilha" denomina-se o canto inaugural de *Invenção de Orfeu*. A que ilha se refere? A qualquer ilha? Afinal, Ulisses, na Antiguidade, e Vasco da Gama, na Renascença, aportaram em ilhas desconhecidas. Estaríamos, assim, perante um *topos* épico, pura e simplesmente, ou poderia ser uma falsa ilha? Vera Cruz? Santa Cruz? — Brasil? O bardo fala em "domingos de pascoelas" e pergunta se queremos "outros achamentos". E arremata o introito do poema com a seguinte proposição: "Contemos uma história. Mas que história? / A história mal-dormida de uma viagem".

Viagem cabralina, se não estamos em erro, com apelo às Índias ("Quero as Índias!"), a menção de Pêro Vaz de Caminha e a *Carta* e tudo o mais. Poema épico do achamento do Brasil, poema da sua mirífica desocultação, como terra prometida, eis a chave inicial e principal de *Invenção de Orfeu*. O poema épico brasileiro, a epopeia brasileira, os nossos *Os Lusíadas* há quase cinco séculos esperado, como D. Sebastião ressurrecto? E por que brasileiro, surrealista, católico? O encontro da Ilha e a sua fundação equivaleria ao encontro do Amor, como se a viagem se assemelhasse a uma demanda amorosa, espécie de cavalaria andante em busca da bem-amada, na trilha de *Os Lusíadas*, navegação amorosa? A primeira estrofe, parodiando a estância correspondente da epopeia camoniana, sugere-o nitidamente:

> Um Barão assinalado
> sem brasão, sem gume e fama
> cumpre apenas o seu fado:
> amar, louvar sua dama,
> dia e noite navegar,
> que é de aquém e de além-mar
> a ilha que busca e amor que ama.

E daí a fusão entre o Brasil e a bem-amada, a Ilha e o Amor? Ou a Ilha guardaria o significado cristão de Paraíso, tudo numa inextricável mescla? Estamos, sem dúvida, perante uma Ilha polissêmica, síntese ciclópica de contrários, Ilha-Terra, Ilha-solo-natural-do-poeta, "Ilha ideal-real". E o herói desse insólito poema épico sem ação, nem começo, nem fim, "é, em verdade, o poeta em frente ao drama apocalíptico que vive o mundo de hoje, com os seus terrores, as suas ameaças de destruição, os seus vícios, as suas desgraças".[7] Heroísmo, amor e sentimento cristão parecem congraçar-se como desígnio central do poeta. Depois de dizer que escreve um "poema impuro" (canto I), "poema bifronte" (ibidem), e mais adiante o tachar de "poema ilícito" (canto III), "poema tão amargo" (canto V), diz-se trespassado pelo Verbo (canto I), refere-se à "centopeia do Senhor", à "unidade da Trindade", e conclui (ibidem):

> Ó dura legenda incendiada,
> Ó palimpsestos humanados"
> Esse o imensíssimo poema
> Onde os outros se entrelaçaram,
> Datas, números, leis dantescas,
> Início, início, início, início,
> Poema unânime abrange os seres
> E quantas pátrias. Quantas vezes.
> Poema-Queda jamais finado
> Eu seu herói matei um Deus
> *Genitum non factum Memento.*

---

7. Jorge de Lima, op. cit., pp. 93, 95.

Não sou a Luz mas fui mandado
Para testemunhar a Luz
Que flui deste poema alheio. *Amen.*

O caráter brasileiro de *Invenção de Orfeu* pode ser considerado óbvio se atentarmos para a cidadania do autor, mas deixa de o ser se estabelecermos paralelo com os seus antecedentes coloniais, sem mencionar *O Guesa*, já no perímetro do Romantismo: *Prosopopeia, O Uruguai, Camamuru*. Não que o motivo e a cenografia desses poemas lhes atenuem a brasilidade, mas uma coisa é escolher um tema pátrio e ambientá-lo de modo adequado, assumindo, no entanto, atitude preconcebida, e outra é convocar para dentro do poema tudo quanto espelhe o Brasil. Nesse polo se aloja *Invenção de Orfeu*.

Evidentemente, a brasilidade da substância e dos componentes não exclui, antes pelo contrário, o débito para com Camões, seja porque o vate português constitui a voz mais sonora de todo o idioma, seja porque a sua epopeia nos pertence, ao menos na medida em que estamos, histórica e medularmente, vinculados a Portugal. De onde *Os Lusíadas* funcionarem como o modelo vernáculo de *Invenção de Orfeu*. Além da frequência com que a epopeia serve de fundamento à visão épica de Jorge de Lima, é de notar que ele se refere à "Musa Inês" (canto II) e que o canto IX se intitula "Permanência de Inês", ou seja, de Inês de Castro, o que dispensa maiores comentários. No canto seguinte, fecho de *Invenção de Orfeu*, o autor dirige-se a Camões como "meu bardo" e à margem lhe registra o nome, no poema XIV do mesmo canto.

Camões ergueu a epopeia do Renascimento em Portugal (e mesmo em todo o Ocidente). Jorge de Lima se dispôs a criar a nossa epopeia. A epopeia da nossa viagem no tempo e da nossa maturidade como povo. O intuito, ao trazer *Os Lusíadas* para dentro de seus cantos, não era superá-los. Antes, consistia em, reconhecendo-os integrados na massa histórica que nos serve de substrato, e aproveitando-lhes a lição épica, definir a nossa identidade arquetípica e o nosso perfil de nação dos trópicos. Em síntese: *Invenção de Orfeu* estaria para o Brasil assim como *Os Lusíadas* estão para Portugal.

A essa luz, não causa estranheza que tudo quanto antes produziu Jorge de Lima conflua para *Invenção de Orfeu*, abrindo-lhe caminho, desvelando-lhe os horizontes em que se inscreveria: poema-suma da sua obra e da sua visão de mundo, e também, suma da nossa cultura e história, projetada no mais livre espaço imaginário, para ser cem por cento brasileira, assim refletindo o próprio contexto da terra e gente do

Brasil. Se *Macunaíma* delineia o brasileiro sem nenhum caráter, *Invenção de Orfeu* oferece o retrato do solo e povo do Brasil. Retrato de nossa idealidade, tanto quanto o é da nossa realidade. E retrato das nossas utopias (canto I):

> Quem vos mandou inventar índios... Morus,
> ilhas escritas, Morus, utopias,
> Morus, revoluções, Morus, ó Morus?

Ao mesmo tempo, e em consequência dessa inflexão nacionalista, *Invenção de Orfeu* é um poema de amplitude universal, como, de resto, todas as obras no gênero. À medida que o poema se desenrola e se vai aprofundando a visão do poeta no interior da matéria brasílica, mais e mais se lhe ampliam os horizontes, até abranger a aventura humana à face da terra e no curso do tempo. É a epopeia do poeta olhado como herói diante das vicissitudes do mundo através do tempo e do espaço", diz o próprio autor.[8] Começando como poema épico brasileiro, *Invenção de Orfeu* universaliza-se a partir de certo ponto, como se o conhecimento e o enaltecimento do ser humano destas plagas implicasse o ser humano universal. E, à proporção que se alargam os círculos concêntricos, outros modelos assomam no firmamento do poeta: agora é Dante, "Dante-Guia" (canto IV), e sua *Divina Comédia*, e Virgílio e sua *Eneida*, esta provavelmente na tradução de Odorico Mendes.[9] O processo de intertextualidade de *Invenção de Orfeu* em relação a esses edifícios épicos não deve surpreender, já que constitui norma usual no universo das epopeias. O que importa é o aproveitamento dos versos alheios, realizado com originalidade, em se tratando de poeta superior. Assim foi entre Camões e Virgílio, assim é entre Jorge de Lima, Camões, Dante e Virgílio.

Que o autor de *Invenção de Orfeu* tinha plena consciência de proceder de acordo com o secular decálogo que rege a poesia épica, evidenciam-no às vezes em que se refere aos seus mestres no fluxo do poema e, sobretudo, em notas à margem, como a que acompanha o seguinte trecho, em que Tomás Morus é assinalado juntamente com Virgílio e Dante (canto VI):

---

8. Idem, ibidem, p. 93
9. A propósito dessa influência, ver Luiz Busatto, *Montagem em "Invenção de Orfeu"*, Rio de Janeiro: Âmbito Cultural, 1978.

> Morus utópico, querido amigo,
> após Maro acender Luz amorosa;
> e para continuar esse estro antigo,
> a glosa nasce, surge vossa glosa.
>
> Em urânio se queima o velho abrigo
> sem picos vai nascer a nova rosa.
> Despovoou-se a ilha, o campo é vil mendigo:
> Quantas guerras na paz dificultosa!
>
> Quantas desgraças no ouro e no suor,
> lutos nas vidas, prantos na canção,
> ódios nos sangues, dores no redor!
>
> Há um martelo que bate num caixão
> e outro que bate numa porta santa.
> Morus e Maro! E há uma voz que canta!

O tom de grandiloquência surrealista, hermética, vizinha do transbordamento delirante, faz lembrar *O Guesa*, de Sousândrade precursor de *Invenção de Orfeu* e a mais alta tentativa romântica de erguer a epopeia nacional: além desse heteróclito onírico-surrealista, ou barroco, segundo alguns críticos, aproxima-os o mesmo cosmopolitismo e irmana-os o pressuposto implícito de que uma epopeia brasileira deveria pôr em realce várias etnias que colaboraram para a povoação do solo e a caracterização da sua gente.

Tal atmosfera de surrealismo expande-se por todo o poema: impossível conceber uma estrutura épica dessa envergadura, a um só tempo ampla e moderna, sem apelar para o jogo alógico das imagens. Como se as palavras, atritando-se, vindas dos quadrantes mais longínquos e inesperados, criassem o seu estranho objeto, ou como se, na verdade, a detecção das esferas intuídas reclamasse uma linguagem livre das injunções da lógica, *Invenção de Orfeu* paira num plano de rarefação abstrata que, em vernáculo, nem mesmo em *O Guesa* encontra paralelo. Para abarcar a "biografia" transistórica da "humanal criatura", o poeta coloca-se fora do tempo e do espaço, obediente apenas à harmonia inerente às coisas e aos seres do Universo Canto VIII):

> nós éramos prescientes, visionários,
> e após cegos, pois que ela se partira.
> Ó triste condição do humano tempo!

num processo que se pode chamar de "fotomontagem", isto é, o recorte e cruzamento de ideias, palavras, imagens, alegorias, sensações, operando-se ainda a redução ou o aumento superlativo das categorias do tempo e do espaço.[10]

Para tanto, o poeta não recua ante os mais inusitados recursos formais, por si sós matéria de longo exame, que ofereceria a dimensão do grande empreendimento mental e verbal que é *Invenção de Orfeu*.[11] Basta, como sinal dessa grandeza, a variedade de soluções estruturais que adota na construção de sonetos, decerto a forma que melhor lhe revela a superior capacidade imaginária e conceptiva.

Postas a serviço da abstração, essas novidades formais apontam na direção de uma poesia cósmica, ou antes, cosmogônica: "Cosmogonia e jogo pelos seres" (canto V). Certo de mergulhar num cosmorama (canto X), o poeta, qual um alquimista iluminado, transfunde todos os reinos, o material e o imaterial, o animal e o vegetal, o mineral e o etéreo, o concreto e o onírico, mas, acima de tudo, ele próprio se dispersa no mundo da natureza (canto VII):

> Quantas selvas escondo! Sou cavalo,
> corro em minhas estepes, corro em mim,
> sinto os meus cascos, ouço o meu relincho,
> despenho-me nas águas, sou manada
> de javalis; também sou tigre e mato;
> e pássaros, e voo-me e vou perdido,
> pousando em mim, pousando em Deus e o diabo.
> Nasço floresta, grasso grandes pestes,
>   porquanto,
> jazo em mim mesmo, rejo-me, reflito-me

num ritmo quase colérico, em que arrebatado num torvelinho, sente latejar dentro de si todo o reino animal, num percurso que termina pela identificação com o Espírito (ibidem):

> Contundo,
> burro épico, vertido pra crianças,
> transporto-as à outra margem, sou Cristóvão
> Colombo, sou colomba, Deus Espírito

---

10. Murilo Mendes, op. cit., p. 918.
11. Para maiores detalhes a respeito, ver Waltensir Dutra e Euríalo Canabrava, estudos citados.

assim levando ao paroxismo febril a visão sobrenatural que o avassala: a poesia vernácula atinge nesses momentos, para não dizer em toda a *Invenção de Orfeu*, os seus pontos mais altos, e resiste, sem dúvida, ao cotejo com as mais acabadas realizações estrangeiras em matéria épica.

Visão cosmogônica do mundo, como se lhe visse a máquina fenomênica em funcionamento ciclópico, num jogo de contrastes que não cessa jamais, eis o que nos oferta *Invenção de Orfeu*. "Poema inacabado", diz o vate, entre humilde e vitorioso; poema inacabado, repete o leitor, em estribilho, não como se estivesse perante as "capelas imperfeitas" da Batalha, senão perante o espelho em que se reproduz uma visão, por natureza incompleta, do dinamismo e complexidade do real. Inacabado porque inacabada a obra de criação do Universo, em perpétua expansão e mudança: *Invenção de Orfeu* simboliza esse processo sem-fim. Continuá-lo seria — como o próprio texto parece insinuar — reafirmá-lo até o infinito (canto IV):

> como se o poema por inteiro fosse
> a angústia transportada para a face
> com o voo recomeçado de seu tema.

É que ali, no recesso do poema, se moldam as matrizes, as situações paradigmáticas, sobre que assenta a diversidade do real. No choque dos opostos, no diálogo entre a luz e as sombras, na transfusão de todas as categorias de conceitos e figuras, manifesta-se a própria mobilidade cósmica, como se, ao percorrer, em sobressalto, o texto de *Invenção de Orfeu*, fôssemos conduzidos, no bojo dos seus tentáculos, para fora dele (canto X):

> Quem voa esse poema?
> ....
> Há qualquer coisa vindo
> além desse poema,
> no bojo dessa noite,
> na esquina desse dia.
> ....
> Chamo as coisas com os versos que eu quiser.

Ou seja, para a realidade multiforme que simboliza: como dois espelhos paralelos, poema e Cosmos permutam seus componentes, a ponto de, por uma espécie de identificação essencial, obscurecem as diferenças entre si.

Poesia e mito, entrelaçados, reinam no universo dessa *Invenção de Orfeu*: sem o mito, o poema corre o risco de escapar à apreensão, posto que superficial, do leitor; sem a poesia, o mito não encontraria o seu discurso adequado. No enlace, as duas instâncias se cumprem. E ao acompanhar as peripécias dessa "biografia total", singramos o espaço do mito, pois é como mito que a poesia superior se realiza, e o mito torna-se verbo, ao encarnar-se no corpo do poema.

O mito alcança, assim, o seu lugar de eleição, mas nem sempre se trata do mito puro, transcendente às limitações étnicas ou culturais: o mito poético, a mitopoesia, orienta-se por uma flecha cognitiva, por uma crença ou convicção religiosa, ou melhor, teológica. "Poema-Queda jamais finado", sentencia o poeta a certa altura da sua viagem épica, decerto querendo dizer Poema da Queda, composto às vésperas do Juízo Final e para ele apontado, algo como o relato da expiação universal antes do Fim. Poema "jamais finado", pela simples razão de que, enquanto não soar o dia do Juízo Final, perdurará a convulsão que gera o canto, isto é, a *Invenção de Orfeu*. Porque estão em causa os últimos fins do ser humano, o mito volve-se teleológico, e o poema no qual se cristaliza, comandado por uma "voz litúrgica" (canto VIII), ganha uma epicidade típica: poesia épica ao divino. Poesia de um crente, sem dúvida (ibidem):

> A água que pôde ser até dilúvio
> recircunda-nos de ilha. A água tem sede
> da verdade que eu sou, ilha de Deus;
> plantada sobre os mares, sou montanha,
> somos montanhas, vós irmãos em Pedro,
> pedras falantes pelo verbo em Cristo.

mas de um crente que se recusa a transformar a fé numa verdade menor, confessional, em crença cega; de um crente que pensa no ser humano, não apenas em si, quando, ao sentir-se "ilha de Deus", visiona Deus sobrepairando tudo. Desse prisma, entende-se por que se trata de "biografia total": *Invenção de Orfeu* (re)cria a sua história transcendental, que repercute a do próprio ser humano estigmatizado pela Queda e à espera do Juízo Final.

Pan-poema, poema inaugural, como se o vale estivesse na aurora do mundo, *Invenção de Orfeu* põe-nos ante o ludo verbal levado à quintessência, fronteiriça do irracional e do mágico. De onde abrir-se para o sagrado: "Só o Verbo / chorando por mim" (canto III). Sem referir-se denotativamente às coisas, ou situando-se à margem de qualquer realismo primário, voltado, com efeito, para um realismo platônico, nem por isso carece de sentido. O sentido, porém, decorre precisamente da intuição, da visão do sagrado, como se a linguagem, anterior a todas as linguagens, o instaurasse.[12] A linguagem poética recupera, desse modo, a aura primordial, fruto da junção do mistério com o sagrado, a faceta religiosa, anterior ou exterior à lógica. E o resultado é o grande poema épico dos nossos dias e um dos mais inspirados do idioma.

---

12. Octavio Paz. "O Enigma das Línguas", supl. "Cultura" de *O Estado de S. Paulo*. 15/4/1984.

VI Outros Autores

Durante os anos heroicos do Desvairismo, outras figuras salientaram-se como criadoras de arte, mas sem erguer-se ao nível das demais, seja porque partilharam a atividade imaginária com o ensaio ou a crítica (chegando essa, em alguns casos, a predominar), seja porque interromperam a sua produção de forma abrupta ou a reduziram a espelho de um regionalismo pouco transcendente em termos nacionais.

Em S. Paulo, além de alguns poetas bissextos, como Agenor Barbosa e Tácito de Almeida, é de notar, inicialmente, o nome de LUÍS ARANHA Pereira (1901-?), talvez a mais estranha figura dessa época, quer pela circunstância, à Rimbaud, de haver abandonado a poesia no mesmo ano de 1922, quer pelo ineditismo da maior parte de sua produção, quer por sua escassez. Além de quatro poemas publicados na *Klaxon* 1922), e um na *Revista Nova* (nº 7, 15/6/1932), outros foram reunidos por Mário de Andrade num estudo que lhe dedicou, vindo à luz no número desse periódico e mais tarde em *Aspectos da Literatura Brasileira* (1943). O autor de *Macunaíma* baseara-se num manuscrito datilografado que lhe fora confiado pelo companheiro de 1922. Não obstante esse artigo consagratório, por muitos anos a única via de acesso ao poeta, e de outros estudos posteriores chamando a atenção para ele, Luís Aranha manteve-se esquecido, a ponto de ser considerado bissexto por Manuel Bandeira numa antologia dedicada a poetas inéditos. Até que, finalmente, os seus 26 poemas conhecidos, constantes dos originais entregues a Mário de Andrade, vieram a público, sob o título imaginado pelo autor: *Cocktails*.[1]

Herdeiro do Simbolismo, na esteira de Whitman e Verhaeren, lido nos poetas europeus em moda no tempo, como já notara Mário de Andrade, chega a lembrar, segundo entendem alguns críticos, Ezra Pound e Maiakóvsky. Convencional em alguns poemas, sensível ao "poema-piada", Luís Aranha alcançou o ápice em "Drogaria de Éter e de Sombra", "Poemas Pitágoras" e "Poema Giratório", composições marcadas

---

1. Luís Aranha, *Cocktails*, S. Paulo: Brasiliense, 1984. A organização do volume deve-se a Nelson Ascher, que o precedeu de um estudo crítico e lhe apensou uma fortuna crítica, assim subtraindo o poeta do limbo em que jazia.

por "associacionismo, dinamismo, 'tempestades de imagens', velocidade, paráfrases, enumeração caótica, paródia, apelo ao subconsciente",[2] de nítido recorte surrealista, tanto mais imprevisto quanto mais praticado nos anos eufóricos pós-Semana da Arte Moderna e antes que André Breton divulgasse os manifestos propondo a vertente estética a que o seu nome está ligado. Um breve fragmento do "Poema Pitágoras" é suficiente para evidenciar a intensidade desse fulgor alquímico, precocemente extinto por motivos ainda hoje desconhecidos:

> Meu cérebro e coração pilhas elétricas
> Arcos voltaicos
> Estalos
> Combinações de ideias e reações de sentimentos
> O céu é uma vasta sala de química com retortas cadinhos tubos provetas e todos os vasos necessários

Com menos dose de imprevisto, mas igualmente repassada pelo anseio de romper as barreiras estritas do movimento de 1922, é a poesia de SÉRGIO MILLIET da Costa e Silva (1898-1966). Graças à formação europeia, escreveu inicialmente em francês (*Par le Santier*, 1917; *Le Départ sous la Pluie*, 1919; *L'Oeil de Boeuf*, 1923), na linha da poesia simbolista. Mais tarde publicou *Poemas Análogos* (1927), *Poemas* (1937), *Oh Valsa Latejante* (1943), *Poesias* (1946; reúne os livros anteriores), *Poema do Trigésimo Dia* (1950), *Cartas à Dançarina* (1953), *Quarenta Anos de Poesia* (1964). Principiando à maneira da Semana de Arte Moderna, Sérgio Milliet cultivou a irreverência vizinha da prosa, não sem trair um fundo de tristeza, resíduo simbolista que o seu temperamento sedimentou e conservou. Dois dos *Poemas Análogos* ("Paris" e "Saint Cergue")[3] abrem com a palavra "melancolia". Era então evidente um cosmopolitismo que, sustentado nessa entranhada melancolia, faz dele um modernista histórico, sintonizado com o clima de época, para quem ser moderno era sinônimo de falar em trilhos, automóveis e estradas de rodagem ("Saudade"):

> e para que me acreditem poeta modernista
> falo de trilhos

---

2. Mário da Silva Brito, apud Luís Aranha, ibidem, p. 133.
3. Ségio Milliet, *Poesias*, Porto Alegre: Globo, 1946, pp. 25, 32. As demais citações serão extraídas da mesma edição.

       de automóveis
       e de estradas de rodagem

   Ou para quem, ao contrário o viajante deve abrir os olhos para dentro de sua alma, a fim de ouvir "a voz profunda do mundo" ("XI"). Não estranha, que afogado em saudades e remorsos, exclame, com melancolia: "Oh! Tarde amarga da lembrança e da saudade..." ("XXV").
   A partir de *Poemas*, a sua poesia, sem perder o travo melancólico, glosa o tema do amor, assim distanciando-se mais de 1922. No conjunto, trata-se de um lirismo de homem culto, viajado, sensível, propenso às atmosferas sombrias da formação simbolista. Lirismo menos relevante que o seu ensaio e a sua crítica (*Diário Crítico*, 10 vols., 1944-1959; *Panorama da Moderna Poesia Brasileira*, 1955; etc.), nos quais os juízos, a despeito da tendência para distribuir elogios a torto e a direito, sobretudo para estreantes, não raro se amparavam em bom gosto e finais intuições, que o tornam um dos críticos mais atuantes e respeitáveis da década de 1940.
   Análogo quadro apresenta a obra do gaúcho AUGUSTO MEYER (1902-1970), dividida entre a poesia (*Ilusão Querida*, 1923; *Coração Verde*, 1926; *Giraluz*; 1928; *Duas Orações*, 1928; *Poemas de Bilu*, 1929; *Sorriso Interior*, 1930; *Literatura e Poesia*, 1931; *Poesias*, 1957: enfeixa os livros anteriores e mais *Folhas Arrancadas*, 1940-1944, e *Últimos Poemas*, 1950-1955) e o ensaio (*Machado de Assis*, 1935; *Prosa dos Pagos*, 1943; *À Sombra da Estante*, 1947; *Le Bateau Ivre*, 1955; *Preto e Branco*, 1956; *Camões o Bruxo e Outros Ensaios*, 1958; *A Chave e a Máscara*, 1964; *A Forma Secreta*, 1965). Gravitando inicialmente em torno de aspectos da paisagem gaúcha, não sem ocasionais reminiscências penumbristas — "Chuvas, chuva torrenciais, / dias de tédio nevoento..."[4] —, a poesia de Augusto Meyer logo mostra o seu núcleo irradiador principal: a descrição da natureza. E por meio dela revela pendor reflexivo, um sereno recolhimento que testemunha a recusa do lirismo egocêntrico. Não que o "eu", banhado de sentimento amoroso, estivesse ausente, mas é que suas raras aparições perdiam-se no desenho da paisagem e mesmo do objeto amado, quando não das reflexões. Poesia de emoções represadas, contidas, num equilíbrio de fundo filosófico, que nada perturba ("Se Deus quiser...") — "A sombra do campanário / a vida é calma e grave

---

   4. Augusto Meyer, *Poesias*, Rio de Janeiro: S. José, 1957, p. 11. As demais citações serão extraídas da mesma edição.

como um crepúsculo de outono." —, numa serenidade estoica, sábia, que brota de uma contensão emanada do pensamento ou/e de certo pudor, ou ainda de um ("Coroação", "Manhã de Estância"):

> Sereno orgulho!
> Sinto em minha fronte uma palpitação de orgulho:
> orgulho de emprestar mais claridade ao velho sol...
> ....
> Eu vi a luz nascer pela primeira vez no mundo.

A forma dos poemas acompanha essa gravidade por vezes ensombrada pela melancolia: tirante o verso livre, que desponta em meio a composições ortodoxamente rimadas, inclusive à moda trovadoresca ("Canção do Chus", "Balada", "Rimance"), não se percebem soluções modernistas, ao menos como as praticadas em S. Paulo. Na verdade, a poesia de Augusto Meyer situa-se no prolongamento neossimbolista da *Belle époque*, com a diferença de nela haver uma alegria, um otimismo, o gosto da luz e do claro dia — "Quanta luz dentro de mim!" ("Esbanjamento") —, nada frequente na poesia do tempo, ou a sensação da harmonia universal ("Momento Musical"):

> Ninguém pode imaginar como a vida é perfeita:
> cabe toda ela, assim, nestas mãos que se acharam
> para embalar, ninando, o sono do meu sonho.
> Tudo harmonioso como a onda pura de um acorde.

Literatura e *Poesia* anunciaria o fim do "seu dia de vindima" poética, como diria mais adiante ("Soneto 12", de *Últimos Poemas*): ali se encontram poemas em prosa, alguns deles mais crônicas que poesia, ou mesmo embriões de conto, apontando o declínio do poeta em favor do ensaísta e crítico. Impunha-se-lhe, finalmente, a inevitável vocação para o ensaio. É evidente que o autor ostentava dotes e sentimentos de poeta, mas parece que a veia reflexiva, dominante em seus versos, assinalava um caminho que se expressaria, superiormente, pelo ensaio.

Ensaísta à Montaigne, e herdeiro de Machado de Assis na compostura assumida ante o seu objeto de análise, e no respeito ao leitor, Augusto Meyer deixou páginas de mestre, algumas das quais incorporadas ao patrimônio literário nacional, como o longo estudo dedicado ao criador de Capitu, rico de observações ainda hoje válidas. E que, a par de um estilo ático, clássico, sem alambicamento ou artifícios puristas, o seu pensamento, alicerçado em sólida erudição e conhecimento literário, prima pelo equilíbrio dos juízos e o bom gosto das referências e opiniões: amor às ideias livremente expostas, sem apelo a sistemas ou academicismos estéreis, revestido numa forma correta e fluente — eis em síntese o legado desse ensaísta de primeira plana.

Ainda no Rio Grande do Sul, outros dois nomes merecem referência: Manuel do Nascimento VARGAS NETO (1903-1977) e FELIPE Daudt D'OLIVEIRA (1891-1933). O primeiro, autor de *Tropilha Crioula* (1925), *Joá* (1927), *Gado Chucro* (1928), *Tu* (1928), praticou uma poesia de acentos regionalistas. Entretanto, em suas mãos, como anota um historiador das letras rio-grandenses, "a poesia gauchesca, a poesia das estâncias, ganhou tonalidades novas: refundiu-se, atualizou-se, abandonando os seus moldes rudimentares e tradicionais. Impõe-se, em suma, à cidade". E diz mais: "nunca, em verdade, a poesia regional do Rio Grande atingiu efeitos mais límpidos, nem mais típicos, do que nesta formosa e despretensiosa *Tropilha Crioula*".[5]

Felipe D'Oliveira assume posição diametralmente oposta. Dândi, viajado (faleceu num desastre de automóvel nas cercanias de Paris), a sua poesia começa sob os auspícios do neossimbolismo (*Vida Extinta*, 1911). Mais tarde, por influência de Ronald de Carvalho, transforma-se num cultor da vida esportiva, otimista, e adere ao espírito de 1922, com *Lanterna Verde* (1926). Como recorda um dos seus contemporâneos em página de memórias, era "um grego integrado na civilização moderna, cultivava a força física e a ginástica do espírito".[6] Seus versos ganham liberdade, sem perder o gosto da palavra precisa, e exibem ritmos solenes, graves, por vezes elegíacos. Mal interpretado por alguns contemporâneos, perplexos ante o rigor formal dos seus poemas, alcançou o aplauso jubiloso de outros, como se pode ver no *In Memoriam* (1933), que vários modernistas, inclusive da primeira hora, como Mário de Andrade, Menotti del Picchia e Cassiano Ricardo, lhe dedicaram; ou no boletim anual que, sob título de *Lanterna Verde*, a Sociedade Felipe D'Oliveira, fundada no Rio de Janeiro para lhe cultuar a memória no ano mesmo da sua morte, publicou de 1934 a 1938 e de 1943 a 1944. Tal entusiasmo, compreensível no clima da época, hoje soa desmesurado, não obstante os méritos indiscutíveis do homenageado.

---

5. João Pinto da Silva, *Vultos do Meu Caminho*, 2ª série, Porto Alegre: 1927, pp. 197, 203.

6. Rodrigo Octávio Filho, *Velhos Amigos*, Rio de Janeiro, José Olympio, 1938, pp. 37-38.

Em Minas Gerais, algo semelhante também se desenvolveu, como vimos, em cidades do interior, à semelhança de Cataguases, onde, à volta da revista *Verde*, se reuniu um punhado de escritores: ASCÂNIO LOPES Quatorzevoltas, autor de *Poemas Cronológicos* (1928), de parceria com Enrique de Resende e Rosário Fusco. Morto prematuramente (1906-1929), sem dar a dimensão da sua força poética, era "o talento mais vivo do grupo", deixando "entrever a possibilidade de que viesse a formar ao lado de Drummond, como representante do mesmo 'espírito mineiro' e como poeta de primeira categoria.[7] ENRIQUE DE RESENDE (1896-1973) ainda publicaria outros livros de poesia (*Turris Eburnea*, 1923; *Cofre de Charão*, 1934; *Rosa dos Ventos*, 1957), enquanto ROSÁRIO FUSCO (1919-1977), depois de publicar outra coletânea de versos (*Fruta de Conde*, 1929), derivaria para o ensaio (*Amiel*, 1940; *Vida Literária*, 1940; *Introdução à Experiência Estética*, 1952), que lhe trouxe certa notoriedade, para o teatro (*O Viúvo*, 1949), para o romance (*O Agressor*, 1943; *O Livro de João*, 1944; *Carta à Noiva*, 1954; *Dia do Juízo*, 1961), de inflexão experimentalista e um sentimento hipercrítico da existência. De *Verde* ainda participaram FRANCISCO INÁCIO PEIXOTO (1909-1986) e GUILHERMINO CÉSAR (1908-1993), coautores de *Meia Pataca* (poesia, 1928). Ao passo que aquele não mais publicou, este, transferindo-se para o Rio Grande do Sul, viria a ser conhecido como crítico e historiador literário (*História da Literatura do Rio Grande do Sul*, 1956), mas continuaria fiel à poesia: em 1965 deu a lume *Lira Coimbrã* e *Portulano de Lisboa*, e ainda *Sistema do Imperfeito e Outros Poemas* (1976), em que se descortina uma poesia madura, de acentos graves, que permite situar o poeta no nível do prosador de ideias.

Na então Capital Federal, é de registrar o nome de GASTÃO CRULS (1888-1959), que cultivou, além da historiografia (*Aparência do Rio de Janeiro*, 1949), e da etnografia (*A Amazônia que eu vi*, 1930; *Hileia Amazônia*, 1944), o conto (*Coivara*, 1920; *Ao Embalo da Rede*, 1923; *História Puxa História*, 1938, republicados, juntamente com *Quatuor, Contos Reunidos*, 1951) e o romance (*Elza e Helena*, 1927; *A Criação e o Criador*, 1928; *Vertigem*, 1934; *De Pai a Filho*, 1954). Ao contrário de vários contemporâneos, Gastão Cruls não evoluiu da *Belle époque* para o cenário de 1922: a sua obra literária pertence à fase preparatória da

---

7. Waltensir Dutra e Fausto Cunha, *Biografia Crítica das Letras Mineiras*, Rio de Janeiro: INL, 1956, p. 115.

mudança de 22, como bem frisou Otto Maria Carpeaux.[8] Em consequência de sua formação (médico) e de haver respirado na juventude ares da Belle époque, os seus contos e romances movem-se numa atmosfera que, citadina ou sertaneja, parece indicar, ao ver de um crítico, a passagem do Realismo para o Naturalismo.[9] Seus protagonistas não raro são médicos ou estão envolvidos com eles. Os entrechos gravitam em torno de situações patológicas, moléstias então mais frequentes ou mais impressionantes (tuberculose, neurastenia, lepra, dissociação de personalidade), que culminam não poucas vezes em suicídio. O fantástico, ou o sobrenatural por vezes se insinua, como se os enigmas da medicina ou o escasso saber dos seus praticantes, abrissem para o desconhecido, o "mistério" existencial. As narrativas estão vazadas numa linguagem simples, fluente, sem apelos aos "modernismos" em moda após 1922, e a despeito das longas e desnecessárias explanações clínicas. Antes, adverte-se o uso de arcaísmos e mesmo de soluções barroquizantes, que se diria de um leitor ou adepto de Coelho Neto. Na verdade, em Gastão Cruls percebe-se a aliança entre o ficcionista e o homem de formação científica, entre esteticismo e positividade, ou entre imaginação e realidade concreta. Lembrando o clima de Augusto dos Anjos ou da ficção de João do Rio, faz pensar num autor que "escrevendo romance quisesse fazer história legítima".[10]

---

8. Otto Maria Carpeaux. *Pequena Bibliografia Crítica da Literatura Brasileira*, 4º ed., Rio de Janeiro, Ed. De Ouro, 1968, pp. 252-253.
9. Joel Pontes, *O Aprendiz de Crítica*, Rio de Janeiro, INL, 1960, pp. 159-170.
10. Olívio Montenegro, *O Romance Brasileiro*, 2ª ed., rev. e aum., Rio de Janeiro, 1953, p. 296.

LITERATURA ENGAJADA
(1928-1945)

Foto de Carlos Drummond de Andrade

I.Preliminares

O novo período desenrola-se entre 1928, quando se publicam várias obras que anunciam a um só tempo o fastígio do decênio anterior e o ingresso numa vertente de características diversas o suficiente para que outra seja a sua denominação, e 1945, quando surge a chamada "geração de 45".

Como vimos na altura própria, denominou-se "Modernismo", em vez de "Desvairismo", proposto por Mário de Andrade, no "prefácio interessantíssimo" de *Pauliceia Desvairada*, a época que se abriu em 1922, na cola da Semana de Arte Moderna, e sob o impacto do "espírito moderno" (Graça Aranha). No entanto, de tal forma aquela nomeação preponderou que se passou a considerar modernistas as épocas seguintes, quando, na verdade, outros valores estéticos entraram em vigência, não raro de sinal divergente, quando não oposto. Assim, na década de 1930, predomina a literatura engajada. A época seguinte, denominada "tendências contemporâneas", inicia-se com a chamada "geração de 45", seguida por um grupo de pendor formalista, sob a égide do Concretismo e da poesia práxis, um tanto contemporâneo dos autores dos anos 1960, de outra linha estética. E assim por diante, até os dias atuais.

Embora menos que antes, o dinamismo associativo, por intermédio de revistas prossegue nesses anos, a começar de *Movimento Brasileiro*, surgida em 1929, no Rio de Janeiro, como que apontando o deslocamento do fogo sagrado de 1922 para fora de S. Paulo. Idealizado e orientado por Graça Aranha, e dirigido por Renato Almeida, o periódico circulou até 1930, como "instrumento de agitação modernista".[1] Em 1931, inicia-se a publicação, ainda na então Capital Federal, do *Boletim de Ariel*, "mensário crítico-bibliográfico, letras, artes, ciências", que vingou até 1939, sob a direção de Gastão Cruls e com Agripino Grieco nas funções de redator-chefe. *Lanterna Verde*, como vimos, publicou-se entre 1934 e 1944, com vistas a homenagear Felipe D'Oliveira e manter-lhe viva a imagem junto dos leitores. E vem a público em 1931, em S. Paulo, a

---

1. Renato de Almeida, "Graça Aranha e o Modernismo", in *Graça Aranha, Obra Completa*, Rio de Janeiro: INL, 1969, p. 32n.

Revista Nova, fundada por Paulo Prado, Mário de Andrade e Antônio de Alcântara Machado. Deixou de circular no ano seguinte. Procurava ser um órgão que abrigasse menos "literatura" que "muita crítica e muitos estudos de qualquer ordem que tenham imediata correlação com o Brasil".[2] Dava, assim, o tom reinante nesse período, ainda representado pela terceira e quarta fases da *Revista do Brasil*, iniciadas em 1938 e terminadas em 1944, no Rio de Janeiro.

1 Com efeito, o lapso histórico que principia em 1928 identifica-se pela (re)tomada de consciência da realidade nacional. Prosseguia-se, desse modo, nos rumos abertos em 1922, mas aprofundando-os, ampliando-os e dando-lhes solidez maior. Como se a um toque de chamada, escritores, cientistas sociais e historiadores se congraçaram em torno desse ideal, centrado no diagnóstico "objetivo" de nosso passado. De um lado, punha-se o ensaio sociológico ou sócio-histórico, procurando ganhar rigor de ciência ou, ao menos, oferecer uma imagem menos subjetiva das nossas condições de povo tropical, embora sem abdicar de certas prerrogativas literárias. De outro, a ficção, buscando ser registro documental das características sociais, geográficas e históricas do interior brasileiro, notadamente o nordeste e o sul. Nascia o romance social dos anos 1930, que tanta influência exerceria, dentro e fora das fronteiras do país, e que elevou a ficção a um nível análogo ao dos fins do século XIX. A poesia nem sempre se beneficiará desse clima de brasilidade, preferindo refugiar-se no lirismo amoroso ou mesmo surrealista.

2 No plano do ensaio, destaca-se a figura de GILBERTO FREYRE (1900-1987), marcado pelo ensino universitário norte-americano, onde se graduou com a tese *Social Life in Brazil in the Middle of the 19th Century*, que, refundida e aumentada, viria a constituir a sua obra capital, *Casa-Grande e Senzala* (1933), imprescindível ao conhecimento da nossa identidade histórica e uma das obras fundamentais dos anos 1930. Outros estudos se seguiram, subordinados alguns deles ao título geral de "Introdução à História da Sociedade Patriarcal no Brasil": *Sobrados e Mucambos* (1936), *Nordeste* (1937), *O mundo que o português criou* (1940),

---

2. "Mário de Andrade escreve", correspondência coligida por Lígia Fernandes, Rio de Janeiro: Ed. do Autor, 1969, p. 82, apud Plínio Doyle, *História de Revistas e Jornais Literários*, vol. I, Rio de Janeiro: MEC/Fundação Casa de Rui Barbosa, 1976, p. 162.

Região e Tradição (1941), *Sociologia* (1945), *Ingleses no Brasil* (1948), *Aventura e Rotina* (1953), *Um Brasileiro em Terras Portuguesas* (1953), *Ordem e Progresso* (1959), etc.

Ao inscrever *Casa-Grande e Senzala*, juntamente com *Sobrados e Mucambos*, *Ordem e Progresso* e *Jazigos e Covas Rasas*, numa "Introdução à História da Sociedade Patriarcal do Brasil", o ensaísta definia claramente o seu objetivo, ou seja, um "esforço de pesquisa e tentativa de interpretação nova de determinado grupo de fatos da formação social brasileira".[3]

Estabelecido o seu objetivo, o escritor cuidaria de, em sucessivos prefácios à sua principal obra e mesmo no fluxo do texto, esclarecer o seu critério e rebater os comentadores mais aguerridos, quando não situados em campos opostos. No "critério de diferenciação fundamental entre raça e cultura" — diz ele — "assenta todo o plano deste ensaio. Também no da diferenciação entre hereditariedade de raça e hereditariedade de família".[4] Outro ponto básico de sua metodologia vincula-se ao determinismo étnico e ao determinismo econômico. Declarando que não segue "critério rigorosamente geográfico ou histórico", diz que se considera "distante do chamado determinismo étnico" e mais inclinado à "interpretação cultural dos fatos de formação social de um povo". E arremata: "Mas a interpretação cultural completada pela psicológica e, em alguns pontos, pela funcional, sem exclusividade rígida nem tendência para substituir o determinismo de raça pelo de cultura".[5] Procurava, assim, uma posição equidistante, não recusando as achegas vindas de todos os quadrantes da atividade social, mas tendo sempre em mira a interpretação cultural da formação da família brasileira. No mesmo plano se encontra o determinismo econômico. "Não nos interessa, porém, senão indiretamente, neste ensaio, o aspecto econômico ou político da colonização portuguesa do Brasil. Diretamente, só nos interessa o social, no sentido particular de social que coincide com o sociológico."[6] Em suma, adota uma sistemática "antes psicossociológica, sociocológica e histórico-social, que puramente sociológica".[7]

---

3. Gilberto Freyre, *Casa-Grande e Senzala*, 2 vols., 6ª ed., Rio de Janeiro: José Olympio, 1950, vol. I, p. 53.
4. Idem, ibidem, p. 18.
5. Idem, ibidem, pp. 71, 73.
6. Idem, ibidem, p. 370. Ver também *Sobrados e Mucambos*, 3 vols., 2ª ed., ref., Rio de Janeiro, José Olympio, 1951, vol. II, p. 593.
7. Idem, *Sobrados e Mucambos*, vol. I, p. 42.

Gilberto Freyre desenvolve o longo e nutrido arrazoado acerca da sociedade patriarcal no Brasil e em torno de parelhas: a que lhe serve de fundamento, o português e o brasileiro, Portugal e Brasil. E a inscrita no título, a casa-grande e a senzala. Técnica de contraponto, aqui examina as relações entre o colonizador latifundiário e escravocrata, e o servo, índio no princípio, negro posteriormente; ali, o substrato histórico-social desse binômio. Traça o perfil do português quinhentista que aportou às nossas plagas e suas origens étnicas desde antes da fundação da nacionalidade, e o retrato do solo e gente que encontrou e colonizou à sua imagem e semelhança, para aqui trazendo valores, crenças, uma visão do mundo e as soluções práticas empregadas em território continental e/ou aprendidas no contato com os povos africanos e asiáticos descobertos após a Tomada de Ceuta, em 1415.

Assim, radiografando o Portugal quinhentista, mostra, em paralelismo seguidos, como dele recebemos estereótipos que plasmaram a nossa psique coletiva e as nossas reações ao meio ambiente. Ao repetir em terras brasílicas os expedientes usados na metrópole, o colonizador empreendeu a grande experiência civilizacional nos trópicos:

> De qualquer modo, o certo é que os portugueses triunfaram onde outros europeus falharam: de formação portuguesa é a primeira sociedade moderna constituída nos trópicos com características nacionais e qualidades de permanência. Qualidades que no Brasil madrugaram, em vez de se retardarem como nas possessões tropicais de ingleses, franceses e holandeses.[8]

A nossa história tem sido o que foi e nossa gente é o que é em razão do tipo de colonização praticada pelo português de Quinhentos: embora adaptando-se ao hemisfério subequatorial, implantou nele o mesmo regime sob que vivia. De onde, compreendê-lo é condição *sine qua non* para nos entendermos como povo e como história. Nesse diagnóstico reside uma das facetas positivas de *Casa-Grande e Senzala*, bem como das outras obras de Gilberto Freyre em que o caráter do colonizador vem à baila.

Se o movimento de 1922, representado no ensaio pelo *Retrato do Brasil*, se distinguiu pela tomada de consciência de nossa realidade histórico-social, com a obra de Gilberto Freyre (e de Sérgio Buarque de Holanda) esse quadro se aprofunda e se amplia. Processa-se uma espécie

---

8. Idem, *Casa-Grande e Senzala*, vol. I, p. 109; ver também p. 357, e *Sobrados e Mucambos*, vol. I, pp. 59-60.

de mergulho proustiano em nosso passado e em nosso perfil sociopsicológico de povo tropical,[9] iniciando um tipo de prática sociológica que faria escola e também chamaria a atenção da nossa intelectualidade para os problemas enfrentados.

Por outro lado, trata-se duma sociologia escrita com fluência. A verdade é que aqui se localiza um dos focos de resistência dos escritos de Gilberto Freyre, como tem sido apontado pela crítica: a linguagem, "linguagem de reação", como ele próprio sublinha, "é possível que exagerada, aos pedantismos de erudição científica, de terminologia técnica, de correção gramatical à portuguesa e de estilo".[10] Estilo aliciante, não propriamente do sociólogo acadêmico, encartado, com o vezo de falar difícil, empregando um palavreado abstruso, o "sociologuês". A arte literária a serviço da ciência, ou antes, a aliança entre uma e outra. Sem perda de rigor, o ensaísta esmera-se numa linguagem de inflexão oral, jornalística — de quem, não parecendo fazer estilo, cria um estilo inconfundível —, que se lê com agrado, quase como se fosse um romance. Aliás, o recurso à técnica do romance e do drama estava nos seus propósitos, como confessa num passo de *Sobrados e Mucambos*.[11]

É de lamentar, contudo, que não tivesse buscado na ficção do século XIX apoio para as suas teses. Talvez perfilhando a ideia segundo a qual os textos literários são epifenômenos, deixou de encará-los como documentos, nada secundários, das transformações levadas a efeito no trânsito do regime patriarcal para o industrial-burguês. Embora compreensível, o procedimento menospreza abundante material em que se reflete a sociedade do tempo: por que uma notícia de jornal teria mais validade, como informação histórica, que o romance romântico, sabidamente propenso a fixar com o realismo as tendências sociais da burguesia emergente? Que o sociólogo reconhecia perfeitamente a riqueza dos aportes trazidos pela ficção está patente no prefácio à primeira edição de *Casa-Grande e Senzala*, em que relaciona ficcionistas em cujas páginas se "recolheu muito detalhe interessante da vida e dos costumes da an-

---

9. A respeito do caráter proustiano dessa sondagem histórica, é de notar que esse aspecto não escapou à perspicácia de Gilberto Freyre, como se pode ver em *Casa-Grande e Senzala*, vol. I, p. 36. Ver também *Sobrados e Mucambos*, vol. I, pp. 25, 47. Um crítico chamou-o, por isso, de "Proust da Sociologia" (Roberto Alvim Correa, *Anteu e a Crítica*, Rio de Janeiro: José Olympio, 1948, p. 208).

10. Gilberto Freyre, *Casa-Grande e Senzala*, vol. I, pp. 54-55. Ver também *Sobrados e Mucambos*, vol. II, p. 582.

11. Idem, *Sobrados e Mucambos*, vol. I, p. 48.

tiga família patriarcal".[12] Entretanto, é raro, no corpo do ensaio, que a intenção se converta em realidade; apenas são referidos, e de passagem, Macedo e Machado de Assis. E o mesmo se pode observar nas demais obras estritamente sociológicas do autor. Tanto assim que, ao tratar dos "excessos de fetichismo sexual (...) no Brasil ainda patriarcal" ligados ao pé ou botina de mulher, não se lembra de *A Pata da Gazela*, em que Alencar focaliza um caso de fixação no gênero.[13]

Os vínculos entre interpretação cultural e atividade literária não se exaurem nessa lacuna. Em certo ponto de *Sobrados e Mucambos*, o ensaísta afirma que as jovens do século XIX "fugiam romanticamente com os namorados, que nem as moças das novelas".[14] Não haveria aí uma contradição? Não se passaria exatamente o contrário? Não seria o caso de se pensar que as novelas repercutiam um estado de coisas e, portanto, espelhariam um traço de época? Ou, ao menos, não haveria intercâmbio nas duas direções, entre a realidade e as narrativas? Seriam meros frutos de leitura de novelas as "uniões que afinal se realizavam romanticamente; ou romanticamente se resolviam com o recolhimento da moça a convento e o suicídio, às vezes, do rapaz apaixonado"?[15] Ou ocorreria precisamente o oposto?

Mais adiante, o ensaísta cita um artigo de D. Anna Ribeiro de Góes Bettencourt, de 1885, contra o "mau teatro", os "maus romances", "as más leituras", citando nominalmente José de Alencar.[16] Sem negar que tais leituras pudessem exercer influência, ainda que desintegrante, não se pode tomar ao pé da letra as observações em torno de práticas sociais que vinham de muito antes. Esses "maus romances" não registrariam os usos sociais do tempo, ou seja, das modas instaladas desde a vinda de D. João VI para o Brasil? Por fim, a própria autora da catilinária propõe, em lugar desses romances "dissolutos", as narrativas de Perez Escrich, o que parece uma emenda pior do que o soneto.[17]

Praticando uma sociologia qualitativa, em vez de estatística ou quantitativa, de que tem plena consciência,[18] nem por isso Gilberto Freyre descura da informação cuidadosamente verificada e, tanto quanto pos-

---

12. Idem, *Casa-Grande e Senzala*, vol. I, p. 43.
13. Idem, *Sobrados e Mucambos*, vol. III, p. 871. Entretanto, no capítulo XI documenta-se na ficção de Aluísio Azevedo.
14. Idem, ibidem, vol. I, p. 312.
15. Idem, ibidem, p. 314.
16. Idem, ibidem, p. 317.
17. Idem, ibidem, p. 318.
18. Idem, ibidem, p. 48.

sível, fruto de múltiplos exemplos. Na verdade, chama a atenção a soma de conhecimento, reunido como que pela primeira vez, dando a impressão de esgotar o material disponível, ou ao menos de tornar dispensável a rebusca de novos dados. E tão grande e diversificada é a gama de informações que chega a levantar a suspeita de o processo sustentar-se numa falácia. No entanto, logo se evidencia a certeza de estarmos perante um sociólogo de minúcias que não perde de vista a noção de conjunto: o seu método é o indutivo.

Se Retrato do Brasil servia de índice para os anos 1920, preocupados com "o herói sem nenhum caráter" e o abrasileiramento da nossa cultura, *Casa-Grande e Senzala* constitui para o decênio de 1930 uma espécie de porta-voz: além de se propor como um estudo sociológico de nosso passado patriarcal, acolhe as orientações intelectuais da época e a um só tempo funciona como guia, ou elemento catalítico, provocador das consciências. Na esteira da Semana de Arte Moderna, *Macunaíma* é a expressão estética desse afã de retratar o país, ou delinear a psicologia da sua gente. Agora é a vez do romance social do nordeste — que deve muito do seu impulso ao proselitismo de Gilberto Freyre: que representará esse empenho de captar nossa realidade histórica, geográfica e étnica.

Publicando *Raízes do Brasil* em 1936, SÉRGIO BUARQUE DE HOLANDA (1902-1982) realizava os ideais acalentados pela geração de 1922, a que pertenceu, e ao mesmo tempo prolongava o esforço de Gilberto Freyre na prospecção de nosso passado patriarcal. Eis por que o confronto entre as duas obras é inevitável, ao menos para discernir as linhas de força que dominam o momento histórico do seu aparecimento. Tornada obra clássica desde cedo, tanto quanto *Casa-Grande e Senzala*, embora sem o seu alcance e a sua notoriedade, *Raízes do Brasil* é bem o ensaio de um participante do grupo revolucionário de 1922: nele, o impulso nacionalista, tomado a sério, casa-se a um estilo nitidamente literário. E os aportes sociológicos mesclam-se com a visão historiográfica e estética das nossas raízes coletivas.

Raízes do Brasil parece, nas primeiras páginas, uma síntese de *Casa-Grande e Senzala*. Logo, porém, a sua fisionomia própria se impõe, fazendo lembrar menos o magistério de Gilberto Freyre que o ensaio conforme o praticara Paulo Prado. Além de buscar a compreensão do nosso perfil histórico, a obra como que insinua, se não um "programa de organização nacional", como preconizara Alberto Torres, uma revisão das nossas marcas históricas tendo em vista superá-las, um alerta para as nossas características gerais que ainda impedem um desenvolvimento harmônico e contínuo.

A obra contém, por conseguinte, uma tese, um sentido inovador, o que a distingue de *Casa-Grande e Senzala*. A diferença entre ambas não se interrompe nesse ponto: *Raízes do Brasil*, pondo-se no rumo do ensaio puro, praticamente dispensa o aparato bibliográfico. Ao passo que a obra de Gilberto Freyre se escora, ostensiva e abundantemente, numa rica bibliografia, visando a uma interpretação "científica" dos fatos, a de Sérgio Buarque de Holanda pouco recorre à erudição. É verdade que garante uma sólida cultura livresca, mas é ainda certo que ela se mostra subjacente à radiografia de nossa psique coletiva. E se o resultado não é o ensaio à Montaigne, puxado ao subjetivo, transparece o apoio literário, seja como presença documental no curso da exposição, seja no modo como os problemas são equacionados e discutidos. É um ensaísta que não dispensa as achegas literárias, mesmo porque a sua trajetória passa pela crítica literária (*Cobra de Vidro*, ensaio, 1944; *Antologia dos Poetas Brasileiros da Fase Colonial*, 1952), e foi como homem de letras que iniciou a sua carreira nos tempos áureos de 1922.

Na primeira edição, *Raízes do Brasil* divide-se em seis capítulos (depois em sete), subordinados aos seguintes assuntos: Fronteiras da Europa, Trabalho e Aventura, O Passado Agrário, O Homem Cordial, Novos Tempos, Nossa Revolução. Como se vê, a obra percorre a história do Brasil desde o descobrimento até os primeiros decênios do século XX, em busca da nossa identidade, das nossas raízes. Nessa perspectiva, o pormenor cede espaço aos grandes lineamentos. História das mentalidades, eis o resultado, entendendo-a como a história das manifestações do caráter de um povo.

Para bem compreender o ponto de vista escolhido pelo autor, é ainda útil o paralelo com Gilberto Freyre. Os dados de que partem são comuns. Diverso, porém, o enfoque. Por defender uma tese (ainda que implícita), Sérgio Buarque de Holanda assume postura generalizante e crítica, enquanto Gilberto Freyre pende para o descritivo, como a deixar que o dado concreto fale por si, e apenas fazendo as induções pertinentes. Aquele é já o ensaísta típico, para quem as ideias valem mais do que tudo; não que subestime os acontecimentos, as minúcias, mas prefere as reflexões que suscitam à sua simples referência. Este, enfrenta a realidade histórica como etnólogo. Aqui, a fonte inspiradora é Franz Boas; ali, Max Weber; e essa diferença diz muito das duas orientações. Por fim, ao passo que a análise de Gilberto Freyre transpira exuberância otimista, euforia sensual, ao tratar dos bastidores do nascimento, apogeu e declínio da família patriarcal brasileira, Sérgio Buarque de Holanda deriva para certo pessimismo, ainda na linha de Paulo Prado. O autor de *Casa Grande e Senzala* está satisfeito com o mundo que o português criou, ao passo que o autor de *Raízes do Brasil* propõe a transformação de nossos maus costumes e tendências. O primeiro, procura ater-se à objetividade factual e material; o segundo, à objetividade que se diria psicológica, também apoiada nos fatos, como ao deter-se nos "políticos e demagogos que chamam atenção frequentemente para as plataformas, os programas, as instituições, como únicas realidades verdadeiramente dignas de respeito",[19] de palpável atualidade.

Depois de concentrar-se em trabalhos historiográficos (*História do Brasil*, de parceria com Octávio Tarquínio de Sousa, 1944; *A Expansão Paulista do Século XVI e Começo do Século XVII*, 1948), Sérgio Buarque de Holanda retornaria ao clima de *Raízes do Brasil* em *Visão do Paraíso* (1959), longo estudo, assentado em farta erudição, acerca dos "motivos edênicos no descobrimento e colonização do Brasil", redigido por necessidade acadêmica, e por isso mesmo situado nos antípodas da obra de 1936, pelo método, pela ideia central, pela linguagem, mas imprescindível numa imaginária brasiliana. Por outro lado, vale a pena observar a coincidência de *Visão do Paraíso* com o assunto inicial de *Invenção de Orfeu*, de Jorge de Lima.

*
* *

Separadas apenas por três anos, as obras de Gilberto Freyre e Sérgio Buarque de Holanda mais divergem que se assemelham. Como se o fato de um ser pernambucano e o outro paulista lhes determinasse a visão do mundo, enquanto um se concentra no passado a fim de compreendê-lo e enaltecer-lhe as virtudes, o outro atravessa todo o nosso conspecto histórico à procura das pistas que anunciem o futuro. Aquele é um homem ajustado às escolas socioetnológicas predominantes no tempo; este é, ao menos em sua obra capital, seguidor da doutrina de 1922. Tomando-os em sua expressão mais simples, o primeiro seria um reformador, o segundo, um revolucionário; um, olha para trás, ansioso de captar as coor-

---

19. Sérgio Buarque de Holanda, *Raízes do Brasil*, 2ª ed., rev., e ampl., Rio de Janeiro: José Olympio, 1948, p. 268.

denadas da nossa formação social; o outro, alonga a vista para a frente no encalço das saídas de um impasse que dura mais de cinco séculos.

Cada qual, com os méritos e as possíveis deficiências que as duas tomadas de posição implicam, abriu caminhos de análise que seriam trilhados pela literatura coeva, sobretudo na vertente romanesca. *Casa-Grande e Senzala* influenciou diretamente os ficcionistas do nordeste. Por outro lado, os conflitos inerentes à sua visão da realidade brasileira coincidem com a perspectiva de Sérgio Buarque de Holanda. De qualquer modo, nas concordâncias e antinomias das duas obras-fonte dos anos 1930 como que se descortinam as marcas da narrativa contemporânea, vacilante entre o testemunho e o documento, entre a denúncia participante e o esteticismo. Mas num caso e noutro se reproduz a dualidade subjacente aos dois ensaios: nem o romance social conseguiu vencer o apelo do passadismo que o magistério de Gilberto Freyre pressupunha, nem o romance psicológico ou introspectivo alcançou desvencilhar-se de compromissos ideológicos.

II Prosa

Como vimos, já nas obras de Gilberto Freyre e Sérgio Buarque de Holanda se descortinam os dois leitos, sobretudo o primeiro, por onde correria a ficção após 1928. De um lado, temos a vertente realista, entroncada no Realismo oitocentista, prolongando-lhe os traços que persistiram, apesar de tudo, no decurso da *Belle époque* e das arremetidas iniciais do grupo de 1922, ou retomando-lhe, por vezes, as teses "científicas" e sociais. Tal filiação manifesta-se no romance social, romance de tese, romance-denúncia, romance-documento, agora defendendo posições de teor marxista, fruto da propagação do ideário socialista ou de teor oposto, ora integralista, ora religioso. Uma nova modalidade de realismo, não confundida com a outra, encontra-se na tendência para registrar os matizes regionais de certas situações ou paisagens físicas e humanas, ou os sinais típicos de certos meios urbanos, paredes-meias com o costumbrismo, igualmente a explorar um veio patente na ficção de século XIX.

Não obstante a modernidade das teses defendidas (por sinal nem tanto modernas, se considerarmos o caráter participante do romance realista e naturalista dos fins do século XIX), esse gênero de romance reproduz, no plano literário, o impulso de Gilberto Freyre, ao ter em mira a reconstituição do passado, ainda que o mais recente e o mais vivo. Bem vistas as coisas, o fantasma do folclore que ronda tais incursões pelo regionalismo, com destaque para o nordestino, acaba gerando muitas vezes sujeição ao pitoresco. Provavelmente pela inadequação do meio regionalista às teses preconizadas, resvalam numa literatura que busca ser revolucionária, mas que se realiza antes como rendição à cor local que como defesa e veículo de postulações transformadoras da realidade.

A segunda vertente é representada pela ficção psicológica ou introspectiva, presa, remotamente, ao Simbolismo e, mais de perto, às correntes estéticas da *Belle époque*, e enriquecida com as sugestões da prosa moderna de Proust, de Gide, etc. Por vezes ideologicamente engajada, deixa margem a que se detecte, nas suas modulações mais desambiciosas, o influxo do modelo machadiano, espécie de contraponto à tendência ao cosmopolitismo também presente nos anos 1930.

Definidas em suas formas extremas, as duas linhas da prosa ficcional dessa época induzem a pensar em compartimentos estanques. Ao contrário, miscigenam-se em mais de um ponto, fruto que são do mesmo momento histórico, inaugurado com os acontecimentos de 1928, na esfera literária, e de 1930, nos domínios da política.

1 Ao retomar a doutrina naturalista em voga nos fins do século XIX, a corrente realista da geração de 1930, notadamente os ficcionistas nordestinos, repudiou o cientificismo mecanicista dos seguidores de Zola, substituindo-o por um verismo doutrinariamente orientado. Não conseguiu, porém, resistir aos apelos de uma espécie de realismo ingênuo, pela adoção, também mecânica, de teses sociológicas. Perseguida pelos fantasmas que assolam as visões ortodoxamente realistas da obra literária, acabaria por reduzir a realidade a estereótipos, ou a fugir deles em favor de teses mais livres, não sem correr o risco de contradizer-se. Afinal, cientificismos à parte, as limitações de que enfermava o Realismo oitocentista se repetem, de algum modo, na ficção realista dos anos 1930. Não é para menos que alguns dos seus cultores, decerto pressentindo o esgotamento da temática regionalista, evoluíram para um realismo menos terra a terra, embora sem renunciar às posições revolucionárias que defendiam (como Jorge Amado e Graciliano Ramos), ou malograram no intento de ultrapassar a risca de giz em que se confinavam (como José Lins do Rego). Por isso, não estranha que os seus continuadores pós-1945 procurassem emprestar configuração mítica ou heroica ao regionalismo (como Guimarães Rosa, Osman Lins, Mário Palmério, José Cândido de Carvalho, etc.).

Não significa que aos regionalistas de 1930 escasseasse verossimilhança sempre que divisavam a paisagem amazônica, nordestina ou gaúcha. A realidade ali está, praticamente inalterada, para o confirmar. Mas é que os problemas focalizados não poderiam dar margem a mais um romance sem exaurir-se como tema, ou converter-se em narrativas monótonas repetitivas, sobretudo aquelas centradas no polígono das secas, região que mais acendeu a imaginação dos escritores do tempo.[1]

As secas constituem, juntamente com o cangaço e o misticismo, motivo inspirador de um dos "ciclos" ficcionais que atravessam a prosa desse

---

1. A respeito, ver *O Romance de 30 no Nordeste* (1983), livro em que se compendiam as teses e comunicações apresentadas no "Seminário sobre o Romance de 30 no Nordeste", realizado de 23 a 27 de novembro de 1981, na Universidade Federal do Ceará, Fortaleza.

período. Representam-no José Américo de Almeida, Rachel de Queiroz, Amando Fontes, Graciliano Ramos. O açúcar, com José Lins do Rego, e o cacau, com Jorge Amado, nucleiam os demais ciclos nordestinos,[2] completados com o ciclo amazônico (Peregrino Júnior) e o ciclo gaúcho (Darci Azambuja, Erico Veríssimo, Ivan Pedro de Martins).

Para organizar tais ciclos — em que logo se diria ressurgir o ideal balzaquiano ou zoliano dos grandes painéis sociais — lançam mão do romance, da novela e do conto, este último preferentemente no sul, e os outros, no nordeste e norte do país.[3] O repontar da novela, entendida como uma sequência linear de células dramáticas mais ou menos autônomas, interligadas pela persistência ou substituição das personagens e pelo predomínio da ação sobre a análise, assinala a retomada do regionalismo romântico, agora revestido de novas cores e ideologicamente orientado.

Quanto ao perfil dos protagonistas, retorna o sujeito narrativo em voga no último quartel do século XIX. À semelhança do Aluísio Azevedo de *O Cortiço* ou de *Casa de Pensão*, para nos atermos à prata de casa, o romance e realista dos anos 1930 gravita, em geral, ao redor de personagens coletivas ou representantes de uma classe ou grupo social.[4]

Do ponto de vista estrutural, nota-se a tendência para construir as narrativas menos como obra erudita que como saga, *abc* ou reportagem, isto é, como história contada, ao pé do fogo, da boca para o ouvido, elidindo-se os recursos sutis que fazem do romance uma máquina complexa.

De vez em quando, registra-se o impacto da sintaxe cinematográfica, evidente não só no andamento das peripécias, entrevistas como uma série de "tomadas" fílmicas, mas ainda pela imediata apreensão do leitor, assim tornado mais ouvinte ou espectador que solitário apreciador da fantasia/documentário.

No plano do estilo, observa-se o gosto pelo coloquial, e mesmo pelo folhetinesco, sob o pressuposto de se dirigir ao leitor comum, de poucas letras, cuja causa ali se defende e a quem se pretende transmitir a consciência das injustiças que o reprimem. Dicção tão brasileira quanto possível, permeável aos regionalismos de toda espécie, vizinha da rotina jornalística.

---

2. José Aderaldo Castello, *Aspectos do Romance Brasileiro*, Rio de Janeiro: MEC, 1961, pp. 128 e ss.

3. Gilberto Mendonça Teles, "A Crítica e o Romance de 30 no Nordeste", in *O Romance de 1930 no Nordeste*, pp. 50-53.

4. Wilson Martins, *O Modernismo*, vol, VI de A Literatura Brasileira, S. Paulo: Cultrix, 1965, p. 264.

2 Ao publicar-se em 1928, juntamente com *Macunaíma* e outras obras, *A Bagaceira*, de JOSÉ AMÉRICO DE ALMEIDA (1887-1980), não o fazia sem acobertar-se sob o manto do paradoxo, especialmente quando a confrontamos com a rapsódia de Mário de Andrade. Trata-se, a rigor de duplo paradoxo: de um lado, *Macunaíma* fecha o momento e é, na concepção e no arcabouço, obra de vanguarda, quando seria lícito esperar uma narrativa apenas, de acordo com o espírito anárquico que governou o grupo, e nada mais. De outro lado, *A Bagaceira* inicia a atividade literária dos anos 1930 e é um romance que se vincula ao passado regionalista que remonta à ficção homônima do século XIX, quando seria de esperar uma obra mais alinhada com a época anterior. Tal dualidade, como o tempo virá a evidenciar, acabaria perpassando toda a prosa de ficção regionalista dos anos 1930. Apesar de nutrir propósitos avançados, limitou-se a ser, em não poucos aspectos, uma literatura de recorte passadista. Ressoando o clima no qual se plasmou *Casa-Grande e Senzala,* dir-se-ia que, ao tentar pôr em prática os ideais de 1922 assumiu uma postura conservadora, quando não retrógrada. Se não surpreende que os anos iniciais de uma estética sejam iconoclastas, também é de supor que, definido o seu ideário, as obras produzidas o refletissem, levando-o às últimas consequências. E não o obrigassem a dar um passo atrás, como se, dissipadas as suas virtualidades no ataque às instituições vigentes, tivesse de remontar ao passado digno de repúdio.

Com efeito, anunciada "para breve" já nos idos de 1922, conforme notícia no periódico *D. Casmurro* (Recife, nº 1, 1922),[5] e publicada seis anos depois, *A Bagaceira* parece mais inscrever-se no regionalismo das décadas precedentes que no ideário de 1922. Quando pouco, vai uma grande distância entre as proposições e a realização. No prefácio à narrativa, relevante por si próprio, o autor enuncia os seus princípios estéticos, ora sugerindo que se dispunha a "dizer a verdade" e asseverando que "a paixão só é romântica quando é falsa", ora declarando que "o Naturalismo foi uma bisbilhotice de trapeiros", pois "ver bem não é ver tudo: é ver o que os outros não veem". Repelia, por conseguinte, a literatura romântica e a naturalista de índole regionalista, em favor de uma visão objetiva do mundo. Mas após referir-se à "terra de Canaã", o que desde logo lhe denuncia uma das possíveis fontes inspiradoras e uma das vinculações estéticas, acaba proclamando que "o regionalismo

---

5. Apud Neroaldo Pontes de Azevedo, *Modernismo Regionalismo (Os Anos 20 em Pernambuco)*, João Pessoa: Secretaria de Educação e Cultura da Paraíba, 1984, p. 25.

é o pé-do-fogo da literatura...", porquanto "um romance brasileiro sem paisagem seria como Eva expulsa do paraíso. O ponto é suprimir os lugares-comuns da natureza". E finaliza a sua carta de intenções de um modo que faz pensar num escritor da *Belle époque* que praticasse um regionalismo de gabinete:

> A língua nacional tem rr e ss finais... Deve ser utilizada sem os plebeísmos que lhe afeiam a formação. Brasileirismo não é corruptela nem solecismo. A plebe fala errado; mas escrever é disciplinar e construir...[6]

Além da evidente antítese, não raro a narrativa contradiz tal programa, a ponto de negar o postulado básico sobre que assenta. As páginas iniciais servem como introito doutrinário do narrador/autor ao enredo em torno do triângulo amoroso Dagoberto, Lúcio e Soledade. As passagens, de caráter realista, como a seguinte:

> Párias da bagaceira, vítimas de uma emperrada organização do trabalho e de uma dependência que os desumanizava, eram os mais insensíveis ao martírio das retiradas.[7]

pressuporiam um tipo de romance participante, empenhado na revolução em favor dos humilhados e ofendidos. Entretanto, o desenrolar da ação, não obstante a tentativa de mantê-la na rota certa, indica um desvio de 180 graus.

O romance traça o quadro da vida no engenho de açúcar, de acordo, aliás, com o prefácio. Sucede, porém, que o seu núcleo é o trinômio vivido por Lúcio, seu pai, Dagoberto, e Soledade. Considerável parcela da narrativa demora-se no idílio entre os dois adolescentes:

> Nesse ambiente afrodisíaco, nutria um amor sem carnalidades, um idílio naturalista (...)
> ....
> Idealizava-a numa figura de romance.[8]

---

6. José Américo de Almeida, *A Bagaceira*, 8ª ed. Rio de Janeiro: José Olympio, 1954, p. 8.
7. Idem, ibidem, p. 11.
   Registre-se a publicação de uma edição crítica de *A Bagaceira*, "comemorativa dos sessenta anos do romance", preparada por Milton Paiva, Elisalva de Fátima Madruga e Neroaldo Pontes de Azevedo, sob os auspícios da Fundação Casa de José Américo e da José Olympio Editora (João Pessoa, Paraíba/Rio de Janeiro, 1989)
8. Idem, ibidem, pp. 121, 130.

No entanto, como a perceber que se tratava de uma situação rotineira, o narrador deriva para os assuntos gerais do engenho, espécie de moldura para a dupla amorosa. E muda de perspectiva — afinal é Dagoberto quem seduz e engravida a formosa retirante —, sem alterar, contudo, a atmosfera de previsibilidade, graças aos sinais do desenlace que vai deixando pelo caminho, dentre os quais a semelhança de Soledade com a falecida do senhor de engenho, filha do irmão de Valentim, pai da moça... Como se não bastasse, enveredá pelo tom descritivo, falto de acontecimentos dotados de força dramática. E por fim a tese, aparentemente funcionando como sustentáculo da ação, difunde-se pela intriga, mais sugerida que explícita.

E se a figura da Dagoberto é verossímil no seu procedimento, a do autor resvala no estereótipo quando o contrapõe ao do filho. Enxerga Lúcio como alguém que amolece "a inteligência com leituras secretas. Noitadas de romances angustiados, debaixo dos cobertores, à luz dos lampiões vigilantes [...] romances convulsos", afunda na "degenerescência romântica, exaspero da sensibilidade [...] acostumado a cultivar as sentimentalidades malsãs"—, o que poderia ser encarado como coerente ataque ao Romantismo e, portanto, amplamente justificado. Mas, além do flagrante contraste com o pai, é de notar que o narrador o reconhece possuidor da "consciência de ser bom",[9] o que se associa ao mais do seu caráter, assim atenuando, ou mesmo regendo, a propalada "degenerescência romântica". E quando, ao retornar, mais tarde, ao engenho, para suceder ao pai, o narrador não deixa de registrar-lhe o amadurecimento, como a reproduzir o perfil insensível do pai:

> Lúcio bendisse o lance emocional do seu desencanto. Fora preciso sofrer uma grande dor para curar todas as dores menores. (...)
> E evocava a crise de afetividade, essa hipertrofia romanesca, enojado do amor que transfigurava a mulher em anjos ou demônios que não podem ser amadas...[10]

Todavia, não é o que acontece: "Lúcio notava que havia gerado a felicidade, mas suprimira a alegria".[11] E é ele próprio quem profere as palavras finais do romance, de evidente recorte idealista. No fundo, a tese da narrativa é romântica: a regeneração trazida por Lúcio era fruto

---

9. Idem, ibidem, pp. 25, 28, 52, 74.
10. Idem, ibidem, p. 239.
11. Idem, ibidem, p. 240.

de uma óptica subjetiva, não de uma decisão pragmática. Descobrindo que "a alegria civiliza-se" — eco tardio do lema "o Rio civiliza-se" da *Belle époque* —, dava-se conta de que nem o progresso, nem a imoralidade serviam às pessoas do engenho, agora transformado em usina, senão um horizonte utópico de expectativas. Por isso, o discurso com que se dirige à "população amotinada", fugitiva da seca de 1915 — "A vossa submissão era filha da ignorância e da miséria. Eu vos dei uma consciência e um braço forte para que pudésseis ser livres"[12] —, soa mais como promessa que prática efetiva, tanto mais idealista, senão demagógica (observar a linguagem erudita, castiça), quanto mais as palavras com que encerra a sua fala e a narrativa são de um individualista desiludido: "— Eu criei o meu mundo; mas nem Deus pôde fazer o homem à sua imagem e semelhança..."[13]

Fluindo à maneira das obras realistas em torno do fenômeno das secas, *A Bagaceira* tomba no melodrama quando Soledade regressa, velha e gasta, ao engenho de Lúcio, escapando ao flagelo de 1915, sem falar no próprio namoro entre eles e no seu parentesco.

O estilo, procurando modernizar-se, refletir a linguagem falada, acentua, por contraste, a feição romântica da narrativa. Técnica pontilhista, de frases sincopadas, enunciativas, apura-se em descrições puxadas ao Expressionismo, par a par com a tendência para mostrar a ação das personagens como detalhes consumados, em vez de narrá-la em curso, impelida por uma lenta, gradual e verossímil metamorfose. O autor parece incapaz de ver os protagonistas em liberdade; antes, vislumbra-os monoliticamente, como se as suas reações psicológicas fossem previsíveis. A despeito dessas limitações, *A Bagaceira* reúne os méritos do pioneirismo, pois franqueou as portas para a ficção nordestina dos anos 1930.

Além de duas coletâneas de ensaios (*A Paraíba e Seus Problemas*, 1922; *Ocasos de Sangue*, 1954) e memórias (*Antes que me esqueça*, 1976), José Américo de Almeida ainda deixou dois romances: *O Boqueirão* (1935) e *Coiteiros* (1936). O primeiro parece continuação de *A Bagaceira*, já na fase da usina e do automóvel. Remo, herói da narrativa, é uma espécie de *alter ego*, a "sombra" de Lúcio, pois, enquanto este é um romântico, idealista, o outro é um americanizado que desencaminha as meninas da sua infância, sob o grito de "o sertão civiliza-se". Antirromântico — "com vergonha dessa debilidade romântica, do retomo às paixões pueris" —,

---
12. Idem, ibidem, p. 244.
13. Idem, ibidem, loc. cit.

pragmático, *bon vivant*, diz que "não queria corrompê-las; desejava, apenas, emancipá-las". Entretanto, provoca a derrocada da usina e da moral sertaneja. Chega, no final, a acreditar, por momento e sem nenhuma convicção, que se reconciliara "com os brios do sertão", não sem antes "saborear uma miserável vingança contra a raça, vendo pares cambetas, como se estivessem dançando de cócoras". Numa cena à *Canaã*, ele sobe o penhasco à beira do boqueirão, no encalço de Irma. E enquanto ele "fugiu, renunciando ao seu sertão infortunado, por um amor que já não lhe pertencia",[14] a moça despencava da serra, lembrando o desfecho de *Luzia-Homem*.

O romance abre com uma nota prévia que surpreende Remo e um amigo norte-americano, Frank White, numa universidade de Ohio, às vésperas de seguirem para o nordeste, a fim de cumprir um contrato de trabalho, como engenheiros:

> Desde esse dia, o brasileiro só aspirava a uma vida de ação. Queria salvar, quando nada, o seu sertão sacrificado. Descobrir-lhe a alma; curá-lo do mal de amor, criar-lhe a alegria providencial.[15]

Induzindo a pensar numa crítica consciente à experiência norte-americana de Gilberto Freyre e ao seu apostolado reformista, essas palavras de abertura introduzem uma narrativa com todas as características de *A Bagaceira*, embora sem o impacto desta: a sua marcante instintividade cedia lugar a uma proposição prejudicada pelo intuito de "fazer literatura", e literatura de tese.

Coiteiros ainda focaliza o problema das secas, mas para os lados do cangaço. Dorita e Roberto amam-se, e o rapaz quer vingar-se da morte do pai às mãos do malfeitor Sexta-Feira. No recontro entre o bando de facínoras e a polícia mais Roberto, Sexta-Feira assassina Dorita. É narrativa mais corrida, mais dinâmica que as anteriores; persistem, no entanto, as mesmas limitações. Superando o gosto pelo descritivo, o autor evidencia nítida evolução, mas permanecem, na fábula e no desenho dos caracteres, as simplificações do começo. O que os primeiros romances tinham de feição expressionista tem *Coiteiros* de realista, apesar do emprego da técnica pontilhista de frases curtas. Se *A Bagaceira* e *O Boqueirão* ainda respiram os ares da *Belle époque*, esse romance assinala o

---

14. Idem, *O Boqueirão*, Rio de Janeiro: José Olympio, 1935, pp. 15, 51, 146, 189, 210, 215.

15. Idem, ibidem, p. 10.

ingresso na ficção dos anos 1930, por meio do tema do cangaço. Ocorre, porém, que se trata de assunto tão velho quanto as últimas décadas do século XIX, na pena de Franklin Távora (*O Cabeleira*, 1876), de Rodolfo Teófilo (*Fome*, 1890; *Os Brilhantes*, 1895), de Afonso Arinos (*Os Jagunços*, 1898), Manuel Benício (*O Rei dos Jagunços*, 1899), agora ressuscitado pelo escritor paraibano. Sem conotação política, o cangaço é visto como puro banditismo, e o motivo central da narrativa, em paralelo com o namoro dos protagonistas, é um simples caso de vingança;

> A sociedade não perdoa a quem perdoa um crime assim.
> ....
> Não é só o sangue de meu pai. E a honra de muitas gerações.
> A vingança sagrada, como o patrimônio moral da família. Quem deve paga!
> Disse que não perdoo, não perdoo.[16]

Os romances de José Américo de Almeida, parecem constituir uma trilogia em torno das secas. Pelo sim, pelo não, ao colocar o ponto final em *Coiteiros*, concluía a sua meteórica carreira literária, fazendo crer no esgotamento da sua inventividade ou do tema escolhido, ou, mais provavelmente, na atração por outras formas de intervenção cultural, mais condizentes com o seu temperamento combativo. Nada disso lhe tira, contudo, o mérito de pioneiro.

Eis senão quando, como uma lufada de vento cheio de bons presságios, irrompe, em 1930, *O Quinze*, de RACHEL DE QUEIROZ (1910-2003). Escreveu-o aos 19 anos, idade em que a maioria das ficcionistas — para apenas referir as mulheres que se dedicam às letras — ainda mal se iniciou com um que outro conto e timidamente arriscou imaginar ou esboçar narrativas mais extensas. Mas fosse uma simples e promissora estreia, como tantas, e o fato não transcenderia os limites do banal. Na verdade, a escritora principiava com uma segurança e uma certeza que somente os longos anos de tirocínio e a experiência vital ensinam. Tão auspicioso começo determinaria, como realmente determinou, consequências de toda ordem, fáceis de prever: como manter no futuro o mesmo nível artesanal e conceptivo? Como resistir à férula dos críticos e satisfazer a curiosidade dos leitores, todas à espera de novos cometimentos de semelhante qualidade? O tempo viria mostrar que o talento precoce não se furta ao pesado ônus que lhe é inerente.

---

16. Idem, *Coiteiros*, 2ª ed., S. Paulo: Nacional, 1935, pp. 21, 45.

O cenário do romance é sobejamente conhecido: a seca de 1915. E nela um caso de amor entre Conceição e Vicente, ela uma professorinha fugida do sertão levando uma nostalgia que a lembrança do primo, vaqueiro rude e forte, mais agrava. O descarnado da trama, primeiro sinal da pulsação dramática da narrativa, acompanha a escrupulosa economia interna do relato: cada peça insere-se em seu devido lugar, e segundo as medidas próprias do equilíbrio harmônico que caracteriza as obras acabadas. Nenhum derramamento, nenhum gesto desgrenhado. Tudo flui sem sobressaltos artificiais ou exageros, num andamento tanto mais notável quanto mais sabemos que o flagelo das secas encorajava, como se o calor abrasante desencadeasse febres imaginativas, as expansões patéticas e os lances sentimentais. E se um toque de lirismo pervaga os episódios reiteradas vezes lembrados pela ficção, é para enfatizar o senso de proporção e de realidade que norteava a prosadora.

Evidentemente, não se trata de uma obra-prima, como, aliás, reconhece a autora, ao considerá-la, volvidos anos, "tão crivada de defeitos e de tantas e tão irremediáveis puerilidades".[17] Mas, cotejando-a com *A Bagaceira*, para não mencionar as obras anteriores, e mesmo com as posteriores, centradas no tema das secas, é palpável a sua singularidade. Esse confronto, ressaltando-lhe os aspectos positivos, explicaria por que a narrativa, após várias décadas da sua publicação, ainda resiste à leitura.

Percorridas as primeiras páginas, logo salta a impressão de estarmos diante de algo particularmente viçoso, com um invulgar poder de concentração: em dois breves capítulos, uma romancista ainda adolescente desenha toda a situação dramática que garante o enredo, e trabalha com mão de mestre. A seca, como fenômeno meteorológico e a sua implicação no meio ambiente, sugere-lhe descrições sem falsos adornos, como a refletir a paisagem despida de verde, esturricada pelo sol inclemente. Nenhuma nota a mais, nenhum sentimentalismo, nenhuma demagogia:

> O pasto, as várzeas, a caatinga, o marmeleiral esquelético, era tudo de um cinzento de borralho.
> ....
> De um e de outro lado, a mata parecia esgalhamentos de carvão sobre um leito de cinzas.
> ....

---

17. Rachel de Queiroz, *3 Romances*, Rio de Janeiro: José Olympio, 1975, "Nota da autora".

Em redor deles, a eterna paisagem sertaneja de verão: cinza e fogo...[18]

Sem antecedentes, nem mesmo em *A Bagaceira*, contrária à opulência retórica de *Os Sertões*, tal visão da paisagem identifica-se pela genuinidade, embora com laivos de simplificação. Trata-se, no entanto, de algo inerente a uma qualidade fora do comum, sobretudo se levarmos em conta a idade da ficcionista.

O ar de verossimilhança regional produz uma espécie de narrativa elaboradà diante de paisagem, à maneira impressionista, espontânea, como se fotografasse a realidade viva. A linguagem faz coro com esse realismo sem disfarces: despojada, "sem literatura", recorda a concisão do discurso teatral, ou da crônica. Aqui talvez se encontre a chave da visão do mundo da autora: vivacidade da crônica, condensação dramática. Mesmo em cenas que fariam as delícias dos naturalistas à Rodolfo Teófilo, como a do capítulo 7, que surpreende os esfoladores de uma rês morta por doença, a parcimônia reina, sem perda de contundência, antes pelo contrário.

O segredo desse equilíbrio interno parece residir numa empatia involuntária da autora com o assunto, de que resulta uma narrativa de recorte confessional, vazada num estilo marcado pelos sinais da oralidade, aparentemente sem invenção, ou camuflando com astúcia os cordelinhos da forja imaginária. As frases sincopadas ostentam função estética e dramática, como se entre a narradora e as personagens não se abrisse distância alguma: a identificação sustentaria o peso grave das palavras, a sua carga semântica.

O resultado dessa coerência entre a ideia e a expressão é uma história em que o flagelo das secas, ou o ambiente sertanejo em que transcorre, prevalece aos poucos sobre o idílio amoroso de Conceição e Vicente. Afinal, ali estava o verdadeiro sujeito da fábula, mas não a ponto de impedir que a situação sentimental se desenvolvesse ou que a heroína admitisse ser "uma tola muito romântica para lhe emprestar essa auréola de herói de novela!", ou que chegasse "até a se arriscar em leituras socialistas, e justamente dessas leituras é que lhe saíam as piores das tais *ideias*, estranhas e absurdas à avó".[19] Sem tese explícita, sem fáceis hipérboles, sem dobrar-se ao fascínio da cor local, *O Quinze* nem por isso denuncia

---
18. Idem, ibidem, pp. 15, 28, 94.
19. Idem, ibidem, pp. 15, 28, 94.

menos um estado de coisas em que a calamidade do tempo se mescla à incúria dos homens.

O equilíbrio de *O Quinze* rompe-se em *João Miguel* (1932). Como que estimulada pelos bons começos, a escritora focaliza, no mesmo cenário da obra de estreia, um crime de morte que arrasta o bom do protagonista à cadeia, onde se passa toda a história. De andamento monótono, pelo tema, pela figura do (anti-)herói e pela situação, difere do romance anterior. A par do anúncio de introspecção, o texto demora-se em diálogos que visariam a espichar o enredo: se, de um lado, a predominância dos diálogos atesta ainda uma vez a vocação para o teatro, de outro chama a atenção a ausência de dramaticidade dos sucessivos episódios incolores. A veracidade do painel, delineado sem preconceitos, não destrói a impressão de que se trata de um caso corriqueiro de assassínio, paixão e liberdade. Talvez o intuito fosse precisamente este, o de apresentar o perfil do condenado inocente em face da (in)justiça e do poder discricionário. Mas o que se vê é uma narrativa monótona em torno do dia a dia cinzento na prisão, sem clímax nem cenas significativas do ângulo dramático. Já não adivinhamos a adolescente espontânea de *O Quinze*. Agora, é patente a intenção de compor uma reportagem social dentro das regras literárias, como evidencia o cuidado com a forma e a economia no traçado da intriga e das personagens. De onde o tom decair, desvanecer-se a surpresa e o viço originais, ainda que permaneçam o brilho do estilo e o talento de narrar.

Como se a pouco e pouco se afastasse da fonte criadora, embora nela sempre buscando inspiração, a autora deriva, em *Caminho de Pedras* (1937), para o romance político, fruto do clima de época e do seu próprio engajamento. Duas vertentes, entrelaçadas, conduzem o enredo: o caso afetivo entre Noemi e Roberto, ativistas empenhados na transformação revolucionária do mundo, à luz do materialismo científico. E o universo político, representado pelas atividades do Partido Comunista, ao qual a escritora pertencera entre 1931 e 1933. O duplo fio condutor sugere algo como um romance político-sentimental, e nesse binômio residiria a sua virtual tese, para além daquela preconizada pelos protagonistas. Haveria meio de conciliar o amor e os compromissos ideológicos? O predomínio da vida sentimental — Noemi abandona o marido por Roberto, não obstante ligados também por laços de crença partidária — sugere a impossibilidade dessa aliança ideal. Basta ver que os seus camaradas, apesar do seu ardor revolucionário,

Em geral condenavam Noemi. Ainda era muito vivo, em todos, o terror do adultério. Queriam ser independentes, tinham ideias, mas no fundo do coração tinham horror da coisa ruim, do nome feio.

> Samuel bem que tinha dito: "As mulheres daqui ainda não estão maduras para a luta... Confundem questão social com questão sexual..."[20]

Ainda cabe registrar que, do ângulo em que se coloca a perspectiva da autora, não temos proselitismo ou panfleto: uma coisa seria o tema político em si, outra o romance a seu respeito. A denúncia explicita-se na vida dos heróis da causa social, mas a narrativa dessa denúncia não poderia construir-se, para ser verídica, sem apelo aos nexos afetivos entre eles. De qualquer forma, sobre ser datado e lembrar a ficção análoga, de um Plínio Salgado ou de um Oswald de Andrade, *Caminho de Pedras* está mais longe de *O Quinze* que *João Miguel*.

Como que chegando ao fim da linha, a escritora regressa em *As Três Marias* (1939) ao tempo do internato. Narrado na primeira pessoa, de forte acento confessional, autobiográfico, o romance gravita ao redor das três protagonistas, de igual prenome, nos anos de escola e fora dela. Espécie de *O Ateneu* às avessas, ou de *O Ateneu* em feminino ou eco de *Saudades* ou *Menina e Moça*, de Bernardim Ribeiro — "Menina e moça me tiraram do ninho quente e limitado do Colégio — e eu afinal conheci o mundo"[21] —, anti-*Caminho de Pedras* no seu individualismo lírico e sentimental, lembrando o clima da "Tragédia Burguesa", de Octavio de Faria, traduz o ingresso numa etapa nova, caracterizada pela visitação proustiana nos mitos da juventude, incluindo os religiosos.

Em semelhante registro principia *Dora, Doralina* (1975), surgida após experiência de *O Galo de Ouro*, romance de ambiente carioca (Ilha do Governador), publicado em folhetins da revista *O Cruzeiro*, em 1950 e em livro somente 1985. O longo tempo transcorrido entre as narrativas é significativo: esgotara-se a veia fabuladora da autora. *Dora, Doralina* apresenta estrutura de novela, em três partes, acerca das aventuras da narradora, *alter ego* de Conceição e de Maria Augusta, contadas por ela própria. Novela típica, inicia-se numa fazenda cearense, e depois acompanha as andanças da heroína como artista de teatro mambembe por várias cidades, entre Belém e o Rio de Janeiro, e finalmente como mulher do comandante do barco no qual descera o S. Francisco, até retornar ao

---

20. Idem, ibidem, p. 325.
21. Idem, *As Três Marias*, Rio de Janeiro: José Olympio, 1956, p. 77.

torrão natal, para assumir o papel da mãe. Linear, sem maiores preocupações de sondagem psicológica, cedendo inclusive ao encanto da gíria — como, por exemplo, "chatear", "chata", "micho" —, prosseguia uma carreira luminosamente encetada com *O Quinze*, cujo "milagre" jamais seria reeditado. Entretanto, regressaria à ficção com o *Memorial de Maria Moura* (1992), de estrutura novelesca, que conheceria súbito êxito, a ponto de ser premiado e convertido em minissérie de televisão.

É que o jornalismo, ou antes, a crônica, se revelava, desde a transferência, em 1939, de Fortaleza, onde nascera, para o Rio de Janeiro, a expressão mais adequada à sua mundividência. Os próprios romances deixam transparecer, pela humanidade viva que retratam, o quanto devem à crônica. Quase crônicas romanceadas, ou narrativas-crônicas (influência das obras que a autora traduziu, como *A Crônica dos Forsyte*, de John Galsworthy?), têm compromisso com o aqui e agora, em que a ficção se mistura à experiência real e o lirismo permeia o dia a dia banal. Os vários volumes (*A Donzela e a Moura Torta*, 1948; *100 Crônicas Escolhidas*, 1958; *O Brasileiro Perplexo*, 1964; *O Caçador de Tatu*, 1967; *As Menininhas e Outras Crônicas*, 1976), que enfeixam algumas das milhares de crônicas escritas, dão a medida da preferência por essa forma, hesitante entre o jornalismo e a ficção. Não surpreende, pois, que a autora tenha abandonado o romance pela crônica.

Rachel de Queiroz ainda escreveu duas peças de teatro (*Lampião*, 1953; *A Beata do Egito*, 1959), com a mesma força dramática das narrativas, (sobretudo a primeira) e uma segurança no manejo dos componentes de cena que traem uma dramaturga que talvez se desconhecesse. A primeira, em torno de Lampião, rende tributo ao cangaço, assim correspondendo à fase inaugural da sua trajetória, centrada no tema das secas. E a segunda, adaptação nordestina da lenda de Santa Maria Egipcíaca, aponta para a fase espiritualista, católica, apesar dos ingredientes da etapa anterior, seja pelo misticismo (Pe. Cícero, a beata), seja pela denúncia do poder discricionário da polícia (mas nem tanto, pois o tenente se apaixona pela heroína e o cabo morre para defendê-la).

Nos quadros do romance nordestino de 1930, ainda cabe registrar o aparecimento de AMANDO FONTES (1899-1967). Embora nascido em Santos, passou a infância e a adolescência em Aracaju, de onde a sua família era oriunda, o que lhe permitiu incluir o Sergipe no mapa literário da época. E não só isso: introduziu, por meio de *Os Corumbas* (1933), a temática urbana no circuito das secas. Expulsos pelo flagelo de 1905, e não tendo como alimentar uma penca de filhos, os Corumbas resolvem, após dezessete anos, mudar-se para Aracaju, em busca de melhor sorte. E fazem-se operários. Pedro, único varão, engaja-se na luta política e é deportado, enquanto as irmãs se prostituem, uma a uma. Amargurado, com os filhos dispersos, o casal de velhos regressa ao ponto de partida:

> Há seis anos tinham vindo, tão cheios de esperança... A cidade, com o ganho das Fábricas, o casamento para as meninas, o professorado de Caçulinha, fora tudo ilusão, que por água abaixo descera.
> Melhorar?... Não o conseguiram nunca. Perderam, mesmo, o único bem que possuíam: os filhos, desgarrados por esse mundo, a outra morta, afastados todos do seu convívio...[22]

A transformação do retirante em operário talvez encerre o desejo de *Os Corumbas* o romance do operariado, ao menos o romance dos humilhados e ofendidos, dos oprimidos. A primazia do aspecto social — já que a fome estava afastada ou diminuída — e o engajamento de Pedro nas hostes comunistas parecem caracterizar o encontro das teses revolucionárias, inerentes ao romance de 1930, com uma situação adequada. Resvala, entretanto, numa tônica já conhecida na ficção do tempo. Assim, ao fugir da ambiência própria do flagelo, o romance ganhava o seu lugar, onde a denúncia seria mais consentânea com os fatos, não sem correr o perigo da contradição e, portanto, de atenuar a tese implícita. Se a tese do romance é: não há remédio para o retirante nem para o operário em que ele se transforma — como explicar a derivação para aspectos tangenciais à questão operária? Com efeito, o empenho revolucionário de Pedro constitui um episódio de uma sequência, percorrida pelo desencaminhamento das três irmãs por sedutores inescrupulosos.

Por conseguinte, se para o oprimido não há esperança, nem no sertão nem na cidade, somente a revolução faria algo por ele, eis a tese possível em *Os Corumbas*. Nesse caso, a desgraça das filhas dos Corumbas não deveria estranhar; faz parte da tese. Mas é forçar demais a nota: ao menos como romance realista, para não dizer romance engajado, é muito exagero. Passa a ideia de que a prostituição é fruto do sistema iníquo, o que não tem por onde se lhe pegue.

Tese à Rousseau? A cidade degenera? Note-se que dos três dom-joões dois são militares, apenas um é latifundiário de origem. Não fosse o caso de Pedro, o romance se reduziria a uma simples história de esfacelamento, na cidade, de uma pobre família de retirantes. Não é a fábrica,

---

22. *Dois Romances de Amando Fontes*, Rio de Janeiro: José Olympio, 1961, p. 160.

nem a condição operária que leva as moças à prostituição, mas o serem pobres, retirantes, ingênuas. Se se tratasse de jovens citadinas, espertas, nada lhes teria acontecido, parece dizer o autor, assim debilitando a tese política do enredo, que o episódio de Pedro alenta e centraliza.

Para bem enquadrar *Os Corumbas* no panorama da época, não podemos esquecer o fato de ter sido iniciado por volta de 1919, conforme elucida a "Nota da Editora" inserida na edição das duas obras do autor (*Dois Romances de Amando Fontes*, 1961). Seria, por isso, o mais antigo projeto de romance à maneira de 1930 de que se tem notícia. A sua vinculação ao tema das secas talvez decorresse do regionalismo da *Belle époque* e mesmo de antes. É possível, se não provável, que o capítulo em torno do operariado provenha da Revolução de 1917 ou das suas ressonâncias onde se processava a industrialização e, consequentemente, a formação do proletariado urbano. Mas não se pode repudiar a hipótese da influência dos romances contemporâneos dedicados ao assunto.

Além de ostentar estilo fluente, enxuto, sem ranço demagógico ou retórico — "a atmosfera, lavada pelas longas chuvas do último inverno, resplandecia, fina, translúcida. O luar, muito branco, se derramava sobre a terra, amaciando as coisas"[23] —, sem embargo do recurso ao lugar-comum expressivo, como bem notou Olívio Montenegro,[24] o autor conduz firmemente a narrativa, como quem sabe do seu ofício. O problema reside no assunto, ou melhor, na tendência para se apoiar mais na observação que na imaginação, o que torna *Os Corumbas* semelhante a outros no gênero, anteriores e posteriores ao seu aparecimento. De inegável qualidade, não temendo a comparação com as obras principais de Rachel de Queiroz e José Américo de Almeida, a narrativa se empobrece pela simetria dos casos sentimentais das três retirantes.

Paradoxalmente, o autor desenvolve no romance seguinte e último (*Rua do Siriri*, 1937) a faceta mais saliente de *Os Corumbas* — a prostituição —, o que é já uma redundância desnecessária, e comprometedora do seu poder inventivo, bem como do seu provável intuito denunciatório. Nem mesmo o concentrar-se no dia a dia das rameiras, apenas sugerido no romance inicial por intermédio das filhas do casal de retirantes, uma das quais, Albertina, acaba na Rua do Siriri, amortece a recorrência pleonástica do tema. E como se não bastasse, *Rua do Siriri* contém o lugar-comum, sempre cinzento, repetitivo ao longo de cerca de 360 pá-

---

23. Idem, ibidem, p. 30.
24. Olívio Montenegro, *O Romance Brasileiro*, 2ª ed., Rio de Janeiro, 1953, pp. 262, 263.

ginas (na edição original), do ofício miserável das mulheres da vida em Aracaju, igual ao de quaisquer outras pelo mundo afora. Os seus nomes podem ser diferentes, mas a história é invariável, como de resto, já o mostrara à saciedade a tragédia proletária dos Corumbas. Por fim, para agravar esse quadro de mesmice, a ausência de tese, ao menos a evidente, porquanto admitir que no meretrício se pratica injustiça é esquecer dos demais fatores que explicam, desde tempos imemoriais, essa chaga social, "a mais velha das profissões".

Porventura exaurido em Os Corumbas, ou seduzido pelo assunto descortinado na perdição das irmãs Corumbas, Amando Fontes desperdiçou os seus dons de autêntico romancista. Aliás, é certo, a destreza no arranjo da intriga a uma linguagem plástica, sóbria. Tais méritos, porém, não resgatam a narrativa de um destino ingrato. Compreende-se, a essa luz, porque um ficcionista com tais predicados terminasse na Rua do Siriri a sua meteórica carreira. Que lhe restaria senão repetir-se ao extremo, ou mudar de rumo, mas contradizendo os bons começos? A "nota da editora" à 11ª edição de Os Corumbas (1975) informa que "deixou quase pronto novo romance, intitulado O Deputado Santos Lima, no qual virão retratados os últimos anos da 'República Velha' e os que se lhe seguiram, até 1933", talvez apontando para a segunda alternativa. Imaginá-la, contudo, escapa dos fatos que o seu espólio publicado permite conhecer e avaliar.

Afora o nordeste, a Amazônia também voltou ao palco literário por meio da pena de João PEREGRINO da Rocha Fagundes JÚNIOR (1898-1983), para não referir os outros, circunstanciados na altura própria. Doublé de médico e literato, publicou obras nessas duas direções. Cultivou o ensaio, como Doença e Constituição de Machado de Assis (1938) e O Movimento Modernista 1954), úteis contribuições ao esclarecimento dos problemas enfocados, e o conto, em Puçanga (1929), Matupá (1933), Histórias da Amazônia (1936), reunidos com mais nove títulos novos, em A Mata Submersa e Outras Histórias da Amazônia (1960).

Como bem assinalou o autor em nota introdutória à coletânea de 1960, sua intenção, ao centrar-se no "ambiente amazônico: a terra e o homem, os tipos e os costumes, as paisagens e os episódios", era "fixar e condensar a realidade humana e social do drama telúrico da Amazônia". Assim, caracterizava, honesta e lucidamente, o seu esforço, definindo-lhe os limites, qualidades e defeitos. Recorde-se que o escritor, filho do Rio Grande do Norte, vivera na Amazônia por dez anos, tendo sido "inclusive remador do posto aduaneiro de Óbidos, e iniciado o curso de medicina na Faculdade Paraense de Medicina", consoante informa a "nota da editora" à referida obra.

Com efeito, tendo atrás de si Euclides da Cunha, Alberto Rangel, ou mesmo o português Ferreira de Castro, cujo romance *A Selva* é de 1930, não havia como ignorar a dupla armadilha preparada por aqueles prosadores e pela temática amazônica. Se da primeira cilada procurou safar-se, empregando meios próprios de expressão, ainda que nem sempre com pleno êxito, na segunda, como seria de prever, acabou escorregando.

A mata é que é o verdadeiro motivo das histórias: o *habitat* sufoca o ser humano, — afinal um lugar-comum sempre que se trata da Amazônia. De onde o predomínio da descrição da paisagem sobre os conflitos e situações. O ambiente é tudo, ou quase; o sertanejo, o seu prolongamento, como assevera o próprio autor, numa passagem translúcida, que se diria enformada pelo estilo de Euclides da Cunha:

> Ali é a geografia que explica o homem. A tristeza e o fatalismo, a indiferença e a confiança — são qualidades que só se compreendem contemplando a topografia da região. A paisagem obedece à monotonia de planos geométricos invariáveis: para fora, mar e céu, até onde a vista alcança; para dentro, as margens daquelas intermináveis águas sujas são extensas tarjas atolentas de tijuco preto.[25]

Apesar dos anos que medeiam entre *Puçanga* e *A Mata Submersa*, duas coordenadas orientam a ficção de Peregrino Júnior: de um lado, a observação direta do universo amazônico, qual um cronista ou um autor de diário que fosse registrando, com método e perseverança, os aspectos pitorescos da região e a sua gente. De outro, a recolha de lendas e tradições, não sem transfigurá-las pela fantasia, como que hipertrofiada pelo cenário de amplidão diluviana. Num caso e noutro, narra "causos" ouvidos ou presenciados em sua peregrinação amazônica, "Causos de Beira de Rio", como denomina, emblematicamente, um dos segmentos de *A Mata Submersa*. E como tal, não raro, as narrativas extrapolam os limites do conto: amparadas no saber do folclore inarredável quando o cenário é a Amazônia, e acionadas pelo anseio de veracidade, lembram cenas, ou histórias populares, que andam de boca em boca, transformando-se muitas vezes em anedotas, para rir e passar adiante, como "Simples Anedota Municipal", ou 'A Frente única", classificada pelo autor de "anedo-

---

25. Peregrino Júnior, *A Mata Submersa e Outras Histórias da Amazônia*, Rio de Janeiro: José Olympio, 1960, p. 81.

ta política", ou "Política Municipal". Nestas, senão em todas, o artifício literário, ausentando-se ou dissimulando-se, deixa falar a própria voz das personagens regionais.

Não obstante o seu realismo, os "causos" pecam pela gratuidade, resultante não só de inscrever-se no plano da literatura desinteressada, num tempo de engajamento compulsório, ainda que sub-reptício, como também de raiar pela ingenuidade. Tanto assim que, quando o narrador se decide a encarar a sério o assunto, como em "Caminhos da Redenção", um caso de ofensa ao celibato clerical à Inglês de Sousa, ou em "Noturno das Águas Fundas", não chega a convencer, revelando-se desajeitado, constrangido, ou sem objetivo.

JOSÉ LINS DO REGO

José Lins do Rego Cavalcanti nasceu no Engenho Corredor, município de Pilar (Paraíba), a 3 de julho de 1901. Formado em Direito pela Faculdade do Recife (1923), conhece Gilberto Freyre, que exerceria grande influência em sua formação literária. Após ocupar a promotoria numa cidade mineira, muda-se para Maceió, onde convive com Graciliano Ramos, Jorge de Lima e Rachel de Queiroz. Em 1932, estreia com *Menino de Engenho*, início do "ciclo da cana-de-açúcar". Passados três anos, transfere-se para o Rio de Janeiro e viaja para vários países. Elege-se para a Academia Brasileira de Letras (1955) e falece no Rio de Janeiro, a 12 de setembro de 1957. Além de *Menino de Engenho*, publicou as seguintes obras de ficção: *Doidinho* (1933), *Banguê* (1934), *O Moleque Ricardo* (1935), *Usina* (1936), *Pureza* (1937), *Pedro Bonita* (1938), *Riacho Doce* (1939), *Água-Mãe* (1941), *Fogo Morto* (1943), *Eurídice* (1947), *Cangaceiros* (1953); memórias: *Meus Verdes Anos* (1956); crônicas e ensaios: *Gordos e Magros* (1942), *Pedro Américo* (1943), *Poesias e Vida* (1945), *Conferências no Prata* (1946), *Homens, Seres e Coisas* (1952), *A Casa e o Homem* (1954), *Presença do Nordeste na Literatura Brasileira* (1957), *O Vulcão e a Fonte* (1958); viagens *Bota de Sete Léguas* (1951), *Roteiro de Israel* (1955), *Gregos e Troianos* (1957); literatura infantil.

Contemporâneos, José Lins do Rego e Jorge Amado construíram obras paralelas, mas que, por semelhança e contraste, se iluminam mutuamente. O leitor que tiver em mente essa aproximação histórica e estética compreenderá melhor um e outro, e distinguirá com mais acuidade o perfil da prosa de ficção dos anos 1930. E o crítico, no intuito de avaliar com acerto esses autores e o período, não pode perder de vista tal confluência.

O percurso de José Lins do Rego descreve uma linha irregular: começa numa reta, e depois entra em zigue-zague até o fim. De *Menino de Engenho* a *Usina*, desenrola-se o "ciclo da cana-de-açúcar", como declara o autor em nota à entrada da última obra. Ao fazê-lo, não sem reconhecer que tinha sido um tanto enfático em assim denominar as primeiras narrativas, revelava-lhes a característica fundamental e expunha o núcleo da sua visão do mundo. O ciclo durara quatros anos, enquanto a carreira do escritor se prolongaria até 1953, para não referir as memórias, as crônicas e os livros de viagens, alguns deles às vésperas da morte. Encerrando-o em 1936, terminava numa fase cuja relevância lhe escapava. Por outro lado, punha ponto final em *Usina* sem nutrir planos de obra futuras: deixava o conhecido pelo incógnito; à ordem seguia-se a aventura. Em compensação, tinha plena consciência das motivações que o impeliram a compor o ciclo:

> A história desses livros é bem simples — comecei querendo apenas escrever umas memórias que fossem as de todos os meninos criados nas casas-grandes dos engenhos nordestinos. Seria apenas um pedaço de vida o que eu queria contar.[1]

Aqui, nas memórias, o fulcro da obra de José Lins do Rego, e não somente dessa fase, como tem assinalado a crítica. Entretanto, é transparente que o ciclo da cana-de-açúcar se desenrola como uma sucessão de capítulos de memórias. Não só porque o autor, elegendo o foco narrativo da primeira pessoa, se coloca na posição de quem recorda, melancólico, a infância no engenho de açúcar, mas também pelas analogias patentes entre o ciclo e as memórias estampadas em *Meus Verdes Anos*, "verdes anos', que se foram no tempo, mas que ainda se fixam no escritor que tanto se alimentou de suas substâncias".[2] Tão evidentes são tais pontos em comum que se chega a perguntar se "*Meus Verdes Anos* é uma nova versão de *Menino de Engenho* ou são, ambas, duas obras distintas?"[3]

---

1. José Lins do Rego, "Nota à 1ª Edição" de *Usina*, in *O Moleque Ricardo*, Usina, 2º vol. dos "Romances Reunidos e Ilustrados" do autor, Rio de Janeiro: José Olympio, 1961, p. 197.

2. Idem, *Meus Verdes Anos*, 2º ed., Rio de Janeiro: José Olympio, 1957, nota introdutória.

3. José Aderaldo Castello, *José Lins do Rego: Modernismo e Regionalismo*, S. Paulo: EDART, 1961, p. 173.

Quem sabe nascido do ímpeto precoce de purgar a meninice e a adolescência (à maneira dos românticos prematuramente envelhecidos e saudosos dos 8 anos?), o ciclo afigura-se, pelos acontecimentos verídicos que o sustentam, uma autêntica autobiografia, posto que romanceada.

Ao longo do ciclo, a referência ao papel da memória é nota constante. E o tom é o narrativo sem trama, um fluxo contínuo de impressões segundo o pulsar das horas. Percebe-se mesmo, sobretudo em *Menino de Engenho*, uma atmosfera de crônica, "crônica de saudades", à *O Ateneu*, cujo protagonista é lembrado nas linhas finais. Influência? Mais propriamente coincidência. Momentos há, porém, como nas palavras introdutórias de *Doidinho*, passado no internato de Itabaiana (onde o escritor realizara os primeiros estudos), que fazem pensar numa reminiscência involuntária de leitura. De qualquer modo, conquanto em diverso ambiente e sob outras condições, a parecença entre Sérgio e Carlos de Melo salta à vista, como, aliás, não tem escapado à crítica. No confronto entre as duas narrativas, *Doidinho* perde em contensão e senso do trágico, onde ganha em fluência e nostalgia.

Pelo seu andamento, o ciclo lembra um diário íntimo, em que as ocorrências do dia a dia no engenho (*Menino de Engenho, Usina*), no internato (*Doidinho*) e na cidade (*O Moleque Ricardo*) ressurgissem transfiguradas pela imaginação. Para corroborar essa afinidade, basta considerar que os capítulos de cada segmento do políptico funcionam como páginas de diário. Nem falta, à entrada de cada uma delas, uma frase curta, a modo de lamiré, como por exemplo, "O colégio estava vazio com as férias da Semana Santa", que abre o capítulo 10 de *Doidinho*. Frase-chave, inicia o reconto de um episódio do passado, como se, estando ausente, a memória não irrompesse do funil do tempo e ficasse reprimida, à espera do chamado para vir à superfície.

Para erguer o painel da infância no engenho de açúcar, e com ele o da decadência do latifúndio açucareiro e a ascensão da usina, José Lins do Rego lança mão de um estilo desafetado, com evidentes marcas de oralidade. Distante da sensualidade contagiante da linguagem de Jorge Amado e da correção purista e monástica de Graciliano Ramos, define-se pela espontaneidade, peculiar ao memorialista ou autor de diário, mais preocupado em ser verossímil que em fazer estilo. Embora o "eu" de Carlos de Melo dê a impressão de oferecer-se como espetáculo, e de tudo vir à tona filtrado pela retina do narrador, é um estilo e uma mundividência sem lirismo e sem conotação política, como se a veracidade das lembranças, pessoais e dos outros, predominasse sobre a vibração interior de quem rememora.

De onde José Lins do Rego deter-se em minúcias nem sempre relevantes do prisma dramático. Atendia, é certo, ao imperativo realista que lhe preside a visão de mundo. Mas o fato de as memórias, verídicas e/ou imaginárias, já constituírem por si sós um documentário do passado morto (na verdade, muito vivo), mais ressalta esse aspecto para os leitores de hoje. Tanto quanto em Jorge Amado, a prevalência da inflexão documental o sobre a matriz criativa envelhece essa literatura, vinculada que está a determinado momento histórico, em vez de buscar nele uma recorrência, se não substancial, pelo menos factual.

Desse ângulo, nem chega a ser um mergulho proustiano no mundo do engenho, em progresso (ou retrocesso?) para a usina. É uma sondagem de jornalista saudoso, a reconstituir mais a ambiência, e com ela os caracteres, que a realidade pessoal do narrador, na qual pudessem espelhar-se. Daí ser um memorialista dos outros, ainda quando se trata da própria história: o seu "eu" somente vem à tona como reflexo, nunca como o lugar onde a ação principal transcorre. A rigor, o ciclo da cana-de-açúcar nem precisava ser narrado na primeira pessoa. A terceira pessoa, em que o narrador se manifesta, camuflada na primeira, é que governa a ação. Nota-se uma distância entre o narrador/autor e o protagonista Carlos de Melo que deixa transparecer, no emprego da primeira pessoa, mais um truque de verossimilhança documental que o registro de um tempo perdido. Tanto assim que, por vezes, o narrador se refere a si próprio na terceira pessoa. Em suma, é a memória como documento, não como reservatório onde os acontecimentos e sensações se transformam em matéria imaginária, de modo a diluir as fronteiras entre a realidade e a fantasia. Pelo contrário, a pátina do tempo empresta fisionomia histórica à recomposição da vida no engenho de açúcar e seus prolongamentos citadinos, como se o ficcionista não recriasse o passado, mas lhe fizesse, meticulosamente, a crônica. A ideia de crônica desponta-lhe, de resto, mais de uma vez, como se pode ver no capítulo 6 de *Banguê*.

A estrutura que suporta essa crônica da decadência do engenho de açúcar foge das coordenadas do romance para cair no perímetro da novela. Assim como em Jorge Amado, a ideia de "ciclo" remete para uma vida linear do mundo, baseada no pressuposto de que a realidade, e com ela o ser humano, inclusive a sua interioridade, se identifica como uma soma de fenômenos e acontecimentos. Afinal, ressuscitavam-se os mitos do realismo à século XIX, mas sem apoio na ciência. Visão redutora, pois negava ao indivíduo o direito de ser sujeito da história, em nome da crença numa força coletiva impregnada de utopia. O resultado era, à semelhança da ficção do último quartel daquela centúria, a subalternidade da literatura, com a respectiva mecanização de procedimentos, e da realidade nela fixada. Não surpreende, a essa luz, que Zola e seguidores projetassem e executassem catedrais romanescas e que os prosadores de 1930 concebessem "ciclos", mesmo quando, como no caso de Octavio de Faria, a ser analisado mais adiante, o intuito fosse de outra ordem.

No desdobramento do ciclo da cana-de-açúcar, chama a atenção o fato de o narrador/autor não ocultar a sua personalidade de sensitivo, à mercê dos nervos em frangalhos, não raro referidos no curso das narrativas. E como o passado renasce por meio da sua óptica, as pessoas e os incidentes tingem-se de cor cinzenta, como filme em preto e branco. Ao passo que Jorge Amado transpira contagiante alegria de viver, como se a vida fosse sinônimo de carnaval, José Lins do Rego deixa-se vencer pela depressão, pelo nervosismo, pela decadência. Visão negativista do mundo, reduz a existência a um perene desterro num "vale de lágrimas". As incursões pelo ambiente citadino dizem-no meridianamente: talvez pressionado pelo clima vigente na década de 1930, em *O Moleque Ricardo* resolve focalizar a greve e o movimento operário. Desambientada, a sua ficção treme nos eixos uma vez que o seu universo de eleição é rural. Transladando-se para a cidade, a rememoração debilita-se, dispersa-se, descaracteriza-se, em consequência de ceder aos imperativos da observação. E as incursões políticas não convencem, por significarem concessão ao tempo, à moda e à fidelidade ao quadro urbano. É que José Lins do Rego se conduzia, na verdade, por uma visão estética, não participante, da literatura e da realidade.

Ao terminar o ciclo, o autor mostrava sinais de esgotamento, pois exaurira a memória da infância no engenho de açúcar. Tanto assim que se decidiu a procurar assunto em outra parte, dando início à segunda fase do seu itinerário. Apelando para a observação, as leituras (sobretudo de autores ingleses, como Thomas Hardy, expressamente mencionado, inclusive no ciclo da cana-de-açúcar) e a imaginação, abraçou-se a temas "literários". E falseou, revelando o emperramento da máquina fabuladora. É certo que *Pureza* ainda se passa num clima análogo ao anterior: o protagonista para *alter ego* de Carlos de Melo. Mas o demônio da introspecção, que espreitava em *Usina*, instala-se nos arraiais de Pureza, vilazinha de estrada de ferro onde se refugia o herói, a conselho médico, para se curar de uma neurose. E com ele, a artificiosidade: se o autor se constrange na cidade, ao pretender-se capaz de empreender a análise interior, despenca no postiço. De natural rústico, telúrico, no dizer de alguns críticos, desliza e tomba sempre que se entrega a diversa motivação. Como se não bastasse, o entrecho amoroso não convence: falta-lhe, ao contrário de Jorge Amado, o dom, o gosto do erótico. Memorialista por excelência, o chão estremece-lhe toda vez que recorre à observação e à fantasia. De onde perpassar a novela a sombra de Rousseau, como antes na ficção de Júlio Dinis e Eça de Queirós: prato requentado, além de artificial.

Carente de assunto, busca na história, ainda que presentificada, o argumento de *Pedra Bonita*. E assim começa a dominar em sua ficção um mau hábito que já se observava noutros escritores do tempo: o encompridamento caprichoso da narrativa, com minúcias anódinas e acontecimentos ou diálogos destituídos de carga dramática. Em *Riacho Doce*, tal quadro se adensa: o autor imagina um casal sueco nos arredores de Maceió depois de lhe relatar com minúcias a existência na terra natal. Nisso gastou a primeira parte do livro e mais um capítulo da segunda. Mais ainda: põe a personagem feminina, Edna, apaixonada por Nô, um embarcadiço em licença por sua vez atraído pela "galega". Ainda que verossímil a hipótese de uma sueca se tornar amante de um marinheiro nordestino, não há como esconder a falsidade do caso amoroso, puxado a uma superstição barata. Nô abandona-se às rezas da avó, apostada em lhe tirar o Diabo do corpo, e Edna acaba por consumar o suicídio que tentara, na Suécia, quando se afastou da sua professora, Ester, com a qual entretivera relações lésbicas. Tudo, como se vê, pretensamente psicológico. Aqui a falha maior do escritor: sem o auxílio da memória, as situações engendradas não dissimulam o fundo falso. Essa conjuntura persistirá nas obras seguintes ao ciclo da cana-de-açúcar, em torno de conflitos de natureza psíquica ou em que o imaginário prevalece sobre o memorialístico.

Em *Água-Mãe* e *Eurídice*, a ação transfere-se para o Rio Janeiro: ali, a intriga, ambientada em Cabo Frio, demora para se organizar, numa atmosfera demencial que lembra a superstição de *Riacho Doce*, e a que nem falta a presença do futebol como condimento narrativo. Aqui, o autor esforça-se por recuperar o andamento empregado no ciclo da cana-de-açúcar, imaginando um assassino que recorda, na prisão, a sua história passional, repleta de ingredientes psicanalíticos, com a heroína que dá título à obra. Além do lugar-comum (o narrador a contar o seu drama por entre as grades) e de notas que assinalariam o retorno à *Belle époque*, a desarmonia é tal que nem parece o autor do ciclo da cana-de-açúcar, para não falar de *Fogo Morto*. Em meio a essas tentativas goradas de encontrar um caminho, ultrapassar as barreiras da memória infantil, José Lins do Rego certamente acreditava recobrar o clima da primeira fase em *Cangaceiros*, continuação de *Pedra Bonita*, meio anacrônica, nada original, com um assunto vindo de fora para dentro, quando a inspiração se desvanecera no seu horizonte.

Fogo Morto é, reconhecidamente, a obra-prima de José Lins do Rego e uma das mais representativas, não só da ficção dos anos 1930 como de todo o século passado. A explicação para o fato reside em que o autor alcançava a maturidade, sem abjurar das suas mais entranhadas raízes, patentes no ciclo da cana-de-açúcar. Realizava, por conseguinte, o equilíbrio entre o amadurecimento como ficcionista e o respeito às matrizes da sua cosmovisão. Regresso às origens, em pleno apogeu existencial e artesanal, eis a razão dessa coerência íntima entre memória e invenção, uma e outra em grau superior, de acordo com as possibilidades do escritor.

A narrativa divide-se em três partes, numa estrutura tipicamente novelesca: a primeira, ao redor de José Amaro, seleiro de beira de estrada em terras do engenho Santa Fé, do Coronel Lula, e que apoia o Capitão Antônio Silvino, chefe de cangaceiros, contra o latifundiário, ao mesmo tempo que arrasta uma desgraçada vida doméstica. A segunda centra-se no Coronel Lula, prepotente e beato, dono de um engenho em declínio pela sua imperícia, cercado de uma mulher de fibra, uma filha solteirona uma cunhada demente. A terceira focaliza o Capitão Vitorino Carneiro da Cunha, interessado mais na política local que na mulher. O caso do Coronel Lula, pondo-se no centro do tríptico, atrai para si o núcleo da obra, como bem expressa o título, sinal icônico da decadência do Santa Fé.

Por toda a extensão do ciclo da cana-de-açúcar, repetidas vezes o narrador se referia a Lula e ao seu mundo em derrocada, bem como ao Coronel José Paulino, sem supor, é de crer, que ali se descortinava um tema fecundo, menos ainda o seu tema principal. Decerto acreditaria que o assunto já não oferecia novidade depois de haver mostrado a passagem inexorável do engenho a usina. Ou, absorto na revisitação do passado infanto-juvenil, assinalaria a presença de Lula como simples pormenor cenográfico, destinado a subliminar a agonia dos engenhos de açúcar, sem dar-se conta de que localizara o mais rico motivo condutor da sua ficção.

Seja como for, exaurido o filão da memória, o novelista entrou a buscar temas noutra parte, meio ao acaso. É nesse contexto de franca disponibilidade que descobre, como se reabrisse as comportas da rememoração, um novo centro de inspiração, disperso pelo ciclo da cana-de-açúcar.[4] E, ao esquadrinhá-lo, eleva a matéria das narrativas iniciais ao seu ponto mais alto: passava a limpo o ciclo da cana-de-açúcar, ou regressava, na idade madura, aos mitos do pretérito, já agora sem o fascínio da memória infanto-adolescente. Num duplo movimento, libertava-se das imagens de outrora e repunha o assunto-chave da sua cosmovisão: o fogo morto. Fogo morto o engenho de açúcar, fogo morto o próprio narrador. A um só tempo, redimia-se dos malogros posteriores ao ciclo e retomava-o, sem as aderências subjetivas que lhe coartavam o voo da imaginação. Descerrados os véus que lhe encobriam o passado, podia desvelar, com a lucidez dos momentos-limite, o motivo central da sua obra e, por que não?, da sua existência.

Novela em razão da sua estrutura tripartite e movimento interno, *Fogo Morto* caracteriza-se também por um equilíbrio formal que o autor não logrou nem antes nem depois. Equilíbrio que não significa ausência de tensão, mas a sua presença constante. Sem a linearidade do ciclo e sem as extrapolações desnecessárias dos livros subsequentes, o estilo atinge a máxima concisão, em que cada palavra ocupa lugar certo e cumpre determinada função. Equilíbrio entre o estilo e o assunto, numa rara congruência, peculiar às obras acabadas e superiores. Nem mesmo o reaparecimento ocasional de velhas fraquezas compromete essa afinação modelar entre forma e conteúdo.

A fim de alcançar tal objetivo, o autor parece convocar para o interior da narrativa tudo quanto lhe constituíra o mundo original, incluindo o cangaço, agora numa convincente vizinhança com o engenho e, sobretudo, com José Amaro, homem primitivo, com iras de revolucionário e justiceiro. Daí a força das personagens centrais das três partes, sem falar nas secundárias, cada uma com caráter e presença marcantes, a colaborar ativamente, à sua maneira, para esse quadro de fim de ciclo e de raça. Dos três protagonistas, ressalta o rabelaisiano Vitorino Carneiro da Cunha, o Vitorino Papa-Rabo, personagem de novela picaresca, ou melhor, cavalheiresco-picaresca, misto de D. Quixote e Sancho Pança,

---

4. José Aderaldo Castello já observara que *Fogo Morto* "é verdadeiramente um trabalho de síntese do que o romancista em grande parte já havia feito nos romances anteriores" (op. cit., p. 133).

figura sem-par, incorporada definitivamente na galeria de tipos da literatura brasileira, lado a lado com Capitu, Sérgio e outros.

O clima em que tais seres atritam as suas vidas é o da tragédia grega: o destino lhes está pré-traçado desde sempre, não pelos deuses do Olimpo, senão pela conjuntura socioeconômica. Daí o cerne universal das situações — a injustiça social, a loucura, o misticismo —, ao contrário das demais obras do autor, que ficará menos pelo ciclo da cana-de-açúcar, documento ainda palpitante de um passado extinto, do que pelo *Fogo Morto*. Autor vocacionado para uma só obra, e que se dispersou por outras várias até produzi-la, é ela que lhe garante o renome e o espaço privilegiado no cenário do século XX.

JORGE AMADO

Nasceu a 10 de agosto de 1912, na fazenda Auricídia, no distrito de Ferradas, município de Itabuna, sul da Bahia. Curso primário em Ilhéus, secundário em Salvador, quando sente despertar-lhe a vocação literária. Bacharel em Direito no Rio de Janeiro, no mesmo ano em que publica *O País do Carnaval* (1931), livro de estreia. Entrega-se à vida jornalística e engaja-se politicamente. Em 1936-1937, conhece o cárcere por suas ideias revolucionárias. Premido pelas perseguições que lhe movia o Estado Novo, exila-se na Argentina (1941-1942). De regresso, elege-se deputado federal pelo Partido Comunista (1945); em 1947, cassado o Partido, exila-se na França, nos EUA, na URSS, etc. Retorna ao Brasil em 1952. Fará, daí por diante, várias viagens ao estrangeiro. Em 1961, elege-se para a Academia Brasileira de Letras. Cultivou a ficção: *O País do Carnaval* (1931), *Cacau* (1933), *Suor* (1934), *Jubiabá* (1935), *Mar Morto* (1936), *Capitães de Areia* (1937), *Terras do Sem Fim* (1942), *São Jorge dos Ilhéus* (1944), *Seara Vermelha* (1946), *Os Subterrâneos da Liberdade* (1954), *Gabriela, Cravo e Canela* (1958), *Os Velhos Marinheiros* (1961), *Os Pastores da Noite* (1964), *Dona Flor e Seus Dois Maridos* (1966), *Tenda dos Milagres* (1970), *Teresa Batista Cansada de Guerra* (1972), *Tieta do Agreste* (1977), *Farda Fardão Camisola de Dormir* (1979), *Tocaia Grande: A Face Obscura* (1984), *O Sumiço da Santa: Uma História de Feitiçaria* (1988), *A Descoberta da América pelos Turcos* (1994); o teatro: *O Amor de Castro Alves* (1947); a poesia: *A Estrada do Mar* (1938); a biografia: *ABC de Castro Alves* (1941), *Vida de Luís Carlos Prestes* (1945); a literatura de viagens: *O Mundo da Paz* (1951). Faleceu em Salvador, a 6 de agosto de 2001.

Nenhum escritor brasileiro alcançou, como Jorge Amado, tanto prestígio dentro e fora das nossas fronteiras. Embora provocando ressalvas por parte da crítica mais exigente, os seus livros esgotam sucessivas edições e encontram no estrangeiro vasta receptividade, apenas compartilhada por alguns nomes das letras latino-americanas. Tal êxito se deverá, antes de tudo, ao impulso autóctone, mais propriamente baiano, que lhe serve de lastro. Não surpreende, por isso, que chegasse a exercer, em companhia dos prosadores nordestinos de 1930, decisiva influência na literatura portuguesa do tempo, assim colaborando para a implantação do Neorrealismo (anos 1940 e seguintes) e invertendo uma secular tendência histórica.

Três fases ou maneiras percorreu a sua trajetória: a primeira corresponde às obras iniciais até *São Jorge dos Ilhéus*; a segunda enfeixa *Seara Vermelha* e *Subterrâneos da Liberdade*; e a terceira tem início com *Gabriela, Cravo e Canela*, Apesar de um nexo de continuidade as enlaçar num todo orgânico, cada uma delas apresenta uma nota predominante, uma temática central ou uma inflexão constante.

A primeira fase gravita em torno de dois núcleos, representados pelo que o autor denominou de "romances da Bahia", e pelo "ciclo do cacau", desenvolvimento em *Cacau, Terras do Sem Fim* e *São Jorge dos Ilhéus*. Ao principiar, com *O País do Carnaval*, mal deixava adivinhar a força de contador de histórias que revelaria pouco depois. Inexperiente (afinal, escreveu-a aos 18 anos), inspirando-se antes na literatura que na vida, comete os deslizes peculiares ao estreante desajeitado, rudimentar na condução do enredo — que não se decide entre a novela e o romance, pendendo mais para aquela que para este — além de um tanto esquemático no desenho das personagens e situações. Recorrendo a clichês de época, que remontariam à *Belle époque*, atraído pelo romance de ideias, nem mesmo faria supor uma promessa de ficcionista dono de poderosa fábrica imaginária, e menos, ainda, permitiria o cotejo com os estreantes contemporâneos, José Américo de Almeida e Rachel de Queiroz, para não falar em Amando Fontes e Graciliano Ramos.

Ao publicar *Cacau* em 1933, ano-chave na história da ficção dos anos 1930, Jorge Amado encetava verdadeiramente a sua carreira. A nota prefaciatória ao volume, adiantando que laborava "neste livro, com um mínimo de literatura", faz pensar em alguém que então abrisse os olhos para a realidade circundante, para "a vida dos trabalhadores das fazendas de cacau do sul da Bahia". Deparava-se, a um só tempo, com o *habitat* propício às suas histórias e com o ritmo narrativo, explícito na questão formulada — "Será um romance proletário?" — que prevalecerá durante alguns anos. Sem um enredo central, a narrativa identifica-se como um painel da zona cacaueira, pendente entre a novela e o romance, mais para aquela que para este, à semelhança da obra anterior.

Esse estado de coisas praticamente não se altera em *Suor*, que forma com as outras narrativas uma espécie de trilogia. Com o autor ainda à procura de sua maneira autêntica, permanece o quadro de *Cacau*, repassado por um clima que se diria à *Casa de Pensão*, de Aluísio Azevedo, uma *Casa de Pensão* sem trama. A opção pelo viés existencial acentua-se, deixando de mesclar-se com o seu extremo oposto. Nem falta um embrião dos *Capitães de Areia*, que retoma, ampliado, em *Jubiabá*, história do negro Antônio Balduíno, ex-boxeador que um dia descobre que a greve "era qualquer coisa mais séria que barulho, que briga. Era uma luta dirigida para um fim, sabendo o que queria, uma luta bonita".[1]

Aos poucos, vão-se definindo os rostos que compõem a paisagem humana retratada pelo ficcionista e a estrutura, novelesca, na qual se integram. *Mar Morto*, além de ser, junto com *Jubiabá*, se não acima dele, a obra mais bem realizada desse ciclo de "romances da Bahia", marca a adesão franca à novela como arcabouço narrativo. Doravante, arquitetará suas histórias como uma sequência de episódios, coordenados por ganchos propositais, dispostos na linha do calendário. À ênfase na ação associam-se a estereotipia e a divisão maniqueísta dos caracteres, a simplificação psicológica das situações, limitadas a uma fieira de acontecimentos suscetíveis de serem fotografados ou delineados como se fizessem parte de uma reportagem, organizando núcleos dramáticos a modo de contos encadeados no curso do tempo e aglutinados pela permanência de uma ou mais personagens. Por fim, a adoção da velha estrutura da novela manifesta-se no predomínio da intriga sobre a análise, tudo num ritmo acelerado, em que as peripécias se multiplicam, como se o narrador estivesse cônscio de que somente assim poderia prender a atenção do leitor. E o arcabouço de novela já patente nesses "romances da Bahia", presidirá, em ordem crescente, as demais fases da trajetória do autor, apesar das tentativas de fazer romances.

O prefácio de *Capitães de Areia* é elucidativo dessa progressiva tomada de consciência artesanal e ideológica, visto que a escolha da novela

---

1. Jorge Amado, *Jubiabá*, 14ª ed., S. Paulo: Martins, 1965, p. 315.

como esqueleto da narrativa harmonizava-se com a opção política. Começa informando que nos seus livros "quis fixar a vida, os costumes, a língua do meu Estado", o que é por si só uma profissão de fé e um programa estético: novelista de costumes, preocupado com a cor local. E em meio à caracterização dessas obras, explica o porquê de a narrativa "tomar tons de revolta diante da [...] angustiante miséria e salvar assim, com um sadio panfletarismo, o romance da inutilidade de um pessimismo reacionário ou de um misticismo falso". A expressa ou desejada ideologização do discurso literário faz-se acompanhar de protestos de lisura — "a absoluta honestidade do autor" — e de um autoelogio apenas desculpável em razão da idade do escritor, decerto a responder às críticas negativas que lhe eram dirigidas:

> Tenho certeza que não fiz obra de repórter e sim de romancista, como tenho a certeza que, se bem os meus romances narrem fatos, sentimentos e paisagens baianas, têm um largo sentido universal e humano mesmo devido ao caráter social que possuem [.]

A par disso, nota-se o recrudescimento da nota lírico-sentimental, presente sobretudo em *Mar Morto*. Fruto do confesso amor à terra e gente da Bahia, esse lirismo, as mais das vezes difuso, converte-se em tiradas declamatórias, e mesmo demagógicas, como a seguinte: "E, já em outra rua, os três soltaram a larga, livre e ruidosa gargalhada dos Capitães da Areia que era como um hino do povo da Bahia".[2]

Tais palavras, finalizando de forma sentenciosa um episódio da novela, evidenciam a orientação ideológica que a atravessa. Diga-se, a bem da verdade, que a denúncia dum estado de coisas injusto, onde e quando houve, é atenuada por essa onda de emoção que varre as aventuras vividas pelos meninos dos areais baianos, e pela intromissão (menos frequente) do autor. Enquanto este se volta para os aspectos regionalistas e folclóricos, a sucessão de episódios, ou "aventuras", predomina sobre o intuito político. E é tal equilíbrio que faz as delícias do leitor, empolgado pelas peripécias, como se percorresse uma série de folhetins. Aqui — na novela em folhetins — talvez resida a genuína vocação de Jorge Amado. Ação intensa, lirismo, sentimentalidade, denúncia social e traços de picaresco — eis a receita desses "romances da Bahia", autêntico *abc* ou novelão baiano que, com circunstanciais mudanças, perdurará até as obras

---

2. Idem, *Capitães de Areia*, 3ª ed., S. Paulo: Martins, 1947, p. 67.

restantes. Acrescentem-se-lhe os rasgos de estilo, comuns à maioria das narrativas da primeira fase, e estará completo o quadro: estilo simples, desafetado, de frases curtas, próximas da dicção oral. A própria armação dos capítulos reflete essas características de linguagem.

Com *Terras do Sem Fim* e *São Jorge dos Ilhéus* o autor volta à região do cacau, para cantar, em clave épica, no livro inicial, a conquista do solo, e para erguer um libelo, "com imparcialidade e paixão " (?), diz ele nas palavras de pórtico do outro volume, contra a "conquista imperialista". Derivava, assim, para a literatura engajada, centrada, na segunda parte do díptico, nas lutas entre comunistas e integralistas. E se a epicidade de *Terras do Sem Fim* convence como páginas de uma autobiografia romanceada, a primazia do ideológico em *São Jorge dos Ilhéus* arrasta o narrador para descrições e diálogos intermináveis. É certo que projetava retratar a corrupta classe média alta em Ilhéus, mas as minúcias excessivas não só enfraquecem o andamento da ação como ainda revelam uma tendência para o encompridamento descenecessário, que permanecerá ao longo da trajetória do autor.

Ao trocar a narrativa "pura" pela narrativa intelectualizada, mais "séria", cedia a um impulso que nem por ser altruísta deu bons resultados. É que a proliferação de minúcias, explicável pela filiação realista do escritor, prejudica a economia interna da narrativa, visto que carecem, não raro, de função significativa no curso do relato ficcional. A multiplicação de pormenores cenográficos no curso chama tanto mais a atenção quanto mais se observa a discrepância com os "romances da Bahia", que podem ter todos os defeitos, menos esse. Por outro lado, um aspecto flutuante nas obras iniciais define-se parecendo marcar o momento de uma iluminação criadora. A frieza de reportagem da vida político-econômica de Ilhéus desaparece quando se descrevem, ardentemente, as mulatas, não raro prostitutas: todas são a mesma, estereotipadas, mais tarde, em *Gabriela* — e sempre diferentes.[3] Nisso repousa uma das traves mestras da mundividência do autor: a sensualidade.

No "ciclo do cacau", o intuito de construir romances, e romances de tese, mostra uma preocupação artesanal que, se denota consciência profissional e vontade louvável de renovação, atesta uma artificiosidade prejudicial ao engajamento das histórias. E o estilo se intumesce, como se tomado de hidropisia, acusando perda de naturalidade e fluência. Se

---

3. A esse respeito, ver Walnice Nogueira Galvão, *Saco de Gatos*, S. Paulo: Duas Cidades/Secretaria da Cultura, Ciência e Tecnologia, 1976, pp. 13-22.

as seis narrativas iniciais compõem um ciclo, ali se localizam dois títulos maiores do autor, *Jubiabá* e *Mar Morto*, sem favor incorporados à produção literária do tempo. O mesmo não se pode dizer das obras engajadas, de *Terras do Sem Fim* até *Subterrâneos da Liberdade*, expressão de um alinhamento político que, embora sincero, não chega a preservar o autor como ficcionista e a diluir a impressão de agonia do narrador nato, fiel às raízes populares, que engendrara histórias como as mencionadas e criaria outras a partir de *Gabriela, Cravo e Canela*.

O mérito dos "romances da Bahia" estava em que a inflexão revolucionária se dispunha com equilíbrio ao longo do enredo, como se decorrente das situações em foco. O autor não precisava procurá-las ou sugeri-las, uma vez que pululavam à sua volta. E ao convocá-las para dentro das narrativas, procedia com uma coerência que tornava verossímil a injustiça social e a luta por destruí-la. No instante em que o equilíbrio se rompeu, em nome de compromissos ideológicos, o resultado foi a tessitura de intrigas até mais engenhosas que as primeiras, mas menos satisfatórias, quer do ângulo estético, quer do próprio ângulo ideológico. Lidas após alguns decênios, não dissimulam o ranço de premeditação, de obra antagônica às espontâneas pulsações de natureza estética, de mecânica exploração de princípios ideológicos rigidamente concebidos, aceitos e difundidos. Apesar do gosto por urdir tramas amorosas, muitas vezes com as indefectíveis mulatas, ou com argentinas, francesas e polacas de arribação, o todo desses livros (*Terras do Sem Fim, São Jorge dos Ilhéus*) enferma de ser literatura a serviço de uma ideia. Em suma, ainda que generoso ou bem-intencionado, o compromisso ideológico abafa a potencialidade imanente nos "romances da Bahia".

Como que congelando tudo o que não fosse problema social estrito, e com isso enfatizando o tom do "ciclo do cacau", o autor transita para a segunda fase da sua carreira, representada por *Seara Vermelha* e *Subterrâneos da Liberdade*. O engajamento, notório e ostensivo, arrasta essas narrativas para os domínios do panfleto, com todos os riscos e distorções inerentes a tal perfilhamento. Referindo-se aos "romances da Bahia" à entrada dos *Capitães da Areia*, o escritor pregava, como vemos, "um sadio panfletarismo", coisa difícil de se saber o que seja. É, quando pouco, um oximoro, uma impossibilidade radical. Mas se entendermos por isso a presença de moderadas notas de protesto político, o "sadio panfletarismo" transforma-se em simples panfletarismo.

Tal intenção repercutiria, obviamente, na escrita: é possível que a diferença entre as fases do percurso de Jorge Amado esteja na sensualidade. Não que o autor se esqueça, nesses livros, de intensas cenas eróticas, mas é que a linguagem, antes ressumante de sensualidade, agora tende a deslizar para um estilo quase neutro à custa de ser pensado ou "castigado". Enquanto ali uma espécie de instinto orienta a pena do novelista, aqui é a razão pensante, ou o intelecto, com toda a censura e premonição subjacentes. Um estilo sem paixão, frio, elaborado, "culto" (oposto ao "popular" da primeira fase), que revela o intuito de produzir obra engajada, e mais que engajada, partidária. E permanece, quando não se agrava, a hipertrofia da ação. Em *Subterrâneos da Liberdade*, alinham-se extensos capítulos, e o engajamento programático (se for aceitável o pleonasmo) não resulta da intriga, é determinado pelo assunto escolhido (realidade política). Tendo como pano de fundo as lutas contra o Estado Novo, o autor não dissimula o propósito de fazer a apologia do seu partido: o panfletário consiste em que, se procedente a visão dicotômica entre Comunismo e Fascismo naquela época, inclinando-se a encontrar no primeiro o único antídoto ao segundo, as cores se adensam quando o autor exalta, sem crítica, a ação do primeiro. De caráter à *clef, Subterrâneos da Liberdade* e as demais obras engajadas mereceriam posteriormente do autor as seguintes observações:

> em certas ocasiões admiti e repeti conceitos, regras, e teses que não eram meus, pensei pela cabeça dos outros. (...) Sonho com uma revolução sem ideologia. (...) Não possuímos direito maior e mais inalienável do que o direito ao sonho. O único que nenhum ditador pode reduzir ou exterminar.[4]

Exorcizados, em prolongada e intensa catarse, os demônios da ideologização anterior, o autor ingressa numa fase marcada pelo retorno à Bahia, como se recuperasse, em clave madura, as forças motrizes dos "romances da Bahia", sem alinhamentos políticos automáticos e sem apelos a estereótipos à beira do melodrama. Doravante, concentrar-se-á numa espécie de "comédia humana" baiana, apenas quebrada pela narrativa dedicada a vasculhar os bastidores da Academia Brasileira de Letras (*Farda Fardão Camisola de Dormir*).

Inaugurando a terceira fase, *Gabriela, Cravo e Canela* serve-lhe de modelo, que será mantido nas obras seguintes: o escritor (re)descobrira a sua maneira própria. Subintitulada de "Crônica de uma cidade do interior" (Ilhéus), rotulada pelo autor de "história de amor", a saga de Ga-

---
4. Jorge Amado, *O Menino Grapiúna*, Rio de Janeiro: Record, 1981, pp. 102, 107, 108.

briela se repetirá, num crescendo, nas demais narrativas. Praticamente, falar desta é falar das outras, tal a semelhança não só da estrutura como da visão do mundo nela impressa. *Gabriela, Cravo e Canela*, que lembra *O Cortiço* revisitado, com a redenção ou vingança de Bertoleza, é uma novela típica, não sem os previsíveis alongamentos que somente retardam o desfecho dos episódios, criando um suspense de gosto discutível. Ele dirá, mais adiante:

> E aqui façamos nova pausa, um pouco de suspense, próprio dos folhetins.
> ....
> Nos folhetins sempre se considerou essencial um pouco de suspense para atiçar a emoção dos leitores.[5]

As obras subsequentes, com exceção de *Os Velhos Marinheiros*, obedecem a idêntico esquema. Nem mesmo a recaída ideológica da terceira parte de *Os Pastores da Noite*, ou o seu estilo apurado, nem a tentativa de humor refinado, em *Tenda dos Milagres*, acompanhada de uma vaga nostalgia participante, altera o rumo da progressão em linha reta. Não obstante, avulta o pendor para as cenas eróticas, descritas com pormenores que superam os dois livros em que a coerência é marcante, como em *Mar Morto* e, nessa fase, *Gabriela, Cravo e Canela*. Ao alargamento do panorama romanesco, fruto da capacidade para dispersar a narrativa por ramais e atalhos, numa torrente contínua de "casos", soma-se o desfile de cenas no gênero, como se aqueles servissem de moldura para estas. Necessários uns e outras? Visam ao leitor comum, sequioso de quadros escatológicos? Sujeitam-se, pois, ao gosto popular pelo feminismo? De qualquer modo, a coleção de amantes de Teresa Batista e as repetidas descrições dos seus encontros sexuais tornam ainda mais desajeitados os momentos em que o autor, com ar grave, se intromete na história e atribui à heroína pensamentos e sentimentos incompatíveis (capítulo 21). O clima é o da novela de folhetim, como dá a entender o autor, assim extravasando os objetivos "populares" da sua ficção: Almério tinha uma "curiosidade de velho leitor de folhetim, de ouvinte fanático de novelas de rádio".[6]

Tal estado de coisas perdura e aguça-se em *Tieta do Agreste*, cujo subtítulo — "Pastora de Cabras ou A Volta da Filha Pródiga, Melodramático Folhetim em Cinco Sensacionais Capítulos e Comovente Epílogo:

---

5. Idem, *Tieta do Agreste*, Rio de Janeiro: Record, 1977, pp. 52, 173.
6. Idem, *Tereza Batista Cansada de Guerra*, S. Paulo: Martins, 1972, p. 460.

Emoção e Suspense!" —, pretendendo-se faceto, irônico, tão somente assinala, uma vez mais, a tendência para o folhetim, em que o melodrama, tingindo-se de erotismo, se livra de exageros e adquire tons de verossimilhança. E se o subtítulo do primeiro episódio define a narrativa como "apaixonante folhetim", no seu transcorrer falar-se-á em "patético folhetim", "emocionante folhetim", "folhetim indispensável", "monumental folhetim (monumental, sim, basta atentar-se para o número de páginas)".

Se o objetivo, nesse instante em que o autor amplia a sua consciência artesanal, é a paródia, a narrativa fica, e com ela toda a terceira fase, impregnada da estrutura parodiada: ainda que o propósito fosse repudiar, pelo ridículo, o modelo a que voluntariamente ou não está filiado o autor, a paródia manifesta estreitas afinidades com ele. Diz o ficcionista:

> Osnar ou Aminthas, Seixas ou Fidélio, fosse qualquer dos quatro o personagem, fosse outra figura da cidade, o enredo era quase sempre escabroso, envolvendo mulher e cama — cama ou mato, na beira do rio.[7]

Jorge Amado tem uma visão boschiana do mundo, mas pagã, sem a noção de pecado: o Diabo anda à solta em suas páginas, fazendo livremente das suas, e ninguém se salva. A Bahia, ou os lugares por onde a sua imaginação divaga, é uma Sodoma e Gomorra ainda distante do extermínio. Uma eroticidade escaldante, universal, paira no ambiente (baiano) das suas novelas: verídica ou não a imagem que pinta de sua cidade natal, o certo é ela nos oferecer como espetáculo uma sociedade cujos valores se resumem na satisfação dos baixos apetites, aqueles mesmos que condenam às profundas do Inferno. E a sua visão da realidade é agora estética, despojada de propostas transformadoras: tudo é porque é, e a sua função resume-se em registrá-lo, como um repórter sensível aos fatos. Literatura sem teleologia — sem utopia —, rebaixados os últimos fins do homem à satisfação dos instintos. Todos os conflitos e desencontros travam-se nessa área, brotados da realização ou não dos desejos carnais. Para o ficcionista, o ser humano é pura matéria, pura animalidade: mesmo a força do amor que liga Tereza a Januário (*Teresa Batista*) patenteia o componente passional. Não que se lhe peça um final feliz à Macedo (aliás, quase o construía na cena em que Teresa, acreditando na morte de Januário, cede às propostas de casamento de

---

7. Idem, *Tieta do Agreste*, p. 26.

Almério), mas que as personagens possuíssem algo mais do que sexo. Não que se esperasse o seu regresso aos embates ideológicos, mas que os protagonistas mostrassem, em nome da coerência perseguida, outras preocupações ainda que no plano material.

Readquirindo, após *Gabriela, Cravo e Canela*, a melhor forma, Jorge Amado enfileira seguidos êxitos de público, dos quais *A Morte e a Morte de Quincas Berro D'Água* e *Os Velhos Marinheiros* ou *A Completa Verdade sobre as Discutidas Aventuras do Comandante Vasco Moscoso de Aragão, Capitão-de-Longo-Curso* constituem o ponto alto, quem sabe de toda a sua produção. Os dois textos, que se enfeixavam sob o título de *Os Velhos Marinheiros*, apontam as estruturas em que a sua inventividade mais adequadamente se representa. De um lado, um texto curto, despido dos excessos que lhe contaminam a ficção desde os "romances do cacau". Vazado num estilo depurado, é um conto, único numa galeria de narrativas longas. Entretanto, a análise rigorosa dos livros dessa fase permite afirmar que o seu núcleo dramático é o de um conto: não fossem as excrescências, os episódios, nem sempre aglutinados ao corpo das histórias, teríamos contos exemplares. De outro lado, a odisseia de Vasco Moscoso de Aragão é uma novela enxuta, sem as hipérboles que dilatam artificialmente o enredo. Os dois textos acusam as vertentes principais da obra do autor: conhecendo uma infinidade de histórias, todas inspiradas na Bahia, é-lhe fácil aproximá-las por um nexo de contiguidade. Se, porém, tomarmos uma a uma, verificaremos que tanto se ajustam ao molde da novela como poderiam destacar-se, originando uma série de contos.

Eis por que Jorge Amado não oculta ser uma espécie de cantador de viola, autor de *abcs*, rapsodo popular, que desentranha do povo, mais do que as inventa, as suas histórias: estas compõem um vasto painel social, uma rapsódia baiana, no estilo história-puxa-história, apenas deixando correr a memória do narrador, recheada de anedotas e situações ouvidas ou presenciadas, à luz de uma poderosa imaginação, que se diria confundir-se com a matéria de observação. Tudo se passa como se um homem do povo levantasse a voz para se exprimir e, a um só tempo, dar forma às alegrias e tristezas da sua gente. Nessa identificação, de resto espontânea, a um só tempo se localizam os núcleos de excelência da ficção de Jorge Amado.

Se populista e/ou revolucionário em algumas obras, chegando ao panfletarismo confesso, ele é em substância, um escritor popular. Popular pelos temas, pela linguagem, pelo tom: escreve acerca do povo, numa escrita direta, franca, sem inibições censórias, nem mesmo ante detalhes escabrosos. Aliás, descritos com avidez, sempre que a ocasião se lhe enseja e a trama o justifica ou estimula. Novelista popular, lembra os folhetinistas à século XIX, como Perez Escrich (aliás, citado em *O País do Carnaval*), ou os autores de novelas de televisão. A qualidade não é idêntica, diga-se a bem do prosador baiano, a dicção, o efeito e o clima, sobretudo nessa fase, assemelham-se. Todavia, ainda há uma diferença, não menos relevante: enquanto o popular em Perez Escrich se caracteriza pelo melodramático descabelado, em Jorge Amado dá preferência à licenciosidade, par a par com os aspectos sentimentais.

A trajetória de Jorge Amado é a de um típico novelista, com todas as suas implicações. Novelista não só no travejamento das obras uma a outra, como também em sua totalidade: tratadas de per si, as narrativas mostram a estrutura em voga nos quadros nacionais desde a Colônia. Tomadas em conjunto, sugerem uma espécie *de roman fleuve*, romanceiro, à maneira oitocentista. E se pela estrutura o parentesco parece evidente, pelo conteúdo também não deixa margem à dúvida: a sua cosmovisão é a de um novelista, sujeito aos limites que a eleição da novela como forma modelizadora do real envolve.

Se há um ficcionista que simboliza a permanência ou a retomada de padrões românticos nos anos 1930, esse ficcionista é Jorge Amado. Seu realismo é, acima de tudo, o de um romântico. Encarado do prisma estético, parece recuperar a visão das coisas em que a linearidade dos acontecimentos, colhidos na fonte, se articula a um lirismo congenial às situações e às personagens. Da perspectiva doutrinária, exibe traços de idealidade, a idealidade por vezes convertida em/ou revestida de utopia. O amor do povo baiano, a tendência para figurá-lo como quem defende a mais nobre das causas, é acendradamente romântica, ou antes, revela o quanto de subjetividade preexistente em suas teses revolucionárias. Afinal, um romântico, um visionário, que pregasse um futuro igualitário para a gente da Bahia, mas sem comprometer-lhes as tendências nativas. Seu ideal, por isso, seria uma Bahia de marinheiros felizes, sem mortes no mar ou em bordéis de beira de cais, de Gabrielas faceiras e beberrões metafísicos, uma Bahia habitada por heróis épicos, gente entre a terra e o mar, protagonistas de lendas vivas, remanescentes, numa palavra, do "paraíso terreal" entrevisto em 1500: "No recôncavo nascem os homens valentes das águas. Na Bahia, a capital, a cidade das sete portas, nascem as mulheres mais bonitas do cais".[8]

---

8. Idem, *Mar Morto*, 3ª ed., S. Paulo, s.d., p. 125.

Em suma, enquanto os demais regionalistas dos anos 1930 eram bairristas que combatiam enfática e unilateralmente as mazelas do seu povo, visando a corrigi-las, Jorge Amado era um apaixonado pelo recôncavo baiano, a contemplá-lo com lirismo e empatia folclórica. Aqueles procuram ver sem disfarces a realidade injusta com o objetivo de transformá-la. O autor de *Jubiabá* enaltece a Bahia, entoa-lhe um hino de amor, em que a ideia de mudança radical, presente nas fases iniciais, mal se distingue nas últimas obras.

Conhecido internacionalmente, e não apenas porque nele o exotismo encontra a sua forma ideal, Jorge Amado desenha nas suas narrativas uma espécie de mapa sentimental, gastronômico e épico da Bahia. Pode-se pensar que nos oferece uma imagem parcial, visto escolher os aspectos mais sugestivos e plásticos, e uma imagem que, para além de ser fundada na sua opção ideológica, resulta de uma visão pessoal características — mas o que se sabe hoje da Bahia, e porventura o que se saberá no futuro, é nas suas obras que aprendemos.

GRACILIANO RAMOS

Nasceu em Quebrangulo (Alagoas), a 27 de outubro de 1892. Nos anos seguintes, muda-se com a família para Buíque (Pernambuco), Viçosa e Palmeira dos Índios (Alagoas). Em 1914, segue para o Rio de Janeiro, onde vive como revisor de jornal, mas logo regressa a Palmeira dos Índios. Casa-se, abre uma loja de fazendas (1915), enviúva (1920), inicia a redação de *Caetés* (1925), elege-se prefeito (1927). Novo matrimônio, término de *Caetés* (1928). Renuncia ao cargo de prefeito; é nomeado diretor da Imprensa Oficial de Alagoas (1930). Preso em 1936, pelas ideias políticas, é levado para o Recife e depois para o Rio de Janeiro. Solto meses depois, em 1939 é nomeado Inspetor do Ensino Secundário. Ingressa no PCB em 1945. Em 1952, visita a Tchecoslováquia e a URSS. Faleceu a 20 de março de 1953. Publicou romances: *Caetés* (1933), *São Bernardo* (1934), *Angústia* (1936), *Vidas Secas* (1938); contos: *Histórias de Alexandre* (1944), *Histórias Incompletas* (1946), *Insônia* (inclui o livro anterior, 1947); e memórias: *Infância* (1945). Postumamente saíram as *Memórias do Cárcere* (4 vols., 1953), *Viagem* (1954), *Alexandre e Outros Heróis*, contos (1962), *Linhas Tortas*, crônicas (1962), *Viventes das Alagoas*, crônicas (1962).

Jorge Amado e José Lins do Rego são modernos pela doutrina social, se por isso entendermos a interpretação da realidade brasileira à luz do materialismo histórico, e tradicionais pela estética, se considerarmos o culto da novela como reminiscência do passado. O autor de *São Bernardo* poderia, à primeira vista, apresentar igual dicotomia. Examinado com cuidado, percebe-se que, se o estilo castiço (oposto à oralidade por vezes desleixada dos outros dois) enraíza na linhagem machadiana, a técnica narrativa é avançada para o tempo: desse ângulo, é não só moderno, como também precursor do romance novo que se produziu entre nós após 1950. Ainda em comparação com aqueles confrades, a obra ficcional de Graciliano Ramos é diminuta. Mas não cessa aí a diferença entre eles: enquanto os primeiros arrumam as suas narrativas em ciclos, o autor de *Angústia* elaborou-as independentes, apenas ligando-as pela mesma concepção da realidade. Por fim, Graciliano Ramos escreveu romances, ao contrário daqueles ficcionistas de 1930, aos quais se pode acrescentar Erico Veríssimo, mais voltados para a novela.

Sabe-se que Augusto Frederico Schmidt, percorrendo os relatórios que Graciliano Ramos, como prefeito de Palmeira dos Índios, enviava anualmente ao Governador de Alagoas,[1] suspeitou que ali se escondia um escritor. Com efeito, desde 1925 trabalhava em *Caetés*, que viria a ser publicado em 1933 pela editora do poeta de *Cantos do Liberto*. Insulado numa cidadezinha do interior do estado natal, como que passou ao largo do grupo de 1922, mas tornar-se-ia, na década de 1930, um dos que mais longe projetaram as conquistas modernas no domínio da ficção.

Tal dualismo já se manifesta no romance de estreia: queirosiano, de um lado, moderno, de outro, tomando a primeira faceta como sujeição ao modelo oitocentista de romance, sem levar em conta as suas antecipações. O impacto de Eça percebe-se de pronto, na superfície do texto, graças aos rasgos de estilo. O boleio da frase em *Caetés* ressoa o de *O Crime do Padre Amaro* e outras obras do mesmo autor. E não só: expressões como "estava a calhar", ou vocábulos, como "cachaço", denunciam um leitor de Eça, ou, se se preferir, de escritores portugueses em geral. Os nomes das personagens — Luísa, Adrião Teixeira, Vitorino Teixeira, João Valério, etc. — parecem extraídos do universo ficcional queirosiano.

---

1. Os famosos relatórios estão reproduzidos em *Viventes das Alagoas*, S. Paulo: Martins, 1962.

Essa repercussão não se interrompe aí: outros aspectos, ainda mais significativos, assinalam o impacto do autor de *O Primo Basílio* sobre Graciliano Ramos, como, de resto, sobre não poucos ficcionistas brasileiros do século XX. Perpassa a narrativa um humor, uma ironia à Eça, que lhe confere leveza tanto mais digna de nota quanto mais a sabemos incomum no panorama da ficção da época, incluindo as demais obras do autor. Este, parece escrever a sorrir, a deleitar-se com as suas criaturas, como se, no momento de engendrá-las, se desdobrasse em leitor de si próprio. Aqui se insinua um traço de modernidade: o autor intromete-se na história, assumindo-se autônomo do narrador, quer de modo implícito, quer direto. O herói, que narra na primeira pessoa (diversamente da típica ficção realista à século XIX), "tinha um romance começado na gaveta", e sublinha que Nazaré, *alter ego* do autor, lê tudo "tudo e sempre, é um vício como qualquer outro", terminando por indagar: "Que necessidade tem ele, simples tabelião em Palmeira dos Índios, de ser tão instruído?"[2]

Adicionados a outros, esses pormenores assinalariam uma inflexão autobiográfica: o "romance começado na gaveta" girava em torno dos indígenas caetés. Assim, o título da obra que lemos refere-se não à intriga que acompanhamos, mas à história secretamente redigida e jamais terminada. Exatamente como o Eça de *A Ilustre Casa de Ramires*, cujo herói passa horas recolhido a compor uma novela histórica ambientada na Idade Média, em capítulos que são transcritos paralelamente à ação principal. O protagonista do romance brasileiro acaba por abandonar "definitivamente os caetés",[3] num final algo melancólico que nem por isso deixa de lembrar o autor de *Os Maias*. Hesitando, desse modo, entre a tradição e a modernidade, ou buscando na tradição os prenúncios de modernidade, *Caetés* distingue-se ainda por chamar a atenção para o estilo em que está vazado, a ponto de o leitor por vezes esquecer o que por meio dele se diz. Aí se nota a marca de um grande escritor, que em Caetés não tinha dado toda a medida do seu potencial de ficcionista, mas já o insinuava com certa força.

Vogando entre a tradição e a modernidade, quem sabe no encalço de algo como a tradição da modernidade, Graciliano Ramos penderia também entre o campo e a cidade. Urbano, queirosiano, em *Caetés*, será rural e machadiano em *São Bernardo*. Imprevistamente, a transferência

---

2. Graciliano Ramos, *Caetés*, 2ª ed., S. Paulo: Martins, 1947, pp. 81, 182.
3. Idem, ibidem, p. 214.

do local da ação não implicará a adesão a um regionalismo do tipo praticado pelos contemporâneos, menos ainda o proposto pelos adeptos do Realismo. O escritor dá a impressão de pôr à prova a sua modernidade num terreno em que mais nitidamente transpareciam os pressupostos de natureza econômica e social.

Para tanto, imagina um senhor feudal do interior de Alagoas, beirando os 50 anos, que resolve casar-se com uma professorinha de 27 anos e levá-la para os seus domínios. Impulso passional, da parte de Paulo Honório, decisão fria da parte de Madalena, cedo explodem divergências de toda ordem, numa progressão que culmina no suicídio da heroína.

O centro de interesse de *São Bernardo* reside não só na tragédia conjugal, como também na sua correspondente expressão narrativa: constituem verso e reverso da mesma moeda. A narração é feita por Paulo Honório; tudo o que sabemos, consequentemente, chega-nos pela voz do protagonista. Como se não bastasse tal circunstância, que o torna um "narrador suspeito", na conhecida classificação de Wayne Booth, é de observar que se dispõe a contar sua história supostamente "sem nenhuma ordem", e sem ter vocação para isso. Afirma ele, à entrada de suas lembranças — "a respeito de letras, sou versado em estatísticas, pecuária, agricultura, escrituração mercantil, conhecimentos inúteis neste gênero" —, e adverte, logo a seguir:

> As pessoas que me lerem terão, pois, a bondade de traduzir isto em linguagem literária, se quiserem. Se não quiserem, pouco se perde. Não pretendo bancar escritor. É tarde para mudar de profissão.[4]

A confidência não despertaria tanto a atenção se o mais da narrativa, desde as primeiras linhas, não a contradissesse frontalmente. Linguagem escorreita, sóbria, uma economia verbal ainda mais flagrante que a de *Caetés*, espelho em que se reflete a tensão dramática que percorre o relato de Paulo Honório. Estilo sincopado, elíptico, moderno, marca registrada do autor. Como Paulo Honório poderia, rude como é, expressar-se desse modo? Mais ainda: detém-se por instantes numa espécie de metalinguagem do romance, ao fazer reflexões acerca da narrativa que vai compondo. Se ali diz que reproduz a história de Ribeiro, "pondo os verbos na terceira pessoa e usando quase a linguagem dele", aqui não esconde que a organiza em capítulos.[5]

---

4. Idem, São Bernardo, 3ª ed., Rio de Janeiro, 1947, pp. 9, 10, 11.
5. Idem, ibidem, pp. 40, 70, 91.

Tal narrador suspeito, problemático, seria um ficcionista que se desconhecesse? Ou tudo não passaria dum engenhoso truque narrativo? Pelo sim, pelo não, de imediato associamos as lembranças de Paulo Honório ao Bentinho de *Dom Casmurro*, e o clima queirosiano de *Caetés* tornar-se machadiano. A semelhança avulta quando entramos em minúcias: do passado de Madalena, pouco ou nada sabemos, porquanto Paulo Honório se casara sem cuidar de conhecê-la melhor: "havia contentado com o rosto e com algumas informações ligeiras". Pelas reticências em torno da sua vida pregressa e pelos sinais, surpreendentes, dados após o enlace — "Faz artigos! (...) Pior. Anda querendo botar socialismo na fazenda" —, Madalena aos poucos se define como uma Capitu à moderna, mais ousada até do que a protagonista de *O Quinze*, de Rachel de Queiroz. Daí para que Paulo Honório entrasse a desconfiar das suas relações com os homens da fazenda, foi um passo: "Madalena namorava os caboclos da lavoura. Os caboclos, sim senhor". Novo Otelo, à Bentinho, começou "a sentir ciúmes". A analogia aumenta quando lhe nasce o filho, tão desamado, se não mais do que Ezequiel — "eu não gostava dele",[6] extravasa o narrador —, e Paulo Honório pensa em matar a mulher. Madalena (mulher pecadora?) recorre ao extremo sacrifício, deixando no ar as causas do seu comportamento, estranho aos olhos do marido.

É duvidoso que um narrador como o herói de *São Bernardo* pudesse escrever o relato da sua tragédia. Que a contasse de viva voz — como em segredo, para um interlocutor virtual ou para os leitores, convertidos em confidentes —, seria mais natural e convincente. Como um homem pouco dado às letras poderia narrar o seu infortúnio, naquela linguagem fluente, literária, nada, ou pouco, oral? É certo que a narrativa segue a ordem rasa do tempo, sem ambiguidades aparentes ou zonas ocultas. E mesmo quando não está seguro das coisas, o narrador proclama-o com todas as letras, tão sincero aqui quanto nos momentos em que é direto, cortante, agressivo. Mas a narração tem uma qualidade estilística dificilmente alcançável por um homem rústico e, por excelência, anti-intelectual.

Por outro lado, podia-se entender o procedimento em causa como recurso narrativo, e nesse caso não haveria surpresa alguma, e a verossimilhança sairia arranhada pela razão inversa: a narrativa espelha, do ponto de vista do narrador, a mais estrita verdade. Como aceitar o ex-

---

6. Idem, ibidem, pp. 97, 111, 158, 180, 207.

pediente fabulador sem comprometê-la, diminuí-la ou arrasá-la? Note-se: tudo isso tendo em vista a própria substância vital de que se nutre o relato. Em suma, inverossímil porque o narrador é um homem de poucas letras, inverossímil se adotarmos o critério puramente técnico. Entretanto, cabe indagar: por que o autor (Graciliano Ramos), tão cioso da veracidade existencial das suas obras, teria optado por esse processo? Inconsciente ou deliberado?

Parece mais razoável a segunda hipótese, pois Graciliano Ramos estava longe de ser o autor tomado de frenesi criativo: a sua lucidez, estampada cristalinamente no estilo enxuto, é quase asséptica. Deliberado, sem dúvida. E assim agiu para obter o efeito principal da obra: herói ciumento, mulher suicida. Teria ele razão em duvidar da mulher? Houve adultério? O gesto tresloucado de Madalena resultaria apenas do ciúme doentio do marido, ou também do seu passado meio obscuro, das suas ideias de solidariedade, não compartilhadas por Paulo Honório? Do seu casamento sem amor? Da sua maternidade sem entusiasmo?

A relevância dessas perplexidades é decisiva para a interpretação de *São Bernardo*, assim enfatizando uma tendência já evidente em *Caetés*: a introspecção. *São Bernardo* é um romance introspectivo, machadiano, na estrutura, e dostoievskiano, na dimensão psicológica e dramática: enquanto Bentinho se afunda numa melancolia que é saudade de si próprio e da menina da sua infância, Paulo Honório vive anos difíceis, imerso numa depressão aterradora, a remoer a inutilidade do seu destino:

> Sou um homem arrasado. (...) O que estou é velho. Cinquenta anos pelo S. Pedro. Cinquenta anos perdidos, gastos sem objetivo, a maltratar-me e a maltratar os outros. (...) A lembrança de Madalena persegue-me. Diligencio afastá-la e caminho em redor da mesa. Aperto as mãos de tal forma que me firo com as unhas, e quando caio em mim estou mordendo os beiços a ponto de tirar sangue. (...) Penso em Madalena com insistência. Se fosse possível recomeçarmos... Para que enganar-me? Se fosse possível recomeçarmos, aconteceria exatamente o que aconteceu. Não consigo modificar-me, é o que mais me aflige. (...) Se ao menos a criança chorasse... Nem sequer tenho amizade a meu filho. Que miséria![7]

Impelido pelo movimento pendular situado na base da sua visão da realidade, o autor encaminha-se para o polo introspectivo e cria a sua obra-prima: *Angústia*. Dostoiévski, que se deixava adivinhar no drama

---

7. Idem, ibidem, pp. 216, 220, 221, 222.

existencial de Paulo Honório, agora preside a narrativa. O ambiente volta a ser o citadino, mas o espetáculo humano, ainda o mais corriqueiro, não sugere humor ou ironia, senão os grandes conflitos entre o Bem e o Mal, os dramas de consciência, as culpas sem remissão, o sentimento de condenação perene, o emparedamento numa angústia sem saída. O homem moderno, tolhido pelo medo que as metamorfoses socioculturais geram e a antevisão de guerras apocalípticas provoca, torna-se o sujeito dessa história centrada numa tragédia banal, pois até as tragédias perderam o seu halo olímpico. Num clima em que se gesta o Existencialismo (à Camus), Luís da Silva é bem o (anti-)herói sem rosto, porque igual a toda a gente. E porque movido por uma força inconsciente, pratica um gesto que, em vez de o libertar, o arremessa numa angústia sem-fim. Com ele, o autor, ultrapassando o regionalismo exótico por meio dum drama que nada ou pouco deve à conjuntura econômico-social, mergulha de chofre na modernidade, e cria um romance de envergadura universal.

Tanto quanto *São Bernardo*, *Angústia* é construído na primeira pessoa, mas agora se esboroa a suspeição que pesava sobre o narrador: além de sonhar com escrever um romance, o protagonista se limita a recordar a sua história, como num longo monólogo interior, sem deixar margem a dúvidas, pois tem o cuidado de mencionar apenas os acontecimentos em que se envolveu ou que presenciou. Não o move um ciúme doentio e fantasioso, senão o desejo de responder à traição. A ira que o arrasta ao crime nasce de seus brios feridos; a vingança é o móbil das suas ações. Por isso mata o sedutor de Marina, preservando o objeto do seu desejo: o culpado seria ele, não ela. Aqui, o confronto supera a simples equação passional para ganhar foros de expiação, transformando o narrador num executante da sentença de morte — afinal, a sua "missão" — por ele próprio decretada, ou melhor, pelos recalques que lhe convulsionam o inconsciente.

Eis por que o odor de tragédia remete menos para o universo clássico que para o mundo originário de Luís da Silva: o tempo na fazenda do avô, antes de vir para a cidade, impregnara-o de cangaço e misticismo. E a vida na capital jogara-o num clima de profundas raízes freudianas. Assim, a sua tragédia resulta da conjunção entre o cangaço, o misticismo e situações carregadas de sexo. Enclausurado na angústia que sobrevém ao ato criminoso, entrega-se à autoanálise com vistas a compreender a sua agonia existencial, e refugia-se no passado, sem saber que ali mesmo se encontrava a chave do seu estado atual:

Volto a ser criança (...) Tenho-me esforçado por tornar-me criança (...) Entro no quarto, procuro um refúgio no passado. (...) sentia desejo imenso de fugir, pensava na fazenda, em Camilo Pereira da Silva, em Amaro vaqueiro e nas cobras, especialmente numa que se enrolara no pescoço do velho Trajano.[8]

A Dostoiévski e Freud, numes tutelares dessa visão existencialista do mundo, vem juntar-se Marx. Além de frisar que Julião Tavares era "reacionário e católico", o narrador convive com Moisés, de ideias "francamente revolucionárias".[9] Aos poucos, a revolta contra o sedutor vai mostrando, subterrânea, uma tese política: "Dinheiro e propriedades, que me dão sempre desejos violentos de mortandade e outras destruições (...) Era evidente que Julião Tavares devia morrer!"
E por fim conclui, impiedosamente: "Uma pátria dominada por Dr. Gouveia, Julião Tavares, o diretor da minha repartição, o amante de d. Mercedes, outros dessa marca, era chinfrim".[10]
A coexistência das duas teses, a freudiana e a marxista, para explicar a sufocante angústia de Luís da Silva, exprime-se por meio dum contraponto que percorre toda a narrativa. Como em sessão de psicanálise, o narrador problemático entrega-se a um associacionismo, de tempo, pessoas e lugares, verdadeiramente moderno e eficaz como técnica de fabulação. É tal a (con)fusão de planos que o romance principia pelo fim, de um modo que faz supor o contrário: o círculo vicioso da angústia que acomete o herói é reproduzido na sucessão de fatos, como se, ao chegar à derradeira lembrança (ou registro do presente?) — o ingresso na prisão —, ele retornasse ao início, para rememorar, uma vez mais e para sempre, qual um Sísifo moderno, a sua tormentosa história de paixão, crime e castigo.
Com *Vidas Secas*, Graciliano Ramos retoma e aprofunda o tema rural de *São Bernardo*. Num processo de verso/reverso, já evidente no perfil dos protagonistas das obras anteriores o prosador embrenha-se pela caatinga com a sua câmera de filmar a tiracolo. E, selecionando o ângulo mais neutro possível no que diz respeito à técnica narrativa — a terceira pessoa —, põe-se a fazer "tomadas" numa dada sequência, oferecida pela peregrinação aflitiva duma família de retirantes. Pela primeira e única vez na produção do autor, as cenas aglutinam-se como fragmentos em

---
8. Idem, *Angústia*, 26ª ed., Rio de Janeiro: Record, 1983, pp. 11, 17, 20, 140.
9. Idem, ibidem, pp. 46, 49.
10. Idem, ibidem, pp. 9, 145, 174.

série, mais próximos da sucessividade da novela que da simultaneidade do romance. Como a dizer que a *via crucis* de Fabiano, Sinhá Vitória e filhos não termina nunca, a narrativa poderia continuar, linearmente, até um ponto indeterminado. Autêntica novela, por conseguinte.

A estrutura novelesca manifesta-se pela ausência de um conflito central e pelo domínio da ação, segundo um ritmo que impõe, a cada capítulo, a mudança do protagonista e do foco de visão. O intuito certamente teria sido o de fixar, com o máximo de exatidão e clareza, o drama dos escorraçados pelas secas, as suas vidas sem história: não é suficiente o rol de adversidades que enfrentam para motivar a narrativa?

Mas ao flagelo das secas acrescenta-se, como se não bastasse, outro mal, não menos contundente: o fazendeiro, que expulsara Fabiano e seu reduzido clã, e o governo, representado pelo soldado amarelo que o espezinhara: "Levantou-se e caminhou atrás do amarelo, que era autoridade e mandava. Fabiano sempre havia obedecido".[11] Divisando-o, assim, como um humilhado e ofendido, e não por causas naturais, Graciliano Ramos contornava a estereotipia em que se abismavam, desde os fins do século XIX os romancistas das secas.

Dois aspectos da *Vidas Secas* têm atraído a atenção dos leitores e críticos: o da cachorra Baleia, que acompanha os retirantes como um ser humano, cheia de afetividade e inteligência, protagonizando um capítulo que tem sido destacado (inclusive publicado pelo autor) como uma história independente, um conto. E o do "menino mais velho", o da criança, nem sempre vista com propriedade, quando lhe é dado comparecer no microcosmos dos retirantes. Se Fabiano "vivia longe dos homens, só se dava bem com animais" — e desse modo se pode explicar a "humanidade" de Baleia —, o menino "tinha um vocabulário quase tão minguado como o do papagaio que morrera no tempo da seca (...); não sabia falar direito (...), balbuciava expressões complicadas, repetia as sílabas, imitava os berros dos animais, o barulho do vento, o som dos galhos que rangiam na caatinga, roçando-se".[12] Por pouco se adivinharia aqui e no capítulo em torno da Baleia o autor de obras infantis que Graciliano Ramos também foi: a narrativa enfocaria o drama das secas não só da perspectiva adulta, mas ainda, e talvez sobretudo, do animal e da criança. Tudo se passa como se Machado de Assis, ainda vivo no século XX, enfocasse o tema das secas: além do flagelo climático ser visto da

---

11. Idem, *Vidas Secas*, 2ª ed., Rio de Janeiro, 1947, pp. 23, 37.
12. Idem, ibidem, pp. 25, 81, 84.

óptica de Baleia e dos meninos, repassa-o uma sutileza introspectiva que se diria do autor de *Dom Casmurro*, de quem Graciliano era, como se sabe, congenial, ao menos nesse aspecto.

Sendo adulta, denunciante e reivindicatória, a prosa ficcional de 1930 é, paradoxalmente, uma literatura da infância. E o autor de *Vidas Secas* não fugiu à regra: Jorge Amado focalizara *Os Capitães da Areia* e outros; José Lins do Rego retratara os meninos de engenho e os doidinhos, enquanto Graciliano Ramos não raro faz as suas personagens relembrarem os primeiros anos. E tanto quanto Jorge Amado (*Menino Crapiúna*) e José Lins do Rego (*Meus Verdes Anos*), revisitou em suas memórias os tempos da meninice: *Infância*. O menino é o pai do homem, diria Machado de Assis. O menino é o pai do oprimido/opressor, do injustiçado/injusto, do revoltado/revolucionário, dizem eles, como autênticos machadianos avançados. Uma tese estaria, assim, subjacente na obra desses prosadores, notadamente Graciliano Ramos, a ponto de parecer explícita: a infância forja o adulto problemático, tipo Luís da Silva, Paulo Honório, ou o adulto vencido, como Fabiano. Tese freudiana, ou freudiano-marxista, ao fim de contas.[13]

Além das memórias da infância, Graciliano Ramos escreveria as suas *Memórias do Cárcere*, experiência dostoievskiana, fruto dos meses em que habitou a "casa dos mortos" por determinação da polícia de Vargas. Páginas candentes de realismo cru, libelo contra o regime penitenciário e político dos anos 1930, erguem o autor à categoria de um dos mais singulares memorialistas das nossas letras. E sugerem se indague até que ponto a sua obra de ficção não é também, como a de José Lins do Rego, produto da memória, mas duma memória voltada para o labirinto interior do escritor, para a sua história secreta, ao contrário do autor de *Menino de Engenho*. A essa luz, as personagens Paulo Honório, Luís da Silva e Fabiano, para apenas nos determos nas principais, seriam manifestações da sua vida profunda, da sua visão problematizante da realidade, e não simples projeções autobiográficas. Análogo nível de exemplaridade lograram alguns dos seus contos, como "Um Ladrão" e "O Relógio do Hospital", merecedores de integrar uma seleta imaginária das obras-primas no gênero em nossa literatura.

Tal atitude, alcançou-a graças à convergência de uma tensa máquina conceptiva e um tirocínio artesanal evidentes ao longo da sua carreira.

---

13. Retomei o assunto de *Vidas Secas* em "Vidas Secas: mundo coberto de penas", Revista Brasileira, Rio de Janeiro: Academia Brasileira de Letras, fasc. VII, ano VI, nº 22, jan.--fev.-mar. 2000, pp. 113, 127

Numa quadra de ficcionistas derramados e lineares, Graciliano Ramos é um milagre de contensão e justeza, decerto para exprimir os seus demônios interiores, a sua revolta contida, numa linguagem castiça e ao mesmo tempo brasileira. E para comunicar a sua insatisfação perante um estado de coisas generalizado (inclusive literário). Mirava-se, quem sabe, no exemplo dos seus mestres. O resultado é o grande ficcionista dos anos 1930 e um dos maiores da nossa literatura.

ERICO VERÍSSIMO

Nasceu em Cruz Alta (Rio Grande do Sul), a 17 de dezembro de 1905. Após estudos secundários incompletos, torna-se funcionário de banco e, mais adiante, sócio de uma farmácia. Em 1930, transfere-se para Porto Alegre; trabalha como secretário da *Revista do Globo*. Passados dois anos, publica *Fantoches*, livro de contos e peças de teatro, e em 1933, uma narrativa, *Clarissa*, cujo êxito lhe define o destino. Entra para o setor editorial da Livraria do Globo, que publicara as obras de estreia. Em 1941, faz sua primeira viagem aos Estados Unidos; a segunda, em 1943-1945, para ensinar Literatura Brasileira. Por fim, em 1953, para ocupar o cargo de Diretor do Departamento de Assuntos Culturais da União Pan-Americana. Outras viagens: México (1957), Europa (1959, 1962), Israel (1966). Faleceu em Porto Alegre, a 28 de novembro de 1975. Ainda publicou outros livros de ficção: *Caminhos Cruzados* (1935), *Música ao Longe* (1936), *Um Lugar ao Sol* (1936), *Olhai os lírios do Campo* (1938), *Saga* (1940), *As Mãos de Meu Filho* (1942), *O resto é silêncio* (1943), *Noite* (1954), *O Tempo e o Vento* (1949-1961), *O Senhor Embaixador* (1965), *O Prisioneiro* (1967), *Incidente em Antares* (1971); viagens: *Gato Preto em Campo de Neve* (1941), *A Volta do Gato Preto* (1946), *México* (1957), *Israel em Abril* (1969); biografia: *A Vida de Joana D'Arc* (1935); memórias: *Solo de Clarineta* (2 vols., 1973, 1976); literatura infantil e didática.

A ficção de Erico Veríssimo guarda um viço, um frescor de obra recém-criada, como nenhuma outra no tempo. Uma comoção, uma autenticidade, em suma, de um alto sentimento da condição humana — que não é fruto da técnica ou do estilo como bem assinala o autor em prefácio a *Um Lugar ao Sol* —, talvez explique que lhe retomemos a narrativa como se as apanhássemos pela primeira vez. E provavelmente mais do que as dos seus coetâneos, testemunham a íntima relação entre as estruturas adotadas e os segmentos ou modulações da realidade abrangida.

Longe de evoluir em linha reta ou segundo fases demarcadas, Erico Veríssimo parece ter procurado até o fim a melhor forma de exprimir a sua visão do mundo. O relativo vaivém da sua trajetória, culminando numa espécie de opção compulsória, embora não convincente, como solução para o dilema inscrito na raiz do seu processo criador, permanece até a última obra. Se duas maneiras ou estruturas se descortinam ao longo desse percurso, é porque a oscilação não decorre da simples preferência estética: revela também, senão de forma preponderante, motivações de ordem ética e/ou ideológica. Mesclando-se incontáveis vezes no fio dos anos, uma e outras assinalam um embate que persistia mesmo quando uma delas se afigurava vitoriosa.

Erico Veríssimo principia com uma novela adocicada — *Clarissa* —, da linhagem da *Moreninha, Inocência* outras no gênero. Escrita em 1932, numa altura em que a ficção nordestina dava mostras de engajar-se na luta social pela emancipação dos humilhados e ofendidos, é uma história suave, de uma adolescente sonhadora. Imprevista nos quadros da ficção moderna, em que predominava a prosa de 1922 ou o regionalismo de Rachel de Queiroz, José Américo de Almeida e outros, é quase uma narrativa para jovens. Expressão típica do Rio Grande do Sul, antípoda do nordeste, de forma a sugerir que Clarissa seria a contraface da protagonista de *O Quinze*? Na verdade, a heroína de Erico Veríssimo é uma menina-moça romântica, que facilmente converte em lágrimas as suas reações a pessoas e acontecimentos. Encarna o cotidiano simples duma cidade tranquila e provinciana, a ponto de a narrativa se pretender sinônimo de vida:

> Por que será que na vida tudo é diferente dos romances? Nos romances há príncipes. Na vida não há. Nos romances há fadas. Na vida não há. Nos romances os animais falam. Na vida não falam.[1]

De onde a visão lírica do mundo que impregna a narrativa, claramente espelhada na linguagem, vizinha da prosa poética: "O rio parece

---

1. Erico Veríssimo, *Clarissa*, vol. I das *Obras de* ..., Porto Alegre: Globo, 1956, p. 52. Salvo indicação em contrário, as demais citações serão extraídas desta edição das *Obras* do autor.

de mercúrio. Os montes, longe, dentro da noite clara, têm um tom irreal. No pátio dormem sombras misteriosas".[2]

Em meio às manifestações de ficcionista lírico, sentimental, tanto quanto as suas personagens, como que herdeiro do clima penumbrento dos simbolistas conterrâneos, vão despontando sinais, se não contrários, pelo menos denunciadores de uma sensibilidade aberta a outras influências.[3] Fala-se de passagem em Marx e no Comunismo, e aqui e ali se entremostra a presença do cinema, que seria decisivo na carreira do autor. Discute-se "a sétima arte", os astros cinematográficos constituem modelos, mitos, com os quais os protagonistas se identificam. Assim, as duas vertentes, a da tradição lírica, que remonta à estética romântica e mais de perto à simbolista, e a da modernidade, defrontam-se na obra de 1933, apontando os caminhos que o autor trilharia até os últimos dias.

Certamente dando-se conta de que *Clarissa* parecia seguir figurino obsoleto, Erico Veríssimo decide investir na modernidade e escreve *Caminhos Cruzados*. Dos vários modelos à disposição, elegeu o que mais se afinava com as suas mais fundas tendências, ou que conhecia melhor: o romance inglês, notadamente Aldous Huxley, e o norte-americano. Num movimento dialético, que vai percorrer-lhe toda a obra, procura fixar o reverso da medalha. Onde se via sinal negativo, punha-se o positivo, e vice-versa; onde imperava o lirismo evanescente, desabrochava agora o verismo, e assim por diante.

Sem abandonar, no entanto, as ligações com as formas crepusculares da estética simbolista, Erico Veríssimo acolhe o realismo coletivo ou o realismo crítico de Huxley.

> A luz dos combustores, que a névoa embaça, sugere vagos monstros submarinos. As árvores que debruam as calçadas são como blocos compactos de algas. Todas as formas parecem diluídas.[4]

A tal ponto que mais tarde, referindo-se a *Caminhos Cruzados*, reconhece tratar-se de um "romance um tanto frio e cínico".[5] Não obstante, era uma das suas narrativas mais ousadas e, quem sabe, a mais bem

---

2. Idem, ibidem, p. 55. No prefácio escrito para essa edição, o autor reconhece que escrevera "essa novela impelido por uma necessidade de poesia".
3. Quanto à formação simbolista do autor, aliás reconhecida por ele, ver Flávio Loureiro Chaves, *Erico Veríssimo: Realismo e Sociedade*, Porto Alegre: Globo/Instituto Estadual do Livro, 1976, pp. 3 e ss.
4. Idem, *Caminhos Cruzados*, p. 13.
5. Idem, prefácio a *Música ao Longe*, p. 9.

realizada dentre as escritas antes de *O Tempo e o Vento*. Romance típico, ao contrário da inflexão novelesca de *Clarissa*, experimenta as técnicas modernas patentes no autor de *Contraponto* (que traduziu para o vernáculo), como o simultaneísmo da ação e o associacionismo. Rompida a sequência temporal, característica da novela e dominante no romance tradicional, o ficcionista focaliza cenas passadas ao mesmo tempo em lugares diferentes, aglutinadas por correlação, como se um liame secreto — menos para o narrador — vinculasse o destino e as ações das personagens. O processo, de nítida origem cinematográfica, chega a manifestar-se ostensivamente: no final do capítulo 50, a personagem Zé Maria "volta-se e estende a mão para a bandeja". O capítulo seguinte principia surpreendendo Maximiano, que "estende a mão ossuda para apanhar o copo de leite que a mulher lhe dá". Esse recurso dá mostras de requinte na confluência de casos ocorridos no mesmo prédio de apartamentos, iniludível embrião de *O resto é silêncio*.

As personagens também são "modernas", algumas lésbicas, ou talhadas nos moldes de Babbitt, conhecida figura do romance homônimo de Sinclair Lewis, mas um Babbitt subdesenvolvido, como Leitão Vieira, ou influenciadas pelo cinema: Chinita leva "uma vida de *cinema*", diz "*come in*, como no cinema (...); de novo se imagina em Hollywood: Joan Crawford na frente de Clark Gable".[6] O tom de sátira contra o cinema, uma sátira à inglesa, não esconde o impacto dessa arte sobre o próprio autor, a principiar na técnica narrativa e a terminar na ambiência das histórias, sobretudo as de temática urbana. Ao mesmo tempo, começam a surgir preocupações no tocante à participação política e à justiça social, deixando entrever uma corrente subterrânea mais adiante aflorada à superfície. E é nessa região de sombras, onde vivem os deserdados da fortuna, os anti-Chinita, que floresce um dos seres imaginários mais "vivos" de Erico Veríssimo, espécie de primeiro modelo do seu estereótipo de mulher: Fernanda.

Dividido entre os apelos da razão — que o conduziram à frieza britânica de *Caminhos Cruzados* — e do coração, que lhe presidiram a estreia, o escritor retoma Clarissa em *Música ao Longe*. No prefácio que escreveu para a edição de 1956, de franca relevância para a compreensão do autor, considera-o "um livro medíocre, embora seu tema pudesse ter comportado uma certa grandiosidade, caso fosse bem tratado". História escrita "em quinze ou vinte dias, especialmente para concorrer ao 'Prêmio de

---

6. Idem, *Caminhos Cruzados*, pp. 124, 161, 293.

Romance Machado de Assis', instituído em 1934 pela Cia. Editora Nacional de São Paulo", numa sofreguidão que não pôs em *Caminhos Cruzados*, nela volta à heroína da primeira narrativa longa porque pensava "com saudade em Clarissa, e tratou de saber que era feito dela, agora que, de posse dum diploma de professora, a menina voltara a Jacarecanga, sua cidade natal".

A honesta e lúcida autocrítica, uma das características fundamentais do escritor, não cessa aí: reconhece "ser uma das primeiras tentativas de regionalismo urbano feitas no Rio Grande do Sul no campo do romance", isenta da "'sofisticação' que é uma das notas mais marcantes de *Caminhos Cruzados*", mas não "dos cacoetes de estilo e composição dos romances anteriores. Continuam as personagens lineares, as soluções fáceis tanto no domínio da linguagem como no da técnica e da psicologia". A essas palavras, nada se pode adicionar, nem subtrair, como retrato de *Música ao Longe* e da vertente em que se insere.

Entretanto, nem por isso abandonará a heroína adolescente: seja porque o seu perfil ainda reservasse surpresas, seja por desejar-lhe a companhia mais tempo (afinal, todo ficcionista trabalha com as suas "obsessões" ou demônios interiores), seja pelos horizontes abertos nas duas narrativas, Clarissa acaba constituindo, à semelhança das obras de Jorge Amado e José Lins do Rego, um ciclo, ou antes, um segmento de um ciclo maior: o gaúcho. Em *Um Lugar ao Sol*, o autor situa Clarissa e Vasco em Porto Alegre. E mais uma vez o prefácio, redigido para a edição de suas *Obras* (1956), torna-se peça indispensável para a avaliação da narrativa. O autor confessa tratar-se de "um romance desconjuntado", por "reunir num mesmo livro personagens de histórias anteriores separadas no espaço". E resume o seu pensamento, dizendo que "*Um Lugar ao Sol* peca por ser uma transcrição demasiadamente literal da vida". Na verdade, ganha por exibir tal caráter, como Fernanda diz em certo momento e o autor recorda naquele prefácio. Aliás, no decurso da ação o escritor faz autoanálise, ou metarromance, por meio de Noel, seu porta-voz, e de Fernanda. Afora a espécie de arte do romance que se embute no capítulo 12, outras observações no gênero ponteiam a fabulação. Respiguemos algumas, como ilustração dessa consciente escolha de uma diretriz ficcional por parte de Erico Veríssimo:

> Ele tinha que tomar um tema da vida e fazer um romance com o mínimo de literatura e o máximo de verossimilhança. (...) Faça um romance moderno. Sabe qual é a diferença entre o romance de hoje e o romance de ontem? É que no romance de ontem o sol era astro-rei; no romance de hoje sol é sol

mesmo. (...) Eu entendo a arte como sendo uma errata da vida. À página tal, onde se lê isto, leia-se aquilo..."[7]

Muitas dessas reflexões devem-se a Fernanda, cuja personalidade cresce à medida que progride o enredo, juntamente com Vasco, por seu turno a prenunciar o estereótipo masculino de Erico Veríssimo. Por intermédio deles, das demais personagens e das situações, *Um Lugar ao Sol* e as obras anteriores documentam a gradativa tomada de consciência de um ficcionista vigilante. Cada narrativa é um passo adiante no aperfeiçoamento do ofício de contar histórias e, a um só tempo, na sondagem da realidade sem disfarces. Sua "educação sentimental", o seu "romance de aprendizagem", é precisamente a sua obra. Mas entendida esta em junção com a vida, a própria e a alheia, ou como espelho e germe de vida. Nesse sentido, o seu legado é ímpar na década de 1930 e mesmo de todo o Modernismo. Identificação do autor com o homem — "De que vale um romance com arte mas sem humanidade?", indaga Fernanda, sua heroína —, torna-lhe a obra não uma autobiografia pura e simples, mas o testemunho da escalada de todo escritor no rumo da sua identidade do cumprimento da sua missão.

Daí ser bem o símbolo da geração de 1930, ainda que entre ele e os coevos, repontassem grandes diferenças, determinadas mais pelo temperamento, as circunstâncias ambientais e pessoais, que pela inclinação ideológica e/ou estética. O que nos outros ficcionistas da época é uma busca nem sempre lograda, isto é, do literário como "errata da vida", nele é uma constante. Não porque deixassem de recorrer ao baú da memória — e aí está José Lins do Rego para o enfatizar —, senão porque se esquecessem de que a fusão da vida e da literatura ganharia em aliviar o componente histórico, factual, em nome do existencial, ou essencial. E isso ele realiza plenamente. Tudo se passa como se, não tendo acontecimentos pessoais a relatar, se dispusesse a procurar desse modo no âmago da sua interioridade, assim como da alheia a razão da obra literária. Alcançava aquilo que os contemporâneos acreditavam encontrar no autobiográfico ou no realismo fotográfico. Se nada mais contivesse a sua ficção, bastava esse enfoque para lhe um lugar à parte na literatura do tempo.

Com *Olhai os lírios do campo*, o autor afasta-se da série novelesca em torno de Clarissa e outros. E narra uma história de amor entre Eugênio,

---

7. Idem, *Um Lugar ao Sol*, pp. 225, 417, 419.

desdobramento de Vasco, e Olívia, avatar de Fernanda. Experimentando ainda uma vez a técnica do contraponto, embora reduzida a dois planos — passado/presente —, o romance também se concentra na questão da solidariedade, representada pelo Cristianismo e pelo Socialismo. Eugênio casa-se por interesse, depois de ligar-se intimamente a Olívia. Mais tarde, farto de encenação, separa-se da mulher, e Olívia morre, deixando-lhe uma filha. O entrecho, novelesco e lacrimoso, ainda hoje toca de perto o leitor mais sensível.

Pouco dura o interlúdio, e eis o autor de novo às voltas com o microcosmos de Clarissa: *Saga*. Distribuída em três partes, como uma sinfonia, a narrativa começa por situar Vasco engajado na Revolução Espanhola, ao lado das forças republicanas, depois num campo de concentração e, por fim, de regresso, para os braços de Clarissa e a mudança para o campo. A tese romântica, rosseauniano-socialista, implícita no desfecho bucólico, não é o único aspecto dessa controvertida história de guerra e amor. Sem conhecer o teatro da ação — reminiscência de Malraux (*La Condition Humaine*, 1933; *L'Espoir*, 1938)?, coincidência com Hemingway (For *Whom The Bell Tolls*?, 1940)? —, e alternando a evocação do passado com rotineiro dos combates, é a intensidade dos acontecimentos e a densidade das situações que imprimem à obra traços singulares dentro do ciclo de Clarissa, e mesmo de todo o espólio do autor. E ao encerrar no campo o idílio entre os protagonistas, o autor faz da narrativa um *bidungsroman*: terminava ali a sua aprendizagem, de escritor e de homem, confundidos.

Apesar de transcorrer num espaço alheio ao novelista, e baseado em informação de terceiros, como declara em nota introdutória, é das obras mais bem construídas da fase inicial da sua carreira. O assunto, deixando-lhe livre a imaginação, permitia-lhe trabalhar à vontade a matéria ficcional, menos no encalço da verossimilhança factual que da verossimilhança intrínseca. Estabelecia-se, por assim dizer, um acordo tácito entre o quadro histórico espanhol e a sua propensão ideológica. A identificação espicaçou-lhe a fantasia, para os lados do épico, durante anos soterrado no lirismo, ainda que realista, de *Clarissa* e continuações. A nota épica seria a expressão da força dramática de um ficcionista nato que só necessitava de alguns dados verídicos para reconstituir, com ímpetos de bardo, uma narrativa de bravura e heroísmo. Preparava-se, assim, para a empresa maior, não apenas a saga de um indivíduo perdido no torvelinho duma guerra cruenta e fratricida, senão a de um povo por meio da sua história: a do povo gaúcho. Atingia, por fim, a completa realização do seu projeto, posto em prática desde *Clarissa*: a saga do Rio Grande do Sul.

Por outro lado, enviando Vasco para ingressar na Brigada Internacional, Erico Veríssimo resolvia o impasse que *Um Lugar ao Sol* desencadeara: casá-lo era atribuir-lhe — como o próprio herói reconhece — caráter burguês e idêntico e tantos outros, a ele que parecia destinado a aventureiro ou herói de guerra. O conflito na Espanha oferecia ao escritor o ensejo de sair do impasse sem transgredir essas tônicas de temperamento e personalidade. Expediente usado à falta de melhor, sem dúvida, mas tratado com força persuasiva, emprestada pela convicção que animava o narrador/Vasco/Erico Veríssimo. Daí também decorre outra fonte de valor do romance: desfazia-se o nó dramático graças a uma circunstância internacional, adequada ao temperamento, a um só tempo arisco, introvertido e sanguíneo, de Vasco.

Todavia, antes de lançar-se no seu mais ambicioso empreendimento — *O Tempo e o Vento* —, o autor ainda publicara romances, como *O resto é silêncio*, de contorno huxleyano e a tantos títulos semelhante a *Caminhos Cruzados*. Uma diferença, no entanto, separa-os: *O resto é silêncio* não dissimula a artificiosidade estrutural, o intelectualismo da sua concepção — o expediente de reunir várias personagens em consequência de um suicídio que todas presenciam. Afinal, a sua única, porém decisiva, falha: as conhecidas qualidades de observador entre lírico e realista saem comprometidas pelo fácil achado técnico.

Após um intervalo de sete anos — o mais extenso de toda a sua carreira de ficcionista —, no qual apenas dera a lume *A Volta do Gato Preto*, Erico Veríssimo retorna à cena literária com a sua obra-prima: *O Tempo e o Vento*. Trilogia em cinco volumes, com os títulos de "O Continente", "O Retrato" e "O Arquipélago", constitui um painel histórico do Rio Grande do Sul entre 1745 e 1945. Novela típica, marcada pela sucessão de acontecimentos na ordem do tempo, inscreve-se na velha linhagem inaugurada por Walter Scott nos albores do Romantismo, e que tanta influência exerceu no Brasil e em Portugal.

Com *O Tempo e o Vento* o escritor encontrava a sua maneira mais genuína de ser, como homem e profissional das letras: a estrutura de novela, a serviço da epopeia do seu povo. Contador de histórias, "romântico frustrado", colecionador de almas e caçador de homens,[8] era um novelista popular, nos múltiplos sentidos do adjetivo "popular". De

---

8. Idem, *Gato Preto em Campo de Neve*, pp. 22, 58.

onde o prestígio junto ao público, evidente nas numerosas edições das suas obras, e a escassa ressonância junto aos críticos. De fácil e imediata comunicabilidade, em razão do estilo cristalino, despido de truques escamoteadores, e da estrutura linear das narrativas, sobretudo em *O Tempo e o Vento*, não estranha irritasse a crítica inclinada a bizantinismos experimentais ou a engajamentos de mão única. Dando largas à fantasia, agora conduzida para o passado gaúcho, como se sondasse o próprio subsolo mental em busca de sua recôndita identidade, incitava o leitor a também aderir com a sua imaginação aos sucessivos quadros históricos. Poucas vezes, na modernidade, a beleza da linguagem em prosa alcançou tal grau de transparência e emoção, como se cada "aventura" ou "episódio" pairasse numa zona intemporal e inespacial, próxima da lenda ou do mito. A lenda ou o mito de um povo de vocação heroica, — eis em síntese *O Tempo e o Vento*.

O melhor da trilogia abriga-se na primeira parte, em que vicejam duas figuras inesquecíveis, de vitral — Ana Terra e Rodrigo —, dessas que, depois de criadas, não mais desaparecem, e aumentam espontaneamente o índice demográfico dum povo e duma cultura. Entretanto, à medida que o ciclo novelesco evolui para os nossos dias, a força criadora esmorece. Talvez sufocada a imaginação pelo montante, ainda que relativo, do lastro histórico em que a obra se sustenta, notadamente nos volumes finais, em torno da contemporaneidade, ou por ser impossível desenhar outros seres daquele porte, — o certo é que o grande impacto da obra reside em "O Continente". Graças ao tom épico, de mistura com um lirismo carregado de lendas, presságios e crendices, e ao mesmo tempo de um sentimento de aceitação meio animal do destino.

Na segunda parte, ainda recuada no tempo, permanece algo desse perfume original, de rusticidade primitiva, de desbravamento pioneiro. Mas em "O Arquipélago" o registro como que jornalístico, de que o autor tinha plena consciência, predomina, E as personagens, ou são históricas, e por isso limitadas pelo recorte verossímil que devem apresentar, ou herdeiras daquelas figuras remotas, pálidas mutações da sua energia bruta e telúrica. Decadência, numa palavra, como afinal desejava o novelista mostrar. Entretanto, ao guiar a narrativa nessa direção, tendo em mira a verdade histórica, alguma coisa se perdeu. Basta confrontar o Capitão Rodrigo de "O Continente" e o Rodrigo Cambará, seu descendente, em "O Arquipélago". É de notar que aquele protagoniza um capítulo intitulado "Um Certo Capitão Rodrigo", e este, "Um Certo Major Toríbio", como se o novelista quisesse acentuar, pelo contraste, o depauperamento progressivo de uma família de heróis, quiçá de um povo, ou mesmo de uma nação.

Em meio à trilogia, entre "O Retrato" e o "O Arquipélago", o escritor publica uma obra autônoma: *Noite*. Simples derivativo, para descansar a pena? Desabafo? Catarse? Volta às origens? Ou "o documento mais vizinho de sua intimidade arredia, aquela através da qual ele diz mais de si mesmo, da verdade que não é apenas a de simples contador de 'histórias', mas aquela que ele mantinha ciosamente trancada dentro de si"?[9] Como quer que seja, ei-lo a exercitar-se num terreno que parecia alheio à sua visão do mundo — o do absurdo. O clima que permeia a narrativa é o da *Belle époque*, para os lados do Decadentismo: o absurdo provém do vago, do indeciso, do indeterminado, como se tudo não passasse de pesadelo ou delírio do narrador. Clima fantasmagórico, que lembraria ainda a ficção introspectiva em moda no tempo. Tudo, diálogos, monólogos interiores, cenas e situações, transpira atmosfera onírica, espectral, poética, em que o realismo cede lugar ao imaginário de viés simbolista. O herói é o Desconhecido, errante pela cidade, agitado pela "esquiva sombra duma lembrança. (Onde? Quando? Quem?)", que vê no espelho o "outro", e que indaga: "Que seria da vida sem o absurdo?"[10] Não fosse a seriedade que imprimiu nessa história de *nonsense* trágico (o Desconhecido teria cometido um assassinato), diríamos que o ficcionista vergou à tentação de procurar falsas saídas para a sua expressão ficcional. E se não malogrou em toda a extensão, nem por isso deixou produto relevante no conjunto das suas obras. *Noite* parece retomar e alargar, no seu penumbrismo decadente, o tom lírico do ciclo de Clarissa.[11]

Não obstante, o autor ainda explorará o absurdo em *Incidente em Antares*, espécie de fábula moderna, entre satírica e fantástica, ao redor de um acontecimento ocorrido em Antares, cidade gaúcha imaginária, no dia 13 de dezembro de 1963. Sobre o fundo histórico verídico esbate-se o insólito acontecimento, gerado pela greve dos operários: mortos insepultos deblateram com os vivos numa praça de Antares.

Como se prolongasse *O Tempo e o Vento* até o ano de 1964, ou aproveitasse sobras da trilogia, o narrador esmera-se em minúcias histórico-

---

9. Moysés Vellinho, "Um Contador de Histórias?", in Flávio Loureiro Chaves (org.), *O Contador de Histórias: 40 Anos de Vida Literária de Erico Veríssimo*, Porto Alegre, Globo, 1972, p. 107.
10. Erico Veríssimo, *Noite*, pp. 12, 33.
11. Para uma interpretação que situa Noite no espaço do "realismo social", ver Flávio Loureiro Chaves. *Erico Veríssimo: Realismo e Sociedade*, pp. 105ss.

-políticas, inclusive referindo protagonistas reais. Espécie de trabalho forçado, tarefa imposta pela coerência ideológica à imaginação, mais historiografia e/ou jornalismo que literatura, a narrativa não esconde a sua monotonia, sobretudo durante a fastidiosa reconstituição histórica.

A sátira e o fantástico, entrelaçados, não constituem, realmente, o forte de Erico Veríssimo. Apesar de tingir a situação com cores vivas, de comunicar ao leitor todo o absurdo da situação, percebe-se que está fora do seu elemento. Experimenta, ousa, avança, agride, torna militante, ativa, a sua ficção, mas esse mesmo progresso intensifica a diferença com o melhor de sua obra, que ficou em *O Tempo e o Vento*. E o fato de a inflexão participante já se anunciar nos subterrâneos das narrativas anteriores, não altera o quadro: o autor beira o mau gosto, embora com segurança, e procura inserir-se no rol dos autores do absurdo, assim modernizando a sua ficção. O resultado, porém, satisfaz menos que *O Tempo e o Vento*, por deixar patente uma como determinação da vontade que a sensibilidade e a imaginação não perfilham. Parece escrever a frio, com a razão, deliberadamente voltado para atrair o leitor pelo impacto ideológico da narrativa, não pelo senso de humanidade e comoção que fazia as delícias das outras obras. Nem mesmo a fluência da linguagem ou o domínio da carpintaria romanesca redime tal sujeição à moda ou a um imperativo que, sendo racional ou da consciência, não encontra apoio na emoção.

É óbvia a maior densidade simbólica das personagens a situações de *Incidente em Antares* relativamente à fase precedente, mas permanece a linearidade narrativa. Há uma intenção manifesta, embora não confessa, de arquitetar uma história simbólica, alegórica, repleta de significações com endereço certo. Contudo, a despeito do esforço nesse sentido, evidenciando um ficcionista apostado em renovar-se a cada obra, cônscio da sua missão civilizadora, o produto ronda o esquematismo. O fantástico, em fusão com a denúncia social, desempenha tanto melhor as suas funções quanto mais complexo e multiforme é o seu significado. Ou seja, quando se tratar de um fantástico polivalente. Por outros termos, quanto mais menos explícita a "mensagem", maior a sua eficácia.

Imaginar defuntos fora da cova que resolvem, num coreto de praça, à maneira de comício, denunciar os podres da hipócrita sociedade local — "roupa suja lavada em plena praça pública",[12] como diz uma personagem a certa altura — parece um achado. Todavia, no instante em que

---

12. Erico Veríssimo, *Incidente em Antares*, 2ª ed., Porto Alegre, Globo, 1979, p. 373.

falam como "vivos", o fantástico se desmancha em favor da verossimilhança. Como lançar ataques morais sem apelo à "verdade"? Sem apelo à máscara de "vivos", isto é, mediante o uso da razão e tudo mais que constitui apanágio dos viventes? Ao impor-se, a "verdade" colide com o fantástico, expulsa-o. E se o fantástico dominasse, a sátira antiburguesa se enfraqueceria ou se diluiria num universo indeterminado. De onde o esquematismo, igualmente consequência de uma alta visão do ofício de escrever, que não permite dúvidas, quanto às suas generosas intenções. Mas ao proceder de acordo com os seus princípios éticos, o escritor pagava, como sempre em casos que tais, um preço — o de empobrecer a sua literatura com a univocidade do conteúdo.

Nas derradeiras obras, Erico Veríssimo deixa o ambiente gaúcho, dando expansão ao seu cosmopolitismo latente. *O Senhor Embaixador* passa-se em Washigton, em torno de um diplomata de Sacramento, fictícia republiqueta da América Central (Cuba?), que acaba morrendo com o ditador local durante a revolução para alijá-lo do poder. Uma data histórica serve-lhe de ponto de referência: 18 de outubro de 1959.

O Senhor Embaixador vincula-se, do ponto de vista estrutural, a *Caminhos Cruzados*. E se o olhar satírico sobre a sociedade gaúcha dos anos 1930 perdura ao concentrar-se na fauna diplomática de Washington — que o autor teria conhecido de perto —, observa-se análoga contensão. A visão cinematográfica e huxleyana transforma-se numa visão crítica e meio ácida, com notas de natureza política. Essa metamorfose não envolve, porém, a recusa da objetividade, que é sinônimo de coerência, honestidade e lucidez, em nome da análise unilateral, maniqueísta, dos problemas sociais e ideológicos. Em dado momento, uma personagem, decerto porta-voz do romancista, afirma:

> — Engraçado como vocês, americanos, têm medo da palavra socialismo. E é apenas à palavra, porque não sei de outro povo da Terra mais preparado que este para o socialismo. De certo modo já existem formas de socialismo aqui dentro.[13]

A notória atualidade de *O Senhor Embaixador* implica o adensamento da participação política do escritor, que a obra seguinte e última, *O Prisioneiro*, confirmaria. Agora, o teatro das operações é o sudeste asiático (Coreia? Vietnã?). Não importa que o drama se desenrole longe das suas

---

13. Idem, *O Senhor Embaixador*, 2ª ed., Porto Alegre: Globo, 1965, p. 237.

vistas: levado pela proverbial generosidade, engaja-se na luta pelos direitos humanos, acima dos partidos e das ideologias:

> Todo ser humano tem um *direito natural* à liberdade. (...) E para mim o princípio básico é o de que não aceito sistema social, econômico e político que não tenha como centro a pessoa humana, seu bem-estar, sua liberdade e sua dignidade. (...) Eu não aceito a ideia de que os fins justificam os meios. O cão danado que era o chefe dos nazistas aceitava esse princípio. O mesmo acontecia com o sinistro ditador comunista.[14]

Aí o pensamento do autor, expresso pela voz das personagens, identificado pelo seu proverbial equilíbrio, que provocaria tantas reações de incompreensão por parte da crítica preconceituosa. Não surpreende, por isso, que sejam complementares e não conflitantes as duas faces da sua obra: a gaúcha, de inclinação telúrica, expressa em novelas, a gaúcha citadina e cosmopolita, moldada em romances. Em ambas, um romantismo de base, ora tendendo ao lírico-melancólico, como no ciclo de Clarissa e em *O Tempo e o Vento*, ora ao tom huxleyano (*Caminhos Cruzados, O resto é silêncio*) ou acionado pela indignação altruísta, das obras de fim de carreira. Seja buscando retratar o gaúcho típico, seja projetando no ser humano em geral, umas e outras carregam um não sei quê de comovente e de atual que resiste à prova do tempo.

Tais características ganham vulto quando comparamos o autor com os seus confrades dos anos 1930, sobretudo os nordestinos: enquanto a obra desses reflete uma tensão que se diria fruto do ambiente circundante, a de Erico Veríssimo respira ausência de dramas enovelados, uma espécie de bom senso, ou de otimismo e amor à vida. A sua resistência ao desgaste do tempo talvez provenha desse amor á vida, que não tem similar em nossas letras modernas. O adocicamento, especialmente nas obras iniciais, não lhe prejudica a imagem. Antes pelo contrário, confere-lhe um halo de vero realismo, expressão de um tipo humano em que a bonomia e a larga dimensão interior — visíveis no próprio autor — constituem sinais distintivos. Erico Veríssimo é, acima de tudo,

---

14. Idem. *O Prisioneiro*, 11ª ed., Porto Alegre, Globo, 1980, pp. 72, 76, 196. A esse propósito, ver *Fantoches e Outros Contos e Artigos*, p. 78: "Há em mim contradições que nunca pude explicar, como, por exemplo, o meu individualismo extremado a par de minha simpatia pelo socialismo; meus sentimentos democráticos a coexistirem com um certo temor e desconfiança com relação ao juízo popular, e essa mesma falta de confiança na turba a correr paralelamente com a minha satisfação por ver meus livros largamente vendidos e, ao que parece, apreciados pelo grande público".

um gaúcho debruçado sobre o seu povo, que se autorretrata quando se dispõe a fixá-lo com nitidez, e a um só tempo põe à mostra o fundo étnico da sua gente ao fazer confidências em seu nome. Interação autor x povo. De onde o seu regionalismo, sustentado na busca do autêntico gaúcho, por natureza um campeão de heroicidade, valentia e otimismo, ao repelir as teses revolucionárias. Se Flaubert era a Madame Bovary, Erico Veríssimo é Rodrigo Cambará, Ana Terra, Vasco e outro heróis, como que extraídos do dia a dia gaúcho, que lhe povoam a galeria de personagens imorredouras.

O seu fascínio reside no fato de ser um escritor aberto, franco, que logo atrai o leitor para a sua intimidade, para o convívio com os seres que lhe povoam a mente, como em conversa ao pé do fogo. Ou como se desfiasse confidências, num à vontade de quem não tem nada a esconder e, a um só tempo, guarda tesouros de fantasia, não raro extraídos da vivência, sua ou alheia, submetida ao crivo da imaginação. Evidentemente, o estilo — nítido, sem concessões às falsas obscuridades — faz coro com esse despojamento de escritor sem máscaras, salvo a do verdadeiro narrador de histórias, que sempre quis ser e foi.

De onde a impressão de não inventar as narrativas e os protagonistas, mas de contar aquelas e descrever esses ao vivo, como um repórter do cotidiano, de um cotidiano que escapa à rede do jornalista mais arguto. Narrativas que passamos a crer sejam as da própria vida: ficção e realidade se fundem, numa simbiose em que não se sabe o que mais realçar, se a ficção permeada pela vida, se esta, iluminada por aquela. Histórias de toda gente, e do próprio narrador/autor, estabelecendo uma comunidade que cedo se transforma em comunhão: o escritor e o leitor irmanam-se, conhecem-se e entram a desfrutar do mesmo espaço que é o dia a dia transfigurado pela imaginação. Um ficcionista com tais atributos pode não ser criador de complexos painéis romanescos, mas é inegável que se trata de um ficcionista de garra, dono de invulgar senso de empatia, que nem todos os pares ostentam.

Epígonos e Continuadores

O decênio de 1930 é rico em matéria de prosa de ficção (para não falar na poesia, em que igualmente alcançou altos pontos). Mercê da onda de nacionalismo que varre o período, a que se vincula a tomada de consciência das nossas mais arraigadas tendências históricas (veja-se Gilberto Freyre e Sérgio Buarque de Holanda), a atividade literária intensifica-se e expande-se pelas principais regiões do país.[1]

A corrente regionalista difunde-se por toda parte, tornando-se uma das vigas mestras da prosa de ficção do tempo. No Rio Grande do Sul, ainda vigorava o impulso que remontava, na primeira vintena do século, a Alcides Maia, Simões Lopes Neto, Roque Calage, autor de *Escombros* (1910), *Terra Gaúcha* (1914), *Crônicas e Contos* (1920), *Rincão* (1920), *Quero Quero* (1927), e, após 1922, também a Darci Azambuja, autor de *No Galpão* (1925), livro de contos, ou antes, de cenas, "casos" ou quadros paisagísticos, em que as notações localistas, impregnadas de paixão pela campanha gaúcha, se misturam ao mítico e ao lendário dessa região, ou em que o regionalismo se mescla ao folclórico. Mais tarde, voltaria ao tema, com análoga orientação, em *Romance Antigo* (1940) e *Coxilhas* (1956). Na década de 1930, prevalece a visão realista, não raro de inflexão social, e nela se engajam alguns nomes, repercutindo ou não o exemplo de Erico Veríssimo. Além de Pedro Wayne, autor de *Charqueada* (1937), Otelo Rosa, autor de *Os Amores de Canabarro* (1933) e outros, dois escritores merecem destaque no cultivo de um regionalismo que parece resposta à tendência militante dos prosadores nordestinos contemporâneos.

CIRO MARTINS (1908-1995), *doublé* de escritor e psicanalista, deixou extensa obra ficcional, centrada na trilogia do "gaúcho a pé" — o homem dos pampas, escorraçado pelos donos de terras, que acaba na extrema miséria física e moral —, formada por *Sem Rumo* (1937), *Porteira Fechada* (1944) e *Estrada Nova* (1954). Outras obras, via de regra marcadas pelo mesmo propósito de denúncia social, não sem a subjacente esperança num mundo melhor, em que a compreensão universal reinasse sobre as injustiças e as diferenças odiosas, foram sendo agregadas à trilogia: *Campos Fora*, contos (1934), *Enquanto as águas correm*, romance (1939), *Mensagem Errante*, romance (1942), *A Entrevista*, contos (1968), *Rodeio*, contos (1976), *Sombras na Correnteza*, romance

---

[1]. Para se ter uma ideia dessa expansão, ver Afrânio Coutinho (dir.), *A Literatura no Brasil*, 5 vols., Rio de Janeiro: Sul-Americana/S. José, 1955-1959, vol. II, pp. 145ss. (2ª ed., 6 vols., Rio de Janeiro: Sul-Americana, 1968-1971, vol. III, pp. 224ss); e Wilson Martins, *História da Inteligência Brasileira*, 7 vols., S. Paulo: Cultrix/EDUSP, 1976-1979, vol. VI, pp. 515, 516. Ver também Temístocles Linhares, *História Crítica do Romance Brasileiro*, 3 vols., S. Paulo/Belo Horizonte: EDUSP/Itatiaia, 1987.

(1979), *A Dama do Saladeiro*, contos (1980), *O Príncipe da Vila*, novela (1982).

Vicissitudes várias determinaram que IVAN PEDRO DE MARTINS (1914-2003) seguisse diverso itinerário: o seu romance de estreia (*Fronteira Agreste*, 1944), "sob pretextos morais indefensáveis, mas por razões políticas compreensíveis, (...) foi apreendido e sua liberação nasceu de um comovente movimento coletivo de opinião, que abrangeu desde escolas superiores até organizações populares", como informa o autor em nota explicativa à 5ª edição da obra (1960). O estardalhaço em torno do livro, se o beneficiou por momentos, chamando sobre si a atenção da crítica e dos leitores, acabou por prejudicá-lo no curso do tempo. É que, acentuando-lhe os aspectos morais e/ou políticos, a censura lançou no esquecimento as suas patentes qualidades estéticas. O bem momentâneo trazido pela interdição tornou-se, posteriormente, redobrada injustiça: de um lado, o conteúdo ideológico, já de si inconsistente para justificar qualquer restrição, motivou a proibição da obra, obrigando a pensar que os censores do Estado Novo seriam ainda mais obtusos que os seus sucessores, e que a narrativa não ostentava outros méritos. Por outro lado, a história literária, não raro estribada no juízo dos contemporâneos das obras, passou anos cometendo o erro de admitir que sobre *Fronteira Agreste* pesava o ônus do escândalo ocasional e da (má) fama correlata. Ora, reduzindo-lhe os ingredientes políticos à exata medida, ressalta, com toda a evidência, a sua força dramática, suficiente para que o autor sobrenadasse no panorama das figuras menores do regionalismo gaúcho.

Ivan Pedro de Martins ainda voltaria ao mesmo ambiente, e com análoga orientação eticopolítica, em *Caminhos do Sul* (1946), de estrutura novelesca, mas sem acrescentar nada de novo à obra anterior, que continua sendo a sua mais relevante contribuição à "busca das raízes populares da vida gaúcha como fenômeno humano", como o autor lembra na referida nota de advertência. Regionalismo sem fantasia, sem folclore, é a tendência de Ivan Pedro de Martins: realista no delineamento da paisagem e das situações, sejam cenas de amor animal, sejam de morte, procura dar um retrato vívido e atual, para os fins dos anos 1930 e princípios dos 1940, da vida na campanha gaúcha.

Ainda nos quadros do regionalismo gaúcho se inscreve *Um rio imita o Reno* (1939), de Clodomir VIANA MOOG (1906-1988). Romance de tese, gravita em torno da colonização alemã em Santa Catarina, num evidente *pendant* de *Canaã*, mas sem o lirismo idealista da narrativa de Graça Aranha. Focalizando o conflito racial entre colonos e nativos, é bem o romance de um ensaísta, mais voltado para a verossimilhança documental que para o desenvolvimento imaginário do entrecho e dos protagonistas.[2] É um ensaísta que escreve ficção, não um romancista que também cultivasse o ensaio. De onde as facetas "didáticas", "científicas" predominarem sobre as literárias. A ação flui linearmente, na melhor tradição realista; o narrador esmera-se nos pormenores, como se o comportamento humano fosse transparente e pudesse ser delimitado com precisão milimétrica. Não poucas vezes, escorrega na falsidade, na ingenuidade, ou no supérfluo, como no seguinte passo:

> Um vento forte levanta a poeira da rua. O grupo se dispersa. Rubem Tauben e o fiscal tomam o rumo do Centro. O major, o secretário e o promotor pendem para o ângulo direito da praça. Karl Wolff encaminha-se num passo largo e batido para o fim de rua. O engenheiro recolhe-se ao Hotel.[3]

Daí que o renome do autor, se deve alguma coisa a esse romance, é em razão da sua extensa obra ensaística, da qual se destacam *Eça de Queirós e o Século XIX* (1938), *Uma Interpretação da Literatura Brasileira* (1942) e *Bandeirantes e Pioneiros* (1954), em que as suas qualidades de prosador límpido e plástico encontram espaço adequado. O autor ainda retornaria ao romance em *Uma Jangada para Ulisses* (1959) e *Tóia* (1962), num diapasão que, nem por ser diferente do anterior, resgata o descompasso observado em *Um rio imita o Reno*. Antes pelo contrário. O primeiro transcorre no Rio Grande do Sul, nos Estados Unidos e na Europa; o segundo, no México, o que revela a exploração de outra atividade do escritor: a diplomacia. Se *Um rio imita o Reno* é romance de ensaísta, as outras obras de ficção constituem romances de diplomata, mais propenso a descrever a realidade dos países nos quais serviu e o universo diplomático que a transfundir esse conhecimento em motivo literário. De recorte autobiográfico, com algo de nostalgia — os seus heróis pertencem à diplomacia —, essas narrativas fixam o anseio de regresso às origens (*Uma Jangada para Ulisses*) ou o seu truncamento pela morte (*Tóia*). Num caso e noutro, o gauchismo do autor consistiria no sonho de um "paraíso perdido" para sempre, ou no desejo de universalidade, notadamente pelas semelhanças entre mexicanos e gaúchos, assinaladas em *Tóia*.

---

2. Moysés Velinho já o notara, num estudo reunido em *Letras da Província*, Porto Alegre, Globo, 1944, pp. 121-136.
3. Viana Moog, *Um rio imita o Reno*, 7ª ed., Porto Alegre, 1957, p. 91.

DALCÍDIO JURANDIR Ramos Pereira (1909-1979) representa o regionalismo amazônico, mais precisamente o paraense. Concebeu e executou com mão de ferro um ciclo, o do "Extremo Norte", composto de dez volumes: *Chove nos campos de Cachoeira* (1941), *Marajó* (1947), *Três Casas e um Rio* (1958), *Belém do Grão-Pará* (1960), *Passagem dos Inocentes* (1963), *Primeira Manhã* (1968), *Ponte do Galo* (1971), *Os Habitantes* (1976), *Chão dos Lobos* (1976) e *Ribanceira* (1978). Painel da terra e gente do Marajó e de Belém do Pará, a série define-se como um romance-rio, ou melhor, uma novela-rio, por sinal desenrolada à beira-rio. Vasta narrativa de aprendizagem, obedece ao fluxo histórico do tempo, com personagens recorrentes, em meio a outras que saem de cena após cumprir o seu papel. Oscilando entre o documentário e a autobiografia, colocando lado a lado as notas psicológicas e as líricas, narra a trajetória existencial de um menino pobre, mestiço, que pouco a pouco descobre o mundo e suas injustas discriminações. O homem perante o universo natural e citadino, num diálogo dramático que a progressiva tomada de consciência dos problemas sociais aguça, eis, em síntese, a substância desse ciclo torrencial, apaixonado, estuante de vida e movimento. Deixando uma única vez o *habitat* de origem (*Linha do Parque*, 1958, de caráter panfletário, e fora da série do "Extremo Norte", passa-se em Porto Alegre), Dalcídio Jurandir é bem o fabulista popular, engajado na reconstituição do mundo ao redor do Amazonas, num estilo desatoviado, permeável a coloquialismos e expressões locais.

Além de Dalcídio Jurandir, outros ficcionistas colaboraram, com menos ressonância, para o regionalismo da Amazônia, como Lauro Palhano, autor de *O Gororoba* (1931) e de *Marupiara* (1935); Raimundo Morais, autor de *Os Igaraúnas* (1938) e *Mirante do Baixo Amazonas* (1939); Osvaldo Orico, autor de *Seiva* (1937); Ramayana de Chevalier, autor de *No Circo sem Teto da Amazônia* (1935), etc.[4]

Quanto ao regionalismo nordestino, ainda restaria mencionar o cearense FRANCISCO MARTINS (1913-1996), que cultivou o romance e a novela (*Ponta de Rua*, 1937; *Poço dos Paus*, 1938; *Mundo Perdido*, 1940; *Estrela do Pastor*, 1942; *O Cruzeiro tem cinco estrelas*, 1950; *Dois de Ouros*, 1996) e também conto (*Manipueira*, 1934; *Noite Feliz*, 1946; *Mar Oceano*, 1948; *O Amigo de Infância*, 1959). Dessas obras, *O Amigo de Infância* e *Dois de Ouros* merecem destaque. *Dois de Ouros*, considerada pela crítica

---

4. Para demais informações a respeito, ver nota 1.

a sua obra mais representativa, peca por tratar de um tema batido, meio anacrônico: o cangaço. Não obstante a veracidade na pintura do banditismo, pouco se distingue do que já se conhecia desde sempre. *O Amigo de Infância* é, a começar pelo título, uma espécie de símbolo da principal obsessão do autor: a infância mítica, passada na Rua da Vala, no Crato, de onde também saiu Juvêncio, herói/anti-herói de *Dois de Ouros*, a infância revisitada pelo adulto, em busca de seus momentos-chave. O autor diz, no pórtico de um dos romances — "Era uma rua como todas as outras; apenas, nela passei minha infância".[5] —, no título do primeiro capítulo de *Estrela do Pastor* ("Uma Rua Arrenta e Suja...") ou numa das várias passagens metalinguísticas de *O Amigo de Infância*: "Só entra nos meus contos quem tem acontecimentos importantes no passado".[6]

Conquanto trouxesse a obra ficcional até 1966[7] e revelasse interesse pelos recortes psicológicos, Fran Martins manteve-se fiel, graças a concentrar-se "na observação dos costumes, na descrição dos ambientes, na fixação da vida externa das personagens",[8] ao clima de época dos anos 1930 no que diz respeito ao regionalismo.

Na linha em que situamos os escritores mencionados anteriormente, duas figuras de S. Paulo podem ser acrescentadas: AFONSO SCHMIDT (1890-1964) e AMADEU DE QUEIRÓS (1873-1995). O primeiro, que cultivou praticamente todos os gêneros e espécies literárias, deixou obra volumosa, de que se destacam, além dos livros de viagem (*A Primeira Viagem*, 1947; *Menino Felipe*, 1950; *Bom Tempo*, 1956), romance e novelas (*O Dragão e as Virgens*, 1927; *A Marcha*, romance da Abolição, 1941; *Os Saltimbancos*, 1950; *A Locomotiva*, 1960; *O Assalto*, "romance do ouro e do sal", s.d.) e contos (*Brutalidade*, 1922; *Os impunes*, 1923; *Pirapora*, 1934; *Curiango*, contos escolhidos, 1935), de que selecionou, pouco antes de morrer, as *Histórias Antigas*(1962), à maneira de testamento e súmula de sua criação literária. Nessa altura, uma editora S. Paulo reunia-lhe as *Obras* em dez volumes. Permaneceu até o fim coerente com a sua formação (fez apenas o curso primário) e fiel à sua visão do mundo. Viveu sempre da atividade jornalística e literária, pondo a pena a servi-

---

5. Fran Martins, *A Rua e o Mundo*, Fortaleza: Imprensa Universitária do Ceará, 1962, p. 7.
6. Idem, *O Amigo de Infância*, Rio de Janeiro: Imprensa Nacional, 1959, pp. 118-119.
7. Postumamente, veio a lume o romance *Nós somos jovens* (1997), "escrito por volta de 1992 ou 1993" e que o autor "sempre alegava razões para que a obra continuasse inédita", como recorda Francisco Carvalho no prefácio.
8. Álvaro Lins, *Jornal de Crítica*, 3ª série, Rio de Janeiro: José Olympio, 1944, p. 116.

ço do que entendia ser a redenção do homem injustiçado e oprimido. Negou-se a fazer "a arte pela arte, jogo de paciência para mandarins; palavras cruzadas" (como declara no prefácio à primeira edição de *O Dragão e as Virgens*), sem despencar, todavia, no panfleto.

De onde o duplo sentido da sua produção: o utópico, marcado pela quimera de um mundo regido pela igualdade e a harmonia (título, aliás, de um conto inserto em *Brutalidade* e norteado pelo mesmo sentimento igualitário), presente ao longo da sua trajetória, e coagulado em longas narrativas (*Zanzalás*, 1938; *Colônia Cecília, Uma Aventura Anarquista na América*, 1942); e o popular. Escritor popular pelos temas e pelo estilo fluente e fácil — no mesmo prefácio a *O Dragão e as Virgens*, diz que o seu ideal consiste em "enxaguar a prosa até poder falar ao tecelão com a fluência do fio mercerizado que escorre nos teares, ao ir e vir, azeitado, das lançadeiras". Da estirpe dos novelistas do século XIX empenhados em narrar façanhas e aventuras, histórias de proveito e exemplo, para leitores desafetados, colocou-se sob o signo da sinceridade, do inconformismo e da ternura, como confessa no prefácio a *Histórias Antigas*. Com a sua simplicidade, não raro pintalgada de sentimento cristão (*Reino do Céu*, 1942, passa-se na Idade Média, à volta de um discípulo de S. Francisco de Assis), representa um veio subterrâneo que remonta ao século XIX romântico, o dos contadores de histórias para o povo.

A esse mesmo filão pertence AMADEU DE QUEIRÓS, autor de romances (*Praga do Amor*, "romance de análise", ou "novela da vida", como reza o subtítulo, 1937; *o Intendente do Ouro*, "romance histórico", 1937; *A Voz da Terra*, 1938; *O Quarteirão do Meio*, 1944; *João*, 1945; *A Rajada*, 1954; *Catas*, 1956) e contos (*Sabina*,1938; *Os Casos do Carimbamba*, "contos folclóricos", 1938). Linear, despretensioso, Amadeu de Queirós é, tanto quanto Afonso Schmidt, um contador de histórias, sem outros objetivos para além da fruição de um instante de sonho ou de fantasia. Ou, nas suas próprias palavras: "Eu sou como as minhas obras, não tenho finalidades nem intenções, vou pelo meu caminho pensando e rememorando o que me tem sucedido".[9]

Estreando tardiamente, numa idade em que muitos começam a entrar no crepúsculo, deixou obra escassa, vazada numa linguagem aprendida nos modelos oitocentistas, Camilo e Eça à frente. Como bem nota Rute Guimarães, que lhe enfeixou algumas narrativas curtas, inclusive inéditas, sob o título, por si só revelador, de *Histórias Quase Simples*,

---

9. Amadeu de Queirós, *A Voz da Terra*, S. Paulo: Cultura Brasileira, 1938, pp. 150-151.

ele "representa na moderna literatura alguma coisa que já perdemos: a claridade, o perfeito, o solar". Fechando "as asas da imaginação para não voar além dos céus da verdade",[10] orientado pela observação e a experiência de vida, exercitando um humor espontâneo, uma bonomia de matuto, inclinado aos "casos" ou "contos folclóricos", nem por isso Amadeu de Queirós deixa de ser sentimental, preso à reminiscência do "frescor e a serenidade das serras mineiras", conduzido por "pensamento melancólicos e românticos",[11] por vezes beirando o melodramático. Contemplativo, passando suavemente pelas coisas e os seres; tímido, não escondia, porém, a sua crença na função moralizadora da literatura, expressa num filosofismo ingênuo, popular. Um crítico chamou Afonso Schmidt de "o último romântico no mundo prosaico e burguês"[12]. Decerto, não será excessivo dizer que tal opinião também se presta para caracterizar Amadeu de Queirós. E assim estará configurado o papel que ambos desempenharam, cada qual a seu modo e segundo idiossincrasias pessoais, nos quadros literários do tempo.

PLÍNIO SALGADO

Filiado ao verde-amarelismo PLÍNIO SALGADO (1901-1975), dividiu-se entre a criação literária e os ensaios de natureza doutrinária, na linha do Integralismo, que inaugurou com o *Manifesto de Outubro* (1932). De sua vasta obra ressaltam cinco romances: *O Estrangeiro* (1926), *O Esperado* (1931), *O Cavaleiro de Itararé* (1933), *A Voz do Oeste* (1934), *Trepandé* (1972).

Difícil, se não impossível, separar a ficção de Plínio Salgado do seu projeto ideológico: os seus romances são engajados, particularmente os três primeiros, sujeitos às limitações peculiares a esse tipo de literatura. Ora se põe o problema do imigrante, numa espécie de anti-Canaã (*O Estrangeiro*), ora do "fatalismo messiânico, o sebastianismo do povo brasileiro" (*O Esperado*), ora do "fantasma cruel, símbolo das revoluções

---

10. Rute Guimarães, pref. A Amadeu de Queirós, *Histórias Quase Simples*, S. Paulo: Cultrix, 1963, pp. 12, 18.
11. Amadeu de Queirós, *A Praga do Amor*, S. Paulo: Empr. de Divulgação Literária, 1927, p. 87; *A Voz da Terra*, p. 147.
12. Cassiano Nunes, *A Experiência Brasileira*, S. Paulo: Conselho Estadual de Cultura, 1964, p. 84.

malditas, [que] galopava sinistramente na amplidão do Brasil..." e dá título à narrativa (*O Cavaleiro de Itaré*)[1], ora do bandeirismo e indianismo (*A Voz do Oeste*); ora de uma cidadezinha do interior de S. Paulo (*Trepandé*).

Visionando a utopias e a um só tempo buscando captar o quadro sociopolítico da época, Plínio Salgado propõe-se a transformar o contexto histórico com as suas teses de fundo integralista. Aí o paradoxo da sua ficção: entre o intuito literário, a ideologia e a realização corre um abismo, que vem de as pretensões doutrinárias do autor não se espelharem nos romances. Entre os prefácios das narrativas, e o enredo vai a distância entre a teoria e a construção ficcional que tenciona animá-la. Aqueles sugerem se vão seguir romances fortes, de tese, romances de ideias. E as narrativas não dissimulam certa gratuidade, de quem procura antes fotografar a sociedade dos anos 1920 ou descrever a saga dos bandeirantes, ou retratar uma cidadezinha morta do interior paulista — que detectar no quadro social indícios de algo mais grave que suscitasse uma proposta revolucionária consistente. Decerto percebendo-o, o ficcionista criva os enredos de digressões históricas (como as relativas à Coluna Prestes, à Revolução de 1932, em *O Cavaleiro de Itararé*), mas nem assim se esclarece a sua intenção, o seu projeto político, ou se estabelece um nexo coerente entre a doutrina e a intriga. Ele esbanja palavras com maiúsculas iniciais e num tom messiânico, projetando-as num futuro utópico, que as narrativas não deixam descortinar nem mesmo prever. Tudo se passa como se entre a fantasia criativa e a doutrina que a segregava não houvesse, salvo vínculo algum, nas aspirações do autor.

Se o autor não logra, por conseguinte, arquitetar o romance de tese que teria em mira ou que os seus prefácios faziam esperar, realiza uma espécie de romance social, assim antecipando, de certo modo, o romance nordestino dos anos 1930. Para tanto, convoca para dentro das narrativas os múltiplos aspectos da realidade nacional, notadamente os paulistas, com vistas a diagnosticar, nos embates das várias tendências político-sociais em presença, os males que infestavam a nação. Nem mesmo os conflitos de ordem afetiva esquece de situar, não raro vendo-os contagiados pelo vírus ideológico. Todavia, o resultado desse empenho de compor uma espécie de romance sinfônico, à Huxley, por sinal lembrado no prólogo de *O Esperado* e em *O Cavaleiro de Itararé*, deixa a desejar,

---

1. Plínio Salgado, *O Cavaleiro de Itararé*, 5ª ed, S. Paulo/Brasília: Voz do Oeste/INL, 1979, p.326.

exatamente pela multiplicidade de vozes: prevalece a linearidade das tramas, as notações psicológicas tendem ao esquematismo, as refregas políticas não chegam a interessar, e a opção ideológica do romancista, colorindo de vaguidade o lineamento das coisas, ou intrometendo-se como corpo estranho, faz o resto. Na verdade, a destreza literária do autor — evidente na condução da intriga, na sintaxe sincopada, de possível influxo cinematográfico, nos capítulos compostos de fragmentos como *flashes* luminosos — sai prejudicada pelo engajamento, uma vez que os romances não convencem como literatura, e tampouco chegam a emocionar como reconstituição histórica. Decerto dando-se conta do beco sem saída da trilogia inicial, o autor deriva para a narrativa histórica e indianista de *A Voz do Oeste*, sem perder de vista a doutrina que o impulsionou na direção do Integralismo, ou para a revivescência de uma cidade morta, em *Trepandé* — mas tal mudança agrava ainda mais a falta de sintonia entre o projeto e o ato, entre a utopia política e a realidade social transfigurada em romance.

Um ficcionista que confessa ser o seu romance, "antes de tudo, um desabafo", ou que afirma inexistir "qualquer defesa de tese política", mas, sim, "um vasto inquérito", depois de dizer que combatia o fatalismo messiânico, "essa enfermidade nacional", ou que "estas páginas têm a missão histórica de fazer ressoar, como uma inúbia guerreira, através do território da Pátria, desalentada e triste — a Voz do Oeste", ou que "o romance constitui um livro apaixonado. Um livro de ironia e de revolta. Um livro de sarcasmo e de violência, em que o escritor vinga o homem público incompreendido, hostilizado, caluniado pelas farândulas dos charlatães e dos pigmeus"[2] — consagra-se ao equívoco, que resulta de submeter a ficção a um corpo doutrinário (embora negando-o ou supondo que o negava), em vez de fazer brotar a evidência da ideia que se apresentava como redentora do próprio exame do *status quo*.

OCTAVIO DE FARIA

Nasceu no Rio de Janeiro, a 15 de outubro de 1908. Formou-se em Direito, em 1931, no mesmo ano em que publicou o ensaio *Maquiavel*

---

2. Idem, pref. *O Estrangeiro*, 2ª ed., S. Paulo: Helios, 1926, p. 9; *O Esperado*, 4 ed., S. Paulo: Panorama, 1949, pp. 5, 10; *A Voz do Oeste*, Rio de Janeiro: José Olympio, 1934, p. 10; *O Cavaleiro de Itararé*, p. 3.

e o Brasil, com o qual se decidiu pela carreira de escritor. Pertenceu à Academia Brasileira de Letras. Em 1937 deu a lume *Mundos Mortos*, primeiro de uma série de treze volumes, sob o título de "Tragédia Burguesa": *Os Caminhos da Vida* (1939), *O Lodo das Ruas* (1942), *O Anjo de Pedra* (1944), *Os Renegados* (1947), *Os Loucos* (1952), *O Senhor do Mundo* (1957), *O Retrato da Morte* (1961), *Ângela ou As Areias do Mundo* (1963), *A Sombra de Deus* (1966), *O Cavaleiro da Virgem* (1970), *O Indigno* (1973), *O Pássaro Oculto* (1977). À margem do ciclo, publicou novelas (*Novelas da Masmorra*, 1966), ensaio (*Destino do Socialismo*, 1933; *Dois Poetas*, 1935; *Cristo e César*, 1937; *Fronteiras da Santidade*, 1940; *Significação do Far-West*, 1952; *Coelho Neto*, 1958; *Pequena Introdução à História do Cinema*, 1964; *Léon Bloy*, 1969) e teatro (*Três Tragédias à Sombra da Cruz*, 1939). Faleceu na cidade natal, a 17 de outubro de 1980.

No vasto espólio de Octavio de Faria, é a "Tragédia Burguesa", como reconhece a crítica, que ocupa lugar de relevo, seja pelo ambicioso projeto que a sustém, seja pelos problemas que discute e levanta. Tudo o mais gravita ao redor, como satélites, quando muito iluminando recantos porventura obscuros da ampla ideação ficcional, obstinada no exame da crise por que passava a burguesia contemporânea. Afaste-se, porém, desde já a ideia de que o fulcro da "Tragédia Burguesa" é a própria classe média e que, por isso, marcaria o ciclo uma intenção de romance social. Não bastasse a transparência das obras, as palavras do autor dissipariam qualquer dúvida. Diz ele, numa entrevista, que

> A ideia é o indivíduo. O fundamental é o indivíduo. A sociedade aparece como lugar onde um indivíduo ou os indivíduos existem. Nunca tive a intenção de retratar grupos sociais, mas os indivíduos que os formam. Que os grupos sociais apareçam, sim; mas através do indivíduo.[1]

Ao conceber um gigantesco ciclo a fim de retratar, como num extenso painel, a decadência da burguesia nas primeiras décadas do século XX, o autor enfrentava um delicado problema técnico: que estrutura adotar? A novelesca ou a romanesca? A tradição histórica que remonta ao Romantismo evidencia que a concepção de uma série de narrativas sob um título comum não tem como evitar a sedução da novela. Como esta se organiza numa sucessão de células dramáticas, ao imaginar uma

---

1. José Augusto Guerra, "Octavio de Faria; 40 anos de Ficção", *Cultura*, Brasília: MEC, anos 8, nº 29, abri-jun. 1978, p. 63.

sequência de histórias, o autor fatalmente é atraído para a transformação de cada unidade numa espécie de macrocélula, não menos indicativa da seriação típica da novela.

Octavio de Faria encarou o problema desde *Mundos Mortos*, primeira estocada nesse organismo em crise; não soube, todavia, contorná-lo com mão firme e consciente da magnitude do seu plano. Reduzi-lo a novelas, seria comprometer de antemão a ideia matriz. E desenvolvê-la como uma coleção de romances poderia reconduzir o autor à façanha balzaquiana ao dissecar, na "Comédia Humana", a burguesia romântica que lhe foi dado conhecer, ou ao exame radioscópico a que Zola submeteu a família e a sociedade francesa do tempo. Preferiu a terceira via a uma delas em particular, notadamente a primeira, adotada por Erico Veríssimo e José Lins do Rego. Optou por erguer a imensa cordilheira narrativa num bloco só, de modo a tornar os volumes do ciclo uma espécie de capítulos de um romance com milhares de páginas.

Com isso, ultrapassava a dificuldade estrutural, mas criava outra, resultante da própria matéria em foco. Se cada livro é um episódio ou capítulo desse macrorromance (ou romance-rio, como tem ocorrido à crítica e ao leitor que se aproximam da "Tragédia Burguesa"), e se o conjunto gira em torno de um problema único, dado pelos conflitos religiosos e morais de uma geração e, *ipso facto*, da classe que representa; se é assim, as narrativas tendem a equivaler umas às outras, tanto técnica quanto ideologicamente. Nesse caso, o autor teria apenas um romance a escrever, e imaginou-o como um ciclo, quando podia perfeitamente condensá-lo às proporções de um dos títulos da série. Eis por que a leitura de um dos volumes (e a série pode ser iniciada em qualquer ponto, como bem adverte o autor à entrada dos livros), basta para dar uma ideia do núcleo da "Tragédia Burguesa". Claro, a leitura do todo põe à mostra a extensão da crise, porquanto lhe assinala a presença numa multidão de personagens vivendo diversas situações. Entretanto, o intuito central do autor — ou a sua tese — se realiza plenamente em qualquer um deles.

É que, fruto da observação e da experiência (muito provavelmente pessoal), sobretudo de uma fé que se questiona, de uma teologia posta em causa, o ciclo não tem como fugir à repetição, salvo pela mudança do tema, o que seria, é fácil compreender, flagrante contrassenso. Para se manter coerente com a sua crença e, portanto, com o projeto literário, tinha de ser redundante. E assim caiu na armadilha que montou: a despeito da sua magnitude inventiva e da força criadora do autor, a série não esconde do leitor a sensação do "já-visto" desde o primeiro volume, uma vez que o dilema capital recorre, em monótona caravana, ao longo do ciclo.

Por isso, ou pelo estilo — derramado, acumulando minúcias nem sempre significativas —, é inevitável a sensação de hipertrofia, quer da série como um todo, quer das narrativas uma a uma. Não é para menos que o autor planejou a "Tragédia Burguesa" em 20 volumes; sem qualquer justificativa, mais adiante a diminuiu para 15 e depois para 13. Teria percebido em tempo que se repetiria nos volumes restantes? Ou que o projeto já se concretizara nos primeiros volumes? Não teria chegado à mesma conclusão — abreviando ainda mais o plano original — se houvesse parado a meio do caminho para repensar o itinerário na sua totalidade?

A técnica do autor, procurando espelhar "os caminhos da vida", facilitava-lhe o desdobramento sem-fim dos episódios, uma vez que bastava repor em cena uma personagem já apresentada no primeiro ou segundo volume, ou criar outras, e acompanhar-lhes a trajetória existencial, não raro pontilhada de novas amizades. Essa facilidade implicava, no entanto, a mecanização do processo romanesco, pois era suficiente aplicá-lo para fazer proliferar as páginas. E os evidentes dotes de fabulador nato não atenuam, antes pelo contrário, o automatismo do expediente técnico. Uma rigorosa vigilância nessa destreza, o não se deter ante a necessidade de podar, cortar, sintetizar, centrifugar ou deitar fora quilômetros de páginas, somente beneficiaria o resultado. Alguém diria que esperar da "Tragédia Burguesa" o contrário do que apresenta seria anticrítico. Por certo, mas a crítica não deve silenciar a evidência de que outro teria sido o legado de Octavio de Faria se a ele ocorresse o imperativo da contensão para contrabalançar a indiscutível habilidade em construir cenas, situações e personagens.

Assim, por exemplo, Branco, que pouco aparece em *Mundos Mortos*, conhece, em *Os Caminhos da Vida*, os Paivas, três irmãos, que retornarão ao palco dos acontecimentos para protagonizar o volume seguinte da série. E tal como Branco (que reaparecerá mais adiante, com destaque) tem curiosidade por "descobrir novos gestos, novos hábitos. Penetrar mais adiante no que pensavam das coisas, conhece-los melhor..."[2] —, cada figura que surge na memória do narrador é um convite a uma história nova. E como circunstâncias não faltam, o que se tem é o processo de personagem-puxa-personagem, situação-puxa-situação, interminável e

---

2. Octavio de Faria, *Os Caminhos da Vida*, 2º ed, Rio de Janeiro: Americana, 1971, p. 25.

monocrômico, porquanto os protagonistas, vivendo no mesmo mundo burguês, enfrentam, no geral os mesmos problemas que acusam a crise da classe social. Daí a mesmice, as observações irrelevantes, que se avolumam por uma irrefreável compulsão. De Elza, diz que é diferente dos irmãos. Mas, insatisfeito com apontar a diferença, toca a enumerar pormenores dispensáveis, que pouco ou nada enriquecem o dado fundamental:

> Elza parecera-lhe diferente. Falara pouco, menos ao acaso que os outros. Fora muito menos infantil nas afirmações. Não havia, aliás, como se enganar sobre sua verdadeira idade, em relação à deles. Não se podia dizer que já fosse uma moça, mas, nenhuma dúvida possível: estava às vésperas disso./Etc./

As notações psicologizantes à margem dos acontecimentos colaboram ainda mais para a inflação de palavras, cenas, situações, detalhes. Vejamos um exemplo: "Muitos homens são assim: possuem uma infância absolutamente inviolável até certa idade. Nada consegue fazê-lo volver o olhar para trás./Etc." E aqui e ali, no curso da série, o autor tem o cuidado de redigir notas de rodapé explicando que "sobre esses acontecimentos futuros, a que acaba de se referir, voltará em outros volumes da série "Tragédia Burguesa...".[3]

É patente a densidade psicológica, tão decantada pela crítica, que Octavio de Faria consegue manter ao longo da "Tragédia Burguesa", mas não sem prejuízo da economia interna do ciclo: a necessidade, ou obsessão, de engendrar dramas a cada passo faz que as narrativas, conquanto possam ser lidas em separado, se movimentem no circuito da novela, em que a ação prevalece, como se o autor tivesse horror ao vácuo. Inclusive as remissões para o futuro, anunciando o desenvolvimento de conflitos esboçados ou principiados nos volumes iniciais, lembram a estrutura da novela. Com isso, o autor reeditaria, sem querer, o truque narrativo frequente nas novelas desde a Idade Média, uma espécie de "deixa-prende" que vai entrelaçando as "aventuras" ou "episódios" na ordem histórica do tempo.

Ainda chama a atenção outro pormenor de filiação novelesca: as narrativas enfileiram-se em ritmo compulsivo, num evidente menosprezo pela brevidade ou concisão. Por exemplo, *O Lobo das Ruas*, em torno

---

3. Idem, ibidem, pp. 25-26, 35, 410.

dos Paivas, anunciados no volume anterior da série, principia pela tentativa de suicídio de Armando, clímax dramático que o autor terá de sustentar criando outros momentos de clímax e anticlímax. O resultado é ambivalente: à custa de repetido, o expediente acaba exibindo sinais de rebuscamento ou falseamento. Parece que assistimos ao desenrolar de uma novela à século XIX, ainda que noutro registro e com diverso alvo, ou a uma novela de televisão, ressalvadas, é claro, as distinções de nível e de conteúdo.

O "aviso aos navegantes" que Octavio de Faria inscreve à frente dos volumes da "Tragédia Burguesa":

> Julga-se o autor na obrigação de avisar que, tanto quanto os volumes anteriores, é um livro que não deve ser lido por pessoas ainda não formadas, sendo necessário, para entendê-lo sem escândalo, uma certa compreensão das coisas que só a idade traz.

soa quase ingênuo quando posto em face do quadro sociopolítico-religioso naquelas décadas desde 1930. Esse desajuste assinala o envelhecimento das questões enfocadas, não obstante as qualidades de ficcionista e de observador de certa burguesia do tempo.

A tese do autor resume-se no seguinte: a burguesia está em decadência. Nada original, como se sabe; os realistas e naturalistas já a apregoavam no último quartel do século XIX. E também os (neo-)realistas dos anos 1930 apontavam na mesma direção. A divergência reside nos fundamentos da tese: Zola e seguidores inspiravam-se na ciência, assumida como saber absoluto, para explicar o declínio da classe média, tragada pelo vício e pela hipocrisia, ao mesmo tempo que a monarquia e a igreja davam mostras de fraqueza. Os (neo-)realistas amparavam-se na ideologia, de coloração marxista ou populista, para diagnosticar a ruína da burguesia e preconizar um mundo sem classes, sob o império da justiça e da igualdade social. Para Octavio de Faria, a "tragédia burguesa" manifesta-se na carência de suporte religioso, oferecido por Deus por meio da igreja. A seu ver, a salvação estaria na Igreja Católica Apostólica Romana, tomada como a verdadeira representante de Deus na terra. Tese católica, em suma, com todas as suas implicações.

É de notar que, se os naturalistas e (neo-)realistas faziam alarde da condição de antiburgueses, o mesmo não se pode dizer de Octavio de Faria. Antes pelo contrário: a sua tese é ainda burguesa, porquanto reclama para a igreja a função de escorar a classe média na sua derrocada. O seu objetivo não consistia em atacar o organismo social pelo flanco burguês, como fizeram os demais, senão em colaborar para que a burguesia tomasse consciência de que a sua tragédia se resumia no abandono dos valores cristãos, ou melhor, católicos apostólicos romanos. Tese, afinal, quase jesuítica: fora da igreja, entendida como detentora dos princípios cristãos, não há salvação; fora dela, o ser humano, identificado com o burguês, conhece eterna danação. Entre o diabo e Cristo, o autor propõe o segundo, mas admitindo-o exclusivo da igreja e inerente à classe burguesa. Preservar uma era fazer a apologia da outra. De onde a tese ser católico-burguesa, contrária à dos outros, anticlericais e antiburgueses.

Para expor a sua tese, o autor não titubeia em perfilhar o maniqueísmo: se há um Bem e um Mal, acredita-se ele soldado do Bem, e tudo quanto se lhe opuser representa o Mal. Dessa parelha fundamental, que pode ser substituída por Deus *versus* Demônio (ou o Senhor do Mundo, conforme o autor), nascem outras, como Igreja e Positivismo, Amor e Sexo, Redenção e Pecado, Crime e Castigo, Lei e Anarquia, Casamento e Adultério, etc. Difusa por toda a "Tragédia Burguesa", a tese declara-se abertamente em mais de uma passagem, das quais vale a pena destacar as seguintes:

> A tese, tantos anos aceita — mesmo depois das primeiras revoltas, das aceitações definitivas dos pecados de todo o dia —, a tese mestra da moral que lhes tinham ensinado, pais e padres: a baixeza dos prazeres sexuais — ruía por terra a olhos vistos (...)
>
> ....
>
> o hábito do pecado... — o hábito do pecado levando ao completo afastamento de Deus — o demônio tomando não só lugar no coração, mas esvaziando-o de tudo mais, ocupando sozinho o espaço que, entre todos, foi reservado para a luz divina se esconder em cada criatura...
>
> ....
>
> Mil sofismas curiosos para exprimir um fato único: em um mundo sem Deus, cada ser se transforma aos poucos numa verdadeira divindade. O reino do egoísmo fica instituído.[4]

A burguesia não é, para o escritor, sinônimo de fé religiosa; antes pelo contrário, é a sua negação. De onde a tese segundo a qual a "tragédia burguesa" consiste em não se ouvir a lição de Cristo, como se pode ver nas páginas finais de *Os Renegados*.

---

4. Idem, *Mundos Mortos*, 2ª ed. Rio de Janeiro: José Olympio, 1949. Pp. 66, 83: *O Anjo de Pedra*, Rio de Janeiro: José Olympio, 1944, p. 589

Não raro, a tese explícita serve de fecho a capítulos, como uma espécie de moralidade. O autor não disfarça o seu doutrinal ético e religioso, denunciando a um só tempo o intuito proselitista de que se nutria: na verdade, tudo faz crer que a "Tragédia Burguesa" foi a um só tempo concebida como "novelas exemplares", para edificação do católico burguês à mercê do Pecado. Ou como um múltiplo e extenso romance de aprendizado, visto que por meio das treze histórias se delineia a educação moral (as mais das vezes malograda, como evidenciam os suicídios, os adultérios, os atentados à vida, etc.) de jovens católicos imersos no universo burguês de valores.

Pelo conteúdo, o ciclo insere-se no clima da época: hesitante ente extremos, a intelectualidade dos anos 1930 ora pendia para as teses revolucionárias, bafejadas pela esquerda internacional à luz do marxismo, ora perfilhava a causa da Igreja Católica Apostólica Romana, conservadora e à direita do espectro político. Compreensível, pois, que Octavio de Faria enfileirasse com a segunda vertente, sujeitando-se, tanto quanto os seus adversários, à mesma limitação: posições rígidas, preconcebidas, apenas enxergavam na realidade a confirmação dos princípios da sua ideologia.

Sem entrar no exame da doutrina em si, mas tendo-a em mira, observa-se que tal opção teve consequências negativas no ciclo. Garantido por uma ideologia, ou um pensamento religioso tornado axiomático, o autor não precisava do teste da concretização em obra ou ato: a ideologia justificava-se por si precisamente por dispensar provas. Desejando, porém, exprimi-la, visto que por via literária, não teve como fugir à sua estratificação: sem perceber-lhe a inocuidade, ou sem avaliar a redundância do movimento que parte da ideologia para a realidade, atirou-se à gigantesca empreitada. Talvez quisesse reproduzir na vastidão das páginas o multiforme da doutrina esposada, sem considerar que bastava um romance para representá-la por completo. De onde optar por uma concepção que na prática se manifesta como amplificação desmesurada da ideia básica: em vez de complexo e vário, o pensamento nuclear se repete monótona e indefinidamente, assim desvirtuando o projeto inicial. Daí o mencionado decréscimo dos volumes que comporiam a série.

A rigor, a "Tragédia Burguesa" não representa evolução. Em parte porque muitos tomos foram redigidos ao mesmo tempo, em parte devido à ortodoxia ideológica do autor, a série caracteriza-se pela adequação entre arcabouço e pensamento. Todavia, nos volumes finais é possível detectar indícios de mudança para os lados da técnica narrativa. Além de conter o ímpeto fabulativo (para as 659 páginas de O Anjo de Pedra, *O Cavaleiro da Virgem* só tem a ofertar 383), o ficcionista parece interferir menos na ação, deixando a doutrina derivar das situações e acontecimentos. O seu senso de economia alcança agora o equilíbrio que falta aos volumes iniciais da série, transbordantes de folhagens narrativa e de amor ao detalhe.

Talvez o que prejudique a "Tragédia Burguesa" seja o fato de Octavio de Faria imaginá-la como um ciclo fechado, organizado segundo um plano preestabelecido e não como narrativas compostas ao sabor da inspiração e dos fatos à sua vontade. Mirando-se no exemplo de Zola, amarrou-se a uma continuidade estrutural, que lhe impedia a liberdade de ação. Se ideasse as narrativas uma a uma, no curso dos anos, poderia dar-lhes individualidade, resguardando, quem sabe, a ideologia em que acreditava. De onde o esforço de coesão e domínio da vasta matéria fictiva convocada para dentro do painel, o caleidoscópio social dos anos 1930, esforço manifesto na quase simultaneidade com que os volumes foram escritos (*O Senhor do Mundo*, por exemplo data de 1946 a 1956, e *O Retrato da Morte*, de 1945 a 1959) e nas remissões (as costumeiras notas de rodapé) que anulam a autonomia declarada pelo autor em nota inicial e dificultam ao leitor o conhecimento do conjunto.

A "Tragédia Burguesa" guarda, pois, uma antinomia: o plano colossal cuja estrutura é das mais ousadas tentativas de obra cíclica das nossas letras. E para o seu erguimento o autor reuniu um "saber de experiência feito", o convívio direto com a realidade plasmadora dos seus anti-heróis, bem como um inegável talento ficcionista. Contudo, o resultado não correspondeu a uma e outra condição, talvez em razão de a série obedecer a um plano pré-traçado, em lugar de seguir o fluxo da própria vida, a do autor e dos contemporâneos que se lhe infiltraram nas páginas. Na nota inicial, nega qualquer caráter (auto)biográfico ao ciclo; entretanto, às páginas tantas de Ângela ou *As Areias do Mundo*, diz:

> Mas talvez ainda esteja em tempo de poder dizer-lhe, do fundo de minha chaga que é chaga comum a muitos: ah!, desgraçados de nós, cristãos, pobres areias do mundo onde as pegadas do Senhor não duram mais de um segundo — o tempo de surgirem outras pegadas, novos passos, ondas vindas do mar bravio —, as pegadas do mundo que apagam as do Senhor.[5]

---

5. Idem, *Ângela ou As Areias do Mundo*, Rio de Janeiro: José Olympio, 1963, p. 389.

Octavio de Faria começou pelo ensaio, decerto atendendo ao fundo de sua vocação de escritor. Assim, teria optado pela ficção como uma forma de exprimir e divulgar ideias e convicções, identificadas, em certo momento, no plano político, com o Integralismo, adesão essa que fala por si, e, sem quebra de continuidade, no plano religioso, com o catolicismo conservador de Léon Bloy, cujo pensamento, servindo de epígrafe a *O Senhor do Mundo*, funciona como fio condutor do ciclo: "Il n'y a qu'une tristesse, c'est de n'être pas des saints".

De onde podemos classificar a "Tragédia Burguesa" como uma série de novelas (ou romances) de ideias e, por isso mesmo, novelas ou romances-ensaio, com todas as decorrências de tal associação. A evidência desse binômio encontra-se no fato de o autor não resistir à tentação de intervir ostensivamente na fabulação. Afinal, para ser romance ou novela-ensaio, era preciso que o autor assim interferisse nos acontecimentos. Mas quando o faz às claras, aduzindo comentários à guisa de esclarecimento, chega a abalar o processo criativo, como se a exposição da doutrina preponderasse sobre as ocorrências que a representavam, não recuando mesmo ante a censura à personagem, desse modo levando a intervenção a níveis panfletários: "Branco, meu ingênuo Branco, por que se obstinar? Por que, se o nosso sangue é cristão, e se essa é, sobre a terra, a nossa sina?"[6]

Na ficção de Octavio de Faria não se observa a presença do "mistério", nem oculto (como em Cornélio Pena), nem à superfície (como em Lúcio Cardoso): os problemas das personagens são institucionais, típicos do católico dos anos 1930, ou seja, dramas de consciência, gerados pelo conflito entre os mandamentos da Igreja e as pulsões do instinto. O escritor submeteu-se dogmaticamente aos primeiros, acreditando defender a vida contra a morte, quando, em verdade, pregava o extermínio do ser humano, ou, pelo menos, a paralisia existencial em uma parcela da sociedade.

Por não perceber que tal contradição era também sua e da obra que produziu, deixou de extrair o melhor partido do material romanesco. Afinado com Bernanos, Mauriac, Green e outros, Octavio de Faria decerto alcançaria resultados menos insatisfatórios se menos ortodoxo, se a sua tese, recusando-se à tendenciosidade, característica das teses cegamente adotadas, não se definisse de forma tão unívoca. Daí esgotar-se nos dois volumes iniciais da série, tidos por ele como introdução, "on-

---

6. Idem, *O Retrato da Morte*, Rio de Janeiro: José Olympio, 1961, p. 394.

tologicamente indispensável à compreensão da obra global". Depois, é o interminável e fatigante desenvolvimento, sem lhe adicionar nada, salvo acontecimentos e intrigas, num ritmo uniforme, à beira do enfadonho e, não raro, do melodrama.

Faltou-lhe, enfim, uma como *agonia* à Unamuno, ou, quem sabe, enveredar pelo Existencialismo à Gabriel Marcel: o seu Essencialismo jansenista proibia qualquer movimento crítico em relação às crenças religiosas rigidamente aceitas e apregoadas. E o estilo sem estilo, desleixado, prolixo, fez o resto, deitando a perder não só uma engenhosa construção ficcional, como também, e sobretudo, uma capacidade de armar enredos e criar seres ao vivo, que o destacariam dentre os pares da sua linhagem.

Prosa Introspectiva

No decênio de 1930, também uma série de escritores produz obra digna de registro genericamente identificados pela tendência à análise introspectiva. Movidos por vetores diversos dos da outra corrente, preconizando um conceito de arte desinteressada, ou engajada em direção oposta à ideologia revolucionária ostensiva ou subjacente na obra de Jorge Amado, de Amando Fontes, ou de José Lins do Rego. Inclinam--se mais para o equacionamento dos problemas subjetivos que para os da coletividade, mais para a sondagem psicológica que para a descrição de exterioridades. Caracterizam, de certo modo, uma reação, quer no sentido estético, quer no doutrinário, contra os autores empenhados em denunciar as mazelas da sociedade do tempo e conclamar os leitores para a sua extinção, inclusive por meio da violência renovadora. Parecem prolongar o espírito de *Festa* (ao menos alguns deles) e, ao mesmo tempo, a ficção descomprometida de 1922. De onde a ambiguidade da sua proposta literária e ética: ao passo que a ficção realista desse período é tradicional na forma, podendo ser considerada revolucionária no conteúdo, a ficção introspectiva alinha-se com o ideário de 1922 no gosto do experimentalismo estrutural, embora seja conservadora do ponto de vista ideológico. A prosa de ficção de 1930 ergue-se sob o signo da pluralidade, razão por que somente se pode aceitar por necessidade de clareza a sua bifurcação em duas linhas contrastantes, uma realista e outra introspectiva. Não só se cruzam mais de uma vez, como levam até o fim o dualismo em que se amparam: se, de um lado, é possível distinguir notas introspectivas em autores do grupo anterior, de outro, não estranha a presença de traços realistas ou costumbristas em escritores mais sensíveis às manifestações intimistas.

Além de Jorge de Lima, com os seus romances (*O Anjo,*1934; *Calunga*, 1935; *A Mulher Obscura*, 1939; *Guerra Dentro do Beco*, 1950) em torno dos problemas transcendentais de base cristã (com exceção de *Calunda*, que reflete o alinhamento com o Neorrealismo nordestino) e de Ribeiro Couto, e seus romances de tese romântica (*Cabocla*, 1931; *Prima Belinha*, 1940), ou de Lúcia Miguel-Pereira, autora dos romances *Maria Luísa* (1933), *Em Surdina* (1938), *Amanhecer* (1938) e *Cabra-Cega* (1954) nos quais "ainda não desça a certas volúpias de análise, dessas que absorvem o mistério da vida interior toda a realidade externa, e faz do inconsciente uma como outra face coordenada do mundo que sentimos e palpamos, não corre jamais pelo plano horizontal, chato, uniforme como a maioria dos nossos romances naturalistas"[1] — outros nomes destacaram-se nessa família de escritores voltados para a perquirição do mundo interior das personagens.

JOÃO ALPHONSUS de Guimaraens (1901-1944), filho de Alphonsus de Guimaraens, estreou com um livro de contos (*Galinha Cega*, 1931), publicou depois dois romance (*Totônio Pacheco*, 1935; *Rola-Moça*, 1938) e finalmente duas coletâneas de contos (*Pesca da Baleia*, 1941; *Eis a Noite*, 1943). Como se vê, João Alphonsus construiu a sua obra durante os anos 1930, tornando-se, por isso mesmo, uma espécie de representante--tipo da sua geração. Mais ainda: o seu escasso legado ocupa lugar de relevo no panorama do decênio, e somente ganha com o correr do tempo, contrariamente a não poucos dos contemporâneos. Nisso reside, sem dúvida, o primeiro e maior elogio que se lhe pode fazer.

À semelhança de outros autores que cultivaram mais de uma forma, é numa delas — o conto — que alcançou realizar-se em plenitude. Contista acima de tudo, sem deixar margem a se acreditar numa escolha fundada no capricho ou na sujeição às modas vigentes, exercitou-se no romance talvez impulsionado pela (falsa) ideia de que o conto é expressão literária menor. De qualquer modo, sem que os romances possam ta-

---

1. Olívio Montenegro, *O Romance Brasileiro*, 2ª ed., Rio de Janeiro: José Olympio, 1953, p. 1888.

char-se de medíocres ou malogrados, não é por meio deles que se mede toda a sua força e a sua contribuição à literatura moderna.

Antes de mais nada, os contos de João Alphonsus caracterizam-se pela concisão, seja no tocante aos rasgos de estilo, seja no assunto que pelo seu intermédio se veicula: o escritor mineiro é mestre na detecção do instante fugaz em que uma vida se cumpre e se define, e em traduzi-lo em breves palavras. Esse poder de condensação é tanto mais digno de nota quanto mais nos recordamos do derramamento verbal de alguns contemporâneos. Que disso tinha pela consciência, evidencia-o a seguinte observação, feita como que de passagem, num dos contos — "O senso da oportunidade é o característico do bom narrador"[2] —, em que, pretextando falar de uma narrativa impessoal, está, na verdade, registrando o seu mais íntimo pensamento acerca do que se lhe afigura ideal de arte narrativa, perfeitamente aplicável a si próprio.

Trabalham em favor desse "senso de oportunidade", ou dele decorrem, as demais características das narrativas curtas, a começar pela ausência de lirismo. Seu universo é povoado de situações trágicas, ou antes, tragicômicas, fruto de sondar o lado misterioso, penumbrento, sombrio, da alma humana, ou pelo menos de certo brasileiro. Para exprimir essas paragens intervalares, de claro-escuro, o narrador lança mão de um tom irônico, um humor fino, à britânica, que lembra o de Machado de Assis. E assim se desvela uma das vertentes de João Alphonsus: pelo apuro da linguagem concisa, e pelo gosto dos interregnos, em que se defrontam o "ser" e o "parecer", ou o "ser" e o "poder ser", é da linhagem do criador de Capitu.

Ainda lembra Machado de Assis o tom de conformismo, de sábio conformismo, de aceitação da vida como ela é, repleta de províncias insondáveis ou onde penetra o olhar alheio, em busca do "homem na sombra ou a sombra no homem" (título do último conto de *Galinha Cega*). Daí o autor não lidar com "sujeitos lineares (...) almas incaracterísticas".[3] Todavia, da sua óptica, rara será a personagem que não revele zonas de sombras, pois é do cotidiano banal que arregimenta os heróis anônimos. Apesar de colher os temas do dia a dia cinzento, João Alphonsus logra ser original, ou pelo tom, ou pela linguagem, ou por captar, nos desvãos da trivialidade diária, ângulos insuspeitos ou ocultos a uma sensibilidade menos aguçada e/ou a uma imaginação menos desenvolta.

---

2. João Alphonsus, *Contos e Novelas: Galinha Cega, Pesca de Baleia, Eis a Noite!*, Rio de Janeiro/Brasília, Imago/INL, 1976, p. 57.

3. Idem, ibidem, p. 178.

Daí algumas narrativas apresentarem final enigmático, enquanto outras evoluem para desfechos à moderna. O impacto das novidades à 1922 manifesta-se nos neologismos como "foxtrotando", "maxixando", "nevermorescamente", etc., mas sobretudo na graça inconsequente de algumas situações. Se o grupo da Semana de Arte Moderna praticava a "poesia-piada", João Alphonsus faz o conto-piada. Aliás, no prefácio a *Pesca da Baleia*, onde se reúnem contos de várias datas, alguns de 1922, fala o autor em "nota-piada". O humor, o fino humor que destila o sorriso, jamais a gargalhada, o humor meio absurdo da anedota à brasileira, resulta dessa percepção da face obscura da alma humana, em que o trágico se alia ao cômico para gerar o retrato fiel do cotidiano banal.

Nem envelheceu o estilo de João Alphonsus, em que se entretecem o clássico machadiano e as "ousadias" de 1922, nem se degastou essa visão desencantada, mas sorridente, do brasileiro. O mesmo não se pode dizer dos romances. Neles, o autor mantém, com inalterada segurança, o domínio da expressão literária e as outras qualidades que lhe ressaltam a figura na prosa de 1930. E os modismos de 1922, não obstante certa artificiosidade, integram-se no texto como solução necessária e funcional: torna-se estilo o que era instrumento de combate ao purismo da geração parnasiana. Entretanto, o escritor não esconde estar fora do seu elemento, da sua área privilegiada de observação, o conto: em resposta a um inquérito acerca dos seus "momentos de plena realização intelectual", confessa que

> tais momentos estão nos meus contos, gênero que me atrai e satisfaz quase que exclusivamente, tentador e difícil mas tão compensador quando se consegue alguma coisa que nos pareça verdadeiramente realizada.[4]

Em *Totônico Pacheco*, cultiva uma espécie de Costumbrismo belo-horizontino, de modo a tornar o seu desabusado herói, que viera, a contragosto do campo "exilar-se" na cidade, um antecessor imediato, — juntamente com Vitorino Carneiro da Cunha, o misto de Dom Quixote e Sancho Pança criado pela pena de José Lins do Rego, com o qual apresenta pontos de contato —, de outras personagens semelhantes do regionalismo pós-45. Acontece, porém, que a escolha recai num ser de exceção, não mais nos heróis anônimos do cotidiano de Belo Horizonte, dando a impressão de que a criatura superou o criador. Além disso,

---

4. Edgar Cavalheiro, *Testamento de uma Geração*, Porto Alegre: Globo, 1944, p. 154.

o andamento próprio do romance deixa patente um desajuste entre as marcas estilísticas próprias e a matéria da longa narrativa: enquanto esta se arrasta, a linguagem parece transcorrer noutra dimensão, num tempo mais ligeiro, sempre adiante dos acontecimentos.

Em *Rola-Moça*, a capital de Minas Gerais, com os seus habitantes típicos, volta a ser o palco da ação. Três histórias (três contos? Ato falho de um contista nato?) se entrelaçam, em três espaços próximos, nos arredores da Serra do Rola-Moça: um hospital para tuberculosos, a casa de um advogado e uma favela. A técnica lembra a dos "caminhos cruzados", à Erico Veríssimo, traindo louvável esforço de modernidade que o resultado não compensou. E conquanto o autor esteja de regresso ao mundo psicológico dos heróis, no encalço da sua camada secreta, como de hábito nos contos, e o estilo continue exibindo a proverbial tensão, um ar de incompatibilidade, análogo ao de *Tonônio Pacheco*, percorre a narrativa. Confirma-se, assim, que estamos perante um contista de mão cheia, dos mais habilidosos da sua geração, em que não poucos pontificaram no gênero, que por momentos se entregou ao canto de sereia do romance: publicando dois livros de contos nos últimos anos de vida, decerto recuperava a certeza, por instantes abalada, de que era por excelência, como raros, um contista de vocação.

Estreando no mesmo ano em que João Alphonsus iniciava a sua meteórica trajetória, o carioca MARQUES REBELO (1907-1973), pseudônimo de Eddy Dias da Cruz, descreveu percurso semelhante, em alguns pontos, ao do escritor mineiro, e diverso, no conjunto. Seu primeiro livro é também uma coletânea de contos (*Oscarina*, 1931), bem como o segundo (*Três Caminhos*, 1933). Daí por diante, publicará *Marafa*, romance *(1935), A estrela sobe*, romance (1939), *Rua Alegre, 12*, teatro (1940), *Stela me abriu a porta*, contos (1942), *O Trapicheiro* (1959), *A Mundaça* (1962) e *A guerra está em nós (1968)*, romances subordinados ao ciclo *O Espelho Partido*, além de biografia (*Vida e Obra de Manuel Antônio de Almeida,* 1943), literatura de viagem, literatura infantil, etc., numa dispersão que não deixou de refletir-se no seu legado, com destaque para a obra que melhor lhe representa as potencialidades literárias.

Dois setores destacam-se no espólio de Marques Rebelo, o conto e o romance. Como autor de histórias curtas, segue nas linhas gerais, as tendências da época: o culto do cotidiano, a visão de repórter ou de fotógrafo, ou mesmo de cinegrafista, que detecta o lado psicológico, inefável, das ações humanas. Sua formação literária, em que brilham como estrelas polares as figuras de Manuel Antônio de Almeida, Machado de Assis e Lima Barreto, e mais a sua personalidade irrequieta, emprestam características distintivas ao lastro comum. "Cenas da vida carioca", é o designativo das narrativas de *Stela me abriu a porta*,[5] como um emblema que simbolizasse toda a sua produção. Afinal, escolheu "cenas da vida carioca", com isso evidenciando não só o apego à terra natal, como ainda à sua maneira literária. Do variado panorama social, selecionou o pequeno-burguês, o universo dos nadas que muito significam. Nessa predileção não haveria, a rigor, mal nenhum, uma vez que o segmento focalizado reproduzia com flagrância o dia a dia da "cidade maravilhosa".

Sucede, porém, que o faz como cronista, mais ávido de fidelidade jornalística que de recriação, por meio da fantasia dos dados reais. De onde nem sempre serem contos, mas crônicas, ou esboços, embriões de romance, ou capítulos de novela, em suma, o afinar do instrumento para a execução principal. Não é para menos que *Três Caminhos* "representam — como declara o próprio autor em rodapé à entrada do livro — capítulos imperfeitos de três romances tentados, em que cada pequenino herói estava no seu caminho".

Daí que o contista Marques Rebelo perca quando posto em confronto com João Alphonsus, Aníbal Machado ou Rodrigo de Melo Franco Andrade, visto que os seus contos são mornos, sem vibração. Nem se põe em causa a falta de originalidade que viria dessa frieza de cronista sem lirismo ou sentimento trágico, mas o serem pouco ou nada contos. Ensaios de romance, exercícios de estilo, em que o tom uniforme prevalece, neles nunca se ouve um berro, um gesto dissonante. Tudo é sempre igual, como se o narrador pretendesse retratar o monótono cotidiano carioca. E, ao fazê-lo, transferisse a monotonia para dentro do texto, o que lhe prejudica a possível carga de análise social. Fica-se com a impressão de gratuidade, resultante do caráter indiferenciado das narrativas. Ou de ato falho: querendo retratar o ramerrão pequeno-burguês carioca, na linha dos seus mestres, acabou por congelar tal imagem no espelho do texto e por atribuir-lhe, portanto, imobilidade. Se é certo que a ideia de fotografar com verossimilhança se confirma na prática, também é verdade que acabou prejudicando as narrativas. E para lograr o efeito desejado, umas poucas histórias bastariam, para não dizer uma só. Ao imprimir em quase todas o sinal de uniformidade,

---

5. Marques Rebelo, *Contos Reunidos*, Rio de Janeiro/Brasília: José Olympio/INL, 1977, pp. 199 e ss.

conseguiu mostrar como a mesmice reinava no dia a dia fluminense do tempo, não sem atentar contra a desejada veracidade. O contexto social se reduzirá tão somente ao que se enxergava na superfície dos contos? Assim, uma perspectiva única, decorrente de intenção deliberada ou da incapacidade de variar o ângulo de visão, empobreceu a realidade e, consequentemente, as narrativas.

Em 1935, após exercitar-se em dois livros de contos, Marques Rebelo lança-se no romance e publica *Marafa*. Que agora encontrara o seu ritmo e o seu espaço, o seu clima e o seu estilo, salta aos olhos: liberto da camisa de força dos contos, respira a plenos pulmões. E sem prejuízo, antes pelo contrário, da sua faculdade de observação. "Vida libertina, desregrada", eis o sentido do título da narrativa, conforme nos elucida o vocabulário em apêndice. O escritor parece conhecer melhor o ambiente da prostituição e arredores (a vadiagem, o namoro safado de arrabalde, o boxe venal, etc), ou ele lhe fere com mais contundência a retina e a imaginação. E a linguagem, refletindo o "espírito brincalhão do carioca",[6] areja-se, ganha flexuosidades coloquiais, sem perder o arredondamento clássico que lhe vinha da leitura de Camilo, Eça, Machado e outros. Por uma espécie de congenialidade inata, o ficcionista aproxima-se do tom do mestre e mais remoto antecessor: Manuel Antônio de Almeida. Basta que se compare a visão realista que tem do meretrício — uma visão malandra, carioca, sem compaixão ou falso preconceito ideológico — com o lirismo engajado que Amando Fontes punha no retrato das decaídas da *Rua do Siriri*. E do ponto de vista técnico, nota-se o recurso ao simultaneísmo, despido, no entanto, da complexidade que Erico Veríssimo infundira em *Caminhos Cruzados*.

E em *Marafa*, persiste o defeito ou a característica fundamental do autor: a narrativa obedece a um crescendo dramático, de modo que o conflito se adensasse capítulo a capítulo. Ao contrário, preside-o a mesma temperatura, o mesmo tom. Embora mais grave nos contos, tal falha compromete o bom de *Marafa* e confirma a impressão de estarmos perante um cronista, um repórter, ou um memorialista da sua cidade e do seu povo (como se verá, em plenitude, em *O Espelho Partido*).

Assim como *Marafa* é extensão e aprofundamento de certas latências dos contos, *A estrela sobe* continua e desenvolve *Marafa*: narra-se, agora, a história de Leniza, que se prostitui para ser estrela de rádio. E ao fazê-lo, o escritor agregava o defeito básico do outro romance, sem repisar-

---

6. Idem, *Marafa*, 2ª ed., Rio de Janeiro: O Cruzeiro, 1947, p.36.

-lhe as qualidades. Procurando mostrar-nos uma jovem contraditória, entre ingênua e ambiciosa, entre dissimulada e irresponsável, acaba por revelá-la uma simples marafona. Iludido por um psicologismo barato, mais presente em sua intenção do que patente no enredo ou nas personagens, diz coisas assim: "Foi arrastada pelo outro 'eu' que havia nela, um 'eu' que era mais forte que ela mesma".[7]

A falsa profundidade psicológica ainda se manifesta de modo flagrante em passagens nas quais o recurso ao grifo pretende insinuar obscuros sentidos, como nesta citação: "Precisava egoisticamente das suas forças para atingir os seus fins".[8] E chega a empregar notas de rodapé para esclarecer (?) o texto, como esta, à palavra "mistérios":

> Leniza, tal como Hamleto e Machado de Assis endossando Hamleto (vide *Várias Histórias*, p. 9), acreditava na pluralidade dos mistérios. Tudo faz crer ao autor que só há um Mistério, mas como não pretende corrigir ninguém, registra apenas a sua opinião, etc.

ou esta, após uma cena amorosa:

> Dando o que pôde, o autor lamenta profundamente a debilidade das suas forças para um trecho tão forte como este e como a maioria dos que se seguem. Em compensação absteve-se de lançar mão de recursos mistificantes para uso de leitores ingênuos.[9]

Espécie de *Nasce uma estrela* (o filme) à carioca, à malandrice, e, portanto, às avessas; ou de *Conceição* (a música popular) igualmente melodramática —, a narrativa gira em torno de uma amoral que termina enganada pela própria esperteza. Lembra um pouco as velhas prostitutas da literatura inglesa do século XVIII, mas em prisma evidentemente menor: Moll Flanders de morro, de cinismo infantil. Por outro lado, a sua história parece novela de TV, ou melhor, de rádio, incluindo as tiradas piegas, lacrimejantes, artificiais.

Para culminar, o declínio de Leniza chega ao fim de maneira inconcebível: o autor fala de si como tal, explicando por que não prosseguia a narrativa: "aqui termino a história de Leniza. Não a abandonei, mas

---

7. Idem, *A estrela sobe*, S. Paulo: Martins, 1957, p. 59.
8. Idem, ibidem, p. 110.
9. Idem, ibidem, pp. 95, 105.

como romancista, perdi-a.[10] Perdeu-a ou verificou que não valia a pena continuar uma história igual a tantas outras, com desenlace idêntico a tantos outros? O certo teria sido, num supremo ato de coragem, deixar inédito o romance. Declarar que perdeu a heroína significa justificar o injustificável: falhara redondamente ao contar uma história banal, apesar da novidade do tema.

Decerto sentindo-se maduro após essas experiências, o ficcionista atira-se ao seu projeto mais ambicioso: erguer um ciclo romanesco, sob o título de O Espelho Partido, em sete volumes (O Trapicheiro, A Mudança, A guerra está em nós, A paz não é branca, No meio do Caminho, A Tempestade e Por Um Olhar de Ternura), mas somente concluiu os três primeiros. Ao falecer, cinco anos depois do aparecimento de A guerra está em nós, permitia crer que estivesse elaborando os volumes seguintes da série. Será que a teria completado se a morte não lhe interrompesse a caminhada?[11] A resposta é meramente conjectural, bem sabemos nós, mas à vista dos livros publicados o leitor tem o direito de duvidar. Aliás o próprio romancista não ficou imune a um pressentimento que ocultava, envergonhada, uma certeza involuntária:

O espelho:
— Tenho o pressentimento de que nunca acabarás a tua obra-prima...
— Consola-me o pressentimento de que o mundo não precisará mais de obras-primas.[12]

A partir daí, a obra suscita várias questões, menos pelas qualidades intrínsecas que pelo seu projeto, objetivo, estrutura e técnica narrativa. O Espelho Partido padece, como todo romance-rio, de gigantismo: que arcabouço lhe serviria ao propósito? Como evitar o contorno de dinossauro, de corpo descomunal e cérebro atrofiado? Ou, então, como resistir ao charme proustiano? Marques Rebelo talvez acreditasse resolver essas e outras perplexidades análogas por meio do diário. E, sem o perceber, entrou num beco sem saída.

---

10. Idem, ibidem, p. 225.
11. Um dos críticos mais atentos à obra do autor informava, em artigo de 1957, que, além dos três volumes iniciais do ciclo, havia "mais dois em franca elaboração final e mais dois estruturalmente ordenados e coordenados" (Antônio Houaiss, Crítica Avulsa, Bahia, Publs. da Universidade da Bahia, 1960, p. 108). Todavia, a reedição dos três volumes, em 1985, apenas inclui páginas inéditas referentes a janeiro de 1945.
12. Marques Rebelo, A guerra está em nós, S. Paulo: Martins, 1968, p. 42.

Acontece que a estrutura de diário em *O Espelho Partido* é, a um só tempo, autêntica e fictícia: o painel pode ser tomado como o registro cotidiano de acontecimentos, ideias e devaneios, e como pura invenção, seja transfigurando esses mesmos focos de interesse, seja acompanhando as pulsões da fantasia. Se o diário de um escritor já contém, por natureza, grande dose de ficção, que se dirá de um diário entre verídico e imaginário? Desse modo, ao conceber um diário-romance, ou um romance em forma de diário, enfrentava problemas de fronteira. Que o planejou como uma autobiografia disfarçada ou romanceada, parece fora de dúvida, à vista do seguinte depoimento.

> Nós terminamos, apesar de todo nosso senso de realidade, por não distinguir o dia do sonho, como diria Rilke. E dessa confusão é que me foi saindo *O Espelho Partido* — caco a caco, mistura de biografia e ficção. Mas ao cabo um grande espelho da minha e de outras vidas, igualmente ásperas, um espelho de nossa época. Ele é muito camuflado. Nele se confundem o homem e o escritor, sofrendo o mesmo drama — não saber para o que veio, não sabendo o que foi, não sabendo para onde irá e o que legará.[13]

Tal consciência, ferindo em cheio a matriz da obra, não modifica, porém, o quadro ambíguo que nela se delineia: de transparente caráter autobiográfico, *O Espelho Partido* é também, ou intenta ser, um documento do tempo, ao menos entre 1936 e 1944, faixa coberta pelos volumes dados a público. Por que documentário? Intuito ideológico? Parece que não. Entretanto, por que a ênfase nos acontecimentos políticos, nacionais e internacionais? Provavelmente sujeição à moda imperante no romance social de 30:

> Inventar, não! O ideal é obter-se um máximo de realidade num máximo de adaptação.
> ....
> — A lenda dominante é que romance precisa ser documentário para ser romance.[14]

Mas como a introspecção orienta a maior parte do espetáculo, somos induzidos a concluir, forçosamente, que o documentário atua como

---
13. Idem, depoimento in Paulo Francis, *Opinião Pessoal*, Rio de Janeiro: Civilização Brasileira, 1966, pp. 201-202.
14. Idem, *O Trapicheiro*, S. Paulo: Martins, 1959, pp. 219, 284.

pano de fundo para a procura do "eu" em seu tempo perdido. De um lado, o "eu" é reflexo desse cenário histórico; de outro, sem o cenário, ele não se encontra, não se identifica. Eis o porquê da estrutura do ciclo: funciona como indício do estilhaçamento do "eu", que a diversidade cotidiana ao mesmo tempo reflete e anseia desfazer, como se o "eu", juntando os seus pedaços espelhados/espalhados ao longo do diário, atingisse a sua identidade profunda.

O problema torna-se complexo devido ao caráter *à clef* de não poucas notações diárias: como conciliar a realidade histórica em torno de figuras camufladas em pseudônimos, e o produto da fantasia romanesca? Aqui se localiza, com toda a probabilidade, um dos pontos vulneráveis do ciclo. Se não soubermos quem está por trás dos nomes, de que adianta saber o que fazem, o que dizem, e o que delas pode pensar o narrador/autor? E se soubéssemos, de que adiantaria, tomando a obra como ficção? Para que conhecer a "realidade" dos fatos se o que está em jogo é precisamente a sua transfiguração pela fantasia? Nesse caso, que importância tem recobrir por nomes fictícios os verdadeiros, ou antes, saber que foi a partir dos fatos históricos — como sempre, aliás —, que o escritor arquiteta a sua narrativa? Se de romance se trata — e disso o narrador chega a duvidar em certo momento de *O Trapicheiro* — parece que não faz falta alguma. O problema cresce quando o autor pretende, como no caso, emprestar foros de veracidade ao seu relato, recorrendo à forma de diário. Por que o faz? Para escamotear o seu pensamento acerca dos protagonistas reais, e poder, assim, falar à vontade? Mas, então, por que os nomes falsos, se o leitor não conhece os verdadeiros?

Ainda resta a hipótese de que o diário, sobretudo na parte em que o escritor aparece como tal, seja da época a que os acontecimentos se reportam. Todavia se tal circunstância reveste-se de autenticidade e contemporaneidade as anotações feitas no curso dos dias, nem por isso resolvem o impasse. Antes, acentua-o. Um diário íntimo, efetivamente redigido ao sabor do calendário, poderia encerrar tudo quanto constitui *O Espelho Partido* sem almejar, porém, a condição de romance. No instante em que o presumível diário, escrito desde 1936, se integra num contexto em que a rememoração dos acontecimentos desse tempo e, antes dele, se associa a cenas imaginárias, narradas não importa quando, a confusão generaliza-se e o propósito do autor se frustra.

Assim, teríamos um misto de memórias, diário e fantasia, segundo a técnica em mosaico, à Machado de Assis, como lembra Josué Montello em prefácio aos *Contos Reunidos* do autor. Faca de dois gumes, essa técnica pode significar, de um lado, complexidade estrutural, ensaio de superação de linearidade das obras anteriores, e, de outro, a impossibilidade de construir o vasto ciclo novelesco numa estrutura correspondente. É que a fragmentação, diluindo o fluxo narrativo, acusa a incapacidade de levantar uma estrutura coesa, como se verifica no fato de cada fragmento valer por si. Não é por mero acaso que o ciclo se denomina *O Espelho Partido*, ou melhor, *O Espelho Partidíssimo*, como o autor reconhece em *O Trapicheiro*, no dia 19 de janeiro de 1938. E também não é para menos que, no dia 18 de fevereiro de 1937 do mesmo volume, ele anote, com amargura: "Se este livro não fosse meu, eu o acharia realmente mau. Mau e morto", e, no dia 20 de agosto do mesmo ano, exclame, meio desanimado "Se releio estas páginas, como tudo me parece confuso!" e console-se com a enganosa resposta narcisista do espelho: "Confuso é o vosso tempo — advertiu o espelho do alto dos seus quarenta lustros".

Tentativa de romance polifônico, *O Espelho Partido* perfilha a tendência então em voga para erguer murais gigantescos, o que não só lhe tira originalidade ideativa como o afeta das mesmas limitações. Empregando o simultaneísmo à Erico Veríssimo e predecessores, constitui uma espécie de "em busca do tempo perdido", sem Proust, escrito por um "escafandrista de arcanos pueris", a invocar as "rosas do Trapicheiro!", presentes em sua memória, e o seu "imarcescível perfume neste momento de vacilação e incerteza".[15] *O Espelho Partido* não é, custa dizê-lo, o ápice de uma trajetória: o melhor do legado de Marques Rebelo situa-se, apesar de tudo, em *Marafa*.

É ainda de Minas Gerais, por uma espécie de condicionamento geográfico, outro ficcionista — e não será o último — dado à introspecção: CIRO Versiani DOS ANJOS (1906-1994). Autor de três romances (*O Amanuense Belmiro*, 1937; *Abdias*, 1945; *Montanha*, 1956), também enveredou pelas memórias (*Explorações no Tempo*, 1952) e pelo ensaio (*A Criação Literária*, 1954).

A trajetória de Ciro dos Anjos percorre duas curvas divergentes. Ao principiar com *O Amanuense Belmiro*, estabelecia as bases da sua personalidade e da sua visão do mundo. Nas obras seguintes, faria apenas desenvolvê-las. E é nesse processo de alargamento e aprofundamento que as duas curvas se desenham e se cruzam: numa, as virtualidades da obra inicial vão-se concretizando ou revelando o seu mundo subjacente; na outra, à proporção que se realiza essa iluminação interior, vai-se dan-

---

15. Idem, *O Trapicheiro*, p. 164; *A Mudança*, S. Paulo: Martins, 1962, p. 336.

do o emperramento da máquina imaginária. Em suma: se, no primeiro caso se observava progresso quantitativo de modo a ampliar-se o raio de ação, no segundo não escapa ao leitor atento o declínio qualitativo. Por outras palavras, em *O Amanuense Belmiro* já se manifesta todo o seu potencial de romancista; daí por diante, tão somente se repetiria, mostrando sinais de esgotamento. Como tantos, seria, enfim, autor de uma única obra, e as demais resultariam do compreensível, mas frustro, desejo de mudança e superação.

Paralelamente, dois fios condutores sustentam os três romances: o amoroso e o político. Em *O Amanuense Belmiro*, o narrador ama Arabela; em *Abdias*, o (anti-)herói apaixona-se por Gabriela, uma das suas alunas; e em *Montanha*, Pedro Gabriel envolve-se com Edmeia e Naná. Ao mesmo tempo, o universo político invade, sorrateiro a rotina diária do humilde amanuense, depois mostra o rosto na ambígua existência de Abdias, e escancara todo o seu crispado semblante em *Montanha*.

Assente que o avultar da coisa política e do complexo mundo amoroso acompanha as duas curvas, crescente e decrescente, da carreira do autor, é bom que se veja como as linhas mestras se dispõem ao longo das três narrativas. No plano afetivo, Arabela, entrevista no Carnaval de 1935, é um mito, "o mito donzela" que tem enchido a vida do narrador, "é um símbolo fáustico". Gabriela mergulha Abdias no "gênero de loucura" que acomete os apaixonados serôdios.[16] E Edmeia é uma mulher livre, vivida, ao passo que Naná se deixou levar por sua inocência, ambas servindo de objeto sexual para o político matreiro, "facista notório".[17] Três tipos de mulher desfilam diante de nós: a mulher-mito, a mulher-fantasia e a mulher-sexo, num andamento para baixo, evidente na própria natureza da relação entre as personagens.

Do mito ao sexo, nota-se a decadência da mulher e, a um só tempo, da força narrativa: à medida que cede ao impulso de fixar a realidade crua e nua, o romancista perde fôlego e altura. A queda da heroína denuncia o arrefecimento do autor. É que no primeiro momento, representado por *O Amanuense Belmiro*, um elo de necessidade aproxima os protagonistas, elo esse que se abranda em *Abdias*, e acaba por desfazer-se em *Montanha*, no qual predomina o gratuito. Enquanto o amanuense se alimenta do mito, Abdias sofre o natural e universal engano do professor que se acredita interessado pela aluna e imagina-se correspondido, num

---

16. Ciro dos Anjos, *2 Romances de Ciro dos Anjos: O Amanuense Belmiro/Abdias*, Rio de Janeiro, José Olympio, 1957, pp. 24, 60, 281.

17. Idem, *Montanha*, Rio de Janeiro: José Olympio, 1956, p. 325.

típico jogo de esconde-esconde. E, por fim, Pedro Gabriel é um mero *donjuán*, cujas aventuras apenas acusam a falta de caráter, como homem e como político.

A linha política segue de perto essa mesma diretriz: no romance de estreia, a situação política reinante nos anos em que se desenrola a ação assoma de passagem, como contraponto da obsessão do narrador, que se define a si próprio e aos amigos nos seguintes termos: "Enquanto Glicério e Silviano se inclinam para o facismo, Redelvim e Jandira tendem para esquerda. Só eu e o Florêncio ficamos calados, à margem".

E mais adiante reflete, na mesma linha de pensamento: "Para o homem de sensibilidade, não é fácil resistir aos atrativos do romantismo político da época".

Sátira implícita, oblíqua, nessa menção ao "romantismo político da época"? Traduz, ao menos, a inapetência política de um "individual-socialista", um homem com "inclinações líricas" e "escrúpulos de espírito e apelos de sensibilidade que não aceitam radicalismos revolucionários".[18]

Em *Abdias*, o narrador, praticamente o mesmo de *O Amanuense Belmiro*, apenas metamorfoseado em simples professor de colégio, impelido pelo seu "frágil coração de trovador", torna-se socializante: fala em "nossos amigos operários", com certeza sentindo-se um deles, lamenta a sorte das "nossas classes trabalhadoras", participa do Centro de Estudos Sociais, protesta também "contra o fuzilamento de Lorca pelos falangistas", e acaba por convencer-se de que "Gabriela seguiria certamente o rumo de muitas delicadas flores do capitalismo e da burguesia, que nos iludem com generosos impulsos de adolescência".[19]

Vasos comunicantes, o conteúdo amoroso e o político pouco a pouco se mesclam, com a prevalência do segundo sobre o primeiro. Assim, em *Montanha* temos um romance político, à maneira de tantos outros da década de 1930, em que os incidentes amorosos funcionam como extensão, derivativo ou prova, em área limítrofe, da safadeza imperante no meio político. Em *O Amanuense Belmiro*, a escassa presença de notas no gênero justifica-se plenamente pela atmosfera da narrativa, num equilíbrio em momento nenhum comprometido ou quebrado. Na obra seguinte, a militância lírico-participante equivale ao desvario afetivo do herói, ou resulta da paixão platônica pela jovem burguesa. E no romance derradeiro, a matéria política, e não apenas no plano ideológico, entra de

---

18. Idem, *O Amanuense Belmiro/Abdias*, pp. 39, 70, 98, 99, 125.
19. Idem, ibidem, pp, 235, 257, 298, 380, 400, 405.

chofre, rompendo o equilíbrio inicial. Sempre cruzadas, as linhas amorosa e política denunciam, porém, um movimento desigual, de modo que a crescente relevância da segunda constitui enfraquecimento da primeira e, por consequência, do tecido romanesco que a exprime.

De todo modo, os três romances apontam a progressiva tomada de consciência política de Ciro dos Anjos, bem como dos fins últimos que a ficção deveria perseguir. Tal progresso revela, é certo, sintonia com a realidade do tempo e com o papel que então se acreditava devesse a literatura desempenhar, mas também carrega um equívoco, pois a vocação do autor era bem diversa, como evidencia a análise das suas obras à luz de outros aspectos.

O Amanuense Belmiro é um romance na primeira pessoa, com todas as implicações peculiares a esse foco narrativo. Intimista, introspectivo, agitado pela "luta interior", pondo a "alma no papel", o narrador faz um "mergulho no passado", em busca dos "tempos mortos". Sentindo-se "um falido poeta lírico", perde-se no "labirinto de antinomias", não raro vagando pelos "domínios proustianos de insônia".[20] O tom dessa introspecção é, contudo, menos o proustiano que o machadiano: Ciro dos Anjos constitui um dos poucos exemplos de influência positiva de Machado de Assis, desde o apuro da linguagem até a mundividência que por meio dela se comunica. Nessa filiação reside, sem dúvida, a grande força do romancista, tanto mais digna de nota quanto mais se opõe à escrita derramada em moda no tempo.

Para se erguer o fio a prumo do estilo, Belmiro escreve um diário, o seu diário íntimo e com isso enfrenta a problemática que já vimos em Marques Rebelo. Com a diferença de ser outra a meta a atingir: se o autor de *O Espelho Partido* visava a documentar os bastidores intelectuais e políticos dos anos 1930 e 1940, Belmiro/Ciro dos Anjos constrói um diário sem pretender fazer dele um romance:

> Quem escreve um Diário (afinal, estou escrevendo um Diário...) não se pode furtar à sua própria contemplação. É um narcisismo a que ninguém escapa. (...) isto aqui não é romance (...). Depois o caderno toma a feição de Diário e nele passo a expor fatos, impressões, ingênuos pensamentos, loucas fantasias. (...) Não tenciono escrever romance.

---

20. Idem, ibidem, pp. 18, 19, 22, 61, 101.

Narcisista confesso, o narrador sabe que o diário, "esta literatura íntima", aos poucos se vai transformando no centro da sua vida, ou antes, a sua "própria vida", a sua salvação. Diário como catarse, "uma espécie de teatro interior", psicanálise —, eis em suma *O Amanuense Belmiro*. "Lento suicídio", para tomar as palavras de Gregorio Marañon referidas em certo instante pelo narrador, o diário é, no caso, por antífrase, a salvação do narrador.[21] Salvação pela literatura, como reconhece no parágrafo 76.

Se ele se emaranha nessa ambígua teia de narciso, é porque a sua situação existencial está longe de ser linear, visto atingi-la um pensamento que se diria tomado de empréstimo à Fenomenologia: "A realidade é a aparência, e o que é — no fundo — não o é para nós, como diz Silviano".[22]

Falaria o autor por meio das personagens, notadamente Belmiro? Representaria este todo escritor de ficção, a ponto de o seu diário assumir feição de paradigma? A obra de qualquer ficcionista seria, no fim das contas, um diário que se mascara em romance, conto ou novela? Pelo sim, pelo não, a narrativa que resulta do diário de Belmiro é convincente, sem fraturas, contrapondo-se, como outras na época, à tendência para o social extremado. Narcisismo, vida amorosa e política, em harmonia — não há mal algum em relembrá-lo — que se desintegra nas obras posteriores.

Abdias pode ser considerado prolongamento de *O Amanuense Belmiro*, não só pela estrutura, igualmente montada sobre o diário, como ainda pelo tom e demais características.[23] Decerto percebendo que insistia na receita das primeiras obras, o romancista decide experimentar novos recursos formais, e com eles enfocar novos conflitos ou situações. E escreve *Montanha*, romance polifônico, à maneira de *Caminhos Cruzados*, de Erico Veríssimo, com o seu odor *à clef*. O herói parece fugir do tipo Belmiro ou Abdias: agora, um político ambicioso e sem escrúpulos coloca-se no meio do tablado. Todavia, sem atinar com isso, o romancista criava uma personagem movida por uma espécie de imaturidade psicológica ou moral, análoga à do humilde amanuense ou o lírico professor, mas com o sinal trocado. E se avançarmos no exame da obra, descobrire-

---

21. Idem, ibidem, pp. 63, 85, 125, 158, 180, 184, 195, 196.
22. Idem, ibidem, p. 10.
23. Álvaro Lins também o havia notado, em artigo de 1945, inserto em *Jornal de Crítica*, 5ª série, Rio de Janeiro: José Olympio, 1947 p. 129; Miécio Táti retomaria a ideia mais tarde (*Estudos e Notas Críticas*, Rio de Janeiro: INL, 1958, p. 231).

mos outros pontos de contato entre *Montanha* e as narrativas anteriores. Ana Maria, ou Naná (Zola?), cultiva o seu diário, e é por meio dele que temos acesso a relevantes informações acerca do seu caso com Pedro Gabriel. Mais ainda: ela era a encarnação mais recente do estereótipo feminino de Ciro dos Anjos, uma vez que, tanto quanto Arabela e Gabriel, fora moldada pelo mesmo figurino. Quando o político amoral diz que Edmeia e Naná "são faces distintas de um ser que procura",[24] podemos entender que, ao contrário de toda aparência, o mito Arabela ainda preside o universo ficcional do escritor mineiro.

Desse modo, os padrões básicos, que garantem a cosmovisão do autor, recorrem ao longo da sua trajetória, mas em curva decrescente: *O Amanuense Belmiro* continua a ser sua obra-prima e uma das mais importantes dentre as produzidas no decênio de 1930. O que não é pouco, se tivermos em mente a riqueza desses anos no terreno da prosa de ficção.

Ainda de Minas Gerias é RODRIGO DE MELO FRANCO ANDRADE (1898-1969), que ganhou lugar na literatura moderna com um só livro: *Velórios* (1936). Após o surgimento do magro volume, contendo apenas oito contos, dedicou-se inteiramente às tarefas no Patrimônio Histórico e Artístico Nacional. Publicaria outras obras, mas em função dessas atividades (*Brasil — Momentos Históricos e Arqueológicos,* 1952; *Rio Branco e Gastão da Cunha,* 1953; *Artistas Coloniais,* 1958). Em vida, não permitiu que *Velórios* se republicasse, decerto acreditando que o livro viesse a prejudicar-lhe a imagem de funcionário exemplar, empenhado em preservar o nosso passado histórico e artístico. Como contista, pende entre a tradição, de linhagem machadiana, e a modernidade pós-1922. Evidente no título da obra, a morte é o seu tema exclusivo, uma obsessão menos patológica que fruto da observação do cotidiano miúdo. A semelhança de João Alphonsus (pelo fato de serem mineiros?), elege os acontecimentos significativos do dia a dia e neles surpreende o sentido oculto, contraditório ou enigmático. Para exprimi-los, busca as antíteses da alma humana, lança mão de um estilo entre ático e oral, sem altos e baixos, bem na linha do autor de "Missa do Galo", espelho de uma visão desencantada e estoica da existência. De onde o tom linear, quase de crônica, despido de experimentalismo, com desfechos ora à Maupassant, ora sem enigma, segundo algumas tendências do conto moderno. Sempre, porém, coerentes com o entrecho. Em *Velórios* não se sabe que mais admirar, se a linguagem escorreita, da melhor linfa, se a capacidade

---

24. Ciro dos Anjos, *Montanha*, p. 187.

fabuladora. As oito histórias, embora não sejam obras-primas, emparelham com o que há de melhor na década de 1930, senão em toda a nossa literatura, nos domínios da narrativa curta.

Numa quadra de escritores torrenciais, chama a atenção o grupo de prosadores comedidos, parcos de obras e de gestos, todos mineiros, como João Alphonsus, Ciro dos Anjos e Rodrigo de Melo Franco Andrade. A eles vem juntar-se ANÍBAL Monteiro MACHADO (1894-1964), que ainda ressalta pela notoriedade alcançada embora sem livros publicados. E um deles, *João Ternura,* chegou a ser objeto de comentários muito antes de vir a lume, postumamente, em 1965. Se a expectativa por muito tempo acalentada malogrou, os seus contos sempre deram ao leitor a impressão de estar em face de um narrador original, vigoroso, com características próprias, o que não é pouco em se tratando dos anos 1930. Sua produção nessa área reduz-se a treze exemplares, distribuídos por pequenos volumes, a principiar em *Vila Feliz* (1944), mais tarde incorporado em *Histórias Reunidas* (1959), por sua vez inserido em *A Morte da Porta* e *Outras Histórias* (1965). Finalmente, toda a sua atividade nos domínios do conto, incluindo "O Rato, o Guarda-Civil e o Transatlântico", publicado em *Estética* (jan.-mar. 1925), revista dos anos 1920, enfeixa-se num só volume, sob o título de *A Morte da Porta-Estandarte* e *Tati, a Garota e Outras Histórias* (1974).

Como autor de histórias breves, Aníbal Machado identifica-se, antes de mais nada, pelo emprego das reticências, o jogo dos desvãos, do claro-escuro, dos subentendidos. Enquanto Rodrigo de Melo Franco Andrade é o observador por excelência, fazendo supor um memorialista a transfigurar em ficção a sua biografia, Aníbal Machado distingue-se como o narrador dramático, sempre a colocar-se fora de cena, mesmo quando o relato transcorre na primeira pessoa, numa impessoalidade que não significa frieza, mas a óptica do dramaturgo. Um dramaturgo que se desconhece, atraído pelo fantástico ou pelo absurdo, um espaço onde não circula a razão, eis Aníbal Machado.

De onde o lirismo recorrente, um lirismo contido, meio envergonhado, cheio de pudor, não raro levando à comoção, pelo sentido trágico da existência que desvela: "Como fica longe o lugar do passado!"[25] Embora sempre à beira do melodramático, nele não tomba, em virtude da tensão interna e o senso de realidade. Nem falta uma ironia fina e certo humor,

---

25. Aníbal Machado, *A Morte da Porta-Estandarte e Tati, a Garota e Outras Histórias*, 8ª ed., Rio de Janeiro: José Olympio, 1977, p. 48.

como em "O Defunto Inaugural", para afastar o contista desse perigo. E a mudança de assunto, narrativa a narrativa, ao contrário de Rodrigo de Melo Franco Andrade, cuja obra se rege por um tema e variações, colabora nessa tarefa.

Apesar disso, o autor encontra numa das personagens, o ascensorista, o seu perfeito *alter ego*: conhecedor da alma humana, do "'eu', cabina infecta", situa-se como analista privilegiado da "arena do monstruoso espetáculo da luta pela vida", ou seja, dos enigmas da existência.[26] Daí o halo poético, fruto que é do caráter ambíguo das situações, divisadas a partir do elevador, metáfora do mundo.

À visão lírica e dramatúrgica do contexto social acresce uma tendência para o filosofismo — "O homem não se cansa de dirigir mensagens a um deus que não responde"[27] —, que lembra a moralidade dos contos exemplares d'antanho, como se, involuntariamente, o prosador remontasse às nascentes dessa velha forma literária. Ou se, associando a Anton Tchekov e Katherine Mansfield, fizesse da arte do implícito o desvendamento da realidade imediata, assim como das transcendências líricas ou metafísicas. E criasse obras acabadas em matéria de conto, como, por exemplo, o antológico "A Morte da Porta-Estandarte".

Decerto atendendo à voz lírica que lhe pulsa nos contos, Aníbal Machado ainda incursionaria pelo "ensaio poemático", em *ABC das Catástrofes e Topografia da Insônia* (1951) e pelos *Poemas em Prosa* (1955), publicados em tiragem limitada, e mais adiante reunidos, com acréscimos, em *Cadernos de João* (1957). Em nota introdutória, adverte o leitor acerca do que o espera:

> Mapa irregular do nosso descontínuo interior, com os fragmentos, vozes, reflexões, imagens e revolta — inclusive amostras de cerâmica verbal — dos muitos personagens imprecisos que o animam. Afloramento de íntimos arquipélagos, luzir espaçado das constelações predominantes...

Nada mais necessário como expressão da sua reafirmada "consciência lúcida".[28] Entre o poema e a máxima transitam os fragmentos que compõem o volume. Todo o lirismo disperso pelos contos e toda a moralidade neles difusa ou latente, uma moralidade estoica, desencantada, à Eclesiastes, aqui se manifestam liberalmente. Poemas em prosa, com

---

26. Idem, ibidem, pp. 89, 103.
27. Idem, ibidem, p. 159.
28. Idem, ibidem, *Cadernos de João*, Rio de Janeiro: José Olympio, 1957, pp. 5, 100.

reflexões em torno do fenômeno poético ou do poeta, esse "recuperador da presença perdida...", guardam a chave para a compreensão do mais íntimo do autor e da sua obra, ou suscitam a indagação que a desvenda. Se lhe parece indispensável a "oferta cotidiana de muita poesia", se a insônia é "um jogo na orla perigosa, entre a consciência e a vertigem', se acredita que:

> Uma ordem social anti-humana e injusta perturba o sono dos poetas. Não querer tomar conhecimento dela é fazer-se cúmplice de uma evasão que humilha e enfraquece a poesia.

é porque aí se radicam os fundamentos da sua visão do mundo. Em determinado momento, fala do pavor pela "viagem concluída, a coisa acabada...",[29] o que de pronto nos remete ao núcleo da sua diminuta produção: escreveu pouco porque quis ou porque só isso tinha a dizer? Inimaginável a segunda hipótese, a primeira nos obriga a pensar que, assim procedendo, agiu como avaro, privando-nos de obras de engenho iguais às que nos legou. Preferiu viver a escrever? Preferiu o convívio com os semelhantes ao convívio com a sua fábrica imaginária? É lícito ao escritor fazer tal opção sem trair-se? Teria esse direito, mesmo correndo tal risco, quem nos deixou evidências de um talento superior?

É nessa ambiência crepuscular que se movimenta *João Ternura*, fato, aliás, nada surpreendente se recordarmos que, "em sua fase pré-modernista, Aníbal pertence ao grupo dos pós-simbolistas e dos penumbristas, que praticavam uma poesia e uma prosa poética extremamente refinadas".[30] A estrutura em fragmentos, que lembram verbetes de dicionário ou os poemas/máximas de *Cadernos de João*, arma-se como um mosaico. O estilo, sincopado, acentua o gosto da brevidade apotegmática dos poemas em prosa. O parentesco não se interrompe nessas camadas de superfície: à medida que aprofundamos a narrativa, vamos observando a existência de um vínculo secreto entre as duas obras, se não entre todas as do autor. A personagem, não só porque designada no título de ambas, é a mesma, vale dizer, porta-voz do escritor ou a sua máscara preferida. Misto de Macunaíma e de Carlitos, como a crítica já assinalou, ingênuo, primitivo, João Ternura é ao mesmo tempo irreverente, ou infenso à sociedade como se lhe apresenta:

---

29. Idem, ibidem, pp. 27, 33, 49, 66, 234.
30. Fausto Cunha, posfácio a *Seleta em Prosa e Verso de Aníbal Machado*, Rio de Janeiro/Brasília: José Olympio/INL, 1974, p. 132.

Aos poucos foi-se despojando das roupas.
Confiava na correnteza que o ajudaria a libertar-se mais depressa.
Nadando de costas, descobriu que era imensa a concha do dia. Viu a cratera do sol.
E viu o universo em movimento. E se sentiu enorme entre o céu e as águas.
Quase chorou de alegria ao reconhecer as imbaúbas no alto de uma colina. As janelas azuis não tardariam a aparecer no horizonte.[31]

De onde a notória semelhança com *Macunaíma* e com o cinema mudo. Herói à maneira do século XX, protagoniza uma história irmã da rapsódia de Mário de Andrade. Tanto que, na introdução, Aníbal Machado diz que *João Ternura* "não é romance no conceito usual da palavra". Então, o que será? Rapsódia seria a etiqueta correta, se o autor desejasse perseguir a trilha aberta pela sua declaração. Nem falta, para confirmá-lo, a presença de trechos sem pontuação, ou em forma teatral, ou de bestialógico que lembra "herói sem nenhum caráter", ou a intercalação de poemas em versos livres, à 1922.

Daí as notas surrealistas, par a par com outras em que o lirismo alterna com o picaresco, gerando um clima sobrenatural, mítico, que ainda evoca *Macunaíma*:[32]

Sem mais nem menos, no meio da conversa, entrava numa pedra, transformava-se nela. (...)
Às vezes, passava-se para determinada árvore que há dezenas de anos vira se balançando na estrada. E logo lhe assumia a forma e as fibras vegetais. Quando os amigos lhe notavam certa instantânea palidez ou expressão indefinida no olhar, sabiam que ele virara outra coisa... Podia ser peixe, água de chuva, ave, nuvem ou fundo de horizonte. Se queria descansar era só virar banco de jardim, minério ou rochedo.

Na verdade, a peregrinação da "figurinha do rapaz", mergulhado "no seu fluxo habitual de inconsciência",[33] parece uma espécie de *O Pequeno Príncipe* (1943) do jeito mineiro, fábula para adultos que não perderam

---

31. Aníbal Machado, *João Ternura*, 5ª ed., Rio de Janeiro: José Olympio, 1980, p. 62.
32. Aníbal Machado "revelou aos novos o mundo de Apollinaire, Reverdy, Soupault, Supervielle e dos 'grandes' do surrealismo: Aragon, Breton, Éluard", informa Otto Maria Carpeaux, em prefácio a *João Ternura*. Ver também Fausto Cunha. Posfácio à *Seleta* referida, pp. 131-132.
33. Aníbal Machado, *João Ternura*, pp. 66, 134, 152.

o sabor da infância, ou para crianças que podem perdê-lo no curso do tempo. E se precisássemos de provas mais evidentes dessa filiação, bastaria transcrever uma passagem que se diria reminiscência involuntária do conto de fadas de Saint Exupéry:

> — Adivinha, Isaac, o que é que está debaixo daqueles toldos, lá. Olha o trem passando. Você tá pensando que é boi, não é? ou algum quiosque? Pois é caminhão, bobo. E aqueles sacos escuros que estão na frente? Adivinha... É um montão de padres, bobo.[34]

A atmosfera é de *nonsense*, de certo cinema mudo, ou às vezes de Buñuel menos ácido, um mundo mágico a que nem falta, além do *Manifesto dos Não Nascidos*, ou "o texto de um telegrama do futuro", ou "um enorme *Livro dos Inventos*", ou um carnavalesco fantasiado de Deus, a referência expressa a Macunaíma e a heróis infantis: "Ah, que pena a gente não ser nesses momentos como o Homem de Aço, ou o Super-Homem das histórias em quadrinhos".[35]

Ter sido conhecido antes de vir a público — amplamente noticiado e festejando, como se já posto em livro — prejudicou a longa e ansiosa expectativa que cercou o aparecimento de *João Ternura*. Talvez por isso, a narrativa do herói lírico não satisfaz como tal, embora possua as qualidades que encontramos nos contos do autor. A espera atenuou o impacto que provocaria se o silêncio lhe acompanhasse a demorada gestação. Deslustrada, a sua imagem não correspondeu, porque muito divulgada, antes de ganhar a letra de fôrma. Não será em consequência disso que o escritor se recusou a entregá-la ao público em vida? Na introdução à rapsódia, ao dizer que estamos "ante uma obra de que, antes de existir, se falou mais que o devido, à revelia e mesmo a contragosto do autor" — parece reconhecê-lo.

Ao receber, juntamente com Erico Veríssimo, Marques Rebelo e João Alphonsus, o "Prêmio Machado de Assis" de 1935, com *Os Ratos*, o gaúcho DIONÉLIO MACHADO (1895-1985) faria prever, como de hábito, uma enfiada de livros, na sequência do festejado romance. Entretanto, não só levou sete anos para voltar a público, com *O Louco do Cati*, como a narrativa premiada esperaria nove anos para conhecer segunda edição (1944), 31 para a terceira (1966) e 38 para a quarta (1973). Durante esses anos, nos quais lançaria outros romances de tempos em tempos,

---

34. Idem, ibidem, p. 59.
35. Idem, ibidem, pp. 139, 149, 172, 177, 185.

sem maior ressonância (*Desolação*, 1944; *Passos Perdidos*, s.d.; *Os Deuses Econômicos*, 1966), o seu nome era lembrado como uma espécie de escritor maldito ou precursor do *underground* dos anos 1960 e 1970. Até que, de súbito, no início do decênio de 1960, voltasse à cena literária com vários títulos, assim evidenciando que o longo silêncio tinha sido fecundo (*Prodígios*, 1980; *Nuanças*, 1981; *Fada*, 1982, etc.).

Não sendo *Os Ratos* obra de estreia, uma vez que o autor antes publicara um ensaio (*Política Contemporânea*, 1923) e um livro de contos (*Um Pobre Homem*, 1927), é como se o fosse. E por ser premiada, provocou grande abalo no escritor. Com efeito, *Os Ratos* é o seu livro principal, mais uma vez lembrando a situação corriqueira do autor de um só romance que insiste em produzir levado pelo engano, pela inércia ou pela pressão de fora. Romance típico de psicanalista (aliás a profissão do autor), parece a reconstituição de um caso de patologia da mente, de uma pavorosa ansiedade produzida por uma dívida a saldar, expressa por meio da livre associação ou da introspecção, conduzindo à insônia e, por fim, ao delírio em torno dos roedores do título. Naziazeno Barbosa é o herói/paciente, por meio de cujo quadro dostoievskiano de angústia o autor focaliza o drama da classe média sem dinheiro. Cruzam-se, dessa forma, a visão do psicanalista e a do observador social, tornando o romance um misto de caso psicológico e radiografia do universo pequeno-burguês.

Assim, ao mesmo tempo que se delineiam as duas linhas de força que marcarão a trajetória do escritor, assomam as debilidades formais que perdurarão com os anos, como a "mania" das palavras em grifo ou entre aspas, com a intenção de sugerir significados ocultos ou ambíguos, mas que o são ou podem ser tão somente para o romancista, uma vez que tais expedientes deixam frio o leitor mais atento: "Sentar num banco de praça é *esfriar*, perder aquele 'impulso'".[36]

Além de ceder a uma adjetivação pelo menos descuidada, como falar em "pequeno olhar", o autor desce a minúcias dispensáveis, decerto movido pela rotina analítica, mas nem por isso menos dignas de reparo, como, por exemplo:

> Naziazeno lava o rosto, as orelhas, o pescoço. Molha o cabelo. Quando se volta para receber a toalha que ela a seu lado lhe segura, tem a pele vermelha, aparecendo por entre os fios da barba um tanto crescida.
> Enxuga-se. Penteia-se.[37]

---

36. Dionélio Machado, *Os Ratos*, 2ª ed., Porto Alegre: Globo, 1944, p. 28.
37. Idem, ibidem, pp. 13, 166-167.

Tendo dado o máximo de si, como ficcionista *doublé* de psicanalista, Dionélio Machado daí por diante apenas fará manter o mesmo nível, mas sem a tensão do romance inicial. *O Louco do Cati*, como o título mostra, é ainda narrativa de um cultor da psicanálise. Além de subintitulá-la de "aventura", o autor a principia como *Os Ratos*, ou seja, "a primeira aventura foi no bonde", o que desde logo assinala a repetição do esquema de base. E o que em *Os Ratos* surgia como novidade, agora se transforma em maneirismo, à custa de fazer de cada incidente objeto de extensa análise (em grifo, como faria o autor). Basta, para ilustrar a analitose em que o autor se precipita, o simples fato de o condutor do bonde receber dinheiro da personagem ser motivo de uma circunstanciada explanação.

Em consequência, a ação — que decorre longe do herói (herói?), o louco do Cati, fazendo dele mais um triste contraponto, ou pretexto ocasional, que protagonista, pois nem nome possui —, arrasta-se, num andamento pausado, minucioso, enfadonho.[38] Ao concentrar a atenção nos seguidos episódios que pontilham a narrativa, o autor insinua que todos importam para o enredo: na verdade, porém, o psicanalista fala mais alto do que o ficcionista. Trata-se, com toda a evidência, de um detalhismo sem função dramática, tanto mais notório e vazio quanto mais observamos que o louco é figura secundária, perdida entre outras, mero elemento da paisagem social que serve de cenário à narrativa. Esta, por sua vez, é mais contada que mostrada, numa série de aventuras de nítida estrutura novelesca. Ação pela ação, com a agravante de pretender ser profunda, repleta de significados psicossociais. Para culminar a viagem de ida e volta ao Rio de Janeiro que motiva a narrativa — determinada pela fuga de Norberto, agitador profissional —, o louco, ao chegar a Cati, vira lobisomem, sim, lobisomem, isto é, "o Homem decaído e sobrenatural (lobisomem, semi-homem)... (...) Homem-cachorro!" E passada a crise, põe-se a sorrir, e "nos olhos, nos lábios frouxos, nos dentes — uma umidade ouro-pálido ficara lampejando, dourando o seu sorriso",[39] como uma daquelas figuras bizarras, tomadas pela "nevrose", do Decadentismo e do Simbolismo.

---

38. Um dos críticos que mais longamente se interessaram pela obra do autor chega a dizer que "nenhum romancista brasileiro de qualquer época terá excedido o Sr. Dionélio Machado no empenho de enfastiar o leitor e afugentá-lo do texto. É necessária, com efeito, uma força de vontade sobre-humana para vencer a aridez da forma e de pensamento que vai do primeiro ao derradeiro capítulo" (Moysés Vellinho, *Letras da Província*, Porto Alegre: Globo, 1944, pp. 88-89.

39. Dionélio Machado, *O Louco do Cati*, Porto Alegre: Globo, 1942, pp. 280, 283.

Decerto tomando consciência dos exageros e descaminhos a que o conduzira a deformação profissional quando posta a serviço do imaginário, Dionélio Machado atenua nas obras seguintes o viés psicanalítico em favor do social e do político, não sem conservar o gosto pelos grifos, pelas aspas, pelas viagens, pela pormenorização inócua ou de mau gosto (como a menção das funções fisiológicas em *Desolação*). Algumas personagens reaparecem, como Norberto e o louco do Cati, na mesma obra, que por sinal se passa em 1935, em clima de agitação política, ou como o seu protagonista, Manivela, que transita para *Passos Perdidos,* no qual ressurgem os figurantes de *O Louco do Cati.* E a intriga flui horizontalmente, beirando o gratuito, ou com uma significação postiça, malcosida pela intenção participante do autor. Assim, em *Passos Perdidos* o componente político, na pessoa de Manivela, contracena com a prostituição, enfocada como mais-valia, e representada por Dorinha, à qual o agitador resolve ligar-se pelos vínculos do casamento (!), e com questões de família e amor livre.

A falha do escritor reside numa insolúvel contradição ou equívoco estratégico: ao propor-se vencer o atrativo da psicanálise, caiu no extremo oposto, elegendo situações em que a personagem se caracteriza pela "desolação" ou pelos "passos perdidos". Traía, com isso, a sua trajetória: o sem rumo do protagonista é o sem rumo da sua ficção, que depois de *Os Ratos* se concentra cada vez mais em minúcias cansativas e destituídas de sentido. Diga-se de passagem que tal quadro lhe acompanha o itinerário editorial: quando as suas obras, sobretudo a primeira, eram editadas em Porto Alegre, tínhamos o melhor Dionélio Machado. Ao serem impressas fora do seu estado natal, entrou em declínio, como se o abandono do torrão natal constituísse a perda da seiva que lhe nutria a imaginação. Por último, é de recordar que *Passos Perdidos* transcorre em S. Paulo.

Como se desejasse, em vão, regressar ao universo de *Os Ratos*, ou não conseguisse dar vida às situações e personagens, ei-lo a retomá-las mais adiante, tentando, quem sabe, uma infrutífera atualização. *Nuanças* continua *Passos Perdidos,* mas os ingredientes políticos dialogam com o meretrício e o casamento, pois estava em causa "o matrimônio de um revolucionário". De onde o autor se deter em futilidades de alcova, quando pouco inacreditáveis num escritor inclinado às questões de ordem política, chegando a primarismos do tipo "Carmosina é a cortesã; criação diabólica do regime" —, para concluir, cheio de fervor apocalíptico: "Entrosada na vida da burguesia por uma prestação infame de serviço, refletia de algum modo os instantes críticos dum capitalismo em ciclópico trabalho de extinção". Como se não bastasse, o protagonista, ainda e sempre o agitador sem dinheiro, põe-se a pensar: "Tirar-se a meretriz desse engástulo foi quase um compromisso ideológico para o rapaz".[40]

Para agravar esse painel redundante, o estilo vai-se descolorindo ainda mais, perdendo brilho. Com uma linguagem enunciativa, sem vibração, quase impessoal, em *Fada* o autor retorna ao Sul, à campanha, onde imagina a Fazenda da Fada do Monte. Querendo mudar, fugir ao monótono da sua ficção, e não sabendo como, cai no artificioso de, a viva força, instilar erudição no texto, inclusive nos diálogos, pernósticos e balofos, nas platitudes, no "modernismo" de empregar o verbo "xerocar" numa narrativa de evidente caráter pré-1922. Depois de citar *À Rebours* e comparar o herói de *Fada* a Des Esseintes, diz: "Não é um covarde, mas um ente civilizado, senão um céptico, a despeito da idade", de que não se sabe que mais lastimar, se o desengajamento do autor, se a banalidade da observação. E às páginas tantas lembra que o protagonista lia Musset, como se fosse o mais moderno dos autores. E culmina com estas palavras (autobiográficas?), que falam por si: "Foi com o tempo que D'artagnan veio a saber que ele carrega um cognome: o Escritor Maldito. Isso em Arte e Literatura de nada vale. Pense-se no Aristoclês, por exemplo". Ou mais precisamente, com esta tirada ingênua, conquanto atribuída ao "herói": "Ela é uma Fada mesmo, e como tal, perigosa. Submeter-se aos seus influxos é comprar na tenda do Diabo um filtro que lhe tirará toda a alegria da vida".[41]

História de "fadas", que termina em casamento, nem parece do autor denunciante, das obras anteriores, sobretudo de *Os Ratos*, com toda a certeza a sua obra mais equilibrada, e com a qual ganhou espaço na prosa de 1930.

Outro autor de obra única, mas de copiosa produção, é o paulista ORÍGENES LESSA (1903-1986), com *O Feijão e o Sonho*, romance de 1938. Sua extensa bagagem literária se espraia pela narrativa longa (*O Joguete*, 1937; *Rua do Sol*, 1955; *João Simões continua*, 1959; *A Noite sem Homem*, 1968; *Beco da Fome*, 1972; *O Evangelho de Lázaro*, 1972), o conto (*O Escritor Proibido*, 1929; *Garçom, Garçonette, Garçonnière*, 1930; *Passa-três*, 1935; *Omelete em Bombaim*, 1946; *A Desintegração da Morte*, 1948; *Balbino, Homem do Mar*, 1960; *Zona Sul*, 1963; *Nove Mulheres*,

---

40. Idem, *Nuanças*, S. Paulo: Moderna, 1981, pp. 61, 177, 214.
41. Idem, *Fada*, S. Paulo: Moderna, 1982, pp. 72, 76, 83, 86, 111.

1968), reportagens (*Ilha Grande*, 1933; *O.K. América*, 1945; etc.), literatura infantil, o ensaio e o livro didático.

Orígenes Lessa pertence à família dos contistas de qualidade, numa quadra de notáveis cultores de histórias curtas. Mas, se é lembrado sempre que está em foco o conto moderno, é pelo *O Feijão e o Sonho* que a sua presença se define e permanece no decorrer da década de 1930 e seguintes.

Como contista, é o escritor despretensioso por excelência, somente não sendo incluído entre os autores de entretenimento pela seriedade com que maneja o idioma e com que trata dos mais variados assuntos. Pende, assim, entre o contista de moralidade, inclinado à meditação em torno das tragédias do cotidiano miúdo, à Machado de Assis, e o contista "sorriso da sociedade", em voga nos primeiros anos do século XX. De onde o filosofismo devaneante, ou as narrativas como que retiradas das notícias do jornal, mas que guardam os enigmas sem solução e os mistérios sem decifração que a própria vida engendra.

Estreando com *O Escritor Proibido*, título que, acrescentado do adjetivo "amaldiçoado", usava como indicativo do seu estado de espírito nesse início de carreira, Orígenes Lessa é, no estilo e no conteúdo, um caudário da *Belle époque*. Tudo se passa como se a revolução de 1922, desenvolvendo-se nos domínios da estética, não tivesse mudado a sociedade, ainda presa a modelos anacrônicos. E o caráter das narrativas filia-se à corrente maupassantiana, que tantos adeptos encontrava entre nós. Os abismos da alma humana, eis o seu objeto principal, que o livro seguinte (*Garçon, Garçonette, Garçonnière*) manteria, não sem certa melancolia, como a extraída do drama dos imigrantes que se prostituem. Ou certo humorismo, como em "A Aventura do Rei dos Alfinetes", acerca de uma companhia norte-americana de alfinetes que se instala no Brasil.

Estabelecidos os parâmetros estéticos, daí por diante o contista apenas fará por adequá-los a cada caso. Adultérios à Eça ou Zola, equívocos do cotidiano, cenas de carnaval, pitadas de humor machadiano, que se transformaria, com o tempo, em sátira demolidora —, são os ingredientes prediletos, vinculados a um bordão ou paradigma, que conduz toda a produção do autor: "Quantas vezes a gente passa insensível por verdadeiras tragédias!"[42]

Ao longo dos anos, a despeito do apuro da linguagem e da variação de temas, Orígenes Lessa conservar-se-ia o mesmo, no clima e no tom das histórias. Se não participante da "arte pela arte", é um escritor ligado

---

42. Orígenes Lessa, *Passa-três*, S. Paulo: Cultura, 1935, p. 34.

à velha tradição da arte de contar: nem engajado, nem intimista, a sua literatura não obedece às modas, incorporando-se à linhagem de autores que oferecem o pão narrativo para saciar a fome de fantasia comum a todo mortal. Literatura em tom menor, sem ambições de imortalidade ou reconhecimento póstumo, satisfez-se com ser consumida como um produto da terra, ao qual nos voltamos quando desejamos retemperar nossas energias e readquirir o sentido de realidade, e o sentido do "profundamente humano".

Nem por isso a sua obra se confunde com a dos outros prosadores do tempo: carrega um traço marcante de humildade, de atenção aos pequenos nadas que fazem as grandes tragédias do cotidiano anônimo. Mas esse traço precisava de um largo painel para se exibir com toda a força. E assim despontou *O Feijão e o Sonho*, obra-prima do autor e matriz da sua visão do mundo. O protagonista do romance, seu *alter ego*, não só porque também escritor senão porque projeção dessas particularidades de caráter e temperamento, hesita entre "o feijão e o sonho", a simbolizar essa literatura entre o dia a dia jornalístico e o imaginário. Ou entre a verdade e o sonho, como em *O Joguete* (escrito em quinze dias, para ganhar uma aposta), que o autor repudiou, certamente desconcertado com o seu enxame de lugares-comuns, mas que, sendo uma espécie de preparação para a obra capital, denunciava a obsessão que o acompanharia até o fim.

As sucessivas edições de *O Feijão e o Sonho* dizem bem do prestígio que a narrativa gozava entre os leitores. Metáfora da trajetória/drama de todo ficcionista, perplexo entre a realidade e a imaginação, além de funcionar como uma espécie de autobiografia romanceada, descreve o modo como o autor descortina o universo das suas personagens, em que a mesmice diária — o feijão — esconde sempre um "mistério" — o sonho —, ainda que em doses ínfimas. Chega a dar-nos, em rápidas pinceladas, um autorretrato, expressão de uma lucidez otimista, por certo ainda crente no ser humano em geral, embora desesperançado do indivíduo: "Seu diálogo era profundamente verdadeiro. As cenas eram reais, intensas, dolorosas. Uma onda de ironia, chispas doidas de humor, pontilhavam a narrativa".[43]

Se o "escritor proibido e amaldiçoado" de 1929 se convertera no romancista jogado entre "o feijão e o sonho", nesse autorretrato se encontra o eixo da sua inventiva, seja quando assume o tom à *Memórias Póstumas de Brás Cubas*, em *João Simões continua*, seja no caráter autobiográfico de *Rua do Sol* e *O Evangelho de Lázaro*, seja ao tratar da prosti-

---

43. Idem, *O Feijão e o Sonho*, 2ª ed, S. Paulo: Civilização Brasileira, 1941, p. 224.

tuição em Noite *sem Homem*. Agora e sempre, a dicotomia fundamental, o conflito que não é só seu, expresso numa linguagem descontraída, de um autêntico contador de histórias, cheio de bonomia e solidariedade humana.

JOSÉ GERALDO VIEIRA

José Geraldo Manuel Germano Correia Vieira Machado da Costa, de ascendência açoriana, nasceu no Rio de Janeiro, a 16 de abril de 1897. Após os primeiros estudos, segue para a França, em 1911, de onde regressa passados três anos, com a deflagração da I Guerra Mundial. Matricula-se na Faculdade de Medicina do Rio de Janeiro, vindo a formar-se em 1919, no mesmo ano em que publica, em plaquete, um poema em prosa, *O Triste Epigrama*. No ano seguinte, está de volta a Paris, a fim de especializar-se em radiologia. Com o mesmo objetivo, ruma para a Alemanha. Antes de retornar, em 1922, faz longa viagem, pela Europa, iniciando um hábito que conservaria ao longo da vida. De novo no Rio de Janeiro, casa-se e abre clínica, sem abandonar os projetos literários. No ano do regresso publica *A Ronda do Deslumbramento*, "contos simbolistas compostos com um brilho fulgurante de joalheira bizantina" e que se recusaria a reeditar.[1] Em 1931, dá a público *A mulher que fugiu de Sodoma*, que logo chamou a atenção para o seu nome. Muda-se para Marília (Estado de S. Paulo) em 1941. Pouco depois, abandona o exercício da medicina para se dedicar, em S. Paulo, à literatura, como autor e tradutor, e à crítica de artes plásticas, em que também granjeou nomeada. Faleceu na capital paulista, a 17 de agosto de 1977, deixando, além de *Carta a Minha Filha em Prantos* (1946), os seguintes romances: *A mulher que fugiu de Sodoma* (1931), *Território Humano* (1936), *A Quadragésima Porta* (1943), *A Túnica e os Dados* (1947), *A Ladeira da Memória* (1950), *O Albatroz* (1952), *Terreno Baldio* (1961), *Paralelo 16: Brasília* (1966), *A Mais que Branca* (1975); ensaios e poesia.

José Geraldo Vieira definiu-se literariamente numa quadra em que a moda, respirando os novos ares que sopravam desde 1930, era a concepção de grandes painéis sociais, onde se projetassem as mudanças em

---

1. Maria de Lourdes Teixeira, "Um Testemunho", in Vários Autores, *José Geraldo Vieira no Quadragésimo Ano da Sua Ficção*, S. Paulo: Conselho Estadual de Artes e Ciências Humanas, 1979, p. 11.

curso ou preconizadas pela vanguarda do pensamento. E não fugiu à regra: conquanto não partisse de um plano preestabelecido, nem mesmo de um vago projeto, a sua obra acabou por revelar-se tão ambiciosa, em amplitude, quanto a de José Lins do Rego, Jorge Amado, Erico Veríssimo e Octavio de Faria.

Mas, diferentemente deles, parecia destinado a ser autor de obra única. Com efeito, *A mulher que fugiu de Sodoma* encerra todos os ingredientes da sua catedral romanesca: com poucas variações, os estereótipos humanos cunhados na obra inaugural permanecerão no curso das outras narrativas. Dessa fidelidade às matrizes constitucionais decorreriam a grandeza e a miséria do seu espólio literário: repetia-se ao insistir nos mesmos componentes ficcionais, fruto de uma singular experiência humana e cultural. Todavia, a reiteração desenrolava-se num alto grau de tensão estética. E quando procurou inovar, seja por sentir o esgotamento dos temas, seja pelo anseio de mudança, o resultado não correspondeu à expectativa.

Paralelo 16: Brasília e *A Mais que Branca,* as suas últimas obras, são testemunho disso: o tema de ambas vem de fora; a primeira, inspira-se na construção da nova capital; a segunda, numa história verídica que um amigo insistiu transformasse em romance. Ali, o caráter jornalístico, de circunstância, comemorativo; aqui, a vivência sofre a transmutação imaginária, mas sem convencer. Nos dois casos, ainda que persistam as linhas de força peculiares ao romancista, é notória a diferença de tom, propriedade e densidade, chegando a dar a impressão de epígono de si próprio.

Conquanto não haja similitude na ideação e no estilo, a obra de José Geraldo Vieira estrutura-se à luz de Proust. Nota-se, pelo menos, análoga determinação de recuperar o tempo perdido, não apenas nos fatos que compõem as narrativas, como também no clima emotivo que as perpassa. Aliás, o seu proustianismo era consciente, seja pelas referências várias ao escritor francês, inclusive numa altura, como em *A mulher que fugiu de Sodoma,* em que o seu nome estava longe de circular em nosso meio literário, seja por dizer, em *Carta a Minha Filha em Prantos,* que era o seu *Le Temps Perdu* o romance que escrevia na ocasião. Proustiano por qualquer coisa que é mais do que o simples esmiuçar da memória no encalço do passado — como ocorre, por exemplo, em José Lins do Rego — é nostalgia, viagem poética no funil do tempo, banhada de comoção e ternura.

O seu proustianismo, se não é literário, no sentido de se abeberar passivamente de prosadores que praticavam, na esteira do criador de Swann, a introspecção no tempo remoto, é-o por conferir aos acontecimentos verídicos um ar de irrealidade ou lirismo. Desse ângulo, o narrador desde sempre divisaria os fatos por meio da imaginação ou por ela transfigurados; quer dizer, coados pela rica sensibilidade estética, transfundindo em ficção o dado concreto e, a um só tempo, emprestando verossimilhança histórica ao fruto imaginário. De onde não ser possível, exceto em pormenores, saber o que é reconstituição documental do passado, e o que resulta da metamorfose por meio da memória e da fantasia: "Onde a realidade? Onde a imaginação?"[2]

Como sempre, aliás, em se tratando de ficcionistas obstinados em reconquistar o tempo perdido, subtraindo-o das malhas do esquecimento ou da distorção. Memória literária, memória de ficcionista, de inventor, que recorda com emoção, norteado não somente pela veracidade real, como também pela verossimilhança oculta nas dobras dos acontecimentos:

> Quando atravessou o pátio e se reviu no Estudo, José compreendeu nitidamente que a infância havia acabado. Fingia ler, para disfarçar as lágrimas.
>
> ....
>
> Elogiavam-lhe o pendor para a religião, ignorando que ele na *Seleta* e na *Antologia* de autores clássicos buscava temas pagãos. No refeitório, como regalia, designavam-no para ler alto Vidas de Santos, quando na verdade lia à noite romances de Eça que escondia dentro do colchão.[3]

Na rememoração do pretérito, ainda o mais distante, além desse halo de nostalgia, vizinho da reconstituição poética do tempo, observa-se certo narcisismo. O narrador que fala na primeira pessoa, como em *Carta a Minha Filha em Prantos*, ou em *Terreno Baldio*, ou em *A Ladeira da Memória*, ou emprega o disfarce da terceira pessoa, como em *Território Humano, A Quadragésima Porta, A Mais que Branca,* não dissimula o gosto em falar de si próprio. E nessa egolatria, de contorno romântico, vai a distância que o separa dos escritores autobiográficos, como José Lins do Rego, que vasculham o baú da memória à falta de outras fontes de inspiração. Daí não estranhar o paralelo com a sondagem temporal

---
2. José Geraldo Vieira, *Território Humano*, 2ª ed., S. Paulo/Brasília: Martins/INL, 1972, p. 261.
3. Idem, ibidem, p. 129.

de Proust, respeitadas todas as diferenças, a principiar do fato de o narcisismo, no autor francês, ser levado às últimas consequências, a ponto de permitir ver, na ansiosa busca do tempo perdido, uma autocompaixão de condenado à morte.

Num caso e noutro, porém, é o "eu" o espetáculo único, servindo as demais personagens como caixa de ressonância, espelho em que o ego se contempla e se reconhece. O pobre Mário Montemor, de *A mulher que fugiu de Sodoma,* que morre em Paris, vítima da tuberculose e de terrível equívoco, é tanto o próprio "eu" do romancista (ou a voz que por ele fala) quanto o autor da *Carta a Minha Filha em Prantos,* ou o protagonista de *Território Humano* e romances seguintes. Nítido recorte autobiográfico, não faltando sequer o uso de nomes reais para assinalar certas figuras em cena.[4]

Acresça-se que a recuperação do tempo perdido transcorre sob o manto da idealização ou da ficcionalização, sobretudo no tocante à infância. E não só porque se trata de um ficcionista, mas porque a meninice surge aureolada de fantasia, a fantasia narcísica que o acompanharia até o fim. Basta ver que o herói de *Território Humano* é José Germano, isto é, o próprio autor, cuja identificação é realçada pelo recurso à terceira pessoa, visto que o apelo àquele foco narrativo não o inibiu de concentrar-se no "eu" ou não o obrigou a estender-se para outros figurantes, meros satélites do astro-rei. Em suma, a primeira pessoa é a verdadeira perspectiva da narrativa, lembrando a de *O Ateneu,* com o qual os primeiros capítulos guardam notável semelhança.

E é precisamente nesse narcisismo, apesar das aparências em contrário, que reside a grandeza de José Geraldo Vieira: a força de sua obra romanesca provém dessa amplidão de horizontes da memória e da consciência, desse alongamento de fronteiras, pessoas e situações, por

---

4. Quanto ao aspecto aubiográfico, vale a pena lembrar que, para o autor, o herói de *A mulher que fugiu de Sodoma* "é uma deformação dum amigo meu, de vida real, o Vitorio, filho por sua vez duma conhecida minha, a baronesa de Ibiapaba (que no livro tem o título de baronesa de Sincorá)". E acrescenta: "mas obras mesmo autobiográficas ou quase, são *Território Humano*, parte de *A Quadragésima Porta* e do *Terreno Baldio,* e principalmente *A Ladeira da Memória* quanto às sequências líricas e dramáticas". Por fim, confessa, significativamente, que "comparado a todos os demais personagens de meus romances (romances onde eu apareço em *doublés*, em heterônimos diversos, mercê de complexos e de cartazes), Cássio Martinho [de *Território Humano*] parecerá o ÚNICO inventado". (José Geraldo Vieira, "Depoimento" e "J. L. C.", in *José Geraldo Vieira no Quadragésimo Ano de Sua Ficção*, pp. 99, 105, 108). Ver também *Carta a Minha Filha em Prantos*, 2ª ed., S. Paulo: Martins, 1964, passim.

meio do qual o espetáculo do "eu" para si próprio incorpora o espetáculo do mundo, posto que nele refletido ou a refleti-lo. É o casamento entre o impulso para a interioridade e a projeção para o exterior a chave desse romancista de primeira água. Por outras palavras, pela expansão do "eu", mercê da cultura, das viagens e da experiência vital, o romancista abria espaços, como nenhum outro do seu tempo, para o romance de alta voltagem. Enquanto alguns contemporâneos se restringiam à expressão do mito individual, escolheu aliar a essa mesma busca o encontro do "outro" (embora reflexo ou extensão do "eu", e assim conseguiu a harmonia dos contrários, difícil de alcançar por um escritor menos dotado, ou impossível pelos céticos ou pessimistas.

Tendo em conta essa egolatria, compreende-se que o autor fosse marcadamente um esteticista: além de interessado em questões de arte, os seus romances têm por escopo a beleza. O ponto crucial descortinável em seus escritos deriva dessa visão em que o objeto de arte, ou o fulgor das narrativas, reproduz a paisagem do "eu" que se autoadmira, como se transmutasse tudo em estesia.

E é na linha dessa expansão do "eu" necessitado dos confins do planeta para mostrar todo o seu potencial, conteúdo e multiplicidade, que se inscreve uma das características mais reveladoras do romancista: o cosmopolitismo. Desde a obra de estreia, as suas narrativas se passam, as mais das vezes, no estrangeiro, da preferência Paris, onde viveu por muitos anos, e que revisitou em várias ocasiões. Alguém diria tratar-se de uma propensão algo esnobe, sobretudo num tempo de franco nacionalismo/regionalismo entre nós. No entanto, sem descartar a hipótese de haver condimentos dessa espécie em sua construção ficcional, pede a justa interpretação que nela divisemos também o intuito de escrever romances de largo alcance. Não por reação contra folclorismo em moda no decênio de 1930, senão por experiência e formação europeia, objetivava universalizar a nossa ficção. Para tanto, localiza o enredo noutros continentes, e quando o situa aqui, via de regra o faz tendo em mira uma trama de cunho mais amplo.

O próprio autor o confessa, na *Carta a Minha Filha em Prantos,* ao dizer que escrevia "noites e noites", desde 1938, o meu romance ecumênico, ou no "Átrio" de *A Quadragésima Porta,* por ventura a sua narrativa mais ousada, ao declarar que criava as suas personagens.

numa tentativa não de romance cosmopolita, mas de encruzilhada ecumênica e trazem múltiplos elementos do caráter humano — hábitos, vícios, virtudes, emoções, compromissos e emancipações![5]

Apesar da distinção sugerida, o plano do escritor era o de criar um romance cosmopolita, ecumênico, em que se compendiassem as situações paradigmáticas do ser humano. Plano esse, na verdade, comum a todo ficcionista de vistas panorâmicas, desde Balzac e a sua "Comédia Humana" até os contemporâneos, aqui e lá fora, voltados para o erguimento de grandes painéis sociais, não raro em "ciclos". Entretanto, José Geraldo Vieira propõe-se menos a elaboração de um ciclo que de romances nos quais se mostrasse a complexidade das relações humanas, em diferentes espaços, como a detectar o mesmo homem na variação de climas e povos, ou seja, "o romance temporoespacial, um estilo em redoma que abarque tudo, recesso gráfico e acústico da contemporaneidade total".[6] *A Quadragésima Porta* passa-se em Portugal, na França, na Rússia e na Inglaterra, numa típica estrutura de novela, evidente no fato de a ação começar na I Guerra Mundial e terminar em 1942. Gonçalo, um dos protagonistas, regressa a Mogadouro, em terras lusitanas, vindo do planalto de Pamir, "para lá e para cima da Índia, entre o Turquestão Russo, a Pérsia e a China".[7]

É nessa atmosfera globalizante, beirando o exótico, que transcorre a ficção de José Geraldo Vieira. De onde a ideia de torre de Babel, aplicada à agência noticiosa "D-U", representar com flagrância esse romance, senão toda a produção de autor. Nela repercutem mil vozes, em desencontro, ou, ao menos, em contraponto — os habituais "caminhos cruzados" —, atritando-se com mil e uma informações, citações, referências, por vezes "ruídos" que dificultam o fluxo da comunicação, especialmente para o leitor menos preparado ou menos informado. Tem-se a impressão de ler um romancista *art nouveau*: as suas personagens percorrem cenários saturados de arte, lembranças e sensações.

O mundo das personagens é a classe média abastada ou o círculo refinado de artistas, escritores, vivendo em ambientes europeus ou à europeia. Daí o romance da aristocracia do dinheiro ou da cultura, encerrada numa redoma, aberta para os raros, por onde correm brisas

---

5. José Geraldo Vieira, *Carta a Minha Filha em Prantos*, p. 88; *A Quadragésima Porta*, Porto Alegre: Globo, 1943.
6. Idem, *José Geraldo Vieira no Quadragésimo Ano de Sua Ficção*, p.100
7. Idem, *A Quadragésima Porta*, p. 23

da *Belle époque*, ou dos anos loucos do pós-guerra 1914-1918. E nesse universo arrasado pela guerra, cujos remanescentes o autor insistia em fixar, a erudição ocupa lugar destacado, erudição do narrador ou dos protagonistas. Estes falam francês, muitas vezes, transcrito na íntegra, uma paisagem recorda a pintura de De Chirico, figuras de renome contemporâneas do romancista em suas peregrinações pela Europa, como Mário de Sá-Carneiro, Proust, Apollinaire, Valéry, Picasso, etc., são lembradas como se fossem vivas, patenteando a sua perspicaz atualização. Outras muitas são mencionadas em contínuos rasgos de cultura enciclopédia. Sendo tão frequentes, quase escusaria exemplificar, mas vale a pena transcrever, como ilustração de um traço distintivo:

> Eu, que estou virando canastrão sexagenário, farto de saber através de Homero, Virgílio, Camões, Azurara, Chaucer e Swinburne que espécie de monstros marinhos devoram fenícios, cartagineses, gregos, ibéricos, normandos e celtas: que comentei tantas vezes o *Virgilius Nauticus*; que quando rapaz crismei em Banyuls um de meus braços com o nome de *Páralo*, nome que não pegou por ser difícil e cabotino; etc.[8]

Pode-se falar, por conseguinte, em romance erudito, a par de romance cosmopolita ou ecumênico, em se tratando de José Geraldo Vieira. O gosto do detalhismo, outra marca identificadora do autor, liga-se intimamente a tais características. Um detalhismo de colecionador de obras de arte, como se as palavras veiculadoras de pormenores estéticos equivalessem a objetos artísticos. Sucede, porém, que nem sempre, para não dizer muito raro, o detalhe carrega sentido dramático: é o detalhe pelo detalhe, ou como parte integrante do pano de fundo requintado em que se desenrolam as cenas. Enlaçados, o detalhismo e a erudição desencadeiam o processo metafórico por vezes rarefeito, cujo sentido, à custa da sutilização que o informa, raia pelo gratuito. Vejamos um exemplo: "Então o periquito, como um Nijinski em jardim de sanatório para psicopatas, lá veio, de viés, titubeou e entrou na gaiola".[9]

Essa metaforização erudita põe-se a serviço da exposição de dramas sociais, geralmente de natureza afetiva, dando origem a histórias de amor, ou antes, romances de costumes, na linha da ficção urbana de Coelho Neto e Afrânio Peixoto, por sua vez filiada à narrativa realista e naturalista. Todavia, por focalizar a alta burguesia, anestesiada pelo ócio

---

8. Idem, *Terreno Baldio*, S. Paulo: Martins, 1961, p. 13.
9. Idem, *A Túnica e os Dados*, Porto Alegre: Globo, 1947, p. 56.

sem dignidade, e também pelas outras características apontadas, o seu costumbrismo não defende tese alguma, salvo se entendermos por tese a ideia latente de que o sentimento amoroso pode redimir ou perder. Para concretizá-la, lança mão de narrativas de esteta, de um escritor mais preocupado com a beleza que com o bem, ou melhor, com o bem inscrito na beleza, numa equação a que nem mesmo escapa o romance inicial, polarizado na jogatina. O (anti-)herói degrada-se aos poucos até morrer como indigente, mas uma coisa é ser mendigo sublime, injustiçado, em Paris, outra é ser vagabundo no Rio de Janeiro ou em S. Paulo. Entretanto, apesar de haver muita fantasia nessa visão do ser humano degradado numa grande capital europeia, a intriga não afunda no melodramático, — embora dele se aproximasse perigosamente —, em razão de o aspecto estético e o ético constituírem, na visão do autor, uma unidade indivisível. A sua análise rejeita a moralidade, burguesa ou piegas, que poderia acompanhar o declínio de um moço viciado na roleta, desconhece os compromissos ideológicos (políticos ou religiosos), mas se recusa a ser puro entretenimento: a seriedade posta no exame do corpo social pressupõe o conceito de literatura como forma de conhecimento.

De onde a lucidez artesanal, a consciência de produzir um objeto estético de múltiplas faces, não simples ficção de passatempo. O afã de modernidade que o impulsiona também se manifesta nesse particular, por intermédio do metarromance, segundo o qual o narrador pensa a fábula que tece — "Num romance, quando as coincidências principiam, transformam um ou outro capítulo em binário de estação ferroviária; quando elas se avolumam, os transformam em pátios de manobras e desvios"[10] —, ou dela participa como personagem, autor de romances, e fala dela criticamente, como em *A Ladeira da Memória*. Evidenciava, assim, que sabia estar criando obra imaginária, mas nem por isso menos sujeita ao rigor consciente e ao crivo analítico, para além da inspiração de momento, tornando-se o mais avançado de todos os contemporâneos nos domínios da ficção.

A essa tendência para o metarromance vincula-se o experimentalismo na construção do enredo: cada obra se organiza de acordo com um molde que se pretende novo, adaptado à matéria enfocada. Ora linear, como em *A mulher que fugiu de Sodoma*, ora apoiando-se em sucessivos *flashbacks*, na mesma obra ou em *Albatroz*, ora estendendo-se por vários decênios, como em *A Quadragésima Porta* ou em *A Mais que Branca*, ora

---

10. Idem, *Território Humano*, p. 289

por uma semana, como em *A Túnica e os Dados,* ora adota a estrutura tripartite de ode, como em *Terreno Baldio,* ora o simultaneísmo, inclusive no plano onírico, como em *A Túnica e os Dados,* ora descreve paisagens e cenas como um artista plástico, ora não esconde o débito para com a linguagem cinematográfica. O seu objetivo era o "romance-rio", entendido à maneira de *Les Thibault,* de 9 volumes (1922-1940), de Roger Martin du Gard, cujo entrecho reconhece "haver continuado", ou de *Os Buddenbrooks* (1900), de Thomas Mann.[11]

O estilo, sem igual, acompanha tal exuberância técnica: de início, distinguia-se pelo barroquismo, ou preciosismo, que se deve creditar mais ao empenho de moldar a expressão correta para representar personagens, cenários e situações, que ao gosto de "escrever difícil", para os eleitos. Estilo castiço, "clássico", lusitanizante, explica-se, quem sabe, pela sua ascendência açoriana ou formação científica. Por vezes, nomeadamente no primeiro romance, à custa de procurar a palavra exata, acaba resvalando no hermetismo:

> Apertou mais os olhos de encontro à travessa da janela. E a redonda, de ametista, tomou movimentos pluricelulares, ficou cheia de anêmonas tremeluzentes de neurônios em fucsina, donde emergiam raízes faiscantes, numa palpitação que, apesar de microscópica, tinha uma profundidade infinita.[12]

Trata-se, com toda a evidência, do extremo a que chegou um romancista obcecado por cinzelar a sua linguagem, como faria um escultor, ou emprestar-lhe cor, perspectiva e volume, como faria um pintor. O exemplo é ilustrativo de uma marca estilística peculiar em especial fazendo pensar, no romance de estreia, num Coelho Neto mais culto, mais viajado, mais universal em sua frondosa verbalização. No entanto correndo o risco de afogar na volúpia das imagens rebuscadas uma vocação de romancista pelo menos à altura do melhor que os anos 1930 produziram no setor.

Com o tempo, o estilo descontrai-se, sem perder em precisão, vernaculidade e detalhismo, decanta-se, sem perder as qualidades específicas. Torna-se, enfim, menos rebuscado, sem prejuízo da originalidade, como em *Território Humano,* em que registra o linguajar popular estropiado

---

11. Idem, ibidem, p. 229; *José Geraldo Vieira no Quadragésimo Ano de Sua Ficção,* p. 107.

12. Idem, *A Mulher que fugiu de Sodoma,* 4ª ed, S. Paulo, Melhoramentos, 1975, p. 113.

(influência do romance social de 1930?), ou em *A Túnica e os Dados*, no qual fixa a linguagem caipira em oposição à sintaxe lusitana, quando na obra inicial a impressão era que líamos um ficcionista português.

Para bem compreender o virtuosismo estilístico de José Geraldo Vieira, é preciso lembrar que está a serviço do romance estético, ou poético, em que a emoção, ou antes, a comoção, desempenha papel relevante, uma comoção onipresente, como um perfume sutil, e que alcança na *Carta a Minha Filha em Prantos* a sua forma mais aguda e mais expressiva. Daí que um breve trecho, impregnado de comoção, à semelhança do que se transcreve a seguir, exibe por completo esse halo permanente de lirismo e nostalgia se o lermos tendo em mira o curso da narrativa a que serve de epílogo:

> Sempre que volto ao Brasil para ver as obras da avenida Getúlio Vargas e de Benfica, sinto saudades de Da Rho e Pilon, já tão velhos porém cada vez mais nimbados de sabedoria. Sempre que volto à França, para rever Sainte-Mère-l'Église, Paris e Banyuls, sinto saudades de Iseu e Breçayda, um tanto grisalhas porém cada vez mais nimbadas de suavidade. Em segredo confesso que o meu maior prazer é receber garatujas de Jorginho que, como eu, não pôde ser Vasco visto que o autêntico, mesmo tendo vivido tão pouco, perdura como paradigma teórico.[13]

CORNÉLIO PENA

Nasceu em Petrópolis, a 20 de fevereiro de 1896, mas já no ano seguinte está com a família em Itabira do Mato Dentro (Minas Gerais). Após breve estada no Rio de Janeiro, em razão da morte do pai, retorna a Itabira em 1900, e de lá para Campinas (1901). Num acidente, perde a vista direita (1906). Em 1913, vem com a família para S. Paulo, e matricula-se na Faculdade de Direito. Formado (1919), muda-se para o Rio de Janeiro, onde colabora na imprensa e dedica-se às artes plásticas. Por volta de 1925, ingressa no Ministério da Justiça, de onde se exonera em 1941 e transfere-se para S. Paulo. Com o falecimento da mãe (1943), volta para o Rio de Janeiro. Casa-se, viaja para a Europa (1950). Faleceu no Rio de Janeiro, a 12 de fevereiro de 1958, deixando quatro romances; *Fronteira* (1935), *Dois Romances de Nico Horta* (1939), *Repouso* (1948),

---

13. Idem, *Terreno Baldio*, p. 247.

A Menina Morta (1954), além de fragmentos de um outro, *Alma Branca*. Os seus *Romances Completos* foram reunidos num volume em 1958.

À semelhança dos outros integrantes da geração de 1930, independentemente da linhagem perfilada, Cornélio Pena sofreu o estigma da memória e da experiência pessoal. Não importa, no momento, discutir até que ponto a ficção, seja qual for a sua natureza, deriva dessas fontes inspiradoras. Mas assinalar que, sem obedecer a um programa estético — pois que razões de vária ordem ideológica os distanciavam —, tanto os regionalistas quanto os adeptos da introspecção se irmanavam no respeito àqueles fundamentais parâmetros criativos, apenas divergindo no modo como os empregavam.

À luz dessa perspectiva, não estranha que a escassa produção de Cornélio Pena apresente dois estágios, separados pelo recurso à memória ou vivência, simultaneamente particular e alheia. Os três romances iniciais seguem um andamento, desenrolam-se em atmosferas nas quais esses instrumentos estéticos predominam. E o quarto acusa uma mudança de rumo, determinada pela exaustão das anteriores linhas de força.

O primeiro movimento desse concerto inacabado transcorre em adágio: música de câmara, em surdina, murmurada aos ouvidos do melômano sensível, a ficção de Cornélio Pena começa por distinguir-se no espaço dos anos 1930, pela musicalidade. Não só a frase se mostra repassada duma melodia sutil, aderida à memória, como se nela transparecesse a música do tempo, mas também o entrecho das narrativas ressoa distantes timbres numa suavidade que se diria à Bach, não fosse de extração romântica.

É nesse quadro de acordes longínquos, retidos pela memória, que se inserem as demais características da sua obra ficcional. A introspecção privilegia os desvãos, os interstícios, nas quais a voz se cala e apenas se percebe o vago frêmito da sensibilidade, pronta a transformar-se em som, articulado ou não em palavras. Percepção dos subentendidos, das meias-alusões, dos pensamentos interrompidos ou fragmentados, dos vocábulos de dupla ou múltipla significação, que flutuam no ar como sintomas de uma inquietude para além das aparências. Percepção do "eu profundo", imersão no intrapsíquico, sugerido por meio de recursos indiretos, região de vaguidade habitada pelos símbolos ou dando-se através deles. Psicologia profunda, esforço de captação da face oculta das personagens, onde se movimenta o inconsciente ou o inexplicável da conduta humana: o plano invisível, transcendente, a subconversa, o subdiscurso, ou o (pré-) discurso mais autêntico, camuflado no texto de superfície, ou o discurso silencioso dos olhares, pausadas e gestos, mais eloquente que o verbal. De onde o vago, o misterioso, o irreal, o fantástico, o quimérico, expressão desse mais além do horizonte, que logo evoca a prosa decadentista simbolista:

> os avós de Maria, seus antigos possuidores, levavam uma vida de fantasmas, em pé diante da vida, só se sentando ou recostando, quando doentes, para morrer
>
> ....
>
> o zonzonar que me enchia os ouvidos, dava-me, logo depois, uma impressão de irreal, de fantástico.
>
> O rosto e os olhos de Maria Santa perdiam, como os de um gato em repouso, pouco a pouco, o seu brilho, e completavam a esquisita sensação que sentia
>
> ....
>
> A visão real, mas fantasmagórica, do grande páteo de pedras lívidas, lavadas pelas enxurradas espumantes.[1]

À indeterminação psicológica soma-se o caráter inespacial e atemporal das histórias, configurando uma espécie de anti ou anteproustianismo, de oblíqua analogia com a finura analítica de Machado de Assis. Ao contrário do que vimos em José Geraldo Vieira, não é a reconquista do tempo perdido que está em causa nas três obras iniciais: onde se passam? Quando? Evidentemente, podemos dizer que a ação transcorre em Minas Gerais, no século XX, mas tal localização significa muito pouco ou o mesmo que nada. Para Cornélio Pena, o desafio consistia menos na restauração do passado remoto que no desvendamento interior dos seres e, por reflexo, do ambiente em redor. É a alma das personagens o alvo da sua atenção, visual e auditiva:

> Como poderia apoderar-se daquela alma, que ainda não surpreendera, a que talvez não surpreendesse, nunca, conhecendo-a apenas pelos seus ecos longínquos e voluntários?
>
> ....
>
> e muitas vezes o julgavam um simulador, ao ser descoberto algum ângulo mal iluminado de sua alma.
>
> ....

---

1. Conélio Pena, *Fronteira*, in *Romances Completos*, Rio de Janeiro: Aguilar, 1958, pp. 17, 27-115. As demais citações serão extraídas dessa edição.

Sua alma, libertada de tudo e de todos, se reunia agora em um só centro, e tudo resolveu com extraordinária clareza e rapidez.[2]

Daí o clima de *natural absurdo*, meio à Kafka e meio à Clarice Lispector, à Dostoiévski e à Agustina Bessa-Luís, marcado pelas antíteses, desconexões ou paradoxos psicológicos: "Seus sacrifícios eram invejados, e a sua caridade se dispersava em cumplicidade, afastando-o de Deus...".[3]

Desses paradoxos defluem ou por seu intermédio se exprimem as duas forças-motrizes básicas da cosmovisão de Cornélio Pena: a loucura e a morte. As personagens, sentindo o "absurdo de sua vida sem ligação com a realidade", vagam entre a demência, ou o medo de enlouquecer, e a morte, ou o medo da extinção, tangidas por dois demônios interiores ou duas aflições correlatas ou decorrentes: "remorso de viver, medo de viver...".[4]

Na verdade, uma tênue linha separa as personagens da loucura e da morte. São, quando pouco, neuróticas: a "santidade", o "milagre" e o "crime" de Maria, a heroína de *Fronteira*, representam um clima em que a fantasia, a transcendência, se sobrepõem à realidade; Nico Horta é um esquizofrênico, vivendo dois romances, com Maria Vitória e Rosa (esta se suicida quando o protagonista se casa com a outra), ou correspondentes ao relato da sua vida e da sua morte, entendidas como narrativas distintas e misteriosas. Dividido psicologicamente, grita — "o resto de minha existência por um minuto de reconciliação total com a vida!" —, e mais adiante sente "que se transformava em um ser fantástico, sem limites, livre da triste desordem que carregava dentro de si, como um fardo maciço".[5]

O ambiente de *Fronteira*, *Dois Romances de Nico Horta* e *Repouso* é, pois, de neurose. Tudo acontece como se observássemos o âmago dum vasto monólogo interior, a irrupção do inconsciente espicaçado pela terapia psicanalítica, ou se um processo catártico se desenvolvesse à nossa frente. Nesse aspecto, a figura de Nico Horta é modelar, tal a dissociação da sua mente:

quando descia demasiado em suas autoanálises, depois, ao falar ou agir de acordo com o que lhe viera até à tona nessas sondagens, ele se encolhia me-

---

2. Idem, *Dois Romances de Nico Horta*, pp. 241, 252, 261.
3. Idem, ibidem, p. 203.
4. Idem, ibidem, pp. 265, 268.
5. Idem, ibidem, pp. 313, 331.

droso, agarrando-se a qualquer ideia simples e ingenuamente convencional, para não ser arrastado por aquela correnteza vertiginosa e subterrânea.

mas Dodôte, de *Repouso,* ao "deixar-se dominar pelo desânimo das análises demoradas e esterelizantes",[6] também exemplifica esse diagrama psíquico.

Posto de lado o impacto da Psicanálise —, uma vez que se trataria mais da tendência mineira para a introspecção, a desconfiança, a ambiguidade —, a ficção de Cornélio Pena pertence a uma família literária que bebeu em Freud, ou no contexto que as suas descobertas geraram, uma técnica de análise das personagens, cujas falas são encaradas como o discurso associativo do divã terapêutico. A crítica de base psicanalítica encontraria farto material de exame nos seus romances: a rigor, o suporte da análise freudiana é indispensável ao seu cabal entendimento e interpretação.

Tanto para as personagens como para o narrador, o "outro" é, se nos ativermos à visão junguiana, o inconsciente, o arquétipo, a divindade. Na interminável guerra íntima entre os figurantes em cena, o que está em causa é a loucura, seja como ingresso definitivo na fantasia exiladora da realidade, seja como a falta de comunicação entre os seres. A incomunicabilidade humana, derivada dos conflitos enfrentados pelos indivíduos um a um e por todos em conjunto, visto que ninguém é inteiro, uno, liberto, capaz de opor-se completamente ao "outro", ou, ao revés, de identificar-se com ele, — eis a tese central da ficção de Cornélio Pena.

Afastadas (ou atraídas) pela vesânia, aterrorizadas pelas sombras da morte, as personagens de Cornélio Pena deslizam, como espectros, num clima de misticismo. Maria, de *Fronteira,* vive o calvário, a "Missão", que a conduz à "santidade", não sem frases bíblicas do gênero: "Não sou digna!", em que a lucidez e a insânia, a luxúria e a religiosidade católica, se confundem, numa morbidez que percorre toda a obra do autor. Nico Horta, ao sair da igreja, engolfado numa "tristeza espessa", murmura: "Senhor (...) livrai-me de mim mesmo...", e mais adiante "parecia manter com Alguém invisível um misterioso e gigantesco diálogo..." e faz uma decisiva confissão ao padre, que ocupa todo o capítulo XC. E Dodôte não só estava também "à espera de Alguém, maior do que o tumulto que vinha sobre ela...", à sua maneira, o "não sou digno!" de Maria: "Eu

---

6. Idem, *Dois Romances de Nico Horta,* 358; *Repouso,* p. 498.

não mereço, eu não mereço". E em *A Menina Morta,* apesar das diferenças com as obras precedentes, o vulto da falecida empresta ar místico à narrativa, a que "a beleza irreal dos santos e dos mortos", de Celestina, serve de contraponto.[7]

Para exprimir todo esse denso quadro de insanidade, misticismo e além-túmulo, formando um trinômio indissociável; para dar relevo ao mundo obscuro em que soçobram as personagens, basta recordar que Dodôte e Urbano, de *Repouso,* se vestem de negro após o casamento. E o escritor apela para uma estrutura narrativa correspondente, em que a ação exterior perde força, cedendo lugar a manchas, sensações, associações. Tudo ocorre no interior das personagens, na zona interdita ao olhar estranho, como devaneio, recordação, sentimento, pavores, visões, estremecimentos: "Sou a repudiada... pensou. Sou loucura, suspeitada por muitos, e agora confirmada pela representação indigente que fizera diante daquele homem".[8]

Forma e conteúdo, como seria de esperar, refletem-se mutuamente, a modo de espelhos paralelos. O vínculo entre as fases do drama central de cada romance organiza-se por meio de elos (meta)psíquicos, ao longo dos quais a contiguidade ou a sugestão predominam sobre a causalidade ou sequência lógica. Genericamente curtos, denunciando um leitor apaixonado pela ficção machadiana, os capítulos irradiam sucessivos lampejos do passado, como se o tempo submerso viesse à luz do dia em estilhaços, por entre as brumas da memória, ou se o presente, em coro com a orquestração de vozes dissonantes, figurasse como pretérito.

Do ângulo da técnica narrativa, chama logo a atenção a capacidade que Cornélio Pena tem de iniciar em alta temperatura e densidade as suas histórias. Já nas primeiras linhas se notam pormenores dramáticos, como na descrição que abre os *Dois Romances de Nico Horta:*

> A casa parecia suspensa na luz trêmula, e tudo afastava de si, em esquisito encantamento.
>
> ....
>
> Não se distinguia sequer um suspiro, e a morte parecia realmente percorrer com lentidão aqueles grandes espaços abertos, onde jaziam, em posições de cansado espanto ou de afastamento total de si mesmos, corpos imóveis, descompostos em seus leitos enormes.

---

7. Idem, *Dois Romances de Nico Horta,* pp. 335, 346; *Repouso,* pp. 651, 705: *A Menina Morta,* p. 1.118.

8. Idem, *Repouso,* p. 640.

A densidade não facilita o acesso do leitor; pelo contrário, a ausência de acontecimentos e de outras indicações situam a narrativa em tempo e lugar indeterminados. Tal característica fala em favor do romancista, que sabe de antemão o significado das minúcias introdutórias. O talento narrativo aí manifesto explica-se pelo romance introspectivo, com certas tonalidades a mais: romance de fundo místico, de viés psicanalítico. Adicione-se outra marca de identificação: o emprego de meios-tons, de emotividade, de lirismo e estará delineada a sua fisionomia própria. Romance poético, transcorre entre as bordas do real e do imaginário, da veracidade e da demência, da voluptuosidade e do misticismo. E, consequentemente, vaza-se numa linguagem poética: prosa poética seria o designativo mais adequado ao estilo de Cornélio Pena. A associação da prosa com a poesia chega, por vezes, à rarefação que lembra as falas das veladoras de *O Marinheiro*, de Fernando Pessoa:

— Já sei o que você vem dizer. Era tão bom... eu estava tão calma, e era tudo tão sereno...

....

E me veio à lembrança, como um sonho antigo, a noite em que morrera a única pessoa que me fizera ver e compreender a vida com outros olhos que não os meus.

....

sua própria alma era outra...[9]

Assim, o discurso narrativo, bem como a intriga, não se define, nem deixa ver claro o seu enunciado: como toda poesia digna do nome, é polivalente, já que tudo voga num mar de suposições, dando margem a várias leituras e interpretações. A tal ponto que o interlocutor de Maria Santa esconde habilmente o seu sexo, inclusive perante o narrador, como este salienta no epílogo de *Fronteira*. Idêntica ambivalência cerca o diário que motiva o enredo: quem o teria redigido? Narrador? Ou um terceiro? Ou o(a) parceiro(a) de Maria?

Ao eleger as zonas nevoentas para exercitar a sua incomum capacidade de observação e fantasia, Cornélio Pena situava-se, como ficcionista, numa área fronteiriça: a sua grandeza e a sua vulnerabilidade provêm exatamente dessa opção. Nenhum outro escritor do tempo, e raros na literatura brasileira (para não dizer em língua portuguesa), alcançou realizar introspecção com tal percuciência e sutileza. Fixou com suma

---

9. Idem, *Fronteira*, pp. 111, 129; *Repouso*, 409.

perspicácia o tipo mineiro na sua vertente provinciana e introvertida, resumindo em duas ou três figuras a caracterologia de uma comunidade, isolada nas montanhas e longe do mar e das correntes imigratórias que rumina sem parar a sua história pregressa, imobilizada em monumento de pedra, encarcerada num modo de ser que a distingue facilmente de outras modalidades do brasileiro.

Sucede, no entanto, que o autor corria o risco de transformar em maneirismo o superior dom da intuição, isto é, a exagerar seu efeito à custa de a considerar sempre presente. O mesmo fantasma, o da repetição, que ronda a narrativa regionalista, divaga pela obra de Cornélio Pena: difícil, se não impossível, variar sem comprometer o quadro de coordenadas estabelecidas pelo ficcionista. A ação, interiorizada ou rememorada, desliza mansamente como num aquário. Não é para menos que a palavra-chave do estilo de Cornélio Pena seja "lento" e derivados: as suas personagens não conhecem outro ritmo para as suas vidas, como se as consumissem tão somente para recordar o que se foi, num tempo antes delas ou acima delas, ou como se as suas verdadeiras existências pervagassem outras dimensões, arquetipicamente anunciadas pela loucura e/ou pela vocação mística.

Compreende-se, por isso, que apenas escrevesse três romances ambientados no mesmo clima: atingira o fundo do poço. Sentindo que era preciso reorientar-se, ou calar-se, decidiu buscar no passado remoto o assunto de outra narrativa, inspirada numa "sua tia, falecida em 1852, que tinha sido retratada, já morta, na Fazenda do Cortiço, em Porto Novo".[10] E assim executou o segundo movimento do seu concerto, não sem dar mostras de inadequação. O enredo de *A Menina Morta* gira em torno da escravidão. Em pleno decênio de 1930, atravessado pela febre de modernidade e de romance social, e estando o autor inscrito numa corrente que atribuía prioridade à sondagem nas dobras da alma humana, causa espécie que repusesse em circulação o velho tema do populismo oitocentista sepulto pela Abolição. É certo que iluminou ângulos novos, no encalço de uma visão intimista da sociedade escravagista, e respeitou, como no caso da morte, obsessivamente presente no desenrolar do romance, os mitos pregressos. Mas também é fora de dúvida que não pôde esquivar-se a um mínimo de reconstituição histórica e, portanto, a uma horizontalidade contrária à verticalidade das narrativas da primeira fase ou maneira. Chega mesmo a preferir a luz às sombras, o

---

10. Idem, em entrevista e Lêdo Ivo, anteposta a *Romances Completos*, p. LXV.

dia à noite. E se ganhou de um lado, perdeu de outro: na verdade, mais perdeu que ganhou.

Mais ainda: retrocedeu a uma concepção romântica do universo da casa-grande e senzala (influência da principal obra de Gilberto Freyre?), inclusive fazendo que Celestina,

> parenta pobre, a prima recolhida no Grotão, vinda depois da morte de seus pais, criadores de gado perdidos com a chegada do café em sua região. (...) uma pobre moça, recolhida pelo (...) Comendador, mas tratada na qualidade de pessoa da família.[11]

se casasse com o jovem médico que a salvou da tuberculose. O anacronismo do argumento é complementado pelo anacronismo da solução à Macedo, e do Macedo melodramático, ou à Camilo, autor predileto de Cornélio Pena na adolescência.

Com isso, desbaratava, quem sabe, a intuição proustiana que lhe norteava a inventividade, a óptica retrospectiva que, na linha de *Casa-Grande e Senzala,* faltava para o conhecimento íntimo da sociedade patriarcal sob o regime escravocrata. Ao mesmo tempo, apontava o esgotamento dos temas ligados à sua experiência e que lhe permitiam a incursão, semi ou para-autobiográfica, nos labirintos dos seres com os quais conviveu ou dos quais ouviu falar. E com ela, a realização maior do seu talento literário, em *Fronteira,* romance único em nossas letras, assim reafirmando a tendência de não poucos ficcionistas para iniciar a sua trajetória num nível jamais alcançado nas obras posteriores.

LÚCIO CARDOSO

Joaquim Lúcio Cardoso Filho nasceu em Curvelo, Minas Gerais, a 14 de agosto de 1913. Infância em Belo Horizonte, onde realizou parte do curso secundário, que terminou no Rio de Janeiro. Ali viveu até à morte, a 24 de setembro de 1968. Cultivou o romance (*Maleita,* 1934; *Salgueiro,* 1935; *A Luz no Subsolo,* 1936; *Mãos Vazias,* 1938; *O Desconhecido,* 1940; *Dias Perdidos,* 1943; *Inácio,* 1945; *A Professora Hilda,* 1946; *O Anfiteatro,* 1946; *O Enfeitiçado,* 1954; *Crônica da Casa Assassinada,*

---
11. Idem, *A Menina Morta,* pp. 741.

1959). A poesia (*Poesia*, 1941; *Novas Poesias*, 1944, o teatro (*O Escravo*, 1943; *A Corda de Prata*, 1947; *O Filho Pródigo*, 1947; *Angélica*, 1950). Ainda publicou um *Diário* (1961).

Das várias facetas da obra de Lúcio Cardoso, a primeira é a que lhe fixou o nome nos quadros da modernidade. Sua carreira de romancista inicia-se em 1934, sob a influência do romance social de 1930. *Maleita* passa-se em 1893, em Pirapora, lugarejo que o herói ajuda a erguer, no interior baiano, lutando contra toda sorte de obstáculos, dentre os quais a moléstia que empresta título à narrativa. O emprego da primeira pessoa já apontava, no entanto, a inclinação mais adiante confirmada, e que o distinguiria dos neorrealistas do tempo, voltados para o flagelo das secas, para o cangaço, ou para o apogeu e declínio do engenho de açúcar.

O romance seguinte ambienta-se no Rio de Janeiro, no morro do Salgueiro, mas o ingrediente costumbrista permanece. Nem falta um tuberculoso, rixas de amor entre mulheres, cenas de sexo, mortes e uma Teresa-Homem, evidente transposição da Luzia-Homem, ou um Tomás de Aquino, dono do armazém e da maioria dos barracos da favela, a lembrar o João Romão de *O Cortiço*. Realismo sem tese, ainda não oferece o melhor aspecto do autor, por assemelhar-se a outros ficcionistas da época. Denuncia, porém, um domínio da estrutura narrativa e da linguagem, por sinal também demonstrado na obra de estreia, próprio de um escritor maduro, certo do rumo a seguir. A história dos favelados termina com um indício dessa certeza, guiada, daí para frente noutra direção: "Diante daquelas faces desconhecidas, daquelas janelas abertas e daqueles gritos diferentes, compreende que Deus havia descido para sempre ao seu coração".[1]

Diferindo dos contemporâneos adeptos da prosa intimista em razão dessa experiência inicial, Lúcio Cardoso ainda se destacaria pelo seu itinerário. Dois módulos formais o assinalam: o romance e a novela (rótulos empregados pelo autor, em subtítulo às obras), por meio dos quais se exprimem as obsessões que lhe fundamentam a concepção do mundo. *A Luz no Subsolo*, *Dias Perdidos* e *Crônica da Casa Assassinada* (além de *Maleita* e *Salgueiro*), classifica-os de romance, e os demais, de novela. Orientava-se, evidentemente, pelo critério quantitativo, visto que os primeiros são mais volumosos que os outros. Sabe-se, hoje, que uma distinção atenta aos princípios de rigor optaria pela estrutura e não pelo

---

1. Lúcio Cardoso, *Salgueiro*, Rio de Janeiro: José Olympio, 1935, p. 299.

número de páginas. Assim, *Dias Perdidos* está mais próximo da novela que do romance, enquanto *Mãos Vazias* seria mais propriamente um conto extenso e *O Anfiteatro*, um romance.

Além disso, se considerarmos a porção intimista do legado do autor, não faz diferença alguma ser romance ou novela o arcabouço utilizado: em qualquer dos casos, o conteúdo mostra-se praticamente inalterado. Entretanto, é notório que as narrativas mais avantajadas permitiram ao ficcionista expressar melhor o seu talento do que as menores: o seu intimismo, por ser diverso em muitos pontos do que era desenvolvido pelos coevos, o requeria. Desse modo, teríamos um bloco, integrado por *A Luz no Subsolo, Dias Perdidos* e *Crônica da Casa Assassinada*, as suas obras mais significativas, e outro, formado pelas demais narrativas, que funcionam como satélites ou segmentos de uma ampla visão da realidade. Ou seja, fruto de um plano, jamais levado a termo, de compor ciclos romanescos ou novelescos. *A Luz no Subsolo* enfeixar-se-ia na série "A Luta contra a Morte", que não passou do primeiro estágio, enquanto *Inácio* e *O Enfeitiçado* fazem parte de uma aparente trilogia (incompleta), denominada "O Mundo sem Deus". Assim, desde já se advertem, quer no título das obras, quer no dos ciclos, as tendências básicas do autor.

Duas modulações podem ser observadas na ficção introspectiva de Lúcio Cardoso: a que começa com *A Luz no Subsolo* e a representada pela última obra, *Crônica da Casa Assassinada*. Vindo a público após *Salgueiro*, aquele romance testemunha radical mudança de perspectiva. Espécie de romance-padrão do figurino intimista adotado pelo autor, foge a toda síntese. Não obstante haja um fio condutor ao longo dos capítulos, e os conflitos se definam com nitidez, a densidade das questões e dos entrechoques de personagens e sentimentos é tal que não permite senão a análise. Do contrário, acabamos pondo de lado vários focos de tensão, ou interpretando-os apenas em algumas das suas facetas. A ideia de obra aberta, que o ensaísmo de Umberto Eco vulgarizou, encontra aqui a sua mais clara imagem. Arquitetada como um caleidoscópio, a narrativa exibe novas reverberações à medida que lhe acompanhamos desenvolvimento ou a tomamos da perspectiva analítica.

Como em todas as obras dessa linhagem, o simulacro de enredo mescla-se à introspecção. O foco narrativo é o da terceira pessoa, opostamente ao que seria de esperar, de modo que a introspecção se manifesta por meio do discurso indireto livre, assim como da atribuição ou projeção levada a efeito pelo narrador. Quando este comenta que "tudo se passara numa atmosfera absurda, irreal", está caracterizando não só o quadro psicológico das personagens como todo o labor do ficcionista nessa fase. Da mesma forma, "a angústia do desconhecido", experimentada pela heroína em face do casamento e da vida, constitui o núcleo dos dramas enfrentados pelos protagonistas dos outros romances e novelas, que vivem, no geral, situações conflitantes, sentimentos desencontrados, contraditórios:

> Madalena sentiu-se atravessada instantaneamente por um sentimento de profunda piedade. Por quê? Não lhe tinha feito aquela criatura apenas mal? Entretanto, era ela que parecia a vítima, fugindo ao seu perseguidor.[2]

O romancista detecta, como se observa, os implícitos de cada frase ou gesto: nada lhe escapa à percuciente retina; tudo está à vista, à superfície. Dir-se-ia que a profundidade é, no caso, uma categoria abstrata. Ou, ao invés, aderida à periferia dos seres e acontecimentos. Assim entendida, a ficção de Lúcio Cardoso se definiria por um intimismo no curso do qual nada se subtrai ao olhar do narrador e, portanto, do leitor, como se o inconsciente dos figurantes em cena (e por que não do autor?) se atualizasse minuto a minuto na consciência. Fornecidas pelo narrador as chaves dos enigmas, as personagens põem à mostra o seu universo de sombras. Por fim, é possível admitir que inexistem subentendidos, ou regiões inacessíveis à sonda analítica do narrador/autor: parodiando Fernando Pessoa, para quem tudo é oculto, aqui nada é oculto.

Entretanto, o ficcionista não dissimula nem a crença no mistério universal, nem o propósito de escancará-lo. Ora diz que "cada criatura arrasta o seu mistério", ora registra "com que diabólica clareza percebia-se novamente à flor do mistério...",[3] como a esculpir, no âmago inaugural da série, o motivo condutor da sua ficção intimista. Até chegar ao "tudo é invisível" do final de *O Enfeitiçado*, ou a história de *A Professora Hilda*, em que o seu programa estético se estatui como um postulado: nas palavras de abertura, não sem usar maiúscula inicial para o vocábulo em foco, sentencia: "O Mistério é a única realidade deste mundo". E esclarece que, dirigindo-se às personagens, pretende caracterizar o ser e a existência como absolutos: "E se dele temos tão grande necessidade, é

---

2. Idem, *A Luz do Subsolo*, Rio de Janeiro: José Olympio, 1936, pp. 28, 74, 298.
3. Idem, ibidem, pp. 95, 113.

para não morrer do conhecimento dos nossos próprios limites, como as criaturas loucas e martirizadas a que tentei dar vida".[4]

De onde o caráter existencialista *avant la lettre* que a ficção de Lúcio Cardoso assume após *A Luz no Subsolo*: condenadas à liberdade, as personagens somente conhecem a angústia e a falta de saída dos seus dramas; a existência precede a essência; o ser é o ser-para-a-morte: "Que me importa a liberdade, os limites, o homem? Não sou mais que uma criatura destinada a morrer".[5]

O conflito que as agita pode passar-se numa zona de penumbra, como naquele romance, mas também, e sobretudo, à luz do dia, como em *Dias Perdidos* e seguintes. Enclausuradas entre quatro paredes (algo como o *Huis-Clos* sartriano), vivem o seu inferno — os "outros" —:

> Era preciso ter esquecido quem era aquela alma egoísta e fria, pregando eternamente teorias que a salvaguardassem de aborrecimentos causados pelos outros, num temor constante de que viessem destruir a sua paz, amando a mentira como o mais forte meio de defesa própria.[6]

Lidam menos com fantasmas que com atos e movimentos seus e alheios, por trás dos quais se travam irremissíveis combates da alma ou do destino:

> Os resultados desses combates são subterrâneos e corroem com a paciência de uma secreta chaga, mas acabam surgindo à luz do sol e exibindo o seu terrível trabalho, como o ódio que separa os irmãos vai afinal explodir no seio da eternidade, levando à presença de Deus, como inimigos, seres que viveram juntos a vida inteira.[7]

Para completar esse quadro existencialista, o problema de Deus: crer ou não crer, eis a questão, para Lúcio Cardoso e suas criaturas. Se uma delas afirma, depois de negar a existência de Deus: "Nada me impede pois de me revoltar contra a 'ideia' de Deus", a outra retruca: "Bem vejo, meu caro, que você é uma arma do demônio, levantada contra o poder divino" —, até que um dia voltem ao assunto, nestes termos:

---

4. Idem, *O Enfeitiçado*, Rio de Janeiro: José Olympio, 1954, p. 145; *A Professora Hilda*, Rio de Janeiro, José Olympio, 1946, p. 5.
5. Idem, *A Luz do Subsolo*, p. 177.
6. Idem, ibidem, p. 34.
7. Idem, *Dias Perdidos*, Rio de Janeiro: José Olympio, 1943, p. 152

— Vejo que você já não é o mesmo — exclamou Pedro com um riso sardônico —, Deus já vive como uma realidade nas suas palavras.
 — Não, eu não acredito em Deus, mas acredito no Demônio. Ele me ensinou que existiam trevas e que eu podia me libertar dessas trevas — eu tentei caminhar e *alguém* terá me tirado talvez a luz dos olhos....

e Bernardo confessa:

— Não, nunca experimentei isso. Eu sou um animal das trevas, um ser desconhecido e solitário, marcado por algum tremendo enigma a que eu mesmo desconheço, mas que segue os meus atos, como a sombra das minhas mãos seguem as minhas mãos.[8]

Aí o fulcro da obra de Lúcio Cardoso: entregue à descrença, sem suporte transcendental, o homem sucumbe, enlouquecido, ou à mercê da mais desgarrada fantasia, tangido pelo pavor da morte, do além-túmulo, do sobrenatural. E o produto dessa visão do mundo são romances de tese, tese segundo a qual somente a fé em Deus pode salvar: "Na sua alma vazia, sem a menor sombra da presença de Deus, o drama ia progredir com a violência dos vendavais que se desencadeiam nas planícies abertas."[9]

O problema fundamental, ao ver do escritor, é a falta de pão do espírito, "a chaga lavrada na alma do homem". Entre o Bem e o Mal, entre Deus e o Diabo, entre o Amor e o Ódio — parelhas dialéticas que conduzem ações, pensamentos e sentimentos — o ser humano navega sem rumo. O clima, é dostoievskiano, e lembra o existencialismo de Vergílio Ferreira. O pecado, atestando "a natureza decaída do homem", impregna tudo e gera todo o mal do mundo, da iniquidade ao ódio, passando pelo medo, o tédio, a angústia, a solidão, o desespero. Raros se salvam. Clara, talvez a mais acabada e mais comovente das figuras criadas por Lúcio Cardoso, é uma delas (se não a única), precisamente porque tocada pelo mistério da Graça:

Ela compreendeu que se é comum perceber que a vida é um mistério, já é um dom sagrado desvendar suas remotas engrenagens e sentir a sombra de Deus sobre o nosso destino. Não é só a culpa que é imensa, a Graça também. E não era precisamente a Graça que ela sentia irromper afinal, vitoriosa, através de tantas trevas acumuladas na sua alma?[10]

---

8. Idem, *A Luz no Subsolo*, pp. 134, 414, 416.
9. Idem, *Dias Perdidos*, p. 320.
10. Idem, ibidem, pp. 83, 246, 327.

Nesse "mundo absurdo", de "almas angustiadas", jogadas entre o apelo místico e a atração materialista, brotam manifestações surrealistas, decerto à revelia do autor. Não raro, a fusão entre a vigília e o sonho — "na realidade Madalena pensava que vinha de um sonho"[11] — deixa ver como a realidade se exprime simbolicamente no reino dos sonhos. Tais notas de surrealismo situam a ficção de Lúcio Cardoso em plena modernidade, uma modernidade outra que veio substituir a da geração de 1922. Aí residirá, eventualmente, a explicação para o ostracismo em que caiu o seu nome após o falecimento. Valorizado pelos primeiros romances, por motivos de estrita ordem doutrinária (conquanto também lhes sobrem motivos de ordem literária), caiu no esquecimento em função da sua obra introspectiva, por verem nela simplesmente os temas ligados a Deus, à transcendência, à loucura. Não se davam conta da fibra dessa literatura voltada para o destino do ser, fibra propriamente literária e não apenas ideológica. Olvidavam, inclusive, que o ficcionista, voluntariamente ou não, também focaliza o problema social, a luta entre patrão e empregado ou a equação mãe-filho.

A fronteira mais avançada dessa guerra entre sexos e categorias sociais e/ou biológicas situa-se na *Crônica da Casa Assassinada*. Canto de cisne do autor (ao morrer, deixava incompleto o romance *O Viajante*), gira em torno do tema do incesto. Tão velho quanto o *Édipo-Rei*, de Sófocles, vincula-se às recorrências presentes nas obras anteriores: a morte, Deus, o diabo, o milagre, a ressurreição, o pecado. O mistério continua sendo a realidade, mas sem apelo ao vago, ao imponderável; ou seja, a equação dramática é inequívoca, mas nem por isso menos insólita. Assim, o que antes cercava as ações, como o acidente no seu sujeito, agora é a própria medula da narrativa, o substantivo ao redor do qual gravitam os adjetivos sobrenaturais. Ainda pulsam "os mistérios da natureza humana",[12] em volta de Nina, mulher citadina (Rio de Janeiro), que se casa e vai para a Chácara, em Vila Velha (cidade imaginária de Minas Gerais) e acaba por manter relações amorosas com o seu filho. Até que, morrendo de câncer, se descobre não ser seu filho, porém de Ana, sua cunhada, que o tivera do jardineiro da Chácara (reminiscência de *O Amante de Lady Chatterley?*), que fora, noutros tempos, amante das duas.

Se tomarmos as fases percorridas pela trajetória de Lúcio Cardoso — a costumbrista e a introspectiva — *Crônica da Casa Assassinada* repre-

---
11. Idem, *A Luz do Subsolo*, p. 396.
12. Idem, *Crônica da Casa Assassinada*, 2ª ed., Rio de Janeiro: Ed. Letras e Artes, 1963.

sentará o ponto de convergência: costumbrista pelo problema — o incesto, núcleo de uma ampla problemática, que envolve a decadência da propriedade rural, o conflito entre a cidade e o campo —, é introspectiva pela análise, pelo frenético baile das sombras, pelos móbeis secretos ou inconscientes dos atores em cena. Tudo se passa como se Ibsen ou Julien Green, ou François Mauriac, ou Georges Bernanos, os nomes referidos pela crítica quando se ocupa de Lúcio Cardoso, se debruçassem sobre a questão da vida no campo, ou do casamento de conveniência entre uma mulher sofisticada e um provinciano, e a sua existência desajustada numa chácara mineira.

Ao confluir as duas vertentes que lhe amparavam a visão do romance, Lúcio Cardoso acabou comprometendo a que mais o distinguia, a introspectiva. A estrutura da *Crônica da Casa Assassinada* bem que o denuncia, embora disfarçando-o por trás do caráter experimental da construção. O emprego de várias vozes ou perspectivas narrativas, por meio do diário, de cartas, relatos, depoimentos, confissões, mascara a dificuldade em praticar a introspecção, — como habilmente fizera, por exemplo, em *Dias Perdidos* — de uma família em deliquescência. Quase se diria que, incapaz de recuperar o costumbrismo da primeira fase, também se sentia menos à vontade no intimismo da segunda, porque talvez já superado ou esgotado. E procurou o enlace das duas tendências, assim desfigurando uma e outra e atentando contra as inegáveis virtudes da narrativa.

Há quem julgue *Crônica da Casa Assassinada* a realização máxima do autor, certamente movido pelo encontro das duas linhas de força. Tudo faz crer, entretanto, que a sua obra mais bem construída e que o coloca entre os primeiros no tempo é ainda *A Luz no Subsolo* ou, com mais probabilidade, *Dias Perdidos*, ao longo das quais os seus recursos romanescos alcançam o nível mais alto. Inclusive certa matéria bruta que se poderia discernir no magma dessas narrativas fala em seu favor. E enquanto a *Crônica da Casa Assassinada* discute um tema batido, posto que ousado — o do incesto, aquelas obras avultam em verossimilhança e sentido de humanidade, *Crônica da Casa Assassinada* é um romance de intriga, melodramático, não só porque o enredo, tortuoso e com lances de folhetim oitocentista, é que conduz a ação, mas porque é uma intriga, uma calúnia, o motor do drama em que sucumbe a heroína. E o autor reduz toda a complexidade psicológica, de que fazia praça nas outras obras, a uma trama burguesa de interesses pessoais, como a honra, o sexo e o dinheiro. Mais ainda: o mistério, a existir, franqueia-se aos vários narradores, cada um deles ajuntando uma nota nova ao panorama de pecado, loucura, tédio e morbidez que imperava na Chácara. No final, tudo se encaixa plenamente, como um quebra-cabeça de pobres e ínfimas peças.

Ao escrever a "crônica de uma casa assassinada", do "drama onde pressentia pousada a mão de Deus", Lúcio Cardoso fazia o balanço da decadência da burguesia rural e católica, corroída pelo pecado, submissa ao diabo, e, por tabela, "deste cárcere de que só escapamos pelo esforço da demência, do mistério ou da confusão".[13] Alguma influência de Octavio de Faria e sua "Tragédia Burguesa"? Ou correria por conta do clima da época? Podendo ambas as alternativas serem procedentes, ainda haveria que ponderar a trajetória do autor. Em qualquer hipótese, a semelhança mais o desmerece que o beneficia, tirando-lhe a originalidade evidente em *A Luz do Subsolo* e *Dias Perdidos,* quando em face da nossa produção literária dos anos 1930.

Para bem compreender o alcance das narrativas de Lúcio Cardoso, bastava levar em consideração a referência a Julien Green, pelo flanco da religiosidade, ou de Ibsen, pelo clima espectral, sempre que se fala delas. E não será demasiado observar que ali se respira um ar de romance inglês da melhor estirpe, à Thomas Hardy e à D. H. Lawrence. Não é para menos que o autor de *A Luz no Subsolo* verteu para o nosso idioma obras de Jane Austen, Daniel Defoe, Upton Sinclair, entre outros. Indício dessa qualidade fabuladora é a tensão, a tensão verossímil que se mantém no curso das obras, manipulando sutilezas psicológicas e de relacionamento que acabariam por perder-se ou afrouxar às mãos de um ficcionista menos dotado. Em nenhum momento (exceto em *Crônica da Casa Assassinada*) se adverte a presença do gratuito, do forjado. Claro, o acúmulo de minúcias psicológicas chega a enfadar, mas é irrecusável a permanência e a riqueza do processo analítico. A cada avanço, sempre repontam detalhes novos, como se o autor palmilhasse a complexa alma humana, ou os meandros dos sentimentos em choque.

Daí a tensão psicológica, ideológica, expressa na ação, nos pensamentos, nos sentimentos; enfim, no todo da narrativa. E tensão dramática, raramente poética, embora sem perder o vinco peculiar: "Oh! poder distinguir assim a alma em tudo que nos cerca, tocar de leve o sentido fugidio dessas coisas que parecem aniquiladas num sono eterno...".[14]

---

13. Idem, ibidem, pp. 129, 357.
14. Idem, *A Luz no Subsolo*, pp. 300-301.

A força dessa tensão manifesta-se com limpidez no modo como o autor trata, em *Dias Perdidos*, de um assunto que o melodrama, literário e cinematográfico, tem explorado à exaustão: o regresso do homem, passados anos, à família que abandonara. Em vez de tropeçar no dramalhão, Lúcio Cardoso dá-lhe um tratamento em que é visível a luz de Dostoiévski ou de Ibsen: o mistério insondável do ser humano, as suas contradições, as suas incertezas, as suas dúvidas, um mundo habitado por espectros ululantes.

A tensão não permearia a obra de Lúcio Cardoso se lhe faltasse o estilo correspondente: além de possuir o dom da artesania romanesca, sabendo armar o enredo, visualizar situações, criar personagens e bem situá-las no palco dos acontecimentos, o autor de *Dias Perdidos* é senhor de uma linguagem plástica, versátil, fluente. De autêntico escritor. É, convenhamos, um pormenor nada desprezível numa quadra de notáveis estilistas, seja os apegados à escorreição lusitanizante, "clássica", como Graciliano Ramos e José Geraldo Vieira, seja ao coloquial, como Jorge Amado, José Lins do Rego e Erico Veríssimo.

Estilo substancialmente metafórico, serve com eficácia ao propósito: a tensão é também das palavras, como se o recurso à metáfora não só a exprimisse como também a determinasse. Desse modo, à tensão psicológica e doutrinária agrega-se outra tensão, a da linguagem e seu conteúdo. Apesar disso, ou graças a isso, o estilo de Lúcio Cardoso não se repete nas sutilezas e relações novas. E nem mesmo um bordão, como os períodos causais, introduzidos por "como", causa espécie.

Com esse instrumento, Lúcio Cardoso transforma em verossímil o absurdo, o anômalo, o imprevisto, graças ao condão de nos fazer aceitar o inusitado como natural, necessário ou espontâneo. Ou, ao contrário, torna mais reais ou plausíveis os acasos do cotidiano, as surpresas do dia a dia. Desse ângulo, a introspecção seria realista, e a literatura da segunda fase uma espécie de realismo transcendental, precursor do realismo mágico pelas aderências surrealistas. E o autor se identificaria como um realista, apenas substituindo os temas e o tom de *Maleita e Salgueiro*, e pondo o abstrato, o onírico, o demencial, onde havia o social: não pouco da sua força decorre do apego à realidade, ainda quando, ou sobretudo, assinalada pelo mais espesso mistério.

III. Poesia

"Adeus à disponibilidade!" — esse parece o grito lançado pelos novos que surgiram após 1928, pelos adeptos de 1922 que se conservavam ativos e pelos retardatários. Estes, distantes da ambiência revolucionária e irreverente em que se iniciaram, aqueles, menos sujeitos às imposições doutrinárias (no sentido estético e ideológico), puderam abrir outros espaços, cultivar outros temas, respirar outros ares, e reivindicar para a arte poética uma "missão" específica. Embora ainda se pratique aqui e ali o "poema-piada", no geral varre o período uma gravidade tensa, fruto da nova conjuntura histórico-social e dos influxos literários recebidos. Já se falava em "pós-modernismo" (sugeria Tristão de Ataíde), com base do que pressupunha o ideário de 1922 havia atingido o apogeu em 1928 e agora cedia lugar a uma quadra assinalada por tendência oposta. E podia-se pensar na existência de uma "nova literatura" (tomando de empréstimo a expressão que Andrade Muricy usou para englobar a atividade entre 1922 e 1936), assim designar advento de uma geração ansiosa por conquistar o seu lugar ao sol. Não significava, porém o esgotamento das propostas estéticas de 1922. E se não perdermos de vista que o grupo espiritualista de *Festa* (notadamente Cecília Meireles) permanecia em atividade, estarão desenhadas as linhas de força que conduzem a poesia dessa época.

Estreando em 1931, com *Cobra Norato*, o gaúcho RAUL BOPP (1898-1984) era bem um retardatário: pertencera ao grupo verde-amarelo, juntamente com Menotti del Picchia, Cassiano Ricardo e Plínio Salgado, passando-se depois para a Antropofagia, que criou de parceria com Oswald de Andrade e Tarsila do Amaral. Sua obra de estreia, por meio da qual o seu nome ainda é lembrado, enquadra-se nessa última tendência. E integraria uma "Bibliotequinha Antropofágica", "planificada sob um critério ferozmente brasileiro", que não chegou a vingar, e "a princípio era um livro inofensivo, para crianças".[1]

---

1. Raul Bopp, pref. à 1ª ed., de *Cobra Norato*, apud 6ª ed., Rio de Janeiro: São José, 1956, p. 7.

Típica obra de 1922-28, *Cobra Norato — Nheengatu da Margem Esquerda do Amazonas* é um poemeto de intenções épicas, ambientado na Amazônica, cujo lendário procura preservar e transfigurar, à semelhança de *Macunaíma*. Mas, ao publicar-se três anos após a "rapsódia" de Mário de Andrade, *Cobra Norato* apresenta não só as qualidades como as limitações da vanguarda antropofágica: uma coisa é ver o livro em seu contexto histórico, outra é julgá-lo a várias décadas de distância. Se já no panorama histórico, tomando-o como o lapso de tempo entre 1928 e 1945, pode soar estranha a presença do regionalismo folclorizante e mitográfico do poemeto, ainda mais se o encararmos da perspectiva dos nossos dias. Tendo em conta as duas, fundidas ou insuladas, parece que o seu mérito não se aquilataria pelo que reflete da corrente antropofágica, senão pela sua inventividade poética. E, nesse caso, pode-se afirmar que estamos perante a mais convincente realização literária da Antropofagia. Embora ainda transpire alguma forma de amor ao lúdico, *Cobra Norato* destaca-se pelo impulso na direção da poesia de feição épica. Com uma sensível economia de meios — os seus "cantos" se diriam epigramas quando postos em confronto com obras congêneres —, o seu intuito é desvendar os segredos da Amazônica, de modo a desentranhar-lhe a poeticidade da paisagem e do folclore. Com isso, o seu autor se tornava uma espécie de avatar de Pêro Vaz de Caminha a descrever, numa carta entre lírica e épica, as belezas da "floresta, em toda a sua brutalidade, gerando mundos mágicos",[2] depois que, enfiado na "pele de seda elástica" da Cobra Norato, transposição da Boiúna, "o mais popular dos mitos amazônicos", conforme Luís da Câmara Cascudo, em seu *Dicionário do Folclore Brasileiro* (3ª ed., 2 vols., 1972), saiu "a correr mundo", dizendo: "Vou visitar a rainha Luiza. / Quero me casar com sua filha".[3]

A forma empregada é a dos versos livres, com nítidas marcas de oralidade, como se fazia entre 1922 e 1928, o que não tira força ao lirismo e às descrições, mas que se nos afigura nem sempre compatível com a intenção do poemeto. Raul Bopp emendou *Cobra Norato* meticulosamente, à medida que se sucediam as edições. Emendas pertinentes, as mais das vezes melhoravam o texto original, extraindo-lhe as aderências lúdicas da Antropofagia, que hoje nos cheiram a infantilidade.[4] Afasta-

---

2. Idem, pref. à 4ª ed., ibidem, p. 11.
3. Idem, *Cobra Norato e Outros Poemas*, 9ª ed., Rio de Janeiro: Civilização Brasileira, 1973, pp. 5-6.
4. A respeito, ver Carlos Drummond de Andrade, *Passeios na Ilha*, in *Obra Completa*, Rio de Janeiro: Aguilar, 1967, pp. 707-709.

va-se, assim, do clima em que foi gerado, em nome de certa universalidade, entendida como sinônimo de bom gosto e intuição de arquétipos ou símbolos perenes, como a Cobra, ao mesmo tempo amazônica e comum a todos os povos. Tornou-se um clássico dos anos 1930 o que não significa, necessariamente, como alguns quiseram, um clássico da nossa literatura, uma vez que só o tempo poderá dizer o que há de permanecer da herança desse tempo.

Ao fazer a exaltação da brasilidade do poemeto, a crítica tem corrido o risco de exagero e distorção, projetando nele as suas ideias acerca do Brasil, vendo nele não o que ali está, mas o que gostaria que estivesse. Tais são os encômios, que acabam levando o leitor a suspeitar. A brasilidade evidente de *Cobra Norato* nem possui mais cores que *Macunaíma* e similares, nem é tão ardente que justifique o entusiasmo patriótico, mesmo porque uma obra não se mede pela sua brasilidade, ou pelo fervor nacionalista que suscita. O valor de *Cobra Norato* reside, isso sim, na poesia de boa qualidade que encerra, ou seja, na categoria da emoção produzida e no conhecimento implícito da realidade. Tudo o mais é puro subjetivismo, não raro preso a uma visão provinciana ou regional do produto literário.

Epopeia da Amazônia? Talvez a transfiguração épica do capítulo que falta ao Gênese, no dizer hiperbólico de Euclides da Cunha, e, por isso mesmo, louvor parcial (centra-se numa única lenda) de um ciclópico remanescente da pré-história, como, aliás, deseja o próprio autor, e com ele a Antropofagia, segundo confessa no prefácio à 4ª edição da obra (1951).

A crítica já tem posto em relevo a originalidade de *Cobra Norato*, não apenas do ângulo do tema, como também da expressão. Não vale a pena insistir nesse ponto. Entretanto, não se pode perder de vista que o "canto" mais bem realizado da obra estrutura-se, ironicamente, de forma quase tradicional (XXXII):

> — E agora, compadre
> vou de volta pro Sem-fim
>
> Vou lá para as terras altas
> onde a serra se amontoa
> onde correm os rios de águas claras
> entre moitas de molungu
>
> Quero levar minha noiva
> Quero estarzinho com ela

numa casa de morar
com porta azul piquininha
pintada a lápis de cor

Quero sentir a quentura
do seu corpo de vaivém
Querzinho de ficar junto
quando a gente quer bem bem

Ficar à sombra do mato
ouvir a jurucutu
águas que passam cantando
pra gente se espreguiçar

E quando estivermos à espera
que a noite volte outra vez
hei de lhe contar histórias
escrever nomes na areia
pro vento brincar de apagar

    Raul Bopp ainda publicou *Urucungo* (1933), poemas negros, alguns dos quais tinham sido estampados em apêndice a *Cobra Norato*, nem sempre à altura da saga amazônica, apesar do toque de lírica brasilidade e de generosa adesão à tragédia do escravo; *Mironga e Outros Poemas* (1978), veio à público por ocasião do seu 80° aniversário, contendo as três vertentes da sua poesia e as primícias à *Belle époque*, sem faltar, mesmo, o cultivo do soneto; e *Putirum* (1969), que enfeixa *Cobra Norato* e outros poemas, além de "coisas de folclore". Praticou também a poesia satírica à 1922, em composições destinadas a um volume sob o título de *Diabolus*.[5] A sua *Poesia Completa* saiu em 1998. E deixou obras em prosa, explorando a sua experiência de diplomata e viajante internacional (*Notas de Viagem. Uma Volta pelo Mundo em 30 Dias*, 1959; *Memórias de um Embaixador*, 1968; etc.) e de participante dos anseios de 1922 (*Movimentos Modernistas no Brasil*, 1966).

    Contemporâneo de Raul Bopp, o carioca AUGUSTO FREDERICO SCHMIDT (1906-1965) passou três anos da infância na Suíça (1913-1916). Após o regresso, abandonou os estudos pelo comércio, vindo a

---

    5. O espólio de Raul Bopp encontra-se reunido em *Poesia Completa*, org., preparação do texto e comentários de Augusto Massi, 1998.

ser mais tarde editor, industrial e diplomata, sem interromper a trajetória de poeta, ao longo da qual publicou os seguintes livros: *Canto do Brasileiro* (1928), *Cantos do Liberto* (1928), *Navio Perdido* (1929), *Pássaro Cego* (1930), *Desaparição da Amada* (1931), *Canto da Noite* (1934), *Estrela Solitária* (1940), *Fonte Invisível* (1949), *Mensagem aos Poetas Novos* (1950), *Ladainha do Mar* (1951), *Morelli* (1953), *Os Reis* (1953), *Aurora Lívida* (1958), *Babilônia* (1959), *O Caminho do Frio* (1964). Em prosa, publicou *O Galo Branco,* memórias (1948), *Paisagens e Seres* (1950), *Discurso aos Jovens Brasileiros* (1956), *As Florestas,* memórias, segunda parte de *O Galo Branco* (1959).

Ao se definir, em 1928, nos versos iniciais do *Canto do Brasileiro*, Augusto Frederico Schmidt desenhava o contorno da sua dicção poética e de sua cosmovisão: "Não quero mais o amor / Nem mais quero cantar a minha terra".[6] A recusa do lirismo amoroso (logo mais desmentida) vem acompanhada, pois, de antinacionalismo. Se aquela pode ser interpretada como expressão de alguém que se alistasse nas fileiras da modernidade, este deve ser entendido como repúdio ao fácil patriotismo que agitou essas tendências revolucionária. Tal repúdio envolve, ao mesmo tempo, a aversão a certos aspectos do grupo de 1922, que permitem supor, pelo menos, a inadequação do poeta às suas principais matrizes.

Refiro-me ao verso livre, vizinho da prosa, à descontração inconsequente, ao humor juvenil. Já nos primeiros versos se patenteia a incompatibilidade entre o autor e esses ingredientes, caros aos homens de 1922. Basta ver que o egocentrismo, por sinal evidente no poema de abertura do *Canto do Brasileiro*, adquire a feição peculiar ao poeta logo na terceira composição, em que se diria pulsar um duelo secreto entre o sentimento melancólico, espiritualizante, marca registrada do poeta, e a forma liberta de o exprimir, com evidenciam, no seu andamento e estrutura complementares, se não opostas, as estrofes seguintes:

> Meu coração!
> Nas vielas escuras — meu Deus que mistério!
>
> Nos portos tão longe
> Tristezas tão grandes!

---

6. Augusto Frederico Schmidt, *Poesias Completas*, Rio de Janeiro: José Olympio, 1956, p. 9. As demais citações serão extraídas da mesma edição.

Me perco no mundo
Me perco nas vidas
Me rasgo de raivas inermes e enormes.

O contraste entre as duas camadas do poema mostra o fundo romântico (ou simbolista) da sua mundividência. O toque confessional, adolescente, a emoção derramada, enfática apontam-no sem ambiguidade, distinguindo-o dos poetas de 1922. Faz pensar, mais propriamente, num moderno, conhecedor de soluções novas, que as empregasse apenas parcial ou equivocadamente. Bem por isso, o verso livre ocorre, lado a lado, por vezes no mesmo poema, com formas e expedientes métricos tradicionais. Não é para menos que o poeta teve um dia de reunir em volume os seus sonetos (1965), alguns dos quais escritos na última fase da sua carreira, como a querer dar-nos a imagem que gostaria de legar à posteridade. Imagem essa, de resto, fidedigna, uma vez que o seu lirismo se afeiçoava, substancialmente, aos padrões anteriores da Semana de Arte Moderna faltando somente o culto das formas fixas para se definir por completo como tal.

Não é sem paradoxo, por conseguinte, que o poeta, dotado de fina sensibilidade, se engaja na estética de 1922, ou, às avessas, continua preso ao passado da sua formação. A segunda parte de *Cantos do Liberto* é, neste particular, uma espécie de programa ou profissão de fé: o poeta quer partir, viver "vida nova / Para viver de novo / E ser assim inteiramente novo", mas rejeita os "bárbaros anseios", os "ansiados desesperos", as lutas, os riscos e os "arranha-céus horrendos", em suma, deseja a simplicidade, "ouvir do meu Deus a voz bondosa".

Voltado para o próprio "eu", apelando com certa dramaticidade para o auxílio das Alturas — "Meus Deus amparai-me"; " Meu Deus olhai para mim!" (de *Canto do Brasileiro*) —, é natural que intitulasse *Cantos do Liberto*, do mesmo ano de 1928, o volume subsequente da sua obra. Liberto de quê? Liberto, certamente, dos grilhões de 1922, liberto para entoar o seu canto de sinceridade e pureza, como ele próprio declara, tocado pela "memória do meu tédio", em companhia da "tristeza tão boa e controladora!", aberto para o chamado de Deus, de costas para "as coisas deste mundo". Poeta de acentos religiosos, espirituais, na linha de *Festa* e da religião católica — eis a característica identificadora da sua obra.

Egotismo à maneira romântica (ou simbolista), lirismo amoroso e religioso, com rasgos metafísicos, constituem, pois, o fulcro da sua inspiração (*Cantos dos Liberto*):

Sinto em mim desesperos inauditos
Vontades de subir, ir muito além...
Mas escravo me sinto e na balança
Oscilo eternamente: mal ou bem?

Com variações de pequena monta, até o fim permanecerá fiel a essas convicções a um só tempo estéticas e ideológicas. Impelido pelo ("Momento", de *Canto da Noite*):

Desejo de não ser nem herói e nem poeta
Desejo de não ser feliz e calmo.
Desejo das volúpias castas e sem sombra
Dos fins de jantar nas casas burguesas.

Desejo manso das moringas de água fresca
Das flores eternas nos vasos verdes.
Desejo dos filhos crescendo vivos e surpreendentes

Desejo de vestidos de linho azul da esposa amada.
Oh! não as tentaculares investidas para o alto
E o tédio das cidades sacrificadas.
Desejo de integração no cotidiano.
Desejo de passar em silêncio, sem brilho
E desaparecer em Deus — com pouco sofrimento
E com a ternura dos que a vida não maltratou.

O poeta não evolui (nem viaja... parodiando Fernando Pessoa: apoiado em duas linhas mestras — a lírica amorosa e a religiosa —, a sua poesia mantém-se idêntica até *O Caminho do Frio*. Repetia-se, e disso tinha plena (e quem sabe amarga) consciência ("A Fuga Impossível", de *Fonte Invisível*):

Vou me repetindo
Usando as mesmas flores
Com que enfeitei
Cabelos de amadas
Murchos e longínquos.

O seu trajeto desenrola-se em círculos concêntricos, apenas explorando temas e atalhos nessas opções de base. O tom camoniano ou clássico de certos sonetos, as inflexões de sabor arcádico, ou mesmo trovadoresco, encerram frisante exemplo de respeito às vozes interiores. Nesses poemas, especialmente os sonetos, alcança o melhor da sua inventividade lírica, decorrente, sem dúvida, da contensão a que se obriga. Em contrapartida, quando se entrega à estrutura poemática em ladainha, ou à sedução do verso largo, sinfônico, que lembra os versículos, o resultado é bem outro, em razão do contagiante coloquialismo prosaico à 1922, e certo ar "literário" das intuições.

Poeta sem drama quando visitado pela religiosidade cristã, Augusto Frederico Schmidt embrenha-se na pieguice ao laborar assuntos amorosos. É que o seu lirismo se caracteriza, acima de tudo, pela ausência de intelectualização: expulsa a melodia dos arraiais literários modernos, somente restava a via do pensamento, a fusão do pensar e do sentir, que Fernando Pessoa tornou emblemática da poesia do século XX. Contrário ao ritmo melódico por adesão às teses de vanguarda —, mas nem tanto, visto as suas composições mais convincentes traírem o culto das formas banidas após 1922 —, faltava-lhe o gosto pela (ou o dom da) especulação.

Poeta sem conflito, tudo nele parece puro sentimento. Lembra Charles Péguy, do qual teria recebido influência, como tem notado a crítica.[7] Jogado pelas emoções, ora nega amor e a poesia, ora confessa que "o Amor é o fim de todas as angústias" ("O Amor, de *Pássaro Cego*), ora reconhece que a poesia é a "única solução para o peso dos meus desenganos" ("Equilíbrio", *ibidem*). De onde o apelo à grandiloquência, expressão retórica de uma sensibilidade voltada obsessivamente para o vaivém amoroso e teológico, como a registrar em diário a sua paz com o mundo.

Acrescente-se que a sua poesia se afigura a de um descendente de imigrantes ("Pássaro Cego"):

> Minha poesia é um pouco da queixa de homens errantes,
> De homens sem lar e sem repouso.
> De homens que foram meus avós.
> Deles herdei a angústia infinita.
> Deles herdei o tédio de todas as paisagens,
> A inquietação de todos os momentos.

Poesia de alguém sem pátria, ou a buscá-la além, "num ponto bem distante..." ("Canto do Solitário", de *Navio Perdido*). Poesia do imigran-

---

7. A esse e outros respeitos, ver Jon M. Tolman, *Augusto Frederico Schmidt*, S. Paulo/Brasília: Quíron/INL, 1976, o melhor estudo de conjunto até hoje feito acerca do autor.

te, à semelhança do que, mais adiante, fará Samuel Rawet, nos *Contos do Imigrante* (1956), é marcada pelo signo da morte, ponte de acesso ao mundo platônico. Entende-se, a partir disso, por que o autor, "peregrino do tédio", se revela sobretudo um elegíaco, a lamentar a solidão, a sonhar com uma pátria utópica ou a visioná-la como o Além cristão.

Fundem-se, assim, a poesia e a religião, com todas as suas implicações. No caso de Augusto Frederico Schmidt, parece tratar-se mais de um temperamento religioso que se dedicou à arte poética, que de um poeta a extravasar em versos a sua religiosidade. Como ele próprio, aliás, reconheceu, talvez sem o querer, ao sentenciar ("Profecia", de *Pássaro Cego*):

> Deixa, pois, bem distante de ti toda a poesia:
> Não te deixes embalar pela sua emoliente sedução,
> A poesia enfraquece os corações e precisas ser forte.
> ....
> Abandona, pois, todas as seduções da beleza.

e logo mais esclarecer: "É preciso usares de prudência para que teu coração / Não fique vazio como os dos homens que abandonaram o Senhor".

O conjunto da sua obra mostra-o à saciedade: são versos de um crente fervoroso, que não esconde o que possa haver de "baixeza" em esculpi-los em vez de se dedicar exclusivamente à fé. Daí nos soarem hoje menos como arte que como confissão, o que reduz a ressonância e o aplauso crítico experimentados durante a vida do poeta. Se uma vocação poética se descortina nos seus poemas, a religiosidade convicta e confessa se incumbiu de abalá-la, ou, pelo menos, de lhe atenuar o sentido e a força. Sabemos, contudo, que se trata de falsa equação: se fosse tão intensa a vibração lírica, acabaria prevalecendo sobre a religiosidade, ou, quando pouco, acabaria por manifestar-se juntamente com ela, fazendo de Augusto Frederico Schmidt poeta religioso acima da média. Eis por que a sua poesia empalideceu à medida que os anos escorriam, ao mesmo tempo que ganhava volume como expressão de um "caso" e de uma corrente ideológica da década de 1930, a da religiosidade cristã, ou melhor, católica apostólica romana, na qual se engajara também, como vimos, Octavio de Faria.

Em semelhante compasso articula-se a voz lírica de HENRIQUETA LISBOA (1903-1985), poetisa mineira que também se dedicou ao ensino universitário. Estreou em 1925, com *Fogo Fátuo*, na linha da poesia sincrética da *Belle époque*, a que se seguiram outras coletâneas, das quais as primeiras ainda respiram a mesma ambiência: *Enternecimento* (1929), *Velário* (1956), *Prisioneira da Noite* (1941), *O Menino Poeta* (1943), *A Face Lívida* (1945), *Flor da Morte* (1949), *Poemas* (reúne os dois livros anteriores, 1951) *Madrinha Lua* (1952), *Azul Profundo* (1958), *Lírica*, obra poética reunida (1958), *Montanha Viva* (1959), *Além da Imagem* (1963), *Nova Lírica*, poemas selecionados (1971), *Belo Horizonte Bem Querer* (1972), *O Alvo Humano* (1973), *Miradouro e Outros Poemas* (1976), *Reverberações* (1976), *Celebração dos Elementos* (1977). A reunião da sua poesia, incluindo o inédito *Pousada do Ser*, com o título de *Obras Completas*, é de 1985. Também cultivou o ensaio, tendo deixado, além de três volumes no gênero (*Convívio Poético*, 1955; *Vigília Poética*, 1968; *Vivência*, 1979), um valioso estudo acerca de um dos seus numes tutelares, Alphonsus de Guimaraens, publicado em 1945.

Lirismo sutil, transparente, o de Henriqueta Lisboa, tecido por mãos femininas que não temem declarar-se como tais. Lirismo-puro-sentimento, pura emoção, espontânea manifestação de uma alma sensível. Pertence à linhagem da Cecília Meireles, dela se distingue por amor ao sentimento evanescente, por vezes aureolado de misticismo, em que não há lugar para abstrações conceptualizantes. E mesmo quando se deixa atrair pelo abstrato, é ainda a terra e a vida que a fascinam, como se o Além estivesse plantado aqui:

> Na morte, não. Na vida.
> Está na vida o mistério.
> Em cada afirmação ou
> abstinência.
> Na malícia
> das plausíveis revelações,
> no suborno
> das silenciosas palavras.[8]

Um lirismo nascido da realidade cotidiana, autobiográfica, de uma sensibilidade à flor da pele, aberta para o mundo, a sangrar ou a comungar com as coisas e os seres, o Eleito, o Mundo, Cristo, a Natureza. De onde soprarem nela ventos elísios do Simbolismo e, indiretamente, da lírica romântica. Lirismo extrovertido, se é possível o paradoxo, contendo

---

8. Henriqueta Lisboa, *Poesia Geral* (1929-1983), vol. I das *Obras Completas*, S. Paulo: Duas Cidades, 1985, p. 164. As demais citações serão extraídas da mesma edição.

a "alegria esvoaçante e ácida de um coração magoado",[9] exprime a união mística com a realidade e os homens. Lirismo comedido, temeroso de excessos, discreto, recatado, mas nem por isso menos expansivo ou efusivo: a contensão formal, decorrente sobretudo de frases emotivamente nominais, torna mais densa a intuição ali recolhida, como se cada palavra ou metáfora alcançasse a plenitude semântica e imagética.

Enlaçam-se, desse modo, o plano material, o onírico, o transcendental, "do transitório ao permanente" ("Metamorfose", de *Pousada do Ser*), numa unidade em que desaparecem as fronteiras do real. E é nessa esfera de correspondências baudelairianas que se movimenta o "eu" da poetisa, com se colocada no âmago do Cosmos, a sentir-lhe as pulsações de todas a maneiras ("Fascinação do Mar"):

> Sonhei com o mar. Ele era terrível
> como a cólera de Deus.
> E também era belo e era grande
> como a misericórdia de Deus.
>
> Olhei o mar. Ele era triste
> na solidão e profundeza de suas águas.
> E também era louco e poeta
> em seu mistério e em suas viagens sem caminho,
>
> Aproximei-me do mar. Ele era pérfido
> com suas algas e seus milenares abismos.
> E também era repousante
> com suas ilhas e vergéis nascentes.
>
> Fui para o mar. Ele era bárbaro
> no acolhimento rumoroso de suas ondas.
> E era também a graça, o espírito,
> na revoada de duas espumas e gaivotas.
>
> Amei o mar, ele era um deus humano
> com seus demônios e seus anjos em liberdade.

Em Henriqueta Lisboa há uma sinceridade, uma "simplicidade suprema" ("Na Morte", de *Flor da Morte*), uma naturalidade sem fingi-

---

9. Mário de Andrade, *O Empalhador de Passarinho*, S. Paulo: Martins, s.d., p. 222.

mento (anti-Caeiro, pois) que faz esquecer estarmos diante de textos literários: o seu lirismo encerra uma genuína vivência pessoal, que nada parece dever aos versos alheios. Trata-se, realmente, de uma confissão íntima, que só por acaso é literária (tomando esse vocábulo no sentido menor). Sabemos que a naturalidade é fruto de contínuo esforço. No entanto, a autora o esconde tão bem, ou filtra com tal cuidado os sentimentos perante as coisas, que não temos como deixar de reconhecer nela uma sonora voz poética do mais melodioso timbre, uma autenticidade que lembra, ressalvadas as proporções e as distâncias, o espontaneísmo de Auta de Sousa.

Daí a comoção que lhe repassa os poemas, um tom de mágoa, ao voltar-se para a condição humana, mesmo quando, como em "O Ausente", focaliza situações melodramáticas e já exploradas por outros poetas, ou quando glosa temas ou figuras históricas, em *Madrinha Lua*.

A impessoalidade resultante dessa disposição para extrair o poético, ou o musical, existente nas coisas, no "outro" ou no "fora", traduz a projeção, a empatia, típica da sua interioridade comungante. Essa universalidade manifesta-se mesmo nas composições em que o "eu" comanda o espetáculo, como em "Os Lírios" ou "Imagem" (de *A Face Lívida*), sugerindo-nos que o próprio "eu" se vê desdobrado num outro idêntico, como reflexo no espelho, que pratica a ação, de modo que o "eu" do poema constituísse a objetivação do "eu" da autora.

Puro lirismo, "canto claro" ("Os Anjos Negros", de *Além da Imagem*), os seus poemas são verdadeiras canções, pela melopeia, pelo ritmo cantante, pela sugestão de espaço, movimento e cor, pela suspensão da palavra e sua carga lógica e semântica, em favor da sonoridade que se basta em ser música, desdenhosa de significados, que se cumpre em ser música e nada mais. Pura musicalidade, aliança entre o vocábulo e o som, velho sonho dos poetas pós-renascentistas, ainda quando não o declarassem ou não o desejassem conscientemente, sonho que a poética simbolista viria a transformar numa das suas vigas mestras.

Na linha de *Festa* e outros da corrente espiritualista, mas muito mais do que eles, Henriqueta Lisboa é moderna sem ser modernista. Tirante o cultivo, ainda assim ocasional do verso livre, nada em sua dicção denuncia o contágio do vanguardismo de 1922. Pelo contrário: manteve-se distante das refregas "futuristas" em qualquer dos seus desdobramentos, atenta apenas ao chamado da sua intimidade femininamente lírica e universal. Graças a isso, criou uma obra inconfundível, das mais originais do seu tempo, cujo vulto só não atingiu maior difusão porque a autora primou pela ausência, arredia que era a tudo quanto representasse vida literária, apegada à "província" e à sua privacidade. E o fato de ser contemporânea de Cecília Meireles fez o resto, impedindo que o seu canto lírico, da etérea limpidez, fosse ouvido por mais pessoas do que seria de esperar. Teve admiradores, é verdade, mas não o suficiente para colocá-la além do seu tempo e mais viva na lembrança dos leitores de hoje.

Outro poeta nascido em Minas Gerais, EMÍLIO MOURA (1901-1971), também colaborou para manter viva a tradição lírica. Não obstante amigo de figuras do modernismo mineiro, de haver integrado o corpo de redatores de *A Revista* (1925), órgão desse grupo, do qual faziam parte, dentre outros, Carlos Drummond de Andrade, Abgar Renault, Pedro Nava e João Alphonsus, e de haver assimilado liberdades expressivas do movimento de 1922, inscreve-se na estirpe de Henriqueta Lisboa e outros vinculados à poesia de ascendência simbolista.

O seu livro de estreia, publicado em 1931, guarda no título — *Ingenuidade* — um paradoxo e um anúncio simbólico da sua maneira poética. De ingênua, a sua produção lírica não tem nada. E o que está recoberto pelo vocábulo "ingenuidade" é mais propriamente um sentimento que recusa dizer o seu nome e que somente a pouco e pouco emergirá à superfície dos versos. Uma palavra o revela: incompletude. Com efeito, nas demais coletâneas (*Canto da Hora Amarga*, 1936; *Cancioneiro*, 1945; *O Espelho e a Musa*, 1949; *O Instante e o Eterno*, 1953; *A Casa, 1961*), reunidas, com inéditos, no *Itinerário Poético* (1969), respira-se incompletude, ou do poeta ou dos poemas. No primeiro caso, sente-o e afirma-o o criador dos versos; no segundo, o leitor. Ambos, é evidente, confluem para os textos, nos quais se exprime o poeta e vemos espelhar-se a sua visão do mundo. E os textos parecem interromper-se, de modo geral, a meio caminho, suspensos no ar, inconclusos. A tendência para a interrogação, para a perplexidade, já assinalada pela crítica, é sintoma nítido dessa incompletude radical. Tudo se passa como se o autor, paralisado ante os vários caminhos abertos à sua frente, não exaurisse nas palavras toda a sua emoção, deixando sempre uma parte por expressar. E, portanto, como se o poema não contivesse todo o sentimento que extravasa do "eu" poético. Aliás, intitula-se "Transbordamento" a segunda composição de *Ingenuidade*, em que já se detecta o germinar dessa sensação de incompletude, veiculada por meio de um dos seus alicerces, talvez o mais poderoso de todos: a ideia de inutilidade.

Aí se situa, com certeza, o âmago da cosmovisão de Emílio Moura: o niilismo, o negativismo, o pessimismo. É comum, ao longo do *Itinerário Poético*, ouvi-lo asseverar que "é sempre a mesma inutilidade", ou que "Eu sei que tudo é inútil", ou manifestar ceticismo por via indireta, no poema "Aqui termina o caminho", não menos derrotista que outros, como "Irremediável", "Canção sem Rumo", "O Impossível Momento", "Mundo Morto", "Último Ato", "Poema Catastrófico", "Acalanto Final", "Fim de Linha", etc.[10]

> As almas já desertaram daqui.
> E nenhum milagre te espera,
> nenhum.

Niilismo integral, de poeta lírico, por vezes moderno na forma, romântico no sentimento, o que não surpreende se pensarmos na estética dos anos 1920 como neorromântica, mas que se torna digno de nota se considerarmos a irreverência, a extroversão ou o folclorismo daquele período.

Outras recorrências expressivas, a um só tempo formais e semânticas, no decurso do *Itinerário Poético* convergem para o mesmo ponto: a serenidade, as perdas irremediáveis, o fluxo do tempo, a solidão, a desesperança, o sentimento religioso, fazendo de Emílio Moura o poeta do "não", da morte, da estagnação, da renúncia, da resignação. ("Elegia"):

> Somos os grandes solitários,
> corpos na noite, vozes sem sentido.
> A qualquer hora, a mesma sombra
> caí sobre nós.
> ....
> Somos os grandes solitários.
> Só a morte cresce em nós e deixa raízes em nosso espírito.
> Corpos na sombra, vozes sem sentido,
> Mudos, erramos sem destino.
>
> E, a qualquer hora, a mesma sombra
> cai sobre nós.

---

10. Emílio Moura, *Itinenário Poético*, Belo Horizonte: Imprensa Oficial, 1969, p. 24, 45, 48. As demais citações serão extraídas da mesma edição.

Poeta místico? Ele responde à nossa dúvida em "Libertação": "Sou um poeta quase místico:/A vida é bela quando é um êxtase", sem dar-se conta de que no "quase" se instala a matriz de sua poética e de sua visão das coisas: a incompletude. E prossegue, no mesmo poema: "Ah! não ter um pensamento, um só pensamento no cérebro, / não vigiar a vida, a vida inquieta, a vida múltipla da sensibilidade", deixando ver, na contraditória defesa da ausência de pensamento, não só o protótipo do lírico, mas alguém altamente vocacionado para uma espécie de poesia à Fernando Pessoa. Nele, coexistem o pensar e o sentir, mas nem sempre entrelaçados, como de hábito no autor da "Ode Marítima", cuja sombra ostensiva aparece na epígrafe de "Presença", dando a entender que daí por diante será comum a recordação do poeta português. E, além disso, exibindo um parentesco que se adivinhava latente nos poemas anteriores: difere-os a mágoa não intelectualizada, e por isso sem o conforto do pensamento que se basta em se enunciar (Emílio Moura), e a mágoa sentida-pensada no extremo da mais trágica catarse poética (Fernando Pessoa). Raros, porém, como Emílio Moura estiveram, entre nós, mais próximos de criar uma poesia semelhante à do confrade lusitano. A incompletude do seu canto, da sua constituição anímica e estética, aqui de novo se manifesta, e na sua mais aguda e dramática forma.

E é dessa fonte que provém o seu amor à "poesia pura", busca ansiosa que lhe impulsiona toda a criação lírica e que chega a declarar-se abertamente ("Baixa a Tarde"; "Às vezes"):

> Que haja agora a poesia.
> Pura,
> pura,
> a revelação da poesia.
> ....
> As vezes, subitamente, a poesia te visita.
> Pura.
> Infinitamente pura.
> Como uma rosa.
> Melhor ainda:
> como a ideia de rosa.

em que o dinamismo que conduzia ao clima de Alberto Caeiro é cortado pelo últimos versos, em que a "ideia" rosa se antepõe à "coisa" rosa; e "ideia" não como pensamento, mas como sensação. Em "A Imagem da

Rosa", como a desdobrar a atmosfera desses poemas, antepõe o sentir ou o sonhar ao pensar.

Nessa busca da "poesia pura", da poesia como mito, ou do mito como poesia, se localiza porventura, todo o "drama" de Emílio Moura, ao menos do prisma estético, com todas as suas marcas de "aquém", morte, solidão, etc.[11] Pagava o preço de pertencer a uma quadra em que a "poesia pura", na esteira de Henri Bremond, se tornara preocupação generalizada. Todavia, ao fazê-lo, atendia a um forte apelo interior. Para exprimi-lo, lançou mão de um variado elenco de formas, ora convencionais, ora modernas, numa versatilidade que é claro indício de um poeta senhor do seu ofício e profundamente insatisfeito, ao invés dum manipulador de receitas e de estruturas à procura de assunto. E, como não podia deixar de ser, o soneto destaca-se entre as suas formas de eleição, como se observa no exemplo seguinte, de superior fatura técnica, de timbre camoniano, e espécime modelar da dicção niilista, desesperançada, de Emílio Moura, sem-par no seu tempo ("Sombras Fraternas"):

> Sombras fraternas que viveis na sombra,
> por que vindes nesta hora? Por que vindes?
> Bem que vos vejo, como antigamente,
> sombras fraternas que viveis na sombra.
>
> Bem que eu quero vencer tanto silêncio,
> falar, cantar e despertar em tudo
> a alma que um dia emudeceu comigo.
> Bem que eu quero vencer tanto silêncio.
>
> Vede as estrelas como estão geladas,
> frias e mortas pelo céu vazio...
> Vede as estrelas como estão geladas.
>
> Como quebrar tanto silêncio e frio,
> sombras fraternas que viveis na sombra?
> Com quebrar tanto silêncio e frio?

---

11. A propósito das relações da poesia de Emílio Moura com o mito, ver Carlos Drummond de Andrade, op. cit., pp. 710-713; e Aloysio Jansen de Faria, "Emílio Moura", in *Poesias do Modernismo*, 6 vols., Brasília, INL, 1972 (org. Leodegário A. de Azevedo Filho), vol. III, pp. 97ss.

Em clave análoga situa-se o gaúcho MÁRIO QUINTANA (1906-1994), cujas primeiras composições foram estampadas na *Revista do Globo*, de Porto Alegre, em 1930. Entretanto, seu livro de estreia é de 1940: *A Rua dos Cataventos*. Outros se lhe seguiram: *Canções* (1946), *Sapato Florido* (1948), *O Aprendiz de Feiticeiro* (1950), *Espelho Mágico* (1951), *Poesias* (reunião dos livros anteriores, 1962), *Apontamentos de História Sobrenatural* (1976), *A Vaca e o Hipogrifo* (1977), *Na Volta da Esquina* (1979), *Esconderijo do Tempo* (1980), *Nova Antologia Poética* (1981), *Baú de Espantos* (1986).

Estreando em livro aos 34 anos, e continuando o ofício de poeta até os últimos dias, Mário Quintana poderia, do prisma cronológico, ser incluído na chamada "geração de 1945". Ou, então, ser alinhado entre os retardatários, contemporâneos daqueles e que, reagindo contra os excessos de 1922, pregavam o retorno às formas tradicionais do verso. Sucede, no entanto, que a sua poesia está marcada pelo clima da década de 1930 (sobretudo no plano da literatura gaúcha), numa das suas vertentes, a espiritualista, por sua vez caudatária do Simbolismo. Por temperamento, por formação, ou por escolha, colocou-se à margem da estética de 1922, cultivando um lirismo sem data, atemporal, que "não cabia em nenhuma receita ou formulário do momento",[12] ou, se se preferir, anterior às práticas da Semana de Arte Moderna. Herdeiro do sincretismo da *Belle époque*, nele se diria confluírem as linhas de força simbolistas, pelo conteúdo, e as linhas de força parnasianas, pelo culto do soneto e outras formas fixas.

Entretanto, há nele uma espécie de nefelibatismo ainda preso ao cotidiano de Porto Alegre, em cujos céus contempla "os mais belos crepúsculos do mundo!.."[13] e um formalista nada impassível ou ortodoxo, contrário que foi ao Bilac escultórico ("Do Cuidado da Forma"):

> Teu verso, barro vil,
> No teu casto retiro, amolga, enrija, pule...
> Vê depois como brilha, entre os mais, o imbecil,
> Arredondado e liso como um bule!

Soube, desse modo, aproveitar o melhor do legado poético que recebera, moldando-o segundo exigências da sua sensibilidade e da sua vi-

---

12. Augusto Meyer, *A Forma Secreta*, Rio de Janeiro: Lidador, 1965, p. 189.
13. Mário Quintana, *Poesias*, 2ª ed., Porto Alegre/Brasília: Globo/INL, 1972, p. 17. As demais citações serão extraídas da mesma edição, salvo indicação em contrário.

são do mundo; numa palavra, soube ser original. Antônio Nobre, tantas vezes citado, presidiu-lhe a iniciação poética, juntamente com Verlaine e outras figuras simbolistas (sonetos XI e XXIX):

> Anto querido, esse teu livro "Só"
> Encheu de luar a minha infância triste!
> ....
> Olha! Eu folheio o nosso Livro Santo...
> Lembras-te? O "Só"! Que vida, aquela vida...
> Vivíamos os dois na Torre de Anto...
> Torre tão alta... em pleno azul erguida!...

Temperando as notas egocêntricas e magoadas do poeta do *Só* com o amor ao cotidiano, levado pelo "romantismo vagabundo" (soneto XXI), pelo gosto em fazer "desmaterializações / Subjetivações de objetos",[14] Mário Quintana lembra um Jacques Prévert que exclamasse ("Canção de Bar"):

> Que poesia pura,
> Ai seu poeta irmão,
> A poesia pura
> Não existe não!

e praticasse o oposto. O criador dos quintanares avizinha-se, pela diafaneidade, pela indolência lírica, pela disponibilidade existencial, pela naturalidade de menino sonhador, do que se poderia rotular de poesia pura (presente, como vimos, também em Emílio Moura), no sentido da poesia irmã da música e da emoção que brota fácil do inconsciente.[15]

Poeta da ternura ("Oh! toda esta minha ternura inútil, desaproveitada!...", de "Canção dos Romances Perdidos"), da simplicidade aparentemente ingênua, com traços surrealistas, desencantada ("Canção do Amor Imprevisto"):

> E a minha poesia é um vício triste,
> Desesperado e solitário
> Que eu faço tudo por abafar.

---

14. Idem, *Apontamentos de História Sobrenatural*, 2ª ed, Porto Alegre: Globo, 1977, p. 105.

15. Augusto Meyer (op.cit, p. 190) diz, com justeza: "Não sei de outro poeta em que o poema seja uma consubstanciação tão perfeita entre viver e cantar, entre sofrer vivendo e sofrer cantando".

mas cheia de alegria de viver, "a imortal, a serena alegria que fulge no olhar dos santos / Ante a presença luminosa da morte!",[16] de viver os grandes nadas de cada dia ("Tão bom viver dia a dia...", de "Canção do Dia de Sempre"). Poeta das *Canções*, duma musicalidade festiva, atravessada, por vezes, de fino humor; trovador de rua, dos poemas em prosa à maneira simbolista, das quadras repletas de moralidade despretensiosa, porém ricas de sabedoria, fruto da experiência e da leitura de La Rochefoucauld, Rivarol e outros —, nele se entrevê o sentido contrarrevolucionário ou anti-1922 de certa poesia de 1930, evidente nos que o precederam. Dependendo do ponto de vista, pode-se advertir nessa família de poetas, ou retrocesso ou superação do prosaísmo voluntário do grupo da Semana de Arte Moderna, e a correspondente restauração da poesia livre, descontaminada de programas ou propostas antropofágicas, verde-amarelas e similares. E, por isso, uma poesia expressa, ora em versos heterométricos, ora em versos de medida rigorosa. Ver nessa poesia reação ou progresso dependerá de nos situarmos em coordenadas ideológicas (políticas ou religiosas) ou estritamente literárias (se for possível).

Em qualquer hipótese, é importante reconhecer em Mário Quintana um dos líricos maiores do nosso século XX, dono de uma fluência como que encontrada por um movimento de espontânea adesão ao poético das coisas, dos seres, do tempo, do vento, do mar, etc., por parte de quem viveu desde sempre "entre os Loucos, os Mortos e as Crianças" (soneto V).

Outros nomes podem ser acrescentados à lista de poetas surgidos nessa década, como Fernando Mendes de Almeida, autor de *Carrossel Fantasma* (1937), Oneida Alvarenga, autora de *A Menina Boba* (1938), Rossini Camargo Guarnieri, autor de *Porto Inseguro* (1938) e *A Voz do Grande Rio* (1944), aos quais Mário de Andrade dedicou um artigo conjunto, caracterizando-os como líricos que procuravam "com insistência apaixonada encontrar o sentido do amor".[17] Adalgisa Nery, autora de *Poemas* (1937), *A Mulher Ausente* (1940), etc., em que se revela, no dizer do mesmo crítico, "deísta, dotada de uma visão pouco evasiva, pouco mística (...), triturada pela cinza neutra do tédio";[18] Odorico Tavares, autor de *26 Poemas* (1934), de parceira com Aderbal Jurema, e de *A Sombra do Mundo* (1939) e *Poesias* (1945), nos quais se advertiria, graças à obsessiva presença da infância, uma proustiana "busca do tempo

---

16. Mário Quintana, *Apontamentos de História Sobrenatural*, p. 139.
17. Mário de Andrade, op. cit, p. 53.
18. Idem, ibidem, pp. 196-197.

perdido";[19] e Jamil Almansur Haddad, que evoluiu de um lirismo de fortes acentos eróticos, orientalizantes, em *Alkamar, Minha Amante* (1935), *Orações Negras* (1939), *Poemas* (1944), *A Primavera na Flandres* (1944), *A Lua do Remorso* (1951), para uma poesia engajada, panfletária, em *Romanceiro Cubano* (1960). Derivou, mais tarde, para ritmos epicizantes, em francês (1977) e depois em português (*Aviso aos Navegantes* ou *A Bela Adormecida no Bosque*, 1980), sem jamais perder a inclinação por certo barroquismo de linguagem, intimamente relacionado com a sensualidade, e que constitui marca distintiva da sua dicção poética. Ainda ganharia notoriedade como tradutor e como ensaísta (*O Romantismo Brasileiro e as Sociedades Secretas do Tempo*, 1949; *Revisão de Castro Alves*, 3 vols., 1953; etc.).

Presencia-se, como se vê, na década de 1930, o declínio da virulência revolucionária da Semana de Arte Moderna. Apesar de algumas das suas propostas ainda encontrarem eco, em razão de terem sido incorporadas ao saldo que restou do embate contra as últimas florações da poesia parnasiana e simbolista —, avulta a tendência para retomar soluções temáticas e métricas anteriores a 1922, não sem utilizar, é claro, a liberdade criadora em voga. Se, de um lado, o grupo de *Festa* dava o exemplo, prolongando o espiritualismo de raiz simbolista, de outro, nota-se a superação da euforia subversiva, mercê da qual foram repostos em circulação valores abominados pelos organizadores da Semana de Arte Moderna. Salta aos olhos, desse modo, a diferença entre a típica poesia de 1922, mais propensa à piada ou à cor local, e a poesia dos anos 1930, de sinal contrário, e não raro cultivando formas e assuntos novos ou desprezados até então.

Assinale-se, por fim, que a poesia de 1930 não aderiu, salvo esporadicamente, às aspirações políticas da prosa coetânea, mas admitiu o perfilhamento da mundividência católica, seja por influxo de *Festa*, seja em virtude de opção pessoal ou de ortodoxa crença religiosa. Certo surrealismo completa o quadro da poesia de 1930, das mais vigorosas do século XX.

CARLOS DRUMMOND DE ANDRADE

Nasceu em Itabira do Mato Dentro (Minas Gerais, a 31 de outubro de 1902. Estudos primários na cidade natal. Inicia curso secundário em

---

19. Wilson Martins, *História da Inteligência Brasileira*, 7 vols., S. Paulo: Cultrix/EDUSP, 1976-1979, vol. VII, p. 234.

Belo Horizonte, que prossegue, como interno, no Colégio Anchieta, do Rio de Janeiro, de onde é expulso por "insubordinação mental". Retorna a Belo Horizonte; trabalha na imprensa, estuda farmácia; torna-se amigo de João Alphonsus, Emílio Moura, Pedro Nava, Aníbal Machado e outros. Formado, regressa a Itabira (1926), onde leciona português e geografia. De novo na capital mineira, trabalha no *Diário de Minas* e no funcionalismo público. Estreia em livro com *Alguma Poesia* (1930). Muda-se para o Rio de Janeiro (1934), para servir como oficial de gabinete do Ministro da Educação, Gustavo Capanema, e mais adiante (1945), para chefiar a seção de História da Divisão de Estudos e Tombamento da Diretoria do Patrimônio Histórico e Artístico Nacional. Aposentando-se em 1962, continuou a colaborar na imprensa.

Além do mencionado volume, publicou os seguintes livros de poesia. *Brejo das Almas* (1934), *Sentimento do Mundo* (1940), *Poesias* (reunião dos livros anteriores mais *José*, 1942), *A Rosa do Povo* (1945), *Poesia Até Agora* (as anteriores, mais *Novos Poemas*, 1948), *A Mesa* (1951), *Claro Enigma* (1951), *Viola de Bobo* (1952), *Fazendeiro do Ar* e *Poesia Até Agora* (os anteriores, menos *Viola de Bolso*, e mais *Fazendeiro do Ar*, 1953), *Poemas* (os anteriores, mais *A Vida Passada a Limpo*, 1959), *Lição de Coisas* (1962), *Versiprosa* (1967), *Boitempo* e *A falta que ama* (1968), *Menino Antigo* (1973), *As Impurezas do Branco* (1973), *Discurso de Primavera* e *Algumas Sombras* (1977), *Esquecer para lembrar* (1979), *A Paixão Medida* (1980), *Corpo* (1984), *Amar se aprende amando* (1985), *Amor, Sinal Estranho* (1985), *Poesia Errante* (1988), *O Amor Natural* (1992), *Farewell* (1996); conto: *O Gerente* (1945), *Contos de Aprendiz* (1951), *70 Historinhas* (1978), *Contos Plausíveis* (1981); crônicas, artigos: *Confissões de Minas* (1944), *Passeios na Ilha* (1952), *Fala amendoeira* (1957), *A Bolsa e A Vida* (1962), *Cadeira de Balanço* (1966), *Caminhos de João Brandão* (1970), *O Poder Ultra Jovem* (1972), *De notícias e não notícias faz-se a crônica* (1974), *Os Dias Lindos* (1977), *Boca de Luar* (1984); diário: *O Observador no Escritório* (1985); entrevistas: *Tempo Vida Poesia* (1986). Faleceu no Rio de Janeiro, a 17 de agosto de 1987.

Figura maior do século passado, assim como de toda a nossa história literária, Carlos Drummond de Andrade cultivou, ao longo de uma carreira de mais de cinco décadas, o conto, a crônica e a poesia, sempre num alto nível de inventividade e expressão. Contista de primeira água, em que pesa a modéstia dos títulos *Contos de Aprendiz* e *70 Historinhas*, na crônica concentrou seu labor criativo nos últimos anos, mas realizou parte significativa do seu potencial estético, iluminando uma faceta que na poesia somente por vezes conhece a luz do dia. A crônica, libertária por natureza, pendente entre o jornalismo e a literatura, dando margem ao jogo franco da sensibilidade e da observação, exibe-lhe o perfil de um ângulo apenas sugerido pela poesia: o do humor, no sentido britânico do termo. Não quer dizer que seja elaborada com menos gravidade, senão que constitui, juntamente com a poesia e o conto, uma das manifestações de uma personalidade multiforme, cujo lugar, nos quadros da literatura brasileira, tanto poderia resultar de uma como de outra forma de expressão. Todavia, é na poesia que ganhou o singular relevo que todos lhe reconhecem.[1]

Como poeta, Carlos Drummond de Andrade encarna as matrizes fundamentais do seu tempo. Sua obra atravessa praticamente todas as modalidades da poética posterior a 1922, tornando-se uma espécie de mostruário das várias tendências modernas, ao longo de cinco fases principais. A estreia deu-se, como vimos, em 1930, com *Alguma Poesia*, enfeixando composições escritas nos cinco anos precedentes. Que o fato não passou despercebido, evidenciam os estudos que provocou, notadamente o de Mário de Andrade, publicado na *Revista Nova* e depois reunido em *Aspectos da Literatura Brasileira* (1943). Com a sua peculiar agudeza, o autor de *Macunaíma* não poupa elogios ao estreante, mas também lhe faz restrições. Com efeito, o livro revelava duas facetas contrastantes, igualmente vigorosas. De um lado, o inconformismo, a rebeldia indignada contra um estado de coisas, mostrando um poeta independente, senhor de um definido projeto literário. A outra faceta consistia na aceitação consciente de tiques postos em criação pelo grupo de 1922, baseados na irreverência e na jocosidade satírica ou humorística. A dualidade manifestava-se no todo da obra e ainda no interior dos poemas, numa oposição não raro chocante, que o futuro virá a justificar: afinal, ali corriam duas fontes inspiradoras do poeta. Tomemos, como exemplo, os versos que o tornaram conhecido em todo o Brasil, embora nem sempre a crítica e os leitores lhes entendessem com clareza o significado profundo, lastreado de patético "sentimento do mundo", oculto por trás da irreverência:

> No meio do caminho tinha uma pedra
> Tinha uma pedra no meio do caminho
> Tinha uma pedra
> No meio o caminho tinha uma pedra

---

1. Retomo o prefácio-ensaio, escrito em 1962, da antologia do poeta, publicada em 1965 (Lisboa: Portugália Editora).

Nunca me esquecerei desse acontecimento
Na vida de minhas retinas tão fatigadas.
Nunca me esquecerei que no meio do caminho
Tinha uma pedra
Tinha uma pedra no meio do caminho
No meio do caminho tinha uma pedra.[2]

O poeta praticava então o "poema-piada", em pleno uso entre 1922 e 1930, "um dos maiores defeitos a que levaram a poesia brasileira contemporânea".[3] No entanto, já em *Alguma Poesia* há indícios de que essa moda encontrava eco no temperamento do autor e tinha outra razão de ser. Um poema, dos mais belos de quantos escreveu, "Balada do Amor através das Idades", documenta o fato. Nele, se expressa uma amarga reflexão amorosa em mescla com um à vontade chocarreiro, como se o riso se destinasse a camuflar/enfatizar o sentimento, em perfeita simbiose.

Tudo bem ponderado, tinha-se ali uma das marcas drummondianas mais visíveis e distintivas: a visão não lírica do mundo. Outras já vinham à superfície: uma fina sensibilidade, e voltada para a detecção dos contrários, a parte e o todo, o simples e o complexo, o regional e o cósmico, o contemporâneo e o eterno; e uma vivaz inteligência, debruçada sobre as conquistas da sensibilidade. O resultado é a contenção, que o tempo somente aguçará.

Outro aspecto da poesia drummondiana dessa fase, ainda vinculado ao ímpeto revolucionário de 1922, é o coloquialismo, o culto da banalidade ou do pensamento desataviado e cotidiano. Poesia do coloquial e do cotidiano, era o objetivo a atingir, segundo os parâmetros inaugurados pela Semana de Arte Moderna. Prosificação do poema ou prosa versificada, eis a consequência imediata. Era preciso repudiar o formalismo parnasiano e simbolista, ainda que o preço fosse a facilidade enganadora do verso branco, assimétrico e "objetivo". O autor de *Alguma Poesia* não fugiu ao canto de sereia, mas soube fazer dele um uso progressivamente eficaz como instrumento de rica pulsação poética.

A liberdade formal viria a constituir a pedra de toque para outros fins que não o simples *épater le bourgeois*. Nele, o prosaísmo, mais do que aderência à moda, era a busca duma dicção autônoma, empregando os

---

2. Carlos Drummond de Andrade, *Obra Completa*, Rio de Janeiro, Aguilar, 1967, pp. 61-62. As demais citações serão extraídas da mesma edição, salvo indicação em contrário.
3. Mário de Andrade, *Aspectos da Literatura Brasileira*, S. Paulo: Martins, 1946, p. 34..

meios à mão. O coloquialismo não lhe destruía o poder de comunicação, nem lhe roubava a identidade poética.

Espécie de programa poético, *Alguma Poesia* fornece as coordenadas fundamentais da obra drummondiana, que as sucessivas coletâneas enriquecerão de novas perspectivas. Está no caso o sentimento humanitário, de que deriva uma melancolia logo transformada em autoironia, preso que se sentia o poeta à "burguesia contente" ("Sweet Home"). O sentimento desvelava-se pelo avesso: o humanismo transmuta-se ou dissimula-se, assumindo caráter de revolta ou indignação, como em "O Sobrevivente", em que o autor se desculpa do prosaísmo por ser "impossível compor um poema a essa altura da evolução da humanidade. / (...) O último trovador morreu em 1914".

Liga-se a esse humanismo a referência a Deus e a Cristo, embrião do transcendentalismo a-religioso manifesto mais adiante. A essa fase ainda pertence *Brejo das Almas*, em que o poeta explora pela primeira vez o seu estado natal como tema, revelando-se, já então, visceralmente mineiro e, nem por isso menos universal. Um crítico afirmaria, com muita propriedade, que a sua poesia "assenta-se em três bases: a província, a família e o mundo".[4] E ainda é de observar o surgimento de outra das características do autor, a preocupação com o "mistério da poesia", estampada numa arte poética, primeira de uma série em que condensará o resultado de suas indagações nesse terreno ("Segredo"):

> A poesia é incomunicável.
> Fique torto no seu canto.
> Não ame.
>
> Ouço dizer que há tiroteio
> ao alcance do nosso corpo.
> E a revolução? O amor?
> Não diga nada.
>
> Tudo é possível, só eu impossível.
> O mar transborda de peixes.
> Há homens que andam no mar
> como se andassem na rua.
> Não conte.

---

4. Mário da Silva Brito, *O Modernismo*, vol. VI do *Panorama da Poesia Brasileira*, Rio de Janeiro: Civilização Brasileira, 1959, p. 101.

Suponha que um anjo de fogo
varresse a face da terra,
e os homens sacrificados
pedissem perdão.
Não peça.

Do prisma teórico, chama atenção o verso inicial, que encerra uma das chaves para a compreensão de Carlos Drummond de Andrade nessa fase da sua trajetória. Pondo de lado outros sentidos possíveis, podemos vislumbrar, nessa categórica assertiva, que ele não deseja comunicar a poesia que o habita, ou por não acreditar que seja viável a comunicação, ou por não querer extravasar sentimentos íntimos. De onde a presença da inteligência, o prosaísmo e o despojamento verbal. Movimento de concha que se fecha sobre si, esconde, ou busca esconder, refinada sensibilidade. De onde a (auto-)ironia, manejada como arma de defesa e ocultação: o poeta "escondeu a timidez, o pudor, o lirismo na cerca de espinhos da ironia".[5]

Evidentemente, nas duas coletâneas publicadas até 1934, o poeta comunica "alguma poesia". Do contrário, não teriam granjeado a simpatia dos leitores e críticos e, acima de tudo, não teriam sido reeditadas, sendo o autor, como era, exigente com o produto da sua oficina poética.[6] De qualquer modo, vive assediado pela contradição, que será desmontada na fase seguinte.

Com efeito, o *Sentimento do Mundo,* que recolhe poemas de 1935 a 1940, aponta nessa direção, e disso o poeta tem plena consciência: "penso ter resolvido as contradições elementares da minha poesia num terceiro volume, *Sentimento do Mundo*".[7] O poema que abre o livro, e que lhe dá título, exibe a irrupção da nota ecumênica, ou cósmica, que caracterizaria a sua poesia:

Tenho apenas duas mãos
e o sentimento do mundo,
mas estou cheio de escravos,
minhas lembranças escorrem

---

5. Jaime de Barros, *Poetas do Brasil*, Rio de Janeiro: José Olympio, 1944, pp. 180-181.
6. Para o estudo da forma na poesia drummondiana, ver os artigos enfeixados por Sônia Brayner em *Carlos Drummond de Andrade*, Rio de Janeiro/Brasília: Civilização Brasileira/INL, 1977 (Col. "Fortuna Crítica").
7. Carlos Drummond de Andrade, op. cit., p. 547.

e o corpo transige
na confluência do amor.

Quando me levantar, o céu
estará morto e saqueado,
eu mesmo estarei morto,
morto meu desejo, morto
o pântano sem acordes.

Os camaradas não disseram
que havia uma guerra
e era necessário
trazer fogo e alimento.
Sinto-me disperso,
anterior a fronteiras,
humildemente vos peço
que me perdoeis.

Quando os corpos passarem,
eu ficarei sozinho
desfiando a recordação
do sineiro, da viúva e do microscopista
que habitavam a barraca
e não foram encontrados
ao amanhecer
esse amanhecer
mais noite que a noite.

Observe-se a nota universalista em diálogo com o individualismo, por meio do qual o poeta regressa aos temas mineiros e abandona o "poema-piada". Por outro lado, o sentimento de contida revolta pressupõe ceticismo ou benévola compreensão, ao mesmo tempo que a dicção poética ganha em sutileza e gravidade. O poeta entra na segunda fase da sua carreira, assinalada pelo engajamento, inicialmente lírico, mais tarde político. Movido pelo seu "sentimento do mundo", a empatia agora é com o "humilhado e ofendido", na pessoa do trabalhador, como em "O Operário no Mar". Entretanto, quando, no fecho de "Mãos Dadas", afirma: "O tempo é a minha matéria, o tempo presente, os homens presentes, a vida presente", é porque o poeta social em Carlos Drummond de Andrade, sob o influxo da revolução espanhola e da II Guerra Mundial, começava a manifestar-se. Amadurecido, liberto das fáceis soluções à 1922, empregadas na sátira do burguês, experimenta versos de medida epicizante, que permanecerá daí por diante como marca distintiva, indicando a primazia do universal sobre o individual. E a utopia instala-se no seu horizonte, como contrapeso ao aqui-agora injusto ou desumano ("Elegia 1938"): "Ó vida futural nós te criaremos".

José, que reúne poemas de 1941 e 1942, constitui uma espécie de interregno lírico: abandonando o tema da guerra, o poeta volta-se para o seu microcosmos, no rumo da interioridade ("A Bruxa"):

> Nesta cidade do Rio,
> de dois milhões de habitantes,
> estou sozinho no quarto,
> estou sozinho na América.

Como que por automatismo, retornam os mitos pretéritos, Minas Gerais, a família, quanto mais não fosse, para veicular um antipieguismo lucidamente declarado ("Edifício Esplendor"): "Oh que saudades não tenho / de minha casa paterna". Na verdade, porém, não se trata de sentir saudade, pois a casa paterna é presença constante na sua memória. Assim, arma-se uma das equações dialéticas da poesia drummondiana: contraposta à inteligência debruçada sobre o real cotidiano, a sensibilidade põe-se a indagar planos transcendentais. Dizem-no com nitidez poemas como "José" e "Tristeza no Céu": naquele, a dúvida que recorre como bordão — "E agora, José?" — envolve uma perplexidade transistórica e transpessoal; no outro poema, Deus é a tônica.

Em *José* também se inscreve uma arte poética, sintomática dessa fase e expressão de proverbial consciência de ofício, que não chega, porém, a transformar-se em esteticismo, graças à óptica humanista implícita ("O Lutador"):

> Lutar com palavras
> é a luta mais vã.
> Entretanto lutamos
> mal rompe a manhã.

Essa fase, latente nos livros anteriores, escancara-se em *A Rosa do Povo*, que enfeixa composições de 1943 a 1945. Logo à entrada do volume, em "Consideração do Poema", uma nova versão da arte poética apresenta-se: "Tal uma lâmina, / o povo, meu poema, te atravessa".

Entretanto, no poema seguinte, "Procura da Poesia", o poeta retoma a atitude contraditória que lhe conhecemos. Embora, ao dizer "Não faças versos sobre acontecimentos", refira-se a um dos princípios da sua concepção poética — "O que pensas e sentes, isso ainda não é poesia" —, *A Rosa do Povo* contém poesia em torno de acontecimentos, situados no — ou gerados pelo — clima da II Guerra Mundial. O poeta engaja-se, raia pelo panfletário, sem perder de vista o seu compromisso literário, como em "Nosso Tempo", quando diz que "este é tempo de partido, tempo de homens partidos", e no final descarrega o seu ódio. "Poeta revolucionário", ou "poeta público", no dizer, respectivamente, de Álvaro Lins e Otto Maria Carpeaux, substitui a granada pela poesia, não sem insolúveis ambiguidades ou dramas de consciências:

> O sentido revolucionário da poesia do Sr. Carlos Drummond de Andrade — diz um dos seus críticos — não é aquele que leva a arte a penetrar nas massas, a exaltá-las, a ajudá-las a ter consciência das suas próprias misérias e necessidades, mas aquele que transfigura o sentimento de inconformismo e revolta para que possa comover as chamadas elites intelectuais.

Ou, por outras palavras:

> uma inspiração — em pensamento, ideias e sentimentos — revolucionária, contendo por isso substância em parte popular, ao lado de uma forma difícil e não disposta a concessões, um estilo aristocrático e por isso inacessível ao grande público.[8]

Não obstante, *A Rosa do Povo* encerra poesia da melhor que Carlos Drummond de Andrade produziu, a exemplo de "Caso do Vestido", "Morte do Leiteiro", "Morte no Avião". De onde vem tal qualidade poética, apesar do fulgor demagógico que lhe ronda os versos? Vem da fusão de duas vertentes da sua dicção, aqui modeladas pelo investimento político — a individual e a social:

> Individual e social se interpenetram a tal ponto (...) que não sei como se poderá fugir a uma tendência pelo cultivo da outra. Só haverá oposição por inabilidade do criador ou vício do seu temperamento.[9]

---

8. Álvaro Lins, *Jornal da Crítica*, 5ª série, Rio de Janeiro, José Olympio, 1947, pp. 84-85.
9. Homero Senna, *República das Letras*, 2ª ed., rev. e ampl., Rio de Janeiro: Gráf. Olímpica, 1968, pp. 19-20.

A base ideológica algumas vezes se incrusta no corpo do poema como decorrência natural da ideia ou sentimento condutor; noutras vezes desponta nítida, sem ambiguidade. E dessa forma se compõem "Carta a Stalingrado", "Telegrama de Moscou" e "Com o Russo em Berlim", em que o ardor revolucionário chega ao limite a partir do qual a poesia pode anular-se, panfletariamente, em favor da "mensagem" política. Salva o poeta a vocação universalista. Não estranha, por isso, que noutros poemas a nota ideológica esteja ausente, em conformidade com o seu desejo de não fazer poesia de acontecimentos, como em "Áporo", ao redor do mistério que preside o nascimento de uma orquídea.

Nesse jogo de contrários, fonte da poesia drummondiana, percebe-se que a vocação universalista acaba predominando e constituindo a maneira peculiar ao poeta. O próprio engajamento político imbrica-se nesse processo universalizante, para contrabalançar o apelo individualista. Combinando o provisório e o duradouro, o perecível e o indestrutível, o aquém e o além, o poeta realiza-se como testemunha do seu tempo, sem deixar de meditar em torno de questões menos circunstanciais.

Agora, o dinamismo ascendente opera-se em vertigens cósmicas, pan-históricas, que procuram abarcar dum só golpe a experiência do homem ao longo da história ("Idade Madura"):

> Dentro de mim, bem no fundo,
> há reservas colossais de tempo,
> futuro, pós-futuro, pretérito,
> há domingos, regatas, procissões,
> há mitos proletários, condutos subterrâneos,
> janelas em febre, massas de água salgada, meditação e sarcasmo.

Novos Poemas, que engloba composições de 1946 e 1947, prolonga, até certo ponto, a poesia revolucionária. Terminada a II Guerra Mundial, Carlos Drummond de Andrade volta-se para a Espanha, e por meio dela, para os temas recorrentes da sua poesia: o cotidiano, a natureza, o amor, o tempo, tudo inscrito na indagação do mistério da existência. No laboratório do poeta, monta-se a equação-chave da sua obra e da sua cosmovisão: o homem em face do enigma.

Ingressava, assim, com *Claro Enigma*, que reúne poemas de 1948 a 1951, na terceira fase da sua trajetória, assinalada pelo transcendentalismo a-religioso. Superada a comichão revolucionária, dá o grande salto para a transcendência:

Devo dizer honestamente que nem a poesia de caráter social me parece a melhor de nossa tradição, representada antes pelo lirismo romântico, nem esse gênero de poesia hoje me interessa muito. Andanças da sensibilidade, aos sacolejos entre as experiências do espírito e as do homem cívico, sois talvez causa próxima desse desinteresse.[10]

O poeta volta-se para os seus mitos, dá vazão ao inato transcendentalismo, colocando-se a par dos grandes poetas do idioma. Não mais a lírica admiração do próprio *ego*, mas o descortino dos arquétipos. Timbre de vate épico, da estirpe de Camões e Fernando Pessoa. "A Máquina do Mundo" enuncia-o claramente, no seu ar de paródia a *Os Lusíadas*, revisitados por uma imaginação congenial à do autor da "Ode Marítima".

A visão da transcendência não obnubila, porém, a realidade concreta, que perdura como sombra platônica. De onde a presença da memória, e, por meio dela, o retorno à família, aos amados ausentes e às ilusões perdidas, com nítida repercussão no discurso poético. Ao superar a poesia social, Carlos Drummond de Andrade encaminha-se para o classicismo, graças à pureza da linguagem, à reflexão filosófica, ao desalento olímpico, à contemplação paradoxal do para-além do bem e do mal. Leia-se "Entre o Ser e as Coisas":

> Onda e amor, onde amor, ando indagando
> ao largo vento e à rocha imperativa,
> e a tudo me arremesso, nesse quando
> amanhece frescor de coisa viva.
>
> Às almas, não, as almas vão pairando,
> e, aquecendo a lição que já se esquiva,
> tornam amor humor, e vago e brando
> o que é de natureza corrosiva.
>
> N'água e na pedra amor deixa gravados
> seus hieróglifos e mensagens, suas
> verdades mais secretas e mais nuas.
>
> E nem os elementos encantados
> sabem do amor que os punge e que é, pungindo,
> uma fogueira a arder no dia findo.

---

10. Carlos Drummond de Andrade, op. cit., p. 662.

O poeta atinge, nessa fase, o máximo de engenho, pela tensão da forma e da ideia, lembrando, mais do que nunca, Camões e Fernando Pessoa. O tema do amor, uma das constantes da sua veia poética, agora ressurge com toda a força, feito "amor de madureza", como em "Campo de Flores" e nas "Notícias Amorosas" de *Claro Enigma*. À semelhança daqueles poetas portugueses, ele *pensa* o amor e sua dialética, compondo alguns dos mais bem realizados poemas no gênero em vernáculo. É o amor-mito, núcleo de uma galáxia de mitos pretéritos, com os quais se identifica e nos quais se acha ("Campo de Flores"):

> Pois que tenho um amor, volto aos mitos pretéritos
> e outros acrescento aos que amor já criou.
> Eis que mesmo me torno o mito mais radioso
> e talhado em penumbra sou e não sou, mas sou.

Em 1952, o poeta lança *Viola de Bolso*, poemas de circunstância, alguns dos quais nem por isso desmerecem o mais da sua produção, como "Caso Pluvioso", repassado de humor e musicalidade. Cessada essa pausa lírica, em 1954 publica *Fazendeiro do Ar*, extensão e aperfeiçoamento de sua visão do mundo: classicismo, transcendentalismo, camonismo. Carlos Drummond de Andrade apura o canto, sutiliza-se, aprimora o dom da condensação e o sentido polivalente das metáforas; atinge, sem dúvida, o ápice da sua inspiração, manifesta na capacidade de aproximar palavras distantes e soprar vida nova em lugares-comuns. E, como não podia deixar de ser, demora-se em artes poéticas, nas quais a poesia se define como "morte secreta" ("Brinde do Banquete das Musas"). Ao mesmo tempo, o adeus à modernidade traduz a vitória desse classicismo que o tempo veio refinando ("Eterno"): "E como ficou chato ser moderno. / Agora serei eterno".

O *pathos* drummondiano anunciava o momento de fazer um balanço existencial. Em 1959, publica *A Vida Passada a Limpo*, que reúne composições de 1954 a 1958, em torno da temática do tempo. À sondagem na duração bergsoniana ou na esfera inteligível platônica, que desembaraça o poeta das "tentações" históricas, corresponde o polimento da forma. E o purismo ganha a esperada coloração barroquizante. "Dociastutos", "multiamante", etc., são palavras que despontam, a par de processos típicos do Barroco ("Tríptico de Sônia Maria do Recife"): "Maria de maria mariamente /ou de mar de canaviais mar murmurante".

Tal gosto pelos jogos verbais serve de contraponto à sedução por vocábulos da modernidade tecnológica, como em "Os Materiais da Vida", em que se encontram formas do tipo "drls", "vidrotil", "modernfold", verdadeiro hino ao mundo da matéria plástica erguido sobre o sentimento-base da visão do mundo drummondiana — o amor —, tema predominante no crepúsculo que *A Vida Passada a Limpo* anuncia.

A poesia de Carlos Drummmond de Andrade evolui por círculos em expansão, conectados linearmente no curso do tempo, avançando pelos caminhos desde o início vislumbrados: a depuração do *mesmo* evidencia a *diferença*. E é assim que ingressa na quarta fase da sua carreira, tomada pelo experimentalismo, consequência natural do contínuo trabalho artesanal. É o tempo de *Lição de Coisas* (1962), quando retoma Itabira, os humilhados e ofendidos, o fluir das horas, a memória e certa rebeldia, vazada no anticlericalismo de "O Padre, A Moça" e "Os Dois Vigários", que supúnhamos ultrapassada. Em contrapartida, a consciência ideológica agora recusa o partidarismo, como se pode ver em "A Carlito" e "A Bomba". E é nessa revoada de mitos remotos que escreve dois dos seus mais comoventes poemas, "Carta" e "Para Sempre", dos quais se transcreve o primeiro:

> Há muito tempo, sim, que não te escrevo.
> Ficaram velhas todas as notícias.
> Eu mesmo envelheci: Olha, em relevo,
> estes sinais em mim, não das carícias
>
> (tão leves) que fazias no meu rosto:
> são golpes, são espinhos, são lembranças
> da vida a teu menino, que ao sol-posto
> perde a sabedoria das crianças.
>
> A falta que me fazes não é tanto
> à hora de dormir, quando dizias
> "Deus te abençoe", e a noite abria em sonho.
>
> É quando, ao despertar, revejo a um canto
> a noite acumulada de meus dias,
> e sinto que estou vivo, e que não sonho.

Ao mesmo tempo, parece experimentar a proposta dos concretistas, como em "Isso é Aquilo", não sem mesclar a prestidigitação verbal com o transcendentalismo, a sua mais relevante característica:

O fácil o fóssil
o míssil o físsil
a arte o enfarte
o ocre o canopo
a urna a farniente
a foice o fascículo
a lex o judex
o maiô o avô
a ave o mocotó
o só o sambaqui

Com *Boitempo* (1968), inaugura a fase rememorativa da sua trajetória poética. Sem perder fisionomia anterior, entrega-se ao afã de recuperar o tempo perdido, à Proust, como se estivesse absorto em suas memórias. Fase de balanço, revisão do passado, testamento, arrumação de coisas para a derradeira viagem. Em meio à "nostalgia / do sempre",[11] que mantém vivo o sentimento do transcendental, nem sempre vem à bateia a pepita desejada: o vício/ofício de poetar agora é mais forte que o tempo, confunde-se com a vida. No entanto, a mão do poeta continua firme, resistente ao endurecimento ("Qualquer Tempo"):

Qualquer tempo é tempo.
A hora mesma da morte
é hora de nascer.

Nenhum tempo é tempo
bastante para a ciência
de ver, rever.

Tempo, contratempo
anulam-se, mas o sonho
resta, viver.

Estimulado pelo mundo de fora, retomando, noutra cadência, o prosaísmo da primeira fase, dissimulando a emoção, ou suspeitando que ela o abandonara de vez:

---

11. Idem, *Boitempo e A falta que ama*, 2ª ed., Rio de Janeiro: Sabiá, 1973, p. 156. A citação seguinte pertence à mesma obra.

> E se não estou mais na idade de sofrer
> É porque estou morto, e morto
> É a idade de não sentir as coisas, essa coisas?[12]

o poeta navega entre o versejar por hábito (influência do cronista?) e o escrever como imperativo da mais íntima razão de ser, — o transcendentalismo, a reconquista do sentido do amor ("*Amor e seu Tempo*", de *As Impurezas do Branco*), o retorno de uma presença tutelar ("Único", *ibidem*):

> O único assunto é Deus
> o único problema é Deus
> o único enigma é Deus
> o único possível é Deus
> o único impossível é Deus
> o único absurdo é Deus
> o único culpado é Deus
> e o resto é alucinação.

Nas últimas obras, a par do cultivo de um saboroso humor e da sedução pelo circunstancial, a "poesia de convívio", como subintitula *Amar se aprende amando,* ensaia voos para os confins do erotismo. Surpreendente num poeta octogenário, é ainda mais insólito pela incandescência contida de poemas como "O tempo passa? Não passa", "O mundo é grande", "Amor", que se diria de um jovem em plena efusão amorosa. Em semelhante registro se desdobra a visão do *Corpo*, a sua transcendência, as contradições, as sem-razões, espelhando um tempo marcado pela psicologia ou estética corporal, contrapeso da sensação de desvalia que, em nossos dias, espreita a vida e o ser humano. A poesia erótica drummondiana atinge o auge em *Amor Natural*: sem humor ou ironia, o poeta descreve os vários momentos do intercurso amoroso entre o homem e a mulher, numa linguagem desinibida, escaldante, que mescla os surtos da imaginação à experiência dum amor secreto postumamente vindo a público.

Carlos Drummond de Andrade é o poeta maior da nossa modernidade e um dos primeiros na evolução literária nacional, para não dizer do mundo de língua portuguesa. Graças à estatura da sua criação poética,

---

12. Idem, *As Impurezas do Branco*, 2ª ed., Rio de Janeiro: José Olympio, 1974, p. 30.

aliada à permanente vigilância da forma, que a glória não abalou, ergue-se como padrão de excelência para avaliar o nosso passado literário.

MURILO MENDES

Nasceu em Juiz de Fora, Minas Gerais, a 13 de maio de 1901. Estudos primários e secundários na terra natal e em Niterói. Em 1920, muda-se para o Rio de Janeiro. No ano seguinte, conhece Ismael Nery, que tanta importância teria na sua formação, quer revelando-lhe as novidades estéticas, quer convertendo-o ao Catolicismo. Trabalha em cartório e em banco, até 1929. Estreia com *Poemas*, em 1930. Adoece, de tuberculose, em 1943. Em 1947, casa-se com Maria da Saudade Cortesão, filha do historiador português Jaime Cortesão, então exilado no Brasil. Viaja pela Europa entre 1952 e 1955, quando ministra curso de literatura brasileira na Sorbonne. Em 1957 radica-se em Roma, como professor de estudo brasileiros. Recebe o Prêmio Internacional de Poesia Tena-Taormina, em 1971, e falece a 14 de agosto de 1975, em Lisboa. Deixou ainda os seguintes livros de poesia: *História do Brasil* (1932), *Tempo e Eternidade*, em colaboração com Jorge de Lima (1935), *A Poesia em Pânico* (1938), *O Visionário* (1941), *As Metamorfoses* (1944), *Mundo Enigma* (1945), *Poesia Liberdade* (1947), *Contemplação de Ouro Preto* (1954), *Poesias* (1959; reúne os livros anteriores, menos *História do Brasil*, e mais os inéditos *Bumba-meu-Poeta*, *Sonetos Brancos*, *Parábola* e *Siciliana*), *Tempo Espanhol* (1959), *Convergência* (1970; inclui *Sintaxe*); e de prosa: *O Discípulo de Emaús* (1944), *A Idade do Serrote* (1968), *Poliedro* (1972), *Retratos Relâmpago* (1973), *Transístor* (1980); *Obra Completa* (1995).

Razão assiste à crítica quando aponta o fácies contrativo do eixo em torno do qual gravita a obra de Murilo Mendes. Com efeito, é preciso recorrer à noção de antinomia, paradoxo, polivalência e cognatos para compreendê-la e avaliá-la devidamente. Se fosse o caso de localizar a matriz da complexa malha de oposições que a estrutura, diríamos que reside no conflito, jamais resolvido e sempre renovado, entre forma e transparência, ou significante e significado, expresso no corpo dos poemas e no título de um deles.

Para bem caracterizar o vulto dessa "guerra sem testemunhas", tomando a denominação de empréstimo a Osman Lins, é de bom aviso ter em mente o seu dinamismo. Não se trata do corriqueiro ato de buscar a palavra capaz de revestir a ideia com exatidão, mas da tensão entre essência e forma, que não cessa mesmo quando uma parece adaptar-se à outra. Não é a simples procura do signo por parte de um conteúdo — admitida a hipótese de este existir em abstrato, à espera de um corpo para se encarnar —, nem é a potencialização aristotélica da ideia em ato, como no soneto camoniano ("Transforma-se o amador na cousa amada"), senão o renovar ininterrupto do mesmo anseio integrativo logo que se realiza. Malcomparando, assemelha-se à pulsões genesíacas que, ao atingir o auge, principiam novo périplo, após o qual recomeçam idêntica curva no tempo, numa cadeia sem-fim.

Esse quadro, armado sobre o velho díptico "tema e variações", já se desenha nas primeiras composições. Por meio delas, o leitor tem acesso às diretrizes fundamentais da poesia de Murilo Mendes, presenciando, daí por diante, uma continuidade praticamente inalterada: as metamorfoses na dicção do poeta não constituem mudanças profundas de estruturas ou de visão da realidade. Antes, pelo contrário, assinalam modificações de superfície, que não comprometem a intimidade lírica e ideativa. Em suma, variações de forma, por vezes implicando outros focos de interesse, outras paisagens e assunto, mas via de regra ao redor da mesma essência, ou a ela regressando tão logo cessa o efêmero atrativo das experiências e das novidades.

Assim, o verso livre à 1922, conduzindo ao "poema-piada", em *História do Brasil* (por sinal mais tarde retirado das obras reunidas do autor), ao narrativo, ao apoético, comanda as tentativas iniciais. Não é a ausência da linha melódica — já que esta havia sido recusada na modernidade —, é o serem frases enunciativas, sem metáforas que acusam o prosaísmo dos versos inaugurais, de onde a poesia volta e meia desertou. É, acima de tudo, a ausência de emoção: o poeta não oculta que trabalha com o intelecto, ou a repelir a emoção inerente à poesia, decerto norteado pelo preconceito moderno contra a melodia e a emoção. E tal rejeição acaba afetando a poesia.

Esse estado de coisas, que resulta inadequação no plano da forma, acaba contagiando a essência, como se uma luta intestina lavrasse as duas dimensões do texto. O sensualismo é uma dessa áreas de conflito: sendo uma das características primaciais da poesia muriliana, faria supor que constituísse uma força eruptiva, transbordante de emoção lírica. Quando contém emoção, esta se exaure no limiar dos versos: não evoca, nem provoca, e sem evocação ou provocação, a poesia custa a ganhar corpo.

As outras duas vertentes — a religiosa e a surrealista, que juntas formam a base de sustentação da poesia de Murilo Mendes —, enfermam da mesma vulnerabilidade ao prosaísmo em moda com a Semana de Arte Moderna. Maduro no tocante às ideias, o poeta ainda luta, no terreno da forma, contra a tendência à prolixidade, fruto da facilidade com que os versos lhe brotam da pena, uma prolixidade horizontal, conferida pela proliferação dos versos, e uma vertical, pelo desmedido alongamento. A concisão, que o poeta objetivava nessa fase, pressuporia menos segmentos e menos vocábulos em cada um deles.

Numa palavra, não se havia encontrado ainda como poeta, ou seja, na expressão literária do seu modo de ver o mundo. Além da exuberância verbal, ressente-se de indeterminação, falta de solidez na montagem do discurso poético, ou disponibilidade, que pode ser, a um só tempo, herança de 1922 e resultante das oscilações próprias da idade.

A partir de *Tempo e Eternidade*, com a prevalência da religiosidade de acento transcendental:

>   Nasci no plano do eterno
>   ....
>   Eu hei de me precipitar em Deus como um rio
>   ....
>   Se minha alma sobrevoa a própria poesia?
>   Só quero repousar na imensidade de Deus.
>   Eu sou da raça do Eterno.[1]

o poeta assume a opção essencialista (que lhe teria sido sugerida por Ismael Nery), guiado pela "ideia essencial de Deus" ("Poema Passional", de *A Poesia em Pânico*), agitado por uma "ânsia absoluta" ("Poesia do Ciúme", *ibidem*), "nostalgia do infinito" ("Enigma do Amor", *ibidem*), mas continua a render tributo à sensualidade e ao surrealismo, tudo compondo indestrinçável mescla.

É nessa fase que igualmente se define o sentido apocalítico da sua cosmovisão, derivado dessas matrizes ideológicas. E, no mesmo processo imaginativo, alcança o esperado equilíbrio dos opostos, como se pode ver neste simulacro de poema à antiga, amparado em metáforas de intensa vibração concreta ("A Marcha da História"):

---

1. Murilo Mendes, *Poesias*, Rio de Janeiro: José Olympio, 1959, pp. 121, 123. Salvo indicação em contrário, as demais citações serão extraídas desta edição.

Eu me encontrei no marco do horizonte
Onde as nuvens falam,
Onde os sonhos têm mãos e pés
E o mar é seduzido pelas sereias.

Eu me encontrei onde o real é fábula,
Onde o sol recebe a luz da lua,
Onde a música é pão de todo dia
e a criança aconselha-se com as flores,

Onde o homem e a mulher são um,
Onde espadas e granadas
Transformaram-se em charruas,
E onde se fundem verbo e ação.

O seu surrealismo adquire o caráter que o distingue no panorama da poesia brasileira do tempo: abstrato, ocultista, onírico, metafísico, mítico, como se a transcendência e a surrealista se conjugassem no infinito. Murilo Mendes atinge nesse momento o apogeu da sua capacidade inventiva: despojando-se dos excessos verbais, logra a integração do conteúdo com a forma. Agora diz que vai para onde a Poesia o chama ("Novíssimo Orfeu") e que respira Poesia ("Respirar"), a *Poesia Liberdade*. É sobretudo nessa fase que a sua obra difere da que se praticava entre nós na década de 1930, exibindo em qualquer frase ou imagem — embora ainda possa trair certo gosto pela expressão transbordante —, o toque de uma forte e marcante personalidade poética.

Tal abundância escondia, afinal de contas, uma tendência subjacente ou incrustada na inflexão surrealista e religiosa: o barroquismo, permeado por uma visão mágica e sensual, o seu misticismo distingue-se pelo viés barroco. Essência e forma barroca: visão apocalíptica, dualista, vazada no jogo dos contrários, nos vocábulos antiéticos, compostos, etc. Em síntese, o emprego da dialética barroca para exprimir uma mundividência que é, substancialmente, barroca: ("Aproximação do Terror", de *Poesia Liberdade*) "Não se trata de ser ou não ser, / Trata-se de ser e não ser". Tanto assim que, a páginas tantas, compõe um "Poema Barroco" e entra a experimentar a *agonia* dos míticos espanhóis, Santa Teresa de Jesus à frente: "Memória", de *As Metamorfoses*: "Morro de esperar a morte".

Em *Contemplação de Ouro Preto*, não obstante a atmosfera surrealista, o barroquismo domina amplamente. A escolha da velha cidade mineira como tema poderia derivar, é claro, da sua importância histórica e da sua luminosa beleza, mas no caso de Murilo Mendes parece indicar o encontro de uma pulsão anímica e estética. Falando de Alphonsus de Guimaraens, aponta a "correspondência intelectual / Entre formas e ideias, cor e som", recorda que "O símbolo é barroco" e que o poeta de "Ismália" apurara "uma técnica ajustada / Ao tema do conflito permanente / Entre matéria e sonho" —, fala como se pintasse o autorretrato. Nem falta um poema — "Luminárias de Ouro Preto" — à imagem e semelhança do "Lampadário de Cristal", composição gongorizante de Jerônimo Baía.

O *Tempo Espanhol* testemunha o adensamento dessa onda barroquizante, a começar da epígrafe, na qual, entre vários nomes, reluz o de Santa Tereza de Jesus e o seu verso-emblema — "Que muero porque no muero" —, que ressurge no fecho do poema "Ávila". Os numes tutelares do poeta são, nesse instante da sua carreira, antigos confrades castelhanos:

> Da linguagem concreta iniciadores,
> Mestres antigos, secos espanhóis,
> Poetas da criação elementar,
> Informantes da dura gesta do homem;
> ....
> Vossa lição me nutre, me constrói:
> Espanha me mostrais diretamente.
> Que toda essa faena com a linguagem,
> Mestres antigos, secos espanhóis,
> Traduz conhecimento da hombridade
> (O homem sempre no primeiro plano).[2]

A ponto de, referindo-se a Gôngora ("Lida de Gôngora"), dar a impressão de seguir desenhando o seu autorretrato, uma espécie de ato falho ou de identidade até então desconhecida. Mais adiante, assinala "o estilo de contrastes" de Picasso, "construindo e destruindo ao mesmo tempo", fundindo "força e contenção" ("Picasso"), sem querer se autodefinindo, ou revelando secretas motivações.

Contemporaneamente à ênfase na faceta barroquizante da sua maneira de ver a realidade, vai mostrando, em toda a extensão, um aspecto da sua história poética: a engenhosidade formal. Sabíamos que a sua poesia se caracterizava pela pugna entre conteúdo e forma; percebía-

---
2. Idem, *Tempo Espanholo*, Lisboa: Morais, 1959, p. 17.

mos que uma ansiava a outra, como entidades complementares. Conhecíamos-lhe a facilidade em compor versos. Víamos que, nos primeiros livros, estava mais voltado para as ideias que para as formas com que os revestia ou exprimia. Interessava-lhe menos a arte do verso que veicular, por seu intermédio, crenças e dúvidas ligadas à religião, a Deus, etc. Não que ignorasse os segredos da versificação, antes pelo contrário, mas é que os colocava a serviço das ideias, jamais como um fim em si mesmo. Para ele, não existia a "arte pela arte", senão a arte engajada, por vezes nas questões políticas, e assinaladas nas questões de crença religiosa: como os renascentistas e barrocos espanhóis de semelhante estirpe, fazia arte ao divino.

Agora, porém, se observa o desequilíbrio em favor do segundo termo da equação, denunciando o ingresso numa fase em que o melhor da sua faculdade ideativa havia ficado para trás. Em *Convergência*, o poeta desenha grafitos verbais e ainda pratica os prodígios vocabulares dos barrocos, num ludismo que não pode ser levado a sério, notadamente pelo leitor que acompanhou com atenção o "outro" Murilo Mendes. A concisão, exercita-a no limite máximo, paredes-meias com o concretismo. Confessa a influência de João Cabral de Melo Neto: "Joãocabralizei-me"; cunha "murilogramas", um dos quais, à Baudelaire, prega o consórcio entre "Fantasia, alquimia e álgebra",[3] o que seria um sintoma de sondagem nas fontes da mente, a superação do seu ideário pregresso.

Mudou, a olhos vistos, atualizou-se, acompanhou a marcha do tempo e ganhou mais alto poder de síntese, mas não impunemente. Mergulhou no paradoxo em que o seu lirismo navegava, às vezes com segurança, outras vezes à deriva: quando prolixo, era melhor, apesar de tudo. Mas eleger a condensação de formas, pelos lados da despoetização do poema e do concretismo, revelava ter perdido a força conflitiva que lhe alimentava a alma e os sentimentos de homem e de poeta. Chega, mesmo, ao mau gosto, em certo ponto de "Grafito segundo Kafka", ao repisar, com mão incerta, a sensualidade de outrora. Sem dúvida, persiste no geral a qualidade do tecido poético que vimos nas coletâneas precedentes, mas também são inequívocos os sinais de pertencer ao passado o momento de alta inspiração lírica.

Nas obras seguintes evidenciará a indefectível consciência literária, a gravidade com que encarava o seu ofício, a generosa função humanitária que atribuía aos poetas (V. "Microdefinição do Autor", à entrada

---

3. Idem, *Convergência*, S. Paulo: Duas Cidades, 1970, pp. 73, 131.

de *Poliedro*), o experimentar de novos caminhos formais e temáticos. E tentará a prosa poética, esculpirá versos em italiano (*Ipotesi*, 1977), sem ressuscitar, no entanto, a fase anterior. Marcado pela dicotomia entre ideia e signo, atraído pela religião e pela estética surrealista, Murilo Mendes jamais escondeu haver lutado até o fim por conciliar os opostos da sua formação, temperamento e caráter. Quando se perdeu nos extremos, deixou a sensação de promessa a cumprir, ou de render-se ao fascínio limitador das reduções formais, ele que suplicava, em "Máquina de Sofrer" (de *Poemas*), que o desligassem do mundo das formas. Quando alcançou a desejada aliança, colocou-se entre os poetas mais inspirados do tempo.

VINÍCIUS DE MORAIS

Nasceu no Rio de Janeiro, a 19 de outubro de 1913. Formado em Direito (1933), no mesmo ano publica o seu primeiro livro de poesia, *O Caminho para a Distância*. Abandona a advocacia para se tornar censor cinematográfico. Em 1938, parte para a Inglaterra, em gozo de bolsa de estudos. Trabalha na BBC de Londres. No regresso (1939), dedica-se à imprensa. EM 1943, abraça a carreira diplomática, tendo servido em Los Angeles, Montevidéu e Paris. Retorna ao país em 1964 e participa da renovação da música popular, iniciada na década anterior. Falece no Rio de Janeiro, a 9 de julho de 1980, deixando outras obras poéticas: *Forma e Exegese* (1935), *Ariana, a Mulher* (1936), *Novos Poemas* (1938), *Cinco Elegias* (1943), *Poemas, Sonetos e Baladas* (1946), *Pátria Minha* (1949), *Antologia Poética* (1954), *Livro de Sonetos* (1957), *Novos Poemas II* (1959), *Cordélia e o Peregrino* (1965); crônicas e poemas: *Para viver um grande amor* (1962); crônicas: *Para uma Menina com uma Flor* (1966); teatro: *Orfeu da Conceição* (1956). Em 1968, veio a público *Obra Poética*, os seus livros de poesia, reunidas em um volume, edição a que recorremos para a citações.[1]

Embora condicionada pelas correntes literárias e ideológicas que cruzam os anos 1930, a poesia de Vinícius de Morais é, antes de tudo, expressão de um caso pessoal. Não se trata, com isso, de negar origi-

---

1. Retomo o ensaio acerca do poeta, publicado na revista *Anhembi*, S. Paulo, ano XI, nº 127, vol. XLIII, junho 1961, pp. 132-138, sob título de "A Poesia e os Caminhos", e republicado em *Temas Brasileiros*, S. Paulo: Conselho Estadual de Cultura, 1964.

nalidade aos seus contemporâneos, alguns dos quais, como vimos, são poetas de primeira água, mas de identificar no autor do *Livros dos Sonetos* um caso especial. Por outro lado, as suas relações com o contexto de época fugiam à simetria: o quadro histórico acentuou-lhe os traços individuais e a um só tempo impediu-lhe o amadurecimento das matrizes poéticas latentes; ainda, serviu para determinar as notas circunstanciais da sua poesia. Numa palavra, quando preso pela circunstância, não deu o melhor de si; liberto dela, alcançou a altitude de poeta maduro.

Que tinha consciência do fato, dizem-no as palavras da sua "Advertência" à *Antologia Poética,* cuja segunda edição se publicou em 1960:

> Poderia este livro ser dividido em duas partes, correspondentes a dois períodos distintos na poesia do A.
> A primeira, transcendental, frequentemente mística, resultante de sua fase cristã, termina com o poema "Ariana, a Mulher", editado em 1936.

E mais adiante:

> À segunda parte, que abre com o poema "O Falso Mendigo", o primeiro, a que se lembra o A., escrito em oposição ao transcendentalismo anterior, pertencem algumas poesias do livro *Novos Poemas*, também representado na outra fase, e os demais versos publicados posteriormente em livros, revistas e jornais. Nela estão nitidamente marcados os movimentos de aproximação do mundo material, com a difícil mas consistente repulsa ao idealismo dos primeiros anos.

Aí está praticamente definida a trajetória poética de Vinícius de Morais e, de certo modo, o seu progresso valorativo: a primeira fase, de preparação, a segunda, de maturidade, com todas as suas implicações. Ao longo delas, "a luta mantida pelo A." — ainda nos socorremos da "Advertência" — contra si mesmo no sentido de uma libertação, hoje alcançada, dos preconceitos e enjoamentos de sua classe e do seu meio, os quais tanto, e tão inutilmente, lhe angustiaram a formação".

A rigor, as duas fases são mais propriamente duas maneiras, visto permanecerem na segunda vestígios da primeira, e haver naquela sinais da transformação operada a partir de *Ariana, a Mulher*, que o autor considera limite entre as duas. À primeira fase ou maneira pertencem os três livros iniciais, sendo que *O Caminho para a Distância* foi quase todo renegado pelo poeta, uma vez que, ao selecionar a antologia poética, apenas reteve o poema "A uma Mulher". Por que o fez?

Estreando com 20 anos, Vinícius de Morais enfileirou-se, por formação e, quiçá por temperamento, no passado lírico, sobretudo o representado pelo Simbolismo, em mescla com avanços modernistas. Paul Claudel é a grande influência dessa fase, depois substituída pela de Manuel Bandeira, Paul Valéry, Federico García Lorca e T. S. Eliot. Como bem observou um crítico, "não chegou Vinícius a cristalizar sua poesia em expressão irredutivelmente própria. Assim, cai frequentemente sob a édige de influências e modos".[2] O poeta reconheceria, mais adiante, a imaturidade de *O Caminho para a Distância*.[3]

Sob o impacto do clima de 1922, decide praticar o poema livre, de versos longos, como versículos. Por meio deles, põe-se a exprimir a sensibilidade juvenil, afastado que está, nesses anos, do apoio da mais vigorosa inteligência. Cultiva o misticismo católico, no espaço de *Festa* e seguidores, e no prolongamento das matrizes simbolistas. Nem falta a reminiscência de Cruz e Sousa, em "Solidão", de *O Caminho para a Distância*. Egocêntrico, introspectivo, não raro cede à ingenuidade que bordeja a pieguice, como se pode ver em "O Poeta". O fulcro do programa poético dessa fase, confessa-o ele em "A Criação na Poesia", que tem por subtítulo "Ideal" e que, culminando *Forma* e *Exegese*, encerra, simbolicamente, a primeira fase: "O Poeta: / Eu sonho a poesia dos gestos fisionômicos de um anjo!"

Em suma: poesia confessional, adolescente, de romântico retardatário. A expressão que a reveste peca por ser excessivamente "literária", convertendo em arte o que seria transbordamento de uma crise mística ou religiosa. A confissão faz-se em versos, quando poderia comunicar-se por meio da prosa. De onde a "repulsa" de que fala o autor, pela tomada de consciência de uma inadequação, a de vazar em poemas o drama psicorreligioso, assim misturando artificialmente arte e religião.

Na segunda fase ou maneira, o poeta contém-se, pondo a síntese onde predominava a dispersão ou a análise. A forma concentra-se, o esparramamento anterior, embora sem desaparecer de todo, abre lugar à brevidade, e os versos longos, heterométicos, ao metro curto ou regular, como o redondilho, o decassílabo, etc. E o soneto, forma fixa na qual atingiria o máximo do potencial lírico, começa a despontar entre os pares do seu arsenal expressivo. Seus sonetos são permeados por uma

---

2. Péricles Eugênio da Silva Ramos, "O Modernismo na Poesia", in Afrânio Coutinho (dir.), *A Literatura no Brasil*, 2ª ed., 6 vols., Rio de Janeiro: Sul Americana, 1968-19714, vol. V, p. 1777.

3. Vinícius de Morais, *Obra Poética*, p. 77.

aragem camoniana que, não os desmerecendo, antes pelo contrário, dá a medida da inspiração: o seu talento ganha fibra, de que resulta o equilíbrio entre o sentimento romântico e a estrutura clássica.

Conquistas relevantes da modernidade, os seus sonetos pouco ou nada têm que ver, no entanto, com o sentido revolucionário de 1922. Antes dele, e contemporaneamente a ele, outros também instilaram nessa estrutura o melhor da sua criação, o que, bem ponderado, não se pode debitar pura e simplesmente ao movimento deflagrado com a Semana de Arte Moderna. Ou melhor, durante os anos 1930 produziu-se muita poesia de superior qualidade que nada deve ao cisma de 1922, senão à atmosfera de liberdade com que as opções podiam ser feitas.

De qualquer modo, na sua obra, os sonetos ocupam lugar destacado. Vinícius de Morais é acima de tudo um sonetista, dos mais bem-dotados da modernidade. Alguns dos seus poemas no gênero, apesar das soluções menos felizes,[4] incorporaram-se com todo direito, numa imaginária seleta nacional dessa velha forma medieval. Basta um exemplo, dentre muitos, recolhidos no *Livro de Sonetos*, para se ter uma ideia da sua pujança nessa área. Trata-se do "Soneto da Fidelidade", datado do Estoril (Portugal), de outubro de 1939:

>De tudo, ao meu amor serei atento
>Antes, e com tal zelo, e sempre, e tanto
>Que mesmo em face do maior encanto
>Dele se encante mais meu pensamento.
>
>Quero vivê-lo em cada vão momento
>E em seu louvor hei de espalhar meu canto
>E rir meu riso e derramar meu pranto
>Ao seu pesar ou seu contentamento.
>
>E assim, quando mais tarde me procure
>Quem sabe a morte, angústia de quem vive
>Quem sabe a solidão, fim de quem ama
>
>Eu possa me dizer do amor (que tive):
>Que não seja imortal, posto que é chama
>Mas que seja infinito enquanto dure.

---

4. Péricles Eugênio da Silva Ramos, op. cit., p. 178.

Poesia da melhor que germinou no espaço da modernidade destila um "caso", que não pode passar despercebido sem comprometer-lhe o entendimento e a avaliação. Não é impunemente que um poeta transita de um modo de ser para outro, sobretudo quando implica algo mais do que a simples mudança estética, ou seja, a desconversão.[5] É que a metamorfose aí presente é tanto (ou mais) do homem como (que) do poeta, deste como manifestação daquele, e do homem como determinante do outro. A tal ponto que, em se tratando de Vinícius de Morais, é sensível a sobreposição do lado "humano" ao poético.

Em certa fase da sua trajetória, diz ele, viveu "os preconceitos e enjoamentos de sua classe e do seu meio, os quais tanto, e tão inutilmente, lhe angustiaram a formação". Apesar de supor-se liberto, vivia agrilhoado aos valores repudiados, para não dizer condicionantes, da fase seguinte. Por outros termos, graças à formação religiosa é que a sua poesia se robustece na repulsa provocada por ela: sem ela, seria um poeta diferente.

Na verdade, não conseguiu libertar-se por completo, ainda que o afirme com ênfase, e a sua obra dê mostras de coerência. Os seus protestos emancipatórios não espantaram os fantasmas que, bem ou mal, continuaram a assediá-lo. Na fase inicial, está atraído pela transcendência, pela essência, pelo lirismo de origem simbolista. E a poesia constitui-lhe autobiografia da "alma". Na segunda, a repulsa arrasta-o para o extremo oposto: erotismo, sensualidade, libertarismo, gozo da existência, materialismo. Ora, são faces complementares da mesma moeda.

O *tônus* da primeira fase, a "paixão", permanece na outra, e vice-versa, de modo que o fundamento da poesia de Vinícius de Morais é comum a toda a ela, embora ao longo de duas maneiras. O problema, o conflito — psicorreligioso —, que não se resolveu na passagem de uma para outra, apenas ficou adiado. No fundo da sua obra mora um conflito, o de uma fé perdida ou abjurada pela inserção de valores julgados mais consentâneos com o momento histórico. E nela vibra ainda o mesmo idealismo, conferindo à sua sensualidade, por vezes sem peias, à Gregório de Matos, um halo de lirismo que acaba por dominar amplamente. Persiste o dilema entre o ideal e o material, entre a Carne e o Espírito, impossibilitado que está de aceitar padrões tidos como fora de moda. E a sensibilidade, própria de um lírico, introvertido, egocêntrico, defende-se com atitudes desabusadas. Do prisma estético, a síntese dos contrários corresponde ao ponto alto da sua inspiração, dada pelos sonetos. Tensão

---

5. David Mourão-Ferreira, *Hospital das Letras*, 2ª ed., Lisboa: Imprensa Nacional/Casa da Moeda/1981/, p. 194.

dramática entre extremos, com predominância das notas idealistas, é graças a ela que a poesia de Vinícius de Morais ganhou força e altura.

Na primeira fase, não é difícil encontrar sinais que desmentem o pendor transcendentalista. Colhamos um exemplo, em que o componente erótico é dominante, a despeito da sentimentalidade e do tom melancólico ("Alba"):

> Eu sofri, minha amiga, porque aquela rosa me trouxe a / lembrança do teu sexo que eu não via
> Sob a lívida pureza da tua pele aveludada e calma
> Eu sofri porque de repente senti o vento e vi que estava / nu e ardente

Comparemos com um fragmento da segunda fase, caracterizado pela dualidade às avessas, de recorte barroco ("Poema para Todas as Mulheres"):

> Daí-me o poder vagaroso do soneto, daí-me a iluminação / das odes, daí-me o cântico dos cânticos
> Que eu não posso mais, ai!
> Que esta mulher me devora!
> Que eu quero fugir, quero a minha mãezinha, quero o / colo de Nossa Senhora!

A poesia de Vinícius de Morais ocupa, pelo estofo dramático, posição especial nos quadros da literatura do século XX. A variedade das soluções ante os impasses e dos motivos inspiradores traduz a permanência do problema de raiz ideológica ou religiosa. De onde ele não aderir, salvo aqui e ali, a posições ortodoxamente calcadas, nos princípios de 1922, situando--se, pela forma, no perímetro dos clássicos. Lembra, noutra clave e noutro nível, a poesia de Carlos Drummond de Andrade, inclusive pelo gosto dos barroquismos vocabulares, como "impassévido", "forlonando", etc.

Vinícius de Morais, que compusera o seu primeiro samba em 1953 ("Quando tu passas por mim"), a partir de certo instante entrou a dedicar-se completamente à música popular, nela encontrando, quem sabe, as condições requeridas pela sua maestria e o apelo ao cotidiano, ou a possível evasão do seu conflito de origem. Espécie de François Villon da sociedade de consumo, ao ser aliciado pelo música popular abandonava a poesia, o que acabou por prejudicar-lhe a imagem, remetendo-a a injusto esquecimento, que só nos últimos anos se extinguiu, graças à reedição de toda a sua obra.

TENDÊNCIAS CONTEMPORÂNEAS
(1945-Atualidade)

Foto de Guimarães Rosa

I.Preliminares

Não propriamente em razão da II Guerra Mundial, mas das transformações operadas no seu bojo, as tendências contemporâneas iniciam-se em 1945 e prolongam-se, de algum modo, até os nossos dias. Apesar de próximo de nós, dificultando vislumbrar-lhe com clareza os contornos, esse lapso de tempo pode ser dividido em três períodos: até 1960, transcorre o primeiro; a seguir, até 1973 com *Avalovara,* de Osman Lins, o segundo; daí por diante, o terceiro.

A década de 1930, como vimos, tinha sido um tempo de crise, no plano internacional e no plano nacional. O comunismo e o nazi-fascismo, em ascensão, dominam a cena política, procurando tornar-se hegemônicos. A Revolução Espanhola, deflagrada a 18 de julho de 1936, extremando os campos ideológicos e refletindo um estado de coisas mais amplo, "é o primeiro teatro em que vão defrontar-se os blocos contrários, e daí o rigor dessa luta intestina", e a Espanha, "o terreno em que os blocos realizam grandes manobras".[1]

Finda a revolução em março de 1939, tudo estava preparado para a eclosão da II Guerra Mundial, cujos primeiros sinais são dados pela anexação da Áustria à Alemanha de Hitler, a 12 de março de 1938, e a invasão da Albânia pela Itália de Mussolini, em abril de 1939. Com a invasão da Polônia pelas tropas alemãs, no dia 1º de setembro de 1939, começa a guerra, que se prolongaria até abril de 1945. Com o término da conflagração, abre-se uma época de profundas mudanças geográficas, econômicas, políticas, que culminariam na guerra fria entre as potências até então aliadas. De um lado, o Oeste, representado pela Inglaterra, pela França e pelos Estados Unidos; de outro, o Leste, pela URSS.

Na década de 1980, a bipolaridade geopolítica entra no ocaso, em razão de inesperados acontecimentos, que nem os mais argutos futurólogos seriam capazes de antever. Para apenas nos cingirmos aos mais relevantes episódios dessa metamorfose ainda em curso, e cujo desfecho igualmente escapa a qualquer vaticínio, registra-se a ascensão de Mikhail Gorbachev ao supremo posto na hierarquia soviética, dando origem a

---

1. René Rémond, *O Século XX,* trad. bras., S. Paulo: Cultrix, 1976, pp. 114-115.

mudanças políticas, econômicas e sociais de vária ordem: a queda do muro de Berlim (9/11/1989), iniciando o processo de reunificação das duas Alemanhas; o desmantelamento da URSS, em seguida ao colapso do regime comunista, desencadeando o ressurgimento de velhas nações, Rússia e Ucrânia à frente, e de antigas rivalidades étnicas e religiosas, até então represadas pelo poder centralizador do Kremlin.

O Brasil acabou por envolver-se no conflito, aderindo aos Aliados, não sem antes cortejar o Eixo Alemanha-Itália-Japão, por intermédio de Vargas e o Estado Novo. Mas em 1942, mercê da reação popular contra o nazi-fascismo, o país declara guerra ao Eixo, e em 1944 envia uma divisão de 25 mil homens para combater na Itália.

Com o retorno dos "pracinhas" em 1945, a nação põe-se em marcha no rumo da democratização, que se dará nesse mesmo ano, com a eleição do Marechal Eurico Gaspar Dutra. Respiram-se novos ares, uma sensação de euforia, que nem a guerra fria diminuiu, invade a todos. Mas o momento é paradoxal: suspeita-se vagamente que o interlúdio de paz durará pouco. O endurecimento das posições políticas reflete-se nas atividades literárias: o anseio por progresso, que o alargamento de horizontes estimula, segue par a par com o temor de ressurreição do passado. Todos sentem que um ciclo de cultura chegara ao fim, e que principiava uma nova idade histórica, destinada a permanecer longamente, em função dos avanços da tecnologia e do saber. Vencem-se etapas, o país entra a movimentar-se, visando a superar o subdesenvolvimento. No plano literário, é a fase dos "testamentos" e "plataformas", por meio dos quais a geração atuante entre as duas guerras e a emergente davam seu depoimento, lançavam a sua mensagem ao futuro.

1 Inpirando-se em *I Believe*, de Clifton Fadiman, Edgard Cavalheiro endereçou uma carta "a quarenta figuras da intelectualidade brasileira — nas suas mais variadas expressões culturais", exortando-se a fornecer, por escrito, um resumo do seu

> credo pessoal, isto é, um resumo das suas próprias convicções e crenças a respeito da natureza do homem e do mundo (...); sua posição diante dos problemas que sempre preocuparam os homens de pensamento ou, melhor, a sua posição ante os problemas religiosos, políticos, literários, artísticos, sociais, etc. (...); [dissessem] ainda de onde vieram os princípios que

[os] nortearam na carreira e na especialidade dentro da qual [se tornaram figuras] de primeira plana no panorama da intelectualidade brasileira.[2]

Atenderam ao convite desde Abguar Bastos até Tristão de Ataíde, passando por Afonso Arinos de Melo Franco, Augusto Frederico Schmidt, Ascenso Ferreira, Afonso Schmidt, João Alphonsus, Jorge de Lima, Oswald de Andrade, Pedro Calmon, Sérgio Milliet e outros, todos em plena maturidade. Para além de os autores das variadas respostas serem personalidades marcantes, três linhas de força podem ser detectadas ao longo dos depoimentos. Primeiro, o individualismo, decorrente da condição de inquérito pessoal, mesmo quando se defendiam posições coletivistas. Segundo, a preocupação com a Semana de Arte Moderna, uma vez que todos foram seus contemporâneos e de uma forma ou de outra lhe sentiram a influência: a impressão geral dos depoentes é que o movimento de 1922 pertencia ao passado, ou fora menos representativo do que se afigurava, ou pretendiam os seus integrantes. Por fim, a consciência do flagelo da guerra e de se estar na aurora de um novo mundo, a despontar por entre os escombros.

Destaque-se, no tocante ao balanço dos anos 1920, um fato que se diria escrito pela mão do destino: Mário de Andrade achara melhor não entregar a Edgar Cavalheiro as páginas datilografadas com as repostas ao inquérito, pois estava "hesitante sobre a sua publicação (...). tencionava pensar melhor sobre a oportunidade de divulgar [o trabalho] ou não (...); não há ambiente para ele". Era, como se vê, um momento de coincidências simbólicas: instado, porém, pelas comemorações do vigésimo aniversário da Semana de Arte Moderna, publicou três artigos em *O Estado de S. Paulo*, e deles se serviu para a famosa conferência lida no Itamarati a 30 de abril de 1942, publicada nesse mesmo ano pela Casa do Estudante do Brasil, sob o título de *O Movimento Modernista*, e no ano seguinte recolhida nos *Aspectos da Literatura Brasileira*.

Típico testamento, como lucidamente assinala Edgar Cavalheiro, constitui também uma espécie de *mea culpa* que, sendo pessoal, é de toda a geração de 1922. Individualismo, absenteísmo, aristocratismo, são as suas razões, trindade emblemática que exprime uma impiedosa (auto)crítica, o dissipar das fantasias de 1922, "uma geração de degeneração aristocrática, amoral, gozada e, apesar da revolução modernis-

---

2. Promovido em 1941-1942, o inquérito foi publicado antes em *O Estado de S. Paulo* e depois em livro, sob o título de *Testamento de uma Geração* e a chancela da Editora Globo, de Porto Alegre, em 1944.

ta, não muito distante das gerações de que ela era o 'sorriso final'". "O movimento modernista era nitidamente aristocrático", reconhece o seu "papa", acrescentando, no mesmo diapasão, que ele e os de 1922 viveram "uns oito anos, até perto de 1930, na maior orgia intelectual que a história artística do país registra (...); todo esse tempo destruidor do movimento modernista foi pra nós tempo de festa, de cultivo imoderado do prazer". Mais adiante, confessa: "meu aristocratismo me puniu", para culminar com estas palavras: "viramos abstencionistas abstêmios e transcendentes", ou antes, "uns verdadeiros inconscientes (...); fomos bastante inatuais. Vaidade, tudo vaidade...".[3]

Atirando no que via, Edgard Cavalheiro acertava no que não via, ou, ao menos, não ocupava o primeiro plano do seu inquérito: os modernistas de 1922 viviam no início da década de 1940 uma fase recordatória, sentindo-se autênticos "vencidos da vida", uma vez que entre a imagem projetada ou cultivada e a verdadeira, entre o sonho e a realidade, ia um abismo. Assim, se a confissão pública patenteava o fundo falso do movimento de 1922, também punha às claras a estatura moral dos seus promotores, sobretudo do seu presuntivo guia: poucas gerações praticaram ato de contrição com tanta sinceridade. E o mal, ou melhor, o bem já estava feito, porquanto ninguém, em sã consciência, poderia recusar ao movimento de 1922 a função saneadora que desempenhou, ainda que movida por vetores morais ou psicológicos menos defensáveis.

2 Edgard Cavalheiro fizera o balanço da "velha" geração. Era preciso questionar os novos valores, a ver que rumo pensavam tomar. Mário Neme assumiu o encargo, ainda pelas páginas de *O Estado de S. Paulo*, entre meados de 1943 e princípios de 1944, "dele participando quase trinta escritores, os quais, de um certo modo, representam a geração dos moços intelectuais do Brasil de hoje". Em livro, sob o título de *Plataforma da Nova Geração*, o inquérito saiu em 1945.

Complementar do *Testamento de uma Geração*, o inquérito de Mário Neme contém o registro do programa de uma geração crítica e analítica por excelência, no dizer de Antônio Cândido e Alphonsus de Guimaraens Filho, dois dos depoentes. O movimento de 1922 é o seu prato predileto: a tônica é recusar-lhe a importância (contagiados pelo *mea*

---

3. Mário de Andrade apud Edgard Cavalheiro, *Testamento de uma Geração*, Porto Alegre: 1944, p. 9. *Aspectos da Literatura Brasileira*, S. Paulo: Martins, 1946, pp. 236, 238, 241, 252, 253.

culpa estampado no livro de Edgar Cavalheiro?). Um, tacha os seus participantes de "escritores da aristocracia cafeeira que procuram decifrar um S. Paulo exótico" (Mário Schenberg); outro, afirma que "muitos dos nossos defeitos, das nossas falhas, provêm da geração que nos precedeu", composta de "rapazes 'gozados' da Semana de Arte Moderna, hoje sexagenários e desmoralizados" (Fernando Goés), e avança, indignado:

> a geração de 22 — que fez uma revolução apenas literária, muito embora ela tivesse depois influenciado os destinos políticos do país, foi uma geração displicente, que como artistas fizeram da arte um mero brinquedo de rapazes — "festinhas de sociedade", como disse um deles, não me lembro agora qual.

Outro, diz que os modernistas de 1922 "foram prejudicados por uma preocupação muito forte de moda literária, de 'última palavra' em técnica de poesia ou de romance, por exemplo (...); o modernismo, em grande parte, foi um movimento de sujeitos requintados, cheios de teorias, alguns pensando ter usado técnicas de romance depois imitadas pelos ingleses e pelos russos..." (Ernâni Silva Bruno). Mais adiante, aponta-se que "os membros desses grupos viveram do palpite. Acreditavam que a intuição genial que os animava era garantia bastante para tudo quanto dissessem sobre qualquer matéria" (Rui Coelho), e acentua-se o "tom boêmio de Vinte-e-Dois" (Paulo Emílio Sales Gomes). Ao mesmo tempo, faz-se autocrítica: à "arte pela arte", que atribuem a 1922, preferem o "social em arte" (Edgard Cavalheiro). A mesma voz ergue-se para dizer que a sua geração "é uma geração mole, uma geração que está ameaçada de cair num 'esteticismo' perigoso (...); o misticismo, sobretudo, está levando muita gente para novas e não menos perigosas 'torres de marfim'". Menciona-se a volta ao Condoreirismo observada por Mário de Andrade, a retomada do Classicismo, do culto do soneto; em suma: "tudo deve ser hoje uma preparação para o futuro" (Alphonsus de Guimaraens Filho): prenúncios da "geração de 45"?

Ruptura? Continuidade? Qual das alternativas adotou essa geração? Uma e outra: rompia os vínculos com 1922 empregando a crítica áspera, como convém a moços idealistas à procura de um caminho, mas reconhecia que prolongava a anterior, visto herdar-lhe defeitos e qualidades. O conflito entre aceitar a permanência da tradição e o corte dos laços que ameaçavam a desejada liberdade criadora (Alphonsus de Guimaraens Filho) observa-se no todo dos depoimentos e no particular de cada um, notadamente num dos mais agressivos, o de Fernando Góes, que, falando da sua geração, declara a certa altura tratar-se de uma "geração um tanto demagógica, que está tomando o mesmo rumo da de 22, e eu temo que ela se desvirtue todinha e vá parar ou, antes, recomeçar a festinha dos rapazes gozados da sociedade paulistana daquele ano".

3 Geração nascida sob o signo da análise, não poderia deixar de manifestar-se de modo relevante no específico terreno da crítica. Tristão de Ataíde, que cumpria tal função nos tempos do modernismo de 1922, não porque participasse do movimento, senão por acompanhar-lhe a evolução com interesse e acuidade, trocara a literatura pelo debate ideológico, movido pela sua conversão ao Catolicismo. Na década de 1930, outros nomes juntar-se-iam ao seu, como o de Augusto Meyer (1902-1970), fino ensaísta de estirpe europeia, autor de obras incorporadas ao nosso patrimônio literário: *Machado de Assis* (1935), *Prosa dos Pagos* (1943), *À Sombra da Estante* (1947), *Preto e Branco* (1956), *A Forma Secreta* (1965), etc; Agripino Grieco (1888-1973), crítico impressionista que aliava a força da intuição a opiniões corajosamente (e não raro ironicamente) expostas, de onde os acertos e premonições se alinharem com assertivas que o tempo não ratificou, mas que são, sem dúvida, indispensáveis como testemunho de um temperamento e indício de um clima de época, autor de *Vivos e Mortos* (1951), *Evolução da Poesia Brasileira* (1932), *Evolução da Prosa Brasileira* (1933), *Gente Nova no Brasil* (1935), *Machado de Assis* (1959), etc. E, como uma espécie de ponte, a figura de Sérgio Milliet, vindo da Semana de Arte Moderna, praticamente de uma crítica "clara e espontaneamente estetizante"; tinha por mestres Rémy de Gourmont e André Gide, "o que desde logo o situa na companhia dos céticos amenos e tolerantes, pouco inclinados ao exercício da judicatura dogmática".[1] Além de outras obras no gênero, deixou o *Diário Crítico* (10 vols., 1944-1959), e o *Panorama da Poesia Brasileira* (1952), importante repositório crítico acerca da nossa produção literária dos anos 1940-50.

Sucede-os uma geração de críticos de diversa orientação, afinados com os novos tempos, como Álvaro Lins (1912-1970), cuja militância jornalística, amparada na ideia de conciliação entre criação e teoria ou filosofia literária, e apesar do tom polêmico dos seus julgamentos

---

1. Wilson Martins, *A Crítica Literária no Brasil*, 2ª ed, 2 vols., Rio de Janeiro: Francisco Alves, 1983, vol. II, p. 593.

peremptórios, exerceu grande influência, e por isso gozou de invulgar prestígio, graças aos rodapés, mais adiante reunidos no *Jornal de Crítica* (8 vols., 1941-1963), e a estudos mais longos como a *História Literária de Eça de Queirós* (1939), hoje incluído entre as obras obrigatórias na bibliografia acerca do autor de *O Primo Basílio*; Antônio Cândido de Melo e Sousa (1918), que trouxe para a crítica a formação universitária em Sociologia, sustentada no bom gosto e numa variada cultura literária e na capacidade de discernir inclinações e valores, propôs uma nova visão do nosso passado literário entre o Arcadismo e o Romantismo na *Formação da Literatura Brasileira* (2 vols., 1959) e tem recolhido em volume ensaios de crítica e teoria literária (*Tese e Antítese*, 1964; *Literatura e Sociedade*, 1965; *Vários Escritos*, 1970, etc.); Afrânio Coutinho (1911-2000), que introduziu a "nova crítica" anglo-americana entre nós — voltada para a interpretação estética das obras literárias, ou seja, que repudia os aspectos sociológicos, psicológicos ou históricos em favor do conteúdo imanente —, em artigos polêmicos de jornal, logo depois enfeixados em livro (*Correntes Cruzadas*, 1953; *Da Crítica e da Nova Crítica*,1957), cuja doutrina procurou efetivar na direção de *A Literatura no Brasil* (4 vols., 1955-1959; 3ª ed, 6 vols., 1986), de autoria coletiva; ainda publicou *A Filosofia de Machado de Assis* (1940), *Aspectos da Literatura Barroca* (1950), *A Tradição Afortunada* (1968), etc; Wilson Martins (1921-2010), que estreou em 1946, com *Interpretações*, procurou conciliar a militância crítica com a erudição universitária, inicialmente de origem francesa e mais tarde anglo-americana, norteado pela ideia da "crítica como síntese", que pressupõe o concurso *simultâneo* dos métodos críticos, em obras como *A Crítica Literária no Brasil* (1952; 2ª ed., 2 vols. 1983), *O Modernismo*, vol. VI de *A Literatura Brasileira* (1965), *História da Inteligência Brasileira* (7 vols., 1976-1979), vasto painel da nossa produção intelectual desde os primórdios da colonização até 1960.[2] Vinha reunindo, desde 1991, sob o título de *Pontos de Vista*, os seus rodapés de crítica.

---

2. Para maiores informações acerca desses e outros críticos da época, bem como das controvérsias em que se envolveram, ver Wilson Martins, op. cit., passim.

II. Poesia

A poesia refletiria, provavelmente mais do que a prosa, o clima de mudança pós-1945. Os poetas despontados ou amadurecidos nos anos 1930 ainda continuavam a produzir, não sem sofrer o impacto das grandes mudanças em curso e seus reflexos entre nós. E os novos, de uma forma ou de outra presos à sua lição poética, buscavam desde cedo a independência e as propostas estéticas correspondentes, mais de acordo com o pós-guerra.

Entretanto, nem tudo se passa de modo tão nítido: as décadas que se desenrolam a partir de 1945, além de não se oferecerem claramente à sondagem crítica, constituem verdadeira encruzilhada. A par dos "velhos" de 1922 e 1930 ainda ativos e dos novos, ávidos por tomar de assalto a cidadela literária, não poucos retardatários aparecem pela primeira vez, — todos exibindo um espetáculo de convivência entre contrários que nem por ser idêntico ao comum das épocas históricas deixa de caracterizar essa quadra.

De onde se poder falar em três linhas de força, as mais das vezes polêmicas e/ou colidentes, mas de qualquer modo coexistentes e intercomunicantes, representadas pela chamada "geração de 45", as propostas vanguardeiras que irrompem nos anos 1960 e os poetas, filiados a correntes anteriores, estreados em livro após 1945.

Geração de 45

1 Mudanças significativas trouxe, por conseguinte, o término da II Guerra Mundial. No plano estrito da poesia, observam-se alguns sinais desse processo antes de 1945, como no poema de Péricles Eugênio da Silva Ramos, publicado em 1941, na revista *O Libertador*, da Faculdade de Direito de São Paulo, sob o título de "Elegia à Lua dos Olhos de Prata".[1] Em 1944, Bueno de Rivera dá a lume *Mundo Submerso*, que

---

1. Domingos Carvalho da Silva, *Eros e Orfeu*, S. Paulo: Conselho Estadual de Cultura, 1966, pp. 124-126.

pode ser considerado o primeiro livro dentro dos parâmetros da nova geração. E, no ano seguinte, vêm a público *Rosa Extinta*, de Domingos Carvalho da Silva, *O Engenheiro*, de João Cabral de Melo Neto, *Predestinação*, de Geraldo Vidigal, e *Ode e Elegia*, de Lêdo Ivo, obras indicadoras da renovação em marcha: logo mais se originaria a denominação que reveste esses e outros poetas do tempo.

Não demorou muito para que a crítica se manifestasse, praticamente unânime em reconhecer a mudança do clima poético. Álvaro Lins, que se tornaria um dos críticos mais representativos da geração emergente, publica em 22 de fevereiro de 1946 o artigo "A Propósito da Nova Poesia". Analisando obras de João Cabral de Melo Neto, Lêdo Ivo e Antônio Rangel Bandeira, como que tomava o pulso de toda a geração e assumia, talvez sem o perceber, o papel de guia ou condutor. Referindo-se a Lêdo Ivo, aconselhava-o: "discipline-se para melhor libertar-se, domine a forma para que se amplie a aventura do espírito poético no tempo e no espaço". E imediatamente inferia: "E isto se aplicaria de modo geral a todos os poetas dessa geração de vinte anos", para, mais adiante, erguer a voz como que em peroração, conclamando os jovens à revolução, e a um só tempo sugerindo-lhes o caminho a seguir, ou antes, incitando-os a tomar consciência do que a sua poesia revelava de original: "Que os seus poetas façam, pois, a sua própria revolução".[2]

Sintomaticamente, dois críticos da geração anterior apressaram-se a fazer coro à pregação revolucionária: Sérgio Milliet bateria na mesma tecla em artigos de 1946 e 1947, recolhidos no *Diário Crítico* (vols. IV, V 1946, 1949). E Tristão de Ataíde iria mais longe no seu entusiasmo: num artigo de julho de 1947, estampado em "A Época", revista do corpo discente da Faculdade Nacional de Direito, considerava encerrado o ciclo modernista e propunha o designativo de "Neomodernismo" para as novas tendências. Mais adiante, no *Quadro Sintético da Literatura Brasileira* (1956), retomaria a questão nos mesmos termos, incluindo a proposta do designativo que, como seria de esperar, não vingou, apesar de algumas adesões. O velho crítico apontava como características da geração o culto da disciplina e, em grifo, "o primado do verso sobre a poesia", o que assinalava, a seu ver, "uma *superação* do modernismo e não (...) a sua negação".[3]

---

2. Álvaro Lins, *Jornal da Crítica*, 5ª série, Rio de Janeiro: José Olympio, 1947, pp. 107, 108-109.

3. Alceu Amoroso Lima, *Quadro Sintético da Literatura Brasileira*, Rio de Janeiro, Agir, 1956, pp. 99 e ss., 111, 113, 124.

Na história dessa geração, outras datas merecem registro. No mesmo ano em que Tristão de Ataíde proclamava a morte do modernismo de 1922 e chamava de neomodernistas os autores então revelados, lança-se em S. Paulo a *Revista Brasileira de Poesia*, e, no Rio de Janeiro, *Orfeu*, abrigando a produção dos novos e servindo-lhes de ponta de lança. Em 1948, realizava-se em S. Paulo o I Congresso Paulista de Poesia, e nele Domingos Carvalho da Silva apresentou uma tese defendendo ideias polêmicas. No seu entender, 1945 é o

> ano em que pode considerar-se implantado um novo regime na poesia brasileira.
>
> ....
>
> Estamos, em conclusão, diante de uma nova poesia, profundamente, radicalmente diversa da que prevaleceu até poucos anos atrás no ambiente literário nacional. Não se trata de uma questão opinativa, mas de um fato verificável objetivamente. O Modernismo foi ultrapassado. Cabe portanto aos poetas novos prosseguir o rumo que se anuncia, sem transigência com o passadismo e sem compromisso com a Semana de Arte Moderna.[4]

Passados cinco dias, concedia ao *Correio Paulistano* (8 de maio de 1948) uma entrevista em que pela primeira vez se emprega por escrito o apelativo "geração de 45", que daí por diante integraria, não sem resistência, a linguagem crítica em uso.

Em 1951, em meio a ataques à nova poesia por certa crítica militante ainda sujeita a 1922, como a de Sérgio Buarque de Holanda, Fernando Ferreira de Loanda pública, sob o patrocínio de *Orfeu*, o *Panorama da Nova Poesia Brasileira*, a um só tempo mostruário do lirismo praticado pela geração e demonstração de força: mal tendo acabado de constituir-se, a geração apresentava-se por intermédio de uma antologia, o que era, convenhamos, iniciativa muito precoce. Mas a ousadia justificava-se pelo caráter combativo dos novos, ainda lutando para se impor e se fazer respeitar. De qualquer modo, estava encerrada a "fase heroica" dos poetas de 1945.[5]

---

4. Domingos Carvalho da Silva, "Há uma nova poesia no Brasil", *Revista Brasileira de Poesia*, S. Paulo, n° 3, ago. 1948, pp. 67, 69.

5. Para maiores informações acerca da história e crítica da geração de 1945, ver, entre outros, Domingos Carvalho da Silva, *Eros e Orfeu*: Péricles Eugênio da Silva Ramos. "O Modernismo da Poesia", in Afrânio Coutinho (dir.), *A Literatura do Brasil*, 3 vols., Rio de Janeiro: Sul-Americana/S.José, 195-1959, vol. III, t. I (3ª ed., 6 vols., Rio de Janeiro: José Olympio/UFF, 1986, vol. VI), *Poesia Moderna*, S. Paulo: Melhoramentos, 1967; Alceu

2 Qual, afinal de contas, o ideário ou o programa da geração e 1945? Além do que se pode extrair dos fatos, parece evidente que tudo foi acontecendo sem cálculo, ao sabor da convulsão desencadeada pela II Guerra Mundial ou a que esteve associada. Não partiram de uma "profissão de fé" para a obra que a efetivasse, como geralmente ocorre. Ao contrário, a sua proposta, se assim podemos entender o denominador comum das características discerníveis na obra dos seus integrantes, foi-se definindo aos poucos. E afora comporem um todo coeso, segundo uma doutrina expressa em postulados ou "palavras de ordem", os seus adeptos fizeram sempre alarde de um individualismo que repelia, por natureza e por princípio, toda uniformização teórica (salvo, é óbvio, na defesa dessa mesma independência criativa).

Daí que seja mais próximo da realidade e mais aconselhável falar-se em tendências ou semelhanças gerais, deduzidas da criação poética ou manifestações nas declarações dos seus participantes. Por outro lado, nem umas nem outras são coerentes, monolíticas: fluindo no tempo, refletindo a temperatura polêmica da sua atuação, não raro exibem discrepâncias, contradições, que correm por conta, na verdade, da forma como a geração se organizou, ou os seus componentes mutuamente se identificavam, e as suas diretrizes foram sendo descortinadas.

Assim, o relacionamento com os de 1922 e 1930, começando por ser de rebeldia, veio a tornar-se de reconhecimento de filiação e mesmo de herança: compreendiam, ao fim de tudo, que eram de algum modo caudatários da Semana de Arte Moderna, ainda quando, em gesto de revolta, empunhavam a bandeira da liberdade. Não faziam mais do que imitar, a contragosto, e com sinal trocado, o furor iconoclasta de 1922.

Nos escritos teóricos ou doutrinais de alguns dos seus membros, como Péricles Eugênio da Silva Ramos e Domingos Carvalho da Silva, notadamente nas sínteses compostas longe dos anos de efervescência, é patente o testemunho de que a ruptura, caso tenha ocorrido, se deu naqueles pontos em que a poesia de 1922-1930 envelhecera ou se repetira mecanicamente, assim traindo o sentido revolucionário das origens. Reagiam, portanto, contra os excessos de 1922 por julgar que denotavam decadência ou imobilismo de soluções, academização ou aburguesamento. E reagiam com vistas a que a modernidade reencontrasse, em

---

Amoroso Lima: op. cit.; Leodegário A. de Azevedo Filho, *Poetas do Modernismo* (dir. de...), 6 vols., Brasília: INL, 1972, vol. VI; Milton de Gooy Campos, *Antologia Poética da Geração de 45*, S. Paulo: Clube de Poesia, 1966; José Guilherme Merquior, *Razão do Poema*, Rio de Janeiro: Civilização Brasileira, 1965; *Revista de Poesia e Crítica*, Brasília, 1976.

consequência da sua rebelião, a face autêntica da sua missão transformadora. Em suma: propunham que a poesia voltasse aos trilhos de sempre, isto é, sem os preconceitos, as demasias e o prosaísmo de 1922/1930.

Para bem delinear os contornos desse episódio hoje incorporado ao nosso patrimônio literário, nada melhor do que dar a palavra aos seus protagonistas e doutrinadores. Em artigo de abertura publicado no número inicial da *Revista Brasileira de Poesia*, de dezembro de 1947, e republicado na *Revista de Poesia e Crítica*, Péricles Eugênio da Silva Ramos comenta o estudo de Tristão de Ataíde propondo a denominação "neomodernismo". Admitindo que a atividade inaugurada em 1945 "é uma resultante, um produto fundamentado [da] (...) evolução" do modernismo, chama a atenção para um perigo, "o de cair na repetição das velhas formas e dos velhos processos, embora *forma* nada tenha a ver com *fôrma*. Contra esse mal é que devemos precaver-nos, pois a técnica, sozinha, também não faz a poesia".[6] Estava indicado, assim, o núcleo do debate: a geração de 1945 seria neoparnasiana, estilisticamente reacionária, como queria Tristão de Ataíde?

Em conferência proferida na Universidade do Ceará, em agosto de 1959, intitulada "O Modernismo e a Geração de 45", Domingos Carvalho da Silva fez o resumo histórico e conceptual da poesia dita neomodernista. Afirmava: "*o senso da medida* é um característico geral da geração de 45 e uma tendência de vários poetas dessa geração. Não é porém um atributo de todos eles, nem de alguns deles em todos os livros e em todos os poemas"; ou por outras palavras, "técnicas, precisão de linguagem, intensidade emotiva, sentimento de medida, equilíbrio entre a dicção e o ritmo, abolição do prosaísmo". Observava, ainda, em decorrência do interesse pela poesia estrangeira, "uma reação muito compreensível da geração de 45 ao regionalismo dos poetas modernistas de 22. Os de 45 consideram-se, em regra, universalistas (...) Em resumo, o formalismo era o único traço de união, o denominador comum de todos os poetas de 45". Por fim:

> A Geração de 45 encarou a poesia — não como uma aventura individual do talento de cada poeta — mas como uma arte a ser conquistada, com obediência a princípios teóricos, pois sem estes não há edifício artístico ou literário que vá além da improvisação. Na elaboração do poema, o poeta de

---

6. Péricles Eugênio da Silva Ramos, "O Neomodernismo", *Revista de Poesia e Crítica*, ano I, nº I, jul. 1976, p. 69.

45 não se prende apenas ao seu corpo total, mas ao de cada estrofe, de cada verso, de cada palavra, de cada sílaba, de cada som.[7]

No mesmo diapasão expressou-se Péricles Eugênio da Silva Ramos no longo "Depoimento sobre a Geração de 45", feito a convite do Instituto de Estudos Brasileiros, da Universidade de S. Paulo, em 1974, onde assevera enfaticamente:

> Claro que vários poetas de minha geração metrificaram, e os adeptos logo afluíram em chusma. Parece-me erro de perspectiva tomar isso, porém, como decisivo. Nenhum dos críticos mais importantes, ao ter-se notícias da geração, viu retrocesso algum, e sim precisamente a busca de caminhos novos, quanto à expressão, pelos poetas jovens mais significativos; quanto ao que os unia, pensou-se no senso de medida, na nitidez da expressão, no equilíbrio, no desejo de construir, no intelectualismo estético.
>
> ....
>
> Minha geração, nos seus melhores casos, considerava o poema um artefato, e não desejava repetir a expressão de velhas escolas, mesmo que usasse metros tradicionais.

E numa entrevista publicada no *Diário Popular* de 25 de abril de 1980, volta ao assunto. Referindo-se à pecha de neoparnasianismo lançadas sobre a sua geração, diz:

> O parnasianismo era palavroso, a Geração de 45 não o é; sua poesia é enxuta, comedida. A Geração de 45 considerou o poema um artefato, um objeto de arte, e como tal, trabalhável.[8]

E um dos poetas dessa geração, Lêdo Ivo, assim resumiu a "grande revolução literária" em que se envolveram:

> Nossos versos repeliam o poema-piada, o poema mediúnico trazido pelos anjos, a frouxidão de um verso livre gordo como Schmidt. Tínhamos horror à prosa telegráfica ou reiterativa. Obcecavam-nos uma nova forma, um novo ritmo, uma nova visão da criação poética.[9]

---

7. Domingos Carvalho da Silva, *Eros e Orfeu*, pp. 124, 128, 143,147.
8. Péricles Eugênio da Silva Ramos, *Revista de Poesia e Crítica*, ano I, nº 2, dez, 1976, pp. 11-12; ano VI, nº 8, set. 1982, pp. 79-80.
9. Lêdo Ivo, "Os que tinham vinte anos, vinte anos depois", ibidem, ano IX", nº 11, set. 1985, p. 102.

Ou ainda nas palavras de outra figura do movimento, Cyro Pimentel, em testemunho mais recente:

> Mas a contribuição da Geração de 45 na poesia brasileira é muito maior, apesar da negativa de seus opositores; ela se opõe a 22 e 30 também pela sobriedade de expressão, o espírito universalista, a preocupação do ritmo, do verso e a correção da linguagem. A revalorização da imagem e da metáfora, a dignidade do vocabulário e o apelo aos mitos gregos e célticos e um maior emprego de sinestesia. E há visão órfica da vida, do amor da morte. Com a Geração de 45 aprofundou-se o estudo da poesia e da poética.[10]

Toda essa teoria como que se concretiza, iconicamente, num poema — "Canto em Louvor da Poesia" — de um livro — *Rosa Extinta* —, com que Domingos Carvalho da Silva se associava, no ano-marco de 1945, à mudança introduzida pela sua geração, e da qual ele seria um dos porta-vozes. O caráter programático desse poema, em particular a última estrofe, não escapou à crítica, que nele viu, com acerto e lucidez, as características fundamentais da poesia de 1945:[11]

> Quero a palavra fluente,
> viva e inquieta como o sangue.
> Pura ou impura eu reclamo
> a poesia do momento,
> filtrada exata constante.

3 Os de 1945 reagiram contra os excessos de 1922 — o "poema-piada", o desleixo formal, o prosaísmo, o falso brasileirismo de linguagem — e a consequência dessa reação não consistiu, necessariamente, numa volta ao passado: pretendia-se restaurar a poesia, livre de tais descomedimentos, e naturalmente acabaram derivando para soluções que lembram o passado, entendido não apenas como as décadas anteriores à Semana de Arte Moderna. É que o mundo das formas não é tão ilimitado como se afigura a um exame superficial. Qualquer que fosse a proposta contida na recusa da poesia de 1922, o resultado seria algo semelhante, pelo menos na forma, ao que já fora criado antes. Nesse sentido, os de

---

10. Cyro Pimentel, "O Clube de Poesia, a Geração de 45 e Outras Tendências", ibidem, ano VIII, nº 10, nov. 1984, p. 64.
11. Heitor Martins, "Domingos Carvalho da Silva e a Estética da Geração de 45", ibidem, ano IX, nº 11, set. 1985, pp. 123-130.

1922 inovaram: pecaram por exagero, não raro expulsando a poesia dos seus versos, mas inovaram.

Convém, ainda, não esquecer que tal inovação nem foi, nem poderia ser, compacta ou absoluta; eles próprios experimentam fórmulas expressivas à primeira vista incompatíveis com os seus ideais revolucionários, e, portanto, estava, nesses momentos, próximos do passado, fosse ele qual fosse, mesmo aquele que combateram com ferocidade.

E os de 1945, ao rechaçar o lúdico desrespeito de 1922 às formas consagradas, repunham-nas em circulação, sem que isso significasse, obrigatoriamente, regressar a estéticas ultrapassadas. Nenhum poeta é passadista por cultivar o soneto, assim como nenhum autor de versos livres à 1922 deve ser considerado "moderno" ou de vanguarda. É certo que tal quadro polêmico somente se esclarecerá na perspectiva do tempo, mas também é verdade que de todos os lados houve intolerância, seja dos novos que se apressaram a "matar" os mestres de 1922, seja dos seus dissidentes ou críticos obstinados em denunciar-lhe os aspectos negativos, contraditórios ou menores.

Na análise da geração de 1945, seria de bom aviso acentuar, em primeiro lugar, o seu caráter compósito. Aceitando que a denominação seja pertinente, isto é, corresponde a um evento histórico marcado pelo surgir de uma autêntica geração, sob ela se acolheram figuras nem sempre identificadas pelos mesmos princípios estéticos. Assim, o critério temporal prevalecia sobre o ideológico.

O designativo "geração de 45" recobria, a rigor, menos uma geração (no sentido estrito do termo) que os poetas surgidos após 1945: é a coincidência cronológica da estreia o fator de aglutinação sob o mesmo rótulo, não propriamente da opção estética, como a desejada por alguns dos seus próceres. As semelhanças entre eles eram menos programáticas que fruto das novas condições culturais do pós-guerra. E as diferenças não espantam, uma vez que os avizinha não o nexo ideológico, senão o temporal, salvo se, erroneamente, tomarmos o elo de contemporaneidade como união doutrinária.

Por outros termos, a geração de 1945 é heterogênea, contrariamente ao que seria de esperar de uma geração digna do nome. E heterogênea não só por abrigar individualmente, cada qual seguindo rota própria, mas por enfeixar os autores aparecidos após 1945, alinhados ou não com o grupo de S. Paulo, aderentes ou não às suas propostas. Por isso, se a denominação é inadequada por referir-se a escritores de uma (e por vezes contraditória) tendência, de outro, parece apropriada para indicar todos quantos estrearam naqueles anos. Num caso ou noutro, o apelativo deve ser encarado como provisório ou aceito por comodismo histórico.

A geração de 1945 é ambígua, e não por cálculo ou programa: o corte com o passado fora desencadeado pela II Guerra Mundial. Se eles, os novos de 1945, procederem ao rompimento com 1922/1930, isso significaria simplesmente refletir o *status quo*. Era preciso inovar. Paradoxalmente, inovar apontava para o passado, estabelecendo com ele a relação mais conforme aos tempos modernos. Os de 1922 propuseram o afastamento de tudo quanto os antecedera, mas estavam distantes (do palco) da I Guerra Mundial, e esta não tivera, para nós, a relevância da de 1939. E era uma cisão estética, enquanto a de 1945 englobava praticamente todos os recantos do saber e da atividade humana. O mundo já não seria o mesmo após o fim do conflito: as transformações precipitavam-se, e nuns poucos decênios o universo progrediria o equivalente a séculos.

De onde não estranhar o reexame do passado, e não apenas por parte dos autores despontados à volta de 1945. Os de 1922/1930 também se puseram em movimento, revendo a nossa herança literária e retomando-lhe, ainda que noutra escala, padrões e valores. Tenha-se em conta, por exemplo, a obra de Carlos Drummond de Andrade, exemplário que é da nossa modernidade, e que acabara de experimentar a sua fase participante aguda com *Rosa do Povo* (1945).

A Semana de Arte Moderna fora paulista, e quando se fala em 1922, pensa-se nos moços de S. Paulo e, por extensão, nos do Rio de Janeiro, Minas Gerais e outros Estados, que lhes acompanharam a febre renovadora. Substancialmente, e sem bairrismo, 1922 é S. Paulo. Do mesmo passo, a geração de 1945 é produto paulistano no seu arranco inicial, nela se inserindo, por analogia, figuras de outras regiões. A visão histórica, apesar de ainda não haver maior afastamento cronológico, ganha em considerar a solidariedade por coincidência e não por contágio.

A ambiência intelectual estava preparada, como vimos, para metamorfoses estruturais. Daí que em outros lugares se manifestasse idêntico propósito de rever o saldo positivo de 1922/1930 e de, rejeitando-lhe as extravagâncias, dar um passo à frente. Quando os primeiros sinais apareceram no horizonte, amadurecia a ideia de que uma nova geração, semelhante à de 1922 e de 1930, invadia a cena literária. Assim, ao propor-se, em 1948, a etiqueta "geração de 45", provavelmente com certa dose de *blague* (à 22?), logo se espalhou e gerou polêmicas ou adesões entusiásticas dos críticos militantes da época, como Sérgio Milliet, Tristão de Ataíde e Álvaro Lins.

4 Não poucos poetas se aninham sob o manto diáfano da geração de 1945, elástico o bastante para conter soluções divergentes, mas definido a ponto de se distinguir no conjunto da poesia pós-1922. A antologia de Fernando Ferreira de Loanda incluía 24 nomes, enquanto a de Milton de Godoy Campos reúne 64, aparecidos desde 1944: a desproporção evidencia, claro está, o critério pessoal de cada antologista, mas ainda, e sobretudo, o fato de o designativo "geração de 45" permitir a inserção de figuras somente por afinidade vinculadas às linhas mestras do grupo paulista de 1945.

BUENO DE RIVERA (1914-1982) estreou em 1944, com *Mundo Submerso*, tido pela crítica como o marco zero da geração de 1945, mas onde se encontram, como em muitos dos contemporâneos, diga-se de passagem, estilemas à 1922, sobretudo drummondianos, entre a temática participante e a pessoal. Em *Luz do Pântano* (1948), define-se dentro dos quadros da geração, sem perder a dicção própria, de acentos herméticos ("Canto da Insubmissão"):

> Eu, que sou pedra e montanha, sangue e oeste,
> negro poço do tempo e da memória,
> só vos posso ditar este sombrio
> canto, denso e amargo
> oceano de enigmas, doloroso
> rio subterrâneo.

Ainda publicara *Pasto de Pedra* (1971), assinalado pela "mineiridade" rural, mineral e barroca, e pela síntese formal, por vezes lembrando a concisão de João Cabral de Melo Neto ou denotando apelo ao experimentalismo.

De certo modo, DOMINGOS CARVALHO DA SILVA (1915-2003) assemelha-se a Bueno de Rivera no modo como estreara: *Bem-Amada Ifigênia* (1943) revela a contaminação de 1922 pelos ritmos largos, quase condoreiros, que, em verdade, jamais seriam abandonados de todo, dividindo os terreno com metros regulares, tradicionais, como se vê nas obras seguintes: *Rosa Extinta* (1945), *Praia Oculta* (1949), *Espada e Flâmula* (1950), *O Livro de Lourdes e Alguns Poemas Avulsos* (1952), *Girassol de Outono* (1952), *A Fênix Refratária e Outros Poemas* (1959), *À Margem do Tempo* (1963), *A Viagem de Osíris* (1963), *Vida Prática* (1976), *Múltipla Escolha*, antologia (1980). Tal versatilidade formal, guardando profusão temática, simboliza o perfil caleidoscópico da sua geração. O núcleo dessa dispersão é dado pelo aqui e agora, centrado no humano, que lhe permite tocar notas extremas, desde o amor e sua infinita variedade, inclusive a medieval, até a participação política ou social. Enfim, é a "poesia das coisas cotidianas", visto que " a poesia não mora em dons secretos / nem há coisas divinas ou profanas" (de "Os Pássaros de Marte", de *A Fênix Refratária*). Uma ideia dessa poesia pode ser colhida em "Lirismo", de *Praia Oculta*:

> Ela subiu a montanha
> com uma rosa na mão.
>
> Contemplou o mundo a distância
> com uma rosa na mão.
>
> Depois se atirou no abismo
> com uma rosa na mão.
>
> E foi sepultada ontem
> com uma rosa na mão.

Outra marca identificadora da poesia de Domingos Carvalho da Silva é ser crítica, não só no sentido de mostrar-se vigiada pelo intelecto, como ainda pelo fato de voltar-se, com frequência, para a teorização, seja de si própria, seja do que seria, por extensão, a poesia de 1945. Em "Canto em Louvor da Poesia" se encontra, como já apontamos, a síntese do "espírito de época" da geração. O lirismo do cotidiano, que derivaria de 1922, mas com ingredientes originais (em que se diria ressoarem notas da poesia social dos fins do século XIX), inspira-lhe exclamações do gênero ("Com a Poesia no Cais", de *Praia Oculta*): "Eu quero ver a Arte-Pura / estender sua mão à fome!"

Essa dessacralização do poético — conduzida nas "asas brancas da Igualdade" — leva-o a dizer que "a poesia é inútil", movido pela certeza de que a poesia se faz com palavras (Mallarmé?), como em "Papoulas e Estenógrafas", de *Girassol de Outono*, até chegar a uma "profissão de fé" à maneira de Bilac que, sendo individual e coerente com a sua prática poética, é também a da geração de 1945 (poema 13 de *A Fênix Refratária*):

> Seja o meu verso claro, cinzelado,
> E de jaças isento. Que o buril
> Lhe aplaine arestas e lhe dê o perfil
> De uma Vênus de Cnido. Alcantilado
>
> Seja em tudo o meu Poema. E qual um brado
> Límpido, cristalino e varonil,
> Erga-se a minha voz sobre o alcantil
> Do mundo, o mais agudo e mais ousado.
>
> Em equilíbrio, em graça e austeridade,
> No rigor da expressão, hierático, há de
> Elevar-se este canto a tal altura,
>
> Que nos ouvidos teus há de ficar
> Seu ritmo, e no teu peito há de vibrar
> A emoção revestindo a Forma pura.

Dividido entre a poesia e os estudos de poética (de que foi, merecidamente, um dos mais autorizados especialistas entre nós, haja vista os ensaios reunidos em *O Amador de Poemas*, 1956 e em *O Verso Romântico e Outros Ensaios*, 1959), PÉRICLES EUGÊNIO DA SILVA RAMOS (1919-1992) publicou o seu primeiro livro de versos em 1946 (*Lamentação Floral*), seguido de *Sol sem Tempo* (1953), *Lua de Ontem* (1960), *Poesia Quase Completa* (1972), *A Noite da Memória* (1988). Sua dicção poética é caracterizada pelo signo da serenidade, que a alguns pareceu dever-se ao Neoparnasianismo que atribuem à geração de 1945, mas que é, seguramente, indício de uma espécie de classicismo helenizante ("Ária Órfica", de *Sol sem Tempo*): "sereno, lúcido e claro / porém coberto de cinzas...".

O poeta respira ancestralidade, estética ou ética, por esse flanco; e uma ancestralidade de sangue, manifesta no reencontro das raízes pessoais, na reconstituição histórica da Lorena da sua infância (*Lua de Ontem*). Aqui, experimenta a poesia dramática, ao ver de um de seus críticos,[1] sem perder de vista a transparência meridional, expressa no

---

1. Cassiano Nunes, *A experiência Brasileira*, S. Paulo: Conselho Estadual de Cultura, 1964, pp. 17-20.

mito do semeador que confessa, em metáforas imprevistas, a sua olímpica certeza ("Poema do Semeador", *ibidem*):

> E ao embalo dos astros renascendo.
> eu semeador,
> confiante no futuro,
> lavro meu campo ensanguentado de papoulas
> com touros cor de mar ou potros como luas.

Distinta das anteriores é a trajetória poética de ALPHONSUS DE GUIMARAENS FILHO (1918-2008), filho do poeta de "Ismália". Estreou em 1940, com *Lume de Estrelas*, que recebeu dois prêmios nacionais. Réune poemas de 1935 a 1938, com algumas de suas características fundamentais ligadas ao Simbolismo paterno. Prestigiado, estimulado pela crítica, publicaria uma série de volumes: *Sonetos da Ausência* (1946), *Nostalgia dos Anjos* (1946), *A Cidade do Sul* (1948), *O Irmão* (1950), *O Mito e o Criador* (1954), *Sonetos com Dedicatória* (1956), enfeixados, com cinco livros inéditos (*O Unigênito, Elegia de Guarapari, Uma Rosa sobre o Mármore, Cemitério de Pescadores, Aqui*) em *Poemas Reunidos* (1960), *Antologia Poética* (inclui um livro inédito, *O Habitante do Dia*, 1963), *Novos Poemas* (reúne *Transeunte* e *Ao oeste chegamos*, 1968), *Poemas da Ante-Hora* (1971), *Absurda Fábula* (1973), *Água do Tempo* (1978), *Discurso no Deserto* (1982), *Nó* (1984), etc.

Alphonsus de Guimaraens Filho é, por excelência, o poeta sensível a música e à religiosidade, não raro fundidas. De onde os versos longos, como versículos, e os metros curtos, burilados em sonetos, forma na qual alcançaria merecida notoriedade, e tal a mestria com que os compôs, arrimado aos mestres, dentre os quais Camões, que lhe serve de epígrafe a *Sonetos da Ausência*.

Pertencente à geração de 1945 mais por coincidência, cunhava por vezes imagens em moda na época, ou de vago tom surrealista: no geral, trata-se de uma poesia eloquente, sem ser retórica, de uma eloquência abstratizante, movendo-se mais no plano da transcendência e do religioso — e "eternidade" e "Deus" são vocábulos preferidos — que no do cotidiano. Manteve-se fiel às matrizes da sua cosmovisão, tangido que era pela ideia de uma "Poesia santa (...), casta (...), leve/gêmea de um paraíso que pressinto // (...) Poesia eterna /// (...) saudosa de Deus" ("Invocação à Poesia", de *O Irmão*), Poesia e Deus, poesia em Deus, eis o binômio que lhe assegura a musicalidade dos versos e lhe inspira os arroubos por vezes de incontida veemência, ou de tranquila contemplação da natureza, qual de um místico em êxtase. Uma poética, expressa numa única linha, inserida em *Absurda Fábula*, resume-lhe a poesia: "Não me busqueis no texto: eu fui sonhado".

Em *Discurso no Deserto*, o desalento entra a fazer parte do seu universo. Ao mesmo tempo, nota-se o refinamento ainda da expressão, sem perda de coerência. Continua a guiá-lo a "sede do divino! frêmito do eterno!" ("Florescem", de *Nó*), não sem conflito (que a morte, então presente, açulava?), em que se pode ver sinal de metamorfose no rumo do humano ("O Poeta e o Poema", *ibidem*) — "Nenhum poema. Nenhum pode nascer do inexistente. / A vida é mais real que a realidade" —, mas em que se descortina o palpitar de um alto sentimento poético que se recusava a desaparecer.

"Eternidade" é palavra também frequente no vocabulário poético de LÊDO IVO (1924), nascido em Alagoas, autor de copiosa produção, repartida em poesia: *As Imaginações* (1944), *Ode e Elegia* (1945), *Acontecimento do Soneto* (1948), *Ode ao Crepúsculo* (contém *A Jaula*, 1948), *Cântico* (1949), *Linguagem* (1951), *Ode Equatorial* (1951), *Um Brasileiro em Paris* e *O Rei da Europa* (1955), *Magias* (inclui *Os Amantes Sonoros*, 1960) *Uma Lira dos Vinte Anos* (contém os quatro primeiros livros, e mais *A Jaula* e *Ode à Noite*, 1962), *Estação Central* (1964), *Finisterra* (1972), *O Sinal Semafórico* (contém desde *As Imaginações* até *Estação Central*, 1974), *Central Poética*, poemas escolhidos (1976), *Calabar* (1985), *O Soldado Raso* (1988), *Poesia Completa* (2004); romance: *As Alianças* (1947), *O Caminho sem Aventuras* (1948), *Ninho de Cobras* (1973); conto: *O Flautim* (1966), *Use a passagem subterrânea* (1961); novela: *O Sobrinho do General* (1964); ensaio, crônica. E ainda como Alphonsus de Guimaraens Filho, a eloquência orienta-lhe os versos, mas uma eloquência de diverso tom e amplitude. Nele, a respiração busca ares epicizantes, transindividuais. Tem-se a impressão de um Hermes Fontes redivivo, alimentado, porém, de específica motivação poética, aureolada que é pelo mito de Rimbaud, nume tutelar e irmão de jornada. Ao poeta francês, que Lêdo Ivo cita nominalmente em seus poemas, dedicou meticulosa tradução, acompanhada de introdução e notas (*Uma Temporada no Inferno* e *Iluminações*, 1957). E não raro a crítica os aproxima, pela vertigem alquímica que imprimem aos poemas.

No entanto, a torrencialidade verbal do poeta alagoano escapa de ser romântica graças a uma contensão que não é de exclusivo recorte formal. A "descoberta do inefável", título de uma composição de *Ode e Elegia*, é o seu norte e o seu sonho de liberdade. As mais das vezes, retém-lhe o impulso anárquico uma espécie de presciência do poder equilibrador das formas, que o culto da ode, da elegia do soneto evidencia: "minha paixão reduz o mundo a formas" ("Jorrar", de *Um Brasileiro em Paris*). Ao contrário de Rimbaud, pré-moderno no seu romantismo paroxístico, Lêdo Ivo, sem menosprezar a tradição clássica, camoniana, pulsa entre o moderno e o antigo. Aqui, pode-se dizer, situa-se o seu programa poético. Para ele, a forma (fixa) impõe-se naturalmente, para além de qualquer esforço ou procura aflitiva (V. "Soneto das Catorze Janelas", de *Acontecimento do Soneto*).

"Soneto", "alquimia", "ser" e "não ser" constituem palavras-chave da sua visão do mundo, apontando a forma eleita (o soneto), consubstancial ao processo verbal (a alquimia) e à escalada do "eu" (lírico) para o "não eu" (épico), numa voltagem que recorda, em alguns momentos, o Jorge de Lima de *Invenção de Orfeu*. Não é ocasional que destine *Central Poética* a uma antologia das suas composições, e que exclame, tomado pela convicção de falar por todos, como vate inspirado (*Ode do Crepúsculo*): "ó poesia torrencial e indomável que cabe todavia na frisa matinal de / uma trova".

De onde o sentido amplificativo de seus versos, uma grandiloquência que somente não transborda e não produz efeito contrário ao pretendido por vir escudada, em geral, num senso de medida que é tanto da forma como da inspiração, decerto cônscio de que a sobriedade vocabular se casava melhor com a sua proposta.

O quadro da poesia de Lêdo Ivo completa-se com acenos de poesia participante e com os poemas de viagem, menos tensos e menos fecundos, pela imposição da circunstância e do tom mordaz (à 1922) sobre o sentimento poético imanente, e com a vertente erótica, na qual se revela tocado pelo mesmo fôlego que instila nas odes e sonetos, alguns deles de superior fatura e originalidade.

E de Santa Catarina é MARCOS KONDER REIS (1922-2001), autor de *Tempo e Milagre* (1944), *David* (1946), *Apocalipse* (1947), *Menino de Luto* (1947), *O Templo da Estrela* (1948), *Praia Brava* (1950), *A Herança* (1951), *O Muro Amarelo* (1965), *Armadura de Amor* (1965), *Praça da Insônia* (1968), *O Pombo Apunhalado* (1968), *Teoria do Voo* (1969), *Antologia Poética* (1971), *Figueira Maldita* (1972), *Sol dos Tristes e Caporal Douradinho* (1976), *Campo de Flechas* (1978). Poeta lírico, de estirpe romântica ou simbolista (uma de suas palavras diletas é "bruma"), nele o sentimento amoroso é a pedra de toque, expresso por vezes de maneira generosa, em ritmos largos, excessivos, por vezes contida, como pedia o formalismo de 1945. A presença da transcendência cristã completa o quadro — amor e Deus —, não raro ensombrado pela melancolia ou pela saudade. A musicalidade, patente no culto da balada, é outro aspecto desse poeta fértil, mas nem por isso menos rigoroso ou menos aberto a experimentalismos de toda sorte, embora nem sempre logrando resultados satisfatórios.

Quanto a GERALDO VIDIGAL (1921-2010), dirigiu, com Péricles Eugênio da Silva Ramos, Domingos Carvalho da Silva e Carlos Burlamáqui Kopke, a *Revista Brasileira de Poesia* e colaborou na organização do I Congresso Paulista de Poesia (1948). Sua obra poética (*Predestinação*, 1945; *Cidade*, 1952) deve muito, no seu lirismo cantante, espontâneo, à beira do coloquial, aos românticos e simbolistas. ANTÔNIO RANGEL BANDEIRA (1917-1988) nasceu no Recife, mas transferiu-se para o Rio de Janeiro e depois para S. Paulo. Além de ensaios (*Da Liberdade da Criação Artística*, 1956; *Espírito e Forma*, 1957; *Jorge de Lima, O Roteiro de uma Contradição*, 1959, etc.), publicou *Poesias* (1946), *O Retrato Fantasma* (1953), *A Forma Nascente* (1956), *Aurora Vocabular* (1967), em que se alinham vestígios da estética de 1922, incluindo certo humor, com o formalismo da sua geração, numa dicção sempre "discreta e sóbria" no dizer de um crítico.[2]

O mineiro José Franklin Massena de DANTAS MOTTA (1913-1974) estreou com *Surupango*, "ritmos caboclos" (1932), na linha de 1922. Passados 13 anos, volta com *Planície dos Mortos*, convicto do rumo a seguir e maduro em suas propostas. No ano seguinte (1946), apareceram as *Elegias do País das Gerais*; em 1953, *Anjo de Capote*; em 1955, *Epístola do São Francisco para os que vivem sob sua jurisdição, no vale* —, todos reunidos e acrescentados, em 1961, sob o título da obra de 1946. Dantas Motta participa da geração de 1945 por motivos cronológicos, mas também intrínsecos à sua obra, em relação à qual a primeira observação a fazer diz respeito à recusa da emoção, manifesta logo à entrada de *Planície dos Mortos*. Fechado a qualquer gesto de confissão ou abandono da subjetividade, orienta-se por um ceticismo que mal se declara. A sombra da morte acompanha esse descarnamento da ideia e do verso, uma aspereza que exprime um lirismo sem concessões ou autocomplacências, de um "eu" lírico avesso ao narcisismo, um lirismo sem música ou com só a música do pensamento, mais narrativo que descritivo, que atinge nas *Elegias do País das Gerais* o seu lugar próprio. De notar que

---

2. Sérgio Milliet, *Diário Crítico*, vol. IX, S. Paulo: Martins, 1957, p. 77.

os acentos de poesia participante, que se advertem nessa obra, repercutiriam de forma expressiva na *Primeira Epístola de Joaquim José da Silva Xavier, o Tiradentes, aos Ladrões Ricos* (1967), última obra do autor. Sob o título de *Elegias do País das Gerais*, a sua poesia completa foi reunida e publicada em 1988.

DARCY DAMASCENO (1922-1988) estreou com *Poemas* (1946), a que se seguiram: *Fábula Serena* (1949), *A Vida Breve* seguida de *O Pagem Constante* (1951), *Jogral Caçurro e Outros Poemas* (1958), *Trigésimas* (1967), *Poesia* (1967). A crítica tem sido unânime em lhe apontar a limpidez do canto, que a forma tão bem reflete no seu contorno preciso e nítido. Dicção de poeta lido nos clássicos e na lírica galaico-portuguesa, cuja lição procurou assimilar em poemas de andamento arcaizante. Pertenceu ao grupo de *Orfeu*, traduziu Paul Valéry (*O Cemitério Marinho*, 1949), preparou uma edição das obras de Cecília Meireles e escreveu um ensaio a seu respeito (*Cecília Meireles: O Mundo Contemplado*, 1967), atividades que, denotando adesão, empatia ou semelhança de visão das coisas, ajuda a compreender-lhe a poesia cantante e sóbria.

JOSÉ PAULO PAES, paulista de Taquaritinga (1926-1998), além de exímio tradutor e fino ensaísta (*Gregos e Baianos*, 1988; "*Canaã*" *e o Ideário Modernista*, 1992; *Transleituras*, 1998, etc.), publicou a sua primeira coletânea de poemas, *O Aluno*, em 1947. O título pretendia indicar a condição de aprendiz e, acima de tudo, dava mostras de uma lucidez e uma definição de caráter nada circunstanciais. O poeta despontava maduro na substância do seu projeto estético. E embora reconhecesse o magistério de Carlos Drummond de Andrade, Manuel Bandeira, Murilo Mendes e Pablo Neruda, afirmava uma radical independência, que as mudanças futuras apenas confirmariam. O tom epigramático, que o distinguiria entre os da sua geração, já era visível. Em *Cúmplices* (1951), o amor é ainda predominante, os versos atendem à rima e ao metro, mas a contensão, no rumo do epigrama, mantém-se, fruto do despojamento da emoção ou de ela pulsar latente, como a face oculta de uma objetividade quase geométrica. E começa a aflorar um pensamento vigilante, engajado, que nas *Novas Cartas Chilenas* (1954) predomina, ao mesmo tempo que se configura um pendor satírico, de ascendência oswaldiana. *Epigramas* (1958) constitui a síntese dessas vertentes formais e temáticas que, levadas a extremo, atrairiam, por coincidência de propósito, ao Concretismo, em *Anatomias* (1967), *Meia Palavra* (1973) e *Resíduo* (1980). Com inclusão de *Calendário Perplexo* (1983), já fora das balizas concretistas, todos esses livros, marcos de uma evolução coerente e apurada, foram reunidos em *Um por Todos* (1986). Ainda publicou *A poesia está morta mas juro que não fui eu* (1988), e *Prosas seguidas de Odes Mínimas* (1992), um dos pontos altos, senão o mais alto, da sua carreira poética. Com seleção e estudo crítico de Davi Arrigucci Jr., os seus melhores poemas vieram a público em 1998.

Ao estrear em 1947, com *Antônio Triste*, PAULO BOMFIM (1926) denunciava herança de Guilherme de Almeida e, transversalmente, do lirismo romântico e simbolista. Artesão do soneto, que esculpe com agilidade e desenvoltura, alia o rigor da forma a metáforas surrealistas e abastratas, para revestir temas que extrai da sua intimidade, ora melancolizante, "triste", ora impregnadas de ardente sentimento de paulistanidade. De onde os ritmos de música de câmara e sinfônica, não raro em mistura, típicos de um poeta da emoção. Ainda publicou: *Transfiguração* (1951), *Relógio de Sol* (1952), *Cantiga do Desencontro* (1954), *Poema do Silêncio* (1954), *Sinfonia Branca* (1955), *Armorial* (1956), *Quinze Anos de Poesia* (1957), *Poema da Descoberta* (1958), *Sonetos* (1959), etc., reunidos em *50 Anos de Poesia* (2ª ed., 2000).

Não menos herdeiro do Simbolismo é o carioca JOSÉ PAULO MOREIRA DA FONSECA (1922-2004): além da pintura, cultivou a prosa (*Breves Memórias de Alexandro Apollonios*, 1960), o teatro (*Dido e Eneias*, 1953; *O Mágico*, 1963) e a poesia (*Elegia Diurna*, 1947; *Poesias*, 1949; *Concerto, in Poemata*, em colaboração com Oscar Lorenzo Fernandes e Israel Klabin, 1950; *Dois Poemas*, 1951; *A Tempestade e Outros Poemas*, 1956; *Rates*, 1957; *Três Livros*, 1958; *Sequência*, 1962; *Uma Cidade*, 1965; *O Tempo e a Sorte*, 1968; *Antologia Poética*, 1968; *A Simples Vida*, 1972; *Luz Sombra*, 1973; *Palavra e Silêncio*, 1974; *A Noite o Mar o Sol*, 1975; *Sextante*, 1977). Lembrando vagamente Raul de Leoni no seu filosofismo apolíneo, José Paulo Moreira da Fonseca trai na sua poesia a vocação para as artes plásticas. Sua visão da realidade congrega as duas facetas (senão as três, se lhes associarmos o pendor para o teatro) do seu temperamento estético. Em *Elegia Diurna*, estampa o que seria o princípio básico da sua criação poética:

> Nítido azul
> onde voa a gaivota
> como pensamento lúcido.
>
> Azul denso de tempo
> e a cor ardente
> submissa à forma.

Banhada por uma luz mediterrânea, introspectiva, a sua poesia é a de um esteta, à procura de formas perenes, definidas, cristalinas, e de imagens sinestésicas, tocadas de silêncio e Deus, sob o signo da morte, numa diafaneidade evanescente, em que não é demais enxergar uma nostalgia antiga, de fundo clássico.

Diversa nos temas e nas formas é a produção poética de MOACIR FÉLIX (1926-2005), recolhida em *Cubo de Trevas* (1948), seu livro de estreia, e *Lenda e Areia* (1950), *Itinerário de Uma Tarde* (1953), *O Pão e o Vinho* (1959), *Canto para as Transformações do Homem* (1964), *Um Poeta na Cidade e no Tempo* (1966), *Canção do Exílio Aqui* (1977), *Neste Lençol* (1977), *Antologia Poética* (1993). Mas o cerne do seu lirismo, no qual se podem discernir pigmentações várias, desde as românticas até as surrealistas, reside na poesia de cunho social, notadamente após *O Pão e o Vinho*, atingindo o ápice nas obras seguintes. No mesmo ano de 1948, AFRÂNIO ZUCCOLOTTO (1913-1997) publicou *Poemas*. Mais adiante: *Porto Geral* (1957), *Notícia de São Paulo a Mário de Andrade* (1970), em que o seu "temperamento romântico (...) beira a poesia social",[3] fruto de sentir-se "artista remanescente (...) a lastimar o presente" e a Pauliceia modernizada (*Retrato do Artista Remanescente*, 1976).

Do grupo da revista *Orfeu* tomou parte o goiano AFONSO FÉLIX DE SOUSA (1925-2002), autor de *O Túnel* (1948), *Do Sonho e da Esfinge* (1950), *O Amoroso e a Terra* (1953), *Memorial do Errante* (1956), *Íntima Parábola* (1960), *Caminho de Belém*, poema dramático (1962), *Álbum do Rio* (1965), *Antologia Poética* (1956), *Pretérito Imperfeito* (reunião dos livros anteriores, e mais *Suíte em Ré*, 1976), em que se recolhem composições identificadas pelo "exílio" em relação ao estado natal e à infância, expresso em vário metro e ritmo, do verso livre, à 1922, à redondilha à maneira do romanceiro popular. Em *Memorial do Errante*, explora temas de viagem, e em *Caminho de Belém*, o do nascimento de Cristo. A tônica da sua poesia ficaria sendo, porém, a saudade do rincão goiano e da meninice.

Como outros da sua geração, CYRO PIMENTEL (1926-2008) deve ao Simbolismo o impulso matricial da sua poesia (*Poemas*, 1948; *Espelho de Cinzas*, 1952; *Signo Terrestre*, 1956; *Árvore Nupcial*, 1966; *Poemas Atonais*, 1979). A abstração, a ambiguidade, o onírico, o sobrenatural, o oculto, enfim, a rejeição do cotidiano e da aridez, como declara em "Tema" (*Poemas Atonais*), moldados em imagens de correspondente in-

---

3. Idem, *Panorama da Moderna Poesia Brasileira*, Rio de Janeiro: MES, 1952, p. 122.

determinação, constitui-lhe o âmago. E a musicalidade, ou as sinestesias, o seu norte. Se uma síntese ainda mais condensada se fizesse necessária, tal função poderia ser desempenhada pelo título de um poema de *Signo Terrestre*: "A Sombra do Real".

FERREIRA GULLAR. Nome literário de José Ribamar Ferreira, nasceu no Maranhão (1930), mas transferiu-se para o Rio de Janeiro em 1951, dois anos após estrear com um volume de poemas, *Um Pouco Acima do Chão*. Em 1954, publica *Luta Corporal*, em que reúne composições de múltipla tonalidade. Inscreve-se na reforma proposta pela geração de 1945, a ponto de justificar a sua inclusão na antologia de Fernando Ferreira de Loanda. Dá mostras, no entanto, de atitudes contraditórias — "O eterno é vil! é vil! é vil!"[4] —, ou que anunciam o Concretismo, por meio de experiências vocabulares ou visuais, ou a poesia engajada. Com efeito, depois de repudiar o "vão/vocábulo exato" em *O Vil Metal*, que engloba poemas escritos entre 1954 e 1960, adere ao Concretismo por algum tempo. Rompendo, mais adiante, com o grupo concretista, propõe o Neoconcretismo (*Poemas Neo-Concretos*, 1958), até que, no início da década de 1960, abraça a poesia social, participante, em forma de romance de cordel (*João Boa-Morte, cabra marcado para morrer*, 1962; *Quem matou Aparecida*, 1962). Em *Dentro da Noite Veloz* (1975), ventila a ideia; no entanto, o verso redondilho, popular, é substituído pelo verso livre, de andamento prosístico, e o ardor panfletário cede à moderação, ainda que parcial. Se, de um lado, admite que "a poesia é rara e não comove / nem move o pau-de-arara" (Homem Comum") ou "não muda (logo) o mundo" ("Boato"), de outro, identifica "poesia/paixão/revolução" ("A Poesia"). *Poema Sujo* (1976), escrito no exílio em Buenos Aires no ano anterior, introduz a raiva e um tom desbragado, de revolta, que recorda, do ângulo formal, o clima de 1922-1930. Agora, prega "a subversão da ordem/poética" e "da ordem política", uma e outra interligadas, como imagens em espelhos paralelos. A última metamorfose do poeta encontra-se *Na Vertigem do Dia* (1980), *Crime na Flora ou Ordem e Progresso* (1986), *Barulhos* (1987), *O Formigueiro* (1991), *Muitas vozes* (1999): sem abandonar o engajamento político, mostra sinais de regresso ao intimismo de *Luta Corporal*, em poemas como "Cantigas do Acaso", "Um Sorriso", "OVNI", assim pondo em evi-

---

4. Cito de acordo com a edição da *Poesia Completa, Teatro e Prosa* (2008, p. 21), que inclui, em apêndice, a obra poética de estreia.

dência o dilema que lhe preside, desde o princípio, a evolução literária ("Traduzir-se"):

>Uma parte de mim
>é todo mundo;
>outra parte é ninguém:
>fundo sem fundo.
>
>Uma parte de mim
>e multidão;
>outra parte estranheza
>e solidão.
>
>Uma parte de mim
>pesa, pondera;
>outra parte
>delira.
>
>Uma parte de mim
>almoça e janta;
>outra parte
>se espanta.
>
>Uma parte de mim
>e permanente;
>outra parte
>se sabe de repente.
>
>Uma parte de mim
>e só vertigem;
>outra parte,
>linguagem.
>
>Traduzir uma parte
>na outra parte
>— que é uma questão
>de vida ou morte
>será arte?

Num tempo em que outras poetisas apareceram e ganharam notoriedade, como, por exemplo, Maria da Saudade Cortesão, Maria Isabel,

Idelma Ribeiro de Faria, ressalta a voz de HILDA HILST, paulista de Jaú (1930-2004). Publicou: *Presságio* (1950), *Balada de Alzira* (1951), *Balada do Festival* (1955), *Trovas de Muito Amor para um Amado Senhor* (1960), *Ode Fragmentária* (1961), *Sete Cantos do Poeta para o Anjo* (1962), *Poesia* (1967), *Júbilo Memória Noviciado da Paixão* (1974). E prosa: *Fluxofloema* (1970), *Qadós* (1973), *Ficções* (1977), etc. Seja nos metros e ritmos aprendidos no convívio com os clássicos e os trovadores medievais, seja nos metros desenvoltos; seja nos momentos em que exprime o seu amor frustre pelo homem, seja quando o "outro" lhe ocupa a atenção —, reconhece-se "Mulher/Vate/Trovador" (*"Trovas de Muito Amor para um Amado Senhor*) a compor cantigas de amigo, rilkeana no seu "puro lirismo", flutua entre o transbordamento da paixão e a mansa resignação, entre o erotismo sem peias e o magoado pudor.

Do Espírito Santo é GEIR CAMPOS (1924-1999), autor do *Pequeno Dicionário de Arte Poética* (1960), e dos seguintes volumes de poesia: *Rosa dos Rumos* (1950), *Arquipélago* (1952), *Coroa de Sonetos* (1953), *Canto Claro e Poemas Anteriores* (1957), *Operário do Canto* (1959), *Canto Provisório* (1960), *Cantigas de acordar mulher* (1964), *Metanáutica* (1970), *Canto de Peixe Outros Cantos* (1977). Lirismo que tem por características "o amor, o mar, a paisagem e sobretudo o ser-no-mundo",[5] identifica-se pela sua concretude, o voltar-se para o mundo físico, em busca não de uma verossimilhança fotográfica, mas, sim, de uma claridade outra, inteligível. Poeta essencialmente lírico, nele a forma é uma obsessão, como se lutasse por aprisionar a Forma, equivalente à Ideia platônica, nos limites do poema. Tal obsessão, explicando-lhe o interesse pelos aspectos teóricos da arte poética, não o impediu, entretanto, de experimentar a poesia participante.

Autor de copiosa obra, o cearense ARTUR EDUARDO BENEVIDES (1923) estreou com *Navio da Noite* (1944), a que se seguiu a colaboração para *Os Hóspedes* (1946), dentro dos parâmetros das gerações anteriores. A partir de *A Valsa e a Fonte* (1950), o seu lirismo enquadra-se no espírito de 1945. Poeta elegíaco, a morte, a solidão e o efêmero constituem o tripé sobre que assenta a sua visão das coisas. Para ele, "o verso é esquife: sobre ele / guardamos de nós o que morreu" ("Elegia Maior", de *O Viajante da Solidão*, 1969). Além de ensaios, ainda publicou os seguintes livros de poesia: *O Habitante da Tarde* (1958), *Canção da Rosa dos Ventos*

---

5. Eduardo Portela, *Dimensões I*, 2ª ed., Rio de Janeiro: Agir, 1959, p. 163.

(1966), *Viola de Andarilho* (1974), *Elegias de Outono e Canções de Muito Amor e de Adeus* (1975), *Arquitetura na Névoa* (1979), etc.

FERNANDO FERREIRA DE LOANDA (1924-2002), nascido em Angola, dirigiu *Orfeu*, organizou *Panorama da Nova Poesia Brasileira* (1951), reunindo alguns poetas que buscavam um novo caminho fora dos "limites do Modernismo", e publicou poesia (*Equinócio*, 1953; *Do Amor e do Mar*, 1964), em torno "do amor e do mar". O mineiro PAULO MENDES CAMPOS (1922-1991) dividiu-se entre a crônica (*O Cego de Ipanema*, 1960; *Homenzinho na Ventania*, 1962; *O Cronista do Morro*, 1965; *O Anjo Bêbado*, 1969; *Supermercado*, 1976) e a poesia (*A Palavra Escrita*, 1955; *O Domingo Azul do Mar*, 1958; *Poemas Corais*, 1965). Alcançou mais nomeada na primeira dessas atividades. É possível que a poesia lhe tenha sido produto de uma crise, de uma fase evolutiva. Assim o sugere o fato de não mais publicar poesia e, sobretudo, a nota a *O Domingo Azul do Mar*, em que, à Vinícius de Morais, confessa que a publicação desse volume, reunindo praticamente todo o seu trabalho poético, poderia "ajudá-lo a libertar-se de seus antigos fantasmas, que não mais o interessam". Trazendo "no rosto todo, a usura da saudade", como diz no "Autorretrato", marcado pelo signo do "tempo-eternidade", sentindo-se "um anarquista de sensações, / Místico do prosseguimento" ("Hino à Vida"), o que pode ser entendido como disponibilidade integral ao cotidiano (peculiar ao cronista?), Paulo Mendes Campos pratica os metros regulares, não raro com inversões, os versos livres de tom prosístico, à 1922, e os poemas em prosa. Quanto a GERALDO PINTO RODRIGUES (1927-2005), estreou em 1951, com *Tempo Inconcluso*, em que, em meio às hesitações da idade, já se notam as características da sua poesia, filiada à tradição lírica do idioma: o senso de medida, a experimentação de novos ritmos e metáforas, a fusão do pensamento e da musicalidade. Ainda publicou outros livros, no encalço de pintar o retrato "das [suas] melancolias": *Veio e Via* (1971), *A Noite e os Objetos* (1973), *Os Verdes Matinais* (1975), *O Punhal do Tempo* (1978), *Memorial de Eros* (1985).

Na vasta galeria da geração de 1945, não podia faltar um representante do Amazonas, TIAGO DE MELLO (1926), autor de: *Silêncio e Palavra* (1951), *Narciso Cego* (1952), *A Estrela da Manhã* (1953), *A Lenda da Rosa* (1955), *Vento Geral* (1960), *Madrugada Camponesa* (1962), *Faz escuro mas eu canto porque a manhã vai chegar* (1965), *Canção do Amor Armado* (1965), etc. A concisão preside-lhe o lirismo, especialmente no início: poesia despojada, como então se dizia, uma espécie de antieloquência que vem de o pensamento dominar a emoção, circuito em que não é demais vislumbrar possíveis leituras de Fernando Pessoa. Há, mesmo, certo filosofismo, moralismo ou decoro, que só não arrasta o poeta a uma torre de marfim graças à natural comunhão com os semelhantes, comunhão essa que em *Faz escuro... e Canção do Amor Armado* se torna participante, na linha das tensões sociopolíticas dos anos 1960. Incapaz de "rosto a rosto contemplar / aquilo que ignoto sou" ("Narciso Cego"), a sua poesia é de um artesão que constrói os versos a pensar, enclausurado "nos labirintos do tempo" ("A Rosa Branca"), como se moldasse a argila à procura da "face maldisfarçada", feito "sonho de alguém/oculto" ("Narciso Cego"). Com variações, que a experiência e o amadurecimento trouxeram, a sua poética aí se define. "Tenebrosa Acqua", inserto em *Vento Geral*, é já de sopro mais amplo, depois de passar pelas *Toadas de Cambaio*, em que se confessa "tão diverso / do que outrora fui (...) // (agora cambaio, / e antes tão leve, levando / sempre um cântico na fonte)". Mas reconhece: "Foi-se-me a fome de nuvens, / foi no escuro, antes da aurora"; sabe que continua a precisar "de ser sempre inteiramente,/sempre intensamente: em tudo. / Sobretudo no saber". Nem falta, nesse "Narciso cego", o joco sério das *Ponderações que faz o defunto aos que lhe fazem o velório*.

De Mato Grosso é MANUEL DE BARROS (1917), autor de *Poemas concebidos sem pecado* (1937), *Face Imóvel* (1942), *Poesias* (1956), *Compêndio para Uso dos Pássaros* (1961), *Gramática Expositiva do Chão* (1969), *Matéria de Poesia* (1974), *Arranjos para Assobio* (1983), *Livro de pré-coisas* (1986), *O Guardador de Águas* (1989), *Gramática Expositiva do Chão* (*Poesia Quase Toda*) (1990), *O Livro das Ignorãças* (1993), etc. Incluído no *Panorama da Nova Poesia Brasileira*, de Fernando Ferreira de Loanda, saudado por outros poetas, teria de aguardar os anos 1980 para ganhar renome. De uma dicção própria, que faz lembrar a prosa inventiva de Guimarães Rosa, a sua poesia radica na observação das coisas simples do dia a dia, mesmo aquelas que o rigor parnasiano diria não serem poéticas. Nem por isso impede que a fantasia abra as asas livremente, como se reproduzisse o voo dos pássaros, movido pela ideia de que a "poesia é a ocupação da palavra pela Imagem / — Poesia é a ocupação da Imagem pelo Ser". Ou seja, "o sentido normal das palavras não faz bem ao poema". O resultado é uma poesia de imagens inusitadas, repletas de conotações surrealistas, não raro de insólita beleza.

Morto precocemente, em acidente automobilístico, o pernambucano CARLOS PENA FILHO (1930-1962) granjeou, apesar disso (ou graças a isso), nomeada, dele fazendo esperar, e não apenas como lugar-comum, outras obras dignas do seu talento poético. Passou a infância com os avós em Portugal, o que explicaria, ao menos em parte, a sua dicção castiça e límpida. Cultivou os metros regulares, com realce para o redondilho e o decassílabo, cada qual apontando para as duas vertentes da sua inspiração, a regionalista e a lírica, ambas regidas pela mesma musicalidade de ritmos em surdina. O soneto era-lhe a forma fixa predileta, sem embargo de certo simbolismo ou o gosto pelo abstrato e o tom surrealista, veiculando uma visão do mundo romântica, inclusive no "Guia Prático da Cidade do Recife", percorrido por uma brisa de poesia social. Publicou: *O Tempo da Busca* (1952), *Memórias do Boi Serapião* (1955), *A Vertigem Lúcida* (1958), reunidos, com inéditos, no *Livro Geral* (1959).

Também natural do Recife, MAURO MOTA (1912-1984) cultivou o ensaio (*O Cajueiro Nordestino*, 1954; *Paisagem das Secas*, 1958; *Geografia Literária*, 1961, etc.) e o memorialismo (*Capitão de Fandango*, 1960; *O Pátio Vermelho*, 1968), além da poesia (*Elegias*, 1952; *A Tecelã*, 1956; *Os Epitáfios*, 1959; *O Gado e o Cata-Vento*, 1962; *Canto ao Meio*, 1964; *Antologia Poética*, 1968; *Itinerário*, 1975; *Pernambucânia ou Cantos da Comarca e da Memória*, 1979; *Pernambucânia Dois*, 1980. Em razão do livro de estreia, ficou conhecido como "o poeta das elegias": nele se entrelaça um vívido sentimento de amor e morte a uma forma cristalina, resultante da feliz junção entre a dor verdadeira (a perda da esposa) e o fingimento poético. Afinal, surgia, em livro, aos 40 anos, em plena maturidade. Dicção dum lírico de raiz simbolista, que encontrou na morte o seu tema favorito e não resistiu ao impacto da poesia órfica de Fernando Pessoa e Mário de Sá-Carneiro ("Itinerante", de *Itinerário*):

> Vou em busca do ter-ido.
> Desapareço no espaço.
> Fico de novo perdido.
> Procuro-me, e não me acho.

Contido por uma espécie de amargo estoicismo, não perde o domínio da fina artesania mesmo quando, com o passar dos anos e dos livros, os temas do cotidiano e do social entraram a chamar-lhe a atenção. A forma regular, quadrando melhor com o seu instinto elegíaco ou a sua adesão ao "outro' como expansão do "eu", permitiu-lhe atingir altos níveis de realização poética, ao contrário do verso livre, por meio do qual rendeu tributo ao modernismo de 1922, nas suas expressões menos consistentes de humor e prosaísmo.

E de Belo Horizonte é AFFONSO ÁVILA (1928). Integrou o grupo de *Tendência* (1957) e estreou em 1953, com *O Açude e Sonetos da Descoberta*, quando ia alto o sol do formalismo posto em voga no decênio anterior. E nele se engajou, por uma espécie de afinidade essencial, com uma voz lírica própria, virada para o tema do amor. Nas obras seguintes (*Carta do Solo*, 1961; *Carta sobre a Usura*, 1962; *Carta do Solo-Poesia Referencial*, 1963; *Código de Minas e Poesia Anterior*, 1969; *Código Natural de Trânsito*, 1972; *Cantaria Barroca*, 1975, *Discurso da Difamação do Poeta*, antologia, 1978), experimentou a poesia descritiva e a narrativa, de substrato regionalista ou participante, à maneira do cancioneiro popular, lado a lado com o tema amoroso, convicto de não lhe pertencer nem "a palavra justa", nem "a palavra triste", nem "a palavra louca" (*Carta do Solo*). Conciliando o tradicional e o vanguardeiro, inclusive no viés concretista, "foi passando" — no dizer de um companheiro de *Tendência* — "do lirismo intimista para a exploração dos sentimentos épicos". [6]

Ainda outros poetas surgiram nessa quadra, como STELLA LEONARDOS (1923) que, além do romance, do teatro e da literatura infantil, tem cultivado o lirismo de temas perenes, como o amor e a morte, e temas históricos (*Passos na Areia*, 1940; *Assim se formou a nossa raça*, 1941; *A Grande Visão*, 1942; *Poesia em Três Tempos*, 1957; *Poema da Busca e do Encontro*, 1958; *As Dádivas*, 1959; *Rio Cancioneiro*, 1960; *Ar Lírico*, 1961; *Romanceiro de Estácio*, 1962; *Tempos Alados*, 1964; *Cancioneiro do Natal*, 1964; *Romanceiro da Abolição*, 1986). RENATA PALLOTTINI (1931), com *Acalanto* (1952), *O Cais da Serenidade* (1953), *O Monólogo Vivo* (1956), *A Casa* (1958), *Nós, Portugal* (1958), *Livro de Sonetos* (1961), *A Faca e a Pedra* (1965), *Antologia Poética* (1968), *Os Arcos da Memória* (1971), *Coração Americano* (1976), *Chão de Palavras* (1977), *Noite Afora* (1978), *Cantar Meu Povo* (1980), em que o lirismo depurado, reflexivo, com notas de melancolia ("inquirições de ser e morte"; "lições de minha própria angústia"), veicula sentimentos de sóbria religiosidade ou de amor, por vezes em sonetos de timbre lusitanizante ou de tonalidade cotidiana e social. ALBERTO DA COSTA E SILVA (1931), filho de Da Costa e Silva, poeta do Simbolismo, publicou *O Parque e Outros Poemas* (1953), *O Tecelão* (1959), *As Cousas Simples* (1959), *Alberto da Costa e Silva carda, fia, doba e tece* (1962), *Livro de Linhagem* (1965), *Sonetos Rurais* (1965), *As Linhas da Mão* (reunião dos livros anteriores, 1977), *A Roupa no Estendal, o Muro, os Pombos* (1981), para os

---

6. Fábio Lucas, *A Face Visível*, Rio de Janeiro: José Olympio, 1973, p. 46.

quais convergem águas parnasianas e simbolistas, na linha dos poetas de 1945, gerando um lirismo em que a finura dos versos se casa com a simplicidade enternecida dos sentimentos, num tom suave de elegia e saudade, de "jardins ao crepúsculo", "de encontro / entre o ausente e o eterno". GILBERTO MENDONÇA TELES (1931), que é também ensaísta, iniciou-se com *Alvorada* (1955), seguindo-se *Estrela d'Alva* (1956), *Planície* (1958), *Fábula de Fogo* (1961), *Pássaro de Pedra* (1962), *Sintaxe Invisível* (1967), *A Raiz da Fala* (1972), *Arte de Armar* (1977), *Saciologia Goiana* (1982), *Plural de Nuvens* (1984), na esteira da geração de 1945, "repudiando a um só tempo as vanguardas e as investidas audiovisuais no exercício silencioso do discurso sobre a página os fundamentos do ato de criação da poesia", no dizer de Emanuel de Morais, prefaciador de seus *Poemas Reunidos* (1978), reeditados e acrescentados, com o título de *Hora Aberta*, em 1986.

Embora escrevesse romances, contos, peças de teatro, etc., é como poeta que WALMIR AYALA (1933-1991) ganhou notoriedade; estreou com *Face Dispersa* (1955), a que se seguiram *Este Sorrir, a Morte* (1957), *O edifício e o Verbo* (1961), *Antologia Poética* (1965), *Cantata* (1966), *Questionário* (1967), *Poemas da Paixão* (1967), *Poesia Revisada* (1972), *Natureza Viva* (1973), *A Pedra Iluminada* (1976), *Memória de Alcântara* (1979), *Estado de Choque* (1980), *Águas como Espadas* (1983), marcados por um lirismo diáfano, de extração simbolista, em que o esteticismo, norteado por "um traçar de pautas e silêncios", predomina, em busca da "poesia pura", a que o requinte das imagens e da temática amorosa e religiosa serve de instrumento. Quanto a LUPE COTRIM GARAUDE (1933-1970), é autora de *Monólogos do Afeto* (1956), *Raiz Comum* (1959), *Entre a Flor e o Tempo* (1961), *Cânticos da Terra* (1963), *O Poeta e o Mundo* (1963), *Inventos* (1967), *Poemas ao Outro* (1970, póstumo), identificado pelo signo de que "ser poeta / é meu resíduo / de tristeza / ao não ser triste", espécie de (anti-)heterônimo pessoano em feminino: "A dor que deveras sente / é a que sinto". Outro nome feminino a registrar é o de MARLY DE OLIVEIRA (1935-2007), que verte em seus poemas (*Cerco da Primavera*, 1957; *Explicação de Narciso*, 1960; *A Suave Pantera*, 1962; *A Vida Natural/O Sangue na Veia*, 1967; *Contato*, 1975; *Invocação de Orpheu*, 1979; *Aliança*, 1979; *A Força da Paixão e A Incerteza das Coisas*, 1984; *Obra Poética Reunida, 1958-1988*, 1989) a oscilação entre o culto da palavra, à Mallarmé, e a poesia como conhecimento ("A função do poema: conhecer"), ou entre a realidade e o mito, numa dicção contida, abstratizante, por vezes de recorte clássico, em busca de uma "linguagem cifrada e sempre pura", que capte "o Sublime Real (ou seu espectro)".

Anos 1960

Sem dar margem ao surgimento de uma geração, os anos 1960 foram assinalados, de um lado, pelo prolongamento das tendências poéticas inauguradas nas décadas anteriores, não obstante as diferenças sutis que possam ser observadas. E, de outro, pelo desenvolvimento de um tipo de poesia determinado pelos acontecimentos em torno de 1964: reagindo contra o clima de restrições às liberdades democráticas, um grupo de escritores jovens engajou-se na prática da literatura participante. O caráter efervescente da década ainda se manifestará de outros modos, especialmente por meio das tendências avançadas, não raro em conflito, tendo em vista o domínio da cena literária.

CARLOS NEJAR (1939), das mais sonoras revelações dos anos 1960, com repercussão para além das fronteiras nacionais, cultiva uma poesia de acentos mí(s)ticos, impelida por sopros epicizantes, de filosófica modulação, em que o drama individual (do poeta) espelha a condição humana universal, fora do tempo e do espaço — "Qual o destino do homem?", indaga o poeta — e o "eu" se dissolve em "nós", de heroica, trágica ou desesperada figuração, vazada em metáforas telúricas e em ritmos de largo espectro, à maneira de odes. A sua copiosa produção encontra-se reunida em vários volumes: *Sélesis* (1960), *Livro de Silbion* (1963), *Livro do Tempo* (1965), *O Campeador e o Vento* (1966), *Danações* (1969), *Ordenações* (I, II) (1969), *Ordenações* (I, II, III, IV, V) (1971), *Canga* (1971), *Dois Poetas Novos do Brasil* (antologia com Armindo Trevisan, 1972), *Casa dos Arreios* (1973), *O Poço do Calabouço* (1974), *De Sélesis a Danações* (reunião dos cinco primeiros livros, 1975), *Somos poucos* (1976), *Árvore do Mundo* (1977), *O Chapéu das Estações* (1978), *Os Viventes* (1979), *Um País o Coração* 1980), *Obra Poética I* (1980), etc.

De perfil classicizante é a poesia de JOÃO MANUEL SIMÕES (1939) expressa numa forma sempre renovada, mas em que o soneto se destaca ("Ilha breve de música"), numa aliança harmônica entre o concreto e o abstrato, ou o visível e o imaginário. A sua extensa obra, iniciada em 1964 com *Eu, sem Mim*, e prosseguida em vários volumes (*Os Labirintos do Verbo*, 1975; *Moderno Cantabile*, 1975; *Roteiro Inteiro*, 1978; *Suma*

Poética, 1979, *Rapsódia Europeia*, 1980; *Sonetos do Tempo Pacato*, 1981; *"Guernica" e Outros Quadros Escolhidos de Picasso*, 1982; *Sintaxe do Silêncio*, 1984; *Sonetos Escolhidos*, 1986; etc.), organiza-se sob o lema da "palavra mais nítida, a mais pura, / a mais intensa, elementar, perfeita, / a que diz mais na sua ambiguidade / essencial", em que é sensível a presença tutelar de Fernando Pessoa, Carlos Drummond de Andrade, Jorge de Lima e outros mestres da modernidade. Algo diversa é a trajetória de MYRIAM FRAGA (1937), que estreou também em 1964, com *Marinhas*: passados dois anos, integra o volume coletivo *Cinco Poetas; Sesmaria* (1968). *Livro dos Adynata* (1973), *A Ilha* (1975), *A Cidade* (1979), *O Risco na Pele* (1979), *As Purificações ou O Sinal de Talião* (1981) atestam a persistência de uma voz lírica em que a tensão da forma, às vezes arriscando soluções imprevistas, mal consegue frear um "sentimento do mundo" amargo, conflitivo, que revela a sua natureza de "mulher e pássaro / E leoa", situada "na faixa intermediária entre a Razão e o Mito". No mesmo ano de 1964 iniciou-se NEIDE ARCHANJO (1940), com *Primeiros Ofícios da Memória*, a que se seguiram *O Poeta Itinerante* (1968), *Poesia na Praça* (1970), *Quixote Tango e Foxtrote* (1975), *Escavações* (1980), *As Marinhas* (1984), *Poesia* (antologia, 1987), descrevendo um arco em que o tom elegíaco inaugural deriva para o lirismo mais recente, aureolado pela espiral ascendente dum "rito de amor e de magia", visando a "alcançar o equilíbrio entre a lucidez e o alumbramento", o mítico e o histórico, ou entre o apelo à metafísica e ao cotidiano, em suma, exausta "da solenidade, da formalidade / da metáfora", mas curiosa sempre do "mistério da poesia", "fazer da vida um poema vivo".

Ainda na década de 1960 se presencia o surgimento de um grupo de jovens poetas em S. Paulo. Reunidos na *Antologia dos Novíssimos* (1962) ou em volumes individuais, praticam uma poesia de ritmos largos, impregnada de surrealismo, irreverência, inconformidade, experimentalismo, à 1922 em que é patente o impacto, entre outros, de Fernando Pessoa, Carlos Drummond de Andrade, Jorge de Lima e Murilo Mendes. Dentre os seus componentes, salientam-se Álvaro Alves de Faria, com *Noturno-Maior* (1963), *Tempo-Final* (1964), *O Sermão do Viaduto* (1965), *Quatro Cantos de Pavor e Alguns Poemas Desesperados* (1973), *Em Legítima Defesa* (1978), *Motivos Alheios* (1983), além de ficção (*O Tribunal*, 1972; *O Defunto*, 1916; *A Faca no Ventre*, 1919; *Autópsia*, 1986), crônica e teatro; Carlos Felipe Moisés, com *A Poliflauta de Bartolo* (1960), *O Signo e a Aparição* (1961), *A Tarde e o Tempo* (1964), *Carta de Marear* (1966), *Poemas Reunidos* (1974), *Círculo Imperfeito* (1978), além de livros de ensaio; Cláudio Willer, com *Anotações para um Apocalipse* (1964), *Dias Circulares* (1976), *Jardins da Provocação* (1981); Eduardo Alves da Costa, com *O Tocador de Atabaque* (1969), *Salamargo* (1982), além de ficção (*Fátima e o Velho*, 1962; *Chongas*, 1974), teatro e crônica; Roberto Piva, com *Paranoia* (1963), *Piazzas* (1964), *Abra os olhos e diga ah* (1975), *Coxas* (1979), *Vinte Poemas com Brócoli* (1981), *Quizumba* (1983), *Antologia Poética* (1985).

A esse grupo associou-se Lindolf Bell, vindo de Santa Catarina: estreia com *Os Póstumos e as Profecias* (1962), seguido de *Os Ciclos* (1963), *Convocação* (1965), *A Tarefa* (1966), *Antologia Poética* (1961), *As Annamárias* (1971), *Incorporação* (1974), *Vivências Elementares* (1980), *O Código das Águas* (1984), fruto da sua "catequese poética", missão consciente, repartida com outros companheiros de geração, de transmitir o poema por todos os meios de comunicação e levá-lo diretamente ao consumidor, esteja ele onde estiver: "O lugar do poeta, onde possa estabelecer diálogo, dúvida, reflexão, rompimento, autora", erguer "seu canto e seu grito" (*Incorporação*).

No mesmo ano militar de 1962 aparece, no Rio de Janeiro, *Violão de Rua*, publicação coletiva, de que saíram ainda dois volumes até 1963. Seus participantes — Ferreira Gullar, Moacir Félix, Geir Campos, José Paulo Paes, Félix Ataíde e outros —, convictos de que deveriam intervir ativamente no processo histórico, defendem a poesia engajada, de índole socialista: "poesia / é a matéria da vida / neutra em suas várias cores / se transformando em destino / pelo sobre dos valores" (Moacir Félix). De *Violão de Rua* também participou Afonso Romano de Sant'Anna (1938), que antes integrara o grupo de *Tendência*. Publicou: *Canto e Palavra* (1965), *Poesia sobre Poesia* (1975), *A Grande Fala do Índio Guarani Perdido na História e Outras Derrotas* (1978), *Que país é este?* (1980), *A Morte da Baleia* (1981), *O Lado Esquerdo do Meu Peito* (Livro de Aprendizagens) (1922), etc. Participação e vanguarda formam os veios por onde circula o seu lirismo. E se a participação se sobrepõe aos atrativos da novidade, nem por isso a preocupação pela forma desaparece: "este é o poeta suicida / que em vez do poema in / verso / prefere o poema-vida". É ainda autor de ensaio e crônica.

A série de nomes revelados entre 1945 e 1970 não termina aqui: Oswaldino Marques, Fernando Mendes Viana, Aluísio Medeiros, Olímpio Monat, Jorge Medauar, Nauro Machado, Foed Castro Chamma, Francisco Carvalho, Telmo Padilha, Rolando Roque da Silva, Lélia Coelho Frota, e outros, alguns deles presentes nas antologias referidas, podem ser mencionados, como evidência da profusa lírica nos anos de pós-guerra até o fim dos anos 1960.

JOÃO CABRAL DE MELO NETO

Nasceu no Recife, a 9 de janeiro de 1920. Na cidade natal cursou os primeiros estudos, após passar a infância no interior pernambucano. Em 1942, muda-se para o Rio de Janeiro, onde se torna funcionário por concurso do DASP (1943). Em 1945, ingressa na carreira diplomática, indo servir em Barcelona e outras cidades europeias. Em 1952, é demitido por Getúlio Vargas, mas recorre à Justiça e é reintegrado no cargo. Estreou em 1942, com *Pedra do Sono*, seguindo-se os demais títulos: *O Engenheiro* (1945), *Psicologia da Composição* (1947), *O Cão sem Plumas* (1950), *Poemas Reunidos* (inclui os anteriores e mais *Os Três Mal-Amados*, 1954), *O Rio* (1954), *Duas Águas* (inclui os anteriores e mais *Morte e Vida Severina, Paisagens com Figuras e Uma Faca só Lâmina*, 1956), *Quaderna* (1960), *Dois Parlamentos* (1961), *Terceira Feira* (inclui os dois livros anteriores e mais *Serial*, 1961), *Poemas Escolhidos* (1963), *Antologia Poética* (1965), *A Educação pela Pedra* (1966), *Morte e Vida Severina e Outros Poemas em Voz Alta* (1966), *Poesias Completas* (1968), *Museu de Tudo* (1975), *A Escola das Facas* (1980), *Auto do Frade* (1984), *Agrestes* (1985), *Crime na Calle Relator* (1987), etc., todos reunidos, mais uma vez, em dois volumes, *Serial e Autes e A Educação pela Pedra, e Depois* (1997). Ainda publicou ensaio: *Considerações sobre o poeta dormindo* (1941), *Joan Miró* (1950). Faleceu no Rio de Janeiro, a 9 de outubro de 1999.

Ao estrear, em 1942, João Cabral de Melo Neto não só cortava as amarras com as décadas anteriores (embora continuasse preso à lição de Carlos Drummond de Andrade, Murilo Mendes e outros), como também se integrava no vasto agrupamento de poetas surgidos com a II Guerra Mundial, que constituíam a geração de 1945. Por outro lado, *Pedra do Sono* encerrava, a partir do título, as matrizes de sua visão do mundo e da obra que construiria até os últimos livros: como não raro, a coletânea de estreia continha, em germe, todas as outras, tornando-as o desdobramento das suas latências e evidências. O poeta o diria mais tarde, com a sua proverbial agudeza, no poema de abertura de *A Escola das Facas*:

Um poema é o que há de mais instável:
ele se multiplica e divide,
se pratica as quatro operações
enquanto em nós e de nós existe.

Como se sabe, a obra de estreia, quando é de menos fôlego, ou indicativa de uma fase superada ou de indecisão adolescente, tende a esconder-se nas sombras. O autor costuma renegá-la, por vezes meio encabulado, e a crítica, esquecê-la ou subestimá-la. Não é esse o caso de *Pedra do Sono*: fornece chaves indispensáveis ao bom entendimento da poesia de João Cabral. Relevante como sinal de uma etapa, ainda o é, senão mais, pela luz que derrama sobre as obras seguintes. Estas fizeram o renome do poeta, mas, sem aquela, candidatamo-nos a interpretá-la erroneamente.

O primeiro ponto a observar diz respeito à presença do lirismo típico, por meio do qual o poeta confessa um sentimento pessoal, que será abafado pela anulação ou distanciamento do "eu" ("Poema Deserto", "Poema", "Poema de Desintoxicação"):

Eu me anulo me suicido
....
Meus olhos têm telescópios
espiando a rua,
espiando minha alma
longe de mim mil metros.
....
sou o vulto longínquo
de um homem dormindo.

Tal anulação ou afastamento estaria na base do "caso" João Cabral: o seu "caso" é o de um "eu" que se distancia, que se autodestrói, tendo em vista a poesia enxuta, de poeta-engenheiro, que já se anuncia em *Pedra do Sono* ("Poema de Desintoxicação"): "Eu penso o poema".

O segundo aspecto envolve as notas surrealistas que, bem ou mal, conscientemente ou não, permeiam *Pedra do Sono*. Diz o poeta em "Os Manequins":

Os sonhos cobrem-se de pó.
Um último esforço de concentração.
morre no meu peito de homem enforcado.
Tenho no meu quarto manequins corcundas

onde me reproduzo
e me contemplo em silêncio.

O toque lírico pode não ser o de um poeta derramado, expansivo, mas aí está. O impacto surrealista é mais atmosférico, mais vago do que de uso entre os seguidores de André Breton, mesmo os nacionais, mas também se manifesta de modo visível. Quanto ao primeiro, continuará pulsando no subsolo dos poemas, apesar da atração pelo "suicídio". E o segundo permanecerá tão vivo, ainda que metamorfoseado, nas outras obras que, sem ele, teríamos dificuldade em reconhecê-las como poesia, e poesia de primeira água, e como expressão de um "caso".

Impulsionado, a contragosto, pela subjetividade e pelo Surrealismo, João Cabral lutará em vão por desterrá-los dos seus domínios. E a sua poesia nasce precisamente desse embate, que não se resolve senão quando, pela vitória sobre os indesejáveis, abre espaço à prosa, entendida como não poesia. "Des-subjetivar" o poema tornou-se-lhe, por isso, a meta principal. Todavia, a "des-subjetivação" do poema se traduz pelo vaivém entre o lírico e o épico, de modo que o "eu" se transforma em "ele", ou "nós", ou, genericamente, "não eu" ("Menino de Engenho", de *A Escola das Facas*): "e uma cicatriz, que não guardo, / soube dentro de mim guardar-se".

Repúdio do "eu" em benefício do "ele", mas o "ele" revela o "eu" por uma espécie de procuração, que o deslocamento da pessoa verbal define: a cicatriz, o poeta não a conserva (na memória ou no sentimento). Entretanto, ela mora nele por um movimento que se diria involuntário, para ele, porém, no rumo de voluntário cicatriz. Assim, graças ao deslizamento, o objeto, "cicatriz", ocupa o primeiro plano, não sem refletir/refratar o "eu" que nele se implica.

Poética do "não eu", poética das coisas, dos objetos, da pedra — educar-se pela pedra, nortear-se por ela, fazê-la musa e mestra, eis o supremo ideal para João Cabral —, numerosas vezes glosada ao longo das obras, caracterizada pelo anseio de despoetização do poema — "sem poetizar seu poema" ('Alguns Toureiros", de *Paisagem com Figuras*) —, sinônimo de ausência de emoção, de repulsa à melodia, como declara em entrevistas e pela voz do poeta Thomas Hardy ("O Poeta Thomas Hardy fala", de *Agrestes*):

Apesar da idade, que faz fluente,
nunca usei, peristalticamente,

o escorrer liso da melodia
que é o que se chama e pede à poesia.

    Nesse caso, a poesia não se limitaria ao metro, à estrofação, em suma, à forma tomada como significante vazio de significado? Por que seria poesia se não exprime o "eu"? Se rejeita a melodia, bem como a emoção, mesmo aquela que se vincula ao pensamento (à Fernando Pessoa)? Latentes ou não, a subjetividade e a emoção continuam presentes, exceto quando (não é ocioso repetir), ao ganhar a luta contra elas, o poeta perde a sua condição, segregando prosa em vez de poesia. Que, muitas vezes, a poesia se instala, ou seja, que a emoção e a subjetividade se impõem, diz o próprio poeta, numa das suas reflexões metapoéticas, de novo falando de si pela voz do "outro", o "ele" que equivale ao "eu", agora revelando o que ciosamente ocultara (ocultara?) ("Dúvidas Apócrifas de Marianne Moore", ibidem):

Sempre evitei falar de mim,
falar-me. Quis falar de coisas.
Mas na seleção dessas coisas
não haverá um falar de mim?

    Ater-se às coisas significa, em termos retóricos, aplicados a uma poesia desejadamente "inenfática, impessoal" (A Educação pela Pedra"), optar pela descrição como processo expressivo. O alvo preferido é a linguagem substantiva, descarnada, denotativa, tornada objeto concreto — à semelhança da pedra —, como neste poema da série dedicada ao ovo, em que o autor, nem por aproximar-se mais de seu desiderato, deixa de criar poesia ("O Ovo de Galinha", de *Serial*):

Ao olho mostra a integridade
de uma coisa num bloco, um ovo.
Numa só matéria, unitária,
maciçamente ovo, num todo.

Sem possuir um dentro e um fora,
tal como as pedras, sem miolo:
e só miolo: o dentro e o fora
integralmente no contorno.

> No entanto, se ao olho se mostra
> unânime, em si mesmo, um ovo,
> a mão que o sopesa descobre
> que nele há algo suspeitoso:
>
> que seu peso não é o das pedras,
> inanimado, frio, goro;
> que o seu é um peso morno, túmido,
> um peso que é vivo e não morto.

"Pura" descrição, dir-se-ia, sem pensamento ou emoção, descrição de engenheiro, arquiteto, geômetra ou geógrafo. Descrição "científica", objetiva, não antropocêntrica, objetual, em que a coisa se descreve ao se mostrar, ao ser como é, sem margem a ambiguidades, de modo que o ser do objeto, ou o seu estar-sendo para o sujeito, fosse a sua descrição: estamos em plena fenomenologia. Tudo se passa como se o objeto se autodescrevesse no ato de ser, vice-versa, como se o ato de ser correspondesse à descrição que o objeto faz de si próprio. Fenomenologia à Husserl, "método" ou "modo de ver".[7] Não parece haver (mas há) um sujeito, uma consciência, que descreve ou vê a realidade: esta, como que dispensa o olho subjetivo/objetivo do ser humano em favor de se expressar com a sua voz imanente, a voz que se manifesta por si só. A voz da coisa dispensaria a do ser humano, não precisaria de mediadores para exibir sua realidade ôntica. Voz da coisa, como tal, sem febre, que ricocheteia na consciência do poeta e regressa ao ponto de partida, num circuito em que a coisa se diz, ou se pretende dizer onívora, sem permitir intepretações. O real é um mapa, diz o poeta ("De um Avião", de *Quaderna*), com isso afirmando que, na localização de um acidente no mapa, cessa a vontade ou a decifração: o olhar aponta o que vê como acidente único, reiterativo, pleonástico, qual um número ou figura geométrica.

A perspectiva, exemplificada no poema acerca do ovo, lembra a estética parnasiana, incluindo a impassibilidade, tão utópica quanto o foi para a geração de Olavo Bilac, e tão prosificante quanto lá. A descrição somente não é parnasiana por haver qualquer *intenção*, intelectual ou de subjacente natureza emocional. Do ângulo da forma, ou ainda segundo a Retórica, é a metáfora que, acusando o surto da poesia, salva o poeta

---

7. A possível impregnação fenomenológica em João Cabral tem sido tratada pela crítica, por vezes de o modo polêmico, como se pode ver pelas obras incluídas na bibliografia *in fine*.

de cometer o suicídio que a despoetização, levada a extremo, provocaria. Para o poeta, as palavras são coisas, *res*, no duplo sentido, e é graças a isso que a poesia se instaura no espaço onde tanta prosa se organizaria. De um lado, ao serem grafadas, escritas, as palavras tornam-se coisas, objetos materiais, forma icônica no branco da página. Entretanto, quando o poeta se detém para pensar uma palavra como "seda" (*Quaderna*), contemplamos o despontar da metáfora e, por conseguinte, da poesia:

> E como as coisas, palavras
> impossíveis de poema:
> exemplo, a palavra ouro,
> e até este poema, seda.

Metáfora composta de objetos concretos, mas não menos metáfora e não menos fonte de poesia. Assim, o poeta compara, identifica, metaforiza "bala" e "relógio" como se estivesse em causa, não o mistério das coisas, senão a sua onticidade: as coisas não guardariam mistério, antes pelo contrário. Apenas ostentariam realidade, e de maneira que esta constituísse, à Alberto Caeiro, o seu único mistério. A despoetização do poema pressuporia, consequentemente, a desmitificação ou o des-mistério, não, porém, a des-metaforização. Aproximam-se objetos distantes — "bala", "relógio" —, sem criar, no entanto, o inesperado peculiar ao mistério (tido como tal), mas do real, e tão somente do real. Até o "real", como vocábulo e como ideia, se metaforiza para evocar um clima poético (*O Cão sem Plumas*):

> Aquele rio
> e espesso
> como o real mais espesso.

Ficasse o poeta com os dois versos iniciais, e teríamos prosa. A poesia desperta com o verso final, criando a metáfora polivalente, graças à ideia de comparação que lhe serve de base. O mesmo acontece sempre que tal construção se monta, e também na sua ausência, como seria mais óbvio em se tratando de poesia. E de poesia hermética, a despeito da sua aparência em contrário e do seu declarado amor à objetividade: hermética por se apegar aos detalhes do objeto de maneira a desrealizá-lo, como os hiper-realistas da linhagem de Hopper.

O metafórico se diria ao mesmo tempo verossímil e insólito. De onde uma espécie de realismo transcendental, ou de surrealismo realista, que resulta de o real ser demasiado real, multiplicadamente real, decisivamente real, inequivocamente real, como se o ser humano pudesse ser demasiado humano, etc. É na metáfora, pois, que reside a poesia de João Cabral, e metáfora de cunho surrealista, apesar de tudo. Ao falar do Capibaribe, ocorre-lhe dizer que "Aquele rio / era como um cão sem plumas", numa metáfora inédita, em que não se sabe o que mais estranhar, se a comparação do rio com um cão ou o fato de se tratar de um cão sem plumas. De qualquer modo, o método de composição da metáfora passa pelo Surrealismo: a emoção pode estar submersa, e mesmo ausente (se for possível). Nem há vestígio de melodia, mas a metáfora, imprevistamente surrealista, incumbe-se de produzir poesia. E poesia original, de notória qualidade formal e ideativa, por manter a tensão entre a objetividade procurada e a descrição surrealista realizada.

Decorre dessa tensão, ou serve-lhe de suporte, outra característica de João Cabral: o visualismo. Visualista por excelência, é a visão o sentido com que se prende às coisas, ou ao qual se reduzem as sensações auditivas, tácteis ou olfativas. Visualismo associado ao gosto pela descrição, denuncia uma vocação de prosador ou de dramaturgo, que os dois autos — *Morte e Visa Severina* e *Auto do Frade*, em que verte o seu pensamento participante — tão bem exemplificam. Afinal, a despoetização trai o projeto de continuar a fazer poesia sem os alicerces tradicionais da emoção e da melodia. Essa aspiração, no entanto, nem sempre se concretiza sem pôr em risco a poesia. Se, ao transcrever o monólogo de um funcionário (*alter ego?*), termina por dizer (*O Engenheiro*):

> a mim, a prosa
> procurada, o conforto
> da poesia ida.

parece estar confessando o desejo de escrever prosa, como extremo do afã de assepsia que o avassala — a busca do "verso nítido / e preciso" ("Psicologia da Composição") —, e de refugar a poesia, como extremo de certa emoção entranhada na onda melódica do verso. Numa palavra: João Cabral se faz poeta recusando o fato de ser poeta, ou de ser poeta com apenas o sustentáculo da metáfora, num dilema de que se alimenta, mas em consequência de que a poesia às vezes se anula em nome da prosa.

Que o poeta tinha consciência do processo adotado ou desenvolvido no fluxo dos anos, dizem-no cristalinamente as suas intervenções públicas e as artes poéticas disseminadas pelas obras. Construindo uma "antiode" para insurgir-se "contra a poesia dita profunda", falando em "antilira" para a se referir à sua poesia, dispondo-se a "Falar com Coisas", compondo "A Lição de Poesia" ou tratando de "A Educação pela Pedra" ou da "Psicologia da Composição" —, João Cabral está sempre refletindo a respeito do ato criador da (sua) poesia. E uma ideia recorre, obsessiva, como fio condutor dessas incursões pelos domínios teóricos e a um só tempo práticos, uma vez que ele medita acerca de escrever versos enquanto os constrói: a nitidez cortante da faca, da pedra, do ovo. Quer o verso "exato e nítido como uma pedra", o "pensamento da pedra", por acreditar "que é mineral a palavra / escrita, a fria natureza / / da palavra escrita". Tem "ferro no estilo", fecha-se no "laboratório: onde se aprende / a aprender as coisas por dentro", prega uma poesia como a "bailadora andaluza", que "é capaz / de acender-se estando fria, / de incendiar=se com nada, / de incendiar-se sozinha". Redige a cartilha de *A Escola das Facas* e identifica a palavra com a faca, sugerindo procurar naquela

> o que em todas as facas
> é a melhor qualidade:
> a agudeza feroz,
> certa eletricidade,
> mais a violência limpa
> que elas têm, tão exatas,
> o gosto do deserto,
> o estilo das facas.

Aconselha "aprender da pedra" a lição "de poética, sua carnadura concreta" e propõe ("Ao Reverendo George Crabbe", de *Agrestes*):

> Escrever como em prateleiras,
> paralelas, claras, perfeitas;
>
> em que cada coisa se veja
> posta em rigorosa fileira,
>
> nitidamente e recortadas,
> com suas faces bem desenhadas

crente de "que a poesia não é de dentro, / que é como casa, que é de fora" ("Homenagem Renovada a Marianne Moore", ibidem). Invoca o Quem (com maiúscula) a mandar-lhe o último poema "ainda em poema perverso, / de antilira, feito em antiverso" ("O Último Poema", ibidem). E sentencia, como epílogo dessa poética antirretórica, "que a boa eloquência / é a de falar forte mas sem febre" ("O Corredor de Vulcões". Ibidem).

A poesia de João Cabral contém, como se vê, metalinguagem, ou antes, metapoesia. O interesse que suscita, provém, ou talvez provenha, mais desse gosto pela reflexão acerca do ato poético, que de ser poesia propriamente dita, se a entendermos como máquina de produzir emoção. Não sem ironia (ou ato falho?), o poeta inscreve no pórtico de *O Engenheiro* uma epígrafe de Le Corbusier que trata disso: "...machine à émouvoir". Ao ler os seus versos, pensamos e sentimos a um só tempo, provavelmente mais pensamos que sentimos. Provocariam a emoção do pensamento, a de fazer pensar no ato poético em si ou como ele é preconizado nos textos do poeta. Sua poesia inclina-se a ter como tema ela própria, extrema-se em ser poesia de poesia, chama menos a atenção sobre si que sobre aquilo a que alude. Opaca e transparente a um só tempo, tudo se passa como se o significante se propusesse como bastante complexo para merecer toda a atenção do autor e do leitor, mas referido a um significado que existe simultaneamente dentro e fora dele. Em suma, poesia que tem a si própria como objeto, embora não o declare de forma aberta, senão oblíqua, numa zona intervalar, em que a descrição se dá por meio de palavras-coisas articuladas a coisas-palavras. Metalinguagem, arte de poetar, soma de princípios de ouro, extraídos da obra do autor e nela manifestos. E arte que ele pratica.

Falando de Mondrian, um dos seus numes tutelares, juntamente com Cesário Verde, Joan Miró, Juan Gris ("O Sim contra o Sim", de *Terceira Feira*):

> Faz-se enxertar réguas, esquadros
> e outros utensílios
> para obrigar a mão
> a abandonar todo improviso.

fala de si: autoelogio? Justificativa para a aridez do seu canto? Um e outra; quem sabe, mais esta que aquele. A poética que se exprime na poesia de João Cabral como ideia e como prática, e que concomitantemente a explica, antecipando-se à crítica e atestando lucidez, apresenta-se como profissão de fé para qualquer poeta. Poética de duas faces (duas facas?), para dentro visaria à compreensão dos versos do poeta; para fora, sugeriria os versos alheios. E duplamente poética, por oferecer-se como teoria e como poesia, no mesmo ato criador.

João Cabral escreve "*a palo seco*", preza "*o cante a palo seco*", tendo a pedra como totem e a água/rio como antiobjeto ou fonte e núcleo de metáforas, em torno de dois universos geográficos que, sendo afins da mineralidade da sua poesia, ou sua matriz, constituem-lhe obsessões: Pernambuco, por ser rincão natal, e Sevilha, porque, lembrando a terra de origem, também se lhe entranhara na alma. Ele o diz, num poema que, intitulando-se "Autocrítica" (de A Escola das Facas), é ainda a reiteração dessa poética "*a palo seco*":

> Só duas coisas conseguiram
> (des)feri-lo até a poesia:
> o Pernambuco de onde veio
> e o aonde foi, a Andaluzia.
> Um, o vacinou do falar rico
> e deu-lhe a outra, fêmea e viva,
> desafio demente: em verso
> dar a ver Sertão e Sevilha.

Agrestes fragmenta-se em seis partes, das quais as duas primeiras se denominam, simbolicamente, "Do Recife, de Pernambuco" e "Ainda, ou Sempre, Sevilha": erguida sobre a curva aguda das pedras, a lâmina contundente das facas que veio aguçando no desfiar dos anos, a poesia de João Cabral tem um só rosto, de nítida coerência. Inalterável na temática e na dicção, embora variando o mote ou o jeito de glosá-lo. O livro, que termina por uma espécie de ensarilhar armas ("O postigo"), ante o prenúncio (temor?) da morte ("A Indesejada das Gentes'", última parte do livro), abre com um poema-programa-testamento, que bem poderia ser permutado pelo outro, assim como, afinal, todos os versos que o poeta espalhou por "quarenta e três [anos] de estar em livro".

Retardatários

Poetas há, dessa época, que estrearam tardiamente. Pela data de nascimento, pertenceriam à geração de 1922 ou de 1930, e assim costumam ser catalogados, não sem dar margem a mal-entendidos. E publicaram composições poéticas em revistas e jornais de efêmera duração. Mas, poetas bissextos, como os rotulou Manuel Bandeira, apenas as reuniram em volume, juntamente com inéditos, após os anos 1940, tornando-se retardatários. Além de iniciar-se na idade madura, apresentam características que, de algum modo, os associam ao grupo em que, por direito de idade, se inscreveriam.

JOAQUIM CARDOZO (1897-1978), pernambucano de Recife, era também engenheiro, condição que se reflete, embora escassamente, em sua poesia. Sua obra de estreia é de 1947 (*Poemas*), a que se seguiram *Prelúdio e Elegia de uma Despedida* (1952), *Signo Estrelado* (1960), *O Coronel de Macambira* (1963), *De uma Noite de Festa* (1971), *Poesias Completas* (1971), *Os Anjos e os Demônios de Deus* (1973), *Antônio Conselheiro* (1975). De temática e forma múltipla ou profusa, a poesia de Joaquim Cardozo acompanha menos os modismos que as pulsações anímicas de que se nutre. Falta-lhe um eixo condutor, uma ideia recorrente, uma solução expressiva preferida. Tudo podia inspirá-lo, todas as modalidades formais lhe eram familiares e delas fazia uso sempre que o assunto o exigisse. Disponível, sem compromissos senão com a própria interioridade, cultivou tanto o soneto, com mão invariavelmente firme, quanto o verso livre, de feição whitmaniana ou pessoana, ou mesmo "uma conjectura dramática". Simbolista de formação, era um lírico sensível, de voz cristalina, por vocação:

> Das vinhas de orvalho instante da vindima,
> Meandros matinais de frondes vaporosas
> E os galos proclamando de próximo a longínquo,
> Nas úmidas distâncias, o canto da aventura.[1]

Uma religiosidade cristã, não raro transfigurada em humanismo, aqui e ali de coloração participante, colabora para gerar o clima poético de Joaquim Cardozo. Aderiu às práticas modernistas sem trair as origens da sua individualidade, mais afeita ao intimismo em voga nos fins do século XIX e começo do XX que à irreverência revolucionária de 1922. Daí a força do seu lirismo, em que se diria soprar um vento de inquietação próxima da "loucura" (poeticamente falando) de Sousândrade ou de Qorpo Santo. Seria uma espécie de Sousândrade menos eruptivo, mais cerebrino, geométrico, menos abandonado ao irracional ("Visão do último trem subindo ao céu"):

> Escória do tempo queimando; anti-tempo, anti-luz preta-luzente
> Região sem luz de nunca, onde não há efeito nem causa,

---

1. Joaquim Cardozo. *Poesias Completas*, 2ª ed., Rio de Janeiro, Civilização Brasileira, 1979, p. 122. As demais citações serão extraídas da mesma edição.

Nem erro ou verdade, nem princípio ou fim, nem nascer ou morrer. Sem número e sem grandeza: nihil-valente, nihil-potente, nihil-sendo O Inferno!

Agita-o uma inquietação que, desestruturando a "lógica" do pensamento e da emoção, se comunica por meio de fragmentos, jactos, fraturas, grafismos, vocábulos em língua estrangeira, números, nos quais o o engenheiro se revela, num plano vizinho do delírio ("A Nuvem Carolina"):

> A nuvem cinza e ouro àquele dia
> *Não* aparecera entre os capões do mato: não. não..² não³ ... não..

Por paradoxal que seja — mas a antinomia é uma das fontes enriquecedoras do lirismo de Joaquim Cardozo —, a liberdade com que relaciona os temas segue a par e passo com uma consciência de artesão do verso. E artesão em momento nenhum enredado nas teias parnasianas: a sua artesania é a do poeta moderno, sabedor de que a "inspiração" (se dela se tratar) pressupõe ingente trabalho formal. A ponto de anunciar à entrada de "A Aparição da Rosa e Outros Sonetos" e de "Arquitetura Nascente e Permanente e Outros Poemas", de *Signo Estrelado*, os tipos de rima que procurou, como autêntico artífice, manusear.

Liberdade não rima com desleixo, antes pelo contrário, esse o tema que teria conduzido o poeta Joaquim Cardozo. Por outro lado, o rigor das soluções expressivas não significa impassibilidade ou impessoalidade: quer nos momentos de puro, tocante lirismo, quer nos de poesia social e folclórica, quer nos de exaltação heroica, nos quais se diria ecoar a voz de um Jorge de Lima que houvesse assimilado Verhaeren, a tensão da forma não se afrouxa. E se a dicção sucumbe aqui e ali ao vezo prosístico de 1922, quando o poema opta pelo narrativo, não teme socorrer-se da melodia, contrariamente a João Cabral de Melo Neto, mesmo que para isso empregue termos rebuscados, no exclusivo intuito de musicalizar o verso. Mas o resultado é sempre uma sugestão de estranha e singular beleza ("Prelúdio e Elegia de uma Despedida"):

> No seio dessa noite de turfa e de antracito
> O fogo sempre a abrir em súbitas corolas
> Das luzes minerais as dálias amarelas;
> As dálias dos jardins de adormecidas anilinas...

De certo modo, a carreira de DANTE MILANO (1899-1991) assemelha-se à de Joaquim Cardozo: carioca, amigo de Manuel Bandeira, Aníbal Machado e outras figuras dos anos 1920/1930, colaborou na imprensa com poesia e ensaio, mas somente veio a publicar livro, enfeixando a sua produção poética, em 1948 (*Poesias*), que gozou de imediato aplauso da crítica, nela descortinando um dos grandes poetas do Brasil. Sob o título de *Poesia e Prosa*, reuniu-se todo o seu espólio, vindo a público em 1979. Diferentemente, porém, do outro poeta, não se deixou contaminar pela modernidade à 1922, salvo na prática do verso livre. Com razão, a crítica lhe tem assinalado o classicismo da dicção, da forma e do sentimento. Dele se pode dizer que foi um clássico, não apenas na admiração eletiva pelos poetas como Homero, Virgílio, Dante, Camões e outros no gênero, como ainda pela concepção de mundo o que o norteou. Modernidade, a seu ver, encontra-se menos no "intenso movimento revolucionário que se processou na arte e na literatura dos últimos anos", e até no Simbolismo e no Romantismo, que naquilo "que há muitos séculos faziam os gregos, tão modernos sempre em qualquer época, ou os egípcios, tão profundos na sua atitude esfíngica, significativa do mistério universal que nos rodeia".[2] Para ele, se há plenitude e algum absoluto, é no plano inteligível. De onde o seu platonismo: "Tudo é exílio", conclui ele, entre magoado e triste, sob o acicate de

> Uma saudade sem memória
> Do passado, sem nenhuma história,
> Saudade sim, mas
> De tempo nenhum, de nenhum
> Lugar. Nem mesmo de mim.
> Não da infância, da mocidade,
> De mulher nenhuma...

De um classicismo agnóstico, se é possível dizer, a poesia de Dante Milano mostra-o "náufrago do sono universal", angustiado pela ideia de suicídio ou, quando não, de morte. Poesia de um "espírito / que / ama a irrealidade", poesia da "Lua", no dizer do próprio lírico, poesia

> da morte, noturna, obscura, poesia interior, da alma sem corpo, fantasmal, imaginária, reino torvo, fervilhante de embriões, monstros, alucinações, poesia separada da vida, inimiga dos homens, poesia infeliz, feita por in-

---

[2]. Dante Milano, *Poesia e Prosa*, Rio de Janeiro: Civilização Brasileira/UERJ, 1979, p. 289. As demais citações serão extraídas da mesma edição.

felizes para infelizes, viagem ao sonho, de onde se volta como de outro mundo.

Não pode ser mais consciente a definição da sua poesia. E, por isso, tautológica, dispensando o trabalho do crítico. Poesia de um clássico moderno, pós-baudelairiano (Dante Milano traduziu Baudelaire e alguns cantos da *Divina Comédia*), dum clássico estigmatizado pelas sombras do Pecado, em desterro nesta vida, a sonhar com o "eterno mistério que envolve a vida e a arte também". De notar, por fim, mas como pormenor relevante, o lastro italianizante do lirismo de Dante Milano.

Baiano de Belmonte, onde nasceu em 1901, SOSÍGENES COSTA lá viveu até 1926, quando se transferiu para Ilhéus. Aposentando-se em 1954, mudou-se para o Rio de Janeiro, onde faleceu em 1968. Arredio, insulado na Bahia, colaborando esporadicamente na imprensa, foi para atender a insistentes pedidos de amigos que, quase sexagenário, resolveu dar a público a sua *Obra Poética* (1959). Em 1978, graças a José Paulo Paes, que no ano anterior lhe havia dedicado uma longa e percuciente "descrição crítica" (*Pavão, Parlenda, Paraíso*), publicou-se uma segunda edição, revista e ampliada. O mesmo crítico edita e prefacia *Iararana* (1979), extenso poema, de que se conheciam fragmentos, estampados na primeira edição da *Obra Poética*. E assim se tornava acessível porção mais válida do seu legado.

A poesia de Sosígenes Costa orienta-se por três vetores, que correspondem, aproximadamente, a duas fases ou modalidades. De um lado, o impacto da *Belle époque*, com o seu característico sincretismo; de outro, a adesão, algo tardia e epidérmica, quando não equívoca, aos recursos expressivos em voga a partir de 1922. Na primeira vertente, ressaltam os sonetos, que constituem a primeira parte da *Obra Poética*: "Sonetos Pavônicos e Outros Sonetos". Parnasianos no recorte escultórico, devem ao Simbolismo a matéria do seu conteúdo, em mescla com tendências vigentes nas décadas iniciais do século. De onde o esteticismo, o culto da Beleza, a plasticidade, resultante da interação da arte da palavra com a pintura, o sensualismo, a volúpia pelo bizarro, pelo exótico em suma, o barroquismo. "Mito, quimera, sofrimento e sonhos", "lírica magia!".[3] Um exemplo o dirá de modo mais flagrante:

---

3. Sosígenes Costa, *Obra Poética*. 2ª ed., Cultrix/INL, S. Paulo: 1978, pp. 28, 38. As demais citações serão extraídas da mesma edição.

> A noite vem do mar cheirando a cravo.
> Em cima do dragão vem a sereia.
> O mar espuma como um touro bravo
> como um cão morde a brilhante areia.
>
> A noite vem do mar cheirando a cravo.
> Com palidez de lírio, a lua cheia
> surge brilhando e a água do mar prateia
> e o mar cintila como um pombo flavo.
>
> O odor de cravo pela noite aumenta.
> A noite, em vez de azul, está cinzenta.
> Sente-se o aroma até no lupanar.
>
> O mar atira no rochedo o açoite.
> Aquele aroma aumenta pela noite.
> É o cravo que o dragão trouxe do mar.

Datados de 1921 a 1959, os sonetos evidenciam que, na essência, a dicção poética de Sosígenes Costa se manteve inalterada, apesar da assimilação de peculiaridades modernistas. Estas manifestam-se no exercício da forma livre e na glosa de temas ligados ao folclore, à negritude, ao indianismo, ao coloquialismo, à participação política. Fora do seu elemento, desejando acertar o passo com a moda reinante, produz o segmento menos vigoroso do seu painel, sobretudo aquele que se recusou a publicar em vida. Por outro lado, é visível a recorrência da maneira original, nem sempre com a tensão alcançada nos sonetos. Tanto que num poema de 1940 ("A Rosa na Chaleira") extravasa o seu transparente ideal de vida e de arte:

> O ideal seria a vida
> se assim fosse justamente:
> tudo encantos como agora,
> tudo cheio de beleza.

Ao seu narcisismo, ao seu amor pelo lendário, pelo maravilhoso, pelo feérico, pela carnavalização, repugnava o prosaísmo das teses de 1922. Abandonar o seu universo de magia consistia em aventurar-se no desconhecido, com todos os riscos de empobrecimento e decadência, que não lhe passaram ao largo, como se vê em "O Rio e o Poeta":

Mas calada a simpatia,
minha fala de poeta
perdeu toda a poesia.

À segunda maneira, mas formando um corpo à parte, pertence *Iararana*. Escrito entre 1932 e 1934, o poema segue nas águas de *Macunaíma*, *Martim Cererê* e *Cobra Norato*. Fruto de o poeta pretender acompanhar a liberdade formal e a temática indianista de 1922,

> não há como fugir à evidência de que o primitivismo de *Iararana* já tinha algo de anacrônico no momento mesmo da composição do poema, anacronismo que [a] publicação de seu texto integral com quarenta e cinco anos de atraso só faz aumentar.[4]

Tendo por núcleo o mito acerca da origem do cacau na Bahia, *Iararana*, não obstante a fluência dos versos e as novidades em relação aos poemas congêneres, exibe sobretudo valor histórico. Ao preteri-lo em favor das composições menores quando reuniu a sua *Obra Poética*, decerto o autor tinha plena consciência disso. Afinal, bastavam os sonetos para, distinguindo-o entre os pares contemporâneos, lhe garantir um lugar destacado nos quadros da poesia moderna.

Concretismo e Práxis

1 Ao abrir espaço para essas vertentes no interior do capítulo dedicado à poesia, é conveniente alertar para o fato de que não nos cabe discutir-lhe a complexa e controvertida teoria, hoje ocupando extensa bibliografia, em vários idiomas.[1] No contexto deste panorama, parece mais adequado englobar sob esse rótulo não só as correntes que

---
4. José Paulo Paes, *Introdução a Iararana*, S. Paulo: Cultrix, 1979, p. 5.
1. Para se ter uma ideia dessa amplitude, e tendo por base a nossa produção nesse terreno, veja-se a bibliografia selecionada por Margarida de Aguiar Patriota e *Vanguarda, do Conceito ao Texto*, Belo Horizonte/Brasília, Itatiaia/INL, 1985, pp. 53-55. E para exame da nossa vanguarda propriamente dita, ver Ferreira Gullar, *Cultura Posta em Questão*, Rio de Janeiro: Civilização Brasileira, 1965; *Vanguarda e Subdesenvolvimento*, Rio de Janeiro: Civilização Brasileira, 1969; Fábio Lucas, *Vanguarda, História e Ideologia da Literatura*, S. Paulo: ícone, 1985. Para a consulta dos textos doutrinários, ver Gilberto Mendonça Teles, *Vanguarda Europeia e Modernismo Brasileiro*, 8ª ed., Petrópolis: Vozes, 185.

se apresentaram como tal, mas também as outras que, de algum modo, reclamaram para si o empenho revolucionário, inconformista, situado no centro da ideia de vanguarda.

Contrassenso seria datá-las, mas é da sua própria natureza a contradição: pertencem à contemporaneidade, por florescerem, genericamente, nas décadas de 1950 e 1960. Estava em moda (novamente) reagir contra a inércia, as soluções estéticas mais aceitas, repudiar tudo que não contivesse o "novo", o insólito, não constituísse experiência, ousadia, liberdade, aventura. Vários "ismos" ou correntes se propõem nesses anos, todos obcecados por radicalizar a insatisfação perante a ordem estabelecida, todos digladiando-se a ver quem seria mais avançado. E com isso, deitavam a perder o próprio sentido que lhe presidiu o nascimento. À medida que se multiplicavam os epígonos, o impacto renovador ia dando sinais de esvaziamento, até que acabou por tombar num maneirismo, num ludismo juvenil, tanto mais desalentador quanto mais revestido por uma máscara de seriedade e compromisso. Durante algum tempo, porém, gozaram de audiência e exerceram influxo, não raro polêmico e fugaz.

Dentre as vertentes desse período, a primeira a surgir, e a mais importante de todas, pelo alarido levantado e pelos desdobramentos da sua ação proselitista, gerando polêmicas, debates, etc., é a poesia concreta, ou concretista, ou o Concretismo. Em 1952, Augusto de Campos, Décio Pignatari e Haroldo de Campos reúnem-se, em S. Paulo, para fundar o grupo *Noigandres*, com o lançamento da revista-livro de igual nome.[2] No ano seguinte, Augusto de Campos escreve *Poetamenos*, série de poemas inspirada na "melodia dos timbres", de Anton Webern ("uma melodia contínua deslocada de um instrumento para outro, mudando constantemente sua cor") e na técnica ideogramática.[3] Em 1955, a denominação "poesia concreta" é empregada pela primeira vez, e o grupo faz contato com o poeta suíço Eugen Gomringer, autor de *konstellatijonem* (1953) e de um manifesto na mesma linha de pesquisa poética ("Do Verso à Constelação: Função e Forma de Uma Nova Poesia"). Por ocasião da "Exposição Nacional de Arte Concreta", realizada em 1956 no Museu de Arte Moderna de São Paulo, o grupo *Noigandres* lança oficialmente a poesia concreta. Em 1957, a Exposição é reapresentada no Ministério de Educação e Cultura (Rio de Janeiro), permitindo assim a difusão

---

2. Para a súmula histórica da poesia concreta, ver Augusto de Campos, Décio Pignatari e Haroldo de Campos, *Teoria da Poesia Concreta*, S. Paulo: Ed. Invenção, 1965, pp. 177-190.

3. Idem, ibidem, p. 13.

nacional do movimento, graças ao espaço aberto nos jornais paulistas e cariocas. Nesse mesmo anos Ferreira Gullar e Reynaldo Jardim afastam-se do movimento e fundam, com outros, o grupo dos "neoconcretos", "isto é, aqueles que conquistavam um sentido emocional, social, expressivo além da disposição gráfica".[4] No número 4 de *Noigandres*, saído em março de 1958, o grupo de S. Paulo publica o "Plano Piloto para Poesia Concreta", espécie de manifesto ou programa de ação. Em 1959, formam a equipe "Invenção", com a colaboração de José Lino Grünewald, Pedro Xisto, Mário Chamie e Cassiano Ricardo. Durante um pouco mais de um ano (jan. 1960-fev. 1961) mantêm a página "Invenção" do *Correio Paulistano*. "Em 1961, a equipe de *Noigandres* (...), não encontrando mais saída e força de propagação para a sua formulação, anunciou um 'salto participante', com o que se aproximava daquilo que vinha fazendo *Tendência*", revista mineira, que reunia Afonso Ávila, Fábio Lucas, Rui Mourão, e outros.[5]

Entrementes, outras adesões eram observadas, como a de José Paulo Paes, cuja poesia epigramática, na linha de Oswald de Andrade, se casava bem com o sentido inovador da poesia concreta; a de Ronaldo Azeredo, Edgar Braga, Wlademir Dias-Pino e outros. Ao longo da década de 1960, ao mesmo tempo que atingia o auge e tomava conhecimento de outros adeptos da voga experimentalista em vários países,[6] a poesia concreta ia diminuindo o seu ímpeto renovador. Cisões e oposições vieram a público de modo cada vez mais intenso, apressando não só o declínio do movimento concreto, mas também das dissidências e agrupamentos adversos: vasos comunicantes, a poesia concreta e as suas defecções e os seus oponentes mutuamente se nutriam, e a um só tempo se debilitavam, das pugnas em que se entretinham. Era o fim do seu intento renovador. Estava-se nos anos 70, bafejados por outros ares, trazidos pela volta dos exilados, a luta pela abertura política, pelo fim do regime de arbítrio, etc.

Internacional pelas ressonâncias, em razão de as suas propostas coincidirem com as de outros poetas experimentais, o Concretismo era internacional nos seus objetivos (visava a uma espécie de poesia sem fronteiras,

---

4. Reynaldo Jardim, "Depoimento de quem fez história", Petrópolis: Vozes, n° 1, vol. LXXI, 1977, p. 24. Esse número da revista *Vozes* é todo dedicado ao Concretismo. Ainda pode ser consultado com proveito o "número extraordinário sobre la literatura de vanguardia", da *Revista de Cultura Brasileña*, Madri: Embaixada do Brasil, t. III, dez. 1964, n° 11.

5. Fábio Lucas, *A Face Visível*, Rio de Janeiro: José Olympio, 1973, p. 154.

6. Mary Ellen Solt (org.), *Concrete Poetry: A World View*, Bloomington: Indiana University Press, 3ª ed., 1971.

por cima de línguas e gramáticas) e nos seus fundamentos. Movimento de eruditos, beneficiava-se do concurso das artes plásticas e da música modernas, obediente ao mesmo compasso inovador. O "Plano Piloto para Poesia Concreta", publicado em *Noigandres 4* (1958), apontava com clareza esse intuito de abrir a poesia brasileira para o diálogo com outras culturas, e a um só tempo encerrava o programa e o projeto do grupo *Noigandres*, antes disperso numa série de estudos e depoimentos:

> poesia concreta: produto de uma evolução crítica de formas, dando por encerrado o ciclo histórico do verso (unidade rítmico-formal), a poesia concreta começa por tomar conhecimento do espaço gráfico como agente estrutural, espaço qualificado: estrutura espácio-temporal, em vez de desenvolvimento meramente temporístico-linear, daí a importância da ideia de ideograma, desde o seu sentido geral de sintaxe espacial ou visual, até o seu sentido específico (fenollosa/pound) de método de compor baseado na justaposição direta — analógica, não lógico discursiva — de elementos, "il fault que notre intelligence s'habitue à comprendere synthético-ideógraphiquement au liu de analytico-discursivement" (apollinaire). Einsensteins: ideograma e montagem.
>
> precursores: mallarmé (*um coup de dés, 1897*): o primeiro salto qualitativo:" subdivisions prismatiques de l'idée"; espaço ("blancs") e recursos tipográficos como elementos substantivos da composição. pound (*the cantos*): método ideogrâmico. joyce (*ulysses* e *finnegans wake*): palavra-ideograma; interpretação orgânica de tempo e espaço cummings: atomização de palavras, tipografia fisiognômica; valorização expressionista do espaço. apollinaire (*calligrammes*): como visão, mais do que como realização. futurismo, dadaísmo: contribuições para a vida do problema. no brasil: oswald de andrade (1890-1954): "em comprimidos, minutos de poesia". joão cabral de melo neto (n. 1920 — *o engenheiro e a psicologia da composição* mais *antiode*): linguagem direta, economia e arquitetura funcional do verso.
>
> poesia concreta: tensão de palavras-coisas no espaço-tempo. estrutura dinâmica: multiplicidade de movimentos concomitantes, também na música — por definição, uma arte do tempo — intervém o espaço (webern e seus seguidores: boulez e stockhausen; música concreta e eletrônica); nas artes visuais — espaciais, por definição — intervém o tempo (mondrian e a série *boogie-woogie*; max bill; albers e a ambivalência perceptiva; arte concreta, em geral).
>
> ideograma: apelo à comunicação não verbal. o poema concreto comunica a sua própria estrutura: estrutura conteúdo. o poeta concreto é um objeto

em e por si mesmo, não um intérprete de objetos exteriores e/ou sensações mais ou menos subjetivas. seu material: a palavra (som, forma visual, carga semântica). seu problema: um problema de funções-relações desse material, fatores de proximidade e semelhança, psicologia da gestalt. ritmo: força relacional, o poema concreto. Usando o sistema fonético (dígitos) e uma sintaxe analógica, cria uma área linguística específica — "verbivocovisual" — que participa das vantagens da comunicação não verbal, sem abdicar das virtualidades da palavra. com o poema concreto ocorre o fenômeno da metacomunicação: coincidência e simultaneidade da comunicação verbal e não verbal, com a nota de que se trata de uma comunicação de formas, de uma estrutura-conteúdo, não da usual comunicação de mensagens.

a poesia concreta visa ao mínimo múltiplo comum da linguagem, daí a sua tendência à substantivação e à verbificação:

"a moeda concreta da fala" (sapir), daí suas afinidades com as chamadas "línguas isolantes" (chinês): "quanto menos gramática exterior possui a língua chinesa, tanto mais gramática interior lhe é inerente (humboldt via cassirer). o chinês oferece um exemplo de sintaxe puramente relacional baseada exclusivamente na ordem das palavras (ver fenollosa, sapir e cassirer).

no conflito de fundo-e-forma em busca de identificação, chamamos de isomorfismo. paralelamente ao isomorfismo fundo-forma, se desenvolve o isomorfismo espaço-tempo, que gera o movimento, o isomorfismo, num primeiro momento da pragmática poética concreta, tende à fisiognomia, a um movimento imitativo do real (*motion*); predomina a forma orgânica e a fenomenologia da composição. num estágio mais avançado, o isomorfismo tende a resolver-se em puro movimento estrutural (*movement*); nesta fase, predomina a forma geométrica e a matemática da composição (racionalismo sensível).

renunciando à disputa do "absoluto", a poesia concreta permanece no campo magnético do relativo perene. cronomicrometragem do acaso. controle. cibernética. o poema como um mecanismo, regulando-se a si próprio: "feedback". a comunicação mais rápida (implícito um problema de funcionalidade e de estrutura) confere ao poema um valor positivo e guia a sua própria confecção.

poesia concreta: uma responsabilidade integral perante a linguagem. realismo total. contra uma poesia de expressão, subjetiva e hedonística. criar problemas exatos e resolvê-los em termos de linguagem sensível. uma arte geral da palavra. o poema-produto: objeto útil.

Republicado em 1961, o "Plano Piloto" recebeu um *post-scriptum*, constituído de uma frase de Maiakóvski — "sem forma revolucionária não há arte revolucionária",[7] por meio de que os poetas concretos desejavam externar o seu propósito de fazer obra participante, sem prejuízo do caráter vanguardeiro original. E no desenvolvimento das teses contidas "no Plano Piloto", cultivam o *poema-código* ou *semiótico*, "em que o poeta lida apenas com signos não verbais, visando à criação de novas linguagens, capazes de exprimir percepções e situações que o sistema fonético não consegue apanhar", e os poemas *pop-cretos*, "que utilizam elementos da comunicação de massa (recortes de jornais, fotomontagens, etc.), chegando em certos exemplos até à eliminação da palavra, na criação de objetos ideogramáticos".[8]

Um exemplo de poesia concreta, ilustrativo das intenções básicas dos seus adeptos, pode ser ofertado por Ronaldo Azeredo, com "Velocidade", publicado em *Noigandres 5* (1962):

```
V V V V V V V V V
V V V V V V V V E
V V V V V V V E L
V V V V V V E L O
V V V V V E L O C
V V V V E L O C I
V V V V E L O C I D
V V V E L O C I D A
V V E L O C I D A D
V E L O C I D A D E
```

---

7. A esse respeito, ver Luiz Paiva de Castro, "Concretismo e Participação", *Tempo Brasileiro*, Rio de Janeiro: ano II, mar. 1963, n° 3, pp. 230-249.

8. Augusto de Campos e Haroldo de Campos, "O Grupo Concretista", in Leodegário A. de Azevedo Filho (org.), *Poetas do Modernismo*, 6 vols., Brasília: INL, 1972, vol. VI, p. 137. Os próceres do Concretismo, além da contínua produção teórica em favor da corrente, ainda se dedicaram à criação poética propriamente dita, de início no clima da geração de 45. Augusto de Campos publicou *O Rei Menos o Reino* (1951), *Poetamenos* (1953), *Equivocábulos* (1970), *Colidouescapo* (1971), *Poemóbiles* (1974), *Caixa Preta* (1975), *Poesia 1949-1979* (1979). Décio Pignatari publicou *O Carrossel* (1950), *Rumo a Nausicaa* (1952), *Life* (1957), *Organismo* (1960), *Exercício Findo* (1968), *Poesia/Pois É/Poesia 1950-1975* (1977), etc. Haroldo de Campos publicou: *Auto do Possesso* (1950), *A Cidade* (1952), *Thálassa, Thálassa* (1952), *Ciropédia ou A Educação do Príncipe* (1955), *O Âmago do Ômega* (1956), *Poemas Concretos* (1958), *Servidão de Passagem* (1976), *Xadrez de Estrelas* (1976), *Signantia: Quase Coelum/Signântia: Quase Céu* (1979), *A Educação dos Cinco Sentidos* (1984), *Galáxia* (1984), *A Máquina do Mundo Revisitada* (2000), etc.

2 Conquanto não houvesse participado do movimento concretista, o piauiense MÁRIO FAUSTINO (1930-1962) produziu toda a sua obra poética nos seus anos áureos. E a sua óptica, acionada por uma incontida avidez, inclinava-se no rumo de novos experimentos. Se não concretista, acabou sendo, pela sua atuação, uma espécie de companheiro de jornada, a colaborar, a seu modo, para o clima de renovação que se respirava nos anos 1950/1960. Por quase três anos (set. 1956 – jan. 1959), organizou e dirigiu uma página literária ("Poesia-Experiência") do suplemento dominical do *Jornal do Brasil*, franqueada ao experimentalismo dos jovens. Em vida, publicou um único livro (*O Homem e sua Hora*, 1955). Seu espólio, constituído desse volume e mais "Esparsos e Inéditos", apareceu em 1966 (*Poesia*).

O lema de "Poesia-Experiência" — "repetir para aprender, criar para renovar" — continha, na verdade, um programa, que Mário Faustino soube seguir à risca: a sua poesia, atravessada por uma tensão de conteúdo e forma, em perfeito consórcio, associava o passado e o gosto da experiência. Do passado, recolhia a lição de superior poesia, viesse ela de Homero, Ovídio ou Propércio, entre os Antigos, ou de Jorge de Lima, Cecília Meireles, Fernando Pessoa, Carlos Drummond de Andrade, no espaço do idioma, ou de Erza Pound, e. e. cummings, Dylan Thomas, Hart Crane, dentre os estrangeiros. Buscava a tradição da modernidade, para além do humor e do prosaísmo cultivados pelos de 1922. Integrava-se, por isso, no clima de 1945, distinguindo-se dos coetâneos pela desejada metamorfose do verso: uma nova maneira de sentir e de dizer, em que é patente o influxo dos mestres, filtrado por uma sensibilidade apurada, original, que caldeia a herança recebida em novas formas e novas sensações, num mesmo gesto criador. Os temas prediletos, em parelhas dialéticas, são os de sempre — "amor e morte, tempo e eternidade, sexo, carne e espírito, vida agônica, salvação e perdição, pureza e impureza"[9] — mas sob diversa roupagem. Diálogo entre opostos, guiado pela ideia de uma "Vida Toda Linguagem", poema que estampa, com limpidez, outro fundamento da sua visão da poesia e da existência:

> Vida toda linguagem,
> frase perfeita sempre, talvez verso,
> geralmente sem qualquer adjetivo,
> coluna sem ornamento, geralmente partido.

---

9. Benedito Nunes, introd. à *Poesia de Mário Faustino*, Rio de Janeiro: Civilização Brasilileira, 1966, p. 5.

A renovação formal, simultânea à de conteúdo, manifesta-se pela remontagem das soluções tradicionais e, sobretudo, pelo emprego de "fragmentos". Sem repudiar o verso, nisso contrapondo-se frontalmente aos concretistas, Mário Faustino constrói-o como se o arquitetasse em fragmentos, não apenas como síncopes, recortes, alheios às normas da lógica, senão como fruto de raiz surrealista. Arritmia das sensações, "construção descontínua", no dizer de Benedito Nunes, simultaneísmo de ideias se sentimentos, jactos epicizantes ("Soneto"):

>Bronze e brasa na treva: diamantes
>pingam
>(vibram)
>lapidam-se
>(laceram)
>luz sólida sol rijo ressonantes
>nas arestas acesas: não vos deram,
>calhaus
>   (calhaus arfantes),
>   outro leito
>corrente onde roçar-vos e suaves
>vossas faces tornardes vosso peito
>   conformar
>   (como sino)
>   como de aves
>em brado rebentando em cachoeira
>dois amantes precípites brilhando:
>tições em selvoscura: salto!
>   beira
>de sudário ensopado abismo armando
>amo   r
>amo   r
>amo   ra
>mo   r   te
>   r   amo
>de ouro fruta amargosa bala!
>   e gamo

3 Em março de 1959, ia em plena floração o Concretismo; Mário Chamie (1933-2011) publica um "pré-manifesto", sob o título de "Termos Didáticos para a Consideração do Poema", no suplemento "O Metropolitano", de O Diário de Notícias, do Rio de Janeiro, preconizando que

O poema se objetiva (...); se associa partes e lança a unidade: palavra-corpo-espaço-forma; se vê e mantém a atitude espiritual do olho; se doma o objeto em seu volume (linha, cor, ângulo, referência); se manuseia o objeto e aceita a sua autonomia; se movimenta os cinco sentidos e diz: "o poema atua e oferece a sua área"; se situa o poema entre os seres (mulher, bicho, flor); se concebe o poema como forma de conhecimento; se atomiza e não dispersa; etc.[1]

Mas foi em 1962 que se iniciou o movimento, ou, como propunha o seu fundador, "instauração" *práxis*. Naquele ano, Mário Chamie publica *Lavra Lavra*, volume de poemas tendo como posfácio um "manifesto didático", que começa por declarar que a coletânea "lança e instaura o poema-práxis", e termina por uma "plataforma-síntese" de suas aspirações:

a) a literatura-práxis recoloca a palavra no centro de uma tríplice e virtual função semiótica — semântica, sintática e pragmática; b) a arte como objeto e argumento de uso; c) a práxis só se concebe em termos de obra e nunca de experiência de comprovação; d) a práxis é dado-feito presente e admite a teoria como ponte de passagem para outros dados-feitos; e) cada dado-feito, enquanto práxis, projeta princípios originais de semântica, pragmática e sintaxe; f) não há um corpo ou um complexo de princípios estáticos de semiótica de que deva depender um dado-feito; g) existe mediação entre dados-feitos, sem que atuem sob modelos gerais; h) é exemplo de modelo geral o gestaltismo que transforma a estrutura em conteúdo e não em campo de defesa de significados móveis, intercomunicantes e de uso (o problema permanece ainda que o poema concreto passe para a fase da "concreção de composição" — *la fétichisation a pour résultat de réaliser des fetiches* (Sartre); i) a literatura-práxis não é empírica, irracional ou indiscriminada; é consciente e, por via da consciência, será praticada, pois se um poema-práxis é um campo geral de defesa dos valores humanos contra a alienação de uma sociedade que necessita transformar-se para conquistar-se.

No mesmo ano, o autor dá a público dois artigos em torno do mesmo programa estético: "Manifesto, Práxis e Ideologia", no suplemento literário de *O Estado de S. Paulo*, de 16/6/1962, e "Literatura Práxis", no nú-

---

1. Mário Chamie, *Instauração Práxis*, e vols., S. Paulo: Quíron, 1974, vol. I, p. 18. As demais citações serão extraídas dessa edição, que compreende os "manifestos, plataformas, textos e documentos críticos", dados à estampa entre 1959 e 1972.

mero inaugural da revista *Praxis,* correspondente ao segundo semestre de 1962.

A "literatura práxis" se propôs em dois níveis, o "histórico", que "colocou em crise o movimento de 22", pois "representa o primeiro momento da superação do exaustivo e riquíssimo ciclo de 22"; e "outro autonomamente instaurador":

> A criatividade práxis (...) introduz um sentido novo de produção em que a dialética entre autor e leitor não comporta nem um exclusivismo subjetivo, nem uma neutra retificação objetiva. Comporta e realiza, apenas, formas--conteúdos vivos.

Enfim, considerando-se "vanguarda nova" contra a "vanguarda velha", notadamente a "poesia concreta", práxis define-se do seguinte modo:

> a) o autor práxis não considera a(s) palavra (s) que integra um vocabulário mero objeto inerte de composição e sim energia, matéria-prima transformável; b) a sintaxe que ele obtém não decorre de nenhum código gramatical estatuído, mas é resultado original da transformação a que ele submete as palavras; c) a semântica que articula exterioriza os problemas da área em relação ao contexto em que ela se situa; d) a pragmática que ela aciona faz com que a forma-conteúdo do texto seja uma estrutura genética e aberta, de tal modo que o leitor pode interferir crítica e criativamente no texto, exercendo uma função de coautoria.
> (...) o texto práxis é um produto que produz; incorpora o projeto de superação dos conflitos do contexto (no caso brasileiro a tensão maior entre subdesenvolvimento e desenvolvimento); sintoniza-se com uma consciência de produção industrial que vai da matéria-prima ao produto e deste ao uso coletivo.

Passados cinco anos, Mário Chamie publica um novo livro de poemas (*Indústria*), com o qual, superando-se dialeticamente, "lança e instaura o textor". E ainda, fazendo uso de um posfácio, para dar a conhecer um "texto-manifesto", assevera que o textor significa "a linguagem que levanta, dialética e criativamente, as contradições significativas de uma dada área, através de fragmentos completos de dicção", ou seja, "autor + leitor + texto = textor". Ou, por outros termos, "é a escrita que ao invés de ser só feita de letras (fonemas), palavras (monemas) e frases, é feita também de ditos (dictemas) que são mais do que palavras e menos do que frases".

Além de Mário Chamie, guia e animador da "instauração práxis", autor de extensa obra poética (*Espaço Inaugural*, 1955: *O Lugar*, 1957; *Os Rodízios*, 1958; *Lavra Lavra*, 1962; *Now Tomorrow Mau*, 1964; *Indústria*, 1967; *Planoplenário*, 1974; *Objeto Selvagem*, reunião de livros anteriores, 1977; *A Quinta Parede*, 1986); *Natureza de coisa* (1993); *Caravana Contrária* (1998) e ensaística (*Palavra-Levantamento*, 1963; *Alguns Problemas e Argumentos*, 1969; *Intertexto*, 1970; *A Transgressão do Texto*, 1972; *Instauração Práxis*, 1974; *A Linguagem Virtual*, 1976; *Casa da Época*, 1979, etc.), participaram do movimento: Yone Gianetti Fonseca (*A Fala e a Forma*, 1963), Armando de Freitas Filho (*Palavra*, 1963; *Dual*, 1966; *Marca Registrada*, 1970), Antônio Carlos Cabral (*Diadiário Cotidiano*, 1964), Camargo Meyer (*Cartilha*, 1964), Mauro Gama (*Corpo Verbal*, 1964; *Anticorpo*, 1969), O. C. Louzada Filho (*Dardará*, 1965), Carlos Fernando Magalhães (*Matéria-Prima*, 1968), Luís Araújo (*Ofício Fixo*, 1968), Heleno Godoy (*Os Veículos*, 1968; *As Lesmas*, 1969) e outros.

4 Iniciando-se a 11 de dezembro de 1967, por ocasião da "Exposição-Lançamento", no Rio de Janeiro, o "poema-processo" buscou levar ainda mais longe o inconformismo desses movimentos. Mas, tanto quanto o Concretismo (senão mais), que lhe serviu de modelo, ao menos como força propulsora, associou-se estritamente às artes plásticas no seu projeto, dificultando em muitos aspectos o enquadramento no perímetro das letras. Em razão disso e do empenho teorizante, de resto peculiar às correntes vanguardistas pós-1945, toda tentativa de sintetizar a doutrina que subjaz ao "poema-processo" corre o risco de tornar-se insatisfatória. Na impossibilidade de transcrever o manifesto inaugural, lançado na 4ª Exposição Nacional de Poema/Processo, em abril de 1968, realizada no Museu de Arte Moderna da Bahia, destaquemos alguns pontos desses e outros escritos teóricos do movimento. Partindo da "visualização da estrutura/leitura do processo", os seus autores definem o processo como "desencadeamento crítico de estruturas sempre novas (...); a relação dinâmica necessária que existe entre diversas estruturas ou os componentes de uma dada estrutura, constituindo-se na concretização do contínuo — espaço-tempo: movimento = operar soluções", e terminam pela proposta central: o *poema-processo*. Entendem que "não há poesia/processo. O que há é poema-processo, porque o que é produto é o poema". Ato contínuo, pregam "a máxima importância à leitura do projeto do poema (e não mais à leitura alfabética)", daí inferindo que "a palavra passa a ser dispensada, atingindo assim uma linguagem universal", resultante "de uma exploração planificada das possibilidades encerradas em outros signos (não verbais)".[2]

O manifesto de 1968, de que se extraíram esses dados, conclui de modo taxativo: "o poema-processo é uma posição radical dentro da poesia de vanguarda. É preciso espantar pela radicalidade". Quatro anos eram passados quando, em 1971, lançam o "manifesto atual", declarando que "o poema é um fato de linguagem e transita no campo da semiótica", e considerando o livro de Wlademir Dias-Pino (*Processo: Linguagem Comunicação*, 1971) "o primeiro livro visual editado no Brasil". Abolida a palavra e o som, porquanto "o que é válido é a negação ou a positivação do espaço", o poema-processo recorre a substitutos, como a "expressão tipográfica", a estatística, a pintura, a escultura. Em suma: "a palavra escrita já não é uma realidade na civilização/técnica": e em seu lugar adotam-se "novas disposições tipográficas/disposições gráficas".

Em janeiro de 1972, Álvaro de Sá, militante ativo do movimento, estima em mais de 200 os adeptos do "poema-processo" e lembra que "somente o Modernismo conseguiu reunir tal número de poetas". Para uma corrente literária que desde cedo insistiu em seu "sentido coletivo", tal multidão podia assinalar o apogeu, mas denotava, por isso mesmo, o começo do fim. Com efeito, na 2ª edição de *Processo: Linguagem e Comunicação* (1973), Wlademir Dias-Pino, Álvaro de Sá, Moacyr Cirne e Neide de Sá dão a público o "Manifeto de Encerramento do Poema--Processo", desenvolvendo outro, de 1971, comemorativo dos quatros anos do movimento. Dos nomes ligados ao "poema-processo", alguns dos quais já referidos acima, ressalta o de Wlademir Dias-Pino, pela combatividade e pela obra em que objetivou a prática das suas ideias: *Os Corcundas* (1954), *A Máquina ou A Coisa em Si* (1955), *A Ave* (1956), *Poema Espacial* (1957), *Sólida* (1962), *Capa e Contra-Capa* (1963), *Metacódigo* (1962-1968), etc.

---

2. Antônio Sérgio Mendonça, "Poema-Processo", in Leodegário A. de Azevedo Filho (org.), *Poetas do Modernismo*, vol. VI, pp. 291-295. As demais citações serão extraídas da mesma edição.

III Prosa

Vimos que a poesia — compreendendo a geração de 1945 e as propostas renovadas dos anos 1950/1960 — se caracteriza acima de tudo pela exploração da forma. Por maiores divergências que se possam discernir entre as várias tendências poéticas desses decênios, por mais antagônicas que tenham sido, identificam-se pelo formalismo: é na renovação da forma (quase se diria da "forma pela forma") que puseram todo o seu empenho. Fruto da conjuntura inerente à atividade literária nos anos em torno da II Guerra Mundial — a rebelião contra o prosaísmo deliberado de 1922 — e dos ventos reformadores que sopravam após o término da conflagração mundial, a poesia instaurava-se notadamente como revolução formal.

A prosa de ficção, por mais imprevisto que pareça, também refletiu esse estado de coisas. A produção ficcional dos anos 1930, como salientamos no devido momento, corria por trilhos próprios, obediente a cânones, perspectivas e compromissos quase nada alinhados com o movimento de 1922. Haja vista, por exemplo, o caráter linear do romance social, mais próximo da geração realista dos fins do século XIX que do esteticismo modernista. Apesar disso, na década de 1940 operou-se uma reviravolta que, sem desviar o caminho dos prosadores que vinham de 1930 e ainda em plena produtividade, instalou a preocupação de ordem morfológica, estrutural, nos domínios da ficção.

A coincidência não é apenas intrínseca ou de tom. É também cronológica, reforçando a ideia segundo a qual as mudanças em curso no pós-guerra recobriam praticamente todas as modalidades da criação literária. O próprio exercício da crítica e do ensaio sofreu alteração de rumo, para o que muito colaborou, dentre outros fatores, a disseminação das faculdades de letras.

Com efeito, em 1944 Clarice Lispector publica *Perto do Coração Selvagem*, que está para a prosa de ficção assim como *O Engenheiro* (1945), de João Cabral de Melo Neto, está para a poesia dessa fase. E em 1946, além de *O Lustre*, da mesma autora, vem a lume *Sagarana*, de Guimarães Rosa, pedra fundamental de uma mole romanesca, centrada em *Grande*

Sertão: Veredas (1956), cujo alcance e significação aguardaria o juízo do tempo para se manifestar em toda a plenitude.

Mas já se pode admitir que, graças a Guimarães Rosa, Clarice Lispector e outros escritores adiante avaliados, a prosa de ficção elevou a níveis mais altos que a poesia a onda renovadora das tendências contemporâneas, logrando efeitos mais convincentes e mais duradouros, decerto porque movida por anseios menos formalistas ou porque, presa por condição à realidade concreta, soube evitar o fascínio enganador da renovação pela renovação, do novo pelo novo.

CLARICE LISPECTOR

Nasceu em Tchetchelnik, Ucrânia (URSS), a 10 de dezembro de 1920. Com dois meses, chegou ao Brasil, em companhia dos pais. Curso primário e secundário no Recife. Formada em Direito no Rio de Janeiro, no mesmo ano em que estreia com o romance *Perto do Coração Selvagem* (1944), de grande impacto, e se casa com um diplomata, indo viver por muitos anos no exterior. Faleceu no Rio de Janeiro, a 9 de dezembro de 1977. Escreveu romances: *O Lustre* (1946), *A Cidade Sitiada* (1949), *A Maçã no Escuro* (1961), *A Paixão Segundo G. H.* (1964), *Uma Aprendizagem ou O Livro dos Prazeres* (1969), *Água Viva* (1973), *A Hora da Estrela* (1977); contos: *Alguns Contos* (1952), *Laços de Família* (1960), *A Legião Estrangeira* (1964), *Felicidade Clandestina* (1971), *Imitação da Rosa* (1973), *A Via-Crucis do Corpo* (1974), *Onde estivestes de noite* (1974), *A Bela e a Fera*, que reúne os contos escritos em 1940-41 e ainda inéditos (1979); "pulsações": *Um Sopro de Vida* (1978); crônica: *A Descoberta do Mundo* (1984); literatura infantil.

Romancista e contista, Clarice Lispector também escreveu crônicas. Apesar de não serem a forma mais adequada à expressão do seu talento, nos textos que publicou de 19/8/1967 a 29/12/1973, no *Jornal do Brasil*, mais tarde recolhidos em *A Descoberta do Mundo*, encontra-se um/o guia para a interpretação da sua obra ficcional e, mesmo, de sua misteriosa personalidade. Não sendo cronista por vocação, tendo consciência plena de que os escritos semanais podiam ser tudo menos crônicas, neles vazou o que sobrava dos contos e romances ou neles não cabia. E se, por vezes, estampava mais adiante enfeixadas em volume, no geral abria-se em confidências inestimáveis como auxiliar na análise e julgamento da sua obra. Quando pouco, ali se tem a confirmação do que seus contos e romances fazem pressentir: a cronista desfia pensamentos e emoções, relata fatos e reflete acerca do seu ofício de escritora, oferecendo ao leitor a contraprova para lhe avaliar a obra "séria".

Tratando de vários assuntos, "ao correr das palavras", como diz em certa altura de *Água Viva*, focalizando temas colhidos no dia a dia, surpreendendo no "outro", ser humano ou bicho, ou na paisagem, os motivos para a conversa habitual com os leitores —, Clarice Lispector fala sempre de si própria. Talvez não estranhe que o fizesse, já que os cronistas não raro empregam a primeira pessoa do singular, para tecer reminiscências ou narrar fatos do cotidiano. Sucede que a inflexão, a tonalidade, é tão peculiar que levanta dúvidas acerca do caráter cronístico desses textos. Clarice Lispector fala de si como se continuasse a criar ficção, expõe-se na vitrina do jornal como se palmilhasse mundos imaginários: crônicas de uma ficcionista, antes de tudo, e de uma ficcionista obcecada pelo "eu".

Assim, no espelho das crônicas projeta-se a personagem única, ou predominante, da ficção da autora: ela própria. Romances do "eu", contos do "eu", eis o que são as suas obras: fictício, ou construído, suposto ou imaginário, "verdadeiro" ou "real", não importa, é o "eu" da ficcionista — que pode não ser o da Clarice Lispector/pessoa física, mas é difícil supô-lo — a personagem central (heroína? anti-heroína?) das suas narrativas. As crônicas desenham, presumivelmente, um "eu" civil, mas quando o cotejamos com o "eu" dos romances e contos, verificamos que é o mesmo "eu". Tudo se passa como se a escritora somente tivesse o "eu" da sua fantasia. Só por isso o seu caso se torna incomparável em nosso meio literário. Por certo, há sempre uma dose de autobiografia nas criaturas de qualquer ficcionista, sobretudo duma autobiografia inconsciente. Mas aqui deparamos um "eu" que, ainda quando aparentemente empírico, se patenteia imaginário, um "eu" inventado, como se a face literária da crônica expulsasse a face jornalística.

É que o "eu" da autora constituiu um enigma para si próprio. E para desvendá-lo/desvendar-se, põe-se a (re)escrever os textos em que se manifesta, como se outro destino não tivesse. Em dado momento de *A Descoberta do Mundo*, diz que os seus romances "não são autobiográficos nem de longe, mas fico depois sabendo por quem os lê que eu me delatei". Sem entrar no exame da parelha autobiografia/delação, o mesmo fato de afirmar que se delatou a contragosto é um ato fictício: ela o sabe, e as suas crônicas o declaram abertamente, que o seu norte supremo é delatar-se, entendendo-se por autodelação o gesto autodesvelar-se. Que a pratica sempre e sempre, é palpável; que não se dê conta de o fazer, é outra história, decorrente do circuito mágico em que navega. Impossível imaginá-la em vida sem que fosse como no interior de um romance ou de um conto: a sua existência cotidiana certamente não passaria de ficção, no sentido de que a fantasia lhe presidia todos os movimentos, ao menos quando se punha diante da máquina de escrever, o que lhe tomava todo o dia, como nos informa nas crônicas. Para ela, viver era sinônimo de escrever, confessa-o reiteradas vezes; e escrever ficção.

Mas escrever ficção, para ela, consistia em escrever um diário íntimo, à Amiel, ou à *Conta-Corrente*, de Vergílio Ferreira, ainda que não pensasse nisso: nas crônicas, o extravasamento é nota constante; a escritora franqueia confidências aos leitores (e a si própria, malgrado a impressão contrária ou o esforço para se disfarçar. Os romances e os contos prolongam, não raro, as crônicas, camuflando porém o tom de diário numa ficção protagonizada por figuras humanas que se apresentam como autônomas. Sucede que as personagens femininas são, via de regra, a própria Clarice Lispector, apenas mudado o nome: Joana (de *Perto do Coração Selvagem*), Ângela (de *Um Sopro de Vida*, Macabéa (de *A Hora da Estrela*), Lori (de *Uma Aprendizagem* ou *O Livro dos Prazeres*), Virgínia (de *O Lustre*), Lucrécia (de *Cidade Sitiada*), Ermelinda e Vitória (de *A Maçã no Escuro*), G. H. (de *A Paixão Segundo G. H.*), etc, não passam de *alter ego* da ficcionista, projeções, ou encarnações, do seu "eu".

Claro, distingue-as a idade, a classe social, o aspecto físico, etc., porque nada disso é relevante no caso, mas identifica-as o mesmo "eu", expresso na mesma inquietude, nas mesmas marcas psicológicas, nos mesmos anseios, na mesma visão de mundo. A alma que se confessa nas crônicas ostenta as características das protagonistas femininas, como um estereótipo talhado sobre idêntico fundo psicológico: o "eu" da ficcionista. Por isso, qualquer uma delas conduz às matrizes que enformam as demais. As circunstâncias históricas alteram-se em cada romance ou conto, o enredo pode variar, mas a sua essência não muda; uma única heroína povoa a ficção de Clarice Lispector: ela própria.

Inscrita em círculos concêntricos, a sua obra é um eterno recomeço na direção do centro, ocupado pelo "eu". Na busca dele e seus mistérios anda a ficcionista, e as suas personagens por ela: o seu graal é o seu *ego*. "Quem sou eu? como sou? o que ser? quem sou realmente? e eu sou?" — é a indagação fundamental, de onde provêm as outras, e tudo o mais da sua ficção. A tal ponto que até as personagens masculinas acabam contagiadas por essa aura de mistério que permeia, como reconhecem as figuras femininas. "Ávida do mistério", diz a personagem de *Água Viva*, como se resumisse o pensamento e as palavras de todas as outras. "Sou tão misteriosa que não me entendo"; "Com perdão da palavra, sou um mistério para mim", retruca a voz que fala em *A descoberta do Mundo*, acrescentando, em tom confessional, que apenas reafirma a suspeita do leitor: "gosto das coisas secretas"; "Não digo o nome também por segredo: é bom perfumar-se em segredo".

Ao mistério que tudo é ou passa a ser, ao mistério do "eu" para si ou que se constrói como tal, somam-se as outras características desse "eu" aos poucos revelado, como se dentre escombros milenares, esse mistério tanto mais se adensa quanto mais se mostra puro paradoxo. Aí o tema e variações em que Clarice Lispector nutre o "eu". Ou a *vida* — horizonte coletivo ou abstrato visado pela escritora, — entendida, no entanto, como expansão da "persona", "a busca do outro" (homem ou bicho) portador também de um "eu" cercado de análogo mistério.

De onde as pulsões que correspondem a sinais de sua identidade de ficcionista: a vida, o mundo, entrevisto como palco onde *o imponderável, a antítese, a ambiguidade, a perenidade, o susto, o assombro, o êxtase, a surpresa, o intangível, o imprevisto, o inexplicável, a subtaneidade, a metamorfose, o segredo, os ocultos* dançam bailados etéreos, numa concretização plástica da "Sociedade das Sombras" que as personagens de *O Lustre* estabelecem como pacto de sangue.

"O imprevisto me fascina"; "o mistério das relações humanas me fascina"; "O mistério me rodeava. (...) como é que corria a seiva, essa coisa quase intangível e que é vida?"; "Aí está ele, o mar, a mais ininteligível das existências não humanas. E aqui está a mulher, de pé na praia, o mais ininteligível dos seres vivos", diz a cronista. "Êxtase secreto [...] puro êxtase", sublinha a narradora de *Água Viva*, a que responde a protagonista de *Uma Aprendizagem* ou o *Livro dos Prazeres*: "no Impossível é que está a realidade", enquanto a de *Um Sopro de Vida* diz que deseja "simplesmente isto: o impossível. Ver Deus", e a de *Água Viva* adverte que "ao escrever/lida/com o impossível". Em suma: "eu amo o Nada", sentencia a escritora, ou "esse nada é o melhor personagem de um romance. Nesse vácuo do nada inserem-se fatos e coisas"; "Meu tema de vida é o nada", nas palavras de *Um Sopro de Vida*.

Literatura existencial, ou existência, eis o rótulo que se pode colar na obra de Clarice Lispector: os vocábulos "náusea", "nojo" e correlatos saltam-lhe da pena em certa fase da carreira, notadamente em *Laços de*

Família; a referência a baratas é nota frequente. A protagonista de *A Paixão Segundo G. H.* abocanha uma delas, num ato simbólico de mergulho no inconsciente: a zoofagia significa a liberação do recalque que impedia o acesso ao intrapsíquico — obsessão da ficcionista. Assim, a sondagem do Nada é o resultado da imersão no existencial em busca do essencial, no consciente, para atingir o inconsciente, no visível, para tocar o invisível, na imanência à procura da transcendência, etc.

A ficção de Clarice Lispector flui no hiato em que o drama existencial se delineia: o seu objetivo era o de captar o *in fieri*, registrar em palavras, como um flagrante fotográfico, a fímbria em que o ser se converte em não ser, o mistério se entreabre sem deslindar-se, a contemplação defronta-se com a iminência da morte. Esse trânsito fugaz e sutil é assinalado por "momentos privilegiados" em que o "eu" toma consciência do que ocorre dentro/fora dele, e descobre-se habitado e circundado pelo mistério, pelo insondável, pelo incompreensível.

Dá-se o desocultamento do ser e, portanto, a descoberta do erro, do risco, do abismo que espreita a lucidez. Ou do ocultamento do ser e, portanto, do reencontro da obscuridade inerente à condição humana, que se indaga sem resposta, quando se indaga, ou não se indaga jamais, e apenas é. Em síntese: exteriorização do oculto, ou ocultamento do ser, num movimento pendular que se reproduz noutro ou que lhe é simultâneo: consciência/inconsciência. Assim, temos consciência/inconsciência de o ser estar oculto/desvelado, e inconsciência/consciência de o ser estar desoculto/irrevelado. De onde a vida significar a inconsciência do oculto do ser, e o *existir*, a consciência do oculto, do misterioso e do relativo do ser.

De súbito, sempre de súbito, "de repente", o ser experimenta o êxtase ou a *explosão* já agora na fase crepuscular, expressa em *A Hora da Estrela*, e conhece, por revelações fulminantes, que sofre metamorfose, semelhante à de Kafka, mercê da qual é arrancado da inércia placentária para a clarividência ameaçadora. Instante fugidio de lucidez da situação-limite, definidora do ser na sua contingência. Como um eco da voz que se insinua na de Guimarães Rosa, a cronista de *A Descoberta do Mundo* interroga: "Viver?", e imediatamente replica: "Viver é coisa muito séria", ou por meio da narradora de *A Hora da Estrela:* "Viver é luxo", ou de *Um Sopro de Vida*: "A morte é o perigo constante da vida", num tom que se aproxima do "viver é perigoso" de Riobaldo.

O existencialismo de Clarice Lispector cumpre à risca o modelo psicológico inscrito nessa filosofia de vida: toda a sua obra, de *Perto do*

Coração Selvagem aos textos póstumos (ainda que narrados na terceira pessoa), espraia-se como um imenso monólogo, ou, com mais rigor, um solilóquio, uma vez que se processa perante um interlocutor, representado pelo leitor ou pelo "eu" tornado objeto de si próprio. Como que ao espelho, o "eu" narra-se interminavelmente, retomando sempre de ponto diverso o movimento em espiral da sua ansiosa indagação. A ficcionista confessa, sob a máscara do presuntivo autor em diálogo com Ângela, em *Um Sopro de Vida*, a sua "tentativa de ser dois", e enuncia, significativamente: "Meu não-eu é magnífico e me ultrapassa. No entanto ela me é eu", ou "ela é de mim para mim". A súmula desse infindável e lancinante solilóquio de mil e um tons, como um Sísifo a rolar palavras em vez de pedras, é dada pela heroína de *Água Viva*: "sou caleidoscópica: fascinam-me as minhas mutações faiscantes que aqui caleidoscopicamente registro". A que acresce, no epílogo, a modo de não dar margem a vãs perplexidades: "O que te escrevo é um 'isto'. Não vai parar: continua".

E o que continua não é uma história, uma trama, senão a obsedante aventura no interior do "eu" e seus desdobramentos cotidianos, ou, obedecendo à lei da circularidade, nas palpitações da vida em demanda do "eu". Se história existe, é a do "eu"; e a história do "eu", ou da alma, confundidos no caso de Clarice Lispector, dispensa os fatos em troca das sensações, vivências, anseios, dúvidas, etc. Daí haver escassos acontecimentos na sua ficção: basta um para a montagem dos contos e uns poucos para os romances, não raro chegando a uma rarefação que lembra a prosa simbolista e decadentista, de que ela é, inquestionável, herdeira.

Essa redução da intriga a um fio tênue, subterrâneo, esgarçado, e a sua causa motriz — a descida no labirinto do "eu" — remetem a obra de Clarice Lispector para os territórios da "arte do implícito" e da poesia: o seu estilo sem-par, a atmosfera das narrativas, a permanente e angustiosa interrogação ao Destino, à Vida, ao Mundo, explicam-se pela aliança entre a prosa e a poesia, dando origem à chamada prosa poética. Seus contos e romances caracterizam-se pelo lirismo, na linha de Katherine Mansfield, ou de Virgínia Woolf, que ela somente veio a conhecer depois de *Perto do Coração Selvagem*. Ainda é possível descortinar, no romance de estreia da autora, sugestões do James Joyce anterior ao *Ulysses*.

A história narrada esconde a outra: a que lemos, entremostra a que é (ou seria) a verdadeira. Mas essa escapa ao leitor (e também à autora), a não ser como evocação; portanto, poesia. Dir-se-ia haver duas faixas de onda ficcional: uma, a da história contada, em nível consciente; a outra,

Foto de Clarice Lispector

secreta, em nível inconsciente. Esta, fruto da "viagem interior", é que importa: solilóquio psicanalítico? É no plano *abstrato*, porém latente no que se lê/vê, que reside a razão de ser dos acontecimentos que sustentam a narrativa transcorrida aos nossos olhos. "Então a explicação está no que desconheço", diz a cronista de si própria, ou "eles ergueram o espanto deles, e deixaram o espanto inexplicado. A criação não é uma compreensão, é um novo mistério", referindo-se aos construtores de Brasília, mas como se ainda em solilóquio. Daí o inexplicável, ou a explicação que nada explica, dada nas crônicas ou no espaço de romances e dos contos apenas exibe o inexplicável, o sem sentido. Afinal, o sem sentido da vida, do mundo e, primordialmente, do "eu", microcosmos boiando à deriva numa e noutro.

Tudo o mais da ficção de Clarice Lispector ganha claridade e relevo quando submetido à luz que jorra da presença absorvente do lirismo na sua visão da literatura, de si própria e da realidade. Sua permanente, indefectível lucidez, parece exorbitar das fronteiras da lógica. Uma lucidez intuitiva, instintiva, "animal" (que não espanta se nos lembrarmos do seu profundo amor pelos irracionais e de ela julgar-se "por força e sem escolha uma *natural*"). Ou antes, quem sabe formando com o seu ser um todo indivisível, uma lucidez onírica ("a vida real é um sonho", diz em *Um Sopro de Vida*), de Sibila: a bruxa, que ela é, fala nas iluminações teóricas insertas nas crônicas e nos romances, ou nas notações de pura adivinhação ou fantasia. Ela pensa como se não o fizesse, tão avessa era ao pensamento (confessa-o nas crônicas: "pensar me irrita"), como se apenas sentisse, ou como se jogasse o Tarô ou se fingisse de quiromante, mas recorrendo ao pensamento/intuição em vez das cartas ou da palma das mãos. Enfim, dotada da "lucidez do absurdo", título de uma de suas crônicas, que justifica o sem sentido do epílogo de algumas narrativas, o amor ao sofisma — "aliás o sofisma como forma de raciocínio sempre me atraiu um pouco, passou a ser um de meus defeitos" — e o medo de estar à beira da loucura: "quem atinge um alto nível de abstração está em fronteira com a loucura".

Irmã de Fernando Pessoa nessa trágica autoinvestigação que conduz ao Nada, nela o drama se põe também no combate entre o pensar e o sentir, mas dum modo que, aparentando desviar-se do poeta português, com ele se identifica radicalmente: "O que eu sinto eu não ajo. O que ajo não penso. O que penso não sinto. Do que sei sou ignorante. Do que sinto não ignoro. Não me entendo e ajo como se me entendesse", raciocina ela e *A Descoberta do Mundo*. E "quando digo 'pensar' refiro-me ao modo como sonho as palavras. Mas pensamento tem que ser um sentir", em *Um Sopro de Vida*. E a mesma aspiração de ser inconsciente, mas tendo "a consciência disso", e de alcançar o silêncio, os aproxima: "como é infinitamente mais ambicioso. É quase inalcançável".

O quadro lírico da prosa de Clarice Lispector não se completa sem uma referência à sensualidade que nela transpira, uma sensualidade *contida*, embaraçada pela sua exótica e genuína sensibilidade, como se a razão sucumbisse frente às emoções em desabalada: ela ama o mundo, a vida, os bichos, as pedras, e em tudo vê o mistério, o indecifrável, o imponderável, etc. Mas ama com uma sensualidade que parece menos do corpo que da alma, uma sensualidade *sublimada* e que do fato de sublimar-se retira todo o insólito que empresta aos contos e romances: sem ele, o que seria da escritora? "Amo pedras"; "quero a pedra que não foi esculpida", sussurra-nos ela, alagada duma afetividade unilateral, que se totaliza no puro ato de expressar-se, como se outro espaço não houvesse no Cosmos que o literário, ou porque, conforme a narradora de *A Paixão Segundo G. H.*, "o inferno mesmo é o do amor. Amor é a experiência de um perigo de pecado maior — é a experiência da lama e da degradação e da alegria pior". E é por isso que a ficção de Clarice Lispector, rebelde ao artifício, pulsa duma "verdade", a verdade específica da arte, em que a vida, o mundo e o "eu" se representam e se reconhecem.

Uma narrativa há, em *A Descoberta do Mundo*, que pode servir como alegoria, síntese exemplar ou cintilante autoavaliação da obra toda de Clarice Lispector. As seguintes palavras a introduzem: "Vou falar da salinha que mais mal-assombrei com imaginações". E logo mais: "Fato extraordinário: nessa realidade desvendada pela imaginação e sem susto a riqueza não está mais atrás de nós, como uma lembrança, ou ainda por aparecer, como um desejo de futuro. Está ali, fremindo". O desfecho coagula-se numa frase típica da autora: "A sala nunca dera garantia nem prometera recompensas. Era vida apenas". Se a sala corresponde, a seu ver, à vida, equivale, dizemos nós, ao "eu", e por extensão, ao mundo. Aí o panorama eleito, litúrgico, da sua ficção. O sertão, veremos adiante, é o mundo para Guimarães Rosa; a sala é o mundo para Clarice Lispector.

Daí inserir-se na linhagem intimista da ficção de 1930, por coincidência e por influência. Esta pode ser atribuída a Cornélio Pena, ou antes, a Lúcio Cardoso, com o qual tem evidente afinidade. Aliás, admite-o numa das crônicas. Por certo, a semelhança não lhe tira mérito nem autonomia, mas impõe-se para compreender-lhe a marca registrada de ficcionista das sutilezas da alma. Curiosamente, o influxo dos prosadores mineiros introspectivos manifesta-se menos em *Perto do Coração Selvagem* que nos livros posteriores. Visível em *O Lustre* e subsequentes, entra a declinar nas obras derradeiras, como se, ultrapassado o magnetismo do romance intimista de 1930, a autora repusesse a sua literatura na trilha da obra inaugural.

Contudo, o intimismo de Clarice Lispector distingue-se do desses precursores e modelos em ser suprapsicológico ou supraintrospectivo, resultante que é a da detecção das ondas submersas do "eu" ou das relações dos "eus" entre si que refogem ao olhar analítico do ser humano em geral. Intimismo de místico acento, mas não metafísico; nela, inexiste o mito, salvo se entendermos por isso o profundamente humano, o assombro diante da vida, ou a obsessão pelo "eu". É com a lente da fantasia, da adivinhação, da magia, que ela tem acesso, e nós com ela, ao universo interiorizado em cada um de nós. "A vida é sobrenatural"; "o divino para mim é real", conclui ela, panteisticamente, e isso é tudo: o mito, se há, mora na realidade do "eu", da vida e do mundo. O próprio inefável, o transcendente, e Deus com ele, assim se configura: "Respiro profundamente Deus. E vivo vidas"; "Morte é inefável. Mas a vida também o é".

Três maneiras, pois, podem ser entrevistas na trajetória de Clarice Lispector: a instintiva, pura sensibilidade que se plasma em narrativas centradas na perplexidade existencial; a consciente, ou elaborada, em que a matriz sofre o caldeamento do trabalho artesanal; o retorno à instintividade, já agora numa escala madura, trabalhada pelas experiências pungentes que a vida lhe foi infligindo. Tudo se passa como se as suspeitas vagas, obscuras, da adolescente hipersensível e imaginativa, se confirmassem na idade adulta, não sem experimentar uma fase "literária" ou intelectualizada, contemporânea do empenho em organizar o tumulto interior ou dar-lhe aparência mais nítida. Não é preciso dizer, em vista disso, que o melhor da sua obra, em matéria de romance, está no livro inicial e em *A Paixão Segundo G. H.*, seguido de *A Hora da Estrela* e de *A Maçã no Escuro*, e em matéria de conto, em *Laços de Família*.

Participando do realismo mágico, a ficção de Clarice Lispector encerra uma cosmovisão desalentada, para a qual não há escapatória possível num horizonte sem mitos, salvo, precariamente, no interior da arte. A sua ficção denuncia, com a veemência e verossimilhança do espaço encantatório que constrói, a perplexidade uma civilização no ocaso, em que a vida parece vazia de significado, assediada que é, sem trégua, por uma alienação vizinha da cegueira apocalíptica.

GUIMARÃES ROSA

João Guimarães Rosa nasceu em Cordisburgo, Minas Gerais, a 27 de junho de 1908. Formado em Medicina (1930), após clinicar por algum tempo, em 1934 ingressou na carreira diplomática. Serviu na Alemanha (1938), na Colômbia (1942), na França (1948), além de haver desempenhado importantes funções no Itamarati. Em 1936, ganhou o prêmio de poesia da Academia Brasileira de Letras, com *Magma*, que permaneceu inédito até 1997, em razão de o autor lhe nutrir "desamor", como disse no discurso ao receber o galardão. EM 1946, estreou com *Sagarana*, livro de contos que recebera, em 1938, o segundo lugar do Prêmio Humberto de Campos da Academia Brasileira de Letras, para qual foi eleito em 1963. Tomou posse a 16 de novembro de 1967, vindo a falecer subitamente três dias depois. Ainda publicou: *Corpo de Baile* (2 vols., 1956), *Grande Sertão: Veredas* (1956), *Primeiras Estórias* (1962) e *Tutameia* (1967). Postumamente saíram *Estas Estórias* (1969) e *Ave, Palavra* (1970), este último uma "miscelânea", conforme a definiu o próprio autor, reunindo, como lembra o seu prefaciador (Paulo Rónai), notas de viagem, de diálogo, poemas, narrativas, flagrantes, reportagens poéticas e meditações.

Ainda é cedo para se avaliar devidamente a figura de Guimarães Rosa e o sentido revolucionário da sua produção literária. Apesar de estarmos a várias décadas da sua obra inicial, não temos distância suficiente para lhe julgar o relevo e o papel que representa, nos quadros da modernidade e da literatura brasileira como um todo. A bibliografia crítica a seu respeito já se ombreia com a de outros nomes de primeira plana, exceção feita a Machado de Assis. Quase unanimemente aclamado, é possível que falte à maioria dos elogios outra base que não o assombro diante do insólito. É não raro certeiro, como se sabe, o veredicto contemporâneo, mas as razões que o escoram nem sempre são intrínsecas ao objeto: no caso de Guimarães Rosa, o contágio da admiração foi rápido, homogêneo e amplo. Estava-se, segundo se acreditava, perante um divisor de águas, ou, ao menos, a mais relevante criação ficcional dos nossos dias, que punha em crise a estética de 1922 e seus desdobramentos. Alto momento de emoção, de êxtase coletivo, pertence ao passado próximo. Daí carecermos da isenção necessária para enfrentar uma luz tão intensa, tão incômoda e, a um só tempo, tão esperada por quantos têm vindo a palmilhar o itinerário das nossas letras.

A trajetória de Guimarães Rosa percorre uma curva senoide cujo ápice é assinalado por *Grande Sertões: Veredas*: ascendente até essa narrativa-estuário, descendente nas obras posteriores, constituindo dois segmentos diferenciados, de ritmos contrastivos, para não dizer opostos. Ambos, no entanto, decorrentes da mesma pulsão, de modo que a cada um deles corresponde uma modalidade, ou grau, de regionalismo.

O autor vinha publicando contos na revista. *O Cruzeiro* desde 1929. Em *Sagarana*, reuniu nove narrativas no gênero, ganhou prêmio e, antes de publicá-las, passados oito anos, remodelou-as cuidadosamente, deixando de lado algumas, que seriam coletadas em *Estas Estórias*, não sem antes refundi-las. Por que o fez? A par de escritor exigente, sempre à procura da forma mais apurada para os seus textos, Guimarães Rosa teria consciência do seu débito, na obra de estreia, para com Afonso Arinos, Valdomiro Silveira e outros (inclusive Taunay, como se observa em "O Duelo"), não obstante as qualidades que o singularizam e o favorecem no confronto: a agudeza na observação da paisagem e do mundo psicológico, a desenvoltura no estilo, menos postiço, mais inventivo.

Regionalismo inclinado ao folclórico, em torno de "casos", não importa se colhidos ao vivo ou fantasiados —, eis a características de *Sagarana*, que, com modificações, perdurará noutras obras. Regionalismo plástico, dum visualista apaixonado pelas Gerais, obcecado pela autenticidade das pinceladas, como se buscasse surpreender, à maneira dum pintor impressionista, o variado recorte do sertão mineiro. *Corpo de Baile*, vindo dez anos depois, afina pelo mesmo diapasão, mas acentuando alguns sinais desse momento da carreira do autor: o gosto pelo detalhe, o acumular de descrições, em detrimento do enredo. O prosador, o estilista, cúmplice do observador, vence o ficcionista. O seu intuito parece o de erguer um painel descritivo de Minas Gerias, cujo escopo *sentido*, se existe, desaparece na floresta de minúcias. E o poético presente não contrabalança o tom realista, que lembra o regionalismo da *Belle époque*.

A ênfase na arte da linguagem, que arrasta para uma retórica nem sempre funcional, e para um estilo barroquizante, explica a vacilação do autor em rotular *Corpo de Baile*. Em subtítulo, informa que a obra contém "sete novelas", mas no sumário emprega o vocábulo "poemas", e no índice geral divide a obra em "Gerais", constituída de "romances", e "Parábase", de "contos". Não se diga que tanto faz, e que o autor pode usar as denominações como bem entender: sob pena de cairmos em anarquia terminológica e conceptual, não podemos considerá-las equivalentes, sobretudo num escritor tão atento a elas. E conforme leiamos *Corpo de Baile* perfilhando uma delas, o conjunto variará de figura. As narrativas armam-se como novelas pela série de "estórias" e avizinham-

-se da poesia pela subjetividade e pela atenuação da intriga. Talvez o prosador tencionasse compor poemas em prosa regionalistas, abcs, literatura de cordel. Assim, estaríamos longe de *Sagarana* pelo anedótico, e perto de *Grande Sertão: Veredas* pelo poético. Se essa proximidade beneficia *Corpo de Baile*, anunciando a qualidade substancial de *Grande Sertão: Veredas*, a distância a prejudica: eis por que o autor é mais recordado por *Sagarana* que por *Corpo de Baile*, e mais por *Grande Sertão: Veredas* que pelas demais obras.

Essas limitações são, na verdade, menos de Guimarães Rosa que do regionalismo: nem as superiores virtudes estéticas e o agudo senso de empatia e observação conseguem esquivar-se da monotonia e do ranço folclórico exalado pelas narrativas. Afinal, o autor correu o risco da opção pelo regionalismo, posto que ambientando-o num cenário menos frequentado. E tal risco se materializa nas obras posteriores a *Grande Sertão: Veredas*, compostas de anedotas, "casos", "estorinhas", episódios, páginas de diário, etc. Com poucas exceções ("Meu tio o Iauaretê", de *Estas Estórias*; "A Terceira Margem do Rio", de *Primeiras Estórias*), definem-se por um regionalismo sem transcendência, paredes-meias com o folclore, à maneira de *Pelo Sertão*, de Afonso Arinos, e similares, quando não evidenciam contaminação decadentista ("O Espelho", de *Primeiras Estórias*).

Enorme impacto provocou o aparecimento de *Grande Sertão: Veredas*: os leitores e os críticos, tomados de perplexidade e assombro, mal sabiam como encarar essa estranha narrativa, distinta de tudo quanto se produziu nos anos 1950 e do que o próprio autor publicara anteriormente. A vasta admiração, que a bibliografia passiva registra, decorria não só da sua linguagem, inusitada e vivaz, mas também do seu conteúdo, reverberante como um imenso caleidoscópio. Estava-se diante de algo *novo* sem igual em nossas letras, essa a impressão geral, que permaneceu ainda quando entrou a diminuir a enxurrada de obras críticas a respeito.

Um extenso monólogo do ex-jagunço Riobaldo, aparentemente em diálogo com o autor implícito, constitui *Grande Sertão: Veredas*. Puxando pela prodigiosa memória, o narrador desfila ao interlocutor o seu passado de fora da lei, numa enfiada de episódios, aventuras, peripécias, em que os combates armados dividem o terreno com situações idílicas. Riobaldo conta e reconta a sua "travessia" e a "travessia" alheia, interminável viagem pelo, "rio da vida", que o sinal gráfico de infinito (∞), empregado na primeira edição da obra, ao findar a fala de Riobaldo, tão bem simboliza.

A estrutura é tipicamente novelesca: *Grande Sertão: Veredas* é uma novela, à semelhança de *A Demanda do Santo Graal* ou de *Dom Quixote*, e não só pela organização formal. A saga de Riobaldo consiste numa novela de cavalaria aclimatada nas Gerais. A peregrinação compulsória do cavaleiro andante transfigura-se na "travessia" do jagunço, e se o motivo dela não é mais a busca do Graal ou o amor tresloucado por Dulcinea del Toboso, senão a vingança, o resultado é idêntico: sair no encalço de algo ou de alguém que dê razão à existência. Faz pensar, ainda, nos filmes de *cowboy* na sua fase áurea, de resto contemporânea da escrita de *Grande Sertão: Veredas*. Sabemos, porém, que a epopeia cinematográfica do *far-west* norte-americano reeditava, como se explorasse arquétipos adormecidos, a cavalaria andante, o que apenas confirma a ascendência medieval e cavalheiresca do relato de Riobaldo.

O ex-jagunço narra ao sabor do acaso, da livre associação, sem obediência à cronologia, como que dando vazão a um infindável "fluxo da consciência" ou à "linguagem automática" dos surrealistas, mas aos poucos vai-se montando a história da sua vida, que culmina pelo combate entre o seu bando e o de Hermógenes. Na longa "travessia", Riobaldo hesita entre Deus e o Diabo, rende-se a este, tortura-se pelo amor a Diadorim, desconhecendo que se tratava de uma donzela disfarçada em bandoleiro para vingar o seu pai, Joca Ramiro. Assim, dois eixos dramáticos e temáticos conduzem a narrativa: o impasse amoroso, em meio às aventuras, e o misticismo. *Grande Sertão: Veredas* funde as referidas novelas de cavalaria: a um só tempo mística e amatórica, épica e lírica, a fala de Riobaldo transfunde a paisagem e os seres, e, com isso, o próprio regionalismo. O mito invade o universo das Gerais: o regionalismo torna-se mítico, e o que antes era realista, dum realismo ingênuo, agora se transforma em metafísico.

A mitificação do regional desenrola-se por meio de sentenças, em que a moralidade, peculiar às novelas de cavalaria, se une à visão oracular: Riobaldo relata a sua existência de jagunço e dos companheiros de banditismo, mas fala também do destino. Sua voz é a de um oráculo, pondo no futuro — como presságio — o passado vivido, estribado em frases de mágico efeito, e que resumem todo o saber da experiência e a inspiração divinatória de cavaleiro/jagunço "escolhido" dentre os melhores, "a fina flor da cavalaria andante", herói do povo, ou melhor, anti-herói, mas o reverso de Macunaíma, pois caráter é que não lhe falta. Menos Galaaz que Lancelote, menos Dom Quixote que Sancho Pança, Riobaldo é, com o seu nome de cavaleiro andante, o herói *natural* espontâneo: símbolo de forças telúricas que representam, pela identificação entre natureza e mito, substratos arquetípicos.

"O sertão está em toda a parte", "O sertão é do tamanho do mundo", — diz ele, em forma de estribilho à sua narrativa de encantar, em que o cru documentário do cangaço sanguinolento e bárbaro se mescla ao maravilhoso das histórias de faz de conta, — ou, mais precisamente, das novelas de cavalaria. Símbolo é a personagem, simbologia é a história, e dentro dela seus componentes, a principiar do horizonte geográfico: onde se desenrola tal história de magia, de lenda, semelhante àquelas que se transmitem de geração a geração, de modo a tornar Riobaldo o narrador--protótipo, espécie de pajé do cangaço? Se "o sertão é do tamanho do mundo", onde houver humanidade haverá Riobaldos, Diadorins, Jocas Ramiros, Josés Bebelos, Hermógenes, etc., antropônimos que regionalizam, encarnam energias cósmicas — o Bem e o Mal, ou Deus e o Diabo — em permanente duelo. Transcorre no sertão de "demais do Urucuia"? O espaço sertanejo transfigura-se, tornado mito, porquanto "o sertão está em toda a parte": o lugar da "travessia" é o mito, projeção das aspirações humanas, transmutação dos sonhos da efemeridade existencial numa perenidade fora do tempo e do espaço, a perenidade das lendas.

Na "maravilhosa" geografia da narrativa, Riobaldo semeia outra sentença, de nítido acento transcendental: "viver é muito perigoso...". Paradoxo puro, como não poucos aspectos de *Grande Sertão: Veredas*, a frase veicula uma sabedoria que logo adquire feição de provérbio, integrando--se no repertório moral dos leitores e, por consequência, de todo o povo brasileiro. Se "o sertão é do tamanho do mundo", significa que o "viver /.../ perigoso" se encontra em toda a parte: em lugar nenhum o ser humano está a salvo, pondera Ribaldo com toda a simplicidade figurada de matuto vivido. E com esse bordão, exprime-se toda uma filosofia de vida, ensinada pela experiência.

As andanças da jagunçada, constituindo o recheio fabular do monólogo de Riobaldo, funciona, desse modo, como o exemplário dessa sabedoria que, misturando-se com o folclore, mergulha raízes na memória arquetípica dos povos. A "odisseia terrestre", como lhe chama Paulo Rónai, serve de ilustração à sentença de mí(s)tica ressonância. A "travessia", o caminho ascético percorrido por Riobaldo, faz emergir, por seu turno o conhecimento depositado no seu motivo condutor mas depois de a vida de Riobaldo atingir o crepúsculo: a sua sabedoria forjou-se no embate com o perigo constante, corporificado no "outro", encarnação do Demônio, que "vige dentro do homem". Sabedoria derivada da experiência, não o saber fruto da aceitação passiva de um princípio teórico anterior à ação: por certo que Riobaldo pensa, sofre, atemoriza-se, angustia-se, chora ao longo da "travessia", mas o seu patrimônio intelectual restringe-se ao sumo extraído do dia a dia. Uma tensão dialética, o jogo entre tese e antítese, ampara as sentenças filosófico-morais e as "estórias".

O intercâmbio entre sabedoria e experiência torna a "travessia" um caminho alquímico e, ao mesmo tempo, sondagem no intrapsíquico dos heróis: no curso da peregrinação, Riobaldo transmuta-se, vive a sua fase "escura", que antecede a da *luz*. O espaço do sertão assume contorno de cadinho em que se produz a combustão purificadora, a passagem da depressão, como mostram os estudos junguianos, para o equilíbrio, do inconsciente para o consciente, da neurose para a sanidade.

Riobaldo aplica-se a desvendar o mistério do sertão que é microcosmo do mundo, ignorando que ansiava conhecer-se e ao "outro": afinal, o sertão equivalia ao "eu". Não estranha, pois, que se tenha entrevisto no seu monólogo, como propôs Dante Moreira Leite, uma sessão psicanalítica. De qualquer modo, o mistério, o oculto, reside no sertão, razão por que o narrador/autor se demora em interrogá-lo, ora asseverando, em tom sibilino, que "o grande-sertão é a forte arma", e em seguida perguntando, "Deus é um gatilho?"; ora gaguejando significativamente e sublinhando as palavras: "... *Satanão! Sujo!...* e dele disse somente — S.... — Sertão.... Sertão...."; ora indagando, exclamando, na continuidade da reminiscência, e sem saber por que, ao cego Borromeu: " Você é o Sertão?!"

Aí o cerne alquímico/mítico da torrencial confidência de Riobaldo, que o título estampa, enigmaticamente: *Grande Sertão: Veredas*. Por que "grande sertão"? Por que os dois pontos?[3] Se "o sertão é do tamanho do mundo", não se limita, evidentemente, ao norte de Minas Gerais e ao sul da Bahia, onde se passa a ação. Ao contrário de Afonso Arinos (*Pelo Sertão*), Coelho Neto (*Sertão*) e Euclides da Cunha (*Os Sertões*), Guimarães Rosa concebe um só sertão, tão vasto quando o mundo e quanto o "eu". Os dois pontos parecem indicar, à luz de semiótica, o bote da cobra sobre a presa; ou podem equivaler a poros, signo icônico de filtro, percurso, "travessia", da chuva, que, em suma, caindo na terra porosa, gera as veredas. O sertão transforma-se num moto contínuo em veredas, enquanto essas se reconvertem naquele, num perene circuito, eterno retorno, liturgia recorrente que assinala o dinamismo da natureza. De onde o título poder ser lido nas duas direções, como em espelhos paralelos: *Grande Sertão: Veredas/Veredas: Grande Sertão*.

---

3. Aproveito, nas considerações seguintes, o estudo publicado no suplemento Cultura, de *O Estado de S. Paulo*, de 12 de dezembro de 1987, intitulado "*Grande Sertão: Veredas*, o enigma do título".

Uma outra hipótese de leitura do título e, por conseguinte, da obra, supõe o seu desdobramento do seguinte modo: "Grande Ser-Tão: Ver-Edas". Mantido intacto o primeiro vocábulo, pois que não permite cisão alguma, o segundo mostra a existência do "Ser" (ente) e de "Tão". Se eliminarmos o til (serpente?), teríamos "Tao": aqui se localiza uma das cintilações do enigma oculto no título, bem como na substância da obra. O quarto vocábulo é "Ver" e quinto, "Edas". Assim, chegaríamos ao seguinte: "Grande Ser Tao: Ver Edas". Com isso, outra parelha se monta, em perfeita simetria: de um lado, o "Grande Ser" vinculado ao "Tao" e, de outro, o "Ver" conectado a "Edas". TAO significa "caminho" (assim como "veredas", o que autoriza divisar uma outra imagem ao espelho no interior da primeira), "método". O TAO, misto de filosofia, religião, moral, que remonta à China do século VI a. C., seria o caminho, o método, que leva ao GRANDE SER.

O VER não causa surpresa quando recordamos que Riobaldo se dirige ao interlocutor com um vocativo formado desse verbo: "Mire e veja", diz ele reiteradas vezes, chamando a atenção para o ato de ver, não para o de escutar, mais coerente com uma narrativa como a sua. E EDAS, como se sabe, é o nome dos livros em que se recolheu a mitologia dos povos nórdicos. Assim, o título conteria a chave para a interpretação do fluxo verbal de Riobaldo: ali vemos a fábula do caminho ou método (TAO) que conduz ao GRANDE SER (Deus? O Diabo? O Primeiro Ente? A Causa Primeira? O Uno? O Grande Arquiteto?. Não importa: segundo a óptica de Riobaldo, e do Taoísmo, o GRANDE SER habita o Sertão/Cosmos/Ego). O velho jagunço, agora fazendeiro, entoa um canto épico — o "edas" do sertão —, visando a recordar a luta para se atingir o GRANDE SER.

Grande Sertão: Veredas é, pois, um caudaloso "edas" sertanejo, cantado por um visionário. O visualismo é o processo dramático preferido: Guimarães Rosa emprega o artifício da oralidade para fisgar o leitor. A rigor, *Grande Sertão: Veredas* não é uma narrativa oral; é visual. Faz-nos pensar em Fernão Lopes e a técnica cinematográfica. Riobaldo rememora o que viu para que o leitor também veja, como se lhe exibisse um filme ou um painel em que o monólogo se dispusesse ao modo de um desfiar de imagens multicoloridas: é na retina que se gravam as lembranças da "travessia" até o Grande Ser. A narrativa constituiria, assim, um longo poema em prosa (taoísta), centrado na visão: aí o significado do título e a senha para o deslinde da obra.

Riobaldo e os demais jagunços vivem às voltas com perplexidades "metafísicas", nucleadas no binômio Deus/Diabo, Bem/Mal. De onde a dualidade, o pêndulo dialético, que a crítica já assinalou. Mas trata-se de algo mais do que isso: mal andaria a saga de Riobaldo se se reduzisse a uma colcha de ambiguidades, seja por repetir-se monocordicamente, seja porque, desse modo, não se distinguiria do comum das obras literárias.

Mais do que a dualidade, é a muita transmutação alquímica o processo que preside *Grande Sertão: Veredas*. Visível no título, a reversibilidade esclareceria o porquê de as personagens abrigarem dentro de si, a um só tempo, o masculino e o feminino (Diadorim), o Bem e o Mal (Riobaldo, Hermógenes). Nelas coexistem o *Yin* e o *Yang* do Tao. Deus pode ser mau — "é traiçoeiro! Ah, uma beleza de traiçoeiro — dá gosto!", exclama Riobaldo —, e o Diabo obrar pelo Bem. O narrador não sabe se é Deus, ou o Diabo, a entidade que o inquieta e aos demais. Hermógenes tomba em luta com Diadorim, ao mesmo tempo que lhe furta a vida: qual dos dois é o mau? Qual o bom? O Mal está num e noutro: Diadorim "purga-se", ou perde-se, vingando a morte de Joca Ramiro, à mãos de Hermógenes. Para ela, ali o Mal se concretiza. Para ele, Diadorim personifica o Mal, é portadora da sua morte. Hermógenes pactua com o Diabo, mas o Diabo, ao ver dele, age por meio dela. Reversivelmente, cada um representa, ou imagina representar, o Bem, ou, ao menos, não acredita ser o mensageiro do Demônio, a ponto de nos deixar em dúvida. Diadorim é e não é mulher/homem, Riobaldo é e não é bom. Quem é homem, "cabra macho" no sertão? Diadorim, menina-moça que se finge de jagunço, enfrenta o desafeto e o assassina? Ou Hermógenes, que a mata num corpo a corpo em que as diferenças de sexo se desfazem, ou em que tudo que Riobaldo sentia ao contemplá-la se dissipa, para surgir o destemor (masculino)? Ou ambos?

A reversibilidade implica o paradoxo: o Bem e o Mal, Deus e o Diabo são nomes de entidades coexistentes, intercambiáveis, formando uma unidade paradoxal. Uma não exclui a outra; antes, uma é a outra. A fabulação de Riobaldo desdobra-se à luz do paradoxo: figuras, atitudes, episódios, tudo se reveste de uma aura paradoxal. As várias dimensões (temporais, geográficas, semânticas) do entrecho se friccionam, se miscigenam, num amálgama cujos ingredientes não se deixam apanhar: história e lenda, realidade e mito, razão e intuição, o certo e o errado, o longe e o perto, o ser e o não ser, numa cadeia infinita de pares, regem-se pelo signo do paradoxo.

De onde podemos focalizar *Grande Sertão: Veredas* de vários ângulos sem resvalar na falsidade. Em qualquer caso, porém, acabamos enleados pela indecisão. Filme de *cow-boy* rodado no sertão mineiro-baiano?

Novela de cavalaria rediviva, à brasileira? Odisseia sertaneja, protagonizada por Riobaldo, Ulisses do cangaço? O canto de sereia é o Diabo? Ou Diadorim? E Deus, a que vem? As associações praticamente não têm fim, sempre guiadas pelo paradoxo, que incita a vislumbrar, na mesma personagem ou situação, o verso e o reverso, num só golpe de vista. Inextricável como toda aparente contradição, *Grande Sertão: Veredas* reclama uma compreensão como que extralógica, apelando para a intuição, ou a comunhão transcendental, dos místicos. Na perspectiva da razão pensante, ocidental, maniqueísta, *Grande Sertão: Veredas*, além de ser uma caixa de surpresas, manifesta-se como um tecido de absurdos, um território imaginário onde reinasse, para sempre, interminavelmente, o *nonsense* onírico. A "travessia" pede que a admiremos, não que a submetamos ao crivo da razão, como se estivéssemos, norteados pelo Tao, ante o Cosmos e sua "indivisível unidade".

A "indivisível unidade" de *Grande Sertão: Veredas* exprime-se numa linguagem inventada, reclusa sobre si, como um universo circular. É um idioleto que não se pratica em parte alguma. Tendo por base as formas arcaicas ainda em uso no sertão mineiro-baiano, Guimarães Rosa lança mão de neologismos, eruditismo, indianismos, etc. E mesmo a sintaxe subtrai-se à normalidade gramatical, para se refundir livremente, atenta aos movimentos da poesia em suas nascentes originais: "tudo vai para a poesia", diz o autor em carta a Curt Meyer-Clason. E é graças a essa invenção que ele constrói o mundo regional/mítico de suas histórias. A composição dessa língua franca universal, espécie de *esperanto metafísico*, "a serviço do homem e de Deus, do homem, de Deus, da Transcendência", ainda consoante o autor, em resposta ao tradutor alemão, é que lhe permite focalizar o vaivém, o tumulto, a incessante usina de paradoxo, o eterno retorno da "travessia" de Riobaldo. Dessa perspectiva, teria realizado a revolução linguística preconizada pelos próceres de 1922, Mário de Andrade à frente, mas que não levaram a cabo senão parcialmente.

IV. Narrativa Contemporânea

Diversamente da poesia cultivada desde o pós-guerra de 1939, a prosa orienta-se por vetores nem sempre discerníveis com clareza. Várias tendências podem ser apontadas, alguns "ismos" assinalados, denotando a permanência da tradição ou a irrupção do novo, mas nem suas fronteiras se apresentam bem marcadas, nem seus cultores se caracterizam pela ortodoxia. Em mais de um caso, avistamos correntes cruzadas, superpostas, manchas de cor que se misturam, gerando uma ficção avessa a soluções estanques. O fenômeno da fusão e confusão opera-se em larga escala, dificultando o estabelecimento de linhagens ou cronologias estanques. Raros escritores evitaram o contágio das tendências em voga, sem maior benefício, diga-se desde já, para a sua criação. Acrescente-se a pletora de ficcionistas de talento em atividade nesse período, alguns deles ainda vivos, e compreender-se-á por que o exame dessa produção, não obstante o tempo que sobre ela transcorreu, deve ser entendido como um arranjo provisório, sujeito a correções tanto mais necessárias quanto mais se for alargando a perspectiva histórica.

Romance

1 Estreando em 1941, com a narrativa *Janelas Fechadas*, JOSUE MONTELLO (1917-2006) assinalava, a ressurgência, em corte moderno, de uma tradição romanesca que a ficção dos anos 1920 e 1930 havia obnubilado. Balzac, Eça de Queirós, os romancistas russos do século XIX e os espanhóis, franceses, ingleses e norte-americanos eram seus modelos, a que se acrescia, numa mescla que visava à "proporção de ouro" da arte ficcional, o estilo límpido, escorreito, à Machado de Assis.

Uma copiosa produção na mesma linha se estenderia daí para frente pelo culto do enredo bem arquitetado, com início, meio e fim, e a recusa dos experimentalismos técnicos: *A Luz da Estrela Morta* (1948), *O Labirinto de Espelhos* (1952), *A Décima Noite* (1959), *Os Degraus do Paraíso* (1965), *Cais da Sagração* (1971), *Os Tambores de São Luís* (1975), *A Noite* sobre Alcântara (1978), *A Coroa de Areia* (1979), *O Silêncio da Confissão* (1980), *Largo do Desterro* (1981), *Aleluia* (1982), *Pedra Viva* (1983), *Uma Varanda sobre o Silêncio* (1984), etc., romance; *O Fio da Meada* (1955), *Duas Vezes Perdida* (1966), *Uma Véspera de Natal* (1967), *Uma Tarde, Outra Tarde* (1968), *A Indesejada Aposentadoria* (1972), *Glorinha* (1977), *Um Rosto de Menina* (1978), narrativas curtas. Um traço de memorialismo acompanha a tessitura da intriga: o objetivo do ficcionista era reconstituir o quadro de costumes da cidade natal, São Luís do Maranhão, em dada época. De onde um regionalismo citadino, espécie de subjetividade, guiada pela força do eu sem prejudicar o painel social esboçado e a flagrância dos instantâneos dramáticos, ou seja, "um vasto mural, refletindo os problemas e as angústias de/seu/tempo": *Diário da Manhã* (1984).

O autor ainda cultivou o ensaio (*Gonçalves Dias*, 1942; *Artur Azevedo e a Arte do Conto*, 1956; *Caminho da Fonte*, 1959; etc.), a história, a biografia, a história literária (*Aluísio Azevedo e a Polêmica d' "O Mulato"*, 1975; etc.), o teatro (*Precisa-se de um Anjo*, 1943; etc.), o diário (*Diário da Manhã; Diário da Tarde*, 1988; *Diário da Noite Iluminada*, 1994).

Nascido também em 1917, o carioca ANTÔNIO CALLADO publicou o primeiro romance em 1954 (*Assunção de Salviano*), a que se seguiram *A Madona de Cedro* (1957), *Quarup* (1967), *Bar Don Juan* (1971), *Reflexos do Baile* (1976), *Sempreviva* (1981), *A Expedição Montaigne* (1982), além de peças de teatro: *A Cidade Assassinada* (1954), *Pedro Mico* (1957), *Forró no Engenho Cananeia* (1964). Ao contrário de Josué Montello, as suas histórias transcorrem em vários ambientes, desde o sertão baiano (*Assunção de Salviano*) até o Rio de Janeiro (*Bar Don Juan, Reflexos do Baile*), passando por Congonhas do Campo (*A Madona de Cedro*) ou Corumbá (*Sempreviva*), e por uma tribo indígena (*Quarup, A Expedição Montaigne*). Essa diversidade geográfica implica diversidade temática, uma e outra repousando numa estrutura narrativa linear (sobretudo nas primeiras obras), a que não é estranho o impacto do romance policial, como aliás, reconhece o autor, e numa visão da realidade brasileira que procura surpreender-lhe os traços (míticos) mais definidores, sejam os vinculados ao fanatismo religioso (nos romances iniciais), sejam os de natureza política do Brasil pós-1964 (*Bar Don Juan, Reflexos do Baile, Sempreviva*), sejam os de feição etnográfica, remontando ao meio indígena para descrever a festa da ressureição dos mortos e, por meio dela, tornada metáfora ou símbolo, denunciar o estado de coisas vigente nos anos 1960 (*Quarup*) ou para mostrar o processo de extermínio do aborígine às mãos do branco predador (*A Expedição Montaigne*). Faleceu em 1997.

Paulista de Batatais, ANTÔNIO OLAVO PEREIRA (1913-1993) participaria da tendência para a ficção de costumes, em torno de situações psicologicamente complexas. Iniciou-se com *Contramão* (1950), uma narrativa que logo chamou a atenção pelo estilo sóbrio, direto. A obra seguinte (*Marcoré*, 1957) veio confirmar a previsão dos críticos: ali se encontrava um romance maduro, forte, em que o apuro da forma se juntava à análise de um punhado de almas em conflito, entregues a sucessivos equívocos. Narrado na primeira pessoa, transparente na linguagem e denso nos pormenores psicológicos, dir-se-ia de um Machado de Assis que se dispusesse a descrever, com melancolia, mas sem "nenhum sentimento de revolta ou inconformidade", o ramerrão pachorrento de uma família do interior de S. Paulo, agitado e transformado pelo nascimento do protagonista que empresta título à narrativa. O autor prolongaria o clima desse romance, dentre os melhores surgidos numa década rica em obras no gênero, em *Fio de Prumo* (1965), passado entre Campos de Jordão e S. Paulo.

O Pernambuco JOSÉ CONDÉ (1918-1971) cultivou uma ficção em torno de dois eixos temáticos que correspondem a dois momentos de sua trajetória: o tempo e o espaço de origem, em *Histórias da Cidade Morta*, contos (1951), *Os Dias Antigos*, contos (1955), reunidos mais tarde sob o título de *Santa Rita* (1961), nome da cidade imaginária, espécie de transfiguração nostálgica da cidadezinha da infância (Caruaru), em que fluem as narrativas, e na qual também se localizaria o romance *Terra de Caruaru* (1960) e *Pensão Riso da Noite: Rua das Mágoas (Cerveja, Sanfona e Amor)* (1966), e o tempo e o lugar de adoção, em histórias ambientadas no Rio de Janeiro (*Um Ramo para Luísa*, romance, 1959; *Noite contra Noite*, romance, 1965). Ali, a tentativa de recuperar o tempo perdido; aqui, a retração os dramas noturnos da metrópole, num tom em que o realismo é mais o de um repórter enternecido que o de um observador engajado. Mais convincente na primeira faceta, o autor procurou na ficção citadina, sem maior êxito, um veio que lhe permitisse expandir o talento de narrador nato. Ainda publicou: *Caminhos na Sombra*, novelas (1945), obra de estreia, de tema pernambucano; *Onda Selvagem*, "romance popular" (1950), de assunto histórico, carioca; *Vento do Amanhecer em Macambira* (1962), *Como uma Tarde em Dezembro* (1969), *Tempo Vida Solidão* (1971), *As Chuvas*, escrito pouco antes de morrer e publicado postumamente (1972) —, repassados, os últimos, de certo ar melancólico.

Carioca de Resende, José Carlos de MACEDO MIRANDA (1920-1974) planejou um ciclo romanesco em doze volumes, intitulado "A Pequena Comédia", dos quais saíram os seguintes: *A Hora Amarga* (1955),

Lady Godiva (1957), *A Cabeça do Papa* (1962), *Roteiro da Agonia* (1965), *O Deus Faminto* (1967), *O Sol Escuro* (1968), *O Rosto de Papel* (1969), *Sábado Gordo* (1970), *O Pão dos Mortos* (1971), *Abismo, Abismo* (póstumo, 1976). A técnica narrativa, explorando com habilidade as conquistas do romance moderno, em especial a dos "mosaicos que se articulam em um painel", no dizer de Adonias Filho, serve a uma visão da realidade que um crítico (Fábio Lucas) bem caracterizou: "A decadência, o sensualismo incontrolável, a percepção aguda e fragmentada dos fenômenos, o intelectualismo gratuito, o jogo da vida, a falta de objetividade, o lirismo, o culto do acaso, a brutalidade, um abafado protesto político". Ainda publicou contos: *Pequeno Mundo Outrora* (1957), *As Três Chaves* (1964), *O Elefante Noturno* (1966); e poemas: *Litoral dos Medos* (1955).

Também carioca, CARLOS HEITOR CONY (1926) insuflaria em sua ficção a experiência traumatizante dos anos de seminário, que abandonou em 1945, bem como a consciência aguda dos dramas existenciais, determinados pelas obsessões sexuais em conflito com os valores morais e religiosos. Com certa virulência, refletida no estilo desafetado, franco, de recortes coloquiais, faz o balanço da pequena burguesia urbana decadente, uma espécie de microcosmos da condição humana, não sem apelar para lembranças autobiográficas de permeio com o testemunho da ordem ética e política reinante nos anos 1960. À publicação de *O Ventre* (1958), obra de estreia que lhe trouxe rápida notoriedade, seguiu-se *A Verdade de Cada Dia* (1959), *Tijolo de Segurança* (1960), *Informação ao Crucificado* (1961), diário de um seminarista em transe ("Deus acabou", conclui ele, ao término do seu confessionário), *Matéria de Memória* (1962) —, cinco romances nos quais fornece, como acentua Otto Maria Carpeaux no prefácio do volume seguinte, "um curso completo de antiteologia antimoral" —, *Antes, o Verão* (1964), *Balé Branco* (1966), *Pessach: a Travessia* (1967), em que focaliza o problema da participação de um escritor de 40 anos na guerrilha pós-1964, *Sobre Todas as Coisas*, contos (1968; reeditado, com o título de *Babilônia! Babilônia!*, em 1978), *Pilatos* (1973). Depois de um longo silêncio, em que se concentrara na atividade jornalística, voltou ao romance com *Quase Memória* (1995); *O Piano e a Orquestra* (1996), *A Casa do Poeta Trágico* (1997), *Romance sem Palavras* (1999), *O Indigitado* (2001), *O Adiantado da Hora* (2006), etc.

Outros romancistas posteriores à II Guerra Mundial deram a sua contribuição a essa linguagem em que o psicológico e o social se conjugam, numa estrutura em que o moderno recobre o tradicional, e o estilo se atualiza sem excessos ou inovações ousadas. Antes de concentrar-se no seu diário íntimo, de que se publicaram mais de dez volumes, o paraibano ASCENDINO LEITE (1915-2010) escreveu obras poéticas e quatro romances (*A Viúva Branca*, 1952; *O Salto Mortal*, 1958; *A Prisão*, 1960; *O Brasileiro*, 1962), nos quais, como declara, o seu "objetivo foi a natureza humana, o único problema dominante em qualquer latitude da terra". MARIA DE LOURDES TEIXEIRA (1907-1989), paulista de S. Pedro, tentaria fazer o romance de S. Paulo em *O Banco de Três Lugares* (1951), *Raiz Amarga* (1960), talvez a sua obra mais bem realizada, *Rua Augusta* (1962), *A Virgem Noturna* (1965), *Pátio das Donzelas* (1969), em que a paisagem urbana, dos tempos do auge do café aos anos do esplendor de uma rua sofisticada e frívola, assinalada pelos dramas peculiares à aristocracia do dinheiro em decadência, é descrita num estilo ágil e plástico.

Outra paulista, DINAH SILVEIRA DE QUEIRÓS (1910-1992) igualmente cultivou o romance, mas buscando fora de S. Paulo. *Floradas na Serra* (1939), narrativa de estreia, romântica e lírica, que conheceu a fama numa versão cinematográfica, e a que a autora deveu muito do renome desfrutado em vida, passa-se em Campos do Jordão. *Margarida La Rocque* (1949), ambientado na época colonial, com traços de fantástico; *A Muralha* (1954) e *Os Invasores* (1965), em torno da saga dos bandeirantes — são romances históricos, com as virtudes e limitações desse tipo de ficção. *Verão dos Infiéis* (1968) situa-se no Rio de Janeiro, ao redor de problemas existenciais, desencadeados pelas mudanças dos anos 1960. Ainda publicou três livros de contos. *A Sereia Verde* (1941), *As Noites do Morro do Encanto* (1957) e *Comba Malina* (1969); neste último e em *Eles herderão a terra* (1960), exercitou-se na ficção científica. *Eu venho (Memorial de Cristo/I)* (1974) e *Eu Jesus (Memorial de Cristo/II)* (1977) registram-lhe os sentimentos religiosos desenvolvidos nos derradeiros anos de vida.

São Paulo ainda colaboraria para a ficção desse período com um escrito campineiro, MÁRIO DONATO (1915-1992), autor de um romance que levantou enorme celeuma por ocasião do seu aparecimento, *Presença de Anita* (1948), em razão da liberdade — ao menos para os ditames da época — com que punha em cena situações de sexo lastreadas em Freud. *Madrugada sem Deus* (1954) convergiria para os anos 1930 em S. Paulo, tendo por protagonista a burguesia cafeeira e industrial. Ainda publicou as seguintes obras de ficção: *Galateia e o Fantasma* (1951), *A Parábola das Quatro Cruzes* (1959), *Domingo com Cristina* (1963), *Tietê Barbosa* (1976), *Partidas Dobradas* (1978), mas sem a mesma repercussão. Irmão de Mário Donato, *Marcos Rey*, pseudônimo de Edmundo Donato (1925-1999), ganhou renome graças às crônicas semanais, que revelavam meandros pouco visitados de S. Paulo. E também aos romances, o primeiro dos quais, *Um Gato no Triângulo* (1953), já mostrava as características que o distinguiriam: o olhar voltado para a cidade e os seus mistérios, a acuidade na percepção e fixação dos tipos humanos mais representativos do jeito de ser paulistano, expressos numa linguagem desataviada, colhida na fonte popular, repassada de sentimento e de empatia pelos humildes, como uma espécie de Balzac dos humilhados e ofendidos, dos marginais, dos boêmios, "pouco amantes do sol e do ar puro". Num espólio de 40 livros, destacam-se *Café na Cama* (1960), *Entre sem Bater* (1961), *Ferradura dá sorte?* (1963), *O Enterro da Cafetina* (1967), *Memórias de um Gigolô* (1968), *O Pêndulo da Noite* (1977), *Soy loco por ti América* (1978), etc.

2 Como se o período de pós-guerra desencadeasse uma onda de revisão do nosso passado literário, essa linhagem de autores mais comprometidos com a ficção de costumes ou psicológica, filiada à melhor tradução do século XIX, é contemporânea de ficcionistas voltados para o regionalismo. Guimarães Rosa daria o tom desse renascimento, cujos antecedentes imediatos se enraízam no decênio de 1930. E na sua esteira, ou repercutindo os mesmos ecos, outros viriam, como JOSÉ CÂNDIDO DE CARVALHO (1914-1989), natural de Campos de Goitacazes, no interior do Rio de Janeiro, onde aclimatou o seu primeiro romance, *Olha para ao céu, Frederico!* (1939), ainda evidenciando o exemplo de Rachel de Queiroz, José Lins do Rego e outros regionalistas do tempo. Passados 25 anos, publicou *O Coronel e o Lobisomem*, que lhe trouxe imediato prestígio nacional. Apesar do influxo, direto ou não de Guimarães Rosa, era patente a voz nova que se fazia ouvir nas andanças picarescas e alucinatórias do Coronel Ponciano de Azeredo Furtado. Numa linguagem sumarenta, de folclórico perfil, como que extraída da boca do povo arcaizado nas lonjuras de Campos de Goitacazes, o autor fixa a luta entre a realidade e a crendice, ou entre o desabusado e o supersticioso ou delirante, representado pelos dois termos do título. E é no mesmo diapasão que decorre o combate entre o realismo frascário do herói rabelaisiano e a credulidade, a "captura do grotesco como traço inerente à condição humana", no dizer de Franklin de Oliveira, motor que é dessa novela acima de tudo válida como obra de estilo.

José Cândido de Carvalho ainda publicaria outras obras, empregando semelhantes recursos estilísticos, observação e fantasia, mas sem alcançar os resultados daquela obra-prima de engenho e arte: *Porque Lulu Bergantim não atravessou o Rubicon* (1971), *Um Ninho de Mafagafos Cheio de Mafagafinhos* (1972), *Ninguém mata o arco-íris, retratos jornalísticos* (1972), *Manequinho e o Anjo de Procissão*, contos (1974), *Os Mágicos Municipais* (1984).

Do mesmo ano de *Grande Sertão: Veredas* é *Vila dos Confins* (1956), do mineiro MÁRIO PALMÉRIO (1916-1996). Nascido de "um relatório sobre as fraudes eleitorais", como declara o autor, o romance transcorre no interior de Minas Gerais, no Sertão dos Confins. Despertada por acaso e tardiamente a sua vocação literária, aplaudido pela crítica, Mário Palmério voltaria ao romance com a sua obra mais orgânica: *Chapadão do Bugre* (1965). O nervo da ação é ocupado por um crime passional: José de Arimateia, o herói, de nome bíblico, assassina o homem que lhe seduzira a prometida, e foge. Perseguido implacavelmente até o desenlace fatal, o seu caso desata velhas e adormecidas rivalidades entre os poderosos do sertão mineiro. O clima de tragédia sertaneja, com o seu halo de épico e a sua movimentação cinematográfica, é o de um filme de *cow-boy* rodado no Centro-Oeste brasileiro. Mais próximo, no geral, de Bernardo Élis (a examinar no tópico do conto) que de Guimarães Rosa, Mário Palmério reata o fio da tradição regionalista iniciada no Romantismo. Mas os possíveis e involuntários vestígios de *Inocência* e obras similares da *Belle époque* não impedem que *Chapadão do Bugre*, na universalização do regional, no simbolismo do crime e castigo, e na linguagem pitoresca e vigorosa, sem pretensões de "escrita artística", se distinga como das mais relevantes obras no gênero surgidas no pós--guerra de 1939 entre nós.

O regionalismo baiano é representado por HERBERTO SALES (1917-1999). *Cascalho*, romance de estreia, publicado em 1944 transcorre na zona de lavras diamantíferas. Retratando o universo do garimpo com um realismo despido de conotações ideológicas, com uma fidelidade documental, a narrativa é protagonizada por um herói coletivo, anônimo, a ponto de um crítico (Haroldo Bruno) considerá-la "o primeiro grande romance coletivista brasileiro (...), um dos romances mais socialmente revolucionários que conheço". Pondo no acabamento e revisão da obra o máximo de empenho, o autor apenas voltaria ao romance em 1961, com *Além dos Marimbus*, dessa vez focalizando, segundo análoga perspectiva, o tema da extração da madeira. Outras narrativas se seguiram: *Dados Biográficos do Finado Marcelino* (1965), *O Fruto do Vosso Ventre* (1976), *Einstein, o Minigênio* (1983), *Os Pareceres do Tempo* (19840, *Rio dos Morcegos* (1993), de temática urbana ou histórica, de inflexão satírica ou lírica, mas atestando o mesmo afã de evitar a "volúpia de rapidez na composição" que condenava nos prosadores nordestinos dos anos 1930, e de renovar-se a cada obra. E também *Rebanho do Ódio* (1995), reconstituição, "à maneira de Proust", de uma comunidade marítimo-rural fluminense. Ainda publicou livros de contos, divididos entre o cenário rural e o urbano: *Histórias Ordinárias* (1966), *Uma Telha de Menos* (1970), *O Lobisomem e Outros Contos Folclóricos* (1970), *Transcontos* (reunião dos dois primeiros livros, 1974), *Armado Cavalheiro o Audaz Motoqueiro* (1980).

Cabe, ademais, referir a obra do piauiense Francisco de ASSIS Almeida BRASIL (1932), autor da "Tetralogia Piauiense": *Beira Rio Beira Vida* (1965), *A Filha do Meio Quilo* (1966), *O Salto do Cavalo Cobridor* (1968), *Pacamão* (1969), em que a ênfase no diálogo, a variação do foco narrativo e a insistência no enredo se põem a serviço da fusão dramática entre poesia e vida, "a formulação de uma literatura popular e de revolta" (Fausto Cunha), movida por uma "única intenção", no dizer do autor, "a da denúncia". O pendor para o trágico, expresso com requintes estruturais, ainda se manifesta no "Ciclo do Terror", fora do circuito regionalista, composto dos seguintes romances: *Os que bebem como os cães* (1975), *O Aprendizado da Morte* (1976), *Deus, o Sol, Shakespeare* (1978), *Os Crocodilos* (1980). Além de outras obras de ficção, Assis Brasil dedicou-se à crítica e ao ensaio.

O regionalismo paulista, que vinha dum demorado arrefecimento, recuperaria o seu lugar graças a HERNÂNI DONATO (1922), autor de *Filhos do Destino* (1951), *Chão Bruto* (1958), *Selva Trágica* (1959), este em torno da erva mate de Mato Grosso; e FRANCISCO MARINS (1922), com *Clarão na Serra* (1961), *Grotão do Café Amarelo* (1963), *... E a porteira bateu* (1968), que constituem autêntica saga do café, à qual outros prosadores deram contribuição, como João Pacheco, com *O Recuo do Meridiano* (1949), e Leão Machado, com *Capa Preta* (1960). Ainda é de registrar *O Pássaro da Escuridão* (1963), amplo "romance antigo de uma cidadezinha brasileira", vazado num estilo poeticamente opulento —, "entre a contensão fremente de Pompeia e o barroco mural de Euclides", na ponderação de Osmar Pimentel num artigo reproduzido à entrada da 4ª edição do romance (1978) —, com que Eugênia Sereno, pseudônimo de Benedita de Rezende Graciotti (1913-1986), empreendeu a reconstituição proustiana de Mororó-Mirim, nome fictício de São Bento do Sapucaí, sua cidade natal, encravada no Vale do Paraíba.

3 No mosaico da ficção pós-guerra não podia faltar o apelo aos experimentalismos, a acrobacia formal, no louvável intuito de substituir o cediço por soluções inéditas. O nouveau roman francês, pela difusa influência que exerceu, é um dos focos mais prolíferos dessa tentativa de renovação estrutural, levada a efeito, entre nós, por alguns ficcionistas da década de 1960.

Antes dele, a arte de romancear sofrera profunda metamorfose nas mãos de Proust, Joyce, Kafka e outros. No plano nacional, não se percam de vista as novidades, de caráter joco sério, introduzidas pela prosa de Oswald de Andrade a fim de escandalizar o burguês. Contudo, é o romance de Allain Robbe-Grillet, Michel Butor, Nathalie Sarraute, Claude Simon, Marguetire Duras, que provocaria estremecimento nas bases da narrativa tradicional, de feição balzaquiana. É certo que nem tudo foi aproveitado pelos nossos ficcionistas dessa linhagem, mas também é verdade que, sem remontarmos ao modelo francês, não situaremos devidamente as modificações que praticaram. Se nem sempre lograram o resultado em vista, nem por isso deixaram de chamar a atenção para as linhas avançadas da ficção europeia, assim como grupos vanguardeiros desse período o fizeram em relação à poesia.

Em Geraldo Ferraz, que examinaremos mais adiante, já é possível distinguir o emprego de recursos insólitos de expressão para captar aspectos menos visitados de nossa realidade social. Todavia, a sua contribuição, fruto do instinto ou da intuição que rompe com o já sabido, o já feito, teria de aguardar o advento de outros escritores com análogo espírito renovador para se impor como tal.

O engajamento no *nouveau roman*, ainda que involuntário, correu o mesmo risco enfrentado pelos seus fundadores, à semelhança do que acontece a toda criação literária sujeita a um programa logo tornado receita: o de repetir-se enfadonhamente. Como é a experiência formal, e numa direção preestabelecida, que caracteriza o *nouveau roman*, não estranha que, após a primeira tentativa, a segunda perdesse originalidade, e a terceira ainda mais, e assim por diante, até a cansativa e inevitável estereotipia. MARIA ALICE BARROSO (1926) foi saudada, ao publicar, em 1960, a *História de um Casamento*, como introdutora do *nouveau roman* entre nós, título que lhe cabe com toda a justiça. Trazia como novidade a rejeição da personagem e a sua psicologia, assim como do enredo, com o consequente realce na descrição dos objetos e, portanto, no emprego da visão como o sentido primordial. Por isso também se chamou de "escola do olhar". Mas essa inovação, se, por um lado, correspondia à saudável proposta de ultrapassar as barreiras da tradição, por outro acabou por estratificar-se, perdendo o poder de impacto, e por tornar-se um exercício inteligente e contraditório de refugar como entulho o que constituía a razão mesma da prosa de ficção: a personagem (com a sua vida psicológica) e a intriga. Caso lograssem o seu intento estaria morta a ficção e negadas as obras que criassem com esse objetivo niilista. Quando pouco, produziram narrativas que, por datadas e estereotipadas, não resistiriam ao tempo e à releitura. O talento e a estimável disposição renovadora de Maria Alice Barroso acabou encontrando o seu limite no próprio modelo do *nouveau roman*. *Um Simples Afeto Recíproco* (1963) seguiu a trilha aberta pela obra inicial, com idêntico resultado, não obstante ser dotada de uma sensibilidade em certos pontos afinada, por analogia ou influência, com a de Clarice Lispector. Tal semelhança, posto que ocasional, contrariava os postulados da "escola do olhar", que preconizava um narrador neutro, impessoal, como uma câmara cinematográfica ou um olho secreto que focalizasse protagonistas e coisas sem destilar sentimentos ou emoções. A autora ainda publicou *Os Posseiros* (1955), romance de índole política, em torno dos "sem-terra", *Estamos sós* (1958), *Um nome para matar* (1967), *Um dia vamos rir disso tudo* (1976), *Quem matou Pacífico?* (1969), este último uma narrativa policial, confirmando a tendência para esse tipo de ficção que percorre toda a sua produção. Ainda publicou *O Globo da Morte* (1981) e *A Saga do Cavalo Indomado* (1988).

Estreando em 1961 com *Guia-Mapa de Gabriel Arcanjo*, NÉLIDA PIÑON (1935) vinha reforçar as mudanças inspiradas no *nouveau roman*, com uma narrativa caracterizada pelo fragmentário, como se utilizasse a técnica da colagem, ou do "guia-mapa". *Madeira feita cruz*, romance de 1963, caminha na mesma direção, mas a partir de *Tempos das Frutas*, contos (1966), volta-se para uma escrita menos preocupada com experimentalismo, publicando *Fundado*, romance (1969). *A Casa da Paixão*, romance (1972), *Sala de Armas*, contos (1973), *Tebas do Meu Coração*, romance (1974), *A Força do Destino*, romance (1978), *O Calor das Coisas*, romance (1980), *A República dos Sonhos*, romance (1984), *A Doce Canção de Caetana*, romance (1987), etc, numa progressão em que cada vez mais o social e o histórico invadem a teia do seu imaginário.

GERARDO MELLO MOURÃO(1917-2007), que ainda cultivou uma poesia de acentos epicizantes (*Cabo das Tormentas*, 1950; *Três Pavanas*, 1961; *O País dos Mourões*, 1963; *Peripécia de Gerardo*, 1972; *Rastro de Apoio*, 1977, esses três últimos constituindo a trilogia *Os Peãs*, que veio a público num volume em 1986), decidiu-se por um tipo de ficção que, embora desvinculada do *nouveau roman*, se beneficiou das mesmas fontes europeias. *O Valete de Espadas* (1960), "o primeiro grande romance expressionista brasileiro", no julgamento de Franklin de Oliveira, caracteriza-se pelo insólito, o fantástico, o descosido da narrativa, o tom fragmentário, o sem sentido, ou que só tem sentido como ausência, num clima absurdo à Kafka ou à Beckett, que explora a vocação totalizante do romance, por meio do imbricamento de histórias, numa *mise em abîme* embrionária, da inserção de um ensaio no corpo da narrativa, e da ostensiva interferência do narrador, "peregrino das próprias entranhas", cujo drama se resumisse na busca do ser à luz da Bíblia. Em *Dossiê da Destruição* (1966), a presuntiva destruição de uma cidade (Pompeia?) acompanha a diluição das personagens, bem como do autor e do próprio romance como forma, numa "ininterrupta atmosfera" de alegoria que prolonga a obra anterior.

Ainda podem ser mencionados nesse grupo de experimentalistas, os nomes de Olímpio Monat, autor de *Um Homem sem Rosto* (1964), narrativa em fragmentos, tendo Copacabana por cenário e o sexo desenfreado como fio condutor; e O. C. Louzada Filho, autor de *Dardará* (1965), em que é possível descortinar experiências ligadas às poéticas vanguadeiras dos anos 1960, e *Diário de Bordo* (1975), *A Luz do Dia* (1977).

4 Como ondas a chocar-se e a superpor-se, para se afastar, arrastando no bojo águas de outras paragens, mas cedendo as suas espumas para integrar as demais, as correntes da prosa de ficção desse período se mesclam formando um mar em que por vezes se torna vão tentar discernir as zonas de cor, volume e forma. Assim, o romance de introspecção próxima do trágico, do absurdo, do insólito, e mesmo do fantástico, não é uma tendência estanque, que nada devesse às outras e nada lhes emprestasse. Antes pelo contrário: muitos pontos de contato podem ser assinalados, sem afetar-lhes a individualidade.

Do prisma da forma, essa tendência se identifica pelo emprego de recursos expressivos postos em voga pela ficção de Proust, Joyce, Katherine Mansfield, Virgínia Woolf, Aldous Huxley, Faulkner, dentre outros. Mestres indiretos dos "novos romancistas", serão mestres diretos dos ficcionistas voltados para as psicologias de exceção, brotadas, como flores de estufa, em atmosferas arcaicas, paredes-meias com o mítico, o onírico, o inconsciente, o alucinatório, o demencial, o insondável, o *nonsense*, o estranho, o fantasmagórico. Para lhe surpreender os movimentos mais íntimos, os estratos ocultos ao olhar, recorrem aos "fluxos da consciência", aos *flashbacks,* aos *flashforwards* e a toda sorte de fragmentação estrutural, num árduo trabalho de montagem e remontagem, de que resultam mudanças substanciais na dimensão do tempo e do espaço.

Continuando, de certo modo, a prosa intimista dos anos 1930, os seus cultores visam a desenhar, utilizando rebuscados, expedientes, as características humanas mais autenticamente regionais, para atingir a universalidade de significado. Faulkner inventara o seu mundo, suas cidades e suas gentes a partir da imagem que fazia do sul do seu país. Os romancistas nacionais não propugnam por uma reinvenção da nossa paisagem social e arquitetônica. Preferem as vias do realismo, mas dum realismo que logo se transfigura por detectar, para além das sombras visíveis, todo um ambiente grotesco, patético, de contorno barroquizante, à beira do gótico, a um passo do *kitsch* ou do melodramático.

ADONIAS Aguiar FILHO (1915-1990), baiano de Itajuípe, principiou em nível elevado a sua obra ficcional: *Os Servos da Morte*, romance de estreia, é de 1946, embora estivesse concluído há três anos. Ali, não só já definia o seu perfil de escritor, como também exibia toda a medida do seu potencial imaginativo e da sua visão da realidade. Iniciava-se maduro, como se houvesse relegado as páginas de juventude ao fundo de uma gaveta qualquer. Aliás, *Corpo Vivo*, redigido em 1938, esperou até 1963 para vir a público, não sem antes sofrer cuidadosa remodelação, inspirada no tirocínio e ditada pelo amadurecimento. De permeio, publicara *Memórias de Lázaro* (1952), assim completando uma trilogia que, nem por ser ambientada na zona cacaueira de Itajuípe, é de índole regionalista. Seu propósito, calcado nos mestres do romance introspectivo, Faulkner à frente, era invadir as paragens de sombras em que se configuram os dramas desenrolado na zona do cacau. Se Jorge Amado fizera a radiografia "por fora" desse quadro social, o seu intuito seria realizá-la "por dentro".

Num clima tenso desde as primeiras linhas, e que não afrouxa até o epílogo — "o aspecto macabro da luz nas telhas, o ruído lúgubre do vento nas palmeiras, tudo se comprimia e formava uma diabólica agregação de som, cor e desenho sem forma" —, chocam-se seres primários, estigmatizados por sentimentos avassaladores, de ódio cruel, pânico, terror, medo, assolados por ventos mórbidos de alucinação, cólera e vingança, entregues a uma angústia sem-fim, ululantes, febris, humilhados e ofendidos à Dostoiévski, assombrados pelas asas da aniquilação, bêbados, doidos, malditos, deformados, cegos, delirantes, espectros, fantasmas, corporificações demoníacas protagonizando tragédias irremissíveis, liturgias ao Mal, sem deparar o caminho da Salvação, vivendo "no fundo de um delírio sem consolação", lázaros que ruminam sua dor, suplicam, soluçam, em suma, "os servos da morte".

De um para outro romance da série, observa-se o progressivo despojamento do estilo e o apuro da arquitetura narrativa, no rumo de uma concisão ascendente, cujo ápice se atinge em *Corpo Vivo*, que alguns consideram a obra-prima do autor. Ainda publicou o *O Forte* (1965), romance ambientado em Salvador, os contos de *Léguas da Promissão* (1968), *Luanda Beira Bahia* (1971), romance afro-brasileiro —, em que a tragicidade espectral e vingativa se atenua com o emergir de uma esperança, mais utópica que realista; e os romances: *As Velhas* (1975), *O Lago da Palma* (1981), *Noite sem madrugada* (1983).

AUTRAN DOURADO (1926) é bem representativo da ficção mineira, caracteristicamente introspectiva, cujos antecedentes imediatos se localizam em Cornélio Pena, Rodrigo de Melo Franco Andrade e outros. Sua trajetória, assinalada pelo influxo de prosadores estrangeiros de semelhante tendência, definir-se-á tendo por sustentáculo essa intrínseca mineiridade. Assim como há um modo baiano, ou pernambucano, ou carioca, ou paulista, de exercitar a introspecção, há um jeito mineiro, que constitui pressuposto indispensável à correta avaliação dos seus praticantes. Os próprios títulos das obras do autor o denunciam. *Teia* é a narrativa inaugural (1947), de kafkiana modulação, seguida por *Sombra e Exílio* (1950), tentames juvenis de encontrar o caminho que, em meio ainda a indecisões da idade, começaria a delinear-se com mais clareza em *Tempo de Amar* (1952), em que se cunham as matrizes da sua ficção e da sua visão do mundo: seres nimbados pelo mistério, enjaulados em atmosferas cinzentas, oníricas, acossados pelo desentendimento, pelos destinos desavindos, pela decadência e pelo estigma da morte, submetidos "às divindades obscuras".

Após publicar *Três Histórias na Praia* (1955) e *Nove Histórias em Grupo de Três* (1957), em que se movimenta na área do conto, Autran Dourado atingira com *A Barca dos Homens* (1961), "uma história de caça e pesca", confessadamente parodiada de *A História Trágico-Marítima*, relato de naufrágios na época dos Descobrimentos, um dos pontos altos da sua carreira, pela densidade dos conflitos, pela cerrada e sofisticada armação da estrutura, pelo estilo, terso, desempenado, aderido à fabulação. *Uma Vida em Segredo* apareceria em 1964, contendo a narrativa dum "coração simples" (no dizer de Hélio Pólvora), logo bafejada pela crítica, que nela viu uma realização superior, mas o auge da trajetória do autor seria alcançado com *Ópera dos Mortos* (1967). Retomando o cenário kafkiano de *Teia*, focaliza um casarão perdido no mundo estagnado, arcaico, de uma cidade mineira do interior. A atmosfera, fantasmagórica, irracional, tem autorizado a crítica a descortinar nesse romance a sugestão do Faulkner de *A Rose for Emily*. A tensão romanesca é sufocante, as personagens, loucas ou tangidas por forças indiscerníveis, exterminadoras, diabólicas, parecem arquétipos vivos. O tom, porém, é dum realismo simbólico, em que se defrontam o mito e a história, à sombra da tragédia. Polifonia de vozes que emitem um discurso insano, retrato de uma situação exemplar por acaso situada no coração de Minas Gerias, *Ópera dos Mortos* foi merecidamente escolhida, pela UNESCO, para integrar uma coleção de obras representativas da literatura mundial.

Em 1970, publica *O Risco do Bordado* e, passados dois anos, *Solidão Solitude* (reedição de *Nove Histórias em Grupo de Três*, acrescidas de "Três Histórias na Solidão"), em que continua a laboriosa pesquisa formal, inclusive recorrendo, na primeira delas, a "uma narrativa em blocos, um romance em painéis" como adverte em *Uma Poética de Romance* (1973). *Os Sinos da Agonia* (1974) retomariam o clima de *Ópera dos Mortos*: situado em Vila Rica, no século XVIII, visa menos à reconstituição histórica das Minas Gerais que ao delineamento de sua identidade moral, aureolada de bruma, mistério, agonia e declínio, "a alma barroca e torturada, o negrume arcádico e inconfidente das Minas", como declara o escritor.

A escalada de Autran Dourado não se interrompe nesses achados de forma e de percuciência, etapas que são no encalço do livro único, da personagem única que traz dentro de si, como adiantou em certa altura. Outras obras deu a público: *Novelário de Donga Novais* (1976), *Armas e Corações*, narrativas curtas (1978), *Novelas de Aprendizado* (reunião de *Teia* e *Sombra e Exílio*, 1980), *As Imaginações Pecaminosas*, ficção (1981), *O Meu Mestre Imaginário*, ensaio (1982), *A Serviço Del'Rei*, romance (1984), este último de natureza política, sem perda do lastro mítico, paródico, que lhe sustenta a ficção colocada entre as mais importantes da modernidade do pós-guerra. Em 1995, publicou *Ópera dos Fantoches*, em 1997, *Confissões de Narciso*, e em 2003, *Morte da Alegria*.

Além do romance *A Famosa Revista* (1945), de parceria com Patrícia Galvão (Pagu), recusado por várias editoras em consequência da sua arrojada concepção — "espécie de criação temerária, intelectualmente acima de todos os limites", nas palavras de Adonias Filho — o paulista GERALDO FERRAZ (1905-1979) publicou *Doramundo* em 1956, ano-chave da história da ficção contemporânea, graças ao aparecimento de várias obras notáveis no gênero, com *O Tronco*, de Bernardo Elis, *Montanha*, de Ciro dos Anjos, *Vila dos Confins*, de Mário Palmério, *Grande Sertão: Veredas*, de Guimarães Rosa, etc. Ambientada em Cordilheira, um vilarejo de serra, à margem de uma ferrovia (S. Paulo-Santos?), imerso numa neblina de londrina memória — o *smog* —, a narrativa, escorada na ligação amorosa entre Teodora (Dora) e Raimundo (Mundo), ressalta pelo flagrante entre surrealista e expressionista daqueles seres isolados nas alturas, vergados a um tédio e a uma solidão que, incitando-os ao amor adulterino, os arrasta ao crime e à morte. Escrito com movimentação e colorido, contagiado pela "revolução joyceana (...), estabelecendo a correlação com a pintura, a escultura, a poesia, a música", no dizer do autor, o romance permite advinhar-se — nas manchas que vão compondo o painel das personagens e situações, como se entrevistas em meio à névoa que tudo encobre, para mais dramaticamente revelar — o especialista em artes plásticas que também foi.

Em semelhante registro se inscreve a ficção do piauiense O. G. REGO DE CARVALHO (1930), cuja estreia, em 1953, com *Ulisses entre o Amor e a Morte*, manifestava forte pendor para a narrativa de entonação poética, nucleada na infância e adolescência, com prováveis toques autobiográficos. O introspectivismo lírico dessa breve narrativa de menos de cem páginas é substituído, no romance seguinte (*Rio Subterrâneo*, 1967), por um clima sombrio, trágico, "um mundo fantasmagórico, em que lúcida doidice se mescla à mais desvairada loucura, em noites desesperadas de amor e alegria", segundo Esdras do Nascimento. Mergulhado em "angústia e desolação", o herói revisita, em súbitos e repetidos *flashbacks*, a infância, para descobri-la vazia de lirismo: como em catarse, ou impiedosa autoanálise, o narrador enfrenta os demônios interiores no "rio subterrâneo: álgido, escuro e aterrador", criando uma história densa, espectral, em que não é exagero adivinhar as sombras de Dostoiévski ou de Kafka. Infelizmente, o romance publicado em 1971 (*Somos todos inocentes*), passado, como os outros, em Oeiras, ex-capital do Piauí, não confirmou o nível de concrescência verbal e intuitiva da obra anterior.

5 Vinculando-se às experiências já conhecidas, e repercutindo uma das linhas de força mais ativas das literaturas hispano-americanas das últimas décadas do século XX, a ficção de recorte fantástico, ou mágico, igualmente abriu espaço na produção nacional do pós-guerra. Para tanto, o místico, o maravilhoso, o sobrenatural, o fantasioso, tornam-se categorias discerníveis na realidade histórica:

> a narrativa fantástica preocupa-se em apresentar homens como nós, habitando o mundo real em que nos situamos, colocados subitamente em face do inexplicável.

Ou que travam com ela permanente e conflitivo diálogo: "o fantástico nutre-se dos conflitos entre o real e o possível (...); a arte fantástica deve introduzir terrores imaginários no seio do mundo real".[1]

Gera-se, assim, algo como um realismo que logo se denominou de mágico, ou fantástico, ou maravilhoso — constituindo uma complexa tipologia, plena de nuanças e gradações que não vêm ao caso questionar no momento —, na qual é sensível a presença da estética surrealista, com toda a imersão freudiana no universo simbólico dos sonhos e dos múltiplos estratos do real.

Além de Murilo Rubião, aceito como o precursor da literatura fantástica entre nós, e cujo balanço faremos ao tratar do conto, sobressai o goiano J. J. VEIGA (1915-1999), que estreou com um livro de contos, *Os Cavalinhos de Platiplanto* (1959), premiado, mas pouco divulgado. O autor teria de aguardar, bem como aquele escritor, a sua hora e vez. *A Hora dos Ruminantes*, romance reescrito sete vezes, sairia em 1966. Posteriormente vieram a público *A Máquina Extraviada*, contos (1968), *Sombras de Reis Barbudos*, romance (1972), *Os Pecados da Tribo*, romance (1976), *De Jogos e Festas*, contos (1980), *Aquele Mundo de Vasabarros*, romance (1982), *Torvelinho Dia e Noite*, romance (1985), *O Risonho Cavalo do Príncipe*, romance (1992), *Objetos Turbulentos*, contos (1997).

Parecido, na essência, com o fantástico de Murilo Rubião, o de José J. Veiga afasta-se dele por intuitos de objetividade: o insólito pertence ao mundo do real também, mas eclode apenas em determinados momentos e situações; não ocorre sempre, e aqui e ali nem de fantástico se trata. Articulando-se, não raro, à visão, ou à imaginação, infantil, o fantástico do autor de *A Hora dos Ruminantes* exprime-se por meio da alegoria, posta

---

1. Louis Vax. *L'Art et la Littérature Fantastiques*, Paris: PUF, 1960, pp. 5, 6.

a serviço de um pensamento crítico discreto, mas que revela, na denúncia do absurdo, o engajamento de base; um pensamento que capta o absurdo da realidade, não somente como sinal do insólito mítico, mágico, ou místico, em suma, do "não real", senão como veículo expressivo do injusto, do inadequado, do "não natural", do "inumano". Desse modo, a máquina extraviada "na frente da Prefeitura" de um lugarejo do sertão, espalhando o suspense e o pânico, num clima de pesadelo; a Companhia de Melhoramentos que domina opressivamente a cidade, obrigando os habitantes a escaparem voando; o aparecimento de fantasmas na pacata Torvelhinho, constituem alegorias de um estado de coisas em que a estranheza guarda o sentimento de injustiça, de medo, de terror.

Daí a atmosfera poética e o tom de fábula, que a presença de animais acentua: fábulas modernas, destituídas de moral ostensiva, em torno da angustia do desconhecido, do perigo, do anti-humano. De onde vieram os estranhos seres que ocupam taperas na praça? E os cães que tudo invadem? E os bois? À maneira dum Ionesco e seus rinocerontes ou de George Orwell e seus bichos, J. J. Veiga enxerga nos ruminantes e nos outros animais os símbolos de uma situação-limite. Sem perder o halo poético, o fantástico tinge-se de cores éticas, procura de preferência os ambientes provincianos, vazado numa linguagem direta e contida, em que o próprio autor reconhece a insinuação da língua inglesa.

A brisa surrealista que perpassa muitos dos ficcionistas até aqui examinados, notadamente os últimos, se adensaria na figura estranha de Walter CAMPOS DE CARVALHO (1916-1998), mineiro de Uberaba. Além de *Banda Forra*, "ensaios humorísticos" (1941) e *Tribo* (1954), renegados pelo autor, publicou: *A lua vem da Ásia* (1956), *Vaca de Nariz Sutil* (1961), *A Chuva Imóvel* (1963), *O Púcaro Búlgaro* (1964). Iconoclasta, raivoso, bem-humorado, mas dum humor negro, o surrealismo de Campos de Carvalho é substancialmente revoltado: o desrespeito à verossimilhança euclidiana, o truncamento dos planos temporais e espaciais, a rejeição do sensato e do bem-comportado resultam, na óptica do romancista, dum desejo palpável de violência, mas de violência edificante. Surrealismo agressivo, irônico, desmonta os ajustes convencionais da ordem para instalar o caos gerador dum mundo menos sufocante, menos espartilhado, em que a expansão do "eu", por intermédio de múltiplas e livres associações, não se confundisse com a loucura: a aparência guarda seriedade, a seriedade inerente à sátira do tipo *Elogio da Loucura*, de Erasmo de Roterdã. De onde o clima surreal, de náusea, à Sartre, ou de disponibilidade dos heróis gideanos, a irreverência causticante, tudo isso refletido na desconexão dos capítulos, em favor de liames dramáticos obedientes a uma lógica do absurdo; na ausência ou diminuição da trama; no gosto pelos paradoxos; e na linguagem sincopada, que não evita o palavrão, numa época em que ainda não estava em moda empregá-lo.

6 Iniciando-se em 1965, com *O Viúvo*, OSWALDO FRANÇA JÚNIOR (1936-1989) alcançaria dois anos depois, no consenso da crítica, o ponto mais alto da sua trajetória com *Jorge, um Brasileiro*, já traduzido para vários idiomas e adaptado para a televisão. O protagonista, uma espécie de Riobaldo caminhoneiro, narra, em solilóquio, a sua odisseia pelo interior do Brasil. Anti-herói, avatar de Macunaíma sem a preguiça, vai aos poucos tomando consciência de si e do mundo ao redor. Quase destituída de núcleo(s) dramático(s), a longa fala enumera linearmente as experiências de motorista de caminhão com detalhes verossímeis, de viva coloquialidade, e por isso nem sempre relevantes. Outros romances juntaram-se a esses para criar o renome de que goza o autor, graças à limpidez do estilo e da estrutura ficcional, aqui e ali aproveitando sua vivência de ex-militar da Aeronáutica, da qual foi exonerado sob pretexto de subversão: *Um Dia no Rio* (1969), *O Homem de Macacão* (1972), *A Volta para Marilda* (1974), *Os Dois Irmãos* (1976), *As Lembranças de Eliana* (1978), *Aqui e em Outros Lugares* (1980), *À Procura dos Motivos* (1982), *O Passo-Bandeira (Uma História de Aviadores)* (1984), *As Laranjas Iguais* (1985), *Recordações de Amar em Cuba* (1986), *No Fundo das Águas* (1987).

Outros escritores ainda poderiam ser citados, pela diversificada contribuição que deram a um período de intensa e superior atividade nos domínios do romance, cujo balanço demandaria, porém, um longo e específico estudo, como Paulo Dantas, com *Chão e Infância* (1953), *Purgatório* (1955), *O Capitão Jagunço* (1959), *O Livro de Daniel* (1961), etc; Antônio Olinto, com *A Casa da Água* (1969); Rosário Fusco, com *O Agressor* (1943), *O Livro de João* (1944), *Carta à Noiva* (1954), *Dia do Juízo* (1961); Elisa Lispector, com *Além da Fronteira* (1945), *No Exílio* (1948), *Ronda Solitária* (1954), *Muro de Pedras* (1963), *O Dia Mais Longo de Thereza* (1965); Lídia Besouchet, com *Condição de Mulher* (1948), *Cidade de Exílio* (1961); Permínio Asfora, com *Sapé* (1940), *Noite Grande* (1947), *Fogo Verde* (1951), *Vento Nordeste* (1957), *O Amigo Lourenço* (1962), *Bloqueio* (1972), *O Eminente Senador* (1973); Santos Morais, com *Menino João* (1959); Otávio Melo Alvarenga, com *Doralinda* (1963),

Judeu Nunquim (1967); Paulo Jacob, com *Andirá* (1965), *Chuva Branca* (1968), *Dos Ditos Passados nos Acercados do Cassianã* (1969), *Chãos de Maicomã* (1974), *Vila Rica das Queimadas* (1976); Jorge Mautner, com *Deus da Chuva e da Morte* (1962), *Kaos* (1963), *Narciso em Tarde Cinza* (1965), *Vigarista Jorge* (1965); José Alcides Pinto, com *O Dragão* (1964), *O Criador de Demônios* (1967), *Entre o Sexo: A Loucura/A Morte* (1968), *Estação da Morte* (1968), *O Enigma* (1974), *O Sonho* (1974), etc; Aguinaldo Silva, com *Redenção para Job* (1961), *Cristo Partido ao Meio* (1965), *Canção de Sangue* (1966), *Dez Histórias Imorais* (1967), *Geografia do Ventre* (1968), etc; Walmir Ayala, com *À Beira do Corpo* (1964), *Um Animal de Deus* (1967); Adalgisa Nery, com *A Imaginária* (1959); Rui Santos, com *Teixeira Moleque* (1960); Isócrates de Oliveira, com *A Hora do Anticristo* (1965); Lêdo Ivo, com *As Alianças* (1947), *O Caminho sem Aventura* (1948), *Use a passagem subterrânea* (1961), *O Sobrinho do General* (1964), *O Flautim* (1966), *Ninho de Cobras* (1975); Esdras do Nascimento, com *Solidão em Família* (1965), *Convite ao Desespero* (1964), *Tiro na Memória* (1965), *Engenharia do Casamento* (1968), *Paixão bem Temperada* (1970), *Variante Gotemburgo* (1978), *O Ventre da Baleia* (1980), *Jogos da Madrugada* (1983); Hermilo Borba Filho, com *Os Caminhos da Solidão* (1957), *Sol das Almas* (1964), *Margem das Lembranças* (1966), *A Porteira do Mundo* (1967), *O Cavalo da Noite* (1968), *Deus no Pasto* (1972), *O General está pintando* (1973), *Agá* (1974), *Sete Dias a Cavalo* (1975); Geraldo França de Lima, com *Serras Azuis* (1961), *Brejo Alegre* (1964), *Branca Bela* (1966), *Jazigo dos Vivos* (1969), *Sob a Curva do Sol* (1997); Gastão de Holanda, com *Os Escorpiões* (1954), *O Burro de Ouro* (1960); Moacir C. Lopes, com *Maria de Cada Porto* (1959), *Cais, Saudade em Pedra* (1963), *A Ostra e o Vento* (1964); Gilvan Lemos, com *Noturno sem Música* (1956), *Emissário do Diabo* (1968), *Os Olhos da Terra* (1975), etc; José Louzeiro, com *Depois da Luta* (1958), *Acusado de Homicídio* (1960), *Judas Arrependido* (1968), *Lúcio Flávio, o Passageiro da Agonia* (1975), arqui, Cristóvão Tezza, (1952), autor de *Gran Circo das Américas* (1979), *A Cidade Inventada*, contos (1980), *O Terrorista Lírico* (1981), *Ensaio da Paixão* (1982), *Trapo* (1988), *Aventuras Provisórias* (1989), *Juliano Pavollini* (1989) *A Suavidade do Vento* (1991), *O Fantasma da Infância* (1994), *Uma Noite em Curitiba* (1995), *Breve Espaço entre Cor e Sombra* (1998), *O Fotógrafo* (2004), *O Filho Eterno* (2007), *Um Erro Emocional* (2010); Luiz Ruffato (1961), autor de contos (*Histórias de Remorsos e Rancores*, 1998; *Os Sobreviventes* (2000), além de romances: *Eles eram muitos cavalos* (2001), *Mamma son tanto*

Felice (2005), *O Mundo Inimigo* (2005), *Vista Parcial da Noite* (2006), *De mim já nem se lembra* (2007), *O Livro das Impossibilidades* (2008), *Estive em Lisboa e lembrei de você* (2010).

Conto

Ao separar as formas literárias praticadas desde 1945, sabíamos que se tratava duma divisão sujeita a ressalvas. A primeira delas, e provavelmente a mais notória, diz respeito à impressão, errônea, de que os nomes arrolados no tópico anterior cultivaram apenas o romance. O conto também os interessou, como patenteia a simples relação das suas obras.

Por outro lado, os escritores considerados nessa modalidade da prosa contemporânea não poucas vezes se dedicaram ao romance. O critério em que se estriba a seleção que fizemos de uns e de outros passa não só pelo aspecto quantitativo como ainda pelo ideativo: o conto não se afigura o meio expressivo mais adequado aos integrantes do tópico "romance", assim como essa forma não parece a mais representativa dos processos criativos e da visão de mundo dos contistas. Obviamente, aqueles criaram narrativas breves de relevante qualidade estrutural e conceptiva, e esses arquitetaram romances válidos —, mas, a manter-se a classificação proposta, não se justifica que sejam ordenados de outra maneira.

O conto, cuja história remonta, entre nós, à época romântica, ganhou progressiva aceitação a partir do pós-guerra de 1939, chegando nos anos 1960 e 1970 a conhecer uma fase de singular expansão e prestígio. Vivia-se — assim se dizia — o *boom* do conto, evidente pelo extraordinário número de obras enfeixando narrativas curtas, e também pela inserção de contos em suplementos literários, pelo aparecimento de revistas consagradas exclusivamente a essa forma e pela realização de concursos para premiar contistas, nomeadamente os patrocinados pela Fundação Cultural do Paraná, o primeiro dos quais ganho por Dalton Trevisan. Expulsando o romance da praça, por falta de público e de cultores, o conto alcançou níveis pletóricos, com todas as consequências de praxe — saturação, fastio, estereotipia, etc. —, gerando o previsível declínio, ao menos em suas modalidades agudas e paroxísticas.

Enquanto durou a febre do conto, experimentaram-se técnicas novas e temáticas abstrusas, na tentativa de esgotar as virtualidades dessa longeva forma, assim transformando-a, em razão da influência do jornal e da televisão, numa narrativa quase destituída de fisionomia própria. A *boutade* de Mário de Andrade, que autorizava o neófito ou o incauto a denominar conto qualquer texto narrativo, fez muitos seguidores, que assim viam apoiada a sua carência de talento para o cultivo de uma estrutura enganosamente tida como fácil. Houve quem rotulasse suas histórias de "minicontos", ou forcejasse por condensá-las em *haicais*. A crônica, por sua vez em grande voga, atraía os aficionados da narrativa curta, incitando-se a supor que qualquer cena do cotidiano em prosa poderia rotular-se de conto. Mesmo hábeis e experientes mãos deslizaram para fora do seu perímetro, como se o anseio geral fosse desvendar os "mistérios" da sua composição, desde sempre vinculada a modelos definidos o bastante para que se pudesse falar em "conto" e não em "novela" ou "romance". Sonhava-se, quem sabe, com um "não conto", simétrico do "não romance", mas ainda merecedor do apelativo "conto", numa arbitrariedade, num ludismo, que lembra a compulsão retórica das academias seiscentistas e setecentistas do Barroco e do Neoclassicismo. Não estranha que, de súbito, como um balão que murchasse, o conto deixa de ser cultuado, reduzindo os experimentalismos gratuitos e vazios à sua verdadeira estatura.

Contemporâneo da voga da literatura latino-americana (Borges, Cortázar, Vargas Llosa, etc.), a hegemonia do conto talvez correspondesse a um sintoma de revolução numa área em que a modernidade demorara a instalar-se. As gerações de 1920 e 1930 concentraram no romance o seu ímpeto renovador, eventualmente movidas pelo preconceito segundo o qual o conto, além de ser tudo quanto o autor assim o desejasse, seria produto secundário, irrelevante. Com o pós-guerra, e a rapidez das mudanças culturais, o conto — cada vez mais compacto — passou a ser o signo da modernidade apressada, vindo assim a preencher tardiamente o seu espaço, com todo o exagero do anacronismo ou das falsas soluções.

À semelhança do romance posterior a 1945, e provavelmente mais do que ele, o conto brasileiro contemporâneo apresenta-se diversificado, multímodo, seja do ponto de vista formal, seja do temático. Daí escapar ao controle todo esforço para se estabelecer com nitidez e precisão suas linhas e tendências: o antigo e o moderno encontram-se lado a lado, o experimentalismo dialoga com o tradicional, num imbricamento descortinável na maioria da produção do período ou mesmo dos autores em particular.

Presa a uma tradição que se confunde com a própria história da arte de narras, em que a fábula, o apólogo e outras "formas simples" ocupam lugar de destaque, a estrutura do conto resiste, mais do que a do romance, às inovações. Mesmo porque, sendo curto por necessidade intrínseca, nele não há espaço para exercê-las em plenitude, ao contrário do romance, que tudo permite e tudo suscita em matéria de experiências técnicas.

Estruturalmente monódico, centrado numa única célula dramática, o conto repele as modificações que possam comprometer essa característica fundamental. Contos com mais de uma célula dramática, ou não são contos, ou, na verdade, gravitam ao redor de um núcleo exclusivo, disseminado por várias cenas, preparadoras dele ou despidas de conteúdo dramático, como, por exemplo, em "A Hora e Vez de Augusto Matraga", o conhecido conto de Guimarães Rosa. E contos sem enredo, ou seja, sem conflito, patente ou implícito, parece contradição em termos.

Essa impermeabilidade às tentativas de romper-lhe a antiga e substancial estrutura, se, por um lado, aponta um vigor arquitetônico análogo ao do soneto, por outro, não significa que se mantenha rígida, estratificada. Que tenha evoluído no curso dos séculos, é fácil de verificação pelo leitor ainda o menos interessado nessas questões de fronteira dos gêneros literários. Para tanto, basta confrontar, por exemplo, as narrativas curtas de um Monteiro Lobato e as de um Dalton Trevisan. Mas tais diferenças respeitam o arcabouço do conto, quando de conto se trata: tudo se passa como se o conto, originária e matricialmente vinculado à fábula, pretendesse em nossos dias, a despeito ou em razão dos experimentos mais ousados, retomar a primitiva essência — uma "história exemplar", em cujo microcosmo o leitor se mira, em busca dos reflexos de sua identidade estilhaçada, ou dum momento de exorcismo dos demônios interiores.

De modo genérico, o conto praticado nos últimos decênios do século XX segue as tendências visíveis no romance. Fosse o caso, porém, de indicar-lhe as "marcas de modernidade", diríamos, recorrendo à síntese apresentada por um crítico voltado para o assunto (Fábio Lucas), que "são os discursos fragmentados, as técnicas de montagem inspiradas no cinema, a visão surreal, a intromissão do grotesco como fator de crítica ao poder, a tendência ao estilo coloquial".

O balanço feito a seguir visará a mostrar o saldo positivo dessa onda avassaladora, deixando à parte os frutos da imaturidade, da imitação pedestre ou da fogosidade juvenil: é inegável que o *boom* aguçou a mestria dos criadores autênticos e aperfeiçoou o espírito analítico dos leitores, mas também é certo que uma grande parcela da produção contística desses anos, acima de tudo a estampada em periódicos, está condenada ao limbo. Até que uma revisão futura, o juízo final para a imensa legião de cultores dessa forma, venha a evidenciar que ali se compendiam narrativas dignas de melhor sorte.

Paulista da capital do Estado, onde nasceu em 1923, LYGIA FAGUNDES TELLES estreou com *Praia Viva*, contos (1944), a que seguiram *O Cacto Vermelho*, contos (1949), *Ciranda de Pedra*, romance (1954), *Histórias do Desencontro*, contos (1958), *Verão no Aquário*, romance (1963), *Histórias Escolhidas*, contos (1964), *O Jardim Selvagem*, contos (1965), *Antes do Baile Verde*, contos (1970), *As Meninas*, romance (1973), *Seminário dos Ratos*, contos (1977), *Filhos Pródigos,* contos (1978, *A Disciplina do Amor*, fragmentos (1980), *Mistérios*, contos (1981), *Horas Nuas*, romance (1989), *A Noite Escura e Mais Eu*, contos (1996), etc.

Como se vê, predominam os livros de contos sobre os romances, e não é por acaso: embora toda a produção da autora ostente qualidades de artesania e captação da realidade, a desproporção numérica aponta a prevalência da estrutura que melhor se adapta à sua visão do mundo. O detalhe, entre realista e "literário", entre o documental e imaginário, é o seu forte, permitindo-lhe a notação intimista de acentos simbólicos e, não raro, fantásticos. A narrativa curta, impondo-lhe a concisão da forma e da matéria, presta-se bem a esse propósito, enquanto o romance atenua o impacto da minúcia em favor da ideia de conjunto, ou de uma "tese", involuntária ou subjacente.

Se Katherine Mansfield cultuava a "arte do implícito", Lygia Fagundes Telles prefere a "arte do desencontro", aliás expressa no título de uma de suas obras. O cotidiano oferece-lhe a situação, o objeto ou a personagem, que revela destinos malogrados, a incomunicabilidade dos seres, a ambiguidade das relações humanas, o absurdo. O estilo, fluente, mal refreando as ondas de emotividade com que a ficcionista recorta seus mundos de microscópio, serve com justeza ao projeto narrativo: infensa aos malabarismos formais, mas negando-se a repisar trilhas batidas, a autora cultiva uma espécie de realismo, ora de intenções fotográficas, o flagrante de costumes e conflitos psicológicos (sobretudo nos romances), ora sensível ao mágico. Um realismo que se diria de uma testemunha apaixonada, a detectar os traços mais distintivos de sua contemporaneidade. É possível dizer que, ao menos em parte, daí vem o seu prestígio: o leitor, reconhecendo-se em sua ficção, adere de imediato à narrativa, ainda quando o pormenor fantástico lhe sugira espaços além de sua visão, ou mesmo de sua imaginação.

Outros escritores de S. Paulo contribuíram de modo marcante para a voga do conto nas décadas de 1960 e 1970, como JULIETA DE GODOY LADEIRA (1935-1997), que principiou com *Passe as férias em Nassau* (1962). Voltaria à ficção passados dez anos, com o romance *Entre Lobo e Cão*, e ao conto com *Dia de matar o patrão* (1978), *Era sempre feriado nacional* (1984) e *10 Contos Escolhidos* (1984). Ainda publicou *La Paz existe?* (1977), livro de viagem, de parceria com Osman Lins, seu marido desde 1964. Fiel a um obscuro projeto, que aos poucos se foi desvelando, Julieta de Godoy Ladeira definiu-se, já na obra de estreia, como uma escritora de vocação realista, sem embargo do viés poético, intimista, fantástico (nos contos derradeiros). A observação é a sua faculdade matriz, decerto intuindo que a realidade encerra os estímulos e os limites da imaginação. Retalhos do dia a dia, proustianamente filtrados pela memória, suas narrativas, expressas numa linguagem concisa, escorreita, fundada na leitura dos clássicos do idioma, recordam a escritora portuguesa Irene Lisboa: "Este é um livro vivido. Os cenários foram meus. Os temas eu os senti, observei. As personagens existem. Algumas, infelizmente", declarou certa vez a autora, referindo-se ao volume de estreia, como a delinear o programa que seguiria à risca nas obras seguintes.

JOÃO ANTÔNIO (1937-1996) estrou com *Malagueta, Perus e Bacanaço* (1963), cujo imediato êxito parece ter-lhe causado uma surpresa paralisante. Treze anos transcorreram antes que retornasse à cena literária, com *Leão-de-Chácara* (1975), seguido de *Malhação do Judas Carioca* (1975), *Casa de Loucos* (1976), *Lambões de Caçarola* (1977), *Calvário e Porres do Pingente Afonso Henriques de Lima Barreto* (1977), *Ó Copacabana!* (1978), *Dedo-Duro* (1982), *Meninão do Caixote* (1983), *10 Contos Escolhidos* (1983), *Abraçado ao meu Rancor* (1986), etc.

João Antônio distingue-se desde logo pela temática e pelo estilo, em perfeita simbiose. O submundo da malandragem, a boemia paulista (e carioca), que conheceu de perto, é o cenário onde colhe personagens e motivos. "Se a rua é escola, o botequim é universidade", diz o autor, em profissão de fé existencial e literária. A marginalidade entra em cheio na literatura, e não só como assunto: o estilo faz-lhe coro, como pede a boa obra literária. "Clássico velhaco", chamou-o Marques Rebelo, cunhando-lhe o brasão identificador; "viciado nas palavras", diz de si o autor, porventura consciente do sopro de renovação estilística que lhe pervaga as narrativas.

Num tom entre a reportagem, a crônica ou o diário e autobiografia, cultiva a linguagem coloquial em aparente estado bruto: não recua ante a gíria, às vezes indecifrável em virtude da circulação subterrânea, e ante o palavrão desbocado. Já de si irreverente, denunciante, esse tipo de expressão, que se diria despido de vestes literárias, veicula sentimentos de rebeldia, crítica ou sátira aos poderes constituídos, "máquinas de moer gente". Perpassa-lhe o estilo um deliberado primitivismo, em meio ao qual desabrochasse por acaso a flor literária, como se o narrador, dando costas ao saber e às fantasias dos livros, remontasse às nascentes da literatura chamada (impropriamente) de oral. De onde a técnica pontilhista: os pormenores narrativos sucedem-se por justaposição, sem nexos causais explícitos, de modo a atenuar, ou até expulsar, o enredo. Recolhendo lembranças dum frequentador assíduo da Boca do Lixo e arredores, alguns textos ultrapassam os limites do conto: o autor deixa a realidade desvelar o seu caminho, servindo-se dele como intermediário.

Mas um intermediário privilegiado, a ponto de construir a metalinguagem do malandro: o narrador reflete acerca dos rumos da marginalidade, como se as suas histórias compusessem uma série de *exemplos* ou um catecismo do boêmio. Saborosa, fluente, inventiva como uma conversa de botequim, a linguagem de João Antônio traz à luz do dia uma espécie de secreto regionalismo urbano, em que "viver é brabo" e o respeito às normas gramaticais seria o cúmulo do absurdo: "Para que forma feitinha, comportada e empetecada; para que um *ismo* funcionando como penduricalho para falar de coisas caóticas e desconcertantes? Houvesse, de vez, uma escrita envenenada, escrachada, arreganhada", sentencia em *Dedo-Duro*, e põe em prática, o escritor, que lembra certo Mário de Andrade e Antônio de Alcântara Machado, igualmente apaixonados por S. Paulo, mas a sua voz exibe timbre próprio, que um único perigo rondava: o da repetição.

Minas Gerais foi o estado em que mais se difundiu a moda do conto ao longo dos anos 1960 e 1970. Dentre os numerosos cultores, com destaque para a vertente psicológica e de costumes, alguns merecem especial relevo. OTTO LARA RESENDE (1922-1992), mineiro de São João del Rei, estrou com *O Lado Humano*, contos (1952), seguido por outros na mesma linha: *Boca do Inferno* (1957), *O Retrato na Gaveta* (1962), *As Pompas do Mundo* (1975), *O Elo Partido e outras Histórias*

(1991), um romance (*O Braço Direito*, 1963) e um livro de *Memórias* (1970). Iniciando-se com um livro "um tanto episódico, de análise dos desencontros da vida" (Fábio Lucas), Otto Lara Resende encontraria nas obras seguintes a sua maneira peculiar, não de todo alheia, antes pelo contrário, às características da mineiridade: o gosto pelas situações tensas, vizinhas da morbidez, "da intimidade com a morte (...), a morte insaciável" (*O Retrato na Gaveta*), não raro protagonizadas por crianças ou adolescentes, fluindo com um realismo espontâneo, verossímil, como as histórias do cotidiano banal "deste vale de lágrimas; em que todos os homens entram chorando, ao nascer", em que "todos os homens são iguais" (ibidem), vazadas num estilo desafetado, em que transparece o exercício persistente do jornalismo. LUIZ VILELA (1943), autor de contos (*Tremor de Terra*, 1967, *No Bar*, 1968; *Tarde da Noite*, 1970; *O Fim de Tudo*, 1973; *Contos Escolhidos*, 1978; *Lindas Pernas*, 1979, etc.) e romances (*Os Novos*, 1971; *O Inferno é aqui mesmo*, 1979; *O Choro no Travesseiro*, 1979; *Entre Amigos*, 1983), cujo aparecimento, revelando mais um contista mineiro de garra, lhe trouxe rápida notoriedade. Dotado de um viço e uma força de talento nato, nem por isso deixou de engajar-se na mais lídima tradição do conto. E como os conterrâneos, trazia o apuro e a economia do estilo e um pendor para as situações de exceção ou que refogem ao comum dos mortais. Com uma diferença de tom, marcada pela sobriedade, mesmo certa discrição, num quadro em que o "outro" sobrepuja o "eu" do narrador. Ser e aparência, entrevistos no cotidiano mais simples, rotineiro, não raro pela óptica da infância, constituem-lhe as tônicas, num binômio que mostra as "surpresas da vida", os dramas encobertos pela exterioridade de sinais com diverso sentido, pela incomunicabilidade sem remédio, ou pelos descaminhos existenciais. Um homem de camisa branca perenemente imaculada, íntegro, bondoso, sempre respeitoso do alheio, jamais tombando na maledicência —, suicida-se. Esse o entrecho, paradigmático, do conto inicial de *Tarde da Noite*. Luiz Vilela pratica a arte da insinuação, da obliquidade, do implícito, e não só em relação ao leitor, mas ainda entre os protagonistas. Respira-se um ar depressivo, de introspecção e abandono, de situação--limite — "o fim de tudo" —, que a fluência da linguagem, com realce para o hábil manejo do diálogo, mais acentua, adicionando ao intimismo do contista um quê de atmosfera lírica por vezes patética. MANOEL LOBATO (1925), mineiro de Açaraí, publicou: *Garrucha 44*, contos (1961), *Mentira dos Limpos*, romance (1967, *Contos de Agora* (1970), *Os outros são diferentes*, contos (1971), *A Verdadeira Vida do Irmão Leo-*

vegildo, romance (1976), *Flecha em Repouso*, contos (1977), *Somos todos algarismos*, novela (1979), *Você precisa de mim? / O antúrio não é uma flor séria*, contos (1980), *Pagulogo, o Pontífice*, romance (1983), *O Segredo do Bilhete*, novela (1983). Cultuando o bom vernáculo, como típico filho de Minas Gerais, farmacêutico e advogado de formação, Manoel Lobato prefere as situações patológicas, destacadamente as de natureza mental, a um passo da sátira ou do humor negro, como a do menino que inventava sonhos, do falso psicanalista, do estranho relógio que só funcionava à noite, ou do secretário que sentia uma cachoeira em cataduras na cabeça, o paciente "invisível" em tratamento psiquiátrico. "Ambivalência", por sinal presente nas palavras de uma personagem, é o vocábulo que designaria o universo ficcional de Manoel Lobato, hesitante entre o registro grave, quase trágico, do espetáculo humano quando visto em miúdo, e laivos de grotesco e ridículo, como, à semelhança de Mauro, protagonista de "Fuga" (*Contos de Agora*), "a encontrar lógica dentro do absurdo", de que resulta sempre a frustração, o desengano, a sem-razão ou a gratuidade existencial.

É o outro mineiro, RUBEM FONSECA, que despontou como um dos mestres do conto nos anos 1960 e 1970. Nascido em 1925, em tenra idade se transladou para o Rio de Janeiro. Estreou com *Os Prisioneiros* (1963), a que se seguiram *A Coleira do Cão* (1965), *Lúcia McCartney* (1969), *O Homem de Fevereiro ou Março* (1973), *Feliz Ano Novo* (1975), que lhe valeu rumoroso processo, *O Cobrador* (1979), *Romance Negro e Outras Histórias* (1992), *Contos Reunidos* (1994), *O Buraco de Parede* (1995), *Histórias de Amor* (1997), *Confraria das Espadas* (1998), na área do conto, e os romances *O Caso Morel* (1973), *A Grande Arte* (1983), *Bufo e Spallanzani* (1985), *O Buraco na Parede* (1995), *Vastas Emoções e Pensamentos Imperfeitos* (1988), *Agosto* (1990), *O Selvagem da Ópera* (1994), etc. Como se a ida para o Rio de Janeiro houvesse eliminado os resquícios de mineiridade da sua infância, os contos de Rubem Fonseca, e mesmo os romances, identificam-se, acima de tudo, pelo realismo, um realismo feroz, cruel, violento, que não teme recorrer ao palavrão mais contundente de baixo calão, para se exprimir. Nesse realismo sem fronteiras, que se diria de um repórter desabusado a invadir o universo da marginalidade carioca, olhos puritanos — como os dos censores de *Feliz Ano Novo* — enxergariam o chafurdar na obscenidade ou no pornográfico. Em verdade, trata-se de uma visão impiedosa, quase de crônica policial, escrita no calor dos acontecimentos, do ambiente social fluminense contemporâneo, seja ele da zona sul, seja da favela, acossado pelo medo, pela opressão, carente de solidariedade e de sentido para a vida, que transforma todo gesto de amor, ou de sexo, em agressão desordenada, suicida, ou, ao menos, sem consequência.

Mas a força do contista, a originalidade que lhe distingue a voz e a suspende acima da maioria dos autores de narrativa curta, reside na inteligência sutil que põe no desenho rápido, nervoso, das ambíguas, e por vezes enigmáticas, relações das personagens entre si. As experiências formais, acompanhando a constante oscilação temática, completam o quadro: do ângulo estrutural, praticamente não há dois contos iguais. Parodiando Camões, diríamos que, em se tratando de Rubem Fonseca, somente há persistência na mudança: a variação de conteúdo e forma é o lugar-comum, ainda que alicerçada numa unidade, ou continuidade, semântica.

Se uma narrativa avança até as margens do Surrealismo, noutra a tentação é de fazer uma história de espionagem e mistério, e mais adiante é a vez de a ficção científica apresentar-se, ou de um artefato produzido pela indústria do sexo (a mulher inflável) se tornar personagem. E se ora o diálogo prepondera, noutras vezes o drama expressa-se por meio de quadros sinóticos, ou blocos narrativos, ou de relatórios. E se num momento a sucessão de parágrafo obedece a uma ordem causal, noutro a narrativa dispõe-se como um monólito. E se num conto o autor mistura uma entrevista, um programa de teatro, uma carta e uma crítica, noutros emprega o verso (ou o seu simulacro).

A lucidez, a inquietude artesanal de Rubem Fonseca dispensa atenção a minúcias que, embora possam perder-se no fluxo narrativo, cumprem papel relevante, por exemplo, a aliteração: "Ele sempre foi frágil, de fôlego fraco, flébil e flácido" (*Lúcia McCartney*). De modo geral, o drama, além de polissêmico, arma-se como um quebra-cabeça, a reunião paciente de fragmentos duma estrutura subterrânea, sempre em meio à violência, ora fria, contida, ora enraivecida. Situações triviais revelam flancos novos, ou situações inéditas, como que subtraídas de arquivos confidenciais, no Rio de Janeiro ou Nova York, conhecem a luz do sol, submetidas a um enfoque inusitado, de modo a haver integração da forma com o traço distintivo da análise ou do tema, fazendo de Rubem Fonseca o contista excepcional que é.

Conquanto nascido no Rio de Janeiro, SÉRGIO Andrade SANT'ANNA e Silva (1941) inscreve-se no panorama dos contistas mineiros, em razão da sua mudança para Belo Horizonte, onde participou do grupo de *Estória* (1966). O livro de estreia, *O Sobrevivente* (1969), trouxe-lhe imediato renome, que as obras subsequentes reafirmaram: *Notas de Manfredo Ran-*

gel, Repórter (A Respeito de Kramer), contos (1973), *Confissões de Ralfo (Uma Autobiografia Imaginária)*, romance (1975), *Simulacros*, romance (1977), *Um Romance de Geração: Comédia Dramática em um Ato* (1981), *O Concerto de João Gilberto no Rio de Janeiro*, contos (1982), *Amazona*, romance (1986), *A Tragédia Brasileira*, romance/teatro/poesia (1987). Ainda publicou: *A Senhorita Simpson* (1989), *Breve História do Espírito* (1991), *O Monstro* (1994), contos, *Um Crime Delicado* (1997), *Contos e Novelas Reunidos* (1997), romance, etc. Uma brisa de renovação, irrequietude, inconformismo, que a incansável pesquisa formal põe à mostra, cruza a densa produção ficcional de Sérgio Sant'Anna. Menos na frase que na composição macroscópia, é na equivalência entre a forma inesperada do conto e as situações dramáticas, via de regra intemporais e inespaciais, que se concretiza o seu trabalho artesanal. O tom vacila entre a alegoria, a paródia e a parábola, entre o tragicômico, ou grotesco, e o meramente trágico, segregando atmosferas em que o insólito decorre da mais corriqueira realidade cotidiana. Um diálogo à Beckett franqueia o absurdo da condição humana; a variedade do foco narrativo ecoa os movimentos sanguíneos do futebol; a alternância dos planos da ação invade as dimensões do tempo e dos conflitos; a descrição do ambiente à maneira de cenário teatral, ocupando a quase totalidade do texto, e a explosão final em poucas linhas; o ludismo joco a sério na aproximação de coisas e seres estapafúrdios, constituindo as "maravilhas patológicas do século XX" (*Notas de Manfredo Rangel, Repórter [A Respeito de Kramer]*); o contraste simbólico, raiando pelo *nonsense* kafkiano, entre o Pelotão que acabara de cumprir o seu funéreo dever, e a sua alegria "ao ver chocolate em vez do café habitual. E bolinhos e doces, ao invés de pão" (ibidem), etc. — vão desfilando à vista do leitor, em ritmo de inflexão surrealista, como episódios esquecidos do Apocalipse.

O cearense José Maria MOREIRA CAMPOS (1914-1994) enfileira-se entre os contistas mais representativos do pós-guerra, apesar de ter vivido longe dos grandes centros e ter publicado relativamente pouco: *Vidas Marginais* (1949), *Portas Fechadas* (1957), *As Vozes do Morto* (1963), *O Puxador de Terço* (1969), *Contos Escolhidos* (1971), *Os Doze Parafusos* (1978), *A Grande Mosca no Copo de Leite* (1985), *Dizem que os cães veem coisas* (seleção de contos, 1988), *Obra Completa* (2 vols., 1996, com uma "fortuna crítica" do autor). Tem ainda um livro de poesia (*Momentos*, 1976). É possível descortinar duas fases ou maneiras em Moreira Campos: os primeiros contos, narrados à sombra de Maupassant, Tchekov e outros no gênero, incluindo Machado de Assis, correm pela via do realismo psicológico. Posteriormente, como se Katherine Mansfield e, quem sabe, Dalton Trevisan, os substituíssem, a atmosfera transpassada por uns traços de enigma e de mistério sobrepuja o detalhe objetivo, naturalista. Persiste, no entanto, o gosto pelos dramas, ou tragédias, conjugais ou de sexo, geralmente na cidade grande (Fortaleza) ao longe de tramas em que a serenidade peculiar ao escritor nem sempre contém o assomo de uma vaga de indignação ou denúncia social. O estilo ressoa a mudança: então em curso tendente nas últimas obras a frases breves, enxutas, que exploram a sugestão, o suspense, a sutileza, faria pensar na influência do conto desenvolvido por ficcionistas mais recentes, não derivasse do culto da linguagem castiça, machadiana, já patente na obra inaugural.

Alagoano de nascimento, radicado por muitos anos em S. Paulo, RICARDO RAMOS (1929-1992) publicou romances (*Os Caminhantes de Santa Luzia*, 1959; *Memória de Setembro*, 1968; *As Fúrias Invisíveis*, 1974), mas é no conto que produziu a porção mais significativa de sua obra: *Tempo de Espera* (1954), *Tempo de Reis* (1957), *Os Desertos* (além de inéditos, engloba narrativas dos livros anteriores; 1961), *Rua Desfeita* (1963), *Matar um homem* (1970), *Circuito Fechado* (1972), *Toada para Surdos* (1977), *Os inventores estão vivos* (1980), *10 Contos Escolhidos* (1983), *O Sobrevivente* (1984), *Iluminados* (1988). Acima de tudo escritor, nele o domínio da linguagem é o primeiro aspecto que chama a atenção do leitor. Iniciou-se pelo tema das secas, sugerido pelas condições climáticas do estado natal e, provavelmente, pela obra do pai, Graciliano Ramos. Aos poucos, foi-se inclinando para assuntos urbanos, sem perder o contato com as raízes alagoanas — dois movimentos de um concerto em que a depuração da forma no rumo da linguagem sucinta, de recorte coloquial, combina com a progressiva amplidão de horizontes, paralelamente ao intuito de localizar e acusar as situações dramáticas, dialéticas, "as fúrias invisíveis", em que o homem, ora sobrevivente, ora náufrago do mar existencial, é o lobo do homem.

Da Paraíba veio EDILBERTO COUTINHO (1933-1995), autor *de Onda Boiadeira e Outros Contos* (1954), *Contos II* (1957), *Um negro vai à forra* (1977), *Sangue na Praça* (1979), *Maracanã, Adeus* (1980), *O Jogo Terminado* (1983), além de obras de cunho jornalístico ou ensaístico. Instintivo, procurando fazer uma espécie de literatura-reportagem, caracteriza-se pela ideia de jogo, no sentido esportivo (a tourada, o futebol, o boxe), bem como no figurado ("o jogo do amor e do sexo", "o jogo grotesco e carnavalesco", "o jogo da máscaras", "o jogo político", o jogo da infância e da adolescência", "o jogo da solidão e da morte"), numa escrita de uma naturalidade aparentemente espontânea, que visa a captar, nas palavras do autor, "a realidade da ficção", a "dar a impressão de que corre de fato sangue (...), sangue na praça".

Nascido na Polônia em 1929, naturalizado brasileiro em 1936, SAMUEL RAWET (falecido em 1984) tornou-se, mercê da temática singular de suas narrativas e a desesperança amarga que as repassa, um dos nomes mais respeitados do *mare magnum* do conto produzido após 1945. Estreou com *Contos do Imigrante* (1956), seguido por *Diálogo* (1963), *O Terreno de uma Polegada Quadrada* (1969), no setor do conto, e *Abama* (1964), *Os Sete Sonhos* (1967), *Viagens de Ahasverus à Terra Alheia...* (1970), no do romance, além de ensaio e teatro. A condição manifesta no título nitidamente simbólico do livro inaugural e a ascendência judaica encontram-se na raiz da ficção do autor. Contos de um imigrante hipersensível — a falar em nome de todo alienígena, seja de que nacionalidade for —, cuja filosófica resistiu à formação de engenheiro, nele é constante a nota de angústia, solidão, "desesperos e ódios surdos" (*Diálogo*). "Alguns anos antes eu havia começado um pequeno trabalho pessoal, interior, a experiência dolorosa de repensar, em termos próprios, o mundo. Era o mergulho delirante nas utopias e os choques do confronto com a realidade concreta", confessa ele no prefácio ao ensaio *Angústia e Conhecimento* (1978) de maneira especulativa, como era do seu hábito, a matéria trágico-autobiográfica dos contos. Histórias de imigrantes, ou, na verdade, de qualquer ser humano em luta para se adaptar ao meio circundante adverso e encontrar uma razão para viver, moldadas num "estilo por vezes hermético,/ .../linguagem sincopada, a trama aparentemente fugida", no dizer de um crítico que cedo lhe reconheceu o talento (Fausto Cunha, em prefácio a *Diálogo*, de autoria de Renard Perez).

DALTON TREVISAN (1925) como um pinheiro altivo, isolado, alteia-se no Paraná e é fenômeno tanto mais digno de nota quanto mais se sabe que no seu Estado natal o cultivo da narrativa curta não alcançou grande expressão, à vista do que nos oferece o *Panorama do Conto Paranaense* (1979), de Andrade Muricy, do qual, significativamente, não participou "por razões de ordem pessoal". Não considerando que alguns de seus contos se estamparam na revista *Joaquim* (1946-1948), que fundou e dirigiu, e em folhetos de cordel editados às próprias expensas, estreou em 1959, com *Novelas Nada Exemplares*, que desde logo atraiu a atenção para o seu nome. De lá para cá, tem tido uma contínua produção, reunida nos seguintes volumes: *Cemitério de Elefantes* (1964),

Morte na Praça (1964), *O Vampiro de Curitiba* (1965), *Desastres de Amor* (1968), *Mistério de Curitiba* (1968), *A Guerra Conjugal* (1969), *O Rei da Terra* (1972), *O Pássaro de Cinco Asas* (1974), *A Faca no Coração* (1975), *Abismo de Rosas* (1976), *A Trombeta do Anjo Vingador* (1977), *Crimes de Paixão* (1978), *Virgem Louca, Loucos Beijos* (1979), *Primeiro Livro de Contos* (Antologia Pessoal) (1979), *20 Contos Menores* (Antologia Escolar) (1979), *Lincha Tarado* (1980), *Chorinho Brejeiro* (1981), *Essas Malditas Mulheres* (1982), *Meu Querido Assassino* (1983), *Contos Eróticos* (1984), *Pão e Sangue* (1988), *Ah, é?* (1994), *Dinorá* (1994), *234* (1997), *Capitu sou eu* (2010), *O Anão e a Ninfeta* (2011), etc., além do romance *Polaquinha* (1985).

O primeiro aspecto a salientar é o fato de, sem deixar a sua "província", Dalton Trevisan ter logrado prestígio nacional e mesmo internacional. O segundo ponto diz respeito à circunstância, ainda mais ponderável, de colher temas e motivos exclusivamente em Curitiba, tornando-a uma espécie de Dublin do hemisfério sul, cujo tortuoso mapa social não se cansasse de percorrer.

O mundo do autor é o da pequena burguesia provinciana, não porque de Curitiba, mas porque de horizontes estreitos, caracterizada por conflitos de honra, sexo e sangue, às raias do *kitsh* ou do dramalhão de periferia ou de subúrbio. Mundo onde impera o grotesco, na acepção vulgar do termo, e ainda no de haver múltiplo parasitismo entre as personagens, como se pertencessem a diferentes espécies de seres animados.

Daí um universo sem humor: sem ser trágico, pois não se trata de tragédias senão de (melo)dramas do cotidiano — "mistérios de Curitiba", "desastre de amor", "guerra conjugal" —, no seu contexto não há espaço para o sorriso, para a alegria ou para a felicidade. Realismo ácido, de inflexão surrealista, de um Bosch que recusasse o fantástico pelo fotográfico, ou de Kafka magnetizado pelo absurdo banal, nele o ser humano está entregue aos instintos primários, à sem-razão de existir. A vida é uma série de atos gratuitos, na direção da morte, envolvendo assassínios, violência, facadas, tiros, estupros, deboche, erotismo desenfreado, agressivo, com uma naturalidade que reproduz a própria monotonia pequeno-burguesa: não é a exceção que Dalton Trevisan focaliza. É, sim, o recorrente, com uma óptica impiedosa, que desnuda, como em prática hospitalar, os dramas sexuais dessa camada social indecisa entre classes extremas. O olhar que lança aos habitantes desse país de alcova e de bordel desconhece a paixão, a solidariedade: anti-heróis, os seus protagonistas estão condenados a vegetar sem grandeza, sem norte, sem valores. Viver para a morte, bovinamente, existencialistamente.

O narrador despe as histórias de variações termométricas: o calor, ou o frio, é inalterável. Movido pelo seu vampirismo — afinal, ele é "o vampiro de Curitiba" —, estanca na fonte a poesia que ameaçasse aflorar dentre os seus dedos, e quando não o consegue, a sua voz avoluma-se como a de um poeta reprimido. Observador implacável do dia a dia curitibano, transpõe-no como reportagem ou sequência de instantâneos, que as capas de alguns livros, feitas de colagens fotográficas, tão bem ilustram. A resultante é um realismo expressionista, de novelão à antiga, ou de página policial de periódico sensacionalista, expresso numa linguagem que já é a crítica dessa realidade. Crítica, no sentido ideológico ou moral, e no de alguém que se coloca fora dela, distante como um fotógrafo: Dalton Trevisan emprega a velha estrutura das antigas novelas em fascículos para esconjurar dramas sanguinolentos que, tomados a sério por gerações, provocavam lágrimas em fio, mas que o leitor de hoje encara como escombros de um continente submerso, ainda impermeável ao progresso e à civilização.

O infatigável zelo estilístico do autor põe-se a serviço do propósito crítico: a eliminação tenaz, quase feroz, do supérfluo, para criar impacto pelo entrecortado da frase e pelos implícitos, que a imaginação do leitor deve preencher, gerando suspense em conta-gotas; a inversão da frase, subvertendo o sentido da ênfase, como se, ao torná-la mais literária, aguçasse a notação dramática. "As molas do sofá estalavam cada vez que eles se mexiam", diz ele na 1ª edição do conto "João e Maria", de *Novelas Nada Exemplares*, e corrige na 5ª edição: "Cada vez que se mexiam, as molas do sofá estalavam".

Colocando-se à margem da cena, o narrador assume uma posição crítica ou ao menos neutra, que agrava o caráter *kitsch* ou suburbano do dramalhão. As mudanças verbais (veja-se, no mesmo conto, a substituição de "virar" por "girar") cumprem idêntica função: o intuito é fugir ao prolixo, ao fraseado tradicional, retoricamente óbvio, lacrimejante, em favor de períodos tensos, contundentes, que representam, como se fossem ícones, as manobras certeiras dum anatomista, sem nexos lógicos ostensivos, no encalço do *koan*, ou do *haicai*, alvo esse atingido em cheio no livro *Pão e Sangue*, em que narrativas em versos (versos?) emparceiram com outras intituladas e compostas em forma de *haicais*. Semelhante papel desempenham o grifo e o diálogo, não raro de extensão rispidamente cortante e inequívoca.

A contensão de meios corresponde à economia de temas: o estilo conciso organiza-se em função da escolha precisa de temas, e vice-versa. Entretanto, como se labutasse numa pauta bachiana de temas e variações, nem a parcimônia da linguagem, nem a rigorosa seleção de assuntos significa penúria. Antes pelo contrário, o estilo, sobre ser tenso, é variado, polivalente, à imagem e semelhança do caleidoscópio social que espelha, e os temas abrigam equações passionais sempre novas, que a retina aguda do ficcionista desvenda ou imagina.

Num labor alquímico, o narrador concentra-se nos materiais de estilo e de conteúdo, cônscio de ali se aninhar uma multiplicidade ou, quando pouco, uma probabilidade de soluções que a exuberância de escrita ou de temas jamais poderia oferecer. Coelho Neto que o diga: Dalton Trevisan é o anti-Coelho Neto por excelência. E a sua magia consiste justamente em extrair outro dum inesgotável filão, desdenhoso de outros veios à sua mercê. Seriam enganadores para alguém, como ele, que pretende exaurir a sua mina antes de escavar outra. Não sem dar a impressão, é claro, de reescrever sempre o mesmo conto (muitas vezes nem de conto se trata), na ânsia de retratar com o máximo de fidelidade e univocidade uma Curitiba secreta, quase intemporal, que os ventos da modernidade ameaçam soterrar para sempre. Ficção-resgate, ficção-oráculo, a obra de Dalton Trevisan antecipa-se ao futuro, dispensando o Proust do terceiro milênio que sondasse o pretérito de um burgo tranquilo na superfície, mas buliçoso, palpitante como ele só, nas entranhas. Compreende-se por que cada livro seu é um acontecimento avidamente esperado, e por que alguns críticos o situam entre os primeiros contistas nacionais da atualidade.

Se nos escritores até aqui considerados é legítimo discernir a captação direta ou transversa da cor local, um contista há que ganhou renome explorando apenas essa vertente. Trata-se do goiano BERNARDO ÉLIS Fleury de Campos Curado (1915-1997), cujo regionalismo diverge do de Guimarães Rosa e de José Cândido de Carvalho: iniciando-se com *Ermos e Gerais* (1944), livro de contos saudado entusiasticamente (e com certo exagero, diga-se a bem da verdade) por Monteiro Lobato e outros, publicou mais tarde *O Tronco*, romance (1956), *Caminhos e Descaminhos*, contos (1965), *Veranico de Janeiro*, contos (1966), *Caminhos dos Gerais* (reúne os dois livros anteriores e inéditos; 1975), *André Louco*, contos (1978), *Apenas um Violão*, contos (1984), *Chegou o Governador*, romance (1987), além de um livro de poemas (*Primeira Chuva*, 1955).

O regionalismo de Bernardo Élis enfeuda-se no de Hugo de Carvalho Ramos e, de modo mais amplo, no que era corrente na *Belle époque*. Mas tal filiação não lhe rouba originalidade, patente não só na construção da fase, exalando uma genuidade como que de nativo dos "ermos e gerais", mas ainda na óptica do sertão bruto goiano. Estilo e inventiva, ou retentiva, associam-se para desenhar um panorama dramático dum realismo rude, primitivo, arcaico, quase pré-histórico, espelho das almas que ali vivem ou vegetam, entre a miséria e a esperança, o ódio e o amor, o anseio vital e o (pres)sentimento da morte. Dele se pode dizer, como fez Herman Lima no prefácio a *Veranico de Janeiro*, um dos que o festejaram logo à entrada, que, "novo Goya das letras do Brasil Central", a "sombria textura de sua gesta de assombros / é / marcada sempre pelo signo da violência e do *fatum*, se não anímico, mas no seu caso, puramente telúrico".

De Alagoas veio um contista nato, típico representante da prosa da geração de 1945 — BRENO ACCIOLY (1921-1966) —, autor de *João Urso*, contos (1944), *Cogumelos*, contos (1949), *Dunas*, romance (1955), *Maria Pudim*, contos (1955), *Os Cataventos*, contos (1962). Sua marca identificadora, que desde cedo lhe granjeou nomeada, é o estilo: à semelhança do conterrâneo Graciliano Ramos, e seguindo as diretrizes em voga no pós-guerra, Breno Accioly cultivou a linguagem despojada, contida, de reverberações poéticas, mas com um nervosismo que a inclinação machadiana do autor de *Angústia* ignorava. Nervosismo de um Van Gogh alucinado que recorresse à nossa língua para vazar um arraigado sentimento trágico da vida: "E em vez da cor verde dos crótons, havia um vermelho-escuro salpicando as folhas, tingindo de rubro as cabeças amarelas dos cravos, empastando as lápides de nódoas de sangue coalhado" ("Dois enterros"). Mais narrados que mostrados, lançando mão de sutilezas, insinuações, meias palavras, os contos evidenciam, no gosto das descrições, em que não é raro o traço *fauve*, um paisagista, um visionário. Lembra um pintor expressionista, voltado para a loucura, as disformidades, a putrefação, a morte, a patologia social — as "coisas que alarmassem, fizessem correr pela (...) espinha arrepios de medo" ("João Urso") —, assim traindo o médico, especialista em lepra, que era de profissão.

Estreando em 1947, com *O Ex-Mágico*, livro de contos, recusado por vários editores antes de vir à luz, o mineiro MURILO RUBIÃO (1916-1991) tornou-se, como a crítica unanimemente admite, e com razão, o precursor da literatura fantástica entre nós. Mas teria de aguardar um extenso lapso de tempo antes de conhecer merecido reconhecimento. Ao volume de estreia sucederam outros do mesmo gênero (*A Estrela Vermelha*, 1953; *Os Dragões e Outros Contos*, 1965), até que a publicação de *O Pirotécnico Zacarias* e de *O Convidado*, no mesmo ano de 1974, chamasse a atenção dos críticos e dos leitores para a sua estranha e original ficção. De lá para cá, somente tem feito crescer a relevância da sua obra, hoje considerada das mais consistentes, em matéria de conto, dentre as surgidas depois de 1945. Ainda publicou *A Casa do Girassol Vermelho* (1978). Muitos contos, após serem reescritos, transitaram de uma obra para outra.

Confessando-se devedor de Cervantes, Gogol, Hoffmann, Pirandello, Nerval, Poe, Henry James, dentre outros, Murilo Rubião tem Machado de Assis na conta de mestre. Com efeito, suas narrativas traem o magistério do autor de "Missa do Galo", mas com o tempero forte desses autores, de cujo amálgama brotaria uma obra que logo se realça na produção literária dos anos posteriores a 1945. A presença de Kafka, apontada por Álvaro Lins num artigo em 1948, a respeito de *O Ex-Mágico*, foi negada pelo contista, uma vez que conhecera o escritor tcheco após a obra de estreia. Como quer que seja, por coincidência, nessa obra, ou por influência, nas demais, é assinalável a marca da visão kafkiana do mundo na ficção de Murilo Rubião. Não admira tal consanguinidade se tivermos em mente as semelhanças espontâneas entre o introspectivismo soturno e trágico dos prosadores intimistas de Minas Gerais e a liturgia do absurdo ritualizada nas páginas de Kafka. "A Cidade", pertencente a *Os Dragões e Outros* e republicado em *O Pirotécnico Zacarias*, parece a transposição de *O Processo* para o interior de um vilarejo mineiro perdido na lonjura, apenas alcançado por um trem igualmente arcaico e sonolento.

O realismo absurdo ou mágico de Murilo Rubião pouco lança mão do símbolo, na acepção formal: a sua visão da realidade implica as metamorfoses kafkianas, como em "Teleco, o Coelhinho", mas essa não é a constante de suas narrativas. Inspirando-se na Bíblia, que fornece as epígrafes dos contos, o autor mira a realidade como um palco onde brilhassem o insólito e o maravilhoso. Ou, ainda nas palavras de Álvaro Lins, "é o 'absurdo' que o autor constrói e impõe o 'lógico'". Basta contemplar os seres e as coisas para vê-los dividir o espaço com o inverossímil, o sobrenatural. Um morto a falar de si como se vivo fosse, discutindo a sua pretensa morte; uma mulher obesa a engordar, dia após dia à proporção que o marido lhe satisfaz os extravagantes desejos; o edifício a crescer ininterruptamente para o alto; a cidade desconhecida onde o forasteiro é preso sem saber; "um mágico enfastiado do ofício" depois de assombrosos truques à sua revelia; os dragões que surgem de repente na cidade e mais tarde continuam a visitá-la, mas passando ao largo; a personagem que encontra, por acaso, alguém que a esperava há tempos em lugar fechado como uma prisão — tudo isso adquire na ficção de Murilo Rubião estatuto de realidade plausível, costumeira, histórica. Por que haver dragões perambulando pelas ruas será mais surpreendente do que haver pessoas e automóveis?, parece indagar o narrador. Daí um realismo levado a efeito por uma retina que enxergasse o absurdo inerente à realidade empírica, como um discípulo de Machado de Assis que aprofundasse a visão cética da vida: o absurdo sutil de "O Alienista" e a ironia de "A Cartomante", desenvolvendo-se ao máximo, graças a Kafka e outros no estilo, confluiriam para o realismo mágico de Murilo Rubião.

MOACYR SCLIAR (1937-2011), médico de profissão e escritor por vocação, estreou em 1962, com *Histórias de um Médico em Formação*, título por si só significativo. No ano seguinte, publicou, de parceria com Carlos Stein, *Tempo de Espera*, mas é com *o Carnaval dos Animais*, contos (1968), que vê o seu nome nacionalmente projetado. Seguiram--se vários livros, confirmando um raro talento de ficcionista, sem favor dentre os primeiros revelados nos anos 1960: *A Guerra do Bom Fim*, romance (1972), *O Exército de um Homem Só*, romance (1973), *Os Deuses de Raquel*, romance (1975), *A Balada do Falso Messias*, contos (1976), *Histórias da Terra Trêmula*, contos (1976), *O Ciclo das Águas*, romance (1976), *Os Mistérios de Porto Alegre*, crônicas (1976), *Mês de Cães Danados*, romance (1977), *Doutor Miragem*, romance (1978), *O Anão no Televisor*, contos (1979), *Os Voluntários*, romance (1979), *O Centauro no Jardim*, romance (1980), *Max e os Felinos*, novela (1981), *Cavalos e Obeliscos*, novela (1981), *A Festa no Castelo*, romance (1982), *A Estranha Nação de Rafael Mendes*, romance (1983), *A Orelha de Van Gogh*, contos (1989), *Cenas da Vida Minúscula*, romance (1991), *Sonhos Tropicais*, romance (1992), *Eu vos abraço milhões*, romance (2004) *Histórias que os jornais não contam*, contos (2009), etc.

A ficção de Moacyr Scliar deriva da convergência de três fontes: a profissão de médico, a ascendência judaica (judeus russos) e o contexto porto-alegrense. Aquela, ministra-lhe o conhecimento direto da dor humana e os temas correlatos — "Vida é sofrimento. (...) Vida é emoção. (...) Vida é miséria...", diz o narrador de "Balada do Falso Messias". O ambiente hebreu, bem como a cultura que por meio dele se conserva, inspira-lhe histórias e personagens, e transmite-lhe uma finura analítica, um humor, uma ironia, um patos, enfim, bem como uma determinação que o distinguem dentre a chusma de contistas do tempo, incluindo aqueles de análoga linhagem estética (Murilo Rubião, J. J. Veiga). E o ter nascido e permanecido na capital gaúcha facultou-lhe respirar um clima propício ao tipo de literatura que produziu.

Daí a predileção pelo conto breve, em tom de fábula ou de apólogo, com desfecho enigmático, mas explorando o absurdo, o insólito, o fantástico. Numa quadra em que o velho esquema à Maupassant se considera letra morta, para ceder lugar ao conto vizinho da crônica ou do episódio de romance, Moacyr Scliar empregou com regularidade o desenlace imprevisto, não sem renová-lo com mãos de mestre: se, no conto realista, a surpresa do epílogo correspondia à obsessão algo artificial pelo fecho de ouro do soneto, na pena do autor gaúcho torna-se decorrência "lógica", necessária, da narrativa. O pasmo que acomete o leitor nas últimas linhas resulta do absurdo ou do fantástico do entrecho, ou revela-se no insólito da vida. Contra ele ergue-se outra versão, que não é real, embora possa ser verossímil: o absurdo é que é real; o verossímil, não.

Se, em "Canibal", duas moças despencam com o seu aviãozinho nos "desolados altiplanos da Bolívia", e uma delas se entrega à autofagia em razão de a outra lhe negar alimento; e se, em consequência, vem a falecer — aí está a realidade. Diante dela, a sobrevivente mentiu pela primeira vez em sua vida: "Foram os índios", e o narrador fecha o conto com uma nota em que se plasma, entrelaçado ao pensamento político recorrente em muitas narrativas, o verossímil irreal: "Os jornais noticiaram a existência de índios antropófagos na Bolívia, o que não corresponde à realidade."

Que realidade é essa senão a do absurdo, evidente na ação do conto? Toda a força de Moacyr Scliar provém desse jogo entre o absurdo-realidade e o verossímil-irrealidade, mas efetuado com uma engenhosidade fora do comum, que se nega a transformar-se em maneirismo. Nem por saber disso o leitor deixa de surpreender-se com o desfecho, visto que a relação entre o absurdo e o verossímil é sempre inusitada, conto a conto. A mutação frequente da estrutura do conto, ou da solução do esquema lúdico, reproduz a variedade infinita da condição humana. É como *construção de linguagem* que o absurdo se configura: ao resumirmos a narrativa, o seu lado de surpresa e insólito desmorona ou, ao menos, empalidece. Lendo-a, porém, na íntegra e na sequência da escrita, palavra a palavra, verificamos que o final explode como uma bomba de efeito retardado, dando relevo à estranheza da fabulação. O absurdo está no *inexplicável* e este é na construção ou na metáfora de uma situação anômala: de quem eram os "ruídos no forro"? Havia alguém lá? Um tiro reduziu-o ao silêncio, e quem o desferiu "nunca subirá" ao forro para saber. Aí todo o inexplicável, ou a sua metáfora: o absurdo do conto é uma metáfora, levada à máxima potência, do absurdo, do inexplicável; em suma, da Vida. A vida não imita a arte, nem esta imita aquela: ambas são absurdas e inexplicáveis, ou em ambas o inexplicável, o absurdo, é a própria realidade — eis a "moral" da ficção de Moacyr Scliar, "fascinado pela magia do cotidiano", como declarou numa entrevista.

De onde a impiedade "clínica", o humor cético, a ironia ácida e/ou jocosa conforme as circunstâncias, como se o ficcionista tomografasse o bicho homem, destituindo-o da sua espessa filáucia, exibindo-lhe a podridão latente, a fragilidade trágica, já nas antecâmaras do necrotério. Ou como se o descarnasse, pondo-lhe a nu a contingência de objeto sem seiva e sem bússola, de "cadáver adiado que procria", no dizer clássico de Fernando Pessoa. Com um rictus amargo, o narrador ironiza causticamente a pobreza humana, encurralada entre a náusea e a vacuidade existencial. Enfim, como se capítulos inéditos viessem juntar-se ao Eclesiastes para sublinhar ainda mais a inócua vaidade humana, ao *Elogio da Loucura*, de Erasmo de Roterdã ou de "O Alienista", a simbolizar que, ao fim de tudo, o manicômio não é só ao modo de Casa Verde, mas "o planeta girante em que tudo isso se deu", para invocar uma vez mais o poeta de "Tabacaria".

Outros contistas podem ser citados, não sem correr o natural risco das omissões involuntárias, como o baiano Jorge Medauar (1918-2003), regionalista de estilo apurado e senso de comunhão com a terra de origem, autor de *Água Preta* (1958), *A Procissão e os Porcos* (1960), *O Incêndio* (1963); Caio Porfírio Carneiro (1928), oriundo de Fortaleza, autor de *Trapiá* (1961), *O Sol da Terra* (1965), *Os Meninos e o Agreste* (1969), *O Casarão* (1975), *Chuva* (1977), entroncados na tradição do conto nordestino de feição realista; Guido Wilmar Sassi (1922) representa o regionalismo de Santa Catarina, com *Piá* (1953), *Amigo Velho* (1957), *São Miguel* (1962), *Geração do Deserto* (1964); Péricles Prade (1942), também catarinense, cultiva um tipo de narrativa puxada ao fantástico e ao surrealista (*Os Milagres do Cão Jerônimo*, 1970; *Alçapão para Gigantes*, 1980); José Edson Gomes (1932), com *As Sementes de Deus* (1965), *Os*

Ossos Rotulados (1966), *O Ovo no Teto* (1967), *Agonia no Natal* (1986), "tem tentado — segundo Fábio Lucas — conciliar o realismo crítico com o realismo mágico"; Salim Miguel (1924), libanês de nascimento, mas radicado desde tenra idade em Santa Catarina, autor de *Velhice e Outros Contos* (1951), *Alguma Gente*, "histórias" (1953). *Rede*, romance (1955), *O Primeiro Gosto*, contos (1973), *A Morte do Tenente e Outras Mortes*, contos (1979), *A Voz Submersa*, romance (1984), *10 Contos Escolhidos* (1985), *A Vida Breve de Sezefredo das Neves, Poeta*, "ficção/montagem/colagem (ou biografia imaginária)" (1987), em que a memória e o impacto da linguagem cinematográfica desempenham papel relevante; Hélio Pólvora (1928), baiano de Itabuna, autor de *Os Galos da Aurora* (1958), *A Mulher na Janela* (1961), *Estranhos e Assustados* (1966), *Massacre do Km 13* (1980), *O Grito da Perdiz* (1982), *Mar de Azov* (1986), oscilante entre o realismo e o apelo ao mistério e ao lirismo; a gaúcha Tânia Jamardo Faillace (1939), autora de *Fuga*, romance (1964), *Adão e Eva*, romance (1965), *O 35º Ano de Inês* (1971), *Vinde a mim os pequeninos* (1977), *Tradição, Família e Outras Estórias* (1978), *Mário/Vera*, romance (1983), em que entrelaçam o individual e o social, o intimismo e o realismo: Nelson Coelho, com *O Inventor de Deus* (1962); Saldanha Coelho, com *O Pátio* (1953); Renard Perez, com *Os Sinos* (1954), *O Tombadilho* (1961), *Irmãos da Noite* (1979), *Trio* (1983); Natanael Dantas, com *Veias Desatadas* (1960); João Uchoa Cavalcanti, com *O Diabo* (1968); Almeida Fischer, com *Horizontes Noturnos* (1947), *O Homem de Duas Cabeças* (1950), *A Ilha e Outros Contos* (1953), *Nova Luz ao Longe* (1965); Homero Homem (1921-1991), com *Tempo de Amor* (1960), *Carliteana Carioca* (1965); José Louzeiro, com *Depois da Luta* (1958), *Judas Arrependido* (1968); Miguel Jorge, com *Antes do Túnel* (1967), *Texto e Corpo* (1969), *Avarmas* (1978); Joel Silveira, Paulo Hecker Filho, Jamil Snege — e tantos outros.

Crônica

A crônica, como a conhecemos em nossos dias, é originária da França. De início sob a forma de *feuilletons*, escritos por Julien-Louis Geoffroy, e publicados no *Journal de Débats* desde 1799, o modelo francês aclimatou-se entre nós com o nome de "folhetim". E sob essa denominação permaneceu até a segunda metade do século XIX, quando o vocábulo atual entrou em uso. Alencar, Machado de Assis e França Júnior foram alguns de seus cultores mais insignes. A crônica alcançou grande público na primeira vintena do século XX, graças a João do Rio e outros. Nas décadas de 1930 e seguintes continuaria a ser cultivada por escritores de primeira linha e a gozar de vasto prestígio. Humberto de Campos, Álvaro Moreyra, Antônio de Alcântara Machado, Gilberto Amado, Henrique Pongetti, Rubem Braga, Paulo Mendes Campos, Rachel de Queiroz, Carlos Drummond de Andrade, além de outros nos anos subsequentes, mantiveram em alto nível a voga da crônica. Já então abrasileirada, ou antes, acariocada, sugeria a ideia, nada pacífica, de que se tratava de um produto genuinamente nacional.

Vacilante entre a reportagem e a construção literária, entre o relato impessoal de um acontecimento e a sua recriação mediada pela fantasia, a crônica esforça-se por resistir ao envelhecimento precoce que decorre de sua publicação em jornal ou revista. Quando a faceta literária sobrepuja a jornalística, a metáfora ou a conotação antepõe-se à denotação —, a recolha em livro tem parecido o expediente mais adequado para a tentativa de suplantar a morte prematura nas páginas dos periódicos. Mas, ainda quando exumada do seu nicho original para se agasalhar no casulo de um livro, a crônica continua a sofrer desgaste, como a indicar que a sua função se cumpre na efemeridade do órgão noticioso em que pela primeira vez viu a luz do sol.

Ao enfeixar-se, juntamente com outras, no recesso de um livro, a crônica perde a força de surpresa e vivacidade, que resulta da publicação em meio à maneira jornalística, destinada ao consumo diário: a crônica desmerece quando lida em série. De existência passageira, retirá-la do jornal ou revista, no intuito de emprestar-lhe existência mais duradoura, significa roubar-lhe o viço que apenas ostenta no espaço do jornal ou da revista. Como as rosas de Malherbe, vive o espaço de um dia. Nutrir veleidades de perdurar como qualquer texto literário não se alinha entre as suas prerrogativas; antes pelo contrário. E daí que, nem por ser reunida em livro, corta o vínculo de origem, condenada a enfrentar para sempre o demônio da precariedade. Daí a ironia de a qualidade que a torna apetecida ser o agente da sua desintegração.

Quando o polo literário avulta sobre o jornalístico, geram-se as condições para os tipos fundamentais de crônica: a crônica atraída para a poesia, confinando-se com o poema em prosa ou a prosa poética, em que o aspecto lírico, a subjetividade, tem primazia sobre o acontecimento verídico. Ou a crônica tendente ao conto, e não raro transformando-se nele, em que o acontecimento prepondera, não sem convocar a imaginação do escritor, que assim desentranha do fato uma história fictícia. A derivação da crônica no rumo do ensaio, como Gustavo Corção costumava fazer, não corresponde à sua natureza: o escritor somente a empregava como instrumento de suas ideias, decerto convencido de assim atingir mais facilmente o objetivo proselitista. Redigia uma crônica em vez de um artigo, ou um ensaio, ao contrário do autor que verte ideias em suas crônicas em decorrência da própria matéria diária que lhe fornece o assunto, cuja intenção é menos persuadir que entreter e, quem sabe, colaborar para o amadurecimento do leitor por meio da reflexão que lhe brota da pena.

Dos cultores de crônica, destaca-se RUBEM BRAGA, seja pela qualidade de seus textos, seja porque foi apenas cronista: faz parte do consenso afirmar que foi "o único escritor a conquistar um lugar definitivo na nossa literatura exclusivamente como cronista". Nascido em Cachoeiro do Itapemirim (Espírito Santo), a 12 de janeiro de 1913, ingressou no jornalismo enquanto estudava Direito, curso que terminou em 1932, em Belo Horizonte. E como jornalista esteve em S. Paulo, Recife, Porto Alegre, Rio de Janeiro. Participou, em 1944, da Força Expedicionária na Itália. De regresso, voltou às lides jornalísticas. Em 1955, chefiou o Escritório Comercial brasileiro em Santiago do Chile; de 1961 a 1963, serviu como embaixador no Marrocos. Com pequenos intervalos, manteve a sua colaboração para o jornal. Publicou os seguintes volumes: *O Conde e o Passarinho* (1936), *O Morro do Isolamento* (1944), *Com a FEB na Itália* (1945), *Um Pé de Milho* (1948), *O Homem Rouco* (1949), *Cinquenta Crônicas Escolhidas* (1951), *A Borboleta Amarela* (1956), *A Cidade e a Roça* (1957), *Cem Crônicas Escolhidas* (1958). *Ai de ti, Copacabana!* (1960), *A Traição das Elegantes* (1967), *200 Crônicas Escolhidas* (1977), *Crônica do Espírito Santo* (1984), *Recado de Primavera* (1984), *Cartão de Paris* (1997). Faleceu no Rio de Janeiro, a 19 de dezembro de 1990.

Rubem Braga puxou para a crônica três linhas de força da modernidade instaurada em 1922. Talvez intuísse que apenas faltava praticá-las nesse terreno fronteiriço para completarem o percurso revolucionário encetado com a Semana de Arte Moderna. E ao mesmo tempo atualizava uma forma literária que havia adquirido modelar configuração nas mãos de Machado de Assis.

Como todo cronista, funda raízes no cotidiano: a sua visão da realidade seleciona os dados, enforma-os, transfigura-os, evitando desse modo a transcrição objetiva dos fatos, apanágio dos jornalistas. A arte de atenuar as tragédias do dia a dia com o tempero da poesia e uma fina compreensão — compaixão pelo ser humano está na base desse processo. Foi um lírico — aqui e ali manifestando-se por meio de recursos métricos — que contemplou os acontecimentos diários. A crônica seria um bálsamo para as agruras da existência, eis o sentido que os escritos de Rubem Braga escondem. Em determinado momento, exclamou ele: "Eu sou poeta cristão!" (*Morro do Isolamento*), dessa maneira sintetizando a sua maneira de interpretar os acontecimentos do seu tempo.

O lirismo de Rubem Braga é o dum triste, dum romântico — "Tenho uma tendência romântica a imaginar coisas" (*O Homem Rouco*) — expressão simétrica, em prosa, da melancolia subjacente na poesia de Vinícius de Morais. Lirismo de que mostrou ter consciência, ao caracterizar suas páginas de alada fantasia como "lero-lero objetivo infiltrado de velhas tristeza" (idem), tão velhas e tão íntimas que o compelem a ressuscitar o estereótipo do pessimismo finissecular despertado pela falência das pretensões cientificistas e positivistas: "melhor é não viver" (idem). Afinal, ele se considerava um sentimental. Decorrente do imperativo das aproximações e da dissonância dos gestos e situações, o lirismo concretiza-se em "grandes instantes de ternura, que são os instantes da verdade". Daí a "tristeza vaga e boba, saudade da infância, lembrança de mulher que não me ama, vontade sincera de morrer antigamente na guerra do Paraguai" (*A Cidade e a Roça*). No geral, pois, contracenam o cotidiano e o poético, o "não eu" e o "eu", fundidos, ou separados conforme o caso, como se o primeiro destilasse o outro, ou o lirismo precisasse da rotina diária para surgir no horizonte da vida.

Contraface desse lirismo, onipresente como uma frase musical em surdina, de gravidade cética, foi o humor, um tanto irônico: valendo-se mais de insinuações que de tiradas diretas, não temeu abeirar-se do mau gosto. Fora do seu elemento, embora confessasse que o seu "ideal seria escrever uma história (...) engraçada" (*A Traição das Elegantes*), o cronista socorreu-se do humor como disfarce para o sentimentalismo, a nostalgia do passado, as lembranças dolorosas do bem perdido definitivamente: "o antigo fervor, esse não volta" (*O Homem Rouco*).

Menos máscara que o humor desatado para encobrir a sensibilidade lírica, o pensamento político de Rubem Braga foi ainda fruto da empatia com o semelhante. E como seria de esperar num temperamento permeado de lirismo, foi geralmente sutil a participação nos acontecimentos políticos. Na crônica que dá título a *O Conde e o Passarinho*, assim finaliza a história do passarinho:

> bicou a fitinha, puxou, saiu voando com a fitinha e com a medalha. (...) Voai, voai, voai por entre as chaminés do conde, varando as fábricas do conde, sobre as máquinas de carne que trabalham para o conde, voai, voai, voai, voai, passarinho, voai.

Ao fim de contas, perfilou-se entre os "democratas e defensores dos fracos e pequenos" (*A Traição das Elegantes*). Mas não ignorando haver diferença substancial entre a crônica em que a participação é suscitada pelo acontecimento, e o panfleto, numa passagem de *O Homem Rouco* ("Biribuva") declarou fazer crônica e nada mais, desse modo repelindo a tentadora ideia de transformar a conversa habitual num libelo. E numa outra de *A Cidade e a Roça* ("Dalva"), foi ainda mais explícito, ao asseverar que "Marx simplificava demasiado as coisas, falando em proletariado e burguesia".

A força literária das crônicas de Rubem Braga residiu nessa harmonia dos contrários, que a linguagem desenvolta, cristalina, reafirma e reflete, deixando em evidência um caráter vigoroso, instintivo, "natural", razões evidentes para o lugar que ocupa nos quadros da nossa modernidade.

Diverso é o perfil do mineiro FERNANDO SABINO, nascido a 12 de outubro de 1923, em Belo Horizonte. Curso de Direito iniciado em 1941 e terminado no Rio de Janeiro, para onde se mudou em 1944. Viveu dois anos nos EUA e outros em Londres (1964-1966). Cultivou o romance ou novela (*O Encontro Marcado*, 1956; *O Grande Mentecapto*, 1979; *O Menino no Espelho*, 1982) e narrativas curtas (*Os grilos não cantam mais*, 1941; *A Marca*, 1944, *A Vida Real*, 1952; *A Faca de Dois Gumes*, 1985). Mas é a crônica o meio expressivo mais apropriado à sua visão da realidade, patente não só no rol de volumes publicados no gênero, e no fato de ainda escrever crônicas para jornal, como também porque a sua ficção trai, de algum modo, essa vocação. A partir de *A Cidade Vazia* (1950), organizou as seguintes coletâneas, nas quais por vezes se inserem verdadeiros contos: *O Homem Nu* (1960), *A Mulher do Vizinho* (1962), *A Companheira de Viagem* (1965), *A Inglesa Deslumbrada* (1967), *Gente I e Gente II* (1975), *Deixa o Alfredo falar!* (1976), *O Encontro das Águas* (1977), *Gente* (1979), *A falta que ela me faz* (1980), *O gato sou eu* (1983). De 1996 é a sua *Obra Reunida*. Faleceu no Rio de Janeiro, a 11 de outubro de 2004.

Nos domínios da narrativa longa, a contribuição de Fernando Sabino foi relevante: *O Encontro Marcado* é um "romance de aprendizagem" de uma geração, crônica de um grupo literário de Belo Horizonte, nos idos de 1940, ao qual o autor pertenceu. Romance *à clef*, catarse proustiana de um escritor e sua geração em busca de um caminho, por entre as angústias da idade e da hora presente. Significativamente, a narrativa biparte-se em "A Procura" — que registra os percalços da mocidade — e "O Encontro" — da idade madura, balanço da vida destroçada, dos sonhos desfeitos, a hora do encontro:

> Chegou a hora. Mocidade velha, cansada, desnorteada, exaurida, quando chegaria enfim a tua hora? Quantos séculos de angústia coletiva se fizeram? Quantas horas de aflição foram vividas, quantos corações se extenuaram no amor e na esperança para te entregarem desamparada ao mundo novo? e que será de ti neste mundo? que será do mundo?

Romance da angústia existencial, do católico em "agonia", a procurar-se em vão no encontro marcado com os amigos da mocidade, "história de uma experiência pessoal arrancada do coração", diz o autor em *Deixa o Alfredo falar!*, é das obras mais relevantes dos anos 1940. *O Menino no Espelho* contém a visita a um mundo mais antigo, o da infância. Em outro ritmo, como se superados os dramas e conflitos rememorados nessas obras, flui *O Grande Mentecapto*: aqui, a narrativa estrutura-se como autêntica novela, a começar do subtítulo — "Relato das Aventuras e Desventuras de Viramundo e de suas Inenarráveis Peregrinações" — que lembra as quilométricas histórias de antigamente, de feição barroquizante. A narrativa de Geraldo Viramundo não é a de um pícaro, mas a de um pobre-diabo, em progressiva demência, (anti)-herói de uma série de aventuras divertidas, às vezes patéticas, de Macunaímica empostação, cujo sentido satírico se torna mais acentuado pelo emprego de linguagem deliberadamente arcaizante.

É impossível resistir à comicidade de *O Grande Mentecapto*. O riso desponta com facilidade ante cenas em que o *nonsense* mais descabelado se junta a um senso agudo do ridículo, como se o mundo fosse habitado por doidos varridos. Tal clima é a síntese da tendência que caracteriza a crônica do autor: a percepção viva do cômico, extraído do cotidiano banal. Não sem revelar uma gravidade e um compromisso com a realidade atormentada do mundo, guiado pela convicção da "necessidade de uma justiça social que ao mesmo tempo respeite os direitos fundamentais do homem" (*Deixa o Alfredo falar!*), o cronista adere aos temas hilariantes, ou vaza-os num estilo e num tom que provocam o sorriso. Ele o diz, numa espécie de autocrítica, mas que é lucidez em relação ao fruto da sua escrita, ao reconhecer "a minha incontrolável tendência para o *nonsense*, as brincadeiras, os disparates, as cabriolas e molecagens com que distraio o espírito, às vezes nos momentos mais sérios e graves" (idem). Mineiro que se enfurna por trás do riso, explora o filão muito brasileiro da crônica, que se lê, e se relê, como anedota saborosa, de permanente efeito, para compensar as desilusões do dia a dia, contrabalançar o travo de melancolia e pessimismo.

Às vertentes representadas por Rubem Braga e Fernando Sabino pertencem os demais cronistas, com variações que correm por conta da individualidade de cada um e de suas inclinações estéticas ou ideológicas. Não poucos se dedicaram a outras formas de expressão, tendo logrado mais notoriedade nelas, ou a crônica não chegou a constituir o seu veículo criativo de eleição, ao contrário do que observamos no tocante àquelas figuras. Estão nesse caso, dentre outros, circunstanciados ou referidos na altura própria: Vinícius de Morais, Lêdo Ivo, Carlos Heitor Cony. Acrescentem-se, ainda, dentre os mais antigos, os nomes de Genolino Amado, Helena Silveira, Vivaldo Coaracy, Luís Martins, Eneida, Fernando Góes e, dentre os mais recentes, José Carlos de Oliveira, Sérgio Porto (Stanislaw Ponte Preta), Carlos Eduardo Novaes, Luís Fernando Veríssimo, Afonso Romano de Sant'Anna, Arnaldo Jabor, João Ubaldo Ribeiro, Contando Callligares, Sérgio Telles, etc.

OSMAN LINS

Nasceu em Vitória de Santo Antão, interior de Pernambuco, a 7 de julho de 1924. Concluído o curso secundário, vai para o Recife (1941), ingressa num banco e forma-se em Ciências Econômicas (1946) e em Dramaturgia (1960) pela Universidade de Pernambuco. Passa o ano de 1961 em Paris, e no ano seguinte transfere-se para S. Paulo, onde falece a 8 de julho de 1978. Publicou romances (*O Visitante*, 1955; *O Fiel e a Pedra*, 1961; *Avalovara*, 1973; *A Rainha dos Cárceres da Grécia*, 1976), contos (*Os Gestos*, 1957), "narrativas" (*Nove, Novena*, 1975), teatro (*Lisbela e o Prisioneiro*, 1964; *Capa-Verde e o Natal*, 1967; *Santa, Automóvel e Soldado*, 1975; *O Diabo na Noite de Natal*, 1977), ensaio (*Um Mundo Estagnado*, 1966; *Guerra sem Testemunhas*, 1969; *Lima Barreto e o Espaço*

Romanesco, 1976; *Do Ideal e da Glória — Problemas Inculturais Brasileiros*, 1977), artigos e entrevistas (*Evangelho na Taba — Outros Problemas Inculturais Brasileiros*, 1979), textos para a televisão (*Casos Especiais de Osman Lins*, 1978), viagem (*Marinheiro de Primeira Viagem*, 1963; *La Paz existe?*, 1977, este de parceria com Julieta de Godoy Ladeira. Ao falecer, deixou incompleto o romance *Uma Cabeça Levada em Triunfo*, ainda inédito.

Empenhando-se na atividade literária com a paixão que acomete os "escolhidos", Osman Lins sabia-se envolvido numa "guerra sem testemunhas". E como não muitos, nos decênios de 1960 e 1970, em qualquer das formas e gêneros cultivados pôs o timbre de uma inventividade irrequieta, submetida a um rigor, de *clerc*, para o qual não há descanso enquanto não esculpe a frase definitiva ou não urde com precisão o capítulo no recesso da narrativa, arquitetada, nos pormenores e no conjunto, a esquadro e compasso. Como se levantasse uma catedral ou uma pirâmide, um sólido perene, um totem, um corpo infenso ao calendário. Antes da estirpe de Flaubert que da de Balzac ou Proust, ou antes da linhagem de Machado de Assis que de Alencar, para ele a escrita literária tinha compromissos de permanência como as matérias plásticas ou esculturais que buscam, na captação de um aspecto do mundo, resistir ao prematuro e ao consumo devastador. À maneira dum compositor de finas e aéreas frases musicais, tinha como norte a luta com a forma adequada à ideia ou sensação nova, ansiosa por concretizar-se.

Mas a sua "luta com as palavras", confessou-o mais de uma vez, não significava o raso formalismo, parente próximo da "arte pela arte": o seu afã de uma linguagem exata e correta, que retivesse no tecido metafórico a borbulhante intuição dos contrários que lhe povoava a mente, correspondia ao propósito de vazar imagens de beleza e de inconformidade. Criar a "beleza que não morre", de que falava Antero de Quental, e intervir no contexto social em que a sua literatura se disseminava, para colaborar na tomada de consciência de tudo quanto cerceia e envilece o ser humano era o seu escopo. Por sinal religiosamente cumprido até o fim. Vida e Arte, nele, fundem-se e confundem-se, a primeira votada à criação da outra, e esta iluminando aquela e dando-lhe um sentido e um desígnio.

Aí está a sua obra para o dizer, seja a ficcional, seja a de combate contra o "mundo estagnado" do nosso ensino, contra o não reconhecimento da função do escritor na sociedade materialista dos dias que correm, e contra toda sorte de inconsciência ou alienação. Por meio da linguagem oblíqua da imaginação e do estilo direto do ensaio, ou da evocação de estesias literárias e do arejamento das ideias, visava a um só alvo: inquietar o leitor, despertá-lo do seu torpor, apontar-lhe caminhos de esclarecimento interior e de intervenção no processo social.

Ao estrear com *O Visitante*, Osman dava sinais de incomum maturidade, determinação e lucidez. Rara maneira de iniciar-se, contornava os abismos da afoiteza com que os jovens se atiram ao prelo tão logo completam o primeiro esboço da obra. E indicava, acima de tudo, as trilhas percorridas pela sua ficção (para não mencionar todo o seu trabalho intelectual), enquanto a reviravolta, aprofundando e alargando tais matrizes, não se instalasse nos seus domínios. A par do estilo tenso, vibrante e plástico que seria a sua marca registrada, a condução segura da trama, como se a primeira frase obedecesse a um secreto cálculo de proporção relativamente às demais, numa ordem em que a sugestão triunfa sobre a linearidade, deixava antever uma inteligência geometrizante forcejando por encerrar num pequeno vaso de argila todo o seu tumulto interior. O conflito psicológico localizava-se no âmago da sua atenção: movidas por vendavais de tragédia, as personagens (modestos professores duma cidadezinha do interior de Pernambuco) entregam-se ao seu fadário, talhado por um inconsciente a reclamar o direito de vir à luz do sol. Mas, com isso, apenas conseguem destruir-se e experimentar o gosto amargo que prenuncia a morte: carente de afeto, Celina verga às circunstâncias, e perde-se.

A narrativa não dissimula os débitos para com os textos bíblicos. Antes pelo contrário, exibe-os mais nas epígrafes: história de um anjo exterminador que chega com a noite, enfiado na sua miséria e na mansidão corrosiva, como a água entre as frinchas da terra abrindo voçorocas. *O Visitante* inscreve-se na vertente cristã do Existencialismo. Gravitando em torno do binômio amor *versus* culpa, porque impregnado de remorso, oriundo da consciência limitada pelos princípios em que se define, lembra a ficção de François Mauriac. E pelo intimismo, situa-se na esteira de Cornélio Pena ou de Lúcio Cardoso, mas com uma nitidez de traços que a transparência da forma bem assinala.

Que procurava o autor de 30 anos? "O autêntico não morre (...), pois as verdades essenciais do nosso espírito são incorruptíveis", diz ele, na entrevista que concedeu por ocasião do prêmio, em S. Paulo. Oferecia, assim, a chave para a interpretação de *O Visitante*, cunhando, simultaneamente e, decerto, sem o saber, o lema condutor de todo o seu itinerário de cidadão e escritor, nele solidários como uma peça só. Autêntico no plano da personagem, autêntico no plano do criador, numa tensão dialética que por vezes suscita a impressão de haver algo de autobiográfico na ficção de Osman. Porém, dum autobiográfico transistório, emergente das paragens mais fundas do seu psiquismo, como se patenteasse um mundo de sombras ao descortinar os protagonistas das narrativas — projeções transversas do seu inconsciente? — e ao travar a luta por desfazer-se de tudo que aliena, em favor do autêntico, vocábulo então em moda.

Os Gestos confirmava a ruidosa estreia e permitia o acesso a outra das facetas do autor: o conto. O livro reúne narrativas escritas como a preparar-se para empresa de maior porte mas, na verdade, a revelar análoga maestria na elaboração de histórias breves. Ali, a capacidade para surpreender o núcleo dos grandes dramas encobertos pelo cotidiano banal atinge o ápice, que uma narrativa como "Elegíada", amplamente conhecida e aplaudida, pode testemunhar. Um toque de comovente lirismo, que mal assoma em O Visitante, agora se manifesta sem peias, denunciando outro aspecto da sua inventiva literária, um lirismo sutil, etéreo, discreto, como se o narrador manuseasse, com extremo cuidado, psicologias enternecidas, à flor da pele. Limpidez de estilo, introspecção e poeticidade se consorciam, desse modo, para gerar narrativas da melhor qualidade, mas que ainda não proporcionavam toda a medida do potencial criativo do autor.

Osman retornaria ao romance com O Fiel e a Pedra. O olhar do ficcionista invade o sertão pernambucano, e entre o relato verídico de acontecimentos de família, obviamente transfigurados, e a revivescência da Eneida, compõe a saga de Bernardo Cedro e Teresa. O regionalismo de 1930, mais propenso ao documental que ao transfigurativo, dera seus frutos. O momento histórico pedia outra visão do interior nordestino: Guimarães Rosa registrara essa metamorfose numa forma tão pessoal que a sua imitação pressupunha empatia e graves riscos. Outro seria o trajeto de Osman: o seu regionalismo desenrola-se em ritmo próprio, associando o épico, o dramático e o lírico, num (autêntico) romance-poema, de modo que o existencialismo de O Visitante se converte em uma situação de timbre universal, simbolizada na luta entre o bem e o mal. Por entre as névoas da memória ou as lágrimas da saudade, o narrador relembra a "guerra do Surrão", em que o herói, novo Eneias, vence os capangas de Nestor. O episódio — que poderia fazer da obra uma história de *far-west* ambientada no sertão nordestino — cede ao retrato de Bernardo, Teresa e outros, num clima de comoção que se adensa progressivamente, até o apogeu, no "capítulo sem número, à maneira de arremate".

Osman alcançava um dos momentos supremos da sua ficção, criando um dos romances mais bem realizados dos anos 1960. Decorridos poucos decênios do seu aparecimento, *O Fiel e a Pedra* tornou-se um clássico, cujo alcance somente aumentará com o passar do tempo. Mas, como se exorcizasse o seu pretérito no reconto de cenas indelevelmente gravadas na memória, e sempre insatisfeito, derivaria para a literatura de viagem e o teatro, até que a publicação de *Nove, Novena* anunciasse mudança de rumo: ecoando o exemplo do *nouveau roman*, mas sem perder as características que o singularizaram nos quadros da nossa modernidade, adere ao experimentalismo formal. O narrador recorre a sinais gráficos para representar os sexos e as personagens, isoladas ou não, e emprega múltiplos ângulos narrativos, sutilizando à beira do hermético a tendência para a sondagem no mundo sombrio das mentes e das situações dramáticas. Uma espécie de simbologia alquímica, que explora toda sorte de auxílio extraliterário, do palimpsesto ao zodíaco, organiza-se como instrumento do processo de mergulho no "mistério", que já se preparava na obra de estreia. O resultado é o requinte das fundações sobre que assenta o autor, como se inspirado na arte do vitral ou da pintura sacra, de transcendentes ressonâncias, para compor narrativas em que o geometrismo das formas, o uso consciente da ornamentação funcional, camufla e veicula a um só tempo o diáfano e terno lirismo que as perpassa.

Após "descansar a pena" escrevendo teatro e ensaio, Osman regressa ao romance em 1973, com *Avalovara*: longamente congeminado, meticulosamente composto, resultava de um projeto amadurecido em todas as suas minúcias e executado à risca, como um alquimista em seu laboratório secreto. Aqui, o requinte formal, e com ele a matéria romanesca, aprimora-se, supera-se. Partindo de um velho palíndromo — SATOR AREPO TENET OPERA ROTAS, que o narrador traduz por "O lavrador mantém cuidadosamente a charrua nos sulcos" ou "O Lavrador sustém cuidadosamente o mundo em sua órbita", como a insinuar dois dos sentidos simbólicos da figura, Osman escreve um estranho e belo romance de amor, dos mais belos de quantos já apareceram em língua portuguesa. Três mulheres, identificadas com cidades, cruzam a vida de Abel, o herói (ou anti-herói?). Um exótico pássaro feito de pássaros — o que dá título à narrativa —, um relógio, um tapete de míticas imagens presenciam os encontros amorosos, inscritos no quadrado palindrômico atravessado por uma espiral interminável, símbolos do homem e da mulher. Ou do tempo e do espaço, inseridos numa figura geométrica hieroglífica, de esotérica significação.

Sob as luzes do *nouveau roman*, mas fugindo de suas mortais fragilidades, provenientes do radicalismo da sua proposta fundamental, e repudiando o estereótipo folclórico que marcava a ficção brasileira, Osman concebe um romance ecumênico, universal. As cidades onde contracenam os amantes e por meio das quais as heroínas se deixam reconhecer, podem ser quaisquer, assim como as personagens que representam. O lugar e a cronologia do enredo desobedecem à convenção: tudo se passa numa esfera e num tempo míticos, do mesmo modo que pertencem ao mundo dos mitos o pássaro imaginário que empresta o nome à história, o relógio a pingar horas vagas, o tapete e tudo mais. História de um mito, se a redundância é permitida; ou o romance como narração do mito. Ou o Amor como mito.

Avalovara pretende reproduzir o espasmo cósmico por meio de um palíndromo, configurado num quadrado cujas linhas se alteram como uma espiral. É sabido que o Cosmo se rege pela entropia, de onde o (aparente) caráter multifacetado, anárquico, do romance, uma vez que busca as *n* dimensões temporais e espaciais. Romance ucrônico, ubíquo, de utópicas cintilações de geométrica ideação traçado milímetro a milímetro, ancora-se na ideia da narrativa como construção mental, domesticada que é a ardente fantasia pelas rédeas do pensamento. Metarromance, não só porque o narrador porfia em desvendar-nos (?) o sentido do palíndromo e os passos de sua laboriosa fabulação, mas ainda por pensar a trama como arcabouço no qual a multiforme realidade se reflete e por meio da qual o autor e o leitor fruem a sensação de abranger a totalidade do mundo num só painel fabulativo.

Romance estético, de barroca reverberação, põe os amantes acima do bem e do mal, a demandar o amor. Mas ao encontrá-lo, deparam com a morte — encarnada no pássaro mítico a voar obsessivamente sobre seus arroubos e êxtases —, mergulhando no tapete sobre que se amavam, e retomando ao Jardim (do Éden) antes do Pecado. Por sua vez, o narrador vai em busca da beleza, que o palíndromo inscrito no quadrilátero trespassado pela espiral sugere. E ao defrontá-la deve pôr termo ao relato, sem suspeitar que também demandava a morte e o regresso ao paraíso. Simbolizando a mulher no quadrado, e o homem na espiral, quando este lhe atinge a matriz — o N de TENET —, a viagem cósmica e humana chega ao desfecho. É hora de retomar o percurso, na sequência dos fragmentos dispostos em linhas alternadas (R, S, R, S ... O, R, O, A ...) e com idêntico e imutável objetivo. Círculos concêntricos, acionados por um moto-perpétuo, num recomeço sem-fim.

Romance de amor e morte, ou de amor/morte, ou de amorte (amor/te, a/morte), romance do amor e da morte, lapidado palavra a palavra, visando a calcular-lhe o exato peso e relevância no conjunto, cresce à proporção que o tempo escoa sobre ele, sem envelhecê-lo, antes pelo contrário, rejuvenescendo-o, e à medida que o leitor reaviva o contato com os encontros de Abel e suas mulheres-cidades. Como se a força de *Avalovara*, mal contida no geometrismo da composição, na malha apertada dos mil fragmentos que brotam de lugares distantes de um cosmo incomensurável, se manifestasse aos poucos, a cada arremetida do leitor, extasiado ante a renovação ampliada de sua incomparável experiência estética em vernáculo.

Antes de revisitar o universo do romance, e ganhar fôlego para uma investida que não podia ser menos ambiciosa que *Avalovara*, Osman publicou três peças de teatro sob o título de *Santa, Automóvel e Soldado* e um ensaio que lhe valeu o doutoramento em Letras (*Lima Barreto e o Espaço Romanesco*), este, no mesmo ano em que volta ao romance, com *A Rainha dos Cárceres da Grécia* (1976). O título é o da narrativa, inédita, que Júlia Marquezim Enone deixara ao morrer. O narrador, seu amante em vida, dispõe-se a escrever um ensaio 'a respeito do romance', e começa por sumariá-lo. E à proporção que redige o estudo, o professor vai reconstituindo a história passional com a autora, ao mesmo tempo que acompanha, posto que interpretativamente, a *via crucis* de Maria de França, protagonista da narrativa de Júlia Marquezim Enone, junto ao INPS, e sua loucura. Ao longo dessa tripla imersão no tempo, em *mise en abîme*, a realidade cotidiana, na sua historicidade jornalística, infiltra-se no corpo do texto que vamos lendo. O final é uma espécie de fusão, surrealista, a das linhas de força que conduzem o relato.

Romance de arte, requintado, embora o caso de Maria de França em face da (in)justiça previdenciária faculte ao narrador externar seus ímpetos de revolta surda ante o iníquo estado de coisas, não chega a ser obra engajada: a tônica é a do romance estético. Vinculado aos pródromos do *nouveau roman*, é romance-colagem, ou mesmo um romance cubista. Pela presença da erudição, que de resto já se observava em *Avalovara*, é um romance à Jorge Luís Borges, mesclando erudição autêntica e erudição imaginária. A intenção do narrador parece menos contar uma história que examinar o romance como estrutura, expressão de uma vida e sua relevância cultural, social; em suma, metarromance.

Sem desmerecer no todo da produção de Osman, *A Rainha dos Cárceres da Grécia* recolhe-se à penumbra silenciosa projetada pela ofuscante luz que irradia *Avalovara*.

Destino de escritor, realizado fielmente até o desenlace, o de Osman Lins. Mas de escritor combatente, revoltado contra a injustiça, a ignorância, a opressão, a incultura, o descaso pelo ofício literário. Combate pela/e com a palavra, instrumento por intermédio do qual se propunha, afugentando as trevas, esclarecer o leitor: "Quase tudo, no mundo, para mim, é sombrio; o véu se entreabre — só um pouco, e nem sempre, logo se fechando — nos breves momentos em que procuro escrever", diz ele, em confidência, de palavra em punho, como a esgrimir uma espada, num livro que é, foi, o seu programa, o seu porta-voz e o coerente reverso da sua aventura ficcional: *Guerra sem Testemunhas*.

IV. Atualidade

1 Com *Avalovara*, encerra-se um ciclo da nossa modernidade, e inicia-se o vago e impreciso quadro da mais recente contemporaneidade. História do presente? Somente o enunciá-lo já descortina problemas: como fazer história sem o documento, ou sem que o filtro das horas haja decantado os fatos e oferecido uma imagem menos distorcida de seus protagonistas? História mais como testemunho que como documento? Vale a pena arriscar? Ou é imprescindível tentá-lo para que a visão do passado remoto se complete com a do presente, e este mostre até que ponto estão visíveis as marcas daquele?

Essas perplexidades nem são novas nem exclusivas da história literária; retornam sempre que, indagando a face enigmática do nosso tempo, procuramos ver claro o seu contorno e o que se esconde atrás dele. Prós e contras têm sido levantados pelos estudiosos, não raro com argumentos convincentes, uma bibliografia considerável já se avoluma acerca do assunto, sem levar, contudo, a uma solução definitiva, nem mesmo a um consenso de opinião.[1] Uma coisa é reexaminar, à luz de critérios, dados e métodos novos, o que se conhece dos acontecimentos passados. Outra, é avaliar acontecimentos e autores sem o apoio na sedimentação do tempo.

Entre suspender a sondagem do fenômeno literário no momento em que a distância cronológica não é suficiente para se captar com clareza o fluxo histórico e, com cautela, delinear um esboço descritivo que sabemos provisório, espécie de roteiro na selva, sujeito a correções futuras, preferimos a segunda alternativa. Muda o registro, o tom, a perspectiva, outro será o modo de praticar historiografia: até os anos 1960 aproximadamente, as mais das vezes lidamos com acontecimentos que "fizeram história"; nos anos 1970 e 1980, o quadro modifica-se, uma vez que é impossível saber com segurança quais os fatos que, resistindo ao "juízo do tempo", virão a inscrever-se nessa categoria.

---

1. Óscar Tacca, além de um valioso estudo acerca dos problemas da historiografia literária, arrolou extensa bibliografia a respeito do assunto em *La Historia Literaria* (Madri: Gredos, 1968).

O fundo histórico sobre que se desenrolam as correntes estéticas desses anos é formado por acontecimentos de ampla magnitude e relevância, muito deles de efeitos devastadores, e não só no âmbito da estrita atividade literária. A crise do petróleo, logo à entrada dos anos 1970, provocou gigantesco abalo, cujas consequências internacionais se fizeram sentir por muito tempo, alternando em profundidade o equilíbrio de forças políticas e econômicas. Num plano mais regional, mas refletindo as transformações em curso, deu-se o término da ditadura em Portugal, com a decorrente libertação das colônias em África, na Espanha e na América Latina (Brasil, Argentina, Nicarágua), e o início do processo de democratização. Entre nós, ocorreu o regresso dos exilados, mercê da anistia e do fim do regime autoritário, dando origem a uma literatura-depoimento em torno dos anos tormentosos no estrangeiro (Fernando Gabeira e outros). Fim da censura em todos os níveis, desenvolvimento cultural, abertura geral, expansão da indústria editorial, ocaso das vanguardas e do *nouveau roman*, no plano específico da literatura, completam o panorama.

As últimas décadas do século XX e a primeira do século XXI não alteraram substancialmente esse quadro literário. Como seria de esperar, novas figuras entraram em cena, com feições próprias, exibindo talento, que mantêm, de algum modo, a nossa vida literária. Na altura própria serão avaliadas, à luz de suas qualificações e das promessas transparentes em sua produção. Quanto a autores que já possuíam notoriedade, alguns se mantiveram fiéis às matrizes da sua criação, outros perderam relevância comparativa, por motivos que vão de repetir-se a afastar-se da atividade literária, ao passo que certos nomes vêm ganhando ascendente prestígio junto à crítica e aos leitores.

Durante esses decênios, especialmente nos primeiros anos do século XXI, o contexto sociocultural também é agitado por uma crise de ampla envergadura, notadamente na zona europeia do euro, em razão das dificuldades econômicas vividas por alguns países, e nos EUA, pelas mesmas razões. Acresce que países como Egito, Líbia, Tunísia, Síria vivem a chamada "primavera árabe", caracterizada pela sublevação popular contra as tiranias vigentes. Não sem um ar de paradoxo, tal cenário de turbulência é contemporâneo de um significativo progresso econômico no Brasil, na China, na Rússia, na Índia, que formam o bloco dos emergentes.

2 Entre nós, a década de 1970 assinalara, no domínio da poesia, a reposição, na esteira do pós-tropicalismo, do clima antropofágico de Oswald de Andrade, cuja ação precursora vinha sendo alardeada pelos concretistas desde 1964, em meio à proliferação dos meios de comunicação, mesmo aqueles, como a TV, atrelados à indústria cultural. Um vento de insanidade, acelerado pela disseminação das drogas, varre esses anos. O verso, ainda que despido de retórica, ou servindo-se de uma retórica nova (ou pretendida como tal), recupera o seu lugar; o "livro prospectivo, incremento para novas gerações", o "livro espetáculo", em que se compaginam os recursos mais imprevistos, emprestados pelos meios de comunicação de massa, afigura-se o instrumento de combate e de "resistência cultural" mais adequado, dentro e fora do perímetro literário.

Nesse contexto irrompe a chamada "poesia marginal", cultivada por poetas independentes, "alternativos", que reavivam a chama de 1922, pelos lados do coloquialismo, com todo o seu amor ao gratuito, ao cotidiano e à liberação do verso, a ponto de abeirar-se da prosa sem literatura, que faz do desleixo propositado, do uso de palavrões, de tiradas pornográficas, da gíria, do desrespeito à gramática, da irreverência extraída do dia a dia banal, a sua arma de subversão e protesto contra a ordem estabelecida. É uma geração que professa a incultura, ou disfarça calculadamente seus conhecimentos, tendo em mira efeitos anárquicos ou de rebeldia; que se põe fora do circuito comercial, remetendo-se para a clandestinidade. Fernando Pessoa, com o seu niilismo, o seu projeto indisciplinador, o seu verso sinfonicamente iconoclasta, insinua-se como guia, a par de João Cabral de Melo Neto, Carlos Drummond de Andrade, Murilo Mendes e outros.

Desfraldando a bandeira de uma "nova sensibilidade", adeptos dessa atitude inconformista congregam-se em grupos (Frenesi, Vida de Artista, Nuvem Cigana, Folha de Rosto) e em efêmeras publicações coletivas, como *Navilouca* (s.d.; 1975?), *Pólem* (1974), *Código* (1975), *Corpo Estranho* (1976), *Muda* (1977), e promoviam espetáculos para divulgar seus trabalhos e irritar os poderes estatuídos: Expoesia I, realizada na PUC/Rio de Janeiro, Expoesia II, em Curitiba, Expoesia III, em Nova Friburgo, todas em 1973. Contudo, dessas mostras públicas participam integrantes de outras correntes, como a geração de 1945, Neoconcretismo, *Tendência*, Práxis, Tropicalismo, *Violão de Rua*, Poema Processo. Opondo-se ao sistema e ao mesmo tempo às vanguardas e à literatura populista, os segmentos da poesia marginal nem sempre transpuseram os limites do poema de circunstância, que se desmancha no ar ao cumprir o seu objetivo escandalizante. Na verdade, adotavam uma atitude que, combinando

> tantas atitudes de esquiva e de protesto, o modo *hippie* e a maneira *beat*, a anticultura, o cinismo diante das convenções e o desafio dadaísta, raramente deu boa poesia dentro da enxurrada de versos que aparecem nesse momento (...), adotando diversos veículos de reprodução da palavra escrita — os folhetos impressos, as edições mimeografadas, os pequenos livros de fabricação artesanal, à margem dos meios de produção e de distribuição do mercado editorial.[2]

Alguns nomes sobressaíram-se nessa quadra, como Jorge Mautner (*Fragmentos de Sabonete*, 1976), Paulo Leminski (*Catatau*, 1975), José Simão (*Folias Brejeiras*, 1975), Duda Machado (*Zil*, 1977), Francisco Alvim (*Passatempo*, 1974), Antônio Carlos de Brito (*Grupo Escolar*, 1974), Roberto Schwarz (*Corações Veteranos*, 1974), Torquatro Neto, Wally Sailormoon (ou Salomão), Geraldo Eduardo Carneiro, João Carlos Pádua, José Carlos Capinam e outros.[3]

CORA CORALINA, pseudônimo de Ana Lins dos Guimarães Peixoto Bretas (1889-1985), publicou poesia (*Poemas dos Becos de Goiás e Estórias Mais*, 1965: *Vintém de Cobre*, 1975; *Meu Livro de Cordel*, 1985); prosa (*Estórias da Casa Velha da Ponte*, 1996); *O Tesouro da Casa Velha*), poesia e prosa *Villa Boa de Goiaz* (2001) e literatura infantil, mas foi a primeira faceta que lhe deu renome.

Com brilho próprio, a sua obra ganha forma de duas maneiras: a expressão poética e a prosa narrativa. A linguagem em que estão vazadas distingue-se pela correção e elegância, entre o erudito e o popular, empregadas com autêntica e sincera impostação, decorrente do tom puxado ao registro oral, de quem extrai das próprias experiências e do conhecimento da história local, sobretudo no seu ângulo folclórico, os temas e as situações, como bem evidencia o fato de a autora denominá-los "estórias". Daí que transpirem uma sinceridade, um respeito pela veracidade que chega por vezes a assumir tons confessionais, como se

---

2. Benedito Nunes, A Recente Poesia Brasileira. Expressão e Forma, *Novos Estudos Cebrap*, São Paulo, nº 31 out. 1981, p. 173

3. Heloísa Buarque de Holanda reuniu em *26 Poetas Hoje* (Rio de Janeiro: Labor, 1976) vários deles numa antologia que serve de testemunho e de documento dessa geração.

predomínio das memórias de si própria, bem como a dos outros, pouca margem deixasse para a imaginação.

O apego à "estória" chega a tal ponto que a escritora acaba fazendo a crônica da sua longa existência, recheada de cenas e situações dignas de serem lembradas, quer pelo caráter pitoresco, quer pelo saber que transmitem. Do ponto de vista expressivo, tanto os versos quanto as crônicas ou os contos se equivalem, em razão de os versos serem tão "estórias" quanto são as obras em prosa. Para além de poemas com estrutura narrativa ou em tributo ao memorialismo, a poetisa confessa, aqui e ali, estar narrando uma "estória", a exemplo das seguintes passagens, extraídas do livro de 1965, *Poemas dos Becos de Goiás e Estórias Mais*, cujo título fala por si:

> Toda a estória, por via de um aparelho de loiça da China,
> destinado a Goiás.
> e
> A estória da Vila Rica
> é a estória da cidade mal contada,
> em regras mal traçadas.

Nessa dedicação à "estória", em qualquer de suas facetas, encontra-se o cerne da visão de mundo da escritora goiana, que se manterá praticamente ao longo de todos os seus livros publicados em vida. Com *Vila Boa de Goiaz*, antologia com alguns inéditos, selecionados dentre os mais do seu espólio, tudo muda de figura. A sua dicção se mostra impregnada de uma saudade nostálgica, que parece sufocá-la. Daí que houvesse decidido não publicá-los, em razão de se anteporem ao que julgaria ser o mais relevante da sua criação literária. No entanto, é ali que desabrochava, com toda a intensidade, a sua força poética, quer nos poemas, quer nas crônicas, notadamente os enfeixados em *Vila Boa de Goyaz*, como se pode observar no final de uma crônica intitulada "Rio Vermelho":

> "Na minha alma, hoje, também corre um rio, um longo e silencioso rio de lágrimas que meus olhos fiaram uma a uma e que há de ir subindo, subindo sempre até afogar e submergir na sua profundez sombria a intensidade da minha dor!..."

O aparente paradoxo de ser em prosa que tal confissão de mágoa se realiza não deve causar surpresa, uma vez que nos demais livros, em prosa ou em verso, a autora tende a eliminar o emprego da primeira pessoa do singular, em favor do "outro", o seu semelhante, seja no passado, seja no presente, ou da realidade descrita ou rememorada. É sabido que esse afastamento significa dar precedência a outras personagens, visto serem de fato os protagonistas das "estórias" ou por sentir-se a autora, em razão de uma inata humildade ou discrição, fora da narrativa. E o resultado foi deixar no fundo no baú os textos as mais das vezes expressos pelo "eu poético" ou "eu lírico". É o que se nota no exemplo acima, assim como os poemas de *Vila Boa de Goyaz*, em versos livres ou metrificados, podem testemunhar desse encontro em plenitude com a poesia.

Em suma, quanto mais apegada ao contexto à sua volta, tendo em vista o registro descritivo e/ou narrativo, acionada pelo amor à verdade, que o vocábulo "estória" tão bem designa, o impulso poético ou lírico se manifestava como um sentimento que ainda não aflorara à superfície, salvo como pulsões isoladas, à espera de vir à tona no máximo da sua capacidade. Por outras palavras, voltava-se para fora por hábito ou movida pela crença de ser mais fidedigna ao assumir essa visão da realidade, a que se pode acrescentar o pudor de revelar em público a sua intimidade. Talvez lhe custasse crer que nos momentos de exposição da sua intimidade, ou seja, em que o "eu" assumia o comando da motivação estética ao escrever a sua "estória", alcançaria o ponto mais alto da sua inspiração poética, tanto nos poemas, como nas crônicas ou páginas de memórias.

Com formação filosófica, ORIDES FONTELA (1940-1988) instilou na sua obra poética (*Transposição*, 1969; *Helianto*, 1973, *Alba*, 1983; *Rosácea*, 1986; *Trevo*, 1969-1988; *Teia*, 1996, enfeixada em *Poesia Reunida*, 2006) constante reflexão, não raro por meio de aforismos ou máximas à La Rochefoucauld ou Marquês de Maricá, e fino sentido estético. Em simetria, a forma e o conteúdo dos poemas se apresentam também em permanente metamorfose, a ponto de, praticamente, não haver soluções repetidas em qualquer dos níveis, refletindo, com brilho cristalino, o jogo a um só tempo filosófico e poético em que a autora se ocupou.

Mais do que conter, a forma desvenda o conteúdo, razão por que todo o empenho criativo gira em torno da estrutura verbal ou métrica. Bem por isso, longe de ser a forma pela forma, é a forma impregnada de sentido e de beleza. Daí tornar-se um jogo formal inédito, sempre novo, a serviço de conteúdos analogamente imprevisíveis. Tudo o mais que torna singular a poesia de Orides Fontela decorre desse binômio, à maneira de espelhos paralelos que se vão multiplicando ao passar do tem-

po, como bem ilustram os poemas "Reflexos" e "Narcisismo (jogos)".
Do primeiro são os seguintes versos:

> espelho nos
> espelhos nos
> espelhos (p. 175)

e do segundo, estes versos:

> Tudo
> acontece no
> espelho".

E ao reiterá-lo num breve poema sem título — "Vemos por espelho / e enigma// (mas haverá outra forma / de ver?" (341), retoma outra das chaves da sua visão de mundo, o enigma, ou seja, "Sim e não no mesmo / abismo do espírito" ("Oposição"). (116). Desvendar o enigma corresponderá a distinguir, na poesia da autora, um nome/nume tutelar, o mosaico, para designar a estrutura típica, não só dos versos, como também dos poemas e dos livros, não raro presos à outra chave, a rosácea, que lhe estrutura os versos, os poemas e os livros, que chega a ser título de uma obra. E mais o silêncio como tema, o paradoxo como recurso de expressão, por vezes tingido de heterodoxia, e o mito como horizonte imaginário.

Não estranha que toda essa variada temática e instrumentação expressiva tenha como pano de fundo os seus filósofos prediletos, a saber, Heráclito, Kant, Pascal, Spinoza, além do Eclesiastes. Graças a esse substrato, ou apesar dele, a poetisa esculpe os seus poemas acionada pela ideia de ruptura, ou antes, de ruptura lógica, evidente na liberdade linguística ou formal, de modo a sugerir que a Lógica seja uma disciplina supralinguísitica. Daí o multifacetado dos poemas, e mesmo de visualizar a realidade das coisas dum modo que lembra a heteronímia pessoana.

Convém não perder de vista que a poetisa tende a preferir as palavras às coisas, a ponto de insinuar que a flor somente é flor quando a palavra a nomeia, ou seja, quando se torna "flor/verbo" ou flor "culto/valência/rito", "flor e mito". Tudo isso se resume na "flor/verbo", ou melhor, na "palavra completa" (75). Não obstante, ou por isso mesmo, contadas vezes topamos com o "eu" ou o "nós", como seria de esperar em se tratando de poesia. Todavia, é notório que Orides Fontela põe sua rica imaginação estética a serviço da objetividade, na qual se inclui o rico equipamento intelectual. Em suma, a sua obra não tem um único padrão formal, a ponto de não haver repetição da sua estrutura, nem do seu conteúdo ao longo dos poemas, como se integrassem um extenso móbile acionado por um movimento incessante em todas as direções, concebido com uma beleza plástica e rica densidade filosófica.

Contemporânea dos integrantes da "poesia marginal", mas autônoma, com características próprias, ANA CRISTINA CÉSAR (1952-1983) distingue-se pelo culto do cotidiano enigmático, pelo fragmentarismo coordenativo — "Fotogramas do meu coração conceitual"; "jazz do / coração" —, que se diria tão somente de extração surrealista se não denunciassem o pulsar de renitente angústia ou contido desespero — "era noite e uma luva de angústia me afogava o / pescoço" —, um esforço vão de abafar, no prosaísmo com falsa aparência de "poesia-piada", anseios de confissão e ternura, que o suicídio aos 31 anos evidenciava serem mais reais que imaginários: "Meu / desejo? Era ser... Boiar (como um cadáver) na / existência!" Publicou *Cenas de Abril* (1979), *Correspondência Completa* (1979), *Luvas de Pelica* (1980), *A Teus Pés* (1982). Parte de sua tese de mestrado veio a lume em 1980, com o título de *Literatura não é documento*. Postumamente saíram *Inéditos e Dispersos* (1985), *Escritos da Inglaterra* (1988).

Correndo por fora, e reforçando a voga do verso reinstaurada pela geração de 1945, introduzindo novidades de forma, temas e intuições, são de ressaltar os nomes de ADÉLIA PRADO (1936), que tem cultivado a prosa (*Solte os cachorros*, 1979; *Cacos para um Vitral*, 1980; *Os Componentes da Banda*, 1984) e a poesia (*Bagagem*, 1976; *O Coração Disparado*, 1978; *Terra de Santa Cruz*, 1981; *O Pelicano*, 1987; *A Faca no Peito*, 1988, etc.), em que a simplicidade do cotidiano doméstico (ou profano), aglutinada a um espiritualismo de acentos místicos (ou sagrado), mal esconde uma angustiante procura do ser, lado a lado com uma sensualidade velada, ancestral, mais signo de plenitude que de carência; OLGA SAVARY (1933), cuja poesia, começada a elaborar em 1951 e apenas reunida em livro mais adiante (*Espelho Provisório*, 1970; *Sumidoro*, 1977; *Altaonda*, 1979; *Natureza Viva*, antologia, 1982; *Magma*, 1982; *Hai-Kais*, 1986; *Linha-D'Água*, 1987, etc.), inscreve-se, em sua porção mais significativa, na linha do erótico, vivo, imaginado ou sonhado em meio a uma atmosfera lírica que transfigura os apelos carnais em êxtase e sutileza; ARMINDO TREVISAN (1933) também se insere nessa vertente, par a par com uma poesia de acentos religiosos ou sociais, com notas de dionisíaca plasticidade ou paganizante contensão (*A Surpresa de Ser*, 1967; *A Imploração do Nada*, 1971; *Corpo a Corpo*, 1973; *Fundaria no Ar*, 1973, *O Abajur de Píndaro e A Fabricação do Real*, 1975; *Em Pele e Osso*, 1977; *O Ferreiro Harmonioso*, 1978; *O Rumor do Sangue*, 1979; *A Mesa do Silêncio*, 1982; *O Moinho de Deus*, 1985; *Antologia Poética*, 1986); DORA FERREIRA DA SILVA (1918-2006) começou a publicar poesia em 1970, com *Andanças*, seguido de *Uma via de ver as coisas* (1973), *Meninas eu mundo* (1976), *Talhamar* (1982), *Retratos da Origem* (1988), em que é patente a sombra do seu nume tutelar, Rilke, cujas *Elegias de Duíno* traduziu e publicou em 1951, e das correntes simbolistas afins: "Recorrente semente / do Obscuro, / noiva da luz"; em *Talhamar* assoma uma poesia erótica helenizante, numa hierofania que se prolonga, de mistura coma sondagem no tempo, na última obra, constituindo, no dizer de José Paulo Paes, "um dos pontos altos do lirismo meditativo em língua portuguesa".

Outros nomes podem ser lembrados nesse rol de poetas despontados nesses anos, como Ivan Junqueira, Cassiano Nunes, Fernando Py, Ildásio Tavares, Marcus Accioly, Tite de Lemos, Sérgio de Castro Pinto, Edith Pimentel Pinto, Anderson Braga Horta, Hélio Lopes, Milton de Godoy Campo, Carlos Vogt, Rubens Rodrigues, Ruy Espinheira Filho, etc.

Mais recentemente, outros nomes alcançaram público entre os críticos e os leitores, a saber, Antonio Carlos Secchin, Eucanaã Ferraz, Régis Bonicino, Sebastião Uchoa Leite, Júlio Castañon Guimarães, Glauco Mattoso, Paulo Henriques Britto, José Almino, etc.

3 Em razão de suas características específicas e do alcance do impacto sobe o leitor, a prosa de ficção dos últimos anos orienta-se por vetores diversos dos da poesia ou agrava-os quando idênticos ou semelhantes. Nela repercutem de maneira saliente as tendências do período, assinaladas pela resistência ao *status quo* político-social; pela denúncia, ora satírica, ora bem-humorada, das mazelas dele decorrentes; pelas veleidades de liberação moral, expressas pelo aparecimento de várias escritoras, que ousam, juntamente com ficcionistas do sexo masculino, singrar os mares do erotismo ou mesmo da pornografia; pela literatura--reportagem ou literatura-documentário, objetivando um realismo cru, sem máscaras.

De modo genérico, e apesar da onda estruturalista que inundou a década de 1970, trazendo alienação e paralisia, a preocupação esteticizante às urgências de um mundo que, descobrindo-se em crise, solicita reações corretivas: a prosa ficcional transforma-se, por vezes, em arma de combate e ação social, ainda que em prejuízo da sua qualidade literária.

ARIANO SUASSUNA (1927), que se impusera por uma produção teatral de alto nível, resolveu em boa hora reunir seus conhecimentos do rico folclore paraibano e a sua proverbial capacidade imaginativa no *Romance d'A Pedra do Reino e o Príncipe do Sangue do Via-e-Volta*, tendo por subtítulo "Romance Armorial-popular brasileiro" (1971), primeiro de uma trilogia que teria sequência em 1976, com *História d'O Rei Degolado nas Caatingas do Sertão: Ao Sol da Onça Caetana*, por subtítulo "Romance Armonial e novela Romançal Brasileira", ficando por publicar o volume final da série.

A estrutura da tríade segue fielmente a das novelas de cavalaria medievais, particularmente *A Demanda do Santo Graal*: sucessão de "aventuras", segundo o processo do entrelaçamento, que retoma personagens e situações, na ordem linear do calendário. Em lugar dos capítulos ou peripécias, o autor lança mão de folhetos ou folhetins, publicados semanalmente no *Diário de Pernambuco*, como de praxe nos tempos em que os jornais estampavam novelas. *A Maravilhosa Desaventura de Quaderna, o Decifrador*, título geral da série, obedece assim à estrutura da novela, do aparecimento em fragmentos autônomos à composição em três partes, dispostas em sequência linear. Dir-se-ia o ressurgimento das velhas novelas de cavalaria com apenas recuperar o substrato folclórico da Paraíba, e, por extensão, do nordeste. Daí o caráter épico, heroico, mítico, e a semelhança com *Grande Sertão: Veredas*, de que se distingue, no entanto, em ser ostensivamente uma novela de cavalaria, pontilhada de acontecimentos históricos paraibanos entre 1912 e 1938, servida por uma linguagem de acentos poéticos, à maneira da literatura de cordel, escrita por um "rapsodo do sertão".

À literatura de inflexão política, de denúncia e ação social pertence JOÃO UBALDO RIBEIRO (1941), cuja obra inicial, o romance *Setembro não tem sentido* (1968) pouco interesse despertou. *Sargento Getúlio* (1971), porém, granjeou-lhe imediata e merecida notoriedade, inclusive no exterior, confirmada pelas seguintes obras: *Vencecavalo e o Outro Povo*, contos (1974), *Viva Real*, romance (1979), *Livro de Histórias*, contos (1981), *Viva o Povo Brasileiro*, romance (1984), *O Sorriso do Lagarto*, romance (1994), *O Feitiço da Ilha do Pavão*, romance (1997), *A Casa dos Budas Ditosos*, romance, (1999), *Miséria e Grandeza do Amor de Benedito* (2000), etc. Além disso, publicou ensaio (*Política*, 1983) e uma narrativa juvenil *Vida e Paixão de Pandonar, O Cruel*, 1983). João Ubaldo Ribeiro explora o regionalismo nordestino, sobretudo baiano, num tom grave, quase trágico, próprio dos adeptos nordestinos do gênero, e num estilo cuidado, plástico, permeável aos coloquialismos e aos torneios frásicos locais, no encalço dum linguajar tipicamente brasileiro, que possa refletir a nossa identidade psicológica e histórica, forjada na luta "contra a tirania e a opressão" — generoso projeto de que *Viva o Povo Brasileiro*, corte longitudinal do Brasil através da sua história, num vasto painel de 673 páginas, centrado no Recôncavo baiano, é a realização mais ambiciosa.

Outro baiano, ANTÔNIO TORRES (1940), tem-se dedicado ao romance, inicialmente ambientado no Rio de Janeiro (*Um cão uivando para a lua*, 1972), ou em Lisboa (*Os Homens dos Pés Redondos*, 1973), e mais adiante, na cidade natal, Junco (*Essa Terra*, 1976), assim retornando às raízes após as experiências propiciadas pelo jornalismo e pelas viagens: à denúncia do flagelo ecológico acrescenta-se a inclinação para as figuras em transe, à beira da loucura e do suicídio (comuns, de resto, às demais obras), vazado numa linguagem fluente, escorreita, fruto das lides jornalísticas e dum rigoroso labor factual. "Sua prosa", pondera um crítico (Malcolm Silverman), "é um contraponto de imagens poéticas e obscenidades funcionais, de realismo neonaturalista e escapismo surrealista, de humor negro e eletrizante ironia." Ainda publicou *Carta ao Bispo* (1979), *Adeus Velho* (1981), *Balada da Infância Perdida* (1986), mas é *Essa Terra* que lhe trouxe prestígio, dentro e fora do País. Ainda publicou outros romances: *Meu Querido Canibal* (2000), *O Nobre Sequestrado* (2003), *Pelo Fundo de Agulha* (200), etc.

Jornalista desde os 16 anos, IGNÁCIO DE LOYOLA BRANDÃO (1936) transferiria para a literatura o tirocínio da frase desafetada e direta, a curiosidade voltada para o cotidiano mais palpitante, a percepção das misérias alheias. Estreando com um livro de contos (*Depois do Sol*, 1965), a que se seguiu outro no gênero (*Pega ele, silêncio*, 1968) e um romance (*Bebel que a cidade comeu*, 1968) foi só com o romance *Zero*, publicado na Itália (1974) e no ano seguinte entre nós, mas proibido de circular até 1979, por "atentatório à moral e aos bons costumes", que o seu nome ganhou as manchetes, onde se encontra ainda hoje, graças a uma incessante produção: *Dentes ao Sol*, romance (1976), *Cuba de Fidel: Viagem à Ilha Proibida*, reportagem (1978), *Cadeiras Proibidas*, contos puxados ao fantástico (1981), *Não verás país nenhum*, "memorial descritivo", misto de libelo político e ficção orweliana (1981), *Cabeças de*

Segunda-Feira, contos eróticos (1983), *O verde violentou o muro*, "visões e alucinações alemãs", livro de viagem à Alemanha (1984), *O Ganhador*, romance (1987), *A Altura e a Largura do Nada* (2006), etc.

Além de poesia, ensaio e conto (*O Banquete*, 1970), SILVIANO SANTIAGO (1936) tem cultivado o romance, com *O Olhar* (1974), "romance-experimental" em torno do erotismo e do desejo, tendo Baudelaire como uma espécie de arquétipo; Em *Liberdade* (1981), composto de um diário fictício que Graciliano Ramos teria redigido ao sair da prisão, põe em realce a nossa conjuntura política; *Stella Manhattan* (1985), recorte sem complacências do submundo do exílio nos anos 1960 e 1970, em Nova York, cidade em que a degradação assume várias formas, particularmente na área dos desvios sexuais, acentuaria a visão crítica do estado de coisas vigente nos anos de autoritarismo. Ainda voltaria à prosa de ficção com *Uma História de Família* (1992).

O ano de 1975, que assistiu à publicação de tantas obras marcantes, tornar-se-ia especialmente memorável por um romance, *Lavoura Arcaica*, que revelava uma fina vocação de ficcionista. O autor, RADUAN NASSAR paulista de Pindorama, onde nasceu a 27 de novembro de 1935, filho de libaneses, fez curso de direito e letras na USP. Exerceu várias atividades, viajou pelo Líbano, Canadá, Alemanha, altura em que escreveu um conto, "Menina a caminho", que ficaria inédito até 1994. A publicação de *Lavoura Arcaica*, várias vezes premiada, imediatamente lhe projetou o nome. Em 1978, publicou outro romance, *Um Copo de Cólera*, que confirmou o alto padrão da estreia. Apesar de tão auspiciosa acolhida dos seus livros, abandonou a atividade literária em 1987, em favor da atividade rural. Dispersos em alguns periódicos, ficaram outros contos que escreveu nesses anos. Lirismo sutil, em alta rotação, introspectivismo de ancestral ressonância, terna e cálida sensualidade, dirigida para o horizonte da terra ou dos seres, de bíblicas e arábicas conotações, senso agudo das entrelinhas em que explodem os dramas, moldado num estilo de plásticas e cambiantes reverberações — "uma luz porosa vazada por vitrais"; "sombra esotéricas" — formando um tecido de frases urdidas com sofreguidão, como a reproduzir o galope da trama na sequência de palavras encadeadas, a ponto de capítulos inteiros corresponderem a períodos, em suma, a artesania estilística como meio de captar sentimentos, conceitos, situações — eram as novidades apresentadas pelo romance. *Um Copo de Cólera* (1978) confirmava o alto padrão da estreia e acelerava, se é possível imaginá-lo, a tensão dramática e formal, fazendo prever um trajeto ascensional que, lamentavelmente, não se cumpriu, em razão do silêncio a que se recolheu dali por diante. Anos depois veio a público, numa edição fora do comércio, a sua primeira experiência em ficção, o conto "Menina a Caminho" (1994), escrito no começo da década de 1960 e inédito em vernáculo, uma vez que tinha sido enfeixado, em 1982, numa coletânea de contos brasileiros publicada na Alemanha. Embora dotada de qualidades, a breve narrativa não fazia adivinhar o prosador maduro e tenso de *Lavoura Arcaica* e *Um Copo de Cólera*.

IVAN ÂNGELO (1936), mineiro de Barbacena, estreou com um livro de contos (*Duas Faces*, 1961), escrito de parceria com Silvano Santiago. Mudando-se para S. Paulo, publicou o romance *A Festa* (1976), que logo lhe firmou o nome como dos mais bem-dotados ficcionistas da sua geração. *A Casa de Vidro*, "cinco histórias do Brasil", vindas a público em 1979, manteve a qualidade factual e o compromisso ideológico da obra inicial. Os títulos das obras constituem metáforas do país: numa linguagem castiça límpida, como pede a boa tradição mineira, mas abrigando uma fartura de vocábulos chulos e diálogos como que extraídos ao vivo do jargão de marginais, e recorrendo a expedientes formais chancelados pela modernidade, pinta o quadro político e social dos anos 1970, segundo uma óptica realista, objetiva, de intenção documental, que não recua ante a pornografia, vinculada não raro à violência e ao poder do dinheiro ou da força. Ainda enveredou pela literatura infanto-juvenil e pela crônica.

O gaúcho LUIZ ANTÔNIO DE ASSIS BRASIL (1945) tem escrito romances, com uma pulsão inventiva que logo lhe impôs o nome ao público leitor e à crítica. De algum modo sucessor de Erico Veríssimo, seus livros (*Um Quarto de Légua em Quadro*, 1976: *A Prole do Corvo*, 1978: *Bacia das Almas*, 1981: *Manhã Transfigurada*, 1982; *As Virtudes da Casa*, 1985; *O Homem Amoroso*, 1986; *Cães da Província*, 1987; *Videiras de Cristal*, 1991; *Perversas Famílias*, 1993; *Pedra da Memória*, 1944; *Os Senhores do Século*, 1995; *Concerto Campestre*, 1997, *Anais da Província — Boi* (1997), *Música Perdida* (2006), etc.,) seguem um percurso que começa com o projeto de, fundindo arte literária e documento histórico, reconstituir episódios significativos do passado no seu estado natal (as três primeiras narrativas compõem a *Trilogia dos Mitos Rio-grandenses* e as três seguintes constituem uma trilogia, ou "uma série em três volumes", como quer o autor) e progride no rumo da sondagem nos interstícios da alma humana — o jogo da paixão e demência, "aventura e risco", pecado e morte —, mas tendo ainda o Rio Grande do Sul como cenário. *Cães da Província*, em torno de Qorpo Santo, serviu-lhe como tese de doutoramento. Outro gaúcho, JOSUÉ GUIMARÃES (1921-1986), autor de contos (*Os Ladrões*, 1970; *O Gato no Escuro*, 1982) e romances (*A Ferro e Fogo — Tempo de Solidão*, 1972; *A Ferro e Fogo — Tempo de Guerra*, 1974; *Os Tambores Silenciosos*, 1977; *É tarde para saber*, 1977; *Camilo Mortágua*, 1980), deve a sua nomeada especialmente a *Os Tambores Silenciosos*, narrativa de costumes e sátira política, transcorrida numa imaginária cidadezinha do interior rio-grandense, pelos idos de 1936, com humor que se diria de origem queirosiana; ainda escreveu crônicas e literatura infantil.

Utilizando a arma da paródia, que faria carreira na atualidade, MÁRCIO SOUZA (1946) estreia em 1976 com *Galvez, Imperador do Acre*, no qual narra, a modo de novela de folhetim, "a vida e a prodigiosa aventura de Dom Luiz Galvez Rodrigues de Aria nas fabulosas capitais amazônicas e a burlesca conquista do território acreano contada com perfeito e justo equilíbrio de raciocínio para a delícia dos leitores", mesclando sátira de costumes, picardia e crítica política, numa atmosfera à *Macunaíma*, *Os quatro Mosqueteiro* e *O Exército de Brancaleone*, em suma, "lances picarescos/formando/um todo com o vaudeville político do ciclo da borracha". Tendo de permeio *Operação Silêncio* (1979), em torno dos acontecimentos políticos deflagrados pela crise de 1968, em S. Paulo, numa complexa malha romanesca, de impregnação cinematográfica, e num tom em que a irreverência se casa a uma ofegante respiração de panfleto acusatório, própria de obra engajada, — o autor regressa à Amazônia no romance *Mad Maria* (1980), ao redor da construção da ferrovia Madeira-Mamoré, que dizimou milhares de trabalhadores. E ainda retomaria o clima picaresco e político da obra inaugural em *A Resistível Ascensão do Boto Tucuxi* (1982), "folhetim burlesco cripto-barê, psicografado em 1977 pela imaginação destemida e ferina do professor Ediney Azancoth, abstrator de quintessências amazonenses, tendo sido ilustrado *par excellence* pelo mestre Paulo Caruso, cartunista em *robe de parade*, e plagiado por Márcio Souza em 1981", com laivos de fantástico e ingredientes de pornochanchada, enfim "pantomima, arcano da degenerada teodiceia do ciclo das águas, na neutralidade sublime da província iletrada". Também escreveu peças de teatro (*Teatro Indígena do Amazonas*, 1979; *Tem piranha no pirarucu* e *As Folias do Látex*, 1979), de análoga temática e perspectiva ideológica.

A década de 1980 abriu com outra grande revelação de ficcionista, dessa vez oriunda do Rio Grande do Sul, JOÃO GILBERTO NOLL (1946), cujo livro de estreia, uma reunião e contos (*O Cego e a Baila-*

rina, 1980), já o mostrava um escritor determinado, na plena posse do seu ofício. O sexo era o tema preferido, o fascínio mil vezes enfrentado e mil vezes renascido com uma força ignota, induzindo a pensar, como a Guilhermino César, num êmulo gaúcho de D. H. Lawrence. No ano seguinte, a publicação do romance *A Fúria do Corpo* reafirma o auspicioso começo: perdura a obsessão pelo sexo-danação/salvação, nas suas formas extremas, pervertidas, limítrofes da "crueldade, o extermínio", da insanidade, tornando o título da narrativa um emblema, plasmado em longos períodos enlaçados num ritmo torrencial, de fúria prestes a explodir, arrastando a um simbolismo dantesco, apocalíptico, que o emprego das maiúsculas sublinha. Afinal, narrava-se, com "amargura corrosiva (...), uma história de amor na penúria". *Bandoleiros*, que veio a seguir (1985), exibe, na concisão e no sincopado da malha verbal, um realismo em que o sexo, interdito, reflui, deixando à vista a aflição existencial que envenena os heróis, não obstante separados pela distância entre Boston e Porto Alegre: "A vida malvada"; "a libido acesa junto com o sentimento de dor"; "não valia a pena viver". Ainda publicou *Hotel Atlântico* (1989), *O Quieto Animal da Esquina* (1991), *Harmada* (1993), *A Céu Aberto* (1996), etc. Em 1997, com um prefácio de David Treece, vieram a público, num só volume, os seus *Romances e Contos Reunidos*, etc. Outro gaúcho, SINVAL MEDINA (1943), igualmente se revelou como ficcionista nesses anos, com *Liberdade Condicional* (1980), denúncia-reportagem/memória da repressão nos anos 1960, em Porto Alegre; *Cara Coroa Coragem* (1982), ambientado em S. Paulo, ao redor do mesmo tema, num ritmo vertiginoso, de indignação, subjacente ou recalcada na obra anterior; *Memorial de Santa Cruz* (1983), saga de um (anti-)herói de Macunaímica ascendência (Brasil de Santa Cruz), espraiada num extenso e ininterrupto monólogo, em estrutura de novela, além de *Tratado da Altura das Estrelas* (1997), *O Herdeiro das Sombras* (2001), *A Faca e o Mandarim* (2004), etc. Ressalte-se, nessa fase, o surgimento de PATRÍCIA MELO, romancista voltada para assuntos policiais, derivados da violência reinante no mundo de hoje, na linha da ficção de Rubens Fonseca, autora de *Acqua Toffana* (1994), *O Matador* (1995), *Elogio da Mentira* (1998), *Inferno* (2001), *Mundo Perdido* (2006), *Jonas, o Copromanta* (2008), *Ladrão de Cadáveres* (2010).

Outros romancistas, alguns deles aderindo à ficção como instrumento ocasional de expressão, podem ser considerados, como Darcy Ribeiro, com *Maíra* (1976), recriação em termos modernos do tema do indígena, *O Mulo* (1981), que a crítica saudou como uma das obras mais relevantes do decênio, *Utopia Selvagem* (1982), e *Migo* (1988); Luiz Cláudio Cardoso, que cultivou o romance carioca, na tradição de Manuel Antônio de Almeida e Marques Rebelo, com *Empedradura ou Empedríada*? (1983), *Mau Pai, acabaram com ele* (1986), *Uma Banal História de Amor* (1988); Paulo Francis, com *Cabeça de Papel* (1977) e *Cabeça de Negro* (1979), em que se respira a mesma irreverência dos seus controvertidos artigos de jornal, misturando autobiografia, experiência e imaginação, numa narrativa provocativa, culta, politizada, etc.

4 Em parte fruto da vaga de liberalização e permissividade que dominou no último quartel do século XX, e em parte como reação ao contexto sociopolítico nacional, presenciou-se o aparecimento de várias escritoras, como EDLA VAN STEEN 91936), que se divide entre o conto (*Cio*, 1965; *Antes do Amanhecer*, 1977; *Até Sempre*, 1985) e o romance (*Memórias do Medo*, 1974; *Corações Mordidos*, 1983; *Madrugada*, 1992) de feição intimista, numa linguagem recortada, ágil, de modulação cinematográfica, traduzindo a procura dum realismo sem disfarce, que encontraria na história curta o seu lugar de eleição. O realismo constitui, na verdade, a principal característica dessas contistas e romancistas voltadas para a "condição feminina", ou do ser humano nela envolvido, em luta para se encontrar na selva intrincada da contemporaneidade. E se algumas vezes a introspecção ou o intimismo parece decorrência natural, noutras o erotismo, e mesmo o pornográfico, apodera-se das relações entre as personagens ou entre elas e a realidade massacrante à volta. A linguagem desabrida, intemerata ante o palavrão mais escabroso, que a tradição entenderia ser exclusivo de homens, ou a descrição crua de cenas de sexo, torna-se lugar-comum, como se por meio dela as escritoras registrassem o anseio de emancipação feminina, o seu afã de vencer a milenar repressão sexual. Igualdade de sexos é a bandeira francamente desfraldada, arrastando a um vocabulário e ao desenho de situações por meio dos quais não raro naufraga a (boa) literatura no oceano agitado das intenções revolucionárias. MÁRCIA DENSER (1954) representa o extremo desse realismo cru, debochado, em contos nos quais a satiríase gratuita, agressiva, destrutiva, resultante do vazio existencial, da irremediável solidão, é a nota constante, expressa num estilo frenético, compulsivo, visceral, em que o "literário" e o "coloquial" se sobrepõem com naturalidade digna de nota (*Tanto Fantasma*, 1976; *O Animal dos Motéis*, 1981; *Diana Caçadora*, 1986, etc).

Entre esses dois polos, nos quais ainda cabe assinalar o vínculo do erotismo com a sátira do cenário social e político, denunciando nos governantes e na burguesia sem rumo o emprego do sexo como instrumento de poder e de domínio e usando desde a forma linear convencional até os recursos mais sofisticados, oscilam as escritoras desse período, como Sônia Coutinho, com as narrativas curtas de *Nascimento de uma Mulher* (1970), *Uma Certa Felicidade* (1976), *Os Venenos de Lucrécia* (1978), *O Último Verão de Copacabana* (1985); Judith Grossmann, com *O Meio da Pedra: Novas Estórias Genéticas* (1970), *A Noite Estrelada: Estórias do Ínterim* (1977); Anna Maria Martins, com os livros de contos *A trilogia do Emparedado e Outros Contos* (1973), *Sala de Espera* (1978), *Katmandu* (1983); Lya Luft, com os livros de poesia (*Canções de Limiar*, 1963; *Flauta Doce*, 1972), de crônica (*Matéria do Quotidiano*, 1978) e os romances *As Parceiras* (1980), *A Asa Esquerda do Anjo* (1981), *Reunião de Família* (1982), *O Quarto Fechado* (1984); Helena Parente Cunha, que além do ensaio (*Jeremias, a Palavra Poética. Uma Litura de Cassiano Ricardo*, 1979; *O Lírico e o Trágico em Leopardi*, 1980), e da poesia (*Corpo no Cerco*, 1978; *Maramar*, 1980), publicou romance (*Mulher no Espelho*, 1983) e conto (*Os Provisórios*, 1980; *Cem Mentiras de Verdade*, 1985); Cecília Prada, com os contos de *Ponto Morto* (1955) e *O Caos na Sala de Jantar* (1978); e outras tantas, geralmente voltadas, como se vê, para o cultivo da narrativa curta.

No perímetro do conto também se inscrevem, com exclusividade ou não, vários prosadores despontados nesses anos: o arrefecimento do surto do conto não significou que esse tipo de narrativa deixasse de ser praticado. Antes pelo contrário. Cessada a moda, permaneceram-lhe fiéis os contistas natos, ou a ele aderiram os estreantes convictos de ali encontrar um meio expressivo apropriado à sua visão do mundo. E como nas obras das demais figuras do período, seus contos refletiam as características desses anos de perplexidade e turbulência, que coexistem, em mais de um caso, no mesmo autor, dificultando qualquer classificação rígida.

Contudo, é possível distinguir algumas tônicas, ainda que a título de arranjo provisório, sujeito à correção do tempo, como:

1) a *fantástica ou surrealista*, por vezes permeada de certo humor negro, presente na obra de Vitor Giúdice (*Necrológico*, 1972; *Os Banheiros*, 1979), que também publicou romance (*Bolero*, 1985); de Rubem Mauro Machado (*Contos do Mundo Proletário*, 1967; *Jacarés ao Sol*, 1976; *Jantar Envenenado*, 1979), igualmente autor de narrativa longa (*O Inimigo na Noite*, 1982); de Álvaro Cardoso Gomes (*Teia de Aranha*, 1978; *O Senhor*

dos Porcos: novíssimos contos cruéis, 1979; *Objeto não identificado*, 1981), ainda autor de romances (*O Sonho da Terra*, 1983; *Quadros da Paixão*, 1984; *A Muralha da China*, 1983, este de parceria com Ricardo Daunt Neto, por sua vez autor de contos reunidos nos seguinte livros: *Juan*, 1975; *Grilo Empalhado*, 1979; *Homem na Prateleira*, 1979); de Duílio Gomes (*O Nascimento dos Leões*, 1975; *Verde Suicida*, 1977; *Janeiro Digestivo*, 1982); de Roberto Drummond (*A Morte de D. J. em Paris*, 1975; *Quando fui morto em Cuba*, 1982), também autor de romances (*O dia em que Ernest Hemingway morreu crucificado*, 1978, *Sangue de Coca-Cola*, 1980; *Hitler manda lembranças*, 1984; *Ontem à noite era 6ª feira*, 1988), em que se funde, no geral, uma literatura "pop" a um insólito surrealista, com traços de humor que servem a um sutil mas eficaz engajamento; e de Sílvio Fiorani, que começou com uma narrativa de estrutura novelesca (*O Sonho de Dom Porfírio*, 1978) e prosseguiu com os contos de *Os Estandartes de Átila* (1980) e *A Morte de Natália* (1981), conto apesar da extensão, derivou, em *A Herança de Lundstrom* (1984), de estrutura novelesca, para a ficção realista;

2) a *psicológica*, às vezes alegórica ou de ficção científica, encontrável nas obras de (Mário) Garcia de Paiva (*Festa*, 1970; *Os Planelúpedes*, 1975; *Dois Cavalos Num Fuscazul*, 1976; *Os agricultores arrancam paralelepípedos*, 1977), também autor de "novela" (*Ontem*, 1966) e romance (*Esse Menino, Francisco*, 1971);

3) a *lírica*, avizinhando-se da fábula ou do poema em prosa, nos textos de Elias José (*A Mal-Amada*, 1970; *O Tempo, Camila*, 1971; *Inquieta Viagem no Fundo do Poço*, 1974; *Um Pássaro em Pânico*, 1977; *Olho por Olho, Dente por Dente*, 1982; *Passageiros em Trânsito*, 1983), além de romance (*Inventário do Inútil*, 1978; *Armadilhas da Solidão*, 1994) e poesia (*A Dança das Descobertas*, 1982); ou propensa ao intimismo e memória, como em Caio Fernando Abreu (*Inventário do Irremediável*, 1970; *O Ovo Apunhalado*, 1975; *Pedras de Calcutá*, 1977; *Morangos Mofados*, 1982; *O Triângulo das Águas*, 1983; *Os dragões não conhecem o paraíso*, 1987, etc.) também autor de romance (*Limite Branco*, 1970), ou em Sérgio Faraco (*Idolatria*, 1972; *Depois da Primeira Morte*, 1974; *Hombre*, 1979, *Manilha de Espadas*, 1984; *Noite de matar um homem*, 1986);

4) a *realista*, de caráter documental, satírico, participante, poético, às vezes farsesco, de Deonísio da Silva (*Estudo sobre a carne humana*, 1975, *Exposição de Motivos*, 1976; *Cenas Indecorosas*, 1976; *A Mesa dos Inocentes*, 1978; *Livrai-me das tentações*, 1984; *Tratado dos Homens Perdidos*, 1987), que ainda publicou narrativas longas (*A Mulher Silenciosa*, 1981;

Orelhas de Aluguel, 1988); de Flávio José Cardoso, marinhista na linha de Virgílio Várzea, com *Singradura* (1970), *Zélica e os Outros* (1978); de Jefferson Ribeiro de Andrade (*No Carnaval, Confetes e Serpentinas*, 1973; *Um Homem bebe cerveja no bar do Odilon*, 1978; *A Voz do Brasil*, 1980; *A Origem de Deus e de Tudo*, 1983); de Domingos Pellegrini Jr. (*O Homem Vermelho*, 1977; *Os Meninos*, 1977; *As Sete Pragas*, 1979; *Paixões*, 1984, *Os meninos crescem*, 1986); de Wander Piroli (*A Mãe e o Filho da Mãe*, 1966; *A máquina de fazer amor*, 1980; *Minha Bela Putana*, 1984), também autor de romance (*Os rios morrem de sede*, 1976); de Luiz Fernando Emediato (*Não passarás o Jordão*, 1977; *Os Lábios Úmidos de Marilyn Monroe*, 1978; *A Rebelião dos Mortos*, 1978); de Júlio César Monteiro Martins (*Torpalium*, 1977; *Sabe que dançou?*, 1978; *A Oeste de Nada*, 1981; *As Forças Desarmadas*, 1983; *Muamba*, 1985), e também romances (*Artérias e Becos*, 1978; *Bárbara*, 1979); de Flávio Moreira da Costa (*Os Espectadores*, 1976; *Malvadeza Durão*, "contos malandros", 1981), também autor de romances de cunho denunciante e experimentalista (*O Desastronauta*, 1971; *Cosa Nostra: Eu vi a Máfia de perto*, 1973; *As Armas e os Barões*, 1974; *Às Margens Plácidas*, de parceria com Roberto Grey, 1978); de Haroldo Maranhão (*A Estranha Xícara*, 168; *Chapéu de Três Bicos*, 1975; *Voo de Galinha*, 1979; *A Morte de Haroldo Maranhão*, 1981), igualmente autor de um romance de sátira histórica (*O Tetraneto Del-Rei*, 1982); de Paulo Emílio Sales Gomes (*Três Mulheres de três PPP*, 1977).

Outros contistas podem ser arrolados, como Orlando Bastos, mineiro filiado à melhor tradição do conto de observação e reminiscência (*Confidências do Viúvo*, 1981; *De Repente, às Três da Tarde*, 1984); Ary Quintela, que além do conto (*Um Certo Senhor Tranquilo*, 1971; *Retrospectiva*, 1972; *Qualquer coisa é a mesma coisa*, 1975; *Amor às Vezes*, 1987), publicou um romance (*Combati o bom combate*, 1972) e uma narrativa longa, "uma tragédia carioca" (*Sandra, Sandrinha*, 1983), na qual o traço experimentalista se une ao recorte incisivo da sociedade nos dias de hoje; Holdemar Meneses, com *A Goleira de Peggy* (1972), *A Sonda Uretral* (1978); Flávio Aguiar, com *Os Caninos do Vampiro* (1979); Francisco Maciel Silveira, com *Esfinges* (1978); David Gonçalves, com *As flores que o chapadão não deu* (1974), *Ciranda do sol nascer* (1977), *Varandão de Luar* (1977), *Coração de Todo* (1977), *Lição de Amor* (1978), *Geração Viva* (1979), *O Rei da Estrada* (1985); Moacir Amâncio, com *O Riso do Dragão* (1981) e *Súcia de Mafagatos* (1983); Roniwalter Jatobá, com *Sabor de Química* (1977), *Ciríaco Martins e Outras Histórias* (1977),

Crônicas da Vida Operária (1978); Antônio Bulhões, com *Outra Terra, Outro Mar* (1968), *Estudos para A Mão Direita* (1976); Sérgio Teles, com *Mergulhador de Acapulco* (1992); e tantos outros.

5 Ecoando a tendência para divisar liames estreitos entre a literatura e a historiografia, ou mesmo para alimentá-los, irrompe, nessa altura, com certo estardalhaço, mas de fugaz ressonância, a ficção histórica. Como se sabe, a moda é antiga; inaugurada pelos românticos, manteve-se, com altos e baixos, até aquela altura, quando o romance de atualidade, não raro engajado, pareceu ocupar-lhe de vez o lugar. Finalmente, em obediência ao movimento cíclico que rege o desenvolvimento do gosto literário, a ficção histórica voltou à cena uma vez mais, aqui e em outros centros literários. Quem sabe fruto do esgotamento dos temas suscitados pelo dia a dia urbano, ou do avanço tecnológico, que atira as chamadas humanidades para um nicho subalterno, o certo é que as narrativas inspiradas no passado histórico voltaram a ser cultivadas, inclusive por ficcionistas menos afeitos à precisão dos pormenores documentais.

Tirante os autores já referidos, que trataram ocasionalmente dessa temática, como, por exemplo, Erico Veríssimo e a saga em torno da história do Rio Grande do Sul (*O Tempo e o Vento*, 1949-1961, Autran Dourado (*Ópera dos Mortos*, 1967), Haroldo Maranhão (*O Tetraneto Del-Rei*, 1982; *Memorial do Fim*, 1991, este em torno de Machado de Assis), Sinval Medina (*Memorial de Santa Cruz*, 1983), João Ubaldo Ribeiro (*Viva o Povo Brasileiro*, 1984), Rubem Fonseca (*Agosto*, 1990, em torno dos dias finais de Getúlio Vargas), é grande nos anos posteriores o número de autores interessados pela reconstituição imaginária do passado histórico, ou que o utilizam como ambiente para as suas narrativas.

Sem preocupação de esgotar o assunto, podiam-se aponta alguns deles, como Almiro Caldeira, autor de *Uma Cantiga para Jurirê* (1988), em torno do povoamento da Ilha do Desterro, atual Florianópolis, no século XVII, de *Rocamaranha* (1961) e *Arca Açoriana: Rocamaranha II* (1984), em torno da imigração, no século XVIII, de famílias açorianas para Santa Catarina, e de *Ao Encontro da Manhã* (1966), ou Alcy Cheuiche, autor de *Sepé Tiaraju: Romance dos Sete Povos das Missões* (1978) e também de um romance acerca de *A Guerra dos Farrapos* (1985). Este tema ainda interessou a Tabajara Ruas, com *Os Varões Assinalados* (1985), a Luiz

Antônio Assis Brasil, com *A Prole do Corvo* (1978), e a Josué Guimarães, com *Amor de Perdição* (1986). E a revolução farroupilha serviu de motivo para *República das Carretas* (s.d.), de Barbosa Lessa, e *Amor que faz o mundo girar* (1990), de Ary Quintella.

Numerosa é a família de autores do sul voltados para os temas históricos. Além dos já citados, outros muitos se dedicaram a esse filão. Josué Guimarães dedicou *A Ferro e Fogo I: Tempo de Solidão* (1972) à colonização alemã em São Leopoldo, na primeira metade do século XIX, e *A Ferro e Fogo II: Tempo de Guerra* (1975) à Guerra dos Farrapos e do Paraguai, mas com as mesmas personagens, agora integradas na realidade brasileira. A imigração alemã fracassada encontra-se registrada em *Te Arranca, Alemão Batata* (1986), de Rui Nedel. A instalação dos alemães no Vale do Itajaí inspirou a Urda Alice Klueger dois romances: *Verde Vale* (1979) e *As brumas dançam sobre o espelho do rio* (1982), e em Blumenau, a Lausimar Laus, com *O Guarda-Roupa Alemão* (1975). Por seu turno, a vinda de colonos italianos para o sul do Brasil serviu de matéria para *O Quatrilho* (1985), de José Clemente Pozenato.

A história do povo gaúcho, como se vê, suscitou mais de uma tentativa de reconstituição ficcional. Além das obras citadas, são de referir as seguintes: *Sombras na Correnteza* (1979), de Ciro Martins, ambientado na fronteira do Rio Grande do Sul com o Uruguai; *Videiras de Cristal* (1990), em torno da revolta dos *muckers*, de autoria de L. A. Assis Brasil, cuja numerosa obra gravita genericamente sobre o passado do seu estado natal. A Guerra do Contestado, em Santa Catarina, chegou a merecer duas narrativas nas décadas anteriores: *Casa Verde* (1955), de Noel Nascimento, e *Geração do Deserto* (1964), de Guido Wilmar Sassi. E a Curitiba dos tempos do Marechal Floriano seria documentada em *Rastros de Sangue* (1971), de David Carneiro, assim como a dos começos do século XX tinha sido reconstituída, em *Sombras no Caos* (1958), por Tasso da Silveira.[4]

A temática histórica não se exaure, obviamente, com tais obras. E nem se restringe aos estados sulinos, embora neles alcançasse larga difusão. A onda no gênero suscitou a reconstituição de assuntos como Tiradentes e a Inconfidência Mineira, na pena de Gilberto de Alencar, com

---

4. Para mais informações acerca da ficção histórica no sul do país, veja-se Marilene Weinhardt, *Figurações do Passado: O Romance Histórico Contemporâneo no Sul*, S. Paulo: Faculdade de Filosofia, Letras e Ciências Humanas da USP, 1994 (tese policopiada).

Tal dia é o batizado — *O Romance de Tiradentes* (1959), de Maria José de Queiroz, com *Joaquina, Filha de Tiradentes* (1987), de Geraldo França de Lima, com *Naquele Natal* (1988),[5] Paschoal Motta, com *Eu, Tiradentes* (1990), e do piauiense Assis Brasil, com *Tiradentes* (1993), que antes escolhera o tempo de Nassau para assunto de romance (*Nassau: Sangue e Amor nos Trópicos*, 1990). Ou Graciliano Ramos, na pseudoautobiografia *Em Liberdade* (1981), de Silviano Santiago. Ou Marília e Dirceu, em *A Barca dos Amantes* (1990), de Antônio Barreto; ou Gregório de Matos, em *Boca do Inferno* (1989), de Ana Miranda, uma estreia saudada festivamente, com justiça, pela crítica, e que ainda publicaria *O Retrato do Rei* (1991), ambientado na primeira metade do século XVIII, e *A Última Quimera* (1995), em torno de Augusto dos Anjos e da vida carioca na *belle époque*, além de *Sem Pecado* (1993), romance de atualidade *Desmundo* (1996), ambientado no século XVI, a partir de uma carta do Pe. Manuel da Nóbrega; *Clarice* (1996), centrado na vida de Clarice Lispector; *Amrik* (1997), em torno da imigração libanesa no fim do século XIX; *Dias e Dias* (2002), focalizado na vida de Gonçalves Dias; *Yuxin, alma* (2009), passado no Acre, em 1919, e ainda *Que seja em segredo*, poesia (1998), *Noturnos*, contos (1997), *Caderno de Sonhos*, antologia de sonhos (2000). Ou a Guerra do Paraguai, em *Avante soldados: para trás* (1992), de Deonísio da Silva, uma espécie de *A Retirada da Laguna*, de Taunay, passada a limpo.

O filão é rico, mas os resultados nem sempre correspondem ao labor rememorativo dos ficcionistas, visto serem obrigados a lidar com as dificuldades próprias desse enlace entre ficção e historiografia. Basta que recordemos as narrativas de caráter histórico escritas por Walter Scott e por Alexandre Herculano ou, entre nós, por José de Alencar. Daí a rapidez com que o surto parece ter passado. Tal efemeridade poderá significar, quando pouco, escassa receptividade do público, ou que o consórcio da historiografia e da ficção, por mais desejável e possível que seja, não consegue evitar as tormentas nas quais soçobraram, já no século XIX, os romancistas que se encantaram com a reconstituição linear do passado, em vez de empregá-lo como simples pano de fundo para o jogo livre da imaginação.

---

5. Quanto à ficção ligada ao século XVIII em Minas Gerais, veja-se Fábio Lucas, "A Inconfidência na Literatura Brasileira", *IX Anuário do Museu da Inconfidência*, Ouro Preto: Ministério da Cultura, 1993, pp. 138-150.

A exceção mais notória é representada por L. A. ASSIS BRASIL (1945), cuja série romanesca em torno da história gaúcha, da mais alta qualidade inventiva e artesanal, se iniciou com *Um Quarto de Légua em Quadro* (1976) e prosseguiu com *As Virtudes da Casa* (1985), *Cães da Província* (1987), *Videiras de Cristal* (1990), *Perversas Famílias* (1992), *Pedra da Memória* (1993), *Concerto Campestre* (1997), *O Pintor de Retratos* (2001), *A Margem Móvel do Rio* (2003), dentre outros títulos. Ainda merecem destaque as figuras de MILTON HATOUM (1952), cuja ascendência libanesa, bem como o ambiente amazônico, lhe servem de motivo para os romances *Retrato de um certo Oriente* (1989), *Dois Irmãos* (2000), *Cinzas do Norte* (2005), *Órfãos do Eldorado* (2008), em que não se sabe o que mais admirar, se a singularidade temática ou se a tessitura verbal; e BERNARDO CARVALHO (1960), dotado de um estilo desempenado, que lhe permite não só fixar detalhes psicológicos, mas também aventurar-se por espaços geográficos estrangeiros, movido por uma inflexão cosmopolita, como bem testemunha o título de uma de suas narrativas: estreou com um livro de contos (*Aberração*, 1993), seguido por uma série de romances: *Onze* (1995), *Os Bêbados e os Sonâmbulos* (1996), *Teatro* (1998), *As Iniciais* (1999), *Medo de Sade* (2000), *Nove Noites* (2002), *Mongólia* (2003), *O Sol se põe em S. Paulo* (2007), *O Filho da Mãe* (2009).

Uma outra tendência mais recente, porém menos difundida, é a volta dos temas regionalistas, não raro em mescla com a ficção histórica. Como vimos, o regionalismo do pós-guerra atingira níveis nunca dantes imaginados, graças a Guimarães Rosa, seguido de perto por uma legião de ficcionistas. Na década de 1980, o assunto esmoreceu. Até que, de repente, Rachel de Queiroz, que há tempos não publicava romance, colaborou para reavivar a chama regionalista com *Memorial de Maria Moura* (1992), que conheceu grande êxito. Mas é com Francisco J. C. Dantas (1941) que o regionalismo ganhou novo e inesperado estímulo fruto de um talento amadurecido no silêncio, expresso em narrativas ambientadas em Sergipe (*Coivara da Memória*, 1991; *Os Desvalidos*, 1993; *Cartilha do Silêncio, 1997*), aquela, na infância do autor no engenho do avô, esta, no tempo de Lampião, da qual não se sabe o que mais admirar, se a linguagem, arejada e saborosa, ou se a capacidade fabuladora, de inflexão oralizante. Publicou ainda *Sob o Peso das Sombras* (2004), *Cabo Josino Veloso* (2005).

6 Ressoando a tendência para vencer a repressão ditatorial com a ênfase na individualidade, passível de soterramento numa quadra de massificação abrutalhante, e para fixar o passado à mercê do esquecimento involuntário ou não, o culto da(s) memória(s) desenvolveu-se como nunca nas últimas décadas do século passado. Não poucos autores se voltaram para a sua existência pregressa e alheia, muitas vezes em meio a outras formas de intervenção literária — como é o caso, por exemplo, de Paulo Duarte, autor de *O Espírito das Catedrais* (1958), *Memórias* (1974), *Memórias: vou-me embora pra Pasárgada* (1979), *Memórias nº 9: e vai começar uma era nova* (s.d.); Afonso Arinos de Melo Franco, autor de *A Alma do Tempo* (1961), *A Escalada* (1965), *Planalto* (1968), *Alto-Mar Maralto* (1971), *Diário de Bolso* (1979); Nelson Rodrigues, autor de *O Reacionário — Memórias e Confissões* (1977); Miguel Reale, autor de *Memórias* (2 vols., 1986-1987); Jorge Amado, autor de *Navegação de Cabotagem* (1992); Paulo Francis, autor de *O que vi e vivi* (1994); Roberto Campos, autor de *A Lanterna na Popa* (1994); Ascendino Leite, cujo diário íntimo, iniciado em 1963, alcançaria mais de dez volumes em 1985.

PEDRO NAVA nasceu em Juiz de Fora, Minas Gerais, a 05 de junho de 1903. Formado em Medicina, fez parte do grupo mineiro que perfilhou a revolução literária deflagrada com a "Semana de Arte Moderna", em 1922, dentre os quais se distinguiam Carlos Drummond de Andrade, João Alphonsus e Emilio Moura. Ao início, dedicou-se à historiografia, com *Território de Epidauro* (1947 e *Capítulos de História da Medicina no Brasil* (1949), mas foram os livros de memórias que lhe trouxeram ampla notoriedade. A série iniciou-se com *Baú de Ossos* 1972), seguido de *Balão Cativo* (1973), *Chão de Ferro* (1976), *Beira Mar* (1979), *Galo das Trevas* (1981), *O Círio Perfeito* (1983). E mais o volume *Cera das Almas*, que ficou incompleto e foi publicado postumamente (2006). Suicidou-se no Rio de Janeiro, a 13 de maio de 1984.

Pedro Nava empreende a "busca do tempo perdido" sob o impulso de dois vetores fundamentais: a infância e Proust, companheiro de jornada e fonte inspiradora. Embora sejam recorrentes, cada um a seu modo, ao longo dos volumes que compõem a saga dos Navas, nem por isso a infância e Proust se repetem durante o "mergulho no tempo". Assim como os episódios e os figurantes são retomados mais de uma vez no transcurso do fluxo narrativo, segundo um ritmo em ziguezague, a cada volta muda o peso dessas linhas de força, bem como se altera a sua percepção por parte do memorialista.

Em *Baú de Ossos*, Pedro Nava declara qual é o seu objetivo: "só quero reencontrar o menino que já fui". Mais adiante, reitera a sua proposta referindo-se às "recordações amoráveis da infância...", e a dizer, em outra passagem, que regride "à infância desamparada", sem aperceber-se que caía em contradição ou, quem sabe, por compreender que está fase lhe tinha sido, na verdade, agridoce. Tal dualidade se manteria daí em diante, a tal ponto que abre *Balão Cativo* com a afirmação de que visitava "o lado Noruega da [sua] infância". E dedicará um extenso parágrafo a essa etapa da vida (94-95), e também se lembrará "dos assombramentos de [sua] infância". E assim por diante, no mesmo volume e nos seguintes, já então convocando a adolescência, decerto cônscio de que até esse momento se mantinha a obsessão pela infância: "volto a minha adolescência e ao mundo mágico que a cercou" (*Chão de Ferro*).

Quanto a Proust, Pedro Nava deixa claro que o tinha na conta de patrocinador e parceiro da sua incursão no passado, como evidenciam as repetidas menções ao seu nome e às *madeleines*, numa das quais afirma: "Todo mundo tem sua *Madeleine*, num cheiro, num gosto, numa cor, numa releitura [...;] ele é quem deu forma poética decisiva e lancinante a esse sistema de recuperação do tempo" (*Baú de Ossos*). E igualmente se refere às obras deflagradas por elas, pelas *madeleines*, a ponto de vislumbrar em seu tio-avô, "o linhagista da família", que "ultrapassava os limites do verossímil, para entrar no terreno da fantasia", dotado de "uma intuição mais que proustiana. Reiterativo, o vetor proustiano testemunha que, volta e meia, o narrador reconhecia, já no volume inicial da série, a afinidade do seu projeto memorialista com *A la recherche du temps perdu* do escritor francês toda vez que a sua obra ou seu nome era lembrado, inclusive por meio de uma longa epígrafe (*Baú de Ossos*). Pedro Nava chega ao ponto de confessar que "os protestantes fazem com a Bíblia, o que faço hoje om Proust" (*Beira-Mar*).

É de notar que a fixação na infância parece representar e sustentar o tecido histórico, autobiográfico, ao passo que Proust lhe serve de guia e inspiração para o desvendamento do espaço imaginário. Ambos, porém, se mostram entrelaçados de modo a evidenciar que como teria sido decisivo em sua sensibilidade o resultado da força do autor francês. O seu exemplo suscita a demanda de fatos e personagens inscritos num passado indelevelmente gravado nas profundezas da mente, ou seja, da memória, em suas modalidades, a voluntária e a involuntária. Pedro Nava considera a primeira delas "superior aos documentos" (*Baú de Ossos*) de toda ordem e procedência que compulsara no encalço de surpreender as várias nuances dos acontecimentos passados. Tanto assim que reconhece, nas pegadas de Proust, "que a nossa memória, geralmente, não fornece imagens cronológicas" (ibidem) sobre a série iniciada por *Baú de Ossos*.

Não passe despercebido que os documentos familiares, notadamente aqueles em torno da primeira juventude do narrador, assim como dos primeiros anos da sua existência, são as fontes primeiras de tal reconstituição. Acrescente-se que, a seu ver, "a memória dos que envelhecem (...) é o elemento básico na construção da tradição familiar" (ibidem). Sucede, porém, que tais documentos não conseguem libertar-se dos percalços e distorções inerentes ao fato de serem gerados num meio transbordantes de subjetividade. A questão que se coloca, num caso e noutro, diz respeito à veracidade desses documentos. Se assumirmos que tal qualidade faz parte intrínseca de tais fontes, pede a cautela observar que, como fica evidente em mais de um passo do relato, Pedro Nava se baseou em fartos documentos escritos. Sabe-se, no entanto, que a veracidade é relativa, presuntiva: por não estarem a salvo da dúvida que o autor não tenha alterado os fatos com a sua ideologia, crença, formação, etc., devem superar todas as provas, antes de inferirmos que sejam objetivos a ponto de ostentar indiscutível respeito à verdade.

Se admitirmos que os fatos e seus protagonistas são contemporâneos do narrador, da sua juventude até a morte, nem assim o quadro muda de figura. Pode-se até pensar que, mais do que na situação anterior, os dados informativos levantam dúvidas por dependerem de quem os fornecer, além de estarem sujeitos à visão de mundo do narrador. A título de exemplo, lembremos que a reconstituição de um incidente qualquer pressupõe interpretação e testemunhos diversos, variáveis conforme as pessoas que o presenciaram. Outro tanto se passa com os documentos, de qualquer natureza, que o registrassem.

Aqui é que entra em ação um instrumento bivalente, de percepção e de expressão, presente durante todo o empenho de captar o passado e o presente e, que ele se transforma: a memória, nas suas duas facetas principais. A primeira, a voluntária, parece lidar apenas com o consciente do narrador; e a segunda, involuntária, deriva das pulsões do inconsciente ou do "rio do subconsciente [que] não para de correr" (*Chão de Ferro*).

No entanto, é sabido que entre elas se estabelece um intercâmbio nas duas direções, visto que não se pode julgar pertinente que uma se imponha ao narrador sem o concurso, ainda que parcial e ocasional, da outra. Basta que tenhamos em conta que os assomos do inconsciente necessitam do consciente para vir à tona, e vice-versa, o consciente não descarta totalmente o inconsciente ou o subconsciente quando se manifesta.

Bem por isso, o cenário histórico, resultante da memória voluntária, é pretérito, mas nunca repudiado, pela memória involuntária. É do concerto delas que o relato dos tempos pretéritos oscila entre o culto dos fatos e da ficção ou imaginação que também move o autor. Quase se poderia concluir que o resultado dessa combinação é tanto mais satisfatório quanto mais deixar espaço para o narrador evidenciar seus dons de ficcionista. Por outro lado, não se perca de vista que os contistas, novelistas e romancistas se nutrem da memória a fim de esboçar os enredos das suas obras.

Acontece que não é com o mesmo desiderato que o memorialista sonda o seu passado. Então, por que o faz? Para fazer referências autobiográficas dignas de registro? Dir-se-ia que sim, se levássemos em conta somente a memória voluntária. É que o autor pode ser movido mais por uma que por outra. Todavia, não dispensará a memória involuntária sem tombar num relato menos denso e menos significativo.

No caso específico de Pedro Nava, e de certo modo Proust, tudo se passa de modo singular. O longo repasse da sua existência, abrangendo sete volumes, começa pela ênfase no histórico, e progressivamente se foi abrindo para o seu contrário. Em determinado momento do percurso, o narrador faz uma reflexão, desencadeada pela observação: entrava em suas memórias numa "fase tão irreal e mágica e adolescente como se tivesse sido inventada e não vivida". Dessa recordação deduz: "O que chamamos Tempo — passado, presente, mesmo sua dimensão futura — é apenas fabricação da memória" (*Chão de Ferro*). Nessa mesma passagem, reflete acerca do ofício de memorialista: "ora tem de palmilhar as securas desérticas da verdade, ora nadar nas possibilidades oceânicas de sua interpretação".

Pedro Nava semeará outras reflexões em torno dessa questão, úteis ao bom enquadramento do seu memorialismo, a exemplo das seguintes: referindo-se a seus parentes, frisa que "perdem o caráter de criaturas humanas no momento em que começo a escrevê-lo. Nessa hora eles viram personagens e criação minha" (*Beira Mar*), "Escrever memórias é libertar-se, é fugir. Temos dois terrores, a lembrança do passado e o medo do futuro. Pelo menos um — a lembrança do passado — é anulado pela catarse de passá-la para o papel" (*O Círio Perfeito*). "A elaboração de minhas memórias foi decorrendo de minha necessidade de isolamento — porque nosso encontro mais importante é nós mesmo" (*Galo das Trevas*, 79).

É ao rememorar a fase da adolescência que confessa ter tido "sonhos de chacal (...) pesadelos hediondos que o assaltaram durante anos" (ibidem). Até culminar numa reflexão altamente significativa: "não funcionou nunca, em mim, o mecanismo cicatricial do esquecimento" (ibidem). Daí para tombar na saudade, que reponta com frequência na série de reminiscências, é um passo, como no seguinte trecho, que fala por si: "Logo uma saudade, saudade de mim, de meus eus sucessivos começou naquela ocasião, uma saudade vácuo como a que tenho de meus mortos e que me surpreendi, dando ao mim mesmo também irrecuperável, como se eu fosse sendo uma enfiada de mortos-eu" (ibidem).

Tanto é assim que, no seu encalço, vêm à tona, talvez acionados pela memória involuntária, sentimentos recônditos, o primeiro dos quais é a Morte, seguido pela coorte formada pela melancolia, pela nostalgia e por outras análogas, agrupadas sob o manto do ceticismo, a exemplo de uma passagem, anterior àquela transcrita, marcada por uma confissão lancinante, reveladora de um estado de espírito intranquilo, ainda que decorrente de motivo distinto: "meu mundo remergulhou na escuridão" (*Beira-Mar*). O ápice desse quadro tormentoso situa-se em dado momento da obra póstuma (*Cera das Almas*), quando Pedro Nava diz, por intermédio de Egon, seu alter ego ou pseudônimo: "Adeus tempos dantanho".

Tirante, pois, as páginas dedicadas à história oitocentista dos Navas e alguns episódios descontraídos, à maneira de crônica, vai num crescendo o clima nostálgico que se converte, a pouco e pouco, em profunda desilusão essencial, cujo desenlace já se pode prever. De tal modo que, em determinado momento, o painel narrativo parece revelar que a busca do passado tinha um propósito definido: o anseio de conhecer, desde as raízes longínquas, nos fins do século XVIII, as causas remotas de sua profunda angústia, quando se processavam os primeiros sinais constitutivos do que viria a ser a dinastia dos Navas. O sofrimento é tal que torna a sondagem na memória alguma coisa como purgação, expiação ou penitência. Ao contrário do que, as mais das vezes, sucede com obras no gênero, destinadas a exibir, ao fim de contas, a celebração envaidecida do "eu" do autor para si próprio.

É certo que os memorialistas anteriores a Pedro Nava tenham alcançado relevância graças às qualidades dos seus relatos autobiográficos, a começar de Joaquim Nabuco a terminar na série de autores modernos. Mas o memorialismo de Pedro Nava atingiu nível invulgar, pela riqueza de detalhes de todo tipo e pela multimoda e sólida cultura vazada num estilo brilhante, maleável, prolífico de soluções, sempre adequadas aos assuntos e seus atores, não raro impregnada de lirismo. E também pela densidade do conteúdo das memórias. A tal ponto que a sua obra está para o memorialismo assim como os contos e romances de Guimarães Rosa estão para a ficção pós-1922. Então, não é de estranhar que, como pressentindo o que o futuro lhe reservava, chegasse a julgá-lo seu mestre em certa passagem de O Círio Perfeito.

Em suma, a par da lufada de frescor e vitalidade da escrita e da notação fervorosa dos anos vividos ou rememorados, Pedro Nava revelava uma vocação de ficcionista que se desconhecia, como se um Proust desinibido, senhor de transparente e saborosa expressão tomasse da pena para, num milagre da memória, reconstituir o denso e intenso mundo de outrora que havia sido seu e dos familiares antigos e coevos, bem como das pessoas com quem se relacionou.

Ao término deste panorama das letras nacionais, desejo expressar minha gratidão a todos aqueles que se referiram amavelmente, por escrito ou não, aos volumes anteriores, ou que me prestaram auxílio de vária natureza. Dentre eles, é de estrito dever distinguir o nome de um velho amigo — José Paulo Paes —, pelas valiosas sugestões, empréstimo de livros, estímulo e permanente companheirismo.

BIBLIOGRAFIA

Modernismo*

AMARAL, Aracy — *Blaise Cendrars no Brasil e os Modernistas*, S. Paulo, Martins, 1970.
_____ *Artes Plásticas na Semana de 22*, S. Paulo, Perspectiva/EDUSP, 1972.
ANDRADE, Mário de — *O Movimento Modernista*, Rio de Janeiro, Casa do Estudante do Brasil, 1942 (reed. em *Aspectos da Literatura Brasileira*, Rio de Janeiro, América--Ed., 1943).
ARAÚJO, Murilo — *Quadrantes do Modernismo Brasileiro*, 2ª ed., Rio de Janeiro, S. José, 1972.
ATAÍDE, Vicente — *Modernismo*, Curitiba, Livros HDV, 1983.
ÁVILA, Afonso (org.) — *O Modernismo*, S. Paulo, Perspectiva, 1975.
AZEVEDO FILHO, Leodegário A. de (org.) — *Poetas do Modernismo*, 6 vols., Brasília, INL, 1972.
AZEVEDO, Neroaldo Pontes de — *Modernismo e Regionalismo (Os Anos 20 em Pernambuco)*, João Pessoa, Secretaria da Educação e Cultura da Paraíba, 1984.
BARBADINHO NETO, Raimundo — *Tendências e Constâncias da Língua do Modernismo*, Rio de Janeiro, Acadêmica, 1972.
BATISTA, Marta Rossetti *et alii* — *Brasil. 1º Tempo Modernista — 1917-1929*, S. Paulo, IEB-USP, 1972.
BOAVENTURA, Maria Eugênia — *A Vanguarda Antropofágica*, S. Paulo, Ática, 1985.
_____ *O Movimento Brasileiro: Contribuição ao Estudo do Modernismo*, S. Paulo, Conselho Estadual de Cultura, 1978.
BOPP, Raul — *Movimentos Modernistas no Brasil (1922-1928)*, Rio de Janeiro, S. José, 1966.

---

* As indicações bibliográficas referentes à época, bem como aos autores, pressupõem as obras arroladas nos §§ I e II da bibliografia do vol. I desta *História da Literatura Brasileira*; e várias das obras indicadas neste tópico introdutório contêm estudos que servem aos três momentos modernistas —, razão por que escusa mencioná-las a cada passo.

_____ *Vida e Morte da Antropofagia*, Rio de Janeiro, Civilização Brasileira, 1977.
BRASIL, Assis — *O Modernismo*, Rio de Janeiro/Brasília, Pallas/INL, 1976.
CACCESSE, Neusa Pinsard — *Festa: Contribuição ao Estudo do Modernismo*, S. Paulo, IEB-USP, 1971.
CÂNDIDO, Antônio — *Literatura e Sociedade*, S. Paulo, Nacional, 1965.
_____ *Vários Escritos*, S. Paulo, Duas Cidades, 1970.
CARDOSO, Zélia — *O Romance Paulista no Século XX*, S. Paulo, Academia Paulista de Letras, 1983.
CASTELLO, José Aderaldo — "A Literatura Brasileira do Romantismo ao Modernismo", supl. lit. de *O Estado de S. Paulo*, 21 e 28/6/1975.
CASTRO, Sílvio — *A Revolução da Palavra*, Petrópolis, Vozes, 1976.
CAVALHEIRO, Edgar — *Testamento de uma Geração*, Porto Alegre, Globo, 1944.
CHIACCHIO, Carlos — *Modernistas e Ultramodernistas*, Salvador, Progresso, 1951.
COELHO, Saldanha (org.) — *Modernismo*, Rio de Janeiro, Revista Branca, 1954.
CUNHA, Dulce Sales — *Autores Contemporâneos Brasileiros*, S. Paulo, Cupolo, 1951.
DACANAL, José Hildebrando — *A Literatura Brasileira no Século XX*, Porto Alegre, Mercado Aberto, 1984.
DIAS, Fernando Correia — *O Movimento Modernista em Minas. Uma Interpretação Sociológica*, Brasília, EBRASA/Universidade de Brasília, 1971.
DOYLE, Plínio — *História de Revistas e Jornais Literários*, vol. I, Rio de Janeiro, MEC/Fundação Casa de Rui Barbosa, 1976.
GRIECO, Agrippino — *Gente Nova do Brasil*, 2ª ed, rev., Rio de Janeiro, José Olympio, 1948.
HOLANDA, Sérgio Buarque de — *O Espírito e a Letra*, 2 vols., S. Paulo, Companhia das Letras, 1996.
INOJOSA, Joaquim — *Os Andrades e Outros Aspectos do Modernismo*, Rio de Janeiro/Brasília, Civilização Brasileira/INL, 1975.
_____ *O Movimento Modernista em Pernambuco*, 5 vols., Rio de Janeiro, Tupy, 1968-1969.
LARA, Cecília de — *Klaxon & Terra Roxa e Outras Terras*, S. Paulo, IEB-USP, 1972.
LEITE, Lígia Chiappini Morais — *Modernismo no Rio Grande do Sul. Materiais para o seu Estudo*, S. Paulo, IEB-USP, 1972.
LESSA, Luiz Carlos da Silva — *O Modernismo Brasileiro e a Língua Portuguesa*, Rio de Janeiro, FGV, 1966.
LIMA, Alceu Amoroso — *Contribuição à História do Modernismo*, vol. I. O Pré-Modernismo, Rio de Janeiro, José Olympio, 1959.
_____ *Estudos Literários*, Rio de Janeiro, Aguilar, 1966.
_____ *Primeiros Estudos*, Rio de Janeiro, Agir, 1948.
LINS, Álvaro — *Jornal de Crítica*, 6 vols., Rio de Janeiro, José Olympio, 1945-1951; 7ª série, Rio de Janeiro, O Cruzeiro, 1963.
MARTINS, Wilson — *O Modernismo*, vol. VI de *A Literatura Brasileira*, S. Paulo, Cultrix, 1965.
MERQUIOR, José Guilherme — *O Fantasma Romântico e Outros Ensaios*, Petrópolis, Vozes, 1980.
_____ *Razão do Poema*, Rio de Janeiro, Civilização Brasileira, 1965.
MIGUEL-PEREIRA, Lúcia — *Cinquenta Anos de Literatura*, Rio de Janeiro, MEC, 1952.

MILLIET, Sérgio — *Diário Crítico*, 10 vols., S. Paulo, Brasiliense, Martins, 1944-1959.
_____ *Panorama da Moderna Poesia Brasileira*, Rio de Janeiro, MEC, 1952.
MURICY, Andrade — *A Nova Literatura Brasileira*, Porto Alegre, Globo, 1936.
NIST, John — *The Modernist Movement in Brazil*, Austin, University of Texas Press, 1967.
OLIVEIRA, Franklin de — *Literatura e Civilização*, Rio de Janeiro/Brasília, Difel/INL, 1978.
PEREGRINO JÚNIOR — *O Movimento Modernista*, Rio de Janeiro, MEC, 1954.
PLACER, Xavier (org.) — *Modernismo Brasileiro*, Bibliografia (1918-1971), Rio de Janeiro, MEC, 1972.
REVISTA DE CULTURA BRASILEÑA, Madrid, Embajada de Brasil, nº 47, out. 1978 (número especial, dedicado ao Modernismo).
RIBEIRO, João — *Crítica. Os Modernos*, Rio de Janeiro, Academia Brasileira de Letras, 1952.
ROIG, Adrien — *Blaise Cendrars, o Aleijadinho e o Modernismo Brasileiro*, Rio de Janeiro, Tempo Brasileiro, 1984.
SARAIVA, Arnaldo — *O Modernismo Brasileiro e o Modernismo Português*, 3 vols., Porto, s.c.e., 1986.
SENNA, Homero — *O Mês Modernista*, Rio de Janeiro, Fundação Casa de Rui Barbosa, 1994.
SILVA BRITO, Mário da — *História do Modernismo Brasileiro. I: Antecedentes da Semana de Arte Moderna*, S. Paulo, Saraiva, 1958.
SILVEIRA, Tasso da — *Definição do Modernismo Brasileiro*, Rio de Janeiro, Forja, 1952.
TELES, Gilberto Mendonça — *Estudos de Poesia Brasileira*, Coimbra, Almedina, 1985.
_____ *Vanguarda Europeia e Modernismo Brasileiro*, 8ª ed., Petrópolis, Vozes, 1985.
VARGAS, Milton — "O Sentido Político da Semana de 22", *Revista Brasileira*, Rio de Janeiro, Academia Brasileira de Letras, fase VII, ano VI, nº 23, abr.-jun. 2000.
VÁRIOS AUTORES — *Estudos de Literatura Brasileira — 2. Modernismo*, Rio de Janeiro, Faculdade de Letras/UFRJ, 1986.
_____ *Estudos sobre o Modernismo*, Curitiba, Criar, 1982.
_____ "Quarenta Anos Depois", supl. lit. de *O Estado de S. Paulo*, 17/2/1962.
VITOR, Nestor — *Os de Hoje. Figuras do Movimento Modernista Brasileiro*, S. Paulo, Cultura Moderna, 1938.
WEBER, J. E. — *Do Modernismo à Nova Narrativa*, Porto Alegre, Movimento, 1976.

MÁRIO DE ANDRADE

ALMEIDA, Fernando Mendes de — *Notas para um Estudo Crítico sobre a Poesia de Mário de Andrade*, S. Paulo, Conselho Estadual de Cultura, 1962.
CAMPOS, Haroldo de — *Morfologia de Macunaíma*, S. Paulo, Perspectiva, 1973.
DASSIN, Joan — *Poesia e Política em Mário de Andrade*, S. Paulo, Duas Cidades, 1978.
GRIECO, Agrippino — *Gente Nova do Brasil*, Rio de Janeiro, José Olympio, 1935.
IVO, Lêdo — *Lição de Mário de Andrade*, Rio de Janeiro, MES, 1952.
LIMA, Alceu Amoroso — *Estudos*, 5ª série, Rio de Janeiro, Civilização Brasileira, 1933.

LINS, Álvaro — *Jornal de Crítica*, 2ª, 5ª séries, Rio de Janeiro, José Olympio, 1943, 1947.
LOPEZ, Telê Porto Ancona — "Cronologia Geral da Obra de Mário de Andrade", *Revista de Estudos Brasileiros*, S. Paulo, IEB-USP, nº 7, 1969.
_____ *Mário de Andrade: Ramais e Caminhos*, S. Paulo, Duas Cidades, 1972.
MARTINS, Wilson — *Interpretações*, Rio de Janeiro, José Olympio, 1946.
MELLO E SOUZA, Gilda de — *O Tupi e o Alaúde*, S. Paulo, Duas Cidades, 1981.
MILLIET, Sérgio — *Diário Crítico*, vols. I, V, S. Paulo, Brasiliense, Martins, 1944, 1948.
MORAES, Eduardo Jardim de — *Limites do Moderno. O Pensamento Estético de Mário de Andrade*, Rio de Janeiro, Relume Dumerá, 1999.
PROENÇA, M. Cavalcanti — *Roteiro de Macunaíma*, S. Paulo, Anhembi, 1955.
REIS, Antônio Simões dos — "Mário de Andrade (Bibliografia sobre a sua Obra)", supl. nº 3 da *Revista do Livro*, Rio de Janeiro, INL, s.d.
ROIG, Adrien — "Essai d'interpretation de *Pauliceia Desvairada*", Poitiers, Publs. du Centre de Recherches Latino-Américaines de l'Université de Poitiers, Poitiers, França, 1975.
VÁRIOS AUTORES — *Revista do Arquivo Municipal*, S. Paulo, ano XII, vol. CVI, jan.-fev. 1946 (número especial).

OSWALD DE ANDRADE

CAMPOS, Haroldo de — Introd. à 2ª ed. de *Memórias Sentimentais de João Miramar*, de Oswald de Andrade, S. Paulo, Difel, 1964.
_____ Introd. a *Poesias Reunidas*, de Oswald de Andrade, S. Paulo, Difel, 1966.
CÂNDIDO, Antônio — *Brigada Ligeira*, S. Paulo, Martins, 1945.
_____ *O Observador Literário*, S. Paulo, Conselho Estadual de Cultura, 1959.
CASTELLO, José Aderaldo — "Oswald de Andrade", *Anhembi*, S. Paulo, nº 49, vol. XVII, ano V, dez. 1954.
FONSECA, Maria Augusta — *Oswald de Andrade*, S. Paulo, Brasiliense, 1982.
HELENA, Lúcia — *Totens e Tabus da Modernidade Brasileira — Símbolo e Alegoria na Obra de Oswald de Andrade*, Rio de Janeiro, Tempo Brasileiro/UFF, 1985.
JACKSON, Kenneth David — *A Prosa Vanguardista na Literatura Brasileira: Oswald de Andrade*, S. Paulo, Perspectiva, 1978.
MARTINS, Heitor — *Oswald de Andrade e Outros*, S. Paulo, Conselho Estadual de Cultura, 1973.
MILLIET, Sérgio — *Diário Crítico*, vol. III, S. Paulo, Martins, 1946.
NUNES, Benedito — Introd. a *Do Pau-Brasil à Antropofagia e às Utopias*, Rio de Janeiro, Civilização Brasileira/MEC, 1972.
_____ *Oswald Canibal*, S. Paulo, Perspectiva, 1979.
SILVA BRITO, Mário da — *As Metamorfoses de Oswald de Andrade*, S. Paulo, Conselho Estadual de Cultura, 1972.
VÁRIOS AUTORES — Supl. lit. de *O Estado de S. Paulo*, 24/10/1964 (número especial).
VITA, Luís Washington — "Tentativa de Compreensão do Legado Especulativo de Oswald de Andrade", *Revista Brasileira de Filosofia*, S. Paulo, nº 24, vol. VI, fasc. IV, out.-dez. 1956.

MENOTTI DEL PICCHIA

CAMPOS, Humberto de — *Crítica*, vol. III, Rio de Janeiro, José Olympio, 1955.
LIMA, Alceu Amoroso — *Primeiros Estudos*, Rio de Janeiro, Agir, 1948.

GUILHERME DE ALMEIDA

BARROS, Frederico Ozanan Pessoa de — *Guilherme de Almeida*, S. Paulo, Abril, 1982 ("Literatura Comentada").
CARVALHO, Ronald de — *Estudos Brasileiros*, 2ª série, Rio de Janeiro, Briguiet, 1931.
HOLANDA, Sérgio Buarque de — *O Espírito e a Letra*, 2 vols., S. Paulo, Companhia das Letras, 1996, vol. I.
LIMA, Alceu Amoroso — *Estudos*, 1ª série, Rio de Janeiro, Terra de Sol, 1927.
_____ *Primeiros Estudos*, Rio de Janeiro, Agir, 1948.
MILLIET, Sérgio — *Diário Crítico*, vol. V. S. Paulo, Martins, 1948.
_____ *Terminus Seco e Outros Coquetéis*, S. Paulo, Irmãos Ferraz, 1932.

RIBEIRO COUTO

CARVALHO, Ronald de — *Estudos Brasileiros*, 2ª série, Rio de Janeiro, Briguiet, 1931.
LIMA, Alceu Amoroso — *Estudos*, 1ª, 3ª séries, Rio de Janeiro, Terra de Sol, A Ordem, 1927, 1930.
LIMA, Alceu Amoroso — *Poesia Brasileira Contemporânea*, Belo Horizonte, Paulo Bluhm, 1941.
MARIZ, Vasco — *Rui Ribeiro Couto no seu Centenário*, Rio de Janeiro, Academia Brasileira de Letras, 1998.
MILLIET, Sérgio — *Diário Crítico*, vol. III, S. Paulo, Martins, 1946.
MOISÉS, Massaud — *Temas Brasileiros*, S. Paulo, Conselho Estadual de Cultura, 1964.
MONTALEGRE, Duarte de — "Ribeiro Couto, Poeta da Serenidade", Brasília, Coimbra, vol. IV, 1949.
MONTEIRO, Adolfo Casais — *A Poesia de Ribeiro Couto*, Lisboa, Presença, 1935.

CASSIANO RICARDO

CHAMIE, Mário — Introd. a *Poemas Escolhidos*, de Cassiano Ricardo, S. Paulo, Cultrix, 1965.
_____ *Palavra-levantamento na Poesia de Cassiano Ricardo*, Rio de Janeiro, S. José, 1963.
CORREIA, Nereu — *Cassiano Ricardo — O Prosador e o Poeta*, S. Paulo, Conselho Estadual de Cultura, 1970.
CUNHA, Helena Parente — *Jeremias, a Palavra Poética (Leitura de Cassiano Ricardo)*, Rio de Janeiro, José Olympio, 1979.
FERREIRA, Jerusa Pires — *Notícia de Martim-Cererê*, S. Paulo, Quatro Artes, 1970.

MARIANO, Oswaldo — *Estudos sobre a Poética de Cassiano Ricardo*, S. Paulo, Ed. Comemorativa do Cinquentenário Poético do Autor, 1965.
MARQUES, Oswaldino — *O Laboratório Poético de Cassiano Ricardo*, Rio de Janeiro, Civilização Brasileira, 1962.
MERQUIOR, José Guilherme — *Razão do Poema*, Rio de Janeiro, Civilização Brasileira, 1965.
PORTELLA, Eduardo — *Dimensões, I*, Rio de Janeiro, José Olympio, 1958.
VARGAS, Milton — "O *Martim-Cererê* e o Espírito dos Anos 20, em São Paulo", *Revista de Poesia e Crítica*, Brasília, nº 20, out. 1996.

MANUEL BANDEIRA

ARRIGUCCI, Davi — *Humildade, Paixão e Morte. A Poesia de Manuel Bandeira*, S. Paulo, Companhia das Letras, 1990.
ARRIGUCCI, Davi — *O Cacto e as Ruínas. A Poesia entre Outras Artes*, 2ª ed., S. Paulo, Liv. Duas Cidades/Ed. 34, 2000.
BACIU, Stefan — *Manuel Bandeira de Corpo Inteiro*, Rio de Janeiro, José Olympio, 1966.
BRAYNER, Sônia (org.) — *Manuel Bandeira*, Rio de Janeiro, Civilização Brasileira, 1980 (Col. "Fortuna Crítica").
HOLANDA, Sérgio Buarque de — *Cobra de Vidro*, S. Paulo, Martins, 1944.
IVO, Lêdo — *O Preto no Branco. Exegese de Um Poema de Manuel Bandeira*, Rio de Janeiro, S. José, 1955.
LINS, Álvaro — *Jornal de Crítica*, 1ª série, Rio de Janeiro, José Olympio, 1941.
MELLO E SOUZA, Gilda e Antônio Cândido de — Introd. a *Estrela da Vida Inteira*, de Manuel Bandeira, Rio de Janeiro, José Olympio, 1966.
MONTEIRO, Adolfo Casais — *Manuel Bandeira*, Lisboa, Inquérito, 1943.
MORAIS, Emanuel de — *Manuel Bandeira. Análise e Interpretação*, Rio de Janeiro, José Olympio, 1963.
PAES, José Paulo — *Os Perigos da Poesia e Outros Ensaios*, Rio de Janeiro, Topbooks, 1997.
PONTIERO, Giovanni — *Manuel Bandeira. Visão Geral de Sua Obra*, Rio de Janeiro, José Olympio, 1986.
XAVIER, Jairo José — *Camões e Manuel Bandeira*, Rio de Janeiro, MEC/UFF/Fundação Casa de Rui Barbosa, 1973.
VÁRIOS AUTORES — "Manuel Bandeira", Publs. du Centre de Recherches Latino-Américaines de l'Université de Poitiers, Poitiers, França, fev. 1974.
_____ *Homenagem a Manuel Bandeira*, Rio de Janeiro, Tip. do Jornal do Comércio, 1936.
_____ *Manuel Bandeira: Verso e Reverso*, S. Paulo, T. A. Queiroz, Ed., 1987, org. de Telê Ancona Lopez.
_____ *Homenagem a Manuel Bandeira, 1986-1988*, Rio de Janeiro, UPF — Sociedade Sousa da Silveira/Monteiro Aranha/Presença, 1989, org. de Maximiano de Carvalho e Silva.

ANTÔNIO DE ALCÂNTARA MACHADO

BARBOSA, Francisco de Assis — Introd. a *Novelas Paulistanas*, Rio de Janeiro, José Olympio, 1961.
LARA, Cecília de — "Comentários e Notas à edição fac-similar de *Brás, Bexiga e Barra Funda*", "de *Laranja da China*" e "de *PathéBaby*", 3 vols., S. Paulo, 1982.
LIMA, Alceu Amoroso — *Estudos*, 1ª série, Rio de Janeiro, Terra de Sol, 1927.
LINHARES, Temístocles — *História Crítica do Romance Brasileiro*, 3 vols., S. Paulo/Belo Horizonte, EDUSP/Itatiaia, 1987.
LINS, Álvaro — *Jornal de Crítica*, 1ª série, Rio de Janeiro, José Olympio, 1941.
MACHADO, Luís Toledo — *Antônio de Alcântara Machado e o Modernismo*, Rio de Janeiro, José Olympio, 1970.
MILLIET, Sérgio — Introd. a *Brás, Bexiga e Barra Funda* e *Laranja da China*, de Antônio de Alcântara Machado, S. Paulo, Martins, 1944.
_____ *Términus Seco e Outros Coquetéis*, S. Paulo, Irmãos Ferraz, 1932.
VÁRIOS AUTORES — *Em Memória de Antônio de Alcântara Machado*, S. Paulo, Elvino Pocai, 1956.

CECÍLIA MEIRELES

ANDRADE, Mário de — *O Empalhador de Passarinho*, S. Paulo, Martins, 1946.
AZEVEDO FILHO, Leodegário A. de — *Poesia e Estilo de Cecília Meireles*, Rio de Janeiro, José Olympio, 1970.
CORREA, Roberto Alvim — *Anteu e a Crítica*, Rio de Janeiro, José Olympio, 1948.
DAMASCENO, Darcy — *Cecília Meireles: O Mundo Contemplado*, Rio de Janeiro, Orfeu, 1967.
_____ Introd. a *Obra Poética*, de Cecília Meireles, Rio de Janeiro, Aguilar, 1958.
DANTAS, José Maria de Souza — *A Consciência Poética de uma Viagem Sem Fim. A Poética de Cecília Meireles*, Rio de Janeiro, Liv. Eu e Você Ed., 1984.
LINS, Álvaro — *Jornal de Crítica*, 5ª série, Rio de Janeiro, José Olympio, 1947.
VÁRIOS AUTORES — Supl. lit. de *O Estado de S. Paulo*, 20/1/1965 (número especial).

JORGE DE LIMA

ANDRADE, Fábio de Souza — *O Engenheiro Noturno*, S. Paulo, EDUSP, 1997.
ANSELMO, Manuel — *A Poesia de Jorge de Lima*, S. Paulo [Revista dos Tribunais], 1939.
BANDEIRA, Antônio Rangel — *Jorge de Lima: o Roteiro de uma Contradição*, Rio de Janeiro, S. José, 1959.
BUSATTO, Luiz — *Montagem em "Invenção de Orfeu"*, Rio de Janeiro, Âmbito Cultural, 1978.
CARNEIRO, José Fernando — *Apresentação de Jorge de Lima*, 2ª ed., Rio de Janeiro, Agir, 1958.
CARPEAUX, Otto Maria — Introd. a *Obra Poética*, de Jorge de Lima, Rio de Janeiro, Ed. Getúlio Costa, 1950.

CAVALCANTI, Carlos Povina — Vida e *Obra de Jorge de Lima*, Rio de Janeiro, José Olympio, 1969.
DUTRA, Waltensir — *A Evolução de um Poeta. Ensaio sobre a Poesia de Jorge de Lima*, Rio de Janeiro, s.e., 1952.
_____ Introd. a *Obra Completa*, de Jorge de Lima, Rio de Janeiro, Aguilar, 1958 (a edição inclui outros estudos importantes de Euríalo Canabrava, João Gaspar Simões e Murilo Mendes).
LEAL, César — *Os Cavaleiros de Júpiter*, Recife, 2ª ed., Universidade de Pernambuco, 1986.
LINS, Álvaro — *Jornal de Crítica*, 6ª série, Rio de Janeiro, José Olympio, 1951.
LUCAS, Fábio — *Jorge de Lima e Ferreira Gullar: o Longe e o Perto*, Brasília, Thesaurus, 1995.
PAES, José Paulo — *Os Perigos da Poesia e Outros Ensaios*, S. Paulo, Topbooks, 1997.
SIMÕES, João Gaspar — *Interpretações Literárias*, Lisboa, Arcádia, 1961.
VÁRIOS AUTORES — Estudos em *Poesia Completa*, Rio de Janeiro, Nova Aguilar, 1997.

II Momento modernista

ADONIAS FILHO — *Modernos Ficcionistas Brasileiros*, 2 vols., Rio de Janeiro, O Cruzeiro, Tempo Brasileiro, 1958, 1965.
_____ *O Romance Brasileiro de 30*, Rio de Janeiro, Bloch, 1969.
BRUNO, Haroldo — *Estudos de Literatura Brasileira*, 2 vols., Rio de Janeiro, O Cruzeiro, Leitura, 1957, 1966.
CUNHA Fausto — *Situações da Ficção Brasileira*, Rio de Janeiro, Paz e Terra, 1970.
DACANAL, José Hildebrando — *O Romance de 30*, Porto Alegre, Mercado Aberto, 1982.
JOBIM, Renato — *Anotações de Leitura*, Rio de Janeiro, Revista Branca, 1957.
LAFETÁ, João Luiz — *1930: A Crítica e o Modernismo*, S. Paulo, Duas Cidades, 1974.
MELO, Virginius da Gama e — "O Romance Nordestino de 1928 a 1961", *Veritas*, Porto Alegre, PUCRS, ano VII, nº 4, dez. 1962.
PEREZ, Renard — *Escritores Brasileiros Contemporâneos*, 2 vols., Rio de Janeiro, Civilização Brasileira, 1960, 1964.
VÁRIOS AUTORES — *Dicionário Crítico do Moderno Romance Brasileiro*, 2 vols., S. Paulo/Belo Horizonte, Faculdades Anchieta/Grupo Gente Nova, 1970, 1972.
_____ *O Romance de 30 no Nordeste*, Fortaleza, UFC/Proed, 1983.

JOSÉ AMÉRICO DE ALMEIDA

CASTRO, Ângela Maria Bezerra de — *Re-leitura de Bagaceira*, Rio de Janeiro/João Pessoa, José Olympio/Fundação Casa de José Américo, 1987.
LIMA, Alceu Amoroso — *Estudos*, 5ª série, 1ª parte, Rio de Janeiro, A Ordem, 1930.
LINHARES, Temístocles — *História Crítica do Romance Brasileiro*, 3 vols., S. Paulo/Belo Horizonte, EDUSP/Itatiaia, 1987.
MONTENEGRO, Olívio — *O Romance Brasileiro*, Rio de Janeiro, José Olympio, 1938,
VITOR, Nestor — *Os de Hoje*, S. Paulo, Cultura Moderna, 1938.

RACHEL DE QUEIROZ

ANDRADE, Almir de — *Aspectos da Cultura Brasileira*, Rio de Janeiro, Schmidt, 1939.
AZEVEDO, Sânzio de — *Dez Ensaios de Literatura Cearense*, Fortaleza, UFC, 1985.
BRUNO, Haroldo — *Rachel de Queiroz*, Rio de Janeiro/Brasília, Cátedra/INL, 1977.
ELLISON, Fred P. — *Brazil's New Novel. Four Northeastern Masters*, Berkeley, University of California Press, 1954.
LIMA, Alceu Amoroso — *Estudos*, 5ª série, Rio de Janeiro, Civilização Brasileira, 1933.
MONTENEGRO, Olívio — *O Romance Brasileiro*, Rio de Janeiro, José Olympio, 1938.
PONTES, Joel — *O Aprendiz de Crítica*, Rio de Janeiro, INL, 1960.
VÁRIOS AUTORES — Estudos em *Rachel de Queiroz, Cadernos de Literatura Brasileira*, Instituto Moreira Salles, S. Paulo, nº 4, set. 1997.

AMANDO FONTES

CAVALCANTI, Valdemar — "Amando Fontes", *Revista do Livro*, Rio de Janeiro, nº 34, 1968.
LINHARES, Temístocles — *História Crítica do Romance Brasileiro*, 3 vols., S. Paulo/Belo Horizonte, EDUSP/Itatiaia, 1987, vol. II.
LINS, Álvaro — *Jornal de Crítica*, 5ª série, Rio de Janeiro, José Olympio, 1947.
MONTENEGRO, Olívio — *O Romance Brasileiro*, Rio de Janeiro, José Olympio, 1938.

JOSÉ LINS DO REGO

ADONIAS FILHO — *O Romance Brasileiro de 30*, Rio de Janeiro, Bloch, 1969.
BRUNO, Haroldo — *Estudos de Literatura Brasileira*, Rio de Janeiro, O Cruzeiro, 1957.
CASTELLO, José Aderaldo — *José Lins do Rego — Modernismo e Regionalismo*, S. Paulo, Edart, 1961.
CORREA, Roberto Alvim — *Anteu e a Crítica*, Rio de Janeiro, José Olympio, 1948.
ELLISON, Fred P. — *Brazil's New Novel. Four Northeastern Masters*, Berkeley, University of California Press, 1954.
LINHARES, Temístocles — *História Crítica do Romance Brasileiro*, 3 vols, S. Paulo/Belo Horizonte, EDUSP/Itatiaia, 1987, vol. II.
LINS, Álvaro — *Jornal de Crítica*, 2ª, 4ª séries, Rio de Janeiro, José Olympio, 1943, 1946.
LINS, Álvaro, CARPEAUX, Otto Maria e THOMPSON, Franklin M. — *José Lins do Rego*, Rio de Janeiro, MES, 1952.
MARTINS, Wilson — *O Modernismo*, vol. VI de *A Literatura Brasileira*, S. Paulo, Cultrix, 1965.
MONTEIRO, Adolfo Casais — *O Romance e os Seus Problemas*, Lisboa, Casa do Estudante do Brasil, 1950.
MONTENEGRO, Olívio — *O Romance Brasileiro*, Rio de Janeiro, José Olympio, 1938.
PACHECO, João — *O Mundo que José Lins do Rego Fingiu*, Rio de Janeiro, S. José, 1958.
PINTO, Rolando Morel — *Estudos de Romance*, S. Paulo, Conselho Estadual de Cultura, 1965.

VILLANOVA, José Brasileiro Tenório — *Linguagem e Estilo de um "Menino de Engenho"*, Recife, Imprensa Universitária, 1962.
SIMÕES, João Gaspar — *Crítica*, I, Porto, Latina, 1942.

JORGE AMADO

BRUNO, Haroldo — *Estudos de Literatura Brasileira*, Rio de Janeiro, O Cruzeiro, 1957.
CÂNDIDO, Antônio — *Brigada Ligeira*, S. Paulo, Martins, 1945.
ELLISON, Fred P. — *Brazil's New Novel. Four Northeastern Masters*, Berkeley, University of California Press, 1954.
GALVÃO, Walnice Nogueira — *Saco de Gatos*, S. Paulo, Duas Cidades/Secretaria da Cultura, Ciência e Tecnologia, 1976.
GRIECO, Agrippino — *Gente Nova do Brasil*, Rio de Janeiro, José Olympio, 1935.
LINS, Álvaro — *Jornal de Crítica*, 4ª, 5ª séries, Rio de Janeiro, José Olympio, 1946, 1947.
MARTINS, Wilson — *Pontos de Vista*, vol. V, S. Paulo, T. A. Queiroz, ed., 1993.
MONTEIRO, Adolfo Casais — *O Romance e os seus Problemas*, Lisboa, Casa do Estudante do Brasil, 1950.
MONTENEGRO, Olívio — *O Romance Brasileiro*, Rio de Janeiro, José Olympio, 1938.
PAES, José Paulo — *De "Cacau" a "Gabriela": Um Percurso Pastoral*, Salvador, Casa de Jorge Amado, 1991.
_____ *Transleituras. Ensaios de Interpretação Literária*, S. Paulo, Ática, 1995.
PONTES, Joel — *O Aprendiz de Crítica*, Rio de Janeiro, INL, 1960.
ROCHE, Jean — *Jorge Bem/Mal Amado*, S. Paulo, Cultrix, 1988.
SALEMA, Álvaro — *Jorge Amado. O Homem e a Obra. Presença em Portugal*, Lisboa, Publ. Europa-América, 1982.
TÁTI, Miécio — *Estudos e Notas Críticas*, Rio de Janeiro, INL, 1958.
_____ *Jorge Amado. Vida e Obra*, Belo Horizonte, Itatiaia, 1961.
VÁRIOS AUTORES — *Jorge Amado: Trinta Anos de Literatura*, S. Paulo, Martins, 1961.
_____ Estudos em *Jorge Amado, Cadernos de Literatura Brasileira*, Instituto Moreira Salles, S. Paulo, nº 3, mar. 1997.

GRACILIANO RAMOS

ABEL, Carlos Alberto dos Santos — *Graciliano Ramos: Cidadão e Artista*, Brasília, Universidade de Brasília, 2000.
BRASIL, Assis — *Graciliano Ramos*, Rio de Janeiro, Org. Simões, 1969.
BRAYNER, Sônia (org.) — *Graciliano Ramos*, Rio de Janeiro/Brasília, Civilização Brasileira/INL, 1977 (Col. "Fortuna Crítica").
CÂNDIDO, Antônio — *Ficção e Confissão. Ensaio sobre a Obra de Graciliano Ramos*, Rio de Janeiro, José Olympio, 1956.
_____ *Tese e Antítese*, S. Paulo, Nacional, 1964.
CRISTÓVÃO, Fernando — *Graciliano Ramos: Estruturas e Valores de um Modo de Narrar*, 3ª ed, Rio de Janeiro, José Olympio, 1986 (4ª ed., rev., Lisboa, Cosmos, 1998).

ELLISON, Fred P. — *Brazil's New Novel. Four Northeastern Masters*, Berkeley, University of California Press, 1954.
FELDMANN, Helmut — *Graciliano Ramos*, Fortaleza, Imprensa Universitária do Ceará, 1967.
LIMA, Luiz Costa — *Por que Literatura*, Petrópolis, Vozes, 1966.
LINHARES, Temístocles — *História Crítica do Romance Brasileiro*, 3 vols., S. Paulo/Belo Horizonte, EDUSP/Itatiaia, 1989, vol. II.
LINS, Álvaro — *Jornal de Crítica*, 5ª, 6ª séries, Rio de Janeiro, José Olympio, 1947, 1951.
MALARD, Letícia — *Ideologia e Realidade em Graciliano Ramos*, Belo Horizonte, Itatiaia, 1976.
MORAES, Dênis de — *O Velho Graça*, Uma Biografia de Graciliano Ramos, Rio de Janeiro, José Olympio, 1992.
MOURÃO, Rui — *Estruturas*. Ensaio sobre o Romance de Graciliano Ramos, Belo Horizonte, Tendência, 1969.
PINTO, Rolando Morel — Graciliano *Ramos: Autor e Ator*, Assis, Faculdade de Filosofia, Ciências e Letras de Assis, 1962.
_____ *Estudos de Romance*, S. Paulo, Conselho Estadual de Cultura, 1965.
SILVA, H. Pereira da — *Graciliano Ramos*. Ensaio Crítico-Psicanalítico, Rio de Janeiro, Aurora, 1950.
TÁTI, Miécio — *Estudos e Notas Críticas*, Rio de Janeiro, INL, 1958.
VÁRIOS AUTORES — *Homenagem a Graciliano Ramos*, Rio de Janeiro, Alba, 1943.

ERICO VERÍSSIMO

CÂNDIDO, Antônio — *Brigada Ligeira*, S. Paulo, Martins, 1945.
CHAGAS, Wilson — *Mundo Velho sem Porteira*. Ensaio sobre a Obra de Erico Veríssimo, Porto Alegre, Movimento, 1985.
CHAVES, Flávio Loureiro — Erico Veríssimo: *Realismo e Sociedade*, Porto Alegre, Globo, ISEC/RS, 1976.
_____ (org.) — *O Contador de Histórias: Quarenta Anos de Vida Literária de Erico Veríssimo*, Porto Alegre, Globo, 1972.
_____ *História e Literatura*, Porto Alegre, Ed. da UFRGS/MEC/SESU/PROED, 1988.
_____ *Matéria e Invenção*, Ensaios de Literatura, Porto Alegre, Ed. da UFRGS, 1994.
_____ *Érico Veríssimo: O Escritor e seu Tempo*, Porto Alegre, Escola Técnica/UFRGS, 1996.
FRESNOT, Daniel — *O Pensamento Político de Erico Veríssimo*, Rio de Janeiro, Graal, 1977.
FURLAN, Antônio Osvaldo — *Estética e Crítica Social em "Incidente em Antares"*, Florianópolis, UFSC, 1977.
LUCAS, Fábio — *Do Barroco ao Moderno*, S. Paulo, Ática, 1989.
MONTENEGRO, Olívio — *O Romance Brasileiro*, 2ª ed., Rio de Janeiro, José Olympio, 1953.
SIMÕES, João Gaspar — *Crítica*, I, Porto, Latina, 1942.

QUADROS, Antônio — *Modernos de Ontem e de Hoje*, Lisboa, Portugália, 1947.
VELLINHO, Moysés — *Letras da Província*, Porto Alegre, Globo, 1944.

JOÃO ALPHONSUS

ANDRADE, Carlos Drummond de — *Passeios na Ilha*, 2ª ed., Rio de Janeiro, José Olympio, 1975.
DIAS, Fernando Correia — *João Alphonsus: Tempo e Modo*, Belo Horizonte, Centro de Estudos Mineiros, 1965.
DUTRA, Waltensir e CUNHA, Fausto — *Biografia Crítica das Letras Mineiras*, Rio de Janeiro, INL, 1956.

MARQUES REBELO

ABRANCHES, Augusto dos Santos — *Um Retrato de Marques Rebelo*, Rio de Janeiro, ME, 1959.
ANDRADE, Mário de — *O Empalhador de Passarinho*, S. Paulo, Martins, 1946.
CARPEAUX, Otto Maria — *Livros na Mesa*, Rio de Janeiro, S. José, 1960.
GRIECO, Agrippino — *Gente Nova do Brasil*, Rio de Janeiro, José Olympio, 1935.
HOUAISS, Antônio — *Crítica Avulsa*, Bahia, Publs. da Universidade da Bahia, 1960.
IVO, Lêdo — *Teoria e Celebração*, S. Paulo, Duas Cidades, 1976.
LIMA, Alceu Amoroso — *Estudos*, 5ª série, Rio de Janeiro, Civilização Brasileira, 1933.
LINS, Álvaro — *Jornal de Crítica*, 3ª série, Rio de Janeiro, José Olympio, 1944.
MELO FRANCO, Afonso Arinos de — *Portulano*, S. Paulo, Martins, 1945.

CIRO DOS ANJOS

ALVARENGA, Octavio Melo — *Mitos & Valores*, Rio de Janeiro, INL, 1956.
CÂNDIDO, Antônio — *Brigada Ligeira*, S. Paulo, Martins, 1945.
FRIEIRO, Eduardo — *Páginas de Crítica*, Belo Horizonte, Itatiaia, 1955.
IVO, Lêdo — "A Moça e o Prosador", "O Clube dos Bons Leitores", "Satélites", "A Nave da Vitória", supl. lit. de *O Estado de S. Paulo*, 17 e 24 nov; 1º e 8 dez. 1956.
LINS, Álvaro — *Jornal de Crítica*, 5ª série, Rio de Janeiro, José Olympio, 1947.
MARTINS, Wilson — *Pontos de Vista*, vols. II e V, S. Paulo, T. A. Queiroz, Ed., 1991, 1995.
PORTELA, Eduardo — *Dimensões*, Rio de Janeiro, José Olympio, 1958.
TÁTI, Miécio — *Estudos e Notas Críticas*, Rio de Janeiro, INL, 1958.

JOSÉ GERALDO VIEIRA

CÂNDIDO, Antônio — *Brigada Ligeira*, S. Paulo, Martins, 1945.
LINS, Álvaro — *Jornal de Crítica*, 4ª série, Rio de Janeiro, José Olympio, 1946.

MILLIET, Sérgio — *Diário Crítico*, vol. II, S. Paulo, Brasiliense, 1945.
RIBEIRO, João — *Crítica. Os Modernos*, Rio de Janeiro, Academia Brasileira de Letras, 1952.
VÁRIOS AUTORES — *José Geraldo Vieira no Quadragésimo Ano de sua Ficção*, S. Paulo, Conselho Estadual de Artes e Ciências Humanas, 1979.

CORNÉLIO PENA

ADONIAS FILHO — Introd. a *Romances Completos*, de Cornélio Pena, Rio de Janeiro, Aguilar, 1958 (inclui estudos de outros autores).
ANDRADE, Mário de — *O Empalhador de Passarinho*, S. Paulo, Martins, 1946.
EULÁLIO, Alexandre — "Os Dois Mundos de Cornélio Pena", *Discurso*, S. Paulo, Duas Cidades, nº 12, 1981.
LIMA, Luiz Costa — *A Perversão do Trapezista. O Romance em Cornélio Pena*, Rio de Janeiro, Imago, 1976.
LINHARES, Temístocles — *História Crítica do Romance Brasileiro*, 3 vols., S. Paulo/ Belo Horizonte, EDUSP/Itatiaia, 1987, vol. III.
MONTENEGRO, Olívio — *O Romance Brasileiro*, 2ª ed., Rio de Janeiro, José Olympio, 1955.
VÁRIOS AUTORES — Estudos em *Romances Completos* de Cornélio Pena, Rio de Janeiro, Aguilar, 1958.

LÚCIO CARDOSO

BARROS, Jaime de — *Espelho dos Livros*, Rio de Janeiro, José Olympio, 1936.
CARELLI, Mário — "Lúcio Cardoso: Le Romancier Cache-t-il le poète?", *Arquivos do Centro Cultural Português*, Fundação Calouste Gulbenkiar, Paris, nº 23, 1987.
_____ *Corcel de Fogo: Vida e Obra de Lúcio Cardoso (1912-1968)*, tr. bras., Rio de Janeiro, Guanabara, 1988.
CORREA, Roberto Alvim — *O Mito de Prometeu*, Rio de Janeiro, Agir, 1951.
GRIECO, Agrippino — *Gente Nova do Brasil*, Rio de Janeiro, José Olympio, 1955.
LINHARES, Temístocles — *História Crítica do Romance Brasileiro*, 3 vols., S. Paulo/ Belo Horizonte, EDUSP/Itatiaia, 1987, vol. III.
LINS, Álvaro — *Jornal de Crítica*, 1ª, 6ª séries, Rio de Janeiro, José Olympio, 1941, 1951.
MARTINS, Maria Teresinha — *Luz e Sombra em Lúcio Cardoso*, Goiânia, UCG/Cegraf, 1997.
SODRÉ, Nelson Werneck — *Orientações do Pensamento Brasileiro*, Rio de Janeiro, Vecchi, 1942.
VÁRIOS AUTORES — "Lúcio Cardoso", supl. lit. de *Minas Gerais*, Belo Horizonte, 30/11/1968 e 14/10/1978.
_____ Estudos em *Crônica da Casa Assassinada*, Paris, Col. Archives, 1992, org. por Mário Carelli.
_____ Estudos em dossiê "Lúcio Cardoso", *Cult*, S. Paulo, nº 14, set. 1998.

OCTAVIO DE FARIA

ANDRADE, Mário de — *O Empalhador de Passarinho*, S. Paulo, Martins, 1946.

ETIENNE FILHO, João — "Octavio de Faria (Estudo sobre o seu romance)", *Revista do Livro*, Rio de Janeiro, nº 8, dez. 1957.

GUERRA, José Augusto — "Octavio de Faria: 40 Anos de Ficção", *Cultura*, Brasília, MEC, ano 8, nº 29, abr.-jun. 1978.

LINHARES, Temístocles — *História Crítica do Romance Brasileiro*, 3 vols., S. Paulo/Belo Horizonte, EDUSP/Itatiaia, 1987.

LINS, Álvaro — *Jornal de Crítica*, 1ª, 2ª séries, Rio de Janeiro, José Olympio, 1941, 1945.

MELO FRANCO, Afonso Arinos de — *Mar de Sargaços*, S. Paulo, Martins, 1944.

MONTENEGRO, Olívio — *O Romance Brasileiro*, 2ª ed., Rio de Janeiro, José Olympio, 1953.

PONTES, Joel — *O Aprendiz de Crítica*, Recife, Departamento de Documentação e Cultura, 1955.

PORTELLA, Eduardo — *Dimensões, II*, Rio de Janeiro, Agir, 1959.

SADEK, Maria Tereza — *Machiavel, Machiavéis: A Tragédia Octaviana*, S. Paulo, Símbolo, 1978.

RAUL BOPP

ANDRADE, Carlos Drummond de — *Passeios na Ilha*, 2ª ed., Rio de Janeiro, José Olympio, 1975.

AVERBRUCK, Lígia Morrone — *Cobra Norato e a Revolução Caraíba*, Rio de Janeiro/Brasília, José Olympio/INL, 1985.

_____ *Raul Bopp*, Porto Alegre, 1990.

GARCIA, Othon Moacir — *Cobra Norato, o Poema e o Mito*, Rio de Janeiro, S. José, 1962.

_____ "Estudo Crítico" em Leodegário Amarante de Azevedo Filho (org.), *Portas do Modernismo*, Rio de Janeiro, INL/MEC, 1972, vol. III.

LINS, Álvaro — *Jornal de Crítica*, 6ª série, Rio de Janeiro, José Olympio, 1951.

PAES, José Paulo — *Mistério em Casa*, S. Paulo, Conselho Estadual de Cultura, 1961.

PROENÇA, M. Cavalcanti — *Estudos Literários*, 2ª ed., Rio de Janeiro/Brasília, José Olympio/INL, 1974.

VÁRIOS AUTORES — Estudos em *Poesia Completa* de Raul Bopp, org., preparação do texto e comentários de Augusto Massi, Rio de Janeiro/S. Paulo, José Olympio/EDUSP, 1998 (com "fortuna crítica" e ampla bibliografia a respeito do autor).

ZILBERMAN, Regina — *A Literatura no Rio Grande do Sul*, Porto Alegre, Mercado Aberto, 1980.

AUGUSTO FREDERICO SCHMIDT

ANDRADE, Mário de — *Aspectos da Literatura Brasileira*, Rio de Janeiro, América-Ed., 1943.
CORREA, Roberto Alvim — *Anteu e a Crítica*, Rio de Janeiro, José Olympio, 1948.
ELIA, Sílvio — *Seleta em Prosa e Verso de Augusto Frederico Schmidt*, Rio de Janeiro, José Olympio, 1975.
GOMES, João Carlos Teixeira — "Schmidt, Poeta de Morte e dos Diálogos com Deus", *Quinto Império*, Salvador, Bahia, vol. 1, 2ª sem. 1995.
HOLANDA, Aurélio Buarque de — *Território Lírico*, Rio de Janeiro, O Cruzeiro, 1958.
LIMA, Alceu Amoroso — *Estudos*, 3ª, 5ª séries, Rio de Janeiro, A Ordem, Civilização Brasileira, 1930, 1935.
_____ *Poesia Brasileira Contemporânea*, Belo Horizonte, Paulo Bluhm, 1941.
LINS, Álvaro — *Jornal de Crítica*, 1ª, 3ª séries, Rio de Janeiro, José Olympio, 1941, 1944.
MILLIET, Sérgio — *Diário Crítico*, vol. III, S. Paulo, Martins, 1946.
RIBEIRO, João — *Crítica. Os Modernos*, Rio de Janeiro, Academia Brasileira de Letras, 1952.
TOLMAN, Jon — *Augusto Frederico Schmidt*, S. Paulo/Brasília, Quíron/INL, 1976.

HENRIQUETA LISBOA

ANDRADE, Carlos Drummond de — *Passeios na Ilha*, 2ª ed., Rio de Janeiro, José Olympio, 1975.
ANDRADE, Mário de — *O Empalhador de Passarinho*, S. Paulo, Martins, 1946.
LUCAS, Fábio — *A Face Visível*, Rio de Janeiro, José Olympio, 1975.
_____ *Temas Literários e Juízos Críticos*, Belo Horizonte, Tendência, 1963.
_____ *Do Barroco ao Moderno*, S. Paulo, Ática, 1989.
MENDES, Oscar — *Poetas de Minas*, Belo Horizonte, Impr. Publicações, 1970.
MILLIET, Sérgio — *Diário Crítico*, vols. II, III, VII, S. Paulo, Brasiliense, Martins, 1945, 1946, 1953.
VÁRIOS AUTORES — Estudos em *Presença de Henriqueta*, Rio de Janeiro, José Olympio, 1992, org. de Abigail de Oliveira Carvalho, Eneida Maria de Souza e Wander Melo Miranda.

EMÍLIO MOURA

ANDRADE, Carlos Drummond de — *Passeios na Ilha*, 2ª ed., Rio de Janeiro, José Olympio, 1975.
LEAL, César — Os *Cavaleiros de Júpiter*, 2ª ed., Recife, Universidade Federal de Pernambuco, 1986.
LUCAS, Fábio — *A Face Visível*, Rio de Janeiro, José Olympio, 1973.
_____ *Temas Literários e Juízos Críticos*, Belo Horizonte, Tendência, 1963.
MACHADO FILHO, Aires da Mata — *Crítica de Estilos*, Rio de Janeiro, Agir, 1956.

VÁRIOS AUTORES — "Emílio Moura: Atualidade do Poeta", supl. lit. de *Minas Gerais*, Belo Horizonte, 12 e 19/4/1969.

MÁRIO QUINTANA

CARVALHAL, Tania Franco — "Quintana, entre o sonhado e o vivido", in *Mário Quintana*, Autores Gaúchos/IEL, Porto Alegre, 1984.
CLEMENTE, Elve *et alii* — *A Ironia em Mário Quintana*, Porto Alegre, Liv. Ed. Acadêmica/Letras de Hoje, 1985.
FACHINELLI, Nelson — *Mário Quintana, Vida e Obra*, Porto Alegre, Bels, 1976.
FIGUEIREDO, Maria Virgínia Poli de — *O Uni-verso de Quintana*, Caxias do Sul/Porto Alegre, Universidade de Caxias do Sul/Escola Superior de Teologia, 1976.
LINS, Álvaro — *Jornal de Crítica*, 1ª série, Rio de Janeiro, José Olympio, 1941.
MEYER, Augusto — *A Forma Secreta*, Rio de Janeiro, Lidador, 1965.
MILLIET, Sérgio — *Diário Crítico*, vol. III, S. Paulo, Martins, 1945.
ROCHA, Hildon — "O Mágico e o Real na Poesia de Mário Quintana", *Cultura*, Brasília, nº 25, abr-jun. 1977.
ZILBERMAN, Regina — *Mário Quintana*, S. Paulo, Abril, 1982 ("Literatura Comentada").

CARLOS DRUMMOND DE ANDRADE

BRASIL, Assis — *Carlos Drummond de Andrade*, Rio de Janeiro, Livros do Mundo Inteiro, 1972.
BRAYNER, Sônia (org.) — *Carlos Drummond de Andrade*, Rio de Janeiro/Brasília, Civilização Brasileira/INL, 1977 (Col. "Fortuna Literária").
COELHO, Joaquim Francisco — *Terra e Família na Poesia de Carlos Drummond de Andrade*, Belém, Universidade Federal do Pará, 1975.
FONSECA, José Eduardo da — *O Telurismo na Literatura Brasileira e na Obra de Carlos Drummond de Andrade*, Belo Horizonte, Universidade Federal de Minas Gerais, 1970.
GARCIA, Othon Moacir — *Esfinge Clara*, Rio de Janeiro, S. José, 1955.
INVENTÁRIO DO ARQUIVO CARLOS DRUMMOND DE ANDRADE, Rio de Janeiro, Fundação Casa de Rui Barbosa, 1998.
LIMA, Luiz Costa — *Lira e Antilira*, Rio de Janeiro, Civilização Brasileira, 1968.
MARTINS, Hélcio — *A Rima na Poesia de Carlos Drummond de Andrade*, Rio de Janeiro, José Olympio, 1968.
MERQUIOR, José Guilherme — *A Astúcia da Mimese*, Rio de Janeiro, José Olympio, 1972.
_____ *Verso Universo em Carlos Drummond de Andrade*, Rio de Janeiro, José Olympio, 1975.
MORAES, Emanuel de — *Drummond Rima Itabira Mundo*, Rio de Janeiro, José Olympio, 1972.

SANT'ANNA, Afonso Romano de — *Drummond, o Gauche no Tempo*, Rio de Janeiro, Lia, 1972.
SIMON, Iumna Maria — *Drummond: Uma Poética do Risco*, S. Paulo, Ática, 1978.
TELES, Gilberto Mendonça — *Drummond: A Estilística da Repetição*, Rio de Janeiro, José Olympio, 1970.
VÁRIOS AUTORES — *Carlos Drummond de Andrade: 50 Anos de Alguma Poesia*, Belo Horizonte, Conselho Estadual de Cultura de Minas Gerais, 1981.
_____ Estudos em *Obra Completa* de Carlos Drummond de Andrade, Rio de Janeiro, Aguilar, 1967.

DOMINGOS CARVALHO DA SILVA

D'ELIA, Antônio — *A Mágica Mão*, S. Paulo, Conselho Estadual de Cultura, 1963.
MILLIET, Sérgio — *Diário Crítico*, vols. III, VII, S. Paulo, Martins, 1945, 1953.
SILVEIRA, Alcântara — *A Amêndoa Inquebrável*, S. Paulo, Conselho Estadual de Cultura, 1961.

PÉRICLES EUGÊNIO DA SILVA RAMOS

NUNES, Cassiano — *A Experiência Brasileira*, S. Paulo, Conselho Estadual de Cultura, 1964.
PORTELLA, Eduardo — Dimensões, I, Rio de Janeiro, José Olympio, 1958.
SILVA, Domingos Carvalho da — *Eros & Orfeu*, S. Paulo, Conselho Estadual de Cultura, 1966.

LÊDO IVO

COSTA, Dante — *Os Olhos nas Mãos*, Rio de Janeiro, José Olympio, 1960.
LINS, Álvaro — *Jornal de Crítica*, 5ª série, Rio de Janeiro, José Olympio, 1947.
SILVA, Domingos Carvalho da — *Eros & Orfeu*, S. Paulo, Conselho Estadual de Cultura, 1966.
SIMÕES, João Gaspar — *Literatura, Literatura. Literatura*, Lisboa, Portugália, 1964.

MAURO MOTA

BRUNO, Haroldo — *Estudos de Literatura Brasileira*, Rio de Janeiro, O Cruzeiro, 1957.
PARKER, John Morris — "O 'Rumor das Frutas': Uma Leitura de *Os Epitáfios* de Mauro Mota", *Revista da Universidade de Aveiro/Letras*, Aveiro, nº 2, 1985.
SILVA, Domingos Carvalho da — *Eros & Orfeu*, S. Paulo, Conselho Estadual de Cultura, 1966.

CARLOS NEJAR

CORONADO, Guillermo de la Cruz — *O Espessamento Poemático em Carlos Nejar*, Porto Alegre, Universidade Federal do Rio Grande do Sul, 1981.
LINHARES, Temístocles e REICHMANN, Ernani — *A Poética de Carlos Nejar*, Curitiba, Universidade Federal do Paraná, 1973.
PONTIERO, Giovanni — *Carlos Nejar: Poeta e Pensador*, Porto Alegre, Ed. Porto Alegre, 1983.

MURILO MENDES

ANDRADE, Mário de — *Aspectos da Literatura Brasileira*, Rio de Janeiro, América-Ed., 1943.
_____ *O Empalhador de Passarinho*, S. Paulo, Martins, 1946.
ARAÚJO, Laís Correia de — *Murilo Mendes*, Petrópolis, Vozes, 1972.
ARRIGUCCI, Davi — *O Cacto e as Ruínas, A Poesia entre Outras Artes*, 2ª ed., S. Paulo, Duas Cidades/Ed. 34, 2000.
BARBOSA, João Alexandre — *A Metáfora Crítica*, S. Paulo, Perspectiva, 1974.
CAMPOS, Haroldo de — *Metalinguagem*, Petrópolis, Vozes, 1967.
GUIMARÃES, Júlio Castañon — *Murilo Mendes*, S. Paulo, Brasiliense, 1986.
LUCAS, Fábio — Poesia e Prosa no Brasil, Belo Horizonte, Interlivros, 1976.
MERQUIOR, José Guilherme — *A Astúcia da Mimese*, Rio de Janeiro, José Olympio, 1972.
_____ *O Fantasma Romântico e Outros Ensaios*, Petrópolis, Vozes, 1980.
_____ *Razão do Poema*, Rio de Janeiro, Civilização Brasileira, 1965.
PAES, José Paulo — *Os Perigos da Poesia e Outros Ensaios*, Rio de Janeiro, Topbooks, 1997.
PICCHIO, Luciana Stegagno — "O Itinerário Poético de Murilo Mendes", *Revista do Livro*, Rio de Janeiro, INL, ano 4, nº 16, dez. 1959.

VINÍCIUS DE MORAIS

ALVARENGA, Octavio Melo — *Mitos & Valores*, Rio de Janeiro, INL, 1956.
ANDRADE, Mário de — *O Empalhador de Passarinho*, S. Paulo, Martins, 1946.
LINS, Álvaro — *Jornal de Crítica*, 4ª série, Rio de Janeiro, José Olympio, 1946.
MILLIET, Sérgio — *Diário Crítico*, vol. V, S. Paulo, Martins, 1948.
MOISÉS, Carlos Felipe — *Vinícius de Morais*, S. Paulo, Abril, 1980 ("Literatura Comentada").
PORTELLA, Eduardo — Introd. a *Obra Poética*, Rio de Janeiro, Aguilar, 1968 (inclui estudos de outros autores).
RIBEIRO, João — *Crítica. Os Modernos*, Rio de Janeiro, Academia Brasileira de Letras, 1952.

III Momento modernista

BRUNO, Haroldo — *Anotações de Crítica*, Recife, Departamento de Documentação e Cultura, 1954.
CAMPOS, Milton de Godoy — *Antologia Poética da Geração de 45*, S. Paulo, Clube da Poesia, 1966.
D'ELIA, Antônio — *A Mágica Mão*, S. Paulo, Conselho Estadual de Cultura, 1963.
FISCHER, Almeida — *O Áspero Ofício*, S. Paulo, Conselho Estadual de Cultura, 1970.
GULLAR, Ferreira — *Cultura Posta em Questão*, Rio de Janeiro, Civilização Brasileira, 1965.
HOHLFELDT, Antônio — *Conto Brasileiro Contemporâneo*, 2ª ed., rev. e ampl., Porto Alegre, Mercado Aberto, 1988.
LINHARES, Temístocles — *Diálogos sobre o Romance Brasileiro*, S. Paulo/Brasília, Melhoramentos/INL, 1978.
_____ *22 Diálogos sobre o Conto Brasileiro Atual*, Rio de Janeiro/ S. Paulo, José Olympio/Conselho Estadual de Cultura, 1975.
LIMA, Alceu Amoroso — *Quadro Sintético da Literatura Brasileira*, Rio de Janeiro, Agir, 1956.
LINS, Álvaro — *Jornal de Crítica*, 5ª série, Rio de Janeiro, José Olympio, 1947.
LUCAS, Fábio — *Crítica sem Dogma*, Belo Horizonte, Imprensa Oficial do Estado de Minas Gerais, 1983.
_____ *A Face Visível*, Rio de Janeiro, José Olympio, 1975.
MERQUIOR, José Guilherme — *Razão do Poema*, Rio de Janeiro, Civilização Brasileira, 1965.
NEME, Mário — *Plataforma da Nova Geração*, Porto Alegre, Globo, 1945.
PACHECO, João — *Pedras Várias*, S. Paulo, Conselho Estadual de Cultura, 1959.
PEREZ, Renard — *Escritores Brasileiros Contemporâneos*, 2 vols., Rio de Janeiro, Civilização Brasileira, 1960, 1964.
RODRIGUES, Geraldo Pinto — *Poetas por Poeta*, S. Paulo, Marideni, 1988.
SILVA, Domingos Carvalho da — *Eros & Orfeu*, S. Paulo, Conselho Estadual e Cultura, 1966.
SILVERMAN, Malcolm — *Moderna Ficção Brasileira*, 2 vols., Rio de Janeiro/Brasília, Civilização Brasileira/INL, 1978, 1981.
_____ *Moderna Sátira Brasileira*, Rio de Janeiro, Nova Fronteira, 1987.
TELES, Gilberto Mendonça — "Para o Estudo da Geração de 45", *Revista de Poesia e Crítica*, Brasília, nº 12, 1986.
VÁRIOS AUTORES — *Revista de Poesia e Crítica*, Brasília, 1976.

JOÃO CABRAL DE MELO NETO

BARBOSA, João Alexandre — *A Imitação da Forma*, S. Paulo, Duas Cidades, 1975.
ESCOREL, Lauro — *A Pedra e o Rio*, S. Paulo, Duas Cidades, 1973.
GARCIA, Othon Moacir — "A Página Branca e o Deserto", *Revista do Livro*, Rio de Janeiro, INL, nº 7, set. 1957, nº 8, dez. 1957, nº 9, mar. 1958, nº 10, jun. 1958.
HOUAISS, Antônio — *Seis Poetas e um Problema*, Rio de Janeiro, MEC, 1960.

LIMA, Luiz Costa — *Lira e Antilira*, Rio de Janeiro, Civilização Brasileira, 1968.
MERQUIOR, José Guilherme — *A Astúcia da Mimese*, Rio de Janeiro, José Olympio, 1972.
_____ *Razão do Poema*, Rio de Janeiro, Civilização Brasileira, 1965.
MOISÉS, Carlos Felipe — *Poesia e Realidade*, S. Paulo, Cultrix/Secretaria da Cultura, Ciência e Tecnologia, 1977.
NUNES, Benedito — *O Dorso do Tigre*, S. Paulo, Perspectiva, 1969.
_____ *João Cabral de Melo Neto*, Petrópolis, Vozes, 1971.
SAMPAIO, Maria Lúcia Pinheiro — *Processos Retóricos na Obra de João Cabral de Melo Neto*, S. Paulo, Hucitec, 1978.
SECCHIN, Antônio Carlos — *João Cabral: A Poesia do Menos*, S. Paulo/Brasília, Duas Cidades/INL, 1985.
_____ *Poesia e Desordem*. Ensaios sobre poesia e alguma prosa, Rio de Janeiro, Topbooks, 1996.
VÁRIOS AUTORES — "Dossiê João Cabral", *Range Rede*, Rio de Janeiro, ano I, n° 0, out. 1995.
_____ Estudos em João *Cabral de Melo Neto*, *Caderno de Literatura Brasileira*, Instituto Moreira Salles, S. Paulo, n° 7, mar. 1996.

JOAQUIM CARDOZO

CUNHA, Fausto — *A Lula Literária*, Rio de Janeiro, Lidador, 1964.
HOUAISS, Antônio — *Seis Poetas e um Problema*, Rio de Janeiro, MEC, 1960.
LEITE, Sebastião Uchoa — *Participação da Palavra Poética*, Petrópolis, Vozes, 1966.
MERQUIOR, José Guilherme — *Razão do Poema*, Rio de Janeiro, Civilização Brasileira, 1965.
OLIVEIRA, Franklin de — *Literatura e Civilização*, Rio de Janeiro/Brasília, Difel/INL, 1978.
PY, Fernando — *Chão de Crítica*, Rio de Janeiro/Brasília, Francisco Alves/INL, 1984.

DANTE MILANO

COSTA, Virgílio — Introd. a *Poesia e Prosa*, de Dante Milano, Rio de Janeiro, Civilização Brasileira/UFRJ, 1979 (inclui estudos de outros autores).
OLIVEIRA, Franklin de — *Literatura e Civilização*, Rio de Janeiro/Brasília, Difel/INL, 1978.

SOSÍGENES COSTA

DAMULAKIS, Gerana — "Iararana, de Sosígenes Costa", *Quinto Império*, Salvador, Bahia, v. 1, 2º sem. 1995.
PAES, José Paulo — Introd. a *Iararana*, de Sosígenes Costa, S. Paulo, Cultrix, 1979.
_____ *Gregos e Baianos*, S. Paulo, Brasiliense, 1985.

CLARICE LISPECTOR

AGRÒ, Ettore Finazzi — *Apocalypsis H. G. Una Lettura Intertestuale della Paixão Segundo G. H. e della Dissipato H. G.*, Roma, Bulzoni, 1984.
BORELLI, Olga — *Clarice Lispector: Esboço para um Possível Retrato*, Rio de Janeiro, Nova Fronteira, 1981.
BRASIL, Assis — *Clarice Lispector*, Rio de Janeiro, Org. Simões, 1969.
CÂNDIDO, Antônio — *Vários Escritos*, S. Paulo, Duas Cidades, 1970.
INVENTÁRIO DO ARQUIVO CLARICE LISPECTOR, Rio de Janeiro, Fundação Casa de Rui Barbosa, 1994.
LIMA, Luiz Costa — *Por que Literatura*, Petrópolis, Vozes, 1966.
LINHARES, Temístocles — *História Crítica do Romance Brasileiro*, 5 vols, S. Paulo/Belo Horizonte, EDUSP/Itatiaia, 1987.
LINS, Álvaro — *Os Mortos de Sobrecasaca*, Rio de Janeiro, Civilização Brasileira, 1963.
LUCAS, Fábio — *Poesia e Prosa no Brasil*, Belo Horizonte, Interlivros, 1976.
LUCCHESI, Ivo — *Crise e Escritura. Uma Leitura de Clarice Lispector e Vergílio Ferreira*, Rio de Janeiro, Forense-Universitária, 1987.
NUNES, Benedito — *Clarice Lispector*, S. Paulo, Quíron, 1973.
_____ *O Dorso do Tigre*, S. Paulo, Perspectiva, 1969.
ROSENBAUM, Yudith — *Metamorfoses do Mal. Uma Leitura de Clarice Lispector*, S. Paulo, EDUSP/FAPESP, 1999.
SCHWARZ, Roberto — *A Sereia e o Desconfiado*, Rio de Janeiro, Civilização Brasileira, 1965.
TREVIZAN, Zizi — *A Reta Artística de Clarice Lispector*, S. Paulo, Pannartz, 1987.

GUIMARÃES ROSA

ARROYO, Leonardo — *A Cultura Popular em Grande Sertão: Veredas*, Rio de Janeiro, José Olympio, 1984.
BOLLE, Willi — *Fórmula e Fábula*, S. Paulo, Perspectiva, 1973.
BOSI, Alfredo — *Céu, Inferno*, S. Paulo, Ática, 1988.
BRASIL, Assis — *Guimarães Rosa*, Rio de Janeiro, Org. Simões, 1969.
CAMPOS, Haroldo de — *Metalinguagem*, Petrópolis, Vozes, 1967.
CÂNDIDO, Antônio — *Tese e Antítese*, S. Paulo, Nacional, 1964.
_____ *Vários Escritos*, S. Paulo, Duas Cidades, 1970.
CASTRO, Nei Leandro de — *Universo e Vocabulário do Grande Sertão*, Rio de Janeiro, José Olympio, 1970.
DANIEL, Mary Lou — *João Guimarães Rosa: Travessia Literária*, Rio de Janeiro, José Olympio, 1968.
FREIXIEIRO, Fábio — *Da Razão à Emoção*, S. Paulo, Nacional, 1968.
GARBUGLIO, José Carlos — *O Mundo Movente de Guimarães Rosa*, S. Paulo, África, 1972.
LEITE, Dante Moreira — *Psicologia e Literatura*, S. Paulo, Conselho Estadual de Cultura, 1965.

LINHARES, Temístocles — *História Crítica do Romance Brasileiro*, 5 vols, S. Paulo/ Belo Horizonte, EDUSP/Itatiaia, 1987, vol. III.
LOPES, Oscar — *Ler e Depois*. Crítica e Interpretação Literária, Porto, Inova, 1969.
MARQUES, Oswaldino — *Ensaios Escolhidos*, Rio de Janeiro, Civilização Brasileira, 1968.
NUNES, Benedito — *O Dorso do Tigre*, S. Paulo, Perspectiva, 1969.
PASSOS, Cleusa Rios — *Guimarães Rosa: do Feminino e suas estórias*, S. Paulo, Hucitec, 2000.
PORTELLA, Eduardo — *Dimensões, I*, Rio de Janeiro, José Olympio, 1958.
PROENÇA, M. Cavalcanti — *Augusto dos Anjos e Outros Ensaios*, Rio de Janeiro, 1958.
SANTOS, Wendel — *A Construção do Romance em Guimarães Rosa*, S. Paulo, Ática, 1978.
SPERBER, Suzi Frankl — *Caos e Cosmos*, S. Paulo, Duas Cidades, 1976.
VÁRIOS AUTORES — *Em Memória de Guimarães Rosa*, Rio de Janeiro, José Olympio, 1968.
_____ *Guimarães Rosa*, Belo Horizonte, Centro de Estudos Mineiros, 1966.
_____ *João Guimarães Rosa*, Porto Alegre, Faculdade de Filosofia da Universidade Federal do Rio Grande do Sul, 1969.
_____ Estudos em *Revista do Instituto de Estudos Brasileiros*, USP, S. Paulo, nº 41, 1996, nº especial.
XISTO, Pedro, CAMPOS, Augusto de e CAMPOS, Haroldo de — *Guimarães Rosa em Três Dimensões*, S. Paulo, Conselho Estadual de Cultura, 1970.

JOSUÉ MONTELLO

BRUNO, Haroldo — *Estudos de Literatura Brasileira*, 2 vols., Rio de Janeiro, O Cruzeiro, Leitura, 1957, 1966.
JOSEF, Bella — *O Jogo Mágico*, Rio de Janeiro, José Olympio, 1980.
LINS, Álvaro — *Jornal de Crítica*, 2ª série, Rio de Janeiro, José Olympio, 1945.
MARTINS, Wilson — *Pontos de Vista*, S. Paulo, T. A. Queiroz, Ed., 1992, vol. IV.
MILLIET, Sérgio — *Diário Crítico*, vol. VI, S. Paulo, Martins, 1950.
OLIVEIRA, Franklin de — *Literatura e Civilização*, Rio de Janeiro/Brasília, Difel/INL, 1978.
SILVERMAN, Malcolm — *Moderna Ficção Brasileira*, Rio de Janeiro, Civilização Brasileira, 1981, vol. II.

ANTÔNIO CALLADO

ARRIGUCCI JÚNIOR, Davi — *Achados e Perdidos*, S. Paulo, Polis, 1979.
HOUAISS, Antônio — *Crítica Avulsa*, Salvador, Progresso, 1960.
OLINTO, Antônio — *Cadernos de Crítica*, Rio de Janeiro, José Olympio, 1959.
PINTO, Cristina Ferreira — *A Viagem do Herói no Romance de Antônio Callado*, Brasília, Thesaurus, 1985.
PORTELLA, Eduardo — *Dimensões, I*, Rio de Janeiro, José Olympio, 1958.

ROCHA, Hildon — *Entre Lógicos e Místicos*, Rio de Janeiro, S. José, s.d.

JOSÉ CONDÉ

BRUNO, Haroldo — *Estudos de Literatura Brasileira*, Rio de Janeiro, Leitura, 1966.
LINHARES, Temístocles — *História Crítica do Romance Brasileiro*, 5 vols., S. Paulo/Belo Horizonte, EDUSP/Itatiaia, 1987, vol. II.
OLINTO, Antônio — *A Verdade da Ficção*, Rio de Janeiro, Artes Gráficas, 1966.

MACEDO MIRANDA

ADONIAS FILHO — *Modernos Ficcionistas Brasileiros*, Rio de Janeiro, O Cruzeiro, 1958.
LUCAS, Fábio — *O Caráter Social da Literatura Brasileira*, 2ª ed., S. Paulo, Quíron, 1976.
OLIVEIRA, Franklin de — *Literatura e Civilização*, Rio de Janeiro/Brasília, Difel/INL, 1978.

CARLOS HEITOR CONY

CARVALHO, José Augusto de — "O Submundo de Cony", *Revista Civilização Brasileira*, Rio de Janeiro, nº 9/10, 1967.
FRANCIS, Paulo — "A Travessia de Cony", *Revista Civilização Brasileira*, Rio de Janeiro, nº 13, 1967.
PARKER, John Morris — "The Novels of Carlos Heitor Cony", *Luso-Brazilian Review*, Madison, EUA, vol. X, 1975.
SILVERMAN, Malcolm — *Moderna Ficção Brasileira*, Rio de Janeiro, Civilização Brasileira, 1978.

DINAH SILVEIRA DE QUEIRÓS

ADONIAS FILHO — *Modernos Ficcionistas Brasileiros*, Rio de Janeiro, O Cruzeiro, 1958.
JOSEF, Bella — Estudo em *Seleta de Dinah Silveira de Queirós*, Rio de Janeiro, José Olympio, 1974.
LINS, ÁLVARO — *Jornal de Crítica*, 2ª série, Rio de Janeiro, José Olympio, 1943.
MARTINS, Wilson — *Pontos de Vista*, S. Paulo, T. A. Queiroz, Ed., 1991, vol. I.

JOSÉ CÂNDIDO DE CARVALHO

DACANAL, José Hildebrando — *Nova Narrativa Épica no Brasil*, Porto Alegre, Sulina, 1973.

OLIVEIRA, Franklin de — *Literatura e Civilização*, Rio de Janeiro/Brasília, Difel/INL, 1978.

PROENÇA, M. Cavalcanti — *Estudos Literários*, Rio de Janeiro, José Olympio, 1971.

MÁRIO PALMÉRIO

ALMEIDA, Nelly Alves de — *Estudos sobre Quatro Regionalistas*, Goiânia, Imprensa da Universidade Federal de Goiás, 1968.

JOBIM, Renato — *Anotações de Leitura*, Rio de Janeiro, Revista Branca, 1957.

MARTINS, Wilson — *Pontos de Vista*, S. Paulo, T. A. Queiroz, ed., 1991, vol. II.

OLINTO, Antônio — *Cadernos de Crítica*, Rio de Janeiro, José Olympio, 1959.

HERBERTO SALES

ADONIAS FILHO — *Modernos Ficcionistas Brasileiros*, Rio de Janeiro, O Cruzeiro, 1958.

ALVES, Ívia Iracema — "La Narrativa de Herberto Sales", *Revista de Cultura Brasileña*, Madrid, nº 42, dez. 1976.

BRUNO, Haroldo — *Estudos de Literatura Brasileira*, Rio de Janeiro, O Cruzeiro, 1957.

JOBIM, Renato — *Anotações de Leitura*, Rio de Janeiro, Revista Branca, 1957.

TELES, Gilberto Mendonça — "Apuro na Arte de Narrar", *Jornal de Letras*, Rio de Janeiro, fev.-mar. 1981.

ASSIS BRASIL

VÁRIOS AUTORES — Estudos em *Tetralogia Piauiense e Ciclo do Terror*, Rio de Janeiro/Brasília, Nórdica/INL, 1979, 1984.

MARIA ALICE BARROSO

ADONIAS FILHO — *Modernos Ficcionistas Brasileiros*, 2ª série, Rio de Janeiro, Tempo Brasileiro, 1965.

NÉLIDA PIÑON

CHAVES, Flávio Loureiro — *O Brinquedo Absurdo*, S. Paulo, Polis, 1978.

ZAGURY, Eliane — *A Palavra e os Ecos*, Petrópolis, Vozes, 1971.

GERARDO MELO MOURÃO

LUCAS, Fábio — *Crítica sem Dogma*, Belo Horizonte, Imprensa Oficial do Estado de Minas Gerais, 1985.
OLIVEIRA, Franklin de — *Literatura e Civilização*, Rio de Janeiro/Brasília, Difel/INL, 1978.

ADONIAS FILHO

BRUNO, Haroldo — *Estudos de Literatura Brasileira*, Rio de Janeiro, Leitura, 1966.
MILLIET, Sérgio — *Diário Crítico*, vol. IV, S. Paulo, Martins, 1947.
OLINTO, Antônio — *A Verdade da Ficção*, Rio de Janeiro, Artes Gráficas, 1966.
OLIVEIRA, Franklin de — *Literatura e Civilização*, Rio de Janeiro/Brasília, Difel/INL, 1978.
PORTELLA, Eduardo — *Dimensões, III*, Rio de Janeiro, Tempo Brasileiro, 1965.
SILVERMAN, Malcolm — *Moderna Ficção Brasileira*, Rio de Janeiro, Civilização Brasileira, 1978.

AUTRAN DOURADO

CHAVES, Flávio Loureiro — *O Brinquedo Absurdo*, S. Paulo, Polis, 1978.
LEPECKI, Maria Lúcia — *Autran Dourado*, S. Paulo, Quíron, 1976.
LUCAS, Fábio — *A Face Visível*, Rio de Janeiro, José Olympio, 1975.
_____ *A Ficção de Fernando Sabino e Autran Dourado*, Belo Horizonte, 1983.
OLINTO, Antônio — *Cadernos de Crítica*, Rio de Janeiro, José Olympio, 1959.
PÓLVORA, Hélio — *A Força da Ficção*, Petrópolis, Vozes, 1971.

LYGIA FAGUNDES TELLES

ADONIAS FILHO — *Modernos Ficcionistas Brasileiros*, Rio de Janeiro, O Cruzeiro, 1958.
ATAÍDE, Vicente — *A Narrativa de Lygia Fagundes Telles*, Curitiba, Construtural, 1969.
HOUAISS, Antônio — *Crítica Avulsa*, Bahia, Progresso, 1960.
LUCAS, Fábio — *Temas Literários e Juízos Críticos*, Belo Horizonte, Tendência, 1963.
PAES, José Paulo — *Transleituras. Ensaios de Interpretação Literária*, S. Paulo, Ática, 1995.
PONTES, Joel — *O Aprendiz de Crítica*, Rio de Janeiro, INL, 1960.
VÁRIOS AUTORES — Estudos em *Lygia Fagundes Telles, Cadernos de Literatura Brasileira*, Instituto Moreira Salles, S. Paulo, nº 3, mar. 1998.

RUBEM FONSECA

LUCAS, Fábio — *Fronteiras Imaginárias*, Rio de Janeiro, Cátedra, 1971.
PÓLVORA, Hélio — *A Força da Ficção*, Petrópolis, Vozes, 1971.

DALTON TREVISAN

CARPEAUX, Otto Maria — *Livros na Mesa*, Rio de Janeiro, S. José, 1960.
CUNHA, Fausto — *A Luta Literária*, Rio de Janeiro, Lidador, 1964.
PAES, José Paulo — *A Aventura Literária. Ensaios sobre Ficção e Ficções*, S. Paulo, Companhia das Letras, 1990.
PORTELLA, Eduardo — *Dimensões, II*, Rio de Janeiro, Agir, 1959.
WALDMAN, Berta — *Do Vampiro ao Cafajeste. Uma Leitura da Obra de Dalton Trevisan*, S. Paulo/Curitiba, Hucitec/Secretaria da Cultura e do Esporte do Governo do Estado do Paraná, 1982.

BERNARDO ÉLIS

ALMEIDA, Nelly Alves de — *Estudos sobre Quatro Regionalistas*, Goiânia, Imprensa da Universidade Federal de Goiás, 1968.
_____ *Presença Literária de Bernardo Élis*, Goiânia, Ed. da Autora, 1970.
OLIVEIRA, Franklin de — *Literatura e Civilização*, Rio de Janeiro/Brasília, Difel/INL, 1978.
TELES, Gilberto Mendonça — *O Conto Brasileiro em Goiás*, Goiânia, Departamento Estadual de Cultura, 1968.

BRENO ACCIOLY

ADONIAS FILHO — *Modernos Ficcionistas Brasileiros*, 2ª série, Rio de Janeiro, Tempo Brasileiro, 1965.
JOBIM, Renato — *Anotações de Leitura*, Rio de Janeiro, Revista Branca, 1957.

MURILO RUBIÃO

ARRIGUCCI JÚNIOR, Davi — *Achados e Perdidos*, S. Paulo, Polis, 1979.
LINS, Álvaro — *Os Mortos de Sobrecasaca*, Rio de Janeiro, Civilização Brasileira, 1963.
LUCAS, Fábio — *A Face Visível*, Rio de Janeiro, José Olympio, 1975.
PAES, José Paulo — *A Aventura Literária. Ensaios sobre Ficção e Ficções*, S. Paulo, Companhia das Letras, 1990.
SCHWARTZ, Jorge — *Murilo Rubião: A Poética do Uroboro*, S. Paulo, Ática, 1981.
ZAGURY, Eliane — *A Palavra e os Ecos*, Petrópolis, Vozes, 1971.

MOACYR SCLIAR

CHAVES, Flávio Loureiro — "Moacyr Scliar: Tradição e Renovação", in Autores Gaúchos/IEL, Porto Alegre, 1985.
_____ Matéria e Invenção. Ensaios de Literatura, Ed. de UFRGS, 1994.
SIMONE, Nathanael — Pref. a *A Balada do Falso Messias*, de Moacyr Scliar, S. Paulo, Ática, 1976.

RUBEM BRAGA

ARRIGUCCI JÚNIOR, Davi — *Achados e Perdidos*, S. Paulo, Polis, 1979.
CASTELLO, José Aderaldo — *Método e Interpretação*, S. Paulo, Conselho Estadual de Cultura, 1965.
MILLIET, Sérgio — *Diário Crítico*, vol. II, S. Paulo, Brasiliense, 1944.
PONTES, Joel — *O Aprendiz de Crítica*, Rio de Janeiro, INL, 1960.
PORTELLA, Eduardo — *Dimensões, I*, Rio de Janeiro, José Olympio, 1958.

FERNANDO SABINO

ADONIAS FILHO — *Modernos Ficcionistas Brasileiros*, Rio de Janeiro, O Cruzeiro, 1958.
BLOCH, Arnaldo — *Fernando Sabino/Reencontros*, Rio de Janeiro, Relume Dumará/Rio Arte, 2000.
CÂNDIDO, Antônio — *Brigada Ligeira*, S. Paulo, Martins, 1945.
LUCAS, Fábio — *A Ficção de Fernando Sabino e Autran Dourado*, Belo Horizonte, Imprensa Oficial do Estado de Minas Gerais, 1983.
_____ *Horizontes da Crítica*, Belo Horizonte, Movimentos-Perspectiva, 1965.
PONTES, Joel — *O Aprendiz de Crítica*, Rio de Janeiro, INL, 1960.
VÁRIOS AUTORES — Estudos em *Obra Reunida* de Fernando Sabino, 3 vols., Rio de Janeiro, Nova Aguilar, 1996.

OSMAN LINS

ANDRADE, Ana Luiza — *Osman Lins: Crítica e Criação*, S. Paulo, Hucitec, 1988.
CINTRA, Ismael Ângelo — *Conto Brasileiro. Quatro Leituras*, Petrópolis, Vozes, 1979.
HILL, Telênia — Introd. a *Osman Lins*, Rio de Janeiro, Agir, 1986 (Col. "Nossos Clássicos").
IGEL, Regina — *Osman Lins. Uma Biografia Literária*, S. Paulo/Brasília, T. A. Queiroz/INL, 1988.
LUCAS, Fábio — *A Face Visível*, Rio de Janeiro, José Olympio, 1973.
MACHADO, Álvaro Manuel — "Osman Lins e a Nova Cosmogonia Latino-Americana", *Colóquio/Letras*, Lisboa, nº 33, set., 1976.

NITRIN, Sandra — *Poéticas em Confronto*: "Nove, Novena" e o Novo Romance, S. Paulo/Brasília, Hucitec/INL, 1987.
PONTES, Joel — *O Aprendiz de Crítica*, Rio de Janeiro, INL, 1960.
PORTELLA, Eduardo — *Dimensões, II*, Rio de Janeiro, Agir, 1959.
ROSENFELD, Anatol — "The Creative Narrative Processes of Osman Lins", *Studies in Short Fiction*, Newberry College, Newberry South Carolina, EUA, vol. VIII, n° 1, 1971.

Tendências contemporâneas

VANGUARDAS/ATUALIDADE

BOSI, Alfredo (org.) — *O Conto Brasileiro Contemporâneo*, S. Paulo, Cultrix/EDUSP, 1975.
BRASIL, Assis — *História Crítica da Literatura Brasileira — A Nova Literatura*, 4 vols., Rio de Janeiro, Ed. Americana, 1973-1975.
CÂNDIDO, Antônio — *A Educação pela Noite e Outros Ensaios*, S. Paulo, Ática, 1987.
CIRNE, Moacy — *A Biblioteca de Caicó*, Rio de Janeiro, José Olympio, 1985.
_____ *Vanguarda: Um Projeto Semiológico*, Petrópolis, Vozes, 1975.
ELLIS, Myriam — *O Café. Literatura e História*, S. Paulo, Melhoramentos/EDUSP, 1977.
GULLAR, Ferreira — *Vanguarda e Subdesenvolvimento*, Rio de Janeiro, Civilização Brasileira, 1969.
_____ *Etapas da Arte Contemporânea*, Rio de Janeiro, Revan, 1998.
FISCHER, Almeida — *O Áspero Ofício*, 6ª série, Brasília, Horizonte/INL, 1985.
HOHLFELDT, Antônio — *Conto Brasileiro Contemporâneo*, 2ª ed., rev. e ampl., Porto Alegre, Mercado Aberto, 1988.
HOLANDA, Heloísa Buarque de — *26 Poetas Hoje*, Rio de Janeiro, Labor, 1976.
_____ *Impressões de Viagem. CPC, Vanguarda e Desbunde: 1960/1970*, S. Paulo, Brasiliense, 1980.
_____ e PEREIRA, Carlos Alberto Messeder — *Poesia Jovem — Anos 70*, S. Paulo, abril, 1982 ("Literatura Comentada").
LINHARES, Temístocles — *Diálogos sobre o Romance Brasileiro*, S. Paulo/Brasília, Melhoramentos/INL, 1978.
_____ *22 Diálogos sobre o Conto Brasileiro Atual*, Rio de Janeiro/S. Paulo, José Olympio/Conselho Estadual de Cultura, 1978.
LOBO, Luiza — "Dez Anos de Literatura Feminina Brasileira", *Letras de Hoje*, Porto Alegre, PUCURS, n° 66, dez. 1986.
LUCAS, Fábio — *Vanguarda, História e Ideologia da Literatura*, S. Paulo, Ícone, 1985.
_____ *Razão e Emoção Literária*, S. Paulo, Duas Cidades, 1982.
_____ *O Caráter Social da Literatura Brasileira*, 2ª ed., S. Paulo, Quíron, 1976.
_____ *Crítica sem Dogma*, Belo Horizonte, Imprensa Oficial do Estado de Minas Gerais, 1983.
MACHADO, Janete Gaspar — *Constantes Ficcionais em Romances dos Anos 70*, Florianópolis, 1981.
MATTOSO, Glauco — *O que é poesia marginal*, S. Paulo, Brasiliense, 1981.

MEDINA, Cremilda de Araújo — *A Posse da Terra*. Escritor Brasileiro Hoje, Lisboa/S. Paulo, Imprensa Nacional-Casa da Moeda/Secretaria de Cultura do Estado de S. Paulo, 1985.
MENDONÇA, Antônio Sérgio e SÁ, Álvaro de — *Poesia de Vanguarda no Brasil: De Oswald de Andrade ao Poema Visual*, Rio de Janeiro, Antares, 1983.
MERQUIOR, José Guilherme — *As Ideias e as Formas*, Rio de Janeiro, Nova Fronteira, 1981.
_____ *O Fantasma Romântico e Outros Ensaios*, Petrópolis, Vozes, 1980.
NUNES, Benedito — A Recente Poesia Brasileira. Expressão e Forma, Novos *Estudos Cebrap*, S. Paulo, nº 31, out. 1981.
PEREIRA, Carlos Alberto Messeder — *Retrato de Época: Poesia Marginal, Anos 70*, Rio de Janeiro, FUNARTE, 1981.
SÁ, Álvaro de — *Vanguarda, Produto de Comunicação*, Petrópolis, Vozes, 1977.
SANTAELLA, Lúcia — *Convergências*. Poesia Concreta e Tropicalismo, S. Paulo, Nobel, 1986.
SANT'ANNA, Afonso Romano de — *Música Popular e Moderna Poesia Brasileira*, 2ª ed., rev. e ampl., Petrópolis, Vozes, 1980.
SANTOS, Wendel — *Os Três Reais da Ficção*. O Conto Brasileiro Hoje, Petrópolis, Vozes, 1978.
SECCHIN, Antonio Carlos — *Poesia e Desordem. Ensaios sobre poesia e alguma prosa*, Rio de Janeiro, Topbooks, 1996.
SILVERMAN, Malcolm — *O Novo Conto Brasileiro*, Rio de Janeiro, Nova Fronteira, 1985.
_____ *Moderna Sátira Brasileira*, Rio de Janeiro, Nova Fronteira, 1987.
SIMON, Iumna e DANTAS, Vinícius — *Poesia Concreta*, S. Paulo, Abril, 1982 ("Literatura Comentada").
WEINHARDT, Marilene — *Figurações do Passado: O Romance Histórico Contemporâneo no Sul*, S. Paulo, Faculdade de Filosofia, Letras e Ciências Humanas da USP, 1994 (tese policopiada).
ZILBERMAN, Regina — *Literatura Gaúcha*, Porto Alegre, L&PM, 1985.
_____ *A Literatura no Rio Grande do Sul*, Porto Alegre, Mercado Aberto, 1980.

PEDRO NAVA

AGUIAR, Joaquim Alves de — "Apresentação de Pedro Nava", *Colóquio/Letras*, Lisboa, nº 143/144, jan-jun. 1997, pp. 250-253.
_____ *Espaços de Memória. Um Estudo sobre Pedro Nava*, S. Paulo, EDUSP/FAPESP, 1998.
ARRIGUCCI JÚNIOR, Davi — *Enigma e Comentário. Ensaios sobre Literatura e Experiência*, S. Paulo, Companhia das Letras, 1987.
CAMPOS, Marta — *O Desejo e a Morte nas Memórias de Pedro Nava*, Fortaleza, Universidade Federal do Ceará, 1992.
CÂNDIDO, Antônio — *A Educação pela Noite e Outros Ensaios*, S. Paulo, Ática, 1987.
LE MOING, Monique — *A Solidão Povoada. Uma Biografia de Pedro Nava*, Rio de Janeiro, Nova Fronteira, 1996.

ÍNDICE DE NOMES

ABÍLIO, Henrique, 36
ABREU, Benedito Luís RODRIGUES DE, 51
ABREU, Caio Fernando, 495
ABREU, CASIMIRO José Marques DE, 108
ABREU, João CAPISTRANO DE, 44
ACCIOLY. Breno, 459
ACCIOLY, Marcus, 486
ADONIAS Aguiar FILHO, 427, 436, 438
AGUIAR. Flávio, 496
AGUIAR, Pinto de, 35
AITA Zina, 21
ALENCAR. Gilberto de, 498
ALENCAR, JOSÉ Martiniano DE, 154, 464, 472, 499
ALIGHIERI. Dante, 51, 133
ALMEIDA Fernando Mendes de, 311
ALMEIDA Guilherme de, 15, 21, 34, 80, 85-89, 365
ALMEIDA, José Américo de, 34-35, 158-60, 162-65, 174, 186, 207
ALMEIDA Manuel Antônio de, 242, 492
ALMEIDA Martins de, 35
ALMEIDA Renato, 21, 34, 149
ALMEIDA Tácito de, 21, 139
ALPHONSUS, João, 35, 239-41, 254, 255, 305, 312, 343, 501
ALVARENGA Oneida, 311
ALVARENGA Otávio Melo, 442
ALVES, Heitor, 35
ALVIM, Francisco, 481
AMADO, Genolino, 470
AMADO, Gilberto, 465
AMADO, Jorge, 160-61, 177-82, 185, 186-94, 195, 205, 210, 238, 266, 292, 436, 501
AMÂNCIO, Moacir, 496
AMARAL, Aracy, 39, 41
AMARAL Tarsila do, 40, 293
ANDRADE, Carlos Drummond de, 35, 98, 148, 294, 305, 308, 326, 338, 356, 364, 376-80, 399, 465, 480, 501

ANDRADE, José Maria GOULART DE, 103
ANDRADE, MÁRIO Raul DE Morais, 13-19, 22, 25-29, 34-36, 39-40, 54-61, 64-70, 73, 75, 81, 85, 104, 110, 139-40, 143, 149, 160, 258, 293, 303, 311, 314, 343, 345, 424, 445, 449
ANDRADE, Oswald de, 13, 15-17, 18, 34, 38-40, 69-73, 76-79, 85, 171, 293, 343, 395, 396, 433, 479
ANDRADE, Rodrigo Melo Franco de, 241, 252-54
ÂNGELO, Ivan, 490
ANJOS, AUGUSTO de Carvalho Rodrigues DOS, 125, 145, 499
ANJOS, Ciro dos, 249-54, 439
ANTÔNIO, João, 448-49
APOLLINAIRE, Guillaume, 104, 258, 272
ARAGON, Louis, 258
ARANHA José Pereira da GRAÇA, 19, 34-35, 43, 149-50, 221-22
ARANHA Luís, 21, 34, 139-40
ARAÚJO, Luís, 403
ARAÚJO, Murilo, 15, 36, 47-48
ARCHANJO, Neide, 376
ARINOS de Meio Franco, AFONSO, 58, 77, 84, 166, 343, 417, 418, 421, 501
ARRIGUCCI JR., Davi, 364
ASCHER, Nelson, 139
ÁSFORA, Permínio, 442
ASSIS, Joaquim Maria MACHADO DE, 59, 141-43, 153, 175, 204, 209, 240, 245, 248, 252, 259, 277, 346, 416, 425-27, 453, 460-61, 464-66, 471, 497
ATAÍDE, Félix de, 377
ATAÍDE. Tristão de (pseud. de Alceu de Amoroso Lima), 36, 37, 65, 293, 342, 346, 349-352, 356
AUSTEN, Jane, 291
ÁVILA, Afonso, 31, 372, 395
AYALA, Walmir, 374, 443

AZAMBUJA, Darei, 161, 220
AZEREDO, Ronaldo, 395, 398
AZEVEDO FILHO, Leodegário de, 308, 351, 398, 404
AZEVEDO, ALUÍSIO Tancredo Gonçalves, 77, 154, 161, 187, 426
AZEVEDO, Álvares de, 45
AZEVEDO, ARTUR Nabantino Gonçalves, 426
AZEVEDO, Neroaldo Pontes de, 36, 162-163
AZURARA, Vicente de, 272

BACH. Johann Sebastian, 276
BALZAC Honoré de, 271, 425, 430, 471
BANANÉRE, Juó (pseud. de Alexandre Ribeiro Marcondes Machado), 114
BANDEIRA Filho, MANUEL Carneiro de Souza, 15, 21, 34-35, 53, 63, 69, 80, 88, 102-04, 105-10, 139-40, 334, 364, 387, 389
BANDEIRA. Antônio Rangel, 126, 348, 362
BARBOSA de Oliveira, RUI, 29, 83
BARBOSA. Agenor, 21, 139
BARBOSA. Francisco de Assis, 110
BARRETO FILHO, José, 36
BARRETO, Afonso Henriques de LIMA. 242, 470-71, 476
BARRETO, Antônio, 499
BARROS, A C Couto de, 34, 110
BARROS, Jaime de, 317
BARROS, Manuel de, 371
BARROSO, Maria Alice, 433-34
BASTOS, Abguar, 342
BASTOS, Orlando. 496
BATISTA, Marta Rossetti, 13
BAUDELAIRE, CHARLES Píerre, 12, 332, 391, 489
BECKETT, Sarnuel, 435, 453
BELL, Lindolf, 377
BELLO, José Maria, 22
BENEVIDES, Artur Eduardo, 369
BENÍCIO, Manuel. 167
BERNANOS, Georges, 290
BERNARD, Claude, 11
BERNARDES, Artur, 14
BERTARELLI. Ernesto, 12
BESOUCHET. Lídia, 442
BETTENCOURT, Ana Ribeiro de Góez, 154
BILAC OLAVO Brás Martins dos Guimarães, 75, 83, 104, 382
BLOY, Léon, 229, 237
BOAS, Franz, 156
BOMFIM. Paulo, 365
BOOTH, Wayne, 199
BOPP, Raul 21, 35, 293-96
BORBA FILHO, Hermilo, 443
BORGES, Jorge Luís, 476
BOSCH, Hieronymus, 456
BOULEZ, Pierre, 396
BRADBURY, Malcolm, 11, 13

BRAGA. Edgar, 395
BRAGA. Ernâni, 21
BRAGA. Rubem, 465-70
BRANDÃO, Ignácio de Loyola, 488-89
BRASIL Francisco de ASSIS Almeida. 432, 499
BRASIL, Luiz Antônio de Assis, 490, 500
BRAYNER, Sônia, 317
BRECHERET. Victor, 16, 21
BREMOND, Henri, 308
BRETON, André, 140, 258, 380
BRITO, Antônio Carlos de, 481
BRITO, Mário da Silva, 13-19, 21, 37, 38, 140, 316
BRUNO, Ernani Silva, 345
BRUNO, Haroldo, 431
BULHÕES, Antônio, 496
BUNUEL, Luis, 259
BUSATTO, Luiz, 133
BUTOR, Míchel, 433

CABRAL Antônio Carlos, 403
CACCESE, Neusa Pinsard, 37
CAEIRO, Alberto (heterônimo de Fernando Pessoa), 49, 307, 383
CALAGE, Roque, 220
CALDEIRA. Almiro, 497
CALLADO, Antônio, 426
CALMON, PEDRO Moniz de Bittencourt, 343
CAMINHA. Pêro Vaz de, 130, 291
CAMÕES, Luís Vaz de, 66, 88, 129, 132-133, 141, 272, 322, 360, 390, 452
CAMPOS, AUGUSTO Luís Browne DE, 36, 393-94, 397-98
CAMPOS Veras, HUMBERTO DE, 416
CAMPOS, GEIR Nuffer, 368, 376
CAMPOS, HAROLDO Browne DE, 394, 398
CAMPOS, José Maria MOREIRA. 453
CAMPOS, Milton de Godoy, 351, 357
CAMPOS, Paulo Mendes, 370, 465
CAMPOS, Roberto, 501
CANABRAVA, Euríalo, 129, 135
CÂNDIDO de Melo e Sousa, ANTÔNIO, 344, 346
CANEDO, Gregoriano, 35
CAPINAM, José Carlos, 481
CARDOSO Filho, Joaquim LUCIO, 283-85, 286-92, 414, 472
CARDOSO, Flávio José, 495
CARDOSO; Luiz Cláudio, 492
CARDOZO, Joaquim, 387-89
CARNEIRO, Caio Porfírio, 463
CARNEIRO, David, 498
CARNEIRO, Geraldo Eduardo, 481
CARONE, Edgard, 23
CARPEAUX, Otto Maria, 144-45, 258, 320, 428
CARUSO, Paulo, 491
CARVALHO FILHO, 35
CARVALHO, Francisco, 224, 377
CARVALHO, Joaquim Montezuma de, 20

CARVALHO, José Cândido de, 160, 430, 458
CARVAlHO, O. G. RÊGO DE, 439
CARVALHO, Ronald de, 14, 16, 21, 34, 34, 41-43, 89-90, 103, 143
CARVALHO, VICENTE Augusto DE, 98
CARVALHO, Walter CAMPOS DE, 441
CASCUDO, Luís da CÂMARA 291
CASSIRER, Ernst, 397
CASTELLO, José Aderaldo, 161, 178, 184
CASTRO, Ferreira de, 175
CASTRO, Luiz Paiva de, 398
CASTRO, Paulo de, 129
CAVALCANTI, DI (*Emiliano Augusto Cavalcanti de Albuquerque Melo, dito*), 15, 18, 20, 70
CAVALCANTI, João Uchoa, 464
CAVALHEIRO, Edgard, 341-45
CELSO de Assis Figueiredo Jr., AFONSO, 17
CENDRARS, Blaise, 35, 38-40, 44, 75
CERVANTES Saavedra, MIGUEL DE, 460
CÉSAR da Silva, GUILHERMINO, 35, 37, 144, 491
CÉSAR, Ana Cristina, 485
CHAMIE, Mário, 395, 400-02
CHAMMA, Foed Castro, 377
CHAUCER, Geoffey, 272
CHAVES, Flávio Loureiro, 208, 215
CHEUICHE, Alcy, 497
CHEVALIER, Ramayana de, 36, 223
CHIACCHIO, Carlos, 35
CIRNE, Moacy, 404
CLASON, Curt Meyer, 424
CLAUDEL Paul, 334
COARACY. Vivaldo, 470
COELHO NETO, Henrique Maximiamo, 29, 57, 75, 145, 229, 272, 421, 458
COELHO, Nelson, 464
COELHO, Rui, 345
COELHO, Saldanha, 36, 464
COLOMBO, Cristóvão, 135
CONDÉ, José, 427
CONY, Carlos Heitor, 428, 470
CORBUSIER, LE (*Charles-Édouard Jeanneret-Gris, dito*), 386
CORÇÃO, Gustavo, 465
CORREA, Roberto Alvim, 153
CORREIA RAIMUNDO da Mota Azevedo, 125
CORTÁZAR, Júlio, 445
CORTESÃO, Jaime, 327
CORTESÃO, Maria da Saudade, 327, 368
COSTA Eduardo Alves da, 376
COSTA Flávio Moreira da, 495
COSTA Sosígenes, 391-92
COUTINHO, Afrânio, 21-22, 38, 220, 335, 347, 350
COUTINHO, Edilberto, 454
COUTINHO, Sônia, 493
COUTO, Rui Ribeiro, 21, 34-37, 80, 88-90, 94-95, 103, 239
CRANE, Hart, 399

CRAWFORD, Joan, 209
CROS, Guy-Charles, 104
CRULS, Gastão, 144-49
CRUZ E SOUZA João da, 51, 125, 335
CRUZ, Eddy Dias da (ver REBELO, Marques), 242
CUMMINGS, E. E, 399
CUNHA EUCLIDES Rodrigues Pimenta DA, 83, 114, 175, 295, 421, 432
CUNHA FAUSTO Fernandes da, 144, 257-58, 432, 455
CUNHA, Helena Parente, 494

DAMASCENO dos Santos, DARCY. 119, 363
DAMASCENO FILHO, 36
DANTAS, Francisco J.C, 500
DANTAS, Júlio, 84
DANTAS, Natanael, 464
DANTAS, Paulo, 442
DANTAS, Pedro, 37
DAUMERIE, Yvonne, 21
DAUNT NETO, Ricardo, 494
DE CHIRICO, Giorgio, 271
DEFOE, Daniel, 291
DÉLACROIX, Henri, 11
DENSER, Márcia, 493
DIAS, Antônio GONÇALVES, 98, 102, 110
DINIS, Júlio, 182
DIVOIRE, Fernando, 31
D'OLIVEIRA Felipe Daudt, 143-44
DONATO, Edmundo (ver REY, Marcos), 429
DONATO, Hernâni, 432
DONATO, Mário, 429
DORNAS FILHO, João, 35
DOSTOIEVSKI Fiodor Mikhailovitch, 201-02, 277, 291, 436-37, 439
DOURADO, Autran, 437-38, 497
DOYLE Silva, PLÍNIO, 37, 150
DRUMMOND, Roberto, 495
DUARTE, Paulo, 501
DUQUE Estrada, Luís GONZAGA 89
DURAS, Marguerite, 433
DUTRA Waltensir, 128, 135, 144

ECO, Umberto, 285
ELIA Sílvio, 21, 30
ELIOT, T.S., 335
ÉLIS, Bernardo, 431, 439, 458, 459
ÉLUARD, Paul, 258
EMEDIATO, Luis Fernando, 496
ENEIDA Vilas Boas Costa de Morais, 470
EPSTEIN, Iean, 31
ESCRICH, Perez, 154, 195
ESPINHEIRA FILHO, Ruy, 486
EULÁLIO, Alexandre, 41
FABRI, Marcelo, 31
FADIMAN, Clifton, 342
FAILLACE, Tânia Jamardo, 464

FARACO, Sérgio, 495
FARIA. Aloysio Jansen de, 308
FARIA. Álvaro Alves de, 376
FARIA. Idelma Ribeiro de, 368-69
FARIA. Octávio de, 171, 181, 228-37, 267, 291, 301
FAULKNER, William, 435-38
FAUSTINO, Mário, 399-400
FÉLIX, Moacir, 366, 377
FERNANDES, Lígia, 65, 150
FERNANDES, Oscar Lorenzo, 365
FERRAZ, Geraldo, 433, 439
FERREIRA. Ascenso. 34-35, 52-53, 343
FERREIRA. David Mourão, 337
FERREIRA. Vergílio, 288, 408
FERRIGNAC *(Inácio da Costa Ferreira, dito), 21*
FIGUEIREDO, Jackson de, 17
FIORANI, Sílvio, 495
FISCHER, Almeida, 464
FLAUBERT. Gustave, 219, 471
FONSECA. José Paulo Moreira da, 365
FONSECA. Rubem, 451-52, 497
FONSECA. Yone Gianetti, 403
FONTES, Amando, 161, 172-75, 186, 238, 244
FONTES, HERMES Floro Bartolomeu Martins de Araujo, 103
FONTES, José MARTINS, 15
FRAGA. Myriam, 376
FRANÇA JÚNIOR, Oswaldo, 442, 465
FRANCIS, Paulo, 247, 493, 501
FRANCO, Rodrigo de Melo, 243, 437
FREIRE, Júlio, 22
FREITAS FILHO, Armando, 403
FREUD, Sigmund, 203, 429
FREYRE, Gilberto, 36, 150-52, 153-58, 159, 166, 177, 220, 283
FROTA. Lélia Coelho, 377-78
FUSCO, Rosário, 35, 144, 442

GABEIRA. Fernando, 479
GABLE, Clark, 209
GALSWORTHY, John. 172
GALVÃO, Patrícia *(dita Pagu), 439*
GALVÃO, Walnice Nogueira, 189
GAMA. Mauro, 403
GARAUDE, Lupe Cotrim, 374
GARD, Roger Martin du. 274
GAUTIER, Théophile, 58
GEOFFROY, Julien Louis, 464
GIDE, André, 159, 346
GIÚDICE, Vitor, 494
GODOY, Heleno. 403
GÓES, Fernando, 55, 345, 470
GOGOL. Nikolai, 460
GOMES, Álvaro Cardoso, 494-95
GOMES, Duílio. 495
GOMES, José Edson, 463
GOMES, Paulo Emílio Seles. 345, 496
GOMRINGER, Eugen, 394

GONÇALVES, David. 496
GÔNGORA. Luís de, 331
GOURMONT. Rémy, 346
GOYA Y Lucientes, Francisco José de, 459
GRAZ, John. 21
GREEN, Julien, 290, 291
GREY, Roberto, 496
GRIECO, Agripino, 149, 346
GRILLET. Allain Robe, 433
GRIS, Juan, 386
GROSSMANN, Judith, 494
GRÜNEWAlD, José Lino. 395
GUARNIERI, Rossini Camargo, 311
GUERRA. José Augusto, 229
GUIMARAENS, Alphonsus (pseud. de Afonso Henriques da Costa Guimarães), 239, 331
GUIMARAENS, Eduardo, 89
GUIMARÃES Filho, ALPHONSUS DE, 344-45, 360-61
GUIMARÃES, Josué, 491, 498
GUIMARÃES, Rute, 225-26
GULLAR, Ferreira. 367, 377, 393-95

HAARBERG, W, 22
HADDAD, Jamil Almansur, 311-12
HARDY, Thomas, 181, 291, 380
HATOUM. Milton, 500
HECKER Filho, Paulo, 464
HEGEL, Georg Wilhelm Friedrich, 130
HEMINGWAY, Ernest, 212
HERCULANO de Carvalho e Araújo, ALEXANDRE, 499
HILST. Hilda, 368-69
HOFFMANN, Ernst Theodor Arnadeus, 460
HOLANDA. Gastão de, 443
HOLANDA. Heloísa Buarque de, 481
HOLANDA. Sérgio Buarque de, 35, 152, 155-59, 220, 350
HOMEM, Homero, 464
HOMERO, 129, 272, 390, 399
HOPPER, Edward, 383
HORTA, Anderson Braga, 486
HOUAISS, Antônio, 246
HUSSERL. Edmund, 382
HUXLEY, Aldous, 77, 208, 435

IBSEN, Henrik, 290-92
INOJOSA. Joaquim, 29, 36, 39
ISABEL, Maria, 368-69
IVO, Lêdo, 107, 282, 349, 353, 361, 362, 443, 470

JACOB, Paulo, 443
JAMES: Henry, 460
JARDIM. Reynaldo, 395
JATOBÁ. Roniwalter, 496
JESUS, Santa Teresa de, 331
JOÃO VI, D., 154
JORGE, Miguel, 464

JOSÉ, Elias, 495
JOYCE, James, 411, 433, 435
JUNQUEIRA, Ivan, 486
JURANDIR, Dalcídio, 223
JUREMA, Aderbal, 311

KAFKA, Franz, 278, 332, 410, 433, 435, 439, 456, 460-61
KARAM, Francisco, 36, 47
KLABIN, Israel, 365
KLUEGER, Urda Alice, 498
KOPKE, Carlos Burlamáqui, 363

LA ROCHEFOUCAULD, François, 311, 483
LADEIRA, Julieta de Godoy, 448, 471
LARA, Cecília de, 37
LAUS, Lausimar, 498
LAWRENCE, D.H, 291, 492
LEITE, Ascendino, 429, 501
LEITE, Dante Moreira, 421
LEMINSKI, Paulo, 481
LEMOS, Gilvan, 443
LEMOS, Tite de, 486
LEOD, Mac-Fiona, 104
LEONARDOS, Stella, 373
LEONI, Raul de, 365
LESSA, Barbosa, 498
LESSA, Luís Carlos, 30
LESSA, Orígenes, 263-64
LEWIS, C S, 13
LEWIS, Sinclair, 209
LIMA, Alceu Amoroso (ver ATAÍDE, Tristão de)
LIMA, Geraldo França de, 443, 499
LIMA, HERMAN de Castro, 459
LIMA, JORGE Mateus DE, 34-35, 124-26, 128, 129, 131, 132-33, 157, 177, 239, 327, 343, 362-63, 376, 389, 399
LIMA, Yone Soares de, 13, 21
LINHARES, Temístocles, 220
LINS, *Álvaro*, 224, 253, 320, 346-49, 356-57, 460
LINS, Osman da Costa, 160, 327, 341, 448, 470-77
LISBOA, Henriqueta, 301-305
LISPECTOR, Clarice, 278, 405-15, 434, 499
LISPECTOR, Elisa, 442
LOANDA, Fernando Ferreira de, 350, 357, 367, 370-71
LOBATO, José Bento MONTEIRO, 14, 15, 17, 84, 446, 458
LOBATO, Manoel, 450-51
LOBOS, Heitor VILLA-, 16, 21
LOPES NETO, João SIMÕES, 220
LOPES, Ascânio, 144
LOPES, Fernão, 422
LOPES, Hélio, 486
LOPES, Moacir, C, 443
LOPEZ, Telê Porto Ancona, 13, 21, 69
LORCA, Federico García, 251, 335

LOUZADA FILHO, O. C, 403, 435
LOUZEIRO, José, 443, 464
LUCAS, Fábio, 373, 393, 395, 428, 446, 450, 464, 499
LUFT. Lya, 494
LUÍS, Agustina Bessa-, 115, 278

MACEDO, Joaquim Manuel de, 154, 283
MACHADO, Aníbal, 35, 243, 255-58, 313, 390
MACHADO, Antônio de Alcântara, 34-35, 59, 110-17, 150, 449, 465
MACHADO, Dionélio, 259-62
MACHADO, Duda, 481
MACHADO, Leão, 432
MACHADO, Luís de Toledo. 114
MACHADO, Nauro, 377
MACHADO, Rubem Mauro, 494
MADRUGA, Elisalva de Fátima, 163
MAETERLINCK, Maurice, 58, 104
MAGALDI, Sábato, 78
MAGALHÃES, Adelino. 14, 36-37
MAGALHÃES, Carlos Fernando, 403
MAIA, ALCIDES, Castilhos, 220
MAIAKÓVSKI, Vladimir Vladimirovitch, 139, 398
MALFATTI, Anita, 14, 15-17, 21
MALHERBE, François de, 465
MALLARMÉ, Stéphane, 358, 374, 396
MALRAUX, André. 212
MANFIO, Diléia Zanotto, 55
MANN, Thomas, 274
MANSFIELD, Katherine, 256, 411, 435, 447, 454
MARANHÃO, Haroldo, 496
MARCEL, Gabriel, 238
MARINETTI Filippo Tommaso, 13, 18, 38-40
MARINS, Francisco, 432
MARQUES, Oswaldino, 99, 101, 377
MARTINHO, Cássio, 269
MARTINS, Anna Maria, 494
MARTINS, Ciro, 220, 498
MARTINS, Fran, 224
MARTINS, Heitor, 354
MARTINS, Ivan Pedro de, 161, 221
MARTINS, Júlio César Monteiro, 496
MARTINS, Luís, 470
MARTINS, Wilson, 13-14, 20-21, 34, 36, 39, 55, 161, 220, 312, 346-47
MARX, Karl Heinrich, 203, 208, 468
MATOS e Guerra, GREGÓRIO DE, 337, 499
MAUPASSANT, Guy de, 254, 453, 462
MAURIAC François, 237, 290, 472
MAUTNER, Jorge, 443, 481
McCARTNEY, Lúcia, 451-52
McFARLANE, James, 11-13
MEDAUAR, Jorge, 377, 463
MEDEIROS, Aluísio, 377
MEDINA, Sinval, 492, 497

MEIRELES, Cecília, 36-37, 47, 117-24, 293, 302, 305, 364, 399
MELO NETO, João Cabral de, 332, 349, 357, 378-80, 389, 396, 405, 480
MELLO, Tiago de, 370
MENDES, Manuel ODORICO, 133
MENDES, Martins, 35
MENDES, Murilo, 35, 125, 127, 129, 135, 327-33, 364, 376-78, 480
MENDONÇA, Antônio Sérgio, 404
MENESES, Emílio de, 75
MENESES, Holdemar, 496
MERQUIOR, José Guilherme, 33, 351
MEYER JR, Augusto, 34-36, 69, 141-42, 309-10, 346
MEYER, Camargo, 403
MIGUEL-PEREIRA, Lúcia, 239
MIGUEL, Salim, 464
MILANO, Dante, 390-91
MILLIET, Sérgio, 16, 21-22, 34, 57, 140, 343, 346, 349, 357, 363
MIRANDA, Ana, 499
MIRANDA, José Carlos de MACE DO, 427
MIRANDA, Francisco SÁ DE, 108
MIRÓ, Joan, 378
MOISÉS, Carlos Felipe, 376
MONAT, Olímpio, 377, 435
MONDRIAN, Piet, 386, 396
MONET, Claude, 11
MONTAIGNE, Michel, 142, 156
MONTALVOR. Luís de, 14
MONTEIRO, Vicente do Rêgo, 22
MONTELLO, JOSUÉ de Souza, 248, 425-26
MONTENEGRO, Olívio, 145, 17, 239
MOOG, Clodomir VIANA, 221-22
MORAIS NETO, Prudente de, 35
MORAIS, Emanuel de, 374
MORAIS, Marcus VINÍCIUS Cruz DE, 333-38, 370, 467, 470
MORAIS, Raimundo, 223
MORAIS, Rubens Borba de, 25, 29, 34
MORAIS, Santos, 442
MOREYRA, Álvaro, 465
MORUS, Tomás, 133-34
MOTA, Mauro, 372
MOTTA, José Franklin Massena de DANTAS, 363
MOTTA, Paschoal, 499
MOURA, Emílio, 35, 305-10, 313, 501
MOURÃO, Gerardo Mello, 434
MOURÃO, Rui, 395
MOYA, Antônio, 22
MURICY, Andrade, 16, 36, 293, 455
MUSSET, Louis Charles Alfred de, 263

NASCIMENTO, Esdras do, 439, 443
NASCIMENTO, Noel, 498
NASSAR, Raduan, 489
NAVA, Pedro, 35, 305, 313, 501-06
NEDEL, Rui. 498
NEJAR. Carlos, 375

NEME, Mário, 344
NERUDA, Pablo, 364-65
NERVAL, Gérard Labrunie de, 460
NERY, Adalgisa, 311, 443
NERY, Ismael, 327, 329
NOBRE, Antônio, 47, 49, 52, 103-04, 310
NOLL João Gilberto, 491-92
NOVAES, Carlos Eduardo, 470
NOVAIS, Guiomar, 21
NUNES, Benedito, 31, 399, 400, 481
NUNES, Cassiano, 226, 359, 486

OCTÁVIO FILHO, Rodrigo, 143
OLINTO, Antônio, 442
OLIVEIRA, Franklin, 430, 435
OLIVEIRA, Isócrates de, 443
OLIVEIRA, José Carlos de, 470
OLIVEIRA, Marly de, 374
ORICO, Osvaldo, 223
ORWELL, George, 441
OVÍDIO, 399

PACHECO, João, 432
PADILHA, Telmo, 377
PÁDUA, João Carlos, 481
PAES, José Paulo, 364, 377, 391-95, 486, 506
PAIVA, Mário GARCIA DE, 495
PAIVA, Milton, 163
PALHANO, Lauro, 223
PALLOTTINI, Renata, 373
PALMÉRIO, Mário, 160, 431, 439
PAMPLONA, Armando, 19
PATRIOTA, Margarida de Aguiar, 393
PAZ, Octavio, 136
PEDERNEIRAS, MÁRIO Veloso Paranhos, 89-91
PÉGUY, Charles, 300
PEIXOTO, Francisco Inácio, 35, 144
PEIXOTO, Júlio AFRÂNIO, 272
PELLEGRINI JR., Domingos, 495
PENA FILHO, Carlos, 371
PENA, Cornélio, 237, 275-83, 414, 437, 472
PENNAFORT, Onestaldo de, 106
PEREGRINO JÚNIOR, 160, 175
PEREIRA, Antônio Olavo, 426
PEREZ, Renard, 455, 464
PESSANHA, Camilo, 225
PESSOA, FERNANDO Antônio Nogueira, 93, 98-100, 281, 286, 299-300, 307, 322, 370, 372, 375-76, 381, 399, 413, 463, 480
PETRARCA, Francesco, 51
PICASSO, Pablo, 272, 331
PICCHIA, Menotti del, 15-18, 19, 21, 24, 34, 35, 80-85, 143, 293
PIGNATARI, Décio, 109, 394, 398
PIMENTEL, Cyro, 353, 366
PIMENTEL, Osmar, 432
PINON, Nélida, 434
PINO, Wlademir Dias, 395, 404
PINTO, Álvaro, 36

PINTO, Edgar ROQUETTE, 14
PINTO, Edith Pimentel, 486
PINTO, José Alcides, 432
PINTO, Sérgio de Castro, 486
PIRANDELLO, Luigi, 460
PIROLI. Wander, 496
PIVA, Roberto, 376
PLACER, Xavier, 37
POE, Edgar Allan, 460
PÓLVORA. Hélio, 437, 464
POMPÉIA, Raul dÁvila, 432
PONGETTI. Henrique, 109, 465
PONTES, Joel, 145
PORTELA, Eduardo, 369
PORTO, Sérgio (ver PRETA. Stanislaw Ponte)
POUND, Ezra, 139, 399
POZENATO, José Clemente, 498
PRADA, Cecília, 494
PRADE, Péricles, 463
PRADO, Adélia, 485
PRADO, J. F. de Almeida, 21
PRADO, Paulo, 22, 34, 40, 43-44, 46, 66, 110, 149, 155-56
PRADO, Yan de Almeida, 21, 35
PRESTES, Luís Carlos, 23
PRETA. Stanislaw Ponte (pseud. de Sérgio Porto), 470
PROENÇA, M. Cavalcanti, 65-66
PROPÉRCIO, 399
PROUST, Mareel, 159, 249, 268, 272, 325, 431, 432, 435, 458, 471, 501-04, 506
PRZIREMBEL, George, 21
Py, Fernando, 486

QORPO-SANTO (pseud. de José Joaquim de Campos Leão), 388, 490
QUEIRÓS, Amadeu de, 224-26
QUEIRÓS, José Maria EÇA DE, 16, 58, 180, 195, 196, 220, 223, 242, 262, 266, 346, 425
QUEIROZ Rachel de, 150, 167-68, 172, 174, 186, 200, 207, 430, 465, 500
QUEIRÓS Dinah Silveira de, 429
QUEIROZ, Maria José de, 498
QUENTAL, ANTERO Tarqüínio DE, 51
QUINTANA. Mário, 308-11
QUINTELLA, Ary, 497

RAMOS, Graciliano, 160, 177, 179, 186, 196-97, 198, 200-05, 292, 454, 459, 489, 498
RAMOS, Hugo de Carvalho, 458
RAMOS, Péricles Eugênio da Silva, 335-36, 348, 350-53, 359, 363
RAMOS, Ricardo, 458
RANGEL, Alberto, 175
RAWET, Samuel, 454, 300
REALE, Miguel, 501
REBELO, Marques (pseud. de Eddy Dias da Cruz), 35, 242, 244, 246, 252, 259, 448, 492

REGO, José Lins do, 160, 177-79, 181, 196, 203, 210, 230, 238, 241, 266-68, 292, 430
REIS, Marcos Konder, 362
REIS, Ricardo, (hetrrônimo de Fernando Pessoa), 42
RÉMOND, René, 341
RENAULT, Abgar, 35, 305
RESENDE, Enrique de, 35, 143
RESENDE, Otto Lara. 449
REVERDY, Pierre, 258
REY, Marcos (pseud. de Edmundo Donato), 429
RIBEIRO, Darcy, 492
RIBEIRO, João, 46
RIBEIRO, João Ubaldo, 470, 487, 498
RIBEIRO, Martins, 21
RICARDO Leite, CASSIANO, 15, 26, 34-35, 80, 94-98, 99-100, 143, 293, 395
RILKE, Rainer Maria, 247, 486
RIMBAUD, Iean Nicholas Arthur, 11, 139, 361
RIO, João do (pseud. de João Paulo Emílio Cristóvão dos Santos Coelho Barreto), 145, 464
RIVAROL. Conde de (Antoine Rivarol, dito), 311
RIVERA Júnior; Odorico BUENO DE, 348, 357
ROCHA. Renato, 37
RODIN, Auguste, 16
RODRIGUES, Geraldo Pinto, 370
RODRIGUES, NELSON Falcão, 501
RODRIGUES, Rubens. 486
RÓNAI. Paulo, 82, 416
RONSARD, Pierre de, 51, 103
ROSA. João GUIMARÃES, 160, 371, 405, 410, 414, 415-18, 421-22, 424, 430-31, 439, 446, 458, 473, 500, 506
ROSA. OTELO Rodrigues, 220
ROUSSEAU, Jean-Jacques, 172, 182
RUAS, Tabajara, 497
RUBIÃO, Murilo, 440, 459-61

SÃ. Álvaro de, 404
SABINO, Fernando. 468-70
SÁ-CARNEIRO, Mário de, 272, 372
SAINT-EXUPÉRY, Antoine de, 259
SALES, Herberto, 431
SALGADO, Plínio. 21, 26, 35-36, 38, 117, 171, 226-27, 293
SAILORMOON, Wally, 481
SÃ. Neide de, 404
SANT'ANNA. Afonso Romano de, 377, 470
SANT'ANNA. Sérgio, 453
SANTIAGO, Silviano, 488-89, 499
SANTOS, Rui, 443
SARAIVA, Arnaldo, 14
SARRAUTE, Nathalie, 433
SARTRE, Jean-Paul, 401
SASSI. Guido Wilmar, 463, 498
SAVARY, Olga, 485
SCHENBERG, Mário, 344

SCHMIDT. Afonso, 17, 225-26, 342
SCHMIDT. Augusto Frederico, 34, 197, 296,
    297-301, 342, 353
SCHWARZ, Roberto, 481
SCLIAR, Moacyr, 461-63
SCOTT Walter, 213, 499
SENNA, Homero, 320
SERENO, Eugênia (pseud. de Benedita de Rezen-
    de Craciotti). 432
SETÚBAL, Paulo, 51
SHAKESPEARE, William, 432
SILVA, Aguinaldo, 443
SILVA, Alberto da Costa e, 373
SILVA, Antônio Francisco DA COSTA E, 15
SILVA, Antônio Joaquim PEREIRA DA, 15
SILVA, Deonísio da, 495, 499
SILVA, Domingos Carvalho da, 348-53, 357, 363
SILVA, Dora Ferreira da, 485
SILVA, João Pinto da, 143
SILVA, Rolando Roque da, 377
SILVEIRA NETO, Manuel Azevedo da, 48
SILVEIRA, Francisco Maciel, 496
SILVEIRA, Helena, 470
SILVEIRA, Joel, 464
SILVEIRA, Tasso da, 36, 47, 48-49, 498
SILVEIRA, Valdomiro, 58, 417
SILVERMAN, Malcolm, 488
SIMÃO, José, 481
SIMÕES, Hélio, 35
SIMÕES, João Gaspar, 14, 124, 129
SIMÕES, João Manuel, 375
SIMON, Claude, 433
SINCLAIR, Upton. 291
SNEGE, Jamíl, 464
SOLT Mary Ellen, 395
SOUPAULT. Philippe, 258
SOUSA, Afonso Félix de, 366
SOUSA, Auta de, 302
SOUSA, Herculano Marcos INGLÊS DE, 177
SOUSÂNDRADE (Joaquim de Souza Andrade, dito),
    65, 388
SOUSA, Octávio Tarqüínio de, 157
SOUZA, Márcio, 491
STEEN, Edla Van, 493
STEIN, Carlos, 461
STOCKHAUSEN, Karlheinz, 396
SUASSUNA, Ariano, 486
SUPERVIELLE, Jules, 258
SWINBURNE, Algernon Charles, 272

TACCA, Óscar, 478
TÁTI. Miécio, 253
TAUNAY, Alfredo Maria Adriano
    d'Escragnolle,VISCONDE DE, 417, 499
TAVARES, Ildásio, 486
TAVARES, Odorico, 311
TÁVORA, João FRANKLIN da Silveira, 166
TCHEKOV, Anton Pavlovitch, 256
TEIXEIRA, Maria de Lourdes. 264, 428
TELES, Gilberto Mendonça, 26, 29, 161, 373,
    393
TELLES, Lygia Fagundes, 447
TELLES, Sérgio, 470

TEÓFILO, Rodolfo, 166-69
THIOLLIER, René, 21
THOMAS, Dylan. 399
TOLMAN, Jon M., 300
TORQUATO NETO, 481
TORRE, Guilhermo de, 12
TORRES, ALBERTO de Seixas Martins, 155
TORRES, Antônio, 488
TREECE, David, 492
TREVISAN, Armindo, 375, 485
TREVISAN, Dalton, 444, 446, 453, 455-58

UNAMUNO, Miguel de, 237

VALÉRY, Paul, 272, 334, 364
VAN GOGH, Vincent, 11, 459-61
VARGAS NETO, Manuel do Nascimento, 34, 143
VÁRZEA, Virgílio, 495
VAX Louis, 440
VEIGA, José J. 440-41
VELLINHO, Moysés, 215, 261
VERDE, José Joaquim CESÁRIO, 91, 386
VERHAEREN, Émile, 130, 389
VERÍSSIMO Dias de Matos, JOSÉ, 14
VERÍSSIMO, Erico, 160, 197, 206-10, 212, 213,
    214-19, 230, 242, 249, 253, 259, 266,
    292, 490, 497
VERÍSSIMO, Luís Fernando, 470
VERLAINE, Paul, 51, 107, 309
VIANA, Fernando Mendes, 377
VIANA, Francisco José de Oliveira, 61
VIDIGAL, Geraldo, 348, 363
VIEIRA, José Geraldo, 266-74, 277, 292
VILELA, Luís, 450
VIRGÍLIO Marão, Públio, 133, 272, 390
VIVACQUA, Aquiles. 35
VOGT. Carlos, 486
VOLTOLINO (pseud. de Lemmo Lemmi), 114

WAYNE, Pedro, 220
WEBER, Max, 156
WEBERN, Anton, 394, 396
WEINHARDT. Marilene, 498
WHITE, Frank. 166
WHITMAN, Walt 50-51, 139
WILLER, Cláudio, 376
WOOLF, Virginia. 411, 435

XISTO, Pereira de Carvalho, Pedro, 395

ZOLA, Émile. 11, 18, 160, 180, 230, 233, 236,
    253, 264
ZUCCOLOTTO, Afrânio, 366